철학자의 조언

철학자의 조언

철학을 시작하는 이들을 위한
동서양 고전 40선

홍승기 지음

생각
정원

난해와 현학을 넘어선,
쉬운 언어의 철학

저자 홍승기는 젊음을 역사에 바쳤다. 그 시절 우리는 순결하였다. 누군들 개인의 명리를 모르리오만, 동주의 〈서시〉 그대로 "하늘을 우러러 한 점 부끄럼" 없는 삶을 살았다. 우리는 단 한 번도 사익을 앞세운 적이 없었으며, 민중의 팍팍한 삶을 개선하려는 일에 헌신하였다.

우리는 대학에 들어갔으나 강의실에 앉아 교수의 강의를 들을 수 없었다. 시대의 아픔은 우리에게 도서관에 앉을 자유마저 빼앗았다. 그 대신 우리가 간 곳은 감옥이었고, 공장이었다. 돌이켜보니, 감옥과 공장이 우리의 대학이었다.

흔히들 철학서는 읽기 힘들고, 철학자의 말은 알아들을 수 없다고 한다. 정말 그렇다. 철학서는 난해하고 철학자는 현학적이다. 만일 이 말이 철학을 가까이할 수 없는 분들의 볼멘소리가 아니라면, 오늘날

철학의 얼굴에 찍혀 있는 '난해와 현학'의 낙인, 누가 책임져야 할까?

철학이 난해한 것은 '그 철학'이 난해해서가 아니라 '이 철학'이 난해하기 때문이다. '그 철학'은 독일어로 쓰인 칸트의 철학서이고 '이 철학'은 한국어로 옮긴 칸트의 철학서다. 지금 한국 철학계가 해야 할 일은 칸트를 어설프게 흉내 내는 일이 아니라 먼저 칸트를 쉬운 우리말로 옮기는 일이다. 《철학자의 조언》은 난해하여 붙들기 어렵다고 외면당한 철학서들을 아주 평이한 언어로 바꾸어 해설하는 작업에서 비롯된다.

니체와 사르트르처럼 하이데거와 프롬마저 인간 실존을 탐구한 철학자로 분류하는 것부터가 참신하다. 플라톤과 마르크스, 애덤 스미스와 롤스가 별거냐? 모두가 사회의 정의를 탐구한 이들이란다. 대담한 착상이다. 그람시와 가다머, 하버마스와 푸코, 하나하나가 대단한 철학자들이다. 그런데 저자의 생각은 간명하다. 시민의 각성을 촉구한 철학자들이란다.

이제 철학서는 철학도의 현학을 뽐내는 장식이길 그쳐야 한다. 철학서는 우리에게 올바른 삶의 철학적 기준을 주는 교양이 되어야 하며, 좋은 삶의 방향을 알려주는 지혜가 되어야 한다.

저자가 읽어내는 동서고금의 철학서들은 우리로 하여금 혀를 내두르게 한다. 어떻게 그 방대한 책들을 다 읽었담? 지적 영역에서 발휘하는 홍승기의 힘과 열정 앞에서 우리는 숙연할 뿐이다. 우리는 홍승기의 중개에 힘입어 자칫 지나쳐버렸을 철학서에 접근한다. 혜능의 《육조단경》과 왕수인의 《전습록》과 원효의 《금강삼매경론》, 저자의 중개가 아니었다면 죽는 그날까지 한 번이라도 읽겠는가?

이제 나는 '철학자의 조언'을 받아들일 준비가 되었다.《철학자의 조언》은 우리 모두의 철학적 재생에 기여할 것이다.

2016년 8월
황광우

유별난 존재들이 들려주는
행복의 길

나이 마흔을 '미혹되지 아니한다' 하여 불혹이라 한다지만, 정작 내가 동서양 고전에 홀려 정신을 차리지 못한 것은 그 나이가 되어서부터였다. 돌이켜보면 그때의 나는 우리 사회가 어떤 방향으로 나아가야 할지 고민하는 와중에 큰 벽에 맞닥뜨려 있었다. 그런 내게 철학의 목소리가 문득 찾아와주었다. 나보다 앞서 세상을 고뇌한 철학자들이 남긴 흔적이 나에게 하나의 조언으로 다가온 것이었다.

철학자들의 목소리에 귀를 기울이는 동안 내가 알게 된 것은, 철학자들이 우리의 짐작과는 달리 특별하다기보다 유별난 존재였다는 사실이었다. 그들이 특별한 재능을 가진 사람이 아니지만 어떤 문제든 끈덕지게 매달려 해답을 얻을 때까지 씨름했다는 의미에서 그러하다. 그들이 천착했던 문제는 물론 자신이 살던 시대였다.

그렇다면 현대를 사는 우리는 이 시대의 무엇을 고민해야 하는가? 당장 우리가 처한 현실을 보자. 스펙의 노예로 사는 청년과 자기 계발의 신화에 매몰된 중년. 다름 아닌 우리 자신의 모습이다. 우리의 삶은 스스로가 원하던 모습과 일치하는가? 왜 우리는 생존의 늪으로 끌어당기는 세상의 힘 앞에 무기력하기만 한 것일까?

그것은 우리가 주체적으로 사는 방법을 알지 못하기 때문이다. 한 명의 주체가 되어 세상에 당당히 맞서기 위해서는 자기 삶의 '무게중심'을 찾아야만 한다. 우리 신체의 모든 부분이 서로 균형을 이루고 있을 때 바로 그 중간점을 무게중심이라 한다. 삶에 있어서도 균형과 무게중심이 필요하다. 우리는 삶의 무게중심을 찾아냈을 때에 비로소 자기 주도적으로 살아갈 수 있으며, 거기에서 행복이 비롯된다. 그리고 이를 위해서는 철학의 힘이 필요하다.

철학자들이 유별난 존재라고는 하지만 그들이 끈덕지게 철학을 할 수 있었던 것은 앞선 시대의 철학자들이 남긴 지적 탐구의 결과 덕분이었다. 내가 그렇게 느꼈던 것처럼, 앞선 시대의 철학자들이 남긴 책이 들려주는 이야기들은 철학자들에게 마치 하나의 조언처럼 느껴졌을 것이다. 그리고 자신이 남긴 고뇌와 사색의 결과는 또다시 후대에 철학하는 이들에게 하나의 조언이 될 것이었다.

이제 우리 삶의 무게중심을 찾기 위해 철학자의 조언을 들어야 할 때다. 우리 주위에는 다른 어느 시대를 살아간 이들에 비해 풍족한 철학의 성과들이 놓여 있다. 유별나지 않은 우리들이지만, 유별난 존재들이 전해오는 조언들로부터 우리가 그동안 잊고 있었던 삶의 답을 찾을 수 있을지도 모를 일이다. 그러니 이제 인류의 역사를 통해 쌓인 지적 자산의 샘에서 지혜를 구해보자. 철학자의 조언이야말로 행복한 삶을 되찾기 위한 최상의 스펙이자 자기 계발이니까.

이 책은 주제를 아홉 개로 나누어 인류 역사를 빛낸 철학자들에게서 귀중한 조언을 듣고자 했다. 1장 '실존의 철학'에서는 인간 존재에 대한 물음에서 철학이 시작되었음을 밝힌다. 2장 '수신의 철학'에서는 사회적 활동을 하기 전에 자기 수양이 필요함을 일깨워주는 동양의 철학자들을 소개한다. 3장 '행복의 철학'에서는 삶 속에서 행복을 추구하는 길에 대한 물음들을 보여준다. 4장 '정의의 철학'에서는 행복한 삶을 위해 우선 정의가 실현되어야 함을 다룬다.

그리고 5장 '시민의 철학'에서는 정의 실현을 위해 시민들의 각성을 촉구한 철학자들을 소개한다. 6장 '통치의 철학'에서는 통치자가 갖춰야 할 윤리를 탐구해온 동양 철학의 전통을 다룬다. 7장 '아웃사이더의 철학'에서는 지배적 사상에 대한 문제 제기가 동양 철학의 또 다른 전통이기도 했다는 점을 보여준다. 8장 '철학과 과학'에는 과학이 발전할수록 철학이 더욱 필요해짐을 보여주는 철학자들을 모아두었다. 마지막으로 9장 '종교 철학'에서는 결코 간과할 수 없는 문제인 종교 철학을 소개한다.

이러한 주제 구분은 철학의 학문적 연구 결과를 반영한 것은 아니지만, 우리의 필요에 따라 철학자의 조언을 찾아 읽는 데에는 더없이 적합하다고 생각한다. 부디 우리 앞을 가로막은 의문의 장벽을 넘어서서 삶의 균형을 되찾는 데에 이 책이 도움이 되기를 바란다.

책을 쓰는 과정에서 많은 사람들로부터 도움을 받았다. 항상 조언해 주고 추천의 말까지 써준 황광우 형에게 특별히 감사의 말씀을 드린다. 아울러 두서없는 글을 잘 정리해서 책답게 만들어준 생각정원 출판사에도 깊은 감사의 말씀을 드린다.

"자기 삶은 자기의 선택이다." 사르트르는 이렇게 말했다. 이 책을 읽는 모든 분들이 자기의 선택에 따라 삶의 무게중심을 찾게 되기를 기대한다.

2016년 8월
홍승기

차례

실존의 철학

왜 인간인가?

'기본소득'이란 무엇인가? 재산이나 소득의 많고 적음에 관계없이 모든 국민에게 지급하는 소득을 일컫는다. 그것은 보편복지의 실현과 연관된 개념으로 오래전부터 주장되어왔다. 그런데 앞으로는 '인간이란 어떤 존재인가?'라는 물음과 관련지어 기본소득 문제를 다루어야 할지도 모른다.

사실, 우리 사회에서 '인간'에 대한 진지한 관심은 실종된 듯한 느낌이다. 수많은 사람의 목숨을 앗아간 사건이 일어나더라도 인간에 대한 진지한 관심은 일시적으로 끝나버리기 일쑤다. 그런데 새삼 인간에 대한 관심을 촉구하는 일이 생겨났다. 바로 인공지능 알파고의 등장이었다.

알파고는 아직은 '인간의 영역'이라고 자부하던 곳에서조차 인공지능이 인간을 넘어섰음을 보여주었다. 이제 인공지능이 언젠가 인간의 '정신적 영역'까지 대체할 것이라는 전망에 반대할 사람은 없을 것이다. 그에 따라 인간의 미래에 대한 불안감이 커지고 있다.

이 불안은 SF영화에 등장하는 인간과 컴퓨터의 전쟁 얘기가 아니라 먹고 사는 문제와 연관된다. 그동안에도 기계나 로봇, 그리고 컴퓨터가 인간의 노동을 계속 대체해온 것이 사실이다. 아직까지는 육체노동이나 사무 업무에 국한되어 있지만, 인공지능이 계속 발전하면 정신노동 또는 지식노동에서도 인간은 점차 밀려나게 될 것이다.

그렇다면 앞으로 인간은 무엇을 해야 하는가? 기본소득을 주장하는 사람들은 인간이 먹고살기 위한 노동에서 벗어나야 한다고 말한다. 그리고 그들은 인간이 앞으로는 '인간다운 일'을 하며 살아야 한다고 말한다. 고대 그리스 문명을 꽃피운 이들은 먹고살기 위한 노동에서 해방된 귀족이나 '자유민'이었다는 사실을 생각하면 수긍이 가는 주장이기도 하다.

그런데 발달된 기술이 인간의 노동을 대신한다고 해도 문제는 남는다. 무엇이 인간다운 일인가에 대한 답이 있어야 한다. 그 답을 얻기 위해서는 '인간이란 어떤 존재인가?'라는 가장 기본적인 질문을 다시 해야 한다. 이 질문은 인류의 역사가 시작된 때부터 계속 제기되어온 것이다. 그러나 19세기에 자본주의가 성립된 이후에 인간 존재에 대한 고민은 더욱 치열해졌다. 인간의 삶은 더욱더 먹고사는 문제에 얽매이게 되었기 때문이다. 니체는 그러한 삶을 '노예적인 삶'이라고 했다. 그런 삶에서 벗어나기 위해 인간은 스스로를 극복한 '초인'이 되어야 한다고 했다. 하이데거는 니체가 '노예적인 삶'이라 했던 것을 '비본래적 삶'이라고 했다. 그래서 그는 인간이 '본래적 삶'을 살아야 한다고 촉구했다.

한편, 사르트르는 인간이 주체적 존재임을 강조했다. 인간은 살아가면서 다양한 선택의 순간을 맞이한다. 그 순간에 인간은 그 무엇에도 의존하지 않고 스스로 결정을 내릴 수 있는 존재라는 것이다. 프롬은 인간이 스스로 내려야 할 결정이 무엇인지에 대해 생각해야 한다고 촉구한다. 자본주의사회에서 인간은 무엇이든 소유하려는 삶의 양식 속에서 살아간다. 프롬은 거기서 탈피하여, 올바른 관계 맺기를 하는 존재의 양식을 선택하라고 했다.

니체의 사상은 20세기를 여는 사상이라고 평가된다. 그는 "신은 죽었다!"는 '격렬한' 선언을 통해 인간에 대한 진지한 성찰을 촉구했다. 그러나 20세기 중반에 들어 프롬은 "인간 또한 죽었다"고 한탄했다. '돈'을 중시하는 사회에서 인간에 대한 성찰이 묻혀버렸기 때문이었다. 21세기에 우리는 인간에 대한 진지한 고민을 시작해야 한다. 인간의 생존 자체가 위협받는 시대를 맞이하고 있기 때문이다. 니체에서 프롬에 이르는 사상은 실존에 대한 관심의 출발점이 될 수 있을 것이다.

신이 사라진
자리에는
인간만이 남는다

니체 《차라투스트라는 이렇게 말했다》

차라투스트라는 서른 살 때 고향을 떠나 산속으로 들어갔다. 10년 동안 그는 정신을 탐색하고 고독을 즐기는 생활을 하다 깨달음을 얻고 산을 내려왔다. 그런데 산을 내려오던 중 한 노인을 만나 대화를 나누게 되었다.

차라투스트라는 "나는 인간을 사랑하오"라고 말한다. 그러자 노인은 "나는 신을 사랑하지, 인간을 사랑하지 않는다"라고 대꾸한다. 그러면서 차라투스트라가 인간들에게 가려는 것을 반대했다. 산을 내려가지 말고 그대로 산에서 살라는 것이었다. 차라투스트라는 가볍게 웃으며 노인과 헤어졌다. 그리고 마음속으로 이렇게 말했다.

도대체 이럴 수가 있을까! 저 늙은 성자는 숲속에만 살면서 신이
죽었다는 이야기를 아직 듣지 못했구나!'

여기에서 그 유명한 "신은 죽었다"는 말이 등장했다. 니체(Friedrich
Wilhelm Nietzsche, 1844~1900) 하면 가장 먼저 떠오르는 그 말의 등장
은 별 감흥이 없다. 그럼에도 그 말은 20세기를 강타한 화두가 되었다.

그러면 "신은 죽었다"고 말한 차라투스트라는 누구인가? 그는 기원
전 700년경 고대 페르시아에 살았던 예언자이자 조로아스터교의 창시
자였다. 조로아스터교는 유일신 아후라 마즈다를 믿는 종교였다. 결국
유일신 신앙을 전파한 사람이 "신은 죽었다"고 한 것이다.

이것은 분명 역설이다. 그러나 니체의 작전이기도 했다. 그는 유일
신론자인 차라투스트라의 입을 빌려 신을 부정함으로써 주장의 설득
력을 높이고자 했던 것이다.

독일의 한 철학자는 니체의 철학에 대해 '반이성주의', '반도덕주의',
'반기독교주의', '반염세주의', '반여성주의', '반민주주의', '반사회주
의'라고 평가했다. 그렇다면 니체의 철학에 관심을 가질 이유가 있는
가? 의문이 아닐 수 없다.

니체는 유럽 철학사에서 가장 도발적인 철학자로 꼽힌다. 그는 자기
자신을 가리켜 "나는 인간이 아니라 다이너마이트"라고 했다. 한 저서
에는 '망치를 들고 철학하는 법'이라는 부제를 달기도 했다. 즉 자신은

다이너마이트와 망치처럼 기존의 모든 것을 부정하고 파괴하는 사람이라는 말이다.

그러나 파괴만 했다면 니체의 이름이 오래도록 기억되지는 않았을 것이다. 그는 파괴한 자리에 새로운 것을 세우려 했다. 그것은 바로 인간에 대한 새로운 사상이었다. 니체의 사상을 담은 책이 바로《차라투스트라는 이렇게 말했다(Also sprach Zarathustra)》다.

그는 이 책을 나이 마흔에 썼다고 한다. 당시 그는 독일의 작가이자 사상가인 루 살로메(Lou Andreas Salomé, 1861~1937)를 열렬히 연모했다. 살로메에게 사랑의 마음을 담은 편지를 수없이 보냈다. 그러나 살로메는 아무런 반응을 보이지 않았다. 니체는 낙담했다. 그래서 홀로 알프스 산으로 들어가 고독한 생활을 했다. 그러던 어느 날 그는 일생일대의 영감을 떠올렸고《차라투스트라는 이렇게 말했다》가 탄생했다.

공자는 나이 마흔에 이르자 더 이상 어떠한 유혹에도 흔들리지 않았다 하여 '불혹(不惑)'이라고 했다. 니체가 불혹의 나이에 일생일대의 영감을 얻어 집필한 책이라면 기대를 걸어봄 직하다.《차라투스트라는 이렇게 말했다》에는 '모든 사람을 위한, 그러나 누구를 위한 것도 아닌'이라는 독특한 부제가 달려 있다. '누구에게나 해당되는 것' 정도로 이해하면 될 것이다.

신은 죽어야 했다

니체는 독일의 한 목사 집안에서 태어났다. 할아버지와 외할아버지,

그리고 아버지가 모두 목사였다. 이런 집안 배경을 가진 사람이 왜 "신은 죽었다"고 선언한 것일까?

니체는 대학에 진학하면서 집안의 기대와 달리 고전문헌학을 공부했다. 특별히 고대 그리스의 문학에 관심을 두고 고대 그리스의 신화와 비극을 연구했다.

니체는 고대 그리스의 신화와 비극 속에는 '아폴로적인 것'과 '디오니소스적인 것'이 있음을 알았다. 아폴로는 절제와 이성의 신이고 디오니소스는 오만과 반항의 신이다. 그런데 그리스인의 정신과 문화는 디오니소스적인 것이 우세할 때는 발전한 반면, 아폴로적인 것이 우세할 때는 쇠퇴했다.

고대 그리스에서 아폴로적인 것, 즉 이성(理性)을 대표하는 인물은 플라톤이었다. 그래서 니체는 플라톤의 철학이 그리스의 정신과 문화를 쇠퇴하게 했다고 생각했다. 이후 니체는 일관되게 플라톤의 철학에 반대하는 투쟁을 벌였다.

그런데 니체가 보기에 플라톤의 철학은 기독교로 이어졌다. 플라톤이 이상 국가로 설파한 '이데아론'이 기독교적 세계관으로 이어졌다는 것이다. 그 실체가 무엇인지 알기 어려운 '이데아(idea)'를 '신'으로 바꾸어놓은 것이 기독교라고 니체는 생각했다.

그렇다면 결론은 분명했다. 유럽의 정신과 문화를 쇠퇴하게 만든 두 주범은 플라톤 이래의 이성주의 철학과 기독교였다. 니체는 그 두 가지에 맞서 투쟁을 했다. 그런데 그 두 가지는 유럽의 철학은 물론 유럽인의 삶과 정신을 지배해왔다. 그래서 니체의 투쟁은 결국 유럽의 정신사 전체를 부정하는 일이 되었다.

니체가 보기에 '신은 죽어야 했다'. 신은 우리가 존재하는 이곳에 살지 않는다. 신은 현실계가 아닌 초월적 이상의 세계에 있다. 그렇지만 신은 우리에게 절대적인 영향을 미친다. 신이 사는 세계는 우리가 구현해야 할 세계이고 신은 우리가 지향해야 할 목표점으로 간주된다. 신의 가치는 우리가 내리는 판단의 절대적 준거가 된다. 따라서 신은 우리의 관념 속에 존재하는 절대 가치다.

인간은 신이라는 권위를 빌려 자신의 권위를 세우려고 한다. 신을 믿는다고 하지만 실제로는 인간이 가진 한계에 신의 권위를 덮어씌워 자신을 높이고자 하는 것이다. 이렇게 인간이 신에 의존한다면 인간은 신의 노예일 뿐이다.

그래서 니체는 신이 죽었다고 선언했다. 니체의 선언은 인간을 지배해온 절대적 가치에서 벗어나야 함을 의미했다. 즉 니체는 영원한 진리, 세상을 지배하는 절대적 가치로 여겼던 것에서부터 인간이 해방되어야 한다는 말을 하고자 했던 것이다.

신이 사라진 자리에는 인간만이 남는다. 이제 인간은 더 이상 자신의 삶에서 신을 찾지 않을 정도로 위대해져야 한다. 그렇다면 인간은 어떻게 위대해질 수 있는가?

니체는 《차라투스트라는 이렇게 말했다》에서 답을 제시하고자 했다. 차라투스트라의 행적을 쫓아가 보자. 산에서 내려온 차라투스트라는 숲 가에 있는 도시로 갔다. 그곳 장터에 많은 사람들이 모여 있었다. 광대의 줄타기를 보기 위해서였다.

하지만 아직 광대는 나타나지 않았다. 광대를 기다리는 사람들을 향해 차라투스트라는 외쳤다.

나는 그대들에게 초인을 가르치노라.

초인이냐 말인이냐

차라투스트라의 열변은 계속되었다.

인간은 극복되어야 할 그 무엇이다. 그대들은 인간을 극복하기 위하여 무엇을 했는가? 이제까지 모든 존재는 자신을 넘어서는 그 무엇인가를 창조해왔다. 너희는 그 위대한 조수의 썰물이 되기를 원하며, 인간을 극복하기보다 오히려 짐승으로 되돌아가려 하는가? 인간에게 원숭이란 무엇인가? 하나의 웃음거리 혹은 괴로운 수치다. 그리고 초인에게는 인간 또한 그럴 것이다. 하나의 웃음거리 혹은 괴로운 수치일 것이다. 그대들은 벌레로부터 인간으로 이르는 길을 걸어왔지만 아직도 그대들 내부의 많은 것들이 벌레다. 예전에 그대들은 원숭이였고 지금도 인간은 여전히 어느 원숭이보다 더 원숭이인 것이다. 그리고 그대들 중 가장 현명한 자도 식물과 유령 사이의 잡종에 지나지 않는다. 그러나 내가 그대들에게 식물과 유령이 되라고 명령하겠는가? 보라. 나는 그대들에게 초인을 가르치노라! 초인은 대지의 의미다. 그대들이 의지를 가지고 말하게 하

라! 초인이란 대지의 의미여야 한다고!²

인간은 자신을 극복해야 한다고 했다. 인간은 벌레에서 진화하여 인간에 이르렀지만 여전히 짐승의 본성을 버리지 못했기 때문이다. 인간은 원숭이를 웃음거리로 보지만 인간 역시 원숭이를 벗어나지 못했다. 그래서 니체는 "초인을 가르치노라!"라고 소리쳤다. 니체가 볼 때 인간은 초인과 짐승의 중간에 있는 존재다. 따라서 인간은 짐승의 본성을 극복하고 초인이 되어야 한다.

그렇다면 초인이란 누구인가? 니체는 "모든 신들은 죽었다. 이제 우리는 초인이 살기를 원한다"라고 했다. 신이 사라진 이 지상에서는 인간이 위대해져야 한다. 초인이란 바로 그 위대해진 인간을 가리킨다.

그러므로 초인은 영화에 등장하는 슈퍼맨이 아니다. 슈퍼맨은 단지 육체적 능력이 뛰어난 자일 뿐이다. 니체가 말하는 초인은 인간을 극복한 인간이다. 즉 자신을 초월하여 자신을 자신 안에 가두지 않고 자신의 밖에서 자신을 바라보는 자다.

인간은 자신 안에서는 자신의 한계와 무게를 알 수 없다. 책의 무게를 다는 경우를 생각해보자. 책이 스스로 자신의 무게를 달 수는 없다. 책의 바깥에서 책을 저울에 올려놓아야 책의 무게를 알 수 있다.

마찬가지로 인간은 자기 자신의 바깥에서 자신을 바라볼 때 자신의 한계를 볼 수 있다. 초인은 자신을 초월하여 자신을 바깥에서 볼 수 있는 인간이다. 그렇기 때문에 초인은 자신의 무게와 한계를 알 수 있다. 그리고 알기 때문에 자신을 극복할 수 있게 된다.

그러나 현실의 인간은 스스로 초인이 되어야 하는 필요성을 느끼지 못한다. 시장에 모인 사람들이 차라투스트라의 연설에 귀 기울이지 않는 모습이 그것을 보여준다. 오히려 차라투스트라가 연설하는 도중 누군가 끼어들어 "줄 타는 광대에 대해서는 실컷 들었으니 이젠 그의 모습을 보여달라!" 하고 외친다. 그러자 그곳에 모인 모든 사람들이 차라투스트라를 비웃었다. 그들은 초인을 광대의 이름으로 생각했던 것이다.

차라투스트라는 한탄했다.

나는 저들에게 가장 경멸스러운 자에 대해 말하리라. 그것이 곧 말인이다. (…) 지금이야말로 인간이 자신의 목표를 세워야 할 때다. 지금이야말로 인간이 자신의 가장 큰 희망의 씨앗을 뿌려야 할 때다. 인간의 땅은 아직 그럴 수 있을 만큼 충분히 비옥하다. 그러나 이 땅은 언젠가 메마르고 황폐해져 큰 나무가 더 이상 그곳에서 자라나지 못할 것이다.[3]

말인이란 자기 자신을 초월하려 하지 않고 현실에 만족하는 인간을 지칭한다. 인간은 목표를 세우고 희망의 씨앗을 뿌려야 한다. 아직은 그럴 가능성이 남아 있다. 그러나 인간은 초인이 아니라 말인이 되어 있다. 그래서 인간의 땅은 메마르고 황폐해질 것이다.

그렇다고 좌절할 필요는 없다. 차라투스트라는 수많은 곳을 돌아다니며, "초인을 가르치노라!"라고 외쳤다.

인간의 본질은 권력의지다

그렇다면 어떻게 초인이 될 수 있는가? 차라투스트라는 수많은 나라
와 민족을 보며 '권력의지'를 발견했다.

> 차라투스트라는 수많은 나라와 민족을 보아왔다. 그리하여 그는
> 수많은 민족에서 저마다 통용되는 선과 악을 발견했다. 차라투스
> 트라는 지상에서 선과 악보다 더 강한 힘을 발견하지 못했다. 평가
> 하지 않는 민족은 생존할 수 없을 것이다. 그러나 한 민족이 스스로
> 보존하려면 이웃 민족이 평가하는 것과 똑같이 평가해서는 안 된
> 다. 어떤 민족에게는 선으로 간주되는 많은 것들이 다른 한 민족에
> 게는 조소와 비난의 대상이 되는 것을 나는 보았다. 어떤 곳에서는
> 악이라고 불리는 많은 것들이 다른 곳에서는 화려한 영예로 장식
> 되어 있는 것을 나는 보았다. 어떤 이웃도 다른 이웃을 이해한 적이
> 없다. 한 이웃의 영혼은 항상 다른 이웃의 광기와 악의에 놀란다.
> 각 민족의 머리 위에는 가치 목록이 걸려 있다. 보라, 그것은 그 민
> 족이 극복해온 목록인 것이다. 보라, 그것은 그 민족이 지닌 권력의
> 지의 목소리인 것이다.[4]

각 민족마다 통용되는 선과 악이 다르다고 했다. 어떤 민족에게는
선인 것이 다른 민족에게는 조롱거리밖에 되지 않는다. 어떤 민족에게
는 악인 것이 다른 민족에게는 찬양받는 것이다. 그렇다면 니체는 선

과 악의 상대성을 말하고자 한 것인가? 그렇지 않다. 니체가 주목한 것은 '권력의지'였다.

다른 민족의 선과 악을 그대로 따르는 민족은 스스로를 보존하지 못한다. 다른 민족에 예속될 뿐이다. 각 민족은 스스로의 '가치 목록'을 가져야 한다. 그 가치 목록이 바로 권력의지의 표현이다. 그런 면에서 니체는 권력의지가 각 민족의 근본적 본질이라고 했다.

인간 역시 마찬가지다. 차라투스트라의 말을 계속 들어보자.

살아 있는 존재는 명령할 때 항상 자기 자신을 거는 것이다. (…) 살아 있는 것들을 발견할 때마다 나는 항상 권력의지를 발견했다. 심지어 노예의 의지에서조차도 나는 주인이 되려는 의지를 발견했다. 자기보다 약한 자의 주인이 되려는 약자의 의지는 약자를 설득하여 강자에게 봉사하게 한다. 약자도 이 쾌감만은 포기하려 하지 않는 것이다. 더 작은 자가 가장 작은 자를 지배하는 쾌감과 권력을 얻기 위해 스스로 더 큰 자에게 복종하는 것처럼 가장 큰 자 또한 복종하며 권력 때문에 생명을 거는 것이다. 가장 큰 자가 전념하는 것은 모험과 위험을 만나 죽음을 걸고 주사위 놀이를 하는 것이다. 희생과 봉사와 사랑의 눈길이 있는 곳, 그곳에 또한 주인이 되려는 의지가 있다. 그곳에서 더 약한 자는 비밀 통로를 통해 더 강한 자의 성곽 속으로, 그리고 그의 심장 속으로까지 숨어 들어간다. 그리하여 그는 권력을 훔치는 것이다.[5]

누구에게나 권력의지가 있다고 했다. 약한 자가 강한 자에게 복종하는 것 또한 권력을 훔치고자 하는 것이다. 희생과 봉사, 그리고 사랑조차도 권력의지를 실현하고자 하는 것에 불과하다. 권력의지는 인간의 본질이다.

인간의 본질을 두고 여러 가지 규정이 존재한다. 인간의 본질이 '생각'이라고 한 사람도 있었고, '이성'이라고 한 사람도 있었다. 또는 인간의 본질을 '노동'이라 하기도 한다. 그러나 니체는 단호하게 자른다. 인간의 본질은 오직 권력의지일 뿐이다.

권력의지가 있는 인간만이 스스로를 보존하고 자기의 삶을 살아가는 인간이다. 바로 그러한 권력의지가 충만한 인간이 초인이다. 초인이란 권력을 위해 모험과 위험을 무릅쓰고, 또 권력을 위해 목숨을 거는 인간이다. 초인이 되고자 한다면 권력의지를 충만하게 하고 그것의 실현을 위해 노력하라!

합리적 인간관에 반발하다

그런데 돌연 니체는 비관론에 빠져들었다. 니체의 말을 들어보자.

모든 것이 가고 모든 것이 다시 되돌아온다. 존재의 수레바퀴는 영원히 굴러간다. 모든 것이 죽고 모든 것이 또다시 꽃피운다. 존재의 연륜은 영원히 흘러간다. 모든 것이 부서지고 모든 것이 새롭게 이루어진다. 똑같은 존재의 집이 영원히 세워진다. 모든 것이 헤어지고 모든 것이 다시 상봉한다. 존재의 수레바퀴는 영원히 스스로에게 충실하다. 모든 순간에 존재가 시작된다. 모든 '이곳' 언저리를 '저곳'이라는 공이 굴러간다. 중심은 도처에 있다. 영원의 길은 구부러져 있다.[6]

존재의 수레바퀴는 영원히 굴러간다고 했다. 그러나 앞으로만 굴러가는 것이 아니다. 가고 다시 되돌아오고, 죽고 또다시 꽃피우고, 부서지고 새롭게 이루어지고, 헤어지고 다시 상봉하듯이 순환한다. 그래서 똑같은 존재의 집이 세워진다. 이것을 두고 '영원회귀'라고 한다.

초인 역시 순환 속에 있는 존재일 뿐이다. 초인은 영원한 초인이 아니다. 다시 현실에 만족하는 '말인'으로 되돌아오는 존재일 뿐이다. 그래서 니체는 "더없이 위대하다는 인간조차도 너무나 왜소하다!"고 했다. 그렇다면 초인이 되고자 하는 노력 또한 허망한 일이다. 이렇듯 니체는 영원회귀로 인해 비관론에 빠져들었다.

니체가 왜 비관적이 되었는지 이해하려면 우선 니체가 살았던 시대를 알아야 한다. 니체가 도발적인 철학자인 것은 맞지만, 그의 철학은 다른 모든 철학과 마찬가지로 시대적 산물이다.

19세기 유럽에는 지속적 진보라는 낙관론이 팽배해 있었다. 산업혁명 이후 경제가 비약적으로 발전하자 지속적인 경제 발전을 근거로, 머지않아 유토피아가 실현될 것이라는 주장마저 등장했다. 경제 발전은 과학 때문에 가능한 것처럼 보였다. 그래서 과학에 대한 믿음이 절대화되었다.

과학은 다른 학문에도 지대한 영향을 미쳤다. 과학에 대한 믿음이 절대화하면서 인문 학문과 사회 학문에도 과학적 방법의 도입이 당연시되었다. 프랑스의 철학자 콩트는 사회학을 창시하고 과학적 방법으로 사회를 탐구하자고 했다. 영국의 철학자 스펜서는 진화론을 사회에 도입하여 사회진화론을 주장했다. 경제학에서도 경제 현상에 대한 과학적 분석이 유행했다.

이러한 현상은 인간의 왜소화를 낳았다. 과학적 방법이란 법칙을 탐구하는 것이다. 해가 뜨고 지는 것에 인간이 전혀 개입할 수 없듯이 사회적, 경제적 법칙 또한 인간이 개입하여 바꿀 수 없는 것으로 간주되었다. 인간은 그 법칙에 순응하여 살아가야 하는 존재에 불과했다.

니체는 이러한 인간관에 반발했다. 그는 인간을 지배한다는 절대적 법칙, 즉 절대적 가치를 지녔다는 법칙을 부정했다. 그렇듯 인간을 수동적이고 노예처럼 취급하는 '신'은 죽어야 했다. 그래서 "신은 죽었다!"고 외쳤다.

한편 과학 법칙의 발견은 인간의 이성 덕분에 가능한 것이었다. 당연히 이성이 찬양되었다. 19세기 유럽은 이성 만능 시대였다. 인간은 합리적 존재로 간주되었다. 인간은 합리적 선택을 하며, 따라서 이기적 욕망을 충족하는 행위라 할지라도 사회적 발전에 기여한다고 했다.

이러한 합리적 인간관에 니체는 반발했다. 인간의 합리성은 정신과 문화를 쇠퇴시킬 뿐이라는 것이다. 그는 이미 고대 그리스 문학에 대한 연구를 통해 이성주의, 합리주의가 유럽의 정신과 문화를 쇠퇴시켰다는 결론을 내린 바 있었다.

니체는 인간의 본질이 권력의지라고 했다. 그것은 이성적인 것이 아니라 비이성적인 것이고, 합리적인 것이 아니라 비합리적인 것이다. 이렇듯 비합리성에서 인간의 본질을 찾은 이유는, 그것이 정신과 문화의 발전을 위한 길이라고 생각했기 때문이다. 그것을 니체는 인간의 참된 가치를 회복하기 위한 투쟁이라고 생각했다.

그런데 도대체 왜 니체는 비관론에 빠져든 것일까?

실존의 문제를 제기하다

역사적으로 보면, '순환론'은 몰락하는 집단 또는 계급이 주장한 것이다. 순환론자들은 역사가 자연의 순환과 마찬가지의 과정을 겪는다고 생각한다. 그들이 보기에 역사는 무언가를 향해 나아가는 것, 즉 진보의 과정이 아니다. 단지 오늘의 영광이 가더라도, 즉 몰락을 겪을지라도 과거의 영광이 다시 되돌아오는 과정일 뿐이다.

따라서 니체의 영원회귀를 이해하기 위해서는 니체의 시대에 무엇이 몰락했는지 혹은 몰락하고 있었는지를 살펴보아야 한다. 19세기의 서유럽 사회는 프랑스 대혁명과 산업혁명을 거치면서 자본가와 노동자라는 두 계급을 중심으로 재편되었다. 즉 귀족이 영향력을 상실하거나 몰락했다.

독일의 경우 니체가 살았을 당시 귀족의 몰락이 진행되었다. 영국이나 프랑스에서는 니체가 태어나기 이전에 귀족이 거의 몰락했다. 그러니 독일은 그 과정이 한발 더뎠던 셈이다.

독일의 경우 19세기 중반에야 산업혁명이 일어났다. 뒤늦게 시작되었지만 속도는 매우 빨라서, 19세기 후반에 이르러 독일의 산업 생산 능력은 영국과 맞먹는 수준이 되었다. 경제가 급격히 농업 중심에서 공업 중심으로 전환되었다. 그에 따라 사회가 자본가와 노동자를 중심으로 재편되면서 둘 사이의 갈등과 투쟁이 본격화했다. 그런 가운데 토지를 경제력의 기반으로 삼았던 귀족들은 급격히 몰락했다.

니체가 주장한 영원회귀는 이렇듯 급격히 몰락하는 독일 귀족층의 입장을 대변하는 것이었다. 몰락하는 귀족들은 "모든 것이 부서지더라도 모든 것이 새로 생겨나기"를 간절히 희망했다. 그러나 그런 희망은 말 그대로 희망일 뿐, 실현될 가능성이 없었다. 따라서 니체는 회의주의적이고 비관적일 수밖에 없었다.

서두에서 독일의 한 철학자가 니체 철학의 성격을 '반이성주의', '반도덕주의', '반기독교주의', '반염세주의', '반여성주의', '반민주주의', '반사회주의'로 규정했다고 했다. 그것들을 한마디로 종합해 말하면 니체 철학의 성격은 귀족주의적이었다.

합리적 인간관에 대한 반발 역시 그러한 성격을 가진다. 합리적 인간관이 근대 시민의 인간관이라면 비합리적 인간관은 귀족적 입장의 표현이었다. 또한 니체가 말한 초인은 모든 대중이 아니라 소수 또는 일인을 염두에 둔 것이었다.

그런 점에서 니체의 철학은 악용의 소지가 있었다. 나치가 히틀러 우상화에 니체 철학을 이용한 것이 대표적인 사례였다. 소수를 염두에 둔 철학이 갖는 공통된 문제점이다. 니체는 플라톤을 비판했지만 사실 플라톤의 철학은 니체와 마찬가지로 귀족주의적이었다. 나치는 플라톤의 철학 역시 악용했다.

그렇지만 니체의 철학을 외면할 이유는 없다. 우리 시대에 맞게 재해석함으로써 그 유용성을 살려야 한다. 니체는 과학에 대한 맹목을 비판했다. 오늘날에도 과학에 대한 맹목적 믿음은 사라지지 않았다. 오히려 인공지능의 발전 등으로 과학에 대한 믿음은 더욱 강해지고 있다.

그러나 과학의 발전에 따른 인간 소외의 문제를 결코 간과해서는 안 된다. 인간 소외의 문제는 이미 20세기에 주요한 주제였고 오늘날에도 여전히 주요한 문제가 되고 있다. 왜냐하면 인간 소외의 문제는 과학 뿐만 아니라 사회체제와도 연관되어 있기 때문이다. 즉 '돈'을 인간보다 중요시하는 체제에서는 인간 가치의 상실과 인간 소외가 지속될 수밖에 없다.

니체는 이에 맞서서 인간의 참다운 가치를 회복하기 위한 투쟁을 하자고 했다. 그 외침은 오늘날에도 여전히 유효하다. 니체는 과학만능주의 시대에 인간의 실존을 진지하게 고민한 철학자였다. 그는 귀족의 실존을 고민했지만, 오늘날 우리는 모든 사람의 실존을 고민해야 한다.

그때,
철학이
움텄다

니체는 1844년 10월 15일에 프로이센(오늘날의 독일)의 뢰켄에서 태어났다. 그날은 국왕 프리드리히 빌헬름 4세의 생일이었다. 아버지는 결코 우연이 아니라고 생각했다. 아들의 탄생이 국왕과 관련 있다고 생각했고, 그래서 아들에게 국왕과 같은 이름을 붙였다. 그러나 니체는 아버지의 기대와 달리, 국왕에 충성하는 삶을 살지 않고 시대를 비판하는 '시대의 반항아'로 살았다.

니체의 나이 다섯 살 때 아버지가 돌아가시자 그는 어머니와 할머니, 그리고 두 명의 고모와 여동생 사이에서 살았다. 그들은 집안의 유일한 남성인 니체를 신앙심이 깊은 아이로 키우고자 했다. 소년 니체는 그들의 바람대로 신앙심 깊은 모범적 생활을 하여, 친구들로부터 '꼬마 목사'라는 별명을 얻기도 했다.

그러나 고등학교에 진학하면서 니체는 달라지기 시작했다. 그는 목사가 되기를 바라는 집안의 기대와 달리 고대 그리스와 로마 시대의 고전에 파묻혀 살면서 신에 대해 회의하기 시작했다. 그때 그는 "기독교에서 벗어나 자유로운 시각을 가지려 하면서 마치 죄를 범한 것 같은 기분이 들었다. 그러나 이런 시도는 일생이 걸릴지도 모르는 과제다"라고 썼다. 이후 니체는 기독교의 신을 대신할 무언가를 찾는 지적 작업을 시작했다. 그리고 마침내 그것을 '초인'에게서 찾아냈다. 그래서 그는 선언했다. "신은 죽었다!"

양심의 소리에
귀를 기울여라

하이데거 《존재와 시간》

독일 학생 여러분. 국가사회주의혁명은 우리 독일인의 현존재의
완전한 변혁을 가져왔습니다. 이러한 혁명에서 항상 돌진하고 자
신을 헌신할 준비가 되어 있으며 인내를 갖고 성숙하는 자가 되는
것이 여러분에게 맡겨진 임무입니다. (…)
여러분은 독일 정신을 구현할 미래의 대학을 창조하기 위해서 함
께 지식을 구하고 함께 행동할 의무가 있습니다. 각자는 자신의 재
능과 적성을 발휘하고 계발해야 합니다. 이는 민족 전체가 자기 자
신을 회복하기 위한 분투에 자신을 투쟁적으로 헌신하는 것을 통

해서 일어납니다.

매일 그리고 매 시간 진정으로 충성하려는 의지를 확고히 하십시오. 이 국가에서 우리 민족의 본질을 구원하고 우리 민족의 가장 내적인 힘을 고양시키는 데 자신을 희생할 수 있는 용기를 여러분은 끊임없이 키워나가십시오.

'교설'과 '이념'을 여러분의 존재의 규칙으로 삼지 마십시오. 오직 총통만이 오늘날과 미래의 독일의 현실이자 법칙입니다.

1933년 독일 프라이부르크 대학 총장 하이데거(Martin Heidegger, 1889~1976)는 프라이부르크 지역의 학생 신문에 기고한 글 〈독일 대학생들에게 고함〉에 이렇게 썼다. '국가사회주의'는 히틀러의 나치 정권이 표방한 이념이었다. "오늘날과 미래의 독일의 현실이자 법칙"이라는 '총통'은 히틀러를 가리킨다. 하이데거는 히틀러와 나치 정권에 충성하라고 학생들을 선동했던 것이다.

30여 년의 세월이 흐른 1966년에 하이데거는 〈슈피겔(Der Spiegel)〉지와의 인터뷰에서 이 글을 쓴 이유에 대해 이렇게 말했다. "내가 총장직을 맡게 되었을 때 나치당과 타협을 하지 않고서는 일할 수 없다는 것이 분명해졌습니다. 지금이라면 그런 글을 쓰지 않았을 것입니다."

총장직을 수행하기 위해 어쩔 수 없었다는 변명이었다. 우리나라에서도 상황 논리를 내세운 변명을 자주 듣게 된다. 그런 변명을 하는 사람들은 당시 자신들의 위치가 별것 아니었다는 얘기를 덧붙인다. 하이데거 역시 마찬가지였다.

그러나 프라이부르크 대학 총장에 취임할 당시 하이데거는 상당한 영향력을 가진 철학자였다. 1933년 총장에 취임할 당시 그의 나이는 44세였다. 총장에 취임하기 10여 년 전부터 그는 훗날 유수의 사상가가 된 가다머, 카를 뢰비트(Karl Löwith, 1897~1973), 아렌트(Hannah Arendt, 1906~1975), 마르쿠제(Herbert Marcuse, 1898~1979) 등이 지도를 요청할 정도로 저명한 철학자였다. 또한 1927년에는 《존재와 시간(Sein und Zeit)》을 발표하여 유럽 철학계에 충격을 주기도 했다.

하이데거는 히틀러가 정권을 잡은 직후에 총장으로 선임되었는데 히틀러 시대에 대학 총장이 된다는 것은 실질적으로 나치 정권에 참여함을 의미했다. 반대자들은 모두 총장 자리에서 쫓겨나거나 총장 자리에 취임할 수 없었기 때문이다. 실제로 하이데거의 전임 총장은 취임 2주일 만에 히틀러 정권에 의해 쫓겨났다.

제2차 세계대전이 끝난 후 하이데거는 나치 참여를 참회하라는 요구에 침묵으로 일관했다. 오히려 나치의 유대인 학살 같은 범죄행위는 자신과 무관하다는 태도를 취했다. 결국 세계적 철학자라는 하이데거는 나치 정권에 참여할 때 가졌던 자신의 생각이 옳은 것이었는지 그릇된 것이었는지에 대해 한마디도 하지 않았다. 아마도 하이데거의 나치 참여는 그 자신의 철학과 연관되었기 때문일 것이다.

인간은 세계 안에 존재한다

하이데거의 대표적인 저서 《존재와 시간》은 그가 나치에 참여하기 전에 발표되었다. 제목에서 짐작되듯 이 책에서 하이데거는 존재가 무엇인지를 탐구한다. 존재론은 우주 만물의 근원이 무엇인지를 탐구하는 것으로, 철학은 존재론에서 시작되었다고 해도 과언이 아닐 것이다.

그런데 19세기와 20세기 초 유럽의 철학은 존재론보다는 인식론과 윤리론에 매달려 있었다. 18세기 말에 독일의 철학자 칸트(Immanuel Kant, 1724~1804)가 《순수이성비판(Kritik der reinen Vernunft)》을 발표한 이후, 세계를 어떻게 인식할지를 다루는 인식론은 유럽에서 철학의 중심 주제가 되어 있었다. 존재론과 마찬가지로 철학의 오랜 주제였던 윤리론 역시 19세기 들어 인식론과 함께 더욱 높은 관심을 받으며 존재론을 뒷전으로 밀어냈다.

하이데거는 "존재에 대한 물음은 오늘날 망각 속에 빠져 있다"면서 뒷전으로 밀렸던 존재론을 다시 철학의 중심 문제로 부각시키고자 했다.

《존재와 시간》에서 하이데거는 '존재'와 '현존재'를 구분한다. 존재는 '저쪽에서 나타나는 것'이고, 현존재는 '이쪽에서 보이는 것'이다. 존재와 현존재는 대립한다. 그리고 현존재는 존재에 근거해서만 나타난다.

그런데 하이데거는 존재의 규명을 목표로 했지만 실제적으로는 현존재를 탐구했다. 저쪽의 것을 직접 알 수 없기 때문에 그것이 구체적으로 드러나는 이쪽의 것을 탐구할 수밖에 없었던 것이다.

그렇다면 현존재란 무엇인가? 하이데거는 "물음이라는 존재 가능성을 지닌 존재자"를 현존재라고 규정했다. '존재란 무엇인가?'라고 물을 수 있는 존재가 현존재라는 말이다.

 그렇다면 현존재란 인간을 가리킨다. 우주 만물 중에 존재에 대해 물을 수 있는 존재자는 인간뿐이기 때문이다. 그러나 하이데거는 '인간'을 탐구 대상으로 하지 않았다. 그는 현존재가 '나'라는 존재라고 말한다.

 현존재는 단순히 다른 존재자들 사이에 존재하고 출현하는 존재자가 아니다. 현존재는 오히려 나라는 존재와 관련되어 있으며 이 나라는 존재 자체와 관계함으로써 존재적으로 구별된다. 그렇다고 본다면 현존재의 존재 구성은 그것이 나라는 존재이며, 이 나라는 존재에 대해 어떤 존재 관계를 가진다는 말이다. 그리고 이것은 또한 현존재는 나라는 존재로서 어떤 양식과 명확성을 가지고 자신에 대해 이해하고 있음을 의미한다. 이 현존재는 나라는 존재와 더불어 나라는 존재를 통하여 나라는 존재가 나 자신에게 열려 있는 그러한 존재다.[1]

 하이데거는 현존재가 '나'라고 함으로써 자신의 탐구 대상이 '인간'이 아니라 '한 인간'임을 분명히 했다. 인간이 집합적 개념이라면 한 인간은 그 집합을 구성하는 개개인을 의미한다. 하이데거는 개인을 탐구함으로써 인간이라는 존재를 이해하고자 했던 것이다.

 그런데 어떤 개인이든 홀로 고립되어 살아갈 수는 없다. 다른 사람이나 환경 등과 밀접하게 관계를 맺으며 살아간다. 하이데거의 말을 들어보자.

현존재의 본질은 '어떤 세계 안에 존재한다'는 것이다. 따라서 현존
재에 속하는 존재 이해는 동일 근원적으로 '세계'라고 하는 이해와
세계 내부에서 접할 수 있는 존재자의 존재에 관한 이해에까지 미
친다.[8]

하이데거는 세계 안에 존재하는 것이 현존재의 본질이라면서 '세계-
내-존재'라는 개념을 창안했다. 인간은 세계 속에서 살아갈 수밖에 없
으므로 세계-내-존재가 현존재의 근본이라 했던 것이다.

이상이 하이데거가 《존재와 시간》에서 탐구하려던 주제와 이를 위한
주요 개념이다. 하이데거는 세계-내-존재인 현존재를 탐구 대상으로
하여 방대한 내용을 서술했다. 하이데거는 유럽 철학사에서 존재론과
관련한 것을 전반적으로 검토했고 자신의 주장을 입증하기 위한 여러
가지 새로운 개념을 창안했다. 방대한 내용과 낯선 개념들로 인해 《존
재와 시간》은 일반 독자가 이해하기 대단히 어려운 책이 되었다.

여기에서는 한 인간의 삶과 관련된 부분을 중심으로 살펴보자.

이반 일리치의 삶

하이데거는 러시아의 작가 톨스토이(Lev Nikolaevich Tolstoi, 1828~
1910)가 쓴 《이반 일리치의 죽음》을 높이 평가했으므로, 그 소설에 등

장하는 주인공 이반 일리치를 한 인간의 모델로 하자. 이반 일리치의 직업은 판사였다. 《이반 일리치의 죽음》의 배경이 되는 19세기 러시아에서 판사는 오늘날보다 더 귀한 직업이었다. 귀족만이 판사가 될 수 있었으므로 상류층의 직업이었던 것이다.

일리치는 훌륭한 가문에서 자란 매우 예쁘고 사랑스러운 여자를 만나 결혼했다. 또한 일리치는 부족함이 없는 삶을 살았다. 허드렛일은 하인과 하녀가 모두 처리했다. 일리치의 유일한 관심은 고관대작으로 출세하는 것뿐이었다.

사람들은 대개 일리치와 같은 삶을 원할 것이다. 좋은 집안에서 태어나 좋은 직장에 들어가고 승진에 승진을 거듭하다 좋은 배우자와 결혼하여 남부럽지 않게 사는 삶. 어떤 가수는 "저 푸른 초원 위에 그림 같은 집을 짓고 사랑하는 우리 님과 한 백 년 살고 싶어"라고 노래하지 않았던가. 사람들은 이런 삶을 행복한 삶이라고 생각한다.

그런데 하이데거는 의문을 제기했다. 사람들은 행복한 삶의 기준을 자기 스스로 설정한 것인가? 하이데거는 주변에서 설정해놓은 것을 마치 자기가 설정한 듯이 생각하는 것은 아닌지 질문했다.

가장 친근한 환경세계 안에서는 언제나 이미 공개적 '환경'이 도구적으로 존재하며 배려되고 있다. 공공의 교통기관이나 보도기관(신문)을 이용할 때 타인은 모두 같은 타인이다. 이러한 상호존재는 각자의 현존재를 '타인'의 중성적 존재 양식 안으로 완전히 녹아들게 하며, '타인'들의 차이나 명확함은 더 한층 소멸된다. 그리고 이 눈에 띄지 않음과 규명의 어려움 속에서 그들은 그들의 본격적인 독재권을 발휘한다. 우리는 남들이 하듯이 향락을 즐기고 오락을 찾으며, 남들이 하듯이 문학이나 예술을 읽고 감상하고 비평하고, 그리고 남들이 하듯이 '대중'으로부터 물러서기도 하고 남들이 격분하는 것에도 역시 격분한다. 이 '사람'—그것은 특정한 사람도 아니고 총계로서의 의미도 아닌, 모든 사람이며 그들이다—이, 그들이 일상성의 존재 양식을 지정해주고 있다.[9]

'환경세계'란 일상 세계를 의미한다. 일상세계에서 모든 사람은 '나'에게 독재권을 행사한다. 그래서 나는 남들이 하는 것을 따라 할 뿐이다. 행복한 삶의 기준 역시 마찬가지다. 남들이 설정한 기준일 뿐이다.

이러한 삶을 하이데거는 '비(非)본래적 삶'이라고 했다. 비본래적 삶이란 남들이 시키는 대로 살아가는 삶을 말한다. 그것은 우리의 일상생활이다. 남들이 설정해놓은 대로 좋은 학벌, 좋은 직장, 좋은 배우자를 추구하는 삶을 산다. 그런데 그것들을 얻으면 행복할까?

남들을 따라 하는 비본래적 삶을 살기 때문에 아무리 좋은 학벌과 직장, 그리고 배우자를 가졌더라도 일상의 삶 속에서 어떤 때는 따분하고 또 어떤 때는 이유를 알 수 없는 불안감을 느낀다. 자기 자신의 삶이 아니기 때문에 따분할 수밖에 없다. 또한 언제든 자신이 가진 것을 잃어버릴지도 모른다는 불안감에 시달리게 된다. 이런 따분함과 불안감은 자신이 잘못 살고 있다는 일종의 경고다. 그럼에도 사람들은 이 경고를 무시한다. 일시적인 기분 문제일 뿐이라며.

그러던 어느 날 죽음이라는 문제에 부닥친다. 다시 이반 일리치의 삶으로 돌아가 보자. 이반 일리치는 어느 날 자신이 이름 모를 불치병에 걸렸다는 사실을 알게 되었다. 그 병은 치명적이어서 일리치는 죽음에 직면했음을 알았다.

하루아침에 천국에서 지옥으로 추락하는 느낌이었다. 이반 일리치는 이렇게 외쳤다.

죽음! 아, 죽음! 남들은 죽음에 대해 아무것도 모른다. 알려고도 하지 않는다. 그 사람들은 결코 나를 동정하지 않는다. 그 사람들은 여유롭게 자신들의 삶을 즐기고 있을 뿐이다.

우리는 때때로 죽음에 대해 생각하지만 대개의 경우 지나쳐버린다. 다른 사람의 죽음을 목격했을 때에도 마찬가지다. 지인의 부모님이 돌아가셔서 조문 갈 때를 생각해보자. 상주를 위로하고 어떻게 돌아가셨는지를 묻는 것으로 끝이다. 죽음에 대해 심각하게 생각하지 않는다. 그저 '연세가 많아서 돌아가셨구나'라며 죽음을 '자연적 사건' 정도로 치부해버리고 만다.

그러나 만약 내가 죽음에 직면했다면 상황이 달라진다. 처음에는 이반 일리치처럼 절망할 것이다. 자신이 처한 상황에 공감하지 않는 주변 사람들도 원망할 것이다. 이런 상황에 처한 개인을 하이데거는 '고독자'라고 했다.

그러나 시간이 지나면서 죽음을 받아들이고 자기 자신을 되돌아보게 된다. 고독자인 개인은 자기를 되돌아보고 세속적 욕망이 아닌 자기가 본래 추구하고자 했던 것을 떠올리게 된다. 그래서 죽음에 대한 인식은 삶의 종말이 아니라 새로운 삶의 시작이 된다. 이제까지 추구해왔던 삶이 허망하다는 사실을 깨닫고 삶의 진정한 목표를 세우고 실천하는 삶을 살게 된다는 것이다.

이반 일리치 역시 마찬가지였다. 그는 자신의 삶이 과연 행복했나를 하나하나 되돌아본다. 인간은 자신의 삶을 되돌아볼 수 있다는 점에서 동물과 다르다. '나는 누구인가? 나는 어떤 삶을 살아야 하는가?'를 고민하면서 자기 자신을 문제 삼을 수 있는 존재가 인간이다.

이렇듯 자기 자신을 되돌아보는 삶을 하이데거는 '본래적 삶'이라고 했다. 인간 본연의 삶이라는 얘기다. 하이데거는 죽음에 직면한 상황이 본래적 삶의 계기가 되리라고 보았다. 본래적 삶을 촉구한 하이데거의 문제의식은 정당했다. 그러나 극한적 상황에 처해야 본래적 삶을 살 수 있다면 그것은 진정한 본래적 삶이 아닐 것이다.

양심의 소리에 귀 기울이라

하이데거에 따르면, 인간의 본질은 '세계-내-존재'이므로 세계와 어떻게 관계 맺을 것인가가 중요하다. 우리는 일상의 삶 속에서 무수히 많은 존재들과 관계하며 살아간다. 집에서는 부모의 보살핌을 받으며 자란다. 밖에 나가서는 친구를 만나고 선생님으로부터 배우며 살아간다. 그 밖에도 무수히 많은 존재와 관계를 맺으며 살아간다.

그런데 세계-내-존재란 단순히 세계 안에 있다는 의미를 넘어서서 우리가 우리를 둘러싼 존재들과 밀접한 관계를 맺으며 살아간다는 의미다. 우리는 다른 사람들과 온몸으로 부대끼며 살아간다. 함께 일하고, 함께 웃고, 함께 행복해하고, 함께 슬퍼하면서 살아간다. 이것이 하이데거가 말하는 세계-내-존재의 의미다.

인간을 세계-내-존재로 파악했기 때문에 하이데거는 그 이전의 철학과 갈라섰다고 볼 수 있다. 그 이전의 철학은 우리가 지각하거나 인식함으로써 어떤 존재를 알 수 있다고 했다. 데카르트(René Descartes, 1596~1650) 이래의 근대 유럽 철학은 인식의 주체와 대상을 분리했다. 그리고 인식의 주체가 어떻게 하면 그 인식 대상을 더 정확히 알 수 있는가에 대해 수많은 가설을 제기해왔다.

그러나 하이데거는 우리가 어떤 존재를 지각하거나 인식하기 이전에 이미 일상의 삶에서 대상과 서로 관계한다고 했다. 여기 컵이 있다고 해보자. 하이데거 이전의 철학에서는 컵의 재질이 무엇이고 모양은 어떻게 생겼는지 알려고 했다. 컵의 재질과 모양을 정확히 알아야 컵에 대해 제대로 알 수 있다고 보았기 때문이다.

하이데거의 생각은 다르다. 컵을 들고 물을 마실 때, 즉 컵과 관계하며 온몸으로 부딪칠 때 이미 컵에 대해 알고 있다는 것이다. 그러므로 인식의 주체와 대상을 분리하는 것은 잘못된 사고방식이다. 주체와 대상은 이미 일상에서 서로 부딪치며 관계하고 있다.

그러면 우리는 다른 사람 혹은 사물들과 어떻게 관계를 맺고 있을까? 예컨대 우리는 못을 박아야 할 때 망치를 찾는다. 달리 말하면 망치는 못을 박을 목적에 필요한 도구라는 것이다. 인간관계 역시 이런 측면이 있다. 예를 들면 승진이라는 목적에 도움이 되는지 아닌지를 가려서 관계를 맺는 경우다.

이렇듯 목적 달성을 위한 도구로서 관계를 맺는 것을 하이데거는 '도구적 관계 맺음'이라고 했다. 우리는 흔히 일상의 세계에서 다른 사람이나 사물들과 도구적 관계 맺음을 한다. 하이데거는 이런 도구적 관계 맺음을 비본래적 삶에 불과하다고 말한다.

하이데거는 세계를 일상의 세계와 근원적인 세계로 나누었다. 이는 존재를 존재와 현존재로 나눈 것에 상응한다. 일상의 세계는 현존재가 살아가는 세계고 근원적인 세계는 존재가 나타나는 세계다.

하이데거는 두 세계가 분리되어 있지는 않다고 말한다. 일상의 세계에서 망치는 근원적인 세계에서도 망치라는 것이다. 다만 그 망치를 어떻게 대하느냐, 즉 그 망치와 어떤 관계를 맺느냐에 따라 일상의 세계와 근원적인 세계가 달라진다는 것이다.

예를 들어 망치를 못 박을 때나 쓰는 단순한 도구로 생각하면 함부로 쓰다 버릴 것이다. 반면에 망치를 내 몸의 일부처럼 여긴다면 항상 소중히 다루고 절대 함부로 사용하지 않을 것이다. 망치의 사례에서 보면, 도구적 관계 맺음을 하는 곳이 일상의 세계이고 내 몸과 같이 관계 맺음을 하는 곳이 근원적인 세계다.

세계가 달라지면 세계-내-존재인 인간의 삶 역시 달라진다. 하이데거는 일상의 세계를 넘어 근원적인 세계로 가자고 했다. 그것은 비본래적인 삶을 넘어 본래적인 삶을 살아가는 것이다.

그러면 어떻게 비본래적인 삶과 일상의 세계에서 벗어날 수 있을까? 이것은 단순한 결단으로는 안 된다. 사람들은 주변 환경에서 벗어나기 매우 어렵기 때문이다. 온갖 유혹을 뿌리치는 삶을 살기란 대단히 어렵다. 그래서 하이데거는 죽음이라는 극단적인 상황을 상정했던 것이다.

물론 극단적 상황에 처해야만 비본래적 삶에서 벗어날 수 있는 것은 아니다. 하이데거는 '양심의 소리'를 들음으로써 본래의 자기를 일깨울 수 있다고 했다. 일상의 세계에 안주하는 사람은 양심의 소리에 귀기울이지 않는다. 일상의 세계를 넘어서려는 사람만이 양심의 소리를 귀담아듣는다. 양심의 소리란 사회가 제시하는 도덕법칙이 아니다. 만약 그런 도덕법칙에 자신의 삶을 일치시키려 한다면 그것 역시 일상의 세계에 매몰된 삶이라는 것이 하이데거의 생각이다. 도덕법칙 역시 남들이 제시한 것일 뿐이기 때문이다. 하이데거의 말을 들어보자.

양심은 현존재의 본래성이다. 그것은 때때로 출몰하는 객체적 '사실'이 아니다. 양심은 어디까지나 현존재라는 존재 양상에 의해서만 '실존'한다. (…) 양심은 '무언가'를 알려준다. 다시 말해 양심은 '열어 보인다'. (…) 양심을 보다 자세히 분석해보면 그것이 '호소의 소리'임을 알 수 있다. (…) 양심이 호소하는 소리는 현존재의 가장 고유한 자기 존재 기능을 현존재에게 불러일으킨다. 또한 그 소리는 현존재를 가장 고유한 책임 있는 존재로서 불러일으키는 성격을 지니고 있다.[10]

양심은 인간의 마음속에 있는 '그 무엇'이다. 우리는 양심의 소리에 귀 기울임으로써 본래의 자기를 일깨우고 내적인 변혁을 이루게 된다. 그래서 인간 고유의 가장 책임 있는 존재로 거듭나게 되는 것이다.

하이데거는 우리가 듣게 되는 양심의 소리가 무엇인지에 대해 말하지 않았다. 아마도 사람마다 듣게 되는 양심의 소리가 다르다고 생각했기 때문일 것이다. 어떤 양심의 소리를 듣게 되든 우리가 인간 본연의 삶을 살기 위해 노력하는 일이 중요할 것이다. 하이데거가 양심의 소리를 거론한 이유는 죽음과 같은 절망의 상황이 닥쳐서야 자기를 되돌아볼 것이 아니라, 일상에서 항시 자기를 되돌아보는 삶을 살라고 촉구하고 싶었기 때문일 것이다.

비본래적 삶을 산 철학자

하이데거는 인간 본연의 본래적 삶을 살라고 촉구했다. 그런데 그 주장이 나치 정권에의 참여와 어떤 연관이 있을까? 앞서 말했듯 하이데거는 나치에 참여한 이유를 명쾌하게 밝힌 적이 없다. 그러나 그가 나치를 열렬히 지지했음은 분명하다. 그는 프라이부르크 대학 총장 취임 연설에서 학생들에게 국가와 민족을 위해 '노동과 국방, 그리고 지식 봉사'를 하라고 강조했다. 나치 정권을 지지하고 따르라는 선동이었다.

하이데거가 침묵했으므로 가까운 사람의 얘기를 들어볼 수밖에 없다. 하이데거의 제자인 가다머의 얘기를 들어보자. 가다머는 하이데거의 행적에 대단히 우호적이었다. 그는 "나치 혁명은 타락한 혁명이었으며 하이데거가 꿈꾸고 열망했던 민족의 정신적, 도덕적 힘의 위대한 혁신이 아니었다"라고 했다.

하이데거는 '민족의 정신적, 도덕적 혁신'을 위해 나치에 참여했지만 나치 정권은 하이데거의 기대와 어긋났다는 말이다. 여기에서 분명한 것은 하이데거가 나치를 혁신의 주체로 보았다는 점이다.

하지만 하이데거의 나치 참여는 어떤 명분에서든《존재와 시간》에서 표명한 사상과 모순된다. 그는 혁신의 계기가 인간의 내적 각성에 있다고 보았다. 양심의 소리에 귀 기울이고 자기 자신을 성찰함으로써 본래적 삶을 살 수 있다고 주장한 것을 보면 그러하다.

그런데 가다머의 말에 따르면 하이데거의 나치 참여는 '세계의 혁신'을 위한 것이었다. 즉 하이데거는 세계를 바꿈으로써 세계-내-존재인 인간을 바꾸려 했다는 것이다. 그러나 세계가 요구하는 대로 인간을 바꾼다는 것은, 인간에게 비본래적 삶을 강요하는 일일 뿐이다.

그래서 하이데거의 나치 참여는 그 자신의 주장에 모순된다. 그러나 하이데거는 모순으로 느끼지 않은 것 같다. 왜 그럴까?

두 가지 측면에서 생각해볼 수 있다. 첫째, 인간에 대한 불신이다. 하이데거는 세계를 일상의 세계와 근원적인 세계로 나누었다. 물론 하이데거는 두 세계가 분리된 것이 아니라고 했지만 실제적으로는 두 세계를 대립시키고 그 사이에 건널 수 없는 심연을 파놓았다. 하이데거가 죽음이라는 극한적 상황을 설정한 것이 그 증거다.

일상의 세계에서 근원적인 세계로 가려면 도약을 해야 한다. 그런데 하이데거는 인간을 도약이 어려운 존재라고 보았다. 죽음이라는 극한의 상황에 이르러서도 자신을 되돌아보게 될지 의심스러운 존재가 인간이다. 그래서 하이데거는 인간의 혁신보다 인간의 삶에 직접적 영향을 미치는 세계의 혁신에 관심을 기울였고, 결국 나치에 참여했다.

일상의 세계와 근원적인 세계의 구분 역시 문제가 있었다. 비유하자면 그 구분은 현실과 이상을 대립시키고, 현실 바깥에 이상을 설정하는 것과 같다. 이 경우 이상만을 중시하고 현실을 무시하는 이상주의자가 되거나 현실을 무리하게 이상에 맞추어 개조하려는 전체주의로 흐를 위험성이 있다. 앞서 말했듯 현실을 무리하게 개조하려는 시도는 인간에게 비본래적 삶을 강요하는 것일 뿐이다.

하이데거의 나치 참여와 관련하여 생각해볼 수 있는 두 번째 측면은 근대 민족주의적 사고다. 《존재와 시간》에서 하이데거는 개인을 주체로 설정했음에도 자신은 나치에 참여하면서 '민족의 정신적 혁신'을 얘기했다. 주체를 개인에서 민족으로 대체했던 것이다.

그 계기는 독일의 상황이었다. 독일은 제1차 세계대전의 전범 국가로서 국제적 위상이 추락하고 막대한 전쟁 보상을 치러야 했다. 이때 히틀러가 등장했다. 그는 독일이 처한 상황이 굴욕적이라며 독일의 자존심을 회복하자고 선동했다. 1930년 선거에서 나치당은 제2당이 되었고 그다음 선거에서는 제1당이 되어 히틀러가 정권을 장악했다.

하이데거는 히틀러의 선동에 찬동했다. 그 역시 독일의 상황을 굴욕적으로 보고는 자존심 회복을 위한 민족적 정신의 혁신을 요구했다. 전범 국가 독일에 대한 성찰은 없었다. 하이데거는 근대 민족주의적 사고에 사로잡혔던 것이다. 그래서 히틀러의 나치즘이 극단적이고 공격적인 민족주의였음에도 하이데거는 지지했던 것이다.

양심의 소리에 귀 기울이며 본래적 삶을 살라고 촉구한 하이데거의 주장은 타당했다. 그러한 삶이 인간 본연의 삶이다. 그러나 하이데거는 자신의 주장과 다른 삶을 살았다. 그는 양심의 소리에 귀 기울이지 않고 비본래적 삶을 살았던 전형적 지식인이었다. 하이데거의 삶은 아는 것과 행동하는 것, 즉 지(知)와 행(行)의 합일이 쉽지 않음을 보여준다.

하이데거는 자신의 철학을 통해 우리가 어떻게 살아야 하는지를 제시해주었다. 반면 그는 자신의 행동을 통해 우리가 어떤 삶을 경계해야 하는지도 보여주었다.

인간 자신만이
인간을 구원한다

사르트르 《실존주의는 휴머니즘이다》

　1945년 10월 29일, 사르트르(Jean Paul Sartre, 1905~1980)는 파리에 있는 클럽 망트낭에서 강연을 했다. 그 강연은 몇 가지 이유에서 상당한 대중적 관심을 불러일으켰다. 우선 그 강연은 파리가 독일 나치 정권의 지배에서 해방되고 불과 1년 만에 열린 것이었다. 전쟁의 상흔이 아직 씻기지 않은 가운데 앞으로 무엇을 해야 하는지에 대한 사람들의 관심이 매우 높은 때였다.

　강연자와 강연 내용 또한 사람들의 관심을 끌기에 충분했다. 강연자인 사르트르는 전쟁에 참전했다가 포로가 되기도 했고 나치 정권에 맞서 레지스탕스 운동을 전개하기도 했던 철학자였다. 그리고 강연의 제목은 '실존주의는 휴머니즘인가?'였다. 실존주의와 휴머니즘은 당시 가장 관심을 끄는 주제였다.

인류는 두 차례에 걸친 세계대전을 겪으며 두려움에 떨었다. 또한 히틀러 정권의 상상할 수 없던 범죄행위에 경악했다. 인간에 대한 신뢰가 붕괴되고 인간은 불안과 공포에 몸서리쳐야 했다.

제1차 세계대전 이후 봇물처럼 쏟아지기 시작한 실존주의 철학은 제2차 세계대전을 지나며 하나의 '유행'이 되었다. 사르트르는 실존주의라는 말이 철학적 용어만이 아니라 일상적 언어로도 자리 잡았음을 보여주는 사례를 들었다. 한 평범한 여자가 상대방과 언쟁을 하다가 "제가 실존주의자가 된 모양이에요"라고 말했다는 것이다.

실존주의란 '실존'을 탐구하는 철학을 가리킨다. 실존은 '실질적으로 존재하는 것'을 의미한다. 이 세계에 실질적으로 존재하는 것은 무수히 많다. 동물, 식물, 미생물 등이 실존하며, 심지어 돌과 같은 무생물도 실존한다. 실존주의는 그렇게 무수히 많은 실존하는 것 중에서 인간을 탐구한다.

그렇다면 의문이다. 모든 철학이 인간을 탐구하는데 어째서 유독 실존주의가 제2차 세계대전 이후 유행하게 되었을까? 실존주의의 창시자라는 19세기 초반의 덴마크 철학자 키르케고르(Søren Aabye Kierkegaard, 1813~1855)에게서 답을 찾아보자.

키르케고르는 인간이 '고립된 개별 존재'일 수밖에 없다고 했다. 과연 그럴까? 우리는 가정생활을 하고 친구들과 어울리며 사회생활을 하지 않는가. 그러나 키르케고르에 따르면, 인간은 집단생활을 할지라도 결국에는 홀로 남겨질 수밖에 없다고 했다. 우리도 문득문득 혼자라는 느낌을 받을 때가 있다. 그래서 키르케고르는 인간을 '단독자', 즉 홀로 남겨진 존재라고 했다.

이처럼 실존주의에서 다루는 인간은 '개인'이다. 사르트르는 실존주의가 '코기토'에서 출발한다고 했다. 코기토는 데카르트가 말한 "코기토 에르고 숨(Cogito ergo sum: 나는 생각한다, 그러므로 나는 존재한다)"에서 따온 말이다. 달리 말하면, 사르트르는 "인간이 자기의 고독 속에 도달하는 바로 그 순간으로부터" 실존주의가 출발한다고 했다.

"인간이 자기의 고독 속에 도달하는 바로 그 순간"이란 홀로 남겨졌다고 느끼는 순간이다. 그 순간 개인은 외로움과 불안, 그리고 절망감에 빠진다. 실존주의는 바로 그러한 감정을 다루는데 이는 전쟁과 같은 극한적 상황에서 특히 심각하게 드러난다. 실존주의에 대한 관심이 높아지고, 심지어 유행처럼 된 이유가 여기에 있다. 두 차례 세계대전을 겪으면서 사람들은 극도의 불안감과 좌절감을 느꼈던 것이다.

휴머니즘에 관심을 갖는 이유는 쉽게 추측할 수 있다. 전쟁이나 히틀러의 범죄와 같은 비인간적 상황을 겪는다면 인간이란 무엇인지에 대해 고민하지 않을 수 없다. 비인간적 상황이 초래될수록 인간의 고귀함에 더욱 관심을 갖게 되는 것은 당연한 일이다.

그런데 '실존주의는 휴머니즘인가?'라는 사르트르의 강연 제목은 좀 의아하다. 실존주의가 인간을 탐구한다면 당연히 휴머니즘과 연관되어야 할 듯하지만 사르트르는 휴머니즘의 한 경향과 선을 그으려 했다. 그는 실존주의적 입장에서 휴머니즘을 재정의하고자 했다. 바로 그런 점에서 사르트르의 철학은 오늘날까지도 유효하다.

《실존주의는 휴머니즘이다(L'existentialisme est un humanisme)》는 사르트르의 강연 내용을 책으로 발간한 것이다. 그 책은 강연 녹취록에 가깝다고 한다. 사르트르가 철저하게 준비하여 강연했음을 알 수 있다.

실존은 본질에 앞선다

사르트르는 두 종류의 실존주의자들이 있다고 했다. 유신론적 실존주의자와 무신론적 실존주의자가 그것이다. 그럼에도 그들은 공통점이 있다고 했다. 사르트르의 말을 들어보자.

실존주의 철학은 쉽게 정의될 수 있습니다. 다만 이때 일을 복잡하게 만드는 것이 있다면, 그것은 두 종류의 실존주의자들이 존재한다는 사실입니다. 우선 기독교적 실존주의자들이 있습니다. 나는 이들 속에 가톨릭교파인 야스퍼스(Karl Jaspers)와 가브리엘 마르셀(Gabriel Marcel)을 포함시킵니다. 다음으로 무신론적 실존주의자들이 있습니다. 이들 속에는 하이데거와 프랑스의 실존주의자들 그리고 저까지 포함시켜야 할 것입니다. 이 양자의 공통점은 간단하게 말해서 이들 모두가 실존이 본질에 앞선다고 평가한다는 사실, 또는 이렇게 말할 수 있다면, 이들 모두가 주체성으로부터 출발해야 한다고 평가한다는 사실입니다.[11]

실존이 본질에 앞선다! 이것이 사르트르가 주장하는 실존주의의 핵심이다.

유신론적 실존주의자들은 인간의 유한성을 강조한다. 인간은 유한한 존재이기 때문에 절대적이고 무한한 신을 따라야 한다는 것이다. 반면 무신론적 실존주의자들은 신의 존재를 배제한다. 인간은 신을 끌어들임으로써 자기 자신의 행동을 합리화하려 한다는 것이다.

이렇듯 양쪽이 상반된 주장을 하지만 사르트르가 보기에는 양쪽 모두 '실존이 본질에 앞선다'는 점에 동의한다는 것이다.

그러면 실존이 본질에 앞선다는 말은 무슨 의미일까? 이 말의 의미를 이해하기 위해 먼저 그 반대인 본질이 실존에 앞선다는 말의 의미를 살펴보자. 사르트르는 칼을 예로 들었다. 우리 눈앞에 두 자루의 칼이 있다. 하나는 종이를 자르는 칼이고, 다른 하나는 고기를 써는 칼이다. 두 자루의 칼은 용도와 제작 방법에 따라 각기 다른 모습을 하고 있다.

이때 우리 눈앞에 있는 두 자루의 칼이 칼의 실존이다. 그 칼들의 용도와 제작법이 칼의 본질이다. 용도와 제작법을 알아야 적합한 칼을 만들 수 있다는 점을 생각하면, 칼에게는 본질이 실존에 앞선다. 즉 본질에 의해 실존이 결정된다. 이러한 주장을 두고 사르트르는 세계에 대한 기술적 비전이라고 했다.

사르트르는 실존주의 이전의 철학자들이 세계에 대한 기술적 비전을 벗어나지 못했다고 비판했다. 유신론자는 신이 미리 설정한 개념에 따라 인간을 창조했다고 주장하는 반면 무신론자는 인간이라면 누구나 보편적인 본성을 가지고 태어난다고 주장한다는 것이다. 즉 사르트르에 따르면, 본질이 실존에 앞선다는 말은 인간이 생겨나기 이전에 인간에 대한 개념 혹은 인간의 본성이 먼저 존재한다는 의미라는 것이다.

왜 사르트르는 그렇게 주장하는 철학을 비판했을까? 실존이 본질에 앞선다는 말의 의미를 알아야 비판의 이유를 알 수 있다. 사르트르의 말을 들어보자.

> (실존이 본질에 앞선다는 말은) 인간이 먼저 세계 속에 실존하고, 만나지며, 떠오른다는 것, 그리고 인간이 정의되는 것은 그 이후의 일이라는 것을 의미합니다. (…) 이처럼 인간 본성이란 없는 것입니다. (…) 인간은 이처럼 실존 이후에 인간 스스로가 구상하는 무엇이기 때문에, 또 인간은 실존을 향한 이 같은 도약 이후에 인간 스스로가 원하는 무엇이기 때문에, 결국 인간은 인간 스스로가 만들어가는 것과 다른 무엇이 아닙니다.[12]

실존이 본질에 앞선다는 말은 인간 본성이든 인간에 대한 개념이든 존재하지 않는다는 것이다. 그러므로 있지도 않은 본질을 내세워 그것이 실존보다 앞선다고 주장하는 것은 어불성설이다.

인간은 스스로 자신을 만들어가는 주체적인 존재다. 그런데 본질이 실존에 앞선다고 하여 인간 본성이 인간을 구성한다고 하면 인간은 본성에 의해 규정되는 존재가 될 뿐이다. 그것은 인간에 대한 결정론적인 사고이고 인간의 주체성을 부정하는 주장이다. 그래서 사르트르는 재차 강조한다. 인간은 스스로 자신을 만들어가는 주체적인 존재다!

'실존이 본질에 앞선다'는 말은 실존주의의 제1원칙이다. 그 말은 인간의 주체성을 표현하는 것이다.

불안과 홀로 남겨짐, 그리고 절망

실존주의 철학이 다루는 주요 주제는 불안과 홀로 남겨짐, 그리고 절망이다. 사르트르는 이 각각에 대해 무엇이라 했을까?

먼저, 불안에 대해 살펴보자. 우리는 어느 때 불안을 느낄까? 불안은 두려움이나 공포와 다른 개념이다. 한밤중에 으슥한 골목을 혼자 걸어갈 때 느끼는 감정은 불안이 아니라 두려움 혹은 공포다. 불안은 다른 것이다. 길을 가다 도움이 필요한 사람을 발견했지만 바쁜 일이 있어 그냥 지나쳤다. 그것은 어찌할 수 없는 행동이었고, 그 행동으로 인한 불이익도 없다. 그렇지만 그 순간을 목격한 누군가가 나를 비난할 것 같은 마음이 든다. 이것이 불안이다.

사르트르는 불안이란 개념을 일상적 의미보다 더 확장해 사용했다.

불안이란 무엇을 말하는 걸까요? 실존주의자는 인간은 불안이라고 즐겨 선언합니다. 이 말은 다음과 같은 사실을 의미합니다. 즉 자기 자신에게 앙가제하는 인간, 그리고 자기란 한편으로 그 자신이 되기를 원하여 선택한 무엇이기도 하지만 또한 다른 한편으로 그 자신을 선택함과 동시에 인류 전체를 선택하는 입법자이기도 하다는 사실을 인식하는 인간은 결코 자신의 전적이고 깊은 책임

감으로부터 벗어날 수가 없는 것입니다.[13]

'앙가제하다(engager)', '앙가주망(engagement)'은 사르트르의 철학에서 매우 중요한 개념이다. 흔히 '참여' 혹은 '개입' 정도로 해석되는 단어로, 사르트르는 '자신의 전적인 책임을 의식하고 어떤 상황을 변경 또는 유지하기 위해 행동하는 것'을 가리키는 말로 사용했다.

불안과 관련하여 사르트르가 했던 말의 요점은 '인간은 불안'이라는 것이다. 인간은 자기 자신을 위해 행동한다. 그런데 그 행동은 다른 사람에게 모범이 되어야 한다. 그래서 인간은 자기 행동이 모범이 될지 걱정하지 않을 수 없다. 그 걱정이 불안이다. 물론 그러한 걱정을 하지 않는 사람들도 많다. 그런 사람들은 거짓말을 하고도 "누구나 거짓말을 하잖아"라는 식으로 자기변명을 한다. 사르트르는 이런 자기변명이 자기기만에 불과하다고 한다. 사르트르에 따르면, 불안은 자신의 행동이 누구에게나 모범이 되어야 한다는 책임감에서 생겨나는 감정이다.

다음으로 홀로 남겨졌다는 것은 무엇을 의미할까? 사르트르는 한 제자의 사례를 들었다. 그 제자는 선택의 기로에 있었다. 홀로 남으신 어머니를 모실 것인가, 아니면 자유프랑스군에 가담해서 독일 나치에 맞서 싸울 것인가?

그 제자가 어떤 결정을 하든 모두 정당했다. 사르트르는 이런 경우 '어떤 것이 더 가치가 있다'는 일반적인 도덕은 존재하지 않는다고 했다. 그러므로 제자는 홀로 선택을 해야 했던 것이다.

사르트르는 "홀로 남겨졌다는 것, 그것은 우리의 존재를 우리 자신

스스로가 선택한다는 것을 의미한다"라고 했다. 제자가 스승을 찾아왔
으므로 제자의 선택에 스승이 영향을 미쳤다고 할 수 있지 않을까. 사
르트르는 그렇지 않다고 했다. 제자가 스승을 찾아온 것 자체가 이미
선택이라는 것이다. 제자는 스승이 어떤 말을 할지 이미 알고 있었기
때문이다.

　홀로 남겨졌다는 것은 스스로 선택한다는 의미이기 때문에 불안을
동반한다. 자기의 행동이 남에게 모범이 되어야 한다는 책임 의식을
갖고 선택을 해야 하기 때문이다.

　마지막으로 절망을 보자. 사르트르는 절망에 대해 이렇게 말했다.

　절망에 대해 말하자면, 이 절망이라는 표현은 극히 단순한 의미를
　지닙니다. 즉 절망이라는 표현은 우리가 오로지 우리의 의지에 의
　해 좌우되는 것에만 기대할 수 있다는 것, 우리의 행동을 가능케 하
　는 그런 개연성의 모임에만 기대할 수 있다는 것을 의미합니다.[14]

　사르트르의 말은 대단히 역설적으로 들린다. 절망은 체념하여 포기
하는 것을 말한다. 그런데 사르트르는 절망이 '우리의 의지나 행동에
좌우되는 것에만 기대한다'는 의미라고 했다. 무슨 말인가? 체념이나
포기는 할 수 있는 것을 하지 않음을 의미한다는 얘기다.

　친구와의 약속 장소로 가는 경우를 생각해보자. 왜 약속 장소에 갈
까? 친구는 약속을 잘 지키는 사람이고, 친구가 오는 동안 사고를 당하
지 않을 것이라고 전제하기 때문이다. 이런 전제가 없다면? 그 친구와

약속을 하지 않을 것이다. 그것은 체념이나 포기가 아니다. 가능하지 않기 때문에 하지 않는 것일 뿐이다.

사르트르가 절망이라는 개념을 통해 강조하는 바는 할 수 있는 것을 하라는 것이다. 그래서 그는 "무언가를 꼭 희망해야 무슨 일을 하는 것은 아니다"라는 경구를 상기시킨다. 대회 때마다 꼴찌를 하는 달리기 선수를 생각해보라. 그는 체념하거나 포기하지 않는다. 대회가 열리면 출전하여 열심히 달린다. 1등을 할 수 있다는 희망 때문에 달리는 것이 아니다. 자신이 할 수 있는 일에 최선을 다하는 것이다.

그것이 인간이다. 사르트르는 "인간이란 자신의 행위 전체, 그리고 자신의 삶과 다른 것이 아니다"라고 말한다. 좋은 일이 있든 나쁜 일을 겪든 삶 자체를 누리는 것이 인간이다. 따라서 자신의 삶을 누리는 것이 선(善)이다. 체념과 포기를 해야 할 이유가 어디에 있겠는가.

사르트르는 불안, 홀로 남겨짐, 절망을 비관적인 의미로 설명하지 않는다. 인간이 가진 그러한 감정들은 제대로 행동하기 위한 것으로 설명한다. 그래서 사르트르는 "실존주의는 낙관주의"라고 말한다.

인간에겐 선천적인 가치가 없다

소설 《구토(La Nausee)》에서 휴머니스트들이 옳지 않다며 비웃기까지 했던 사르트르는 반(反)휴머니스트라는 비판을 받았다. 그래서 휴머니즘에 관한 자신의 입장을 적극적으로 개진할 필요가 있었다.

사르트르는 먼저 자신이 어떠한 휴머니즘을 비판했는지에 대해 말했다.

휴머니즘이라는 말로 사람들은 우선 인간을 목적으로 삼으며 최상
의 가치로 삼는 이론을 의미할 수 있습니다. 예를 들어 콕토의 소설
《80일간의 세계일주》에서 한 인물이 비행기로 산악 위를 비행하면
서 인간은 훌륭해라고 선언할 때, 이때 콕토에게는 방금 이야기한
의미의 휴머니즘이 있습니다. (…) 인간은 훌륭해라는 이 말은 결국
어떤 사람들이 행한 가장 고귀한 행위에 비추어서 우리가 인간에
게 어떤 가치를 부여할 수 있으리라는 것을 전제하는 것입니다. 이
러한 휴머니즘은 부조리합니다.[15]

사르트르는 '실존이 본질에 앞선다'는 입장에서 기존의 휴머니즘을
비판했던 것이다. 기존의 휴머니즘은 인간이 선천적으로 고유한 본성
을 가지고 있다는 전제에서 인간의 고귀함을 주장했는데 이는 사르트
르의 견해로는 인간에 대한 잘못된 인식일 뿐이었다. 그래서 그러한
입장을 펴는 휴머니즘에 대해 반대했던 것이다.
사르트르는 기존의 휴머니즘에 대비되는 실존주의적 휴머니즘을 주
장한다. 그렇다면 실존주의가 휴머니즘이라고 말할 수 있는 근거는 무
엇일까?

우리가 말하는 것이 휴머니즘인 이유는 다음과 같습니다. 우선 이
것을 통해서 우리가 사람들에게, 인간 그 자신 이외에는 다른 입법

자가 없다는 사실, 인간은 자기 홀로 남겨진 상태에서 스스로에 대하여 결정한다는 사실을 상기시켜주기 때문입니다. 또 이것을 통해서 우리가 사람들에게, 인간이 정확하게 인간으로서 스스로를 실현하는 일은 인간 자신에게로 되돌아감으로써 이루어지는 것이 아니라 언제나 인간 자신 밖에 있으면서 이런저런 자유이자 특수한 실현인 어떤 목표를 찾음으로써 이루어진다는 사실을 보여주기 때문입니다.[16]

인간은 스스로 결정하는 주체적인 존재다. 또한 인간은 언제나 목표를 실현하기 위해 노력함으로써 자신을 실현하는 존재다. 결국 인간은 자신의 미래를 스스로 만들어가는 존재다. 실존주의는 이러한 인간의 참모습을 제시한다. 그래서 실존주의는 휴머니즘이다. 인간이 고귀한 이유는 선천적인 가치 때문이 아니라 스스로의 삶을 개척하는 주체적인 존재이기 때문이라는 것이다.

사르트르는 인간이 자신의 본모습을 상실해가고 있음을 우려했다. 사르트르가 강연했던 당시에 전쟁의 경험에서 비롯된 지나친 불안과 공포심이 인간을 위축시키고 있었기 때문이었다. 인간의 본모습 상실은 오늘날에도 달라지지 않았다. 오늘날 인간은 자본이라는 거대한 힘에 의해 위축되고 있다. 그래서 오늘날을 사는 우리도 사르트르가 《실존주의는 휴머니즘이다》의 결론으로 강조한 말을 경청해야 한다.

실존주의는 차라리 다음과 같이 선언합니다. 신이 실존한다 하더라도 이 실존이 결코 아무것도 바꾸지 못할 것이라고 말입니다. 이 것이 바로 우리의 관점입니다. (…) 인간은 스스로 인간 자신을 되찾아야 하며, 또 이 세상 그 어떤 것도 인간을 인간 자신으로부터 구원하지 못한다는 것을 확신해야 합니다.[17]

인간 자신만이 인간을 구원한다!

세계관의 차이는 삶의 차이

사르트르는 《실존주의는 휴머니즘이다》에서 동시대의 독일 철학자 하이데거를 무신론적 실존주의자라고 했다. 그러자 하이데거는 1946년 〈휴머니즘 서간〉을 발표하여 반박했다. 하이데거의 말을 들어보자.

사르트르는 실존주의의 근본 명제를 다음처럼 진술한다. "실존이 본질에 앞선다." 이 명제에서 그는 현존(실존)과 본질을 플라톤 이래 "본질이 현존에 선행한다"라고 말하는 형이상학적 의미에서 수용한다. (…) 이러한 명제 역시 형이상학적 명제로서 형이상학과 더불어 존재 진리의 망각 안에 머물러 있다. 왜냐하면 (…) 우리는 본질적 존재와 현존재의 존재라는 이러한 존재의 구별이 과연 어떤 존재의 역사적 운명에 입각해 사유 앞에 도달했는가를 비로소 물어야 할 것이기 때문이다. (…) 본질(본질성)과 현존(현실성)의 구별은, 비록 그것의 본질 유래는 은닉되어 있으나, 서구의 역사 및 유럽적으로 규정된 모든 역사의 역사적 운명을 철저히 지배하고 있다. 그럼에도 불구하고 본질에 대한 현존의 우위를 주장하는 사르트르의 주요 명제는 실존주의라는 이름을 이러한 철학에 적합한 명칭으로서 정당화한다. 그러나 실존주의의 주요 명제는 앞서 언급한《존재와 시간》에서의 저 명제와는 조금의 공통점도 없다.[18]

사르트르의 철학을 실존주의라고 하는 것은 정당하지만 하이데거 자신은 실존주의와 무관하다는 얘기다. 그 근거로 사르트르는 실존과 본질을 구별하지만 하이데거 자신은 구별하지 않는다는 것을 들었다.

사르트르는 실존과 본질을 구분했지만 실질적으로는 본질, 즉 인간의 본성 또는 인간에 대한 보편적 개념이 없다고 했다. 즉 존재하는 것은 우리가 감각적으로 경험할 수 있는 실존일 뿐이다. 그러므로 사르트르의 존재론은 일원론이다.

반면 하이데거는 존재와 현존(실존)을 구분하고, 그 두 가지가 모두 존재한다고 했다. 하이데거에 따르면, 저쪽에 있는 존재와 이쪽에 있는 실존이 대립한다. 그리고 실존은 존재에 근거해서만 나타난다. 그러므로 하이데거의 존재론은 이원론이다.

이 두 사람의 주장은 '철학의 차이는 곧 세계관의 차이'임을 극명하게 보여주었다. 하이데거가 말하는 존재는 종교적으로 말하면 '신'과 같다. 신이 우주 만물을 창조했듯이, 존재에 의해서 실존이 생겨났다. 그러나 사르트르에 따르면, 실존은 다른 것에 대한 의존 없이 생겨났고 스스로 변화한다.

사르트르와 하이데거의 세계관 차이는 휴머니즘에 대한 입장에서도 드러난다. 사르트르는 실존주의가 휴머니즘이라고 했다. 실존주의는 인간을 자신의 삶을 스스로 만들어가는 자유로운 존재라고 정의하기 때문이다. 그런 점에서 인간은 고귀하다. 만약 인간의 자유를 억압하는 정치 사회적인 질서가 있다면 당연히 개혁되어야 한다. 그래서 사르트르는 억압적 질서를 개혁하기 위한 연대와 실천이 인간에게 요구되는 시급한 과제라고 했다.

반면 하이데거는 휴머니즘에 반대한다. 인간은 본래적 모습인 존재를 망각하고 비본래적 삶을 사는 존재이기 때문이다. 인간은 존재를 망각한, 타락한 존재일 뿐이다. 다른 사람과의 연대나 실천은 불필요하다. 다른 사람 역시 타락한 존재이기 때문이다. 다른 사람과의 연대는 타락한 비본래적 삶에서 벗어날 수 없게 할 뿐이다. 또한 정치적, 사회적 실천은 비본래적 삶을 강요할 뿐이다. 인간에게 요구되는 시급한 과제는 자신을 성찰하여 본래의 모습인 존재를 자각하는 것이다.

두 사람의 세계관 차이는 행적의 차이로 나타났다. 하이데거는 나치에 참여했던 반면 사르트르는 나치에 맞선 투쟁에 참여했다.

진정한 사랑은
성장을 낳는다

프롬 《소유냐 존재냐》

프롬(Erich Fromm, 1900~1980)은 알베르트 슈바이처(Albert Schwei-
tzer, 1875~1965)가 1954년에 노벨 평화상을 수상한 직후 밝힌 소감을
인용했다.

과감히 지금의 상황을 보십시오. 인간이 초인이 되는 상황이 벌어
졌습니다. (…) 이 초인은 초인적 힘을 지닐 만한 이성의 수준에는
올라서지 못했습니다. (…) 우리가 이전에는 온전히 인정하려고 하
지 않았던 사실, 이 초인은 자신의 힘이 커짐과 동시에 점점 더 초

라한 인간이 되어간다는 사실이 이제 명명백백해졌습니다. (…) 그러나 근본적으로 우리가 의식해야 할 점은, 이미 오래전에 의식해야만 했던 점은 초인으로서의 우리는 비인간이 되었다는 사실입니다.[19]

인간은 초인이 되었지만 오히려 초라한 비인간이 되었다고 했다. 20세기 인류가 처한 상황에 대한 진단이었다. 프롬은 이런 상황을 두고 "그릇된 환상의 종말"이라고 했다.

20세기에 인류는 물질적 풍요에 기초하여 최대 다수의 최대 행복과 무제한적인 자유를 누릴 수 있다는 희망을 가졌다. 그것은 산업기술의 발전이 보증하는 약속처럼 보였다. 기계가 인간의 노동을 대신하고 컴퓨터가 인간의 두뇌를 대신하는 등 산업기술의 발전은 약속이 실현될 것이라는 믿음을 갖게 했다.

그러나 약속은 실현되지 않았고 희망은 사라졌다. 프롬은 몇 가지 양상을 지적했다. 최대 다수의 최대 행복은 이루어지지 않았다. 경제적 성장은 일부 부유한 나라에 국한되었을 뿐, 부유한 나라와 가난한 나라 사이의 격차는 갈수록 벌어졌다. 부유한 나라 안에서도 소수의 부유한 자와 다수의 가난한 자 사이의 격차 문제가 심각한 상황에 이르렀다.

무제한적인 자유의 약속 또한 이루어지지 않았다. 인간은 자신의 삶을 스스로 지배하는 주인이 아니었다. 영화 〈모던 타임즈(Modern Times)〉의 찰리 채플린(Charles Spencer Chaplin, 1889~1977)이 보여주듯이, 인간은 거대한 기계의 부속품으로 전락하고 말았다. 또한 인간의 사고와 감정, 그리고 취미는 매스미디어에 의해 통제되었다. 그 매스미디어를 지배하는 건 일부의 자본가와 정부였다.

또한 산업기술의 발전은 심각한 생태학적 위기를 낳았다. 지구 생태계의 파괴는 지구상에 존재하는 모든 생명체에게 실질적 위협이 되었다. 인간이라고 예외일 수는 없다. 인간을 포함한 모든 생명체의 종말을 불러올지도 모르는 상태에 처한 것이다.

프롬이 표현했듯이 환상 같은 약속은 그릇된 것이었음이 드러났고, 그래서 그릇된 환상은 종말을 고하게 되었다. 왜 이렇게 되었을까? 자본주의사회의 모순 때문이었다. 자본주의사회에서 산업기술 발전의 성과는 소수에게 집중된다. 그들은 물질적 풍요를 누리며 행복과 자유를 구가했다. 반면 다수는 가난과 무권리 상태로 방치되었다. 그리고 소수는 무한한 욕망을 충족하기 위해 자연을 착취했고 생태계의 파괴를 가져왔다.

변화가 필요했다. 그러나 사활이 걸린 문제임에도 사람들은 움직이지 않았다. 그 첫째 이유는 인간의 심리 때문이다. 프롬은 1936~1939년까지 3년간 계속된 스페인 내전 당시 커스틀러라는 사람의 체험을 예로 들었다.

프랑코 군대가 진격해온다는 소식이 들렸을 때, 커스틀러는 마침한 친구의 안락한 별장에 머물러 있었다. 군대가 그날 밤 안으로 그 집에 당도하리라는 것은 의심의 여지가 없었다. 그는 자신이 총살

감이라는 것을 염두에 두지 않으면 안 되는 처지였고, 도망을 친다면 목숨을 건질 수는 있었다. 그러나 바깥은 춥고 비 내리는 어둠뿐이었고 집 안은 따스하고 아늑했다. 그래서 그는 주저앉았고, 결국 포로가 되었다. [20]

프롬은 인간이 커스틀러처럼 지금 당장 겪어야 할 고생보다는 차라리 막연해 보이는 미래의 재난을 택하는 심리가 있다고 했다. 그러나 인간을 수동적으로 만드는 요인에는 심리의 문제만 있는 것은 아니다. 프롬은 다른 선택, 즉 대안이 없을 때에도 인간은 움직이지 않는다고 했다.

그래서 프롬은 1976년에 발간된 《소유냐 존재냐(Haben oder Sein)》에서 인간의 두 가지 실존 양식인 소유 양식과 존재 양식의 분석과 아울러 새로운 사회의 가능성을 제시하고자 했다.

소유 양식과 존재 양식의 차이

소유하는 것과 존재하는 것은 별개의 것인가? 더 많이 소유하는 것을 목표로 하는 사회, 사람의 가치를 돈으로 계산하는 사회, 즉 자본주의 사회에서 소유하는 것과 존재하는 것을 구분하기는 어렵다. 자본주의 사회에서는 '아무것도 소유하지 못한 사람은 아무것도 아닌 존재로 여겨지기' 때문이다.

그러나 프롬은 소유와 존재의 구분이 인간 실존의 가장 결정적인 문제라고 보았다. 그의 말을 들어보자.

소유와 존재를 구분하는 문제는 몇 년 전부터 나의 머리를 떠나지
않았다. 나는 정신분석학적 방법을 빌려서 개인이나 집단을 구체
적인 고찰 대상으로 삼음으로써 두 실존 양식의 차이를 이루는 경
험적 토대를 찾아보고자 했다. 나의 고찰이 이끌어낸 명백한 결론
은 이 차이는 생명에의 애착과 죽은 자에 대한 애착의 차이와 함
께 인간 실존의 가장 결정적인 문제를 구성한다는 것과 또한 인류
학과 정신분석학의 경험적 자료들이 제시한 바로는 소유와 존재는
근본적으로 다른 인간 체험의 두 가지 형태로서 각 양식의 강도가
개인의 성격 및 여러 유형의 사회적 성격의 차이를 결정한다는 사
실이다.[21]

소유와 존재는 삶과 죽음만큼 인간에게 결정적인 문제라고 했다. 소
유와 존재 중 어느 쪽에 더 비중을 두느냐에 따라 삶의 양식이 달라진
다. 개인의 성격뿐만 아니라 사회적 성격도 달라지는 것이다. 프롬은
두 가지 삶의 양식을 구분하여 "소유적 실존 양식"과 "존재적 실존 양
식"이라고 했다.
소유적 실존 양식은 모든 것을 나의 것으로 만들려는 삶의 양식이
다. 반면 존재적 실존 양식은 모든 것과 참다운 관계를 맺으려는 삶의
양식이다. 자본주의사회는 근본적으로 소유를 지향하는 사회이기 때
문에 존재적 실존 양식의 실례를 찾기가 쉽지 않다. 대다수의 사람들

이 소유를 지향하는 삶의 양식을 당연한 존재 방식이라고 생각하기 때문이다.

그러나 프롬은 소유적 실존 양식과 존재적 실존 양식이 모두 일상생활에서 구분되어 나타난다면서 몇 가지 사례를 들었다. 그중 학습과 대화, 그리고 사랑에 대한 사례를 소개하기로 하자.

먼저 학습에서 소유적 실존 양식에 젖어 있는 학생과 존재적 실존 양식으로 세계와 관계를 맺고 있는 학생 사이에는 차이가 있다. 소유적 실존 양식의 학생들에게 학습 목표는 학습한 것을 기억하거나 기록하여 보관하는 것이다. 즉 학습 내용을 소유하는 것이다.

그래서 강의를 들을 때는 강의 내용을 하나도 놓치지 않기 위해 열심히 필기한다. 그리고 필기한 것을 암기하여 시험에 활용한다. 따라서 소유적 실존 양식을 가진 학생들의 사고는 넓지 않다. 그 학생들은 다른 사람의 주장을 암기만 할 뿐, 그 주장을 적용하지 못한다. 우리가 흔히 말하는 주입식 교육을 받은 학생들의 모습이다.

반면 존재적 실존 양식으로 세계와 관계를 맺는 학생들은 전혀 다른 특징을 보인다. 그들은 백지상태로 강의를 듣지 않는다. 강의 주제를 미리 생각해보고 의문이 있으면 스스로 해결하려고 노력한다. 그래서 그들은 강의에 매우 흥미를 느낀다. 미리 생각해보았기 때문이다.

그들은 강의를 듣는 것에 만족하지 않고 능동적이고 생산적으로 강의에 임한다. 강의를 들으며 미처 해결하지 못한 의문을 떠올리고 그 해결 방안을 찾는다. 강의에서 습득한 지식을 그저 암기하는 것이 아니라 강의에서 충격을 받고 자신의 생각을 변화시키려고 한다. 창의적 학습을 하는 학생들이 바로 존재적 실존 양식의 학생들이다.

다음으로 대화에 대해 알아보자. 의견이 다른 두 사람이 대화를 한다고 가정해보자. 두 사람이 소유적 실존 양식의 사람들이라면 서로 자기 의견을 양보하지 않는다. 자신의 의견이 자신의 소유물이므로, 의견을 바꾼다는 것은 손실을 의미하기 때문이다. 그래서 그들은 서로 자기 의견을 관철할 수 있는 적절한 논제를 끌어내려고 애를 쓴다.

반면 대화를 하는 한쪽이 존재적 실존 양식의 사람이라면 어떻게 될까? 그는 자기 의견을 잊어버린다. 자기가 알고 있는 지식과 지위조차 잊어버린다. 그는 그 어느 것에도 집착하지 않기 때문에 새로운 생각을 만들어낸다.

프롬은 두 부류의 차이를 이렇게 요약했다.

'소유적 인간'은 자기가 가진 것에 의존하는 반면, '존재적 인간'은 자신이 존재한다는 것, 자기가 살아 있다는 것, 기탄없이 응답할 용기만 지니면 새로운 무엇이 탄생하리라는 사실에 자신을 맡긴다. 그는 자기가 가진 것을 고수하려고 전전긍긍하느라 거리끼는 일이 없기 때문에 대화에 활기를 가지고 임한다. 그의 활기가 전염되어 대화의 상대방도 흔히 자기중심주의를 극복할 수 있다. 그리하여 그 이야기판은 상품(정보, 지식, 지위)을 교환하는 장터이기를 중단하고, 누가 옳은가는 이미 문제가 되지 않는 진정한 대화의 마당이 된다.[22]

이제 사랑에 대해 살펴보자. 그런데 사랑을 소유할 수 있을까? 사랑이란 어떤 물건이나 상품이 아니다. 실제로 존재하는 것은 사랑의 행위일 뿐이다. 우리는 그 행위를 통해 소유적 실존 양식의 사람과 존재적 실존 양식의 사람을 구별할 수 있다.

소유적 실존 양식에 젖은 사람은 사랑하는 대상, 즉 연인 혹은 배우자를 구속하고 지배하려 한다. 그것은 진정한 사랑이 아니다. 그가 사랑이라 말할 때 그것은 사실상 사랑이 없음을 은폐하려는 것에 불과하다.

사랑에는 연인이나 배우자에 대한 사랑만 있는 것이 아니다. 부모의 자식 사랑도 있다. 프롬은 얼마나 많은 부모들이 자식을 진정으로 사랑하는지 의문이라고 했다. 그는 "지난 2000년 서구 역사에서 볼 수 있는, 육체적 학대에서 정신적 학대에 이르기까지, 무관심과 순전한 소유욕에서 사디즘에 이르기까지 아이들에게 가한 부모의 잔혹한 행위에 대한 보고들이 어찌나 충격적인지 자식을 사랑하는 부모가 통례라기보다는 예외라고 여겨질 지경이다"라며 한탄했다.

존재적 실존 양식으로 세계와 관계를 맺는 사람의 사랑은 다르다. 그에게 사랑은 생산적인 활동이다. 그는 상대방을 배려하고 알고자 하고, 상대방에게 몰입하며, 상대방을 보고 즐거워한다. 그의 사랑은 상대방을 소생시키며 상대방의 생동감을 증대시킨다. 그래서 프롬은 진정한 사랑이란 "소생과 성장을 낳는 과정"이라고 했다.

존재적 실존 양식의 사람들은 서로 상대방을 소유하려 하지 않는다. 서로에게 무엇이든 베풀고, 서로의 마음을 움직이는 데에 온 힘을 기울인다. 그런데 프롬은 결혼이 상황을 바꾸어놓을 수 있음을 경고한다. 결혼은 서로의 육체, 감정, 관심을 독점할 권리를 부여한다. 그래서 어느 쪽도 상대방의 마음을 사려고 애쓸 필요가 없게 되고 사랑은 소유하고 있는 무엇, 즉 하나의 재산이 되어버릴 위험이 생긴다.

그래서 프롬은 결혼 이후 두 배우자의 태도가 소유적 실존 양식으로 변할 수 있음을 경계했다. 서로 상대방을 소유할 수 있으리라는 잘못된 기대감이 생겨나기 때문이다. 그 결과 사랑은 중단되어버린다. 존재적 실존 양식으로 관계를 맺는 사랑이 어려운 이유가 거기에 있다.

인간은 두 가지 성향을 가지고 있다

소유적 존재 양식과 실존적 존재 양식의 연원은 무엇일까? 프롬은 소유적 실존 양식이 사유재산에서 파생되어 나왔다고 했다. 자본주의사회에서 사유재산은 실질적인 불가침의 권리다. 사유재산의 원칙에 대해 프롬은 "내가 내 재산을 어디에서 어떻게 취득했으며, 그것으로 무엇을 할 것이냐 하는 것은 그 누구와도 상관없는 일이다. 내가 법을 저촉하지 않는 한, 나의 권리는 무조건적이고 절대적이다"라고 했다.

그런데 자본주의사회에서 사유재산의 소유자는 소수다. 대다수의 사람들은 재산이 없거나 아주 적다. 그렇다면 대다수의 사람들은 소유적 실존 양식을 갖지 않아야 한다. 그러나 실제로는 대다수의 사람들이 소유적 실존 양식의 삶을 살아간다.

어떻게 이런 일이 일어났을까? 프롬은 소유의 범위를 확대했기 때문에 그렇다고 말한다. 즉 소유의 대상을 재산에만 국한시키지 않는다는 것이다. 친구나 애인 같은 주변 사람들은 물론 심지어 건강이나 일 같은 것까지도 모두 소유의 대상으로 여긴다.

우리가 자주 사용하는 말들을 생각해보라. '내 선생님', '내 주치의', '내 여행' 등 소유의 느낌을 주는 말들을 사용한다. 단지 말뿐인가. 선생님이든 주치의든 내가 원하는 대로 해주기를 바란다. 이것은 우리가 그들을 소유물로 간주하고 있음을 보여준다. '내 여행' 역시 마찬가지다. 그 여행이 내 마음대로 되기를 원한다. 뜻대로 되지 않으면 화를 내고 여행사에 항의를 한다.

소유적 실존 양식에서는 나의 것에 대한 집착이 강하기 때문에 문제가 발생한다. 프롬의 말을 들어보자.

소유적 실존 양식, 재산과 이윤을 지향하는 태도는 필연적으로 권력에의 욕구, 말하자면 권력에의 의존성을 낳는다. 지배하려는 상대 생명체의 저항을 깨부수기 위해서 나로서는 폭력이 불가피해지며, 나의 재산을 지키기 위해서는 그것을 앗아가려는 사람들에게 맞설 힘이 필요해진다. 따라서 사유재산을 가지려는 욕망은 노골적으로든 내심으로든 남의 것을 강탈하기 위해서 폭력을 쓰고 싶은 충동을 우리의 마음속에 부추긴다. 소유적 실존 양식의 인간은 남들과 비교하여 자신이 우월하다는 데에서, 힘을 지니고 있다는 의식에서, 그리고 결국 정복하고 약탈하고 죽일 수 있는 자신의 능력에서 행복을 발견한다. [23]

소유적 실존 양식의 심리적, 사회적 연원은 쉽게 밝힐 수 있는 반면 존재적 실존 양식의 연원을 밝히는 일은 쉽지 않다. 프롬에 따르면, "소유는 사물과 관계하며 사물이란 구체적으로 묘사할 수 있는 것인 반면, 존재는 체험과 관계하며 체험은 묘사하기 어렵기" 때문이다.

그러나 앞에서 학습, 대화, 사랑 같은 일상생활의 사례에서 보았듯이 우리는 존재적 실존 양식을 경험하며 살아간다. 프롬은 푸른색 유리의 사례를 통해 어떻게 존재적 실존 양식이 드러날 수 있는지를 설명했다. 푸른색 유리가 푸르게 보이는 이유는 그 유리가 다른 색깔을 모두 흡수하여 통과시키지 않기 때문이다. 즉 푸른색 유리는 사실 푸른색을 품고 있지 않은 것이다. 이 사례에서 알 수 있듯이, 우리가 소유적 실존 양식을 제거하는 것에 비례하여 존재적 실존 양식이 드러날 것이라고 했다.

프롬은 존재적 실존 양식이 독립과 자유 그리고 비판적 이성을 전제조건으로 한다고 했다. 그래서 존재적 실존 양식의 가장 본질적인 특성을 '능동성'에 두었다. 여기에서 능동성이란 인간의 힘을 생산적으로 사용하는 내면적 활동 상태를 의미한다. 즉 그것은 인간에게 주어진 소질과 재능, 즉 천부적으로 갖추어진 인간의 재능을 표출하는 것이다.

따라서 존재적 실존 양식은 자기를 새롭게 하고 성장시키며 사랑하고, 관심을 가지고 귀 기울이며 베푸는 것을 의미한다. 그렇다면 존재적 실존 양식의 연원은 우리의 마음에 있다. 프롬은 "우리 인간은 존재하고자 하는, 뿌리 깊이 타고난 욕구를 지니고 있다. 자신의 능력을 표출하려는 욕구, 활동하고자 하는 욕구, 타인과 관계 맺으려는 욕구, 이기심의 감옥에서 빠져나가려는 욕구"를 갖는다고 하여, 존재적 실존 양식의 연원이 개개인의 마음에 있음을 밝혔다.

따라서 프롬에 의하면, 우리는 소유하려는 성향과 존재하려는 성향을 모두 가지고 있다. 그런데 문제는 자본주의사회에서 소유하려는 이기적 욕구는 장려되지만 다른 사람과 올바른 관계를 맺으려는 존재적 욕구는 극도로 억압당한다는 사실이다. 그래서 프롬은 자본주의사회를 이렇게 고발했다.

소유-이윤-사유재산의 원칙을 토대로 하는 사회는 소유 지향적인 사회적 성격을 낳으며, 그렇게 일단 지배적인 행동 유형이 수립되면 그 안에서는 그 누구도 국외자가 되거나 추방자가 되려고 하지 않는다. 국외자나 추방자가 될 위험을 피하기 위해서 모든 사람들은 다수에게 적응한다. 그러나 실상 이 다수를 묶어놓고 있는 것은 상호 적대감에 다름 아니다.[24]

소유적 실존 양식이 지배적이 되면 서로 빼앗고 빼앗기지 않으려는 갈등이 지배적이게 된다. 사람들은 서로 적대적일 수밖에 없게 된다.

깨어 있는 유토피안

프롬의 결론은 자명하다. "존재 지향에 힘입어 소유 지향을 몰아내는 것"이다. 그러나 문제는 그것이 가능할 것인가 하는 점이다. 서두에서 인용했듯이 프롬에 따르면, 인간은 대안이 없으면 움직이지 않는 존재이기 때문이다. 프롬은 네 가지 조건만 갖추면 가능하다고 말한다.

"고통을 받는다는 사실을 인식하는 것, 고통의 원인을 인식하는 것, 고통을 극복할 가능성이 있음을 아는 것, 고통 극복을 위해 특정 행동 규범을 갖고 현재의 생활 습관을 변화시키는 것"이 바로 그 네 가지다. 이것은 부처가 가르친 사성제(四聖諦), 즉 '고(苦)', '집(集)', '멸(滅)', '도(道)'와 일치한다.

사실 프롬이 제시한 네 가지 조건은 어려운 것이 아니다. 우리가 조금만 관심을 기울이면 충분히 이루어낼 수 있는 조건들이다. 프롬은 네 가지 조건이 갖추어진다는 전제 아래 새로운 인간과 사회에 대한 비전을 제시했다.

먼저, 프롬은 새로운 인간의 성격으로 21가지를 제시했다. 그것들은 모두 소유 지향성을 타파하고 존재적 실존 양식을 펼쳐나가기 위한 것들이다. 그중 몇 가지를 간추리면 다음과 같다.

자기 것으로 만들고 세계를 지배하며, 그래서 결국 자기 소유물의 노예가 되는, 그런 소유에의 욕구에서 나온 것이 아니라 자기 존재에 대한 믿음과 관계에의 욕구, 관심, 사랑, 주변 세계와의 연대감을 바탕으로 한 안정감, 자아 체험, 자신감. (⋯)
축재(蓄財)와 타인을 착취하는 데에서 오는 기쁨이 아니라 베풀고 나누어가지는 데에서 우러나는 기쁨. (⋯)

사랑하는 능력과 아울러 비판적이며 비감상적인 사고 능력을 개발하려고 노력하는 것. (…)

참을 수 없는 조건으로부터의 도피가 아니라 실제적 가능성을 선취한다는 의미에서의 상상력의 개발. (…)

모든 생명체와 일체감을 느끼는 것. 그럼으로써 자연을 정복, 지배, 착취, 약탈, 파괴하려는 목표를 버리고, 그 대신 자연을 이해하고 자연과 협동하려고 노력하는 것. (…)

운명이 우리에게 허용하는 아득한 목표 지점이 어디에 있든 간에 끊임없이 성장하는 생명의 과정에서 행복을 느끼는 것. 왜냐하면 그렇게 의식하며 능력껏 최선을 다하는 삶은 그 자체로 충족되는 것이므로, 그것의 성취 여부는 문제가 되지 않으므로.[25]

새로운 사회는 새로운 인간을 위한 것이다. 그러나 새로운 사회에 대해 구체적인 모습을 제시하는 일은 자칫 공상적인 것이 될 수 있다. 프롬은 자신이 "꿈꾸는 유토피안", 즉 공상가가 아니라 "깨어 있는 유토피안", 즉 이상주의자라고 했다. 자신이 설계한 새로운 사회는 공상이 아니라 이상이므로 추구되어야 한다는 것이다.

프롬의 목표는 "자연과학의 지배로부터 새로운 사회과학의 지배로 전환"하는 것이다. 그것은 기술적 유토피아에서 벗어나 인간적 유토피아를 추구하자는 것이다. 기술적 유토피아는 자연과학에 힘입어 이미 현실화되었다. 이제 "한마음이 된 새로운 인류가 경제적 강박, 전쟁, 계급투쟁에서 벗어나서 연대감과 평화 속에서 살아가는" 인간적 유토피아를 만들어야 한다.

프롬이 그린 새로운 사회의 설계도 중 오늘날에도 유효한 몇 가지를 들어보자.

건전하고 분별 있는 소비는 전적으로 기업의 이익과 성장의 관점에서 생산을 결정하는 기업 경영인과 주주의 권리를 과감하게 제한해야만 가능해진다. (…)

존재 지향적 사회를 건설하기 위해서는 그 사회의 모든 구성원들이 자신의 경제적 및 정치적 기능을 적극적으로 인식하지 않으면 안 된다. 다시 말하면, 산업적 및 정치적 참여민주주의가 완전하게 실현되는 한에서만, 우리는 소유적 실존 양식으로부터 벗어날 수 있다. 이것은 대부분의 휴머니스트들의 공통된 확신이다. (…)

정치적 삶에서 능동적인 공동 결정은 정치와 경제의 최대한의 분권화를 요구한다. (…)

능동적이고 책임감 있는 참여는 관료주의적 경영이 휴머니즘적 경영으로 대체되는 한에서만 가능하다. (…)

여성은 가부장적 지배에서 해방되어야 한다.[26]

프롬은 새로운 사회를 만드는 일이 결코 쉽지 않다는 것을 인식했다. 그러나 근대사회는 이미 한계점에 도달하여 근대사회에 대해 가졌던 '그릇된 환상'은 종말을 고했다. 프롬은 "19세기에는 신이 죽었다는 것이 문제였다면 20세기는 인간이 죽었다는 것이 문제"라고 했다.

이러한 상황에서 새로운 사회에 대한 전망이 어둡다고 손을 놓고 있을 수는 없다. 그래서 프롬은 "참여 의식을 가진 사람들이 인간 정신을 겨눈 이 새로운 도전에 소명감을 갖자"고 호소했다.

프롬은 유토피아적 목표가 오히려 현실적이라며 이렇게 말했다.

사실상 '유토피아적' 목표야말로 오늘날 정치가들의 '현실주의'보다 더욱 현실적이라고 할 수 있다. 낡은 동기들—이익과 권력—이 새로운 동기, 즉 존재, 공유, 이해로 대체되기만 한다면, 다시 말하면 시장적 성격이 사랑하는 능력을 지닌 생산적 성격으로 대체되고 인공지능적 종교의 자리에 근본적 휴머니즘 정신이 들어선다면, 새로운 사회와 새로운 인간도 현실이 될 것이다.[27]

2

수신의 철학

인간은
옳고 그름을
판단할 수 있는
존재다

1995년 6월 29일. 서울 강남의 한복판에 있던 삼풍백화점이 무너졌다. 500여 명이 죽고 900여 명이 부상당한 대형 참사였다. 사고 원인은 건물의 부실이었다. 본래의 설계와 달리 한 층을 더 올리면서도 매장을 넓히기 위해 기둥 수를 줄였다. 돈을 더 벌고자 부실한 건물을 지었던 것이다.

사고 당시 삼풍백화점 회장은 백화점에 없었다. 그는 건물이 무너질 것 같다는 보고를 받자마자 황급히 피신했다. 고객과 점원들에게는 건물이 무너질지도 모른다는 사실을 전혀 알리지 않았다. 심지어 사고 당시에 백화점에서 아이스크림 가게를 운영하고 있던 자신의 며느리에게도 알리지 않았다고 한다. 가족의 생명조차 안중에 두지 않았던 것이다.

회장에게 소중한 것은 무엇이었을까? 그는 기자들을 향해 이렇게 말했다고 한다. "(백화점이) 무너졌다는 것은 손님들에게도 피해가 가지만 우리 회사의 재산도 망가지는 거야!" 그에게 고객이 목숨을 잃은 것은 고작 '피해'일 뿐이었다. 그가 소중히 여긴 것은 오로지 "우리 회사의 재산", 즉 '돈'이었다.

경제가 모든 것의 중심이 되어버린 사회가 사람보다 돈을 더 소중히 여기는 가치 전도를 부추긴다. 사람들의 판단과 행동의 기준이 돈이 될 수밖에 없기 때문이다. 그렇다고 사회 탓만 할 수는 없다. 인간은 스스로 옳고 그름을 판단할 수 있는 존재다. 그런데 삼풍백화점의 회장은 돈 욕심에 눈이 멀어 최소한의 인간적 도리조차 상실해버렸다.

인간적 도리를 얘기할 때면 으레 공자의 말씀을 인용하곤 한다. 그 공자의 말씀을 요약하면 '수기치인(修己治人)'이다. 수양을 한 후 다른 사람을 다스리라는 말이다. 요즘 식으로 번역하면 사회적 활동에 앞서 자기 수양을 하라는 얘기다. 공자가 볼 때 자기 수양의 핵심은 이기적 욕망을 버리는 것이었다. 그래서 이기적 욕망을 버리면 세상은 평화로워진다고 했다.

세상일에 관여하기 위해 수양이 필요하다고 한 공자와 달리 장자는 세상일과 거리를 두라고 했다. 세상일에 관여하다 보면 위태로워질 수 있기 때문이다. 그렇다고 속세를 떠나 산속으로 가라고 한 것은 아니었다. 일상의 삶에서 분란을 일으키지 않는 것이 최선이라고 했다. 자신만이 옳다는 생각이 분란을 일으키므로, 그런 생각이 일지 않도록 하라고 했다.

반면 혜능은 인간의 마음속에 붓다가 있다고 한 점에서 공자나 장자와 달랐다. 즉 수양이란 자기 자신의 발견이라고 한 것이다. 붓다를 찾기 위해 불경을 열심히 뒤적이고 한적한 곳을 찾아 참선하는 일은 부질없다. 자기 자신을 알아야 한다. 마음이 어리석고 사악하면 붓다도 중생일 뿐이고, 마음이 지혜롭고 분별이 없으면 중생도 붓다가 된다고 했다.

자기 자신을 발견하라고 한 점에서 왕수인의 사상은 혜능과 같다. 왕수인은 인간의 마음속에 양지(良知)가 있다고 했다. 양지란 생각하지 않고서도 아는 것을 말한다. 따라서 마음속에 비추어보면 옳고 그름을 단박에 알 수 있다. 아울러 왕수인은 아는 것을 실천해야 올바른 앎이라고 했다.

수양은 마음을 가다듬는 것이다. 인간의 본성은 선하다. 이 선한 본성을 가리고 있는 욕망, 욕심을 거두어낸다면 우리는 바람직한 삶을 살 수 있다. 사회관계도 원만해지고 존경과 존중을 받는 사람으로 살아갈 수 있다.

그런데 공자, 장자, 혜능, 그리고 왕수인은 우리가 수양을 너무 어렵게만 생각한다고 말한다. 아마도 자기 자신에 대한 믿음이 부족하기 때문일 것이다. 수양은 사회활동을 원만히 하기 위한 기초다. 공자, 장자, 혜능, 그리고 왕수인의 말에 귀 기울여보자.

공부는
자기 충실을
위한 것이다

공자 《논어》

사마천은 공자(孔子, B.C.551~B.C.479)에 대해 이렇게 썼다.

역대로 천하에는 군왕에서 현인에 이르기까지 많은 사람들이 있었지만 모두 생존 당시에는 영화로웠으나 일단 죽으면 그것으로 모든 것이 끝나고 말았다. 그러나 공자는 포의(布衣)로 평생을 보냈지만 10여 세대를 지나왔어도 여전히 학자들이 그를 추앙한다. 천자, 왕후로부터 나라 안의 육예(六藝)를 담론하는 모든 사람들에 이르기까지 다 공자의 말씀을 판단 기준으로 삼고 있으니, 그는 참으로

최고의 성인이라고 말할 수 있겠다.[1]

공자는 포의, 즉 벼슬을 하지 않았지만 최고의 성인이라고 했다. "육예를 담론하는 모든 사람들", 즉 학자들은 물론 천자와 왕후도 공자의 말씀을 판단 기준으로 삼는다고 했다.

사마천이 《사기》를 쓴 것은 기원전 108년에서 기원전 91년 사이였다. 공자가 세상을 떠난 지 370여 년이 지났을 때였다. 오랜 세월이 지났음에도 학자들은 공자를 추앙했고, 정치와 학문에서 공자의 말씀이 판단 기준이었다는 것이다.

그때뿐이겠는가. 20세기가 시작될 때까지 무려 2500년에 가까운 세월 동안 공자는 동아시아의 정치와 학문에서 절대적 권위를 누렸다. 오늘날에도 공자의 언행을 기록한 《논어(論語)》는 여전한 연구 대상일 뿐만 아니라 일반인의 교양서로서 널리 읽히고 있다.

그런 면에서 공자를 최고의 성인이라고 한 사마천의 평가는 타당했다. 공자의 가르침은 시대를 초월하여 계속되고 있다. 그럼에도 공자의 사상을 이해하려면 그것이 시대적 산물임을 잊어서는 안 된다. 그는 자신이 살았던 시대의 문제들을 탐구하고 그것들과 씨름하며 고민과 사색을 했다. 자기 시대의 문제에 치열하게 부딪쳤기 때문에 오히려 시대를 뛰어넘어 오늘날까지 많은 사람들에게 칭송받고 있는 것이다.

사마천에 따르면 공자는 아버지 숙량흘(叔梁紇, ?~B.C.548)과 어머니 안씨가 들에서 관계를 맺어 태어났다고 한다. '들에서 관계를 맺다'는 한자로 '야합(野合)'이라 한다. 오늘날에도 야합은 비정상적인 관계 맺음을 비판하는 말로 쓰인다. 일흔 살의 노인이 열다섯 살의 처자와 들에서 관계를 맺었으니 정상적이라고 하기는 힘들다.

그런데 공자의 탄생 설화는 역으로 그의 위대함을 부각하는 장치이기도 하다. 설화에서는 영웅이나 성인이 흔히 비정상적으로 탄생하곤 한다. 비정상적으로 태어났지만 온갖 어려움을 이겨내고 업적을 이룬다는 것이 설화의 주 내용이 된다.

공자의 일생이 그랬다. 그는 세 살 때 아버지를 여의고 홀어머니 밑에서 자랐다. 어머니는 천한 신분이었기 때문에 모자의 삶은 매우 어려웠다. 그런데 어머니마저 공자가 15~16세 때 세상을 떠나 공자는 완전히 천애 고아가 되었다.

그럼에도 공자는 열다섯 살 때 학문에 뜻을 두었다고 했다. 그리고 서른 살에 자기 사상을 이룩했다고 자부했다. 요즘 말로 하면 '천재형' 은 아니었던 것 같다. 공자는 부모 없이 홀로 각고의 노력을 해야 했다.

공자는 누구에게서 학문을 배운 것일까? 알 길이 없다. 공자는 스승에 대해 한마디도 하지 않았다. 후세의 유학자들 역시 공자의 스승에 대해서는 언급하지 않았다. 아마도 공자는 특정한 스승을 둘 만한 처지가 아니었을 것이다.

그러나 공자가 무엇을 공부했는지는 알 수 있다. 공자는 시(詩), 서(書), 예(禮), 악(樂), 역(易), 역사(歷史) 등 육예를 가르쳤다고 한다. 역으로 말하면, 공자는 어렸을 때부터 육예를 공부했다는 것이다.

육예와 관련한 마땅한 교재는 없었다. 오히려 공자가 제자들을 가르치면서 교재를 만들었다. 그는 입으로 전해오는 것들을 정리하여 교재로 사용했는데, 오늘날까지 전해지는 《시경(詩經)》, 《서경(書經)》, 《춘추(春秋)》 등이 바로 그것이다.

공자는 입에서 입으로 전해지는 내용을 들으며 배울 수밖에 없었다. 따라서 스승이 반드시 필요했다. 그러나 특정한 스승을 둘 수 없었기 때문에 더욱 분발해야 했다. 이 사람 저 사람 찾아다니며 듣고 배워야 했다. 그리고 시대 상황에 대해 깊이 고민하고 사색했다. 이렇게 자득하여 공자는 자신의 사상을 이룩했다.

최초의 대중 교사

공자는 중국 최초의 선생이자 유세객이었다. 그는 가르치는 것을 직업으로 했던 최초의 사람이었다. 당시에는 왕이나 벼슬아치가 아니면 모든 백성이 농업이나 상업, 또는 공업에 종사했다. 그러나 공자는 벼슬아치가 아니면서 생업에 종사하지도 않았다. 오로지 가르치는 일만 했다.

물론 공자는 벼슬을 한 적도 있고, 또 벼슬을 열망하기도 했다. 그는 젊었을 적에 노나라의 말단 직책을 맡은 적이 있다. 노나라는 공자의 고향으로, 오늘날 중국 산둥 성 취푸의 동남쪽에 위치한 제후국이었다. 그가 맡은 일은 창고지기, 가축 사육 등이었다. 그러나 공자는 제자들을 가르치면서부터 말단 직책을 던져버렸다. 대신 원대한 꿈을 안고 전국을 돌아다녔다.

공자가 살았던 시대를 춘추시대(B.C.770~B.C.403)라고 한다. 200

여 개의 크고 작은 제후국들이 패권을 다투던 시대였다. 공자가 태어
난 노나라 역시 그런 제후국 중의 하나였다. 그런데 제후국 중에는 고
을 수준의 면적을 가진 곳이 대다수였다. 그래서 공자는 제, 진(晉), 채,
초, 진(陣)과 같이 나라라고 부를 만한 규모가 되는 제후국들을 돌아다
니며 제후들을 만났다.

제후들을 만난 목적은 벼슬자리였다. 공자는 나라를 운영할 수 있는
고위 직책을 원했다. 그는 제후를 도와 나라를 운영하여 자기가 생각
하는 이상을 실현해보고자 했다. 그런데 그런 직책을 얻으려면 자신의
사상을 설파하여 제후를 설득해야 했다. 일종의 면접 시험을 보아 합
격해야 했던 것이다. 이런 일을 하고 다닌 사람을 유세객이라고 한다.
공자는 역사상 기록된 최초의 유세객이었다.

앞에서 서술했듯이 사마천의 시대에 공자는 대단히 추앙받는 인물
이었다. 그러나 그것은 공자가 죽은 뒤의 일이고 살아생전 공자는 제
후들로부터 배척을 당했다. 무려 14년 동안 여러 나라를 찾아다녔지만
'상갓집 개' 취급을 당할 뿐이었다. 장례를 치러야 하는 집에서 개에게
신경이나 쓰겠는가.

공자는 탄식했다. "만약 나를 등용하는 자가 있으면, 그 나라는 1년
동안에 자리가 바로잡힐 것이고, 3년이면 구체적인 성과를 낼 수 있을
텐데!"

그런데 특정한 생업 없이 전국을 다니게 되면 생계에 문제가 생길
수밖에 없다. 다행히 공자에게는 제자가 많았다. 제자가 무려 3000명
에 이르렀다고 한다. 그 제자들이 내는 등록금으로 공자는 생계를 유

지할 수 있었다.

공자가 제자를 받아들이기 시작한 것은 그가 자신의 사상을 이룩했다고 말한 서른 살 무렵부터였다. 그런데 모든 제자가 사상을 배우기 위해 공자를 찾은 것은 아니었다. 제자들의 대대수는 벼슬을 하기 위한 기초 지식을 얻으려 했다. 3000명의 제자 중 공자의 사상에 정통한 제자는 70여 명에 불과했다는 것이 그런 사정을 보여준다.

글자를 아는 사람이 거의 없던 시대였기 때문에 글자만 깨쳐도 작은 벼슬이나마 할 수 있었다. 그렇다고 해도 제자가 3000명에 이르렀다는 것은 대단한 일이었다. 이것이 가능했던 이유는 공자가 재산과 신분에 관계없이 제자들을 받아들였기 때문이다.

공자는 "포(脯) 한 속(束) 이상을 가지고 와서 가르침을 청하면 가르쳐주었다"고 한다. '포'는 얇게 썰어 말린 고기를 말한다. 육포를 생각하면 된다. '한 속'이란 10개를 말한다. 쉽게 말해, 육포 10개만 가져오면 제자로 받아주었다는 것이다. 그래서 공자는 최초로 '대중 교육'을 실천한 스승이 되었다.

공자가 세상을 떠나자 제자들은 전국으로 흩어졌다. 그들은 여러 나라에서 제후를 보좌하는 직책을 맡거나 높은 벼슬아치가 되었다. 제후를 직접 가르친 제자도 있었고, 유력자들과 사귀며 가르친 제자도 있었다.

그래서 공자의 사상은 전국으로 퍼져나갔다. 공자는 비록 자신의 사상을 실현하지 못했지만 공자의 사상은 제자들에 의해 중국의 지배적인 사상으로 발전했다. 공자는 높이 추앙받는 인물이 되었고 그의 사상을 실현하려는 나라들의 역사가 2000년 이상 이어졌다.

공부는 최상의 기쁨이다

그러면 공자의 사상은 왜 그토록 오랫동안 추앙받았을까? 이 질문에 대한 해답을 얻으려면 공자의 언행을 기록한 《논어》를 봐야 한다. 《논어》의 중심을 이루는 말을 꼽으라면 학(學)과 인(仁)이다. 그 두 단어가 공자 사상의 핵심이다.

공자는 학, 즉 공부를 매우 중요시했다. 《논어》의 첫머리를 보자.

공자께서 말씀하셨다. "배우고 그 배운 것을 수시로 익힌다면 기쁘지 않겠느냐! 벗이 먼 곳에서 찾아온다면 즐겁지 않겠느냐! 남들이 나를 알아주지 않더라도 성내지 않는다면 군자라 할 수 있지 않겠느냐!"[2]

세 가지 얘기를 했다. 얼핏 보면, 서로 관련 없어 보이지만 서로 긴밀히 연관되어 있다.

먼저 공자는 '배우고 익히는 것', 즉 공부가 최고의 기쁨이라고 했다. 공자는 배움의 중요성을 여러 차례 강조했다.

공자께서 말씀하셨다. "나는 일찍이 하루 종일 먹지도 않고 밤새도록 자지도 않으면서 생각해보았으나, 유익함이 없었으니, 배우는 것만 못했다."[3]

먹지도 자지도 않고 여러 가지 생각을 해보았다고 했다. 무슨 생각을 했을까? 어떻게 하면 돈을 벌까, 어떻게 하면 출세를 할까 등등. 우리가 흔히 하는 여러 가지 생각을 해보았다는 것이다. 그런데 그런 생각은 아무리 해봐도 답이 없는 몽상이라는 결론에 도달했다. 무엇을 하려 하든 공부가 먼저다. 따라서 다른 생각은 하지 말고 열심히 공부하라는 것이다.

다음으로, 만나서 기쁜 벗이 누구인지를 생각해보자. 한 동네에 살던 옛 친구일까? 아니면 이래저래 알게 된 술친구일까? 그렇지 않다. 공자는 친구의 중요성 또한 여러 차례 강조했다. 한 예로 공자는 《논어》에서 "자기보다 못한 사람을 벗으로 삼는 일이 없다"라고 했다. 그 친구가 부끄러워서가 아니다. 자기 자신을 키우려면 자기보다 나은 사람을 친구로 삼아야 한다는 말이다.

그래서 공자가 말한 벗이란 함께 공부한 친구다. 오랜만에 고등학교 동창을 만날 때를 생각해보라. 동창생은 함께 고민하며 공부했던 친구다. 그래서 서로 격의 없고 적절한 충고도 아끼지 않는다. 그래서 함께 대화를 나누다 보면 미처 생각하지 못했던 것을 깨닫게 해준다. 그러니 함께 공부한 벗을 만나면 기쁠 수밖에 없다.

마지막으로, 공부하는 자세를 생각해보자. 우리는 왜 공부를 하는가? 아는 것을 자랑하고자 공부하는가? 결코 그렇지 않다. 아는 것을 자랑하고자 한다면 남들이 몰라줄 때 실망하게 된다. 심지어 화가 나기도 한다.

공자는 《논어》에서 "옛날에 공부하는 사람들은 자기를 위했고, 지금 공부하는 사람들은 다른 사람을 위한다"라고 했다. 공부는 자기를 위한 것, 즉 자기 자신을 충실히 하고자 하는 것이다. 다른 사람의 인정을 받고 이름이나 얻고자 하는 것이 아니라는 얘기다.

자기 자신의 충실을 위해 공부하는 사람은 남이 알아주지 않아도 실망하거나 화내지 않는다. 공자는 그러한 사람을 가리켜 '군자(君子)'라고 했다.

이상과 같이 공자는 공부의 중요성, 공부하는 목적과 자세를 알려주었다. 또한 공자는 공부하는 방법에 대해서도 알려주었다.

공자께서 말씀하셨다. "책을 읽기만 하고 생각을 하지 않으면 속기 쉽고, 생각만 하고 책을 읽지 않으면 확신을 가질 수 없다."[4]

책을 읽는 것은 배우는 것이다. 그런데 책에서 배우든 선생에게 배우든, 스스로 생각하지 않으면 배운 것에만 머무른다. 배운 것을 두고 스스로 생각해야 한다. 그래야 배운 것이 진정으로 자기 것이 된다. 이 것이 진정한 공부의 방법이다.

공자의 사상은 '자기 자신을 위해 공부하라!'는 것에서부터 시작된다. 공부야말로 최상의 기쁨을 주는 것이기 때문이다.

'복례'하여 평화를 되찾자

그렇다면 무엇을 공부해야 하는가? 공자는 "아침에 도(道)를 들으면 저녁에 죽어도 괜찮을 것이다"라고 했다. '도'는 동아시아 철학에서 최고의 이상 혹은 최상의 진리를 의미한다. 그래서 동아시아의 철학자들은 도를 추구했는데, 그 도가 무엇을 의미하는지는 서로 달랐다. 공자는 '인(仁)'이 곧 도라고 했다.

그렇다면 인이란 무엇인가? 공자는 "극기복례(克己復禮)가 곧 인"이라고 했다. 여기에 덧붙여 "하루라도 극기복례하면 천하가 인으로 돌아올 것이다"라고도 했다. '극기복례'란 '자기를 극복하고 예로 돌아간다'는 말이다. 그런데 하루만 극기복례해도 천하가 인으로 돌아간다니 무슨 말인가?

이 말의 의미를 알기 위해 우선 '복례'부터 살펴보도록 하자. 핵심은 '예'가 무엇인가 하는 것이다.

임방이 예의 근본에 대해 물었다. 공자께서 말씀하셨다. "일반적인 예의 경우에는 사치스러운 것보다는 차라리 검소한 편이 낫고 상례(喪禮)의 경우에는 형식과 절차를 빈틈없이 챙기려 하기보다는 차라리 마음속으로 크게 애통해하는 편이 더 중요하니라."[5]

결혼식이나 장례식과 같은 형식이나 절차를 두고 예라고 했음을 알 수 있다. 그런데 다른 곳에서는 '나라의 제도'를 두고 예라고 하기도 했다. 그래서 일반화하면, 공자는 유형무형의 규범을 예라고 했던 셈이다. 따라서 예로 돌아가라는 복례란 정해진 규범을 잘 지키라는 말인 것이다.

그런데 이 단순해 보이는 복례에 공자의 고민과 시대적 통찰이 담겨 있다. 공자가 살던 춘추시대에는 주나라가 있었음에도 제후들이 독립을 선언하고 서로 다투었다.

왜 이러한 사태가 발생했을까? 주나라가 약화되었기 때문이었다. 기원전 1046년에 주나라의 무왕이 은나라를 무너뜨리고 중국의 새로운 지배자가 되었다. 무왕은 광대한 영토를 다스리기 위해 새로운 제도를 도입했다. 왕족과 공신들에게 땅(봉토)을 나누어주고 다스리게 했다. 왕족과 공신들은 봉토를 다스리는 제후가 되었다.

그런데 세월이 흐르자 주나라가 약화되었다. 기원전 771년에는 견융의 침략을 받아 수도가 파괴되기에 이르렀다. 이렇듯 주나라가 약화되자 제후들이 앞을 다투어 나라의 독립을 선포했다. 200여 개의 제후국이 출현했고 춘추시대가 시작되었다.

제후들은 영토를 확장하기 위해 끊임없이 전쟁을 벌였다. 워낙 많은 제후국들이 있었기 때문에 전쟁은 하루도 그칠 새가 없었다. 전쟁이 계속되자 백성들의 고통은 극심했다. 공자는 춘추시대가 시작된 지 200여 년이 지났을 무렵에 태어났다. 200년 이상 계속된 전쟁으로 백성들의 삶은 피폐해질 대로 피폐해진 상태였다.

이러한 시대의 핵심 과제는 무엇일까? 바로 전쟁을 멈추고 평화를 되찾는 일이다. 공자의 복례는 이런 배경에서 나온 것이었다.

복례에서 예는 주나라의 규범을 의미했다. 제후들이 주나라의 규범을 존중하고 따른다면 서로 다투는 일은 사라질 것이다. 춘추시대 이전같이 주나라를 중심으로 한 평화를 되찾을 수 있을 것이다. 이것이 공자의 판단이었다.

공자가 주나라의 규범을 중시했다고 해서 복고적이라고 해석할 이유는 없다. 공자는 춘추시대의 혼란을 극복하고 평화를 되찾아 백성의 삶을 안정시킬 길을 찾아야 했다. 다른 방법을 찾기는 어려웠다. 가령 한 제후국을 키워서 중국을 재통일하려는 시도는 전쟁의 계속을 의미할 뿐이었다. 새로운 규범을 제시하고 제후들의 동의를 받는 일은 더더욱 불가능했다.

즉각적인 평화가 필요했다. 복례는 공자의 고심과 통찰의 산물이었다. "하루만이라도 복례를 하면 인이 이루어진다!" 이토록 공자는 평화를 갈망했다. 복례는 평화를 향한 '신의 한 수'였다. 따라서 '복례론'은 평화 사상이었다.

군자가 되려면 '극기'하라

이제 '극기'에 대해 살펴보도록 하자. 복례를 하려면 극기해야 한다고 했다. 극기란 자기를 극복한다는 말이다. 누구에게 한 말인가? 바로 제후들에게 야망을 버리라고 한 말이다. 중국의 패자가 되겠다는 제후들의 야망은 제후 자신만을 위한 욕망이기 때문이었다.

그것을 설득하기 위해 공자는 주공(周公)을 성인으로 칭송했다. 주공은 학문이 출중했던 인물이 아니다. 어지러운 세상을 극복해낸 영웅도 아니다. 그런데 왜 공자는 주공을 성인이라고 했을까?

주공은 무왕의 동생으로, 주나라가 은나라를 정벌하는 데 혁혁한 공을 세웠다. 그래서 공자가 태어난 곳인 중국 산둥 성 취푸 일대를 봉토로 받았다. 그러나 주공은 아들을 그곳으로 보내고 자신은 조정에 남아 무왕을 도왔다. 무왕이 죽고 어린 조카가 왕위에 오르자 주공은 조카를 도와 주나라 안정에 기여했다. 달리 말하면, 주공은 봉토를 다스리는 제후의 욕망을 버리고 주나라에 충성했던 인물이다.

공자가 주공을 성인으로 칭송한 이유를 알 수 있다. 제후들에게 주공처럼 욕망에서 벗어나라고 촉구하기 위해서였다. 이것이 공자의 논법이다. 공자는 역사를 시대의 필요에 맞게 재해석함으로써 교훈을 주는 방식을 취했다. 공자가 지었다는 역사서인 《춘추》가 대표적이다. 공자는 구전되던 역사를 기록하면서 옳고 그름을 가려 교훈서가 되게 했다.

공자는 또한 군자와 소인을 구분하는 방법도 사용했다. 한 예를 보자. "군자는 잘못의 원인을 자기 자신에게서 찾고, 소인은 그것을 남에게서 찾는다"라고 했다. 공자는 극기를 군자의 행동과 결부 지었다. 감성적 호소인 셈이다. 누가 군자가 되고 싶지 소인이 되려 하겠는가.

공자가 다양한 방법으로 설득하지만 사실 극기가 쉬운 일은 아니다. 특히 기득권을 가진 자들은 한사코 자기 욕심을 버리려 하지 않는다. 제후들은 그 누구도 자기 욕망을 버리지 않았고 공자는 그들에게 '상갓집 개' 취급을 당했다.

오늘날이라고 달라졌을까. 국회 인사청문회에 나왔던 인물들을 생각해보라. 흠결이 많은데도 '아니다', '모른다'며 버틴다. 자리 욕심 때문에 후안무치가 되어버리는 것이다. 그 욕심만 버린다면 무엇을 해야 하는지 쉽게 알 수 있다. 후보를 사퇴하는 것이다. 이것이 극기복례의 아주 간단한 사례다.

공자 역시 극기의 어려움을 알았다. 그래서 극기와 관련해서 수많은 말을 쏟아내야 했다. 그중 가장 중요한 말을 들어보자.

공자께서 말씀하셨다. "삼아! 나의 도는 한 가지로써 그 전체를 꿰뚫고 있느니라." 증자가 말했다. "예, 그렇습니다." 공자께서 나가시자 다른 제자들이 물었다. "선생님의 말씀은 무슨 뜻이지요?" 증자가 말했다. "우리 선생님의 도를 관통하고 있는 것은 충(忠)과 서(恕)일 따름입니다."⁶

충과 서가 공자의 도인 인의 핵심이라고 했다. 충은 자기 자신에게 충실한 마음이다. 어떤 일에든 지극한 정성으로 임하는 마음을 말한다. 그러면 서는 무엇인가? 서는 다른 사람에 대한 마음이다. 다른 사람이 자기와 똑같은 존재임을 알고 자기를 대하듯 대하는 마음을 말한다.

자기 자신에게 충실하라는 것은 너무나도 당연한 말이다. 그러나 사실 이것조차 쉽지 않은 것이 현실이다. 스스로를 속이는 경우가 얼마나 많은가. 해서는 안 되는 줄 알면서도 하게 되는 경우가 많다. 자기 욕심 때문이리라.

그렇지만 충하다고 극기할 수 있는 것은 아니다. 자기 욕심을 부리면서도 자기에게 충실하다고 생각할 수 있기 때문이다. 그래서 공자는 서가 필요하다고 강조했다. 제자인 자공(子貢, B.C.520?~B.C.456?)이 "평생 동안 받들어 행할 한마디의 말이 있습니까?"라고 묻자 공자는 "그것은 아마도 서일 것이다"라고 대답했다. 그리고 덧붙여 서에 대해 설명하기를, "자기가 바라지 않는 것은 남에게도 행하지 말라는 것이다"라고 했다.

공자는 극기하는 방법을 다음과 같이 설명했다.

대저 인자(仁者)란 자기가 서고자 하는 곳에 남들도 서게 하고, 자기가 이루고자 하는 것은 남들도 이루도록 한다. 가까이 있는 것, 즉 자신의 마음이나 몸에서 유추하여 그것을 남에게 미치게 할 수 있는 것, 이것이 곧 인을 실천하는 방법이라 할 수 있을 것이다.[1]

공자는 인자, 즉 극기한 사람이 어떻게 했는지를 말했다. 충과 서가 별개의 것이 아니라고 했다. "자기가 서고자 하는 곳에 남들도 서게" 하려면, 먼저 자기가 충실해야 한다. 도둑질하는 자가 다른 사람에게 함께 도둑질하자고 해서야 되겠는가. 자기가 충실해야 '자신의 몸과 마음'에서 유추하여 다른 사람에게 미치게 할 수 있다.

공자의 사상이 유효한 이유

공자는 춘추시대의 참상을 극복하고 평화를 이룰 방법으로 극기복례를 제시했다. 복례는 시대 상황을 반영한 방편이었다. 시대가 흐름에 따라 공자가 말한 복례의 의미는 퇴색했다. 유학자들은 주나라의 규범을 칭송하면서도 그것을 도입하지는 않았다. 시대가 달라지면 규범도 달라지게 마련이다.

그러나 극기는 유교의 핵심 사상으로 계승되었다. 사실 수신(修身)의 측면에서 보면 유교는 공자 이래 별다른 발전이 없었다. 유학자들은 공자가 밝힌 충과 서를 충실히 계승했다. 단지 그것들을 인간의 타고난 본성이라면서 '이(理)'라는 개념을 사용하여 더욱 체계화했을 뿐이다.

유학자들은 공자의 치국 사상을 수신의 철학으로 전환시켰다. 공자는 제후들을 설득하여 평화를 이루고자 했던 반면, 훗날의 유학자들은 공자의 사상을 제왕이나 귀족들이 가져야 할 마음의 자세로 제시했다.

오늘날에도 공자의 사상은 지도자 혹은 지도자가 되려는 사람이 갖추어야 할 도덕적 덕목으로 거론된다. 한 예로 '청렴성'을 보자. 청렴성이란 자기 자신에게 충실했느냐를 묻는 것인 동시에 돈과 같은 물질적 욕망에서 벗어났느냐를 묻는 것이다.

그러나 지도층의 바른 자세를 제시했다는 것만으로 공자가 오늘날에도 칭송받는 것은 아니다. 공자가 제시한 충과 서는 오늘날 누구에게나 절실한 덕목이 되고 있다. 더욱이 승자 독식의 정글과 같은 상황이 전개되고 있는 지금, 자기 충실과 남에 대한 배려는 그 가치가 더욱 높아지고 있다. 그런 점에서 공자의 사상은 오늘날에도 유효하다.

덧붙여 공부의 중요성 또한 공자의 주요 사상이었음을 간과해서는 안 된다. 공부는 남에게 보이기 위한 것이 아니다. 명성을 얻기 위한 것도 아니다. 공부는 자기 자신을 위한 것, 자기 충실을 위한 것, 그래서 수신을 위한 것이다.

인공지능에 대한 관심이 높다. 인공지능은 인간의 충실한 보조가 되리라고 낙관적으로 전망하는 사람들이 있다. 그런가 하면, 인간이 하는 일을 대신함으로써 인간의 일자리를 빼앗아갈 것이라고 비관적인 전망을 하는 사람도 있다.

결국 문제는 인간 자신이다. 인간이 자기 충실성을 상실하면 비관적 전망이 현실화할 수밖에 없다. 공자는 "장인이 일을 잘하고자 할 때에는 반드시 먼저 그 연장을 날카롭게 손질한다"라고 했다. 일을 잘하려면 먼저 자기 자신을 수양하라는 말이다. 인간이 자기 수양을 하는 최상의 방법이 바로 공부다.

공자는 또한 "세 사람이 함께 갈 때 그중에는 반드시 나의 스승이 있다"라고 했다. 공부는 언제 어디서든 할 수 있고 어느 누구에게서든 배움을 얻을 수 있다는 말이다. 그러므로 이 사실을 잊지 말아야 한다. '공부가 세상에서 가장 즐거운 일이다!'

제자백가(諸子百家)란 중국 춘추전국시대에 등장했던 사상가 집단을 말한다. 이들 집단의 이름은 대개 스승의 이름이나 가르침에서 따왔다. 노자(老子)와 장자를 추종했던 집단을 도가(道家)라고 한다. 노자와 장자의 가르침이 도였기 때문이다. 묵자를 추종했던 집단은 스승의 이름을 따서 묵가(墨家)로 불렀다. 한비자(韓非子, B.C.280?~B.C.233)를 추종하는 집단을 법가(法家)라고 하는데, 한비자가 추구한 것이 법(法)이었기 때문이다.

　　그렇다면 공자를 추종했던 집단은 무엇이라고 부를까? 유가(儒家)라고 한다. 그런데 유가라는 명칭은 스승의 이름을 딴 것이 아니다. 스승의 가르침에서 따온 것 또한 아니다. 그렇다면 그 명칭은 어디에서 유래했을까? 한자어 '유(儒)'는 지식인을 의미했다. 즉 공자를 최초의 지식인으로 추앙하여, 그 제자들을 유가라 했던 것이다. 공자 이전에도 지식인이 있었겠지만 공자와 견줄 수 없었기에 공자에게 최초의 지식인이란 영예가 돌아갔을 것이다.

　　그래서일까? 공자의 스승에 대해서는 알려진 것이 없다. 그렇지만 그가 어떻게 공부했는지는 알 수 있다. 그는 "나는 옛것을 전달하기만 했을 뿐, 새로이 창작하지는 않았다"고 말했다. 그는 전해져오는 역사적 사실 중 일부를 모아 '춘추'라 했고, 시 중에서 300편을 모아 '시'라 이름 지었다. 이러한 사실은 공자가 전해져오던 것을 비판적으로 섭취했음을 의미한다. 요즘 식으로 말하면, 공자는 '고전에 대한 비판적 읽기'를 통해 자신의 사상을 형성했던 것이다.

행복은
자기를 보전하는
일이다

장자 《장자》

사마천은 장자(莊子, B.C.365?~B.C.270?)가 현명한 지혜를 가졌음에
도 나랏일에 관여하지 않았다며 일화를 소개했다.

초나라 위왕은 장주(장자)가 현명하다는 말을 듣고 사신을 보내 많
은 예물로 대우하고 재상을 삼겠다고 알렸다. 그러자 장주가 웃으
며 초나라 사신에게 말했다.
"천금이라면 큰돈이며, 재상이라면 높은 벼슬이다. 그대는 제사 지
낼 때 희생물로 바쳐지는 소를 보지 못했는가? 몇 년 동안 먹이고

수놓은 옷을 입히지만 끝내는 제물로 바쳐질 뿐이다. 그때가 되어 하찮은 돼지를 부러워해봐야 무슨 소용이겠는가. 그대는 어서 돌아가 나를 욕되게 하지 마시오. 나는 차라리 시궁창 속에서 스스로 유쾌히 놀며 살지언정 임금에게 얽매인 존재는 되고 싶지 않소."[8]

이 일화는 장자의 사상을 집약해서 보여준다. 장자는 부귀영화를 누리며 나랏일에 매이는 것을 택하지 않고, 더러운 곳에서 뒹굴더라도 자유롭게 살고 싶다고 했다. 세상사에서 벗어나 자신의 행복을 추구하겠다는 얘기다.

중국 춘추전국시대에는 조용히 숨어 살며 자신의 행복을 추구하는 사람들이 많았다. 이들을 가리켜 '은자(隱者)'라고 불렀다. 《논어》에는 공자가 전국을 유세하는 동안 만난 은자들의 이야기가 나온다.

은자들은 공자가 "되지 않을 일을 하려고 애쓰는 사람"이라고 조롱했다. 그러나 공자는 은자들을 가리켜 "현세를 피해 숨어 사는 현인(賢人)"이라고 평가했다. 반면 공자의 제자인 자로(子路, B.C.543~B.C.48)는 은자들을 비판했다.

벼슬하지 않는 것은 의(義)가 없으니, 장유(長幼)의 예절을 폐할 수 없는데 군신의 의를 어찌 폐할 수 있겠는가. 벼슬하지 않음은 자기 몸을 깨끗이 하고자 하여 대륜(大倫)을 어지럽히는 것이다.[9]

은자들은 자기 한 몸을 깨끗이 하려는 사람들이라고 했다. 예절과

의리가 필요한 시대에 은자들의 태도는 인륜을 어지럽히는 것이라고
도 했다. 자로의 비판은 은자들의 생각과 유교의 차이점을 보여준다.
공자와 그 제자들은 어지러운 세상을 구하겠다고 나섰던 반면, 은자들
은 "이 세상이 도도히 흐르는 탁류와 같은데 어느 누가 고칠 수 있겠는
가?"라며 세상사에서 벗어나 개인의 행복을 추구했다.

　　장자는 은자들의 계보를 잇는 사상가였다. 그는 은자들의 사상을 받
아들여 자신들의 철학적 기초로 삼았다. 그러므로 장자의 사상을 이해
하려면 은자들의 생각을 알아두어야 한다. 은자들의 생각을 체계화한
사람은 양주(楊朱, B.C.440?~B.C.360?)였다.

돈과 명예보다는 생명이 먼저다

양주의 사상은 맹자가 활동하던 때에 상당한 영향력을 행사했다. 맹자
는 "양주와 묵자의 사상을 추종하는 자들이 천하에 가득 차서 모든 주
장이 양주의 사상에 속하지 않으면 묵자의 사상에 속하는 그런 상황까
지 되었다"며 한탄했다.

　　그러면 양주의 사상은 무엇인가? 맹자는 다음과 같이 요약했다.

　　양자(楊子)는 '자기만을 위할 것'을 주장하여 한 개의 터럭을 뽑아
　　천하를 이롭게 할 수 있다고 해도 하지 않았다.[10]

무슨 말인가? 세상일에 끼어들지 않았다는 것이다. 세상일에 끼어

들었다가는 자칫 생명이 위태로워질 수도 있기 때문이다. 높은 벼슬도 억만금의 부귀도 중요하지 않다. 오로지 중요한 것은 자신의 생명이다. 이러한 양주의 사상을 가리켜 '위아(爲我)' 사상이라 한다.

양주가 직접 했다는 말을 들어보자.

이제 나의 삶은 나의 소유이면서 또한 내 자신을 이롭게 하는 일 역시 크다고 하겠다. 귀한 바와 천한 바를 논한다면, 천자가 될 만큼 높은 지위라 하더라도 이를 자신의 삶과 존귀함에 견주기에는 부족하다. 가볍고 무거운 바를 논한다면, 천하를 소유할 만큼 재물이 많다 하더라도 내 삶의 소중함과 바꿀 수는 없다. 편안한 바와 위태로운 바를 논한다면, 하루아침에라도 이를 잃으면 죽을 때까지도 이를 돌이켜 얻을 수 없는 것이다. 그래서 이 세 가지는 도 있는 사람들이 신중을 기하는 바다. 그러나 이 세 가지에 대하여 신중을 기하면서도 오히려 자신의 몸을 상하게 하는 사람이 있다면 그것은 본성과 생명의 실질에 통달하지 못한 것이다.[11]

인간에게 생명보다 소중한 것은 없다는 얘기다. 노자는 달리 표현하여 "명예와 생명 중에 어느 것이 더 사랑스러우냐? 생명과 재산 중에 어느 것이 더 귀중하냐?"고 했다. 물론 맹자의 생각은 다르다. 명예와 부를 위해서라면 목숨을 걸 필요는 없다. 그러나 의로운 일을 위해서라면 죽음을 선택할 수도 있다고 맹자는 말했다.

양주는 세상일에 관여하지 않겠다고 했지만 정치적 발언도 했다.

옛날 사람들은 한 개의 터럭을 뽑음으로써 천하가 이롭게 된다 하여도 뽑아주지 않았고, 천하를 다 들어 자기 한 사람에게 바친다 하더라도 받지 않았다. 사람마다 한 개의 터럭도 뽑지 않고, 사람마다 천하를 이롭게도 하지 않는다면 천하는 다스려질 것이다.[12]

사람들이 천하를 이롭게 한답시고 나서지 않으면 오히려 천하가 안정된다고 했다. 노자와 장자의 '무위(無爲)'를 연상시키는 대목이다.

양주는 명예와 부를 멀리하고 자기 생명의 보전을 우선하자고 했다. 그래서 양주와 양주를 따르는 사람들은 은둔 생활을 했다. 그렇지만 모든 사람이 은둔할 수는 없지 않은가. 대부분의 사람들은 이 세상에서 살아가야 한다. 그러면 어떻게 해야 이 세상에서 살아가면서 자기 자신을 보전하고 행복한 삶을 살 수 있는가? 그 길을 밝히기 위해 장자가 나섰다.

만물은 같고 다르다

장자는 노자의 사상을 충실히 계승했다. 그래서 흔히 노자와 장자의 사상을 하나로 묶어 노장사상이라고 부른다. 장자는 수많은 우화를 통해 자신의 사상을 전달하고자 했다. 그래서 《장자》는 철학서일 뿐만 아니라 문학서로도 칭송을 받는다. 우화는 읽기 쉽지만, 그 안에 담긴 의미를 파악하기 쉽지 않다. 그래서 《장자》를 이해하려면 노자의 도움이 필요하다.

노장사상의 핵심은 '도'다. 달리 말하면 노장사상은 도에 관한 사상이다. 그래서 노장사상을 도가(道家) 혹은 도교라고도 한다. 노장사상을 한마디로 요약하면 도를 알고 도에 따라 살아가면 행복한 삶이 가능하다는 것이다.

그러면 도란 무엇인가? 노자는 "도에서 1이 생기고, 1에서 2가 생기고, 2에서 3이 생기고, 3에서 만물이 생긴다"고 했다. 도는 만물의 근원이라는 말이다. 이런 의미에서 도는 고대 그리스의 철학자 데모크리토스가 말한 '원자'나 이기철학의 '기(氣)'와 상통한다.

도에서 만물이 생겼으므로 만물은 같다. 그러나 만물은 1, 2, 3처럼 다른 모습을 하고 있다. 그래서 만물은 다르다. 같음 속에 다름이 있고 다름 속에 같음이 있다. 장자는 그 유명한 '나비의 꿈' 우화에서 만물의 같음과 다름을 표현했다.

옛날에 장주가 꿈에 나비가 되었다. 그는 나비가 되어 펄펄 날아다녔다. 자기 자신은 유쾌하게 느꼈지만 자기가 장주임을 알지 못했다. 갑자기 꿈을 깨니 엄연히 자신은 장주였다. 그러니 장주가 꿈에서 나비가 되었던 것인지 나비가 꿈에 장주가 되어 있는 것인지 알 수가 없었다. 장주와 나비에는 반드시 분별이 있을 것이다.[13]

장주가 나비인지 나비가 장주인지 알 수 없다고 했다. 그래서 장주와 나비가 같다. 그러나 장주와 나비는 분별이 된다. 그래서 장주와 나비는 다르다. 어느 쪽에서 보느냐에 따라 사람의 인식이 달라진다. 그렇지만 장자는 그 인식의 우열을 가리지 않았다. '조삼모사(朝三暮四)' 우화를 보자.

모든 것이 같음을 알지 못하는 것을 '아침에 세 개'라고 말한다. 무엇을 '아침에 세 개'라고 하는가? 옛날에 원숭이를 기르던 사람이 원숭이들에게 도토리를 주면서 "아침에 세 개 저녁에 네 개(조삼모사) 주겠다"고 하자 원숭이들은 모두 화를 냈다. 다시 "아침에 네 개 저녁에 세 개 주겠다"고 하자 원숭이들은 모두 기뻐했다. 명분이나 사실에 있어 달라진 것이 없는데도 기뻐하고 화내는 반응을 보인 것도 역시 그 때문이다.[14]

하루에 주는 도토리는 일곱 개로 동일하다. 그러나 눈앞에 나타나는 현실은 다르다. 그래서 원숭이들은 아침에 세 개를 주는 것에 화를 내고, 네 개를 주는 것을 좋아했다.

그러면 원숭이들은 잘못한 것인가? 그렇지 않다. 원숭이가 하루에 일곱 개의 도토리를 받는다는 사실은 변함이 없다. 다만 나누어주는 방식에 차이가 있었고 원숭이들은 자신들이 좋아하는 방식을 선택했을 뿐이다.

장자가 보여주는 우화를 비웃음이나 조롱으로 이해해서는 안 된다. 장자는 현실에서 나타나는 모습을 우화로 보여주면서 우리가 놓치고 있는 것을 깨닫게 하고자 했다. 원숭이들의 모습은 비웃음의 대상이 아니라 우리가 살아가는 모습이다. 이것을 알아야 장자가 말하고자 하는 바를 깨달을 수 있다.

모든 삶이 소중하다

장자는 일상에서의 행복한 삶을 추구했다. 그래서 장자는 다양한 삶의 모습을 긍정했다. 대붕(大鵬)과 메추리의 비유가 그 사례다. 대붕은 길이가 수천 리가 넘는다는 가공의 새다. 대붕은 한 번의 날갯짓으로 수만 리를 간다고 했다. 어느 날 대붕이 구만리 창공을 날아 오르자 메추리가 웃으면서 말했다.

저자는 또 어디로 가는 것인가? 나는 펄쩍 날아 오르면 몇 길도 오르지 못하고 내려오며, 쑥대 사이를 오락가락하지만 이것도 역시 날아다니는 극치인 것이다.[15]

대붕과 메추리는 날아다닌다는 점에서 동일하다. 다만, 대붕은 멀리 날고 메추리는 몇 길밖에 날지 못한다는 차이가 있다. 그렇다고 대붕이 우월하고 메추리는 열등하다는 말이 아니다. 대붕은 대붕대로의 삶이 있고 메추리는 메추리대로의 삶이 있다. 그 두 삶에는 우열이 없다.

그런데 우리는 우열을 가리고자 한다. 대붕과 메추리의 우화를 읽으며 대붕의 삶을 동경하고 메추리의 삶을 하찮게 여긴다. 왜 이런 생각을 하게 될까? 자기의 기준에서 세상을 보기 때문이다. 우리는 각자 나름대로의 기준을 가지고 살아간다. 그 삶은 소중하다. 그런데 자기 기준을 다른 사람의 삶에 들이대려고 한다. 그래서 논란이 벌어진다.

논란은 평온한 삶을 해칠 뿐, 승패를 내주지 못한다. 각자의 기준이 다른데 어찌 승패가 가려지겠는가. 장자는 자신의 잣대를 들이대어 우열을 가리려 하지 말라고 한다. 장자의 역설을 들어보자.

천하에서 가을 짐승 터럭 끝보다 더 큰 것이 없다고 여길 수도 있고, 태산을 작다고 여길 수도 있다. 어려서 죽은 아이보다 더 오래 살 수 없다고 여길 수도 있고, 팽조(彭祖)를 일찍 죽었다고 여길 수도 있다.[16]

무슨 말인가? 기준을 바꾼 것이다. 가장 작은 것을 가장 큰 것이라 하면 털끝은 태산보다 크다. 팽조는 700년을 살았다는 사람이다. 그런데 가장 짧게 산 것을 가장 오래 산 것이라 하면, 어려서 죽은 아이가 팽조보다 오래 산 것이다. 기준이란 이런 것이다. 누구나 공감할 수 있는 절대적 기준은 없다.

그러므로 삶의 차이 역시 없다. 왕자의 삶과 거지의 삶은 다르지 않다. 미국의 소설가 마크 트웨인(Mark Twain, 1835~1910)의《왕자와 거지(The Prince And The Pauper)》를 보자. 왕자는 거지의 삶에 흥미를 느끼고 거지가 되었다가 수많은 고초를 겪는다. 거지는 왕자의 삶을 동경하여 왕자가 되었으나 궁궐의 삶이 싫어서 벗어나려고 한다. 과연 누구의 삶이 더 나은지 생각하게 한다.

장자는 모든 삶이 소중하다는 사실을 일깨워주려 했다. 그러나 모든 삶이 행복하다고 주장한 것은 아니다. 행복하게 살려면 도에 따라 살아야 한다.

무위의 삶

도에 따라 사는 삶은 어떤 삶인가? 장자는 무위의 삶을 말한다. 무위란 '행위를 하지 않음'을 말한다. 무위는 도와 아울러 노장사상의 핵심이다.

노자는 "도는 자연을 닮았다"라고 했다. 노자가 자연에 주목한 이유는 인공적이지 않아서다. 강물을 예로 들어보자. 강물은 전혀 인간의 개입이 없는데도 유유히 흘러간다. 바위가 있으면 휘감아 돌고, 막힌 곳이 있으면 물길을 바꿔가며 흘러간다. 강물은 주변 환경을 거스르지 않는다. 또한 무엇인가 이루려 하지도 않는다.

무위의 삶이란 바로 강물과 같은 삶이다. 무엇인가를 이루려 하면 인위적인 것이 된다. 그런데 인위적인 것은 결과가 좋지 않을 수 있다. 노자의 역설을 들어보자. 노자는 "완성한 것은 완성하지 못한 것과 같고, 꽉 찬 것은 텅 빈 것과 같다. 곧은 것은 굽은 것과 같고, 슬기로움은 어리숙함과 같다. 말 잘하는 사람의 말은 말 더듬는 사람의 말처럼 들린다"라고 말했다. 무엇인가를 이루려 하면 오히려 그 반대의 결과가 생긴다는 것이다.

장자는 부와 명예를 들어 반대의 결과가 초래될 수 있음을 말했다. 사람들은 자기 자신을 위해 부와 명예를 추구한다. 그러면 부와 명예를 얻으면 행복할까? 장자는 그렇지 않다고 말한다.

> 부자란 사람들은 자신을 괴롭히면서 애써서 일하여 많은 재물을 쌓아놓고도 다 쓰지 못한다. 이것은 그의 육신을 위하려는 것이니 목적으로부터 벗어나는 일이다. 신분이 귀한 사람들이란 밤낮을 가리지 않고 계속하여 일이 잘되고 잘못된 것을 생각한다. 이것은 그의 육신을 위하려는 것이니 목적으로부터 벗어나는 일이다.[17]

자기 자신을 위해 부와 명예를 얻었지만 오히려 그 부와 명예로 인해 자신을 망치고 등한시하게 된다고 했다. 부와 명예는 자기 자신에게 행복이 아니라 불행이 되었다.

그렇다면 아무것도 하지 말라는 것인가? 그렇지 않다. 강물을 다시 예로 들어보자. 강물은 아무것도 하지 않는 것 같지만 아름다운 경관을 만들어낸다. 중요한 것은 아름다운 경관을 만들겠다는 의도를 하지 않는다는 점이다. 무위의 삶이란 바로 무엇인가 하겠다고 의도하지 않는 삶이다. 그러면 무엇을 해야 하는가?

자기를 지키는 것이 진정한 행복이다

장자는 우선 행복이 무엇인지 생각해보라고 한다.

> 지금 세속에서 하는 일이나 즐기는 것을 보더라도 나는 그 즐거움

이 정말 즐거움인지 정말 즐거움이 아닌지 알지 못한다. 내가 세속에서 즐기는 것을 관찰한 바로는 모두가 무리를 지어 나아가면서 꼭 해야만 할, 안 하고는 못 배길 일처럼 내세우면서 즐거운 일이라고 말하고 있지만 나는 그것이 즐거운 것인지 알지 못하거니와 그것이 즐겁지 않은 것인지도 알지 못한다.[18]

　사람들이 말하고 추구하는 행복이 진정한 행복인지 알지 못한다고 했다. 부, 명예, 좋은 직장, 좋은 집, 좋은 차 등 흔히 행복의 요소로 꼽히는 것들이 진정 행복을 가져다주는 것일까? 장자는 그런 것들이 진정한 행복이 아니라고 한다. 그러면 진정한 행복은 무엇일까?

　과연 즐거움이란 있는 것일까, 없는 것일까? 나는 무위야말로 진실한 즐거움이라 여기고 있다. 그러나 세속에서는 그것을 크게 괴로운 것으로 여기고 있다. 그러므로 지극한 즐거움이란 즐거움을 초월하는 데 있고, 지극한 명예란 명예를 초월하는 데 있다고 하는 것이다. 세상일의 옳고 그름은 정말로 단정할 수 없는 것이다. 그렇지만 무위만은 옳고 그름을 단정할 수 있다. 지극한 즐거움과 몸이 편한 길은 오직 무위일 경우에만 거의 존재하는 것이다.[19]

　진정한 행복은 몸이 편한 것, 즉 자기를 보전하는 일이다. 부, 명예, 좋은 직장, 좋은 집, 좋은 차도 목숨보다 소중하지 않다. 자기 보전이 가장 중요하다. 장자가 양주의 사상을 계승하고 있음을 알 수 있다. 양주는 자기 보전을 위해 은둔했지만 장자는 세상 사람들에게 무위하라고 말한다.

왜 무위해야 자기를 보전할 수 있는가? 만물은 다른 모습을 하고 있지만 본체는 도이므로 같다. 그래서 모든 사람의 삶이 소중하다. 이것을 무시한 채 옳고 그름을 가리겠다고 나서면 어떻게 될까? 옳고 그름은 가려지지 않고 논란과 분란만 야기된다. 논란과 분란은 자칫 자신의 몸을 위태롭게 한다. 그러므로 다르게 보이지만 같음을 알아 옳고 그름을 가리려 해서는 안 된다. 그래서 무위다.

세상의 혼란을 구제하겠다고 유세하는 일은 어떠한가? 자칫 시기하는 사람들이나 왕들로 인해 목숨을 잃을 수도 있다. 그러므로 유세를 해서는 안 된다. 그래서 무위다. 무위만이 옳고 그름을 가릴 수 있다. 무위는 옳고 무엇인가 추구하는 행동은 그르다.

논란을 벌이지도 않고 유세도 하지 않으니 다른 사람이 보기에 무위다. 그러나 자기 보전을 하고 있으니 할 일을 다 하고 있는 것이다. 그러나 무위는 결코 쉬운 일이 아니다. 사람들은 살아가면서 사소한 일에도 화를 내거나 다툰다. 다툼 없는 삶이 어찌 쉬운 일이겠는가.

그래서 장자는 우리에게 하나의 팁을 준다. 인생을 산책하듯이 살라는 것이다.

다른 사람도 옳을 수 있다

《장자》의 첫머리 제목은 '소요유(逍遙遊)'다. '소요유'를 첫머리에 넣은 이유는 인생을 대하는 자세를 집약해서 보여주는 것이기 때문일 터이다. '소요'란 '마음 내키는 대로 거닐며 돌아다닌다'는 말이니 '산책'을 생각하면 된다. '소요유'는 산책하듯이 즐기라는 것이다. 한적한 호숫가를 유유히 걸어 다녀보라. 잡념은 사라지고 마음은 평화롭다.

장자는 호숫가를 산책하며 즐기듯이 인생을 살라고 한다. 장자에게 삶은 무엇인가를 이루기 위한 수단이 아니라 목적 그 자체다. 따라서 최고의 가치는 단 하나밖에 없는 이 세상에서의 삶이다.

장자는 산책하며 즐기듯 삶을 살았다. 혜자(惠子)가 크기만 하고 쓸모없는 나무가 있는데 어떻게 하면 좋겠느냐고 물었다. 그러자 장자는 "넓은 들판에 그 나무를 심어놓고 하는 일 없이 오가며 놀다가 그 나무 아래에서 낮잠을 즐기면 된다"라고 말했다. 이렇듯 장자는 무위를 실천하며 살았다.

성리학의 집대성자인 주희는 "노자는 행동하려는 의도를 가지고 있었지만 장자는 전혀 행동하려 하지 않았다"며 노자와 장자의 차이를 지적했다. 확실히 장자는 무위의 삶을 살았다. 그런데 노자가 행동하려는 의도를 가지고 있었다는 것은 무슨 말인가?

노자와 장자는 여러 가지 점에서 차이가 있다. 노자는 《도덕경(道德經)》이 보여주듯 논리적인 글을 썼다. 즉 논리를 내세워 가르치려 했다. 그러나 장자는 우화를 들려주었다. 자신의 사상을 논리적으로 설명하기보다 사람들이 우화를 듣고 스스로 깨치게 했다. 장자가 시종 무위를 실천했다면 노자는 무위를 역설하면서 유위(有爲: 행동을 함)하고자 했다.

장자는 천하를 다스리는 것에 대해 이렇게 말했다.

듣건대 천하는 있는 그대로 내버려두어야지 다스려서는 안 된다고 한다. 천하를 있는 그대로 두는 것은 천하 사람들이 그들의 본성을 잃게 될까 두렵기 때문이다. 천하를 내버려두는 것은 천하 사람들이 그들의 타고난 덕이 바뀔까 두렵기 때문이다. 천하 사람들이 그들의 본성을 잃지 않고 그들의 타고난 덕이 바뀌지 않는데도 천하를 다스리려고 할 사람이 있겠는가?[20]

최선의 통치는 통치하지 않는 것이라는 말이다. 이렇듯 장자는 철두철미하게 무위를 역설했다.

그러나 노자의 생각은 달랐다. 노자는 성인의 도를 말한다. 노자가 말한 성인은 도덕적 인격체가 아니라 통치자다. 사실 노자가 말하고자 하는 내용의 대부분은 통치자를 위한 것이었다. 장자가 세상 사람들을 향해 말하고자 한 것과 다르다.

노자는 오랫동안 나라의 흥망성쇠를 관찰했다. 그 결과 자연의 이치대로 통치해야 나라가 흥한다는 것을 알게 되었다. 노자의 말을 들어보자.

군대가 강하면 멸망하게 되고 나무가 강하기만 하면 부러진다.[21]

강한 태풍이 불면 나무는 부러지고 뿌리가 뽑힌다. 이것이 이치다.

마찬가지로 군대가 강하다고 좋은 것이 아니다. 군대가 강하면 주변 나라들이 연합하여 맞선다. 그래서 군대가 강하기 때문에 패배할 수 있다. 노자는 이 세상에서 물이 가장 강하다고 했다.

천하에 물보다 부드럽고 약한 것은 없으나 단단하고 강한 것을 공격하기로는 그것(물)보다 나은 것이 없으니, 그 무엇으로도 물을 바꿀 수 있는 것은 없다.[22]

아무리 단단한 바위라도 물방울이 계속 떨어지면 결국 구멍이 난다. 그래서 약한 것이 강한 것을 이기고 부드러운 것이 딱딱한 것을 이긴다. 노자는 통치자들이 이런 이치를 알아야 한다고 했다. 결국 노자는 통치자를 위한 처방전을 제시하고자 했던 것이다. 《도덕경》이 제왕의 교과서라 불리는 이유다.

노자는 자연의 이치에 따라 무위하라고 했지만 유위의 중요성을 잊지 않았다. "도는 하는 일이 없지만 하지 않는 일이 없다!" 이것이 노자의 캐치프레이즈다. 장자는 하는 일이 없음, 즉 무위를 받아들여 인간의 삶과 정치에 적용했다.

조선 시대의 성리학자들은 도교를 배척했음에도 《장자》를 즐겨 읽었다. 장자의 유유자적한 삶을 동경했기 때문이다. 오늘날 우리는 조선 시대보다 더 복잡하고 분주한 세상에 살고 있다. 그만큼 마음의 여유를 그리워한다. 절을 찾아 템플스테이를 하고 주말이면 산과 들을 찾는 이유가 거기에 있다.

그러나 그러한 것들은 일시적 평온을 줄 뿐이다. 다시 일상으로 돌아오면 분주한 삶이 기다린다. 장자는 은둔을 택하지 않았다. 그는 마을 사람들과 어울리는 일상의 삶에서 마음의 평온함을 찾았다. 거기에 장자 사상의 의의가 있다.

우리가 일상에서 평온하지 못한 이유는 분란과 다툼을 일삼기 때문이다. 분란과 다툼은 자기중심적 사고에서 온다. '나'를 기준으로 하면 모든 것이 잘못된 것으로 보일 수밖에 없다. 장자는 달라 보이는 곳에 같음이 있음을 알라고 했다. 또한 자기만이 옳은 것이 아니라 다른 사람도 옳을 수 있음을 알라고 했다. 이 말에 마음의 평온을 찾아 자신을 보전하는 출발점이 있다.

그러나 말처럼 쉬운 일이겠는가. 그러므로 끊임없는 자기 수양이 필요한 것이다.

자기 본성에서
부처를 구하라

혜능 《육조단경》

황제의 자리에서 내려와 그대 곁에 조용히 앉아 그대의 불경 강독
을 듣고 무한한 지식을 얻고 싶도다. 그대의 불경 강독을 듣노라면,
세상 가장 높은 경지에 오른 듯한 마음이 든다.

측천무후가 혜능(慧能, 638~713)에게 바리사발, 가사, 백색 모포 등
을 하사하며 했던 말이다. 측천무후는 이렇듯 혜능에게 무한한 존경심
을 표했다.

측천무후는 중국 역사상 유일한 여황제다. 측천무후는 중국 당나라

의 제3대 황제인 고종의 왕후였다. 고종이 병을 얻어 정사를 돌보지 못하자 정사에 관여하기 시작하여 683년에 고종이 죽자 실권을 장악했다.

측천무후는 자신의 두 아들을 번갈아 황제의 자리에 앉혔으나 마음에 들지 않았다. 그래서 690년에 황제의 자리에 올라 스스로를 '성신황제'라 하고 국호를 '주'로 바꾸었다. 이후 15년간 강력한 군주로서 인재 등용과 농업 및 수공업 발전에 힘을 쏟았다.

농업과 수공업이 발전하자 인구도 늘어났다. 고종 당시 중국의 가구 수는 380만 호에 불과했으나, 측천무후가 세상을 떠난 해의 가구 수는 615만 호로 증가했다. 측천무후 시대에 농업과 수공업이 비약적으로 발전했음을 알 수 있다.

측천무후가 황제가 된 것은 혜능이 중국 선종의 6대 조사로서 본격적인 활동을 시작한 지 15년이 지났을 때였다. 그런데 측천무후가 혜능에게 존경을 표했다는 것은 혜능이 단시간에 선종의 바람을 일으켰다는 의미다.

혜능 이전까지 선종의 교세는 크지 못했다. 일부 절을 중심으로 전파되던 작은 종파에 불과했다. 그러나 혜능 시대에 중국 선종은 비약적 발전을 이루어냈다. 그래서 혜능은 불교의 중국화, 대중화를 이루었다는 평가를 받는다.

혜능의 불교 사상이 무엇이기에 단시간에 큰 성과를 이루어낸 것일까?

불교, 중국에 전파되다

인도에서 시작된 불교가 중국에 전파된 것은 한나라 시대였다. 불교의 전파가 가능했던 것은 한나라 무제 시대에 장건(張騫, ?~B.C.114)이 서역로를 개척했기 때문이었다. 장건은 기원전 119년에 중국 장안(오늘날의 시안)을 출발하여 대월지국(大月支國)을 방문하고 4년 후인 기원전 115년에 장안으로 돌아왔다.

장건이 서역로를 개척한 후 그 길을 따라 상인들이 왕래하면서 점차 서역로는 지중해까지 확장되었다. 이 길을 실크로드라고 한다. 중국의 비단이 동서양 교역의 주요 상품이었기 때문이다. 초기 실크로드를 통한 교류는 물자 교역이 중심이었지만 점차 종교, 학문, 문화의 교류가 이루어졌다.

이때 실크로드를 타고 불교가 인도에서 중국으로 전파되었다. 전파 초기에는 주로 상인들이 관심을 가졌다. 그러나 점차 학자들이 관심을 갖기 시작했다. 불교를 도교의 한 종파로 보았기 때문이다. 학자들은 불교의 핵심 개념인 '공(空: 비어 있음)'을 도교의 핵심 개념인 '무(無)'와 같은 것으로 생각했다.

도교는 노자와 장자가 기초를 놓았고 한나라를 거쳐 위진남북조 시대, 당나라 시대에 이르러 지배적 철학이 되었다. 위진 시대에는 노자의 《도덕경》, 장자의 《장자》, 그리고 《주역(周易)》을 원천으로 한 현학(玄學)이 형성되어 철학계를 지배했다. 당나라 시대에는 노자의 성이 황실의 성과 같은 이(李)씨라 하여 노자와 장자가 추앙되었다.

이런 사상적 배경 위에서 초기의 불교 사상가들은 공을 무와 같은 것이라고 하며 불교를 전파했다. 사실 공과 무는 완전히 다른 개념이다. 공은 모든 사물에는 스스로의 본성이 없음을 나타내고, 무는 말 그대로 아무것도 없음을 나타낸다. 즉 공은 사물의 존재는 인정하지만 그 사물에는 자기 본성이 없다는 말이다. 반면 무는 사물 자체가 없다는 말이다.

그럼에도 도교의 영향을 받아 공을 무와 같은 개념으로 받아들였다. 심지어 성리학의 집대성자인 주희조차도 "불교에서 말하는 '공'은 '전부 없다'는 뜻이다"라고 했다. 최초로 체계적인 불경 번역에 나선 구마라습(鳩摩羅什, 344~413)도 '공'을 뜻하는 산스크리트어 '순야(sunya)'를 '무'로 번역했다.

불경은 본래 팔리어와 산스크리트어로 쓰였다. 불교가 중국에 전해지면서 불경을 한문으로 번역하는 작업이 진행되었다. 이런 번역 작업을 종합적으로 진행한 최초의 사람이 구마라습이다. 구마라습은 인도 승려로 후진(後秦) 시대에 중국에 들어와 16년 동안 머무르며 번역 작업을 했다.

구마라습의 번역 작업은 후진의 왕 요흥(姚興, 366~416)의 전폭적인 지원 아래 이루어졌다. 요흥은 구마라습을 국사로 임명하고 시간이 날 때마다 번역 작업에 직접 참여했다. 이때에 이르면 불교가 중국 사회에 뿌리를 내렸음을 알 수 있다. 구마라습은 번역을 하면서 강설을 하기도 했는데, 구마라습의 강설에는 5000명에 이르는 학승들이 참여했다. 구마라습은 35종 294권에 이르는 불경을 번역했다고 한다.

당나라 시대에도 황실의 지원을 받아 불교가 더욱 확산되었다. 현장(玄奘, 602~664)은 중국의 승려로 17년간 인도에서 유학한 후 불경을 가지고 귀국했다. 귀국 즉시 현장은 당나라 제2대 황제인 태종에게 지원을 요청하여 태종의 전폭적 지원 아래 불경을 번역하기 시작했다. 그는 이후 20년간 총 75종 1335권을 번역했다. 그뿐만 아니라 현장은 불교 논리학인 유식(唯識) 사상을 정립했다. 그리고 현장의 제자 규기(窺基)는 스승의 가르침에 따라 법상종(法相宗)을 창시했다.

이렇듯 불교는 중국에서 수입 단계를 지나 독자적인 사상과 종파를 창시하는 단계로 발전했다. 그리고 현장이 죽고 10년 후에 활동을 시작한 혜능은 '중국 불교'라고 부를 만한 것을 창시했다. 혜능의 불교 사상은 현장과 달랐다. 현장이 속한 종파는 교종(敎宗)인 반면 혜능이 속한 종파는 선종(禪宗)이었다.

달마가 동쪽으로 온 까닭은

교종은 불경을 기초로 사상을 전개하는 종파다. 그래서 현장의 경우처럼 불경 간행 사업을 중요시했다. 반면 선종은 '선'을 중심으로 하는 종파다. 따라서 선종을 이해하려면 선이란 개념을 알아야 한다.

선이란 무엇인가? 선은 팔리어 '자나(jhana)'의 음역어다. 완전한 단어는 선나(禪那)인데 줄여서 선이라고 한다. 또한 선은 선정(禪定)이라고도 불린다. 선정에 대해 혜능은 다음과 같이 말했다.

어떤 것을 선정이라 하는가? 형상을 초월하는 것을 '선'이라 하며, 내심이 미혹으로 어지럽지 않으니 '정'이라 하는 것이다. 만약에 외부의 각종 형상에 매인다면 내심은 미혹으로 어지럽게 되며, 외부의 형상에 현혹되지 않는다면 내심이 안정될 것이다.[23]

바깥의 겉에 얽매이지 않고 마음이 흔들리지 않는 것이 선정이라고 했다. 따라서 선을 중요시하는 선종은 마음의 수양을 우선시하는 종파인 셈이다.

선종의 유래는 부처의 제자인 마하가섭(摩訶迦葉)에까지 거슬러 올라간다. 부처가 마가다국의 영취산에서 아무 말 없이 연꽃을 들어 보이자 그곳에 모인 사람들이 모두 그 뜻을 몰라 어리둥절해했다. 이때 제자인 마하가섭이 미소를 지었다. 이를 염화시중(拈華示衆)의 미소라고 한다. 염화시중이란 꽃을 따서 군중에게 보인다는 뜻이다.

마하가섭만이 이심전심(以心傳心)으로 스승의 뜻을 깨닫고 미소를 지었던 것이다. 이처럼 말이나 글이 아니라 마음에서 마음으로 뜻을 전하는 것이 선종의 시작이다. 말과 글이 아니라 마음을 중시하는 종파였던 것이다.

마하가섭을 초대 조사(祖師), 즉 큰 스승으로 하여 시작된 인도의 선종은 27명의 조사를 거쳐 28대 조사인 달마(達磨, ?~534?)에 이르렀다. 달마는 인도를 떠나 520년에 중국에 도착했다. 양나라의 무제가 소식을 듣고 달마를 초대했다. 무제는 한평생 절을 짓고, 보시를 하고, 공양을 올렸다며 공덕이 있는지를 물었다. 그러자 달마는 공덕이 전혀 없다고 대답했다.

화가 난 무제는 달마를 국외로 추방해버렸다. 달마는 그 길로 쑹산의 소림사로 가서 9년간 면벽수도를 하여 큰 깨달음을 얻었다고 한다. 달마의 사상은 '교외별전(敎外別傳)', '불립문자(不立文字)', '직지인심(直指人心)', '견성성불(見性成佛)'의 열여섯 글자로 요약된다.

교외별전이란 가르침 바깥에 있는 특별한 가르침이라는 말로, 말이나 글자가 아니라 마음으로 가르침을 전달한다는 뜻이다. 그러므로 불립문자와 같은 의미다. 불립문자란 글자에 의존하지 않고 마음에서 마음으로 가르친다는 말이다. 직지인심은 곧바로 마음을 가리킨다는 뜻으로, 교리의 가르침 없이 바로 마음을 바로잡도록 가르친다는 것이다.

바로 마음을 가리키는 이유는 누구나 마음속에 부처가 있기 때문이다. 그것을 견성성불이라 표현한다. 견성성불이란 본래 가지고 있는 마음의 본성을 깨달으면 부처가 된다는 말이다. 이상에서 달마의 사상이 마음의 깨달음을 중시한다는 것을 알 수 있다. 말과 글자에 얽매이지 말고 마음으로 깨닫고 마음으로 깨달음을 전하라는 것이다. 따라서 불경에 대한 공부보다는 마음으로 깨닫는 체험을 중시하게 된다.

달마의 사상은 혜가(慧可, 487~593), 승찬(僧璨, ?~606), 도신(道信, 580~651), 홍인(弘忍, 601~674) 등 네 명의 조사를 거쳐 혜능에게 전달되었다. 그래서 달마를 초대 조사로 하는 중국 선종은 6대 조사 혜능에 이르렀다. 혜능은 특히 누구나 마음속에 부처가 있음을 강조했다. 그리고 혜능은 다른 조사들과 달리 도교와 유교를 받아들여 부처를 인간의 본성이라 함으로써 독자적인 중국 불교의 사상을 이룩했다.

움직이는 건 마음일 뿐이다

혜능은 당나라 태종대에 태어나 고종과 측천무후 시대를 살았다. 혜능은 당나라가 세워진 지 불과 20년밖에 되지 않았을 때 태어났다. 혜능이 살았던 시기에 당나라의 기틀이 세워지고 발전이 이루어졌다. 나라가 발전한다고 백성들의 삶이 고달프지 않은 것은 아니다. 당나라의 시성(詩聖)이라 불린 두보(杜甫, 712~770)는 당시의 사회상을 두고 "귀족들의 집 안에는 술과 고기 썩는 냄새가 진동하건만, 거리에는 얼어죽은 시체들이 굴러다니는구나"라며 한탄했다.

혜능 역시 고달픈 삶을 살았다. 어린 시절 아버지가 돌아가셨기 때문에 품팔이를 하며 어머니를 봉양했다. 그러던 어느 날 길거리에서 누군가 《금강경(金剛經)》을 낭송하는 소리를 들었다. 문득 생각한 바가 있어 출가를 결심하고 중국 선종의 5대 조사인 홍인을 찾아갔다.

혜능은 정식 승려가 되지 못하고 절간에서 허드렛일을 하게 되었다. 그렇게 8개월 남짓 지났을 때 홍인은 제자들에게 자신들이 깨달은 바를 시로 짓게 했다. 홍인의 뒤를 이을 제6대 조사를 선발하기 위해서였다. 홍인의 수제자인 신수(神秀, 606?~706)는 "신시보리수(身是菩提樹: 몸은 보리수)요, 심여명경대(心如明鏡臺: 마음은 명경대)라. 시시동불식(時時動拂拭: 항상 부지런히 닦아 깨끗하게)하여, 막사야진애(莫使惹塵埃: 작은 티끌도 끼지 않게)하라"는 시를 지었다.

홍인은 실망했다. 신수의 시는 깨달음이 없는 평범한 것이었기 때문이다. 게을리하지 말고 몸과 마음을 갈고닦으라는 얘기일 뿐이지 않은

가. 이때 혜능이 나서서 시를 짓기를, "보리본무수(菩提本無樹: 보리는 본래 수가 아니)요, 명경역비대(明鏡亦非臺: 명경 또한 대가 아니)다. 본래무일물(本來無一物: 본래 하나의 사물도 없는 것)인데, 하처야진애(何處惹塵埃: 그 어디에 작은 티끌이라도 끼어 있겠는가)?"라고 했다.

홍인은 감탄했다. 혜능의 시는 신수에 대한 비판을 담았다. 보리수를 보리와 수로 분리하고 명경대를 명경과 대로 나누어서 그것들이 본래 존재하지 않는다고 했다. 훗날 혜능이 자신의 법문의 본체로 삼았다고 밝힌 '무상'이다.

그리고 결론짓기를 '그 어디에도 티끌이 없다'고 했다. 신수가 보리수는 몸이고 명경대는 마음이라 했으니, 혜능은 몸과 마음 그 어디에도 티끌이 없다고 한 것이다. 즉 몸과 마음이 본래 깨끗하다는 얘기다. 신수가 몸과 마음을 갈고닦는 수양을 강조했다면 혜능은 본래의 몸과 마음이 깨끗함을 깨달으라고 한 것이다. 이 말은 훗날 '모든 사람이 부처'라는 혜능의 핵심적 주장의 기초가 되는 것이었다.

홍인은 혜능의 재능을 알아차렸지만 아직 정식 승려가 되지 못한 혜능에게 공개적으로 조사 자리를 물려줄 수는 없었다. 그래서 남몰래 혜능을 불러 조사의 상징인 가사와 바리를 주고 피신하게 했다. 그의 재능을 시기하여 해치려는 자들이 많았기 때문이다.

피신 생활을 한 지 15년이 지난 676년, 혜능은 드디어 세상에 모습을 드러냈다. 그의 나이 서른여덟 살이었다. 혜능은 광둥 성 광저우에 있는 법성사에서 열린 부처님 오신 날 법회에 참가했다.

법회가 끝나고 며칠이 지난 어느 날, 절의 깃발이 바람에 나부끼는 것을 보고 두 승려가 다투었다. 한 승려는 '바람이 움직이는 것'이라고 했고, 다른 승려는 '깃발이 움직이는 것'이라고 했다. 두 승려의 논쟁은 감정 다툼으로 발전했다.

이를 지켜보던 혜능이 말했다. "움직이는 것은 바람도 아니고 깃발도 아니다. 바로 당신들의 마음이 움직이는 것이다." 무슨 말인가? 혜능이 자신의 법문의 종지(宗旨)와 근본이라고 밝힌 '무념'과 '무주'다. 두 승려는 바람과 깃발을 구별 짓고 어느 한쪽만을 생각했기 때문에 다툰 것이다. 바람이 움직인 것도 맞고 깃발이 움직인 것도 맞다. 그런데 두 승려는 한쪽만이 움직였다고 생각한 것이다. 그래서 혜능은 움직인 것은 마음이라고 말한 것이다. 즉 생각을 한쪽으로만 했다는 비판이었다.

15년간의 피신 생활에서 혜능의 깨달음이 더욱 깊어졌음을 알 수 있다. 사물을 구별하지 말라는 데에서 어느 하나의 생각에도 머무르지 않는 생각의 자유로움으로 나아갔기 때문이다. 법성사의 주지는 혜능을 알아보았다. 이때에야 비로소 혜능은 정식 승려가 되어 정식으로 중국 선종의 제6대 조사가 되었다. 그다음 해에 혜능은 광둥 성 샤오관에 있는 남화사에 자리를 잡고 37년간 불법을 설파했다.

부처의 권위를 부정하다

혜능은 중국의 불교, 즉 중국 선종의 실질적 창시자다. 중국 선종의 제1대 조사는 달마이지만 제5대 조사 홍인에 이르기까지 독자적 사상을 갖추지 못했고 대중성 역시 미약했다. 제6대 조사인 혜능의 시대에야 선종은 뚜렷한 자기 사상을 갖추고 대중성 역시 확보했다.

혜능의 사상은 기존 불교에 대한 일대 혁신이었다. 그것이 가능했던 이유는 혜능이 도교와 유교 등 중국의 전통적 사상을 바탕으로 불교를 창조적으로 수용했기 때문이다.

혜능은 남화사에 터를 잡고 37년 동안 제자를 가르치고 대중에게 설교했다. 달마가 말한 불립문자에 따르면 말이나 글로 깨달음을 전해줄 수 없다. 그러나 말이나 글이 아니고는 깨달음을 전할 방법이 없다. 이심전심. 마음에서 마음으로 전해야 하지만 결코 쉽지가 않다. 결국 혜능은 말과 행동을 통해 깨달음을 전해주는 방법을 택했다. 혜능은 글자를 읽고 쓸 줄 모르는 사람이었다.

그 혜능의 말과 행동을 모아 제자인 법해(法海)가 편찬한 책이 《육조법보단경(六祖法寶壇經)》이다. 줄여서 《육조단경》이라고 한다. '육조'는 혜능이 중국 선종 6대 조사이기 때문에 붙여진 것이고 '법보'는 보석처럼 귀중한 진리의 말씀이라는 뜻이다. '단경'은 진인(眞人)의 마음속에서 우러나오는 말씀을 의미한다. 진인은 도교에서 이상적인 인간을 가리키는 말이다. 혜능의 사상이 도교의 영향을 받았음을 알 수 있다.

혜능은 "나의 법문은 무념을 종지로 삼는 것이며, 무상을 본체로 삼는 것이며, 무주를 근본으로 삼는 것이다"라고 했다. 여기에서 '무념(無念: 생각이 없음)', '무상(無相: 형상이 없음)', '무주(無住: 머무르지 않음)' 역시 도교의 영향을 받은 것이다. 앞에서도 말했듯이 인도 불교의 핵심 개념은 순야, 즉 공이다. 공은 유(있음)와 무(없음)를 모두 포괄하는 말이다. 그래서 설명하기가 매우 까다롭다.

혜능은 알기 쉽게 무를 택하고 그것을 부연 설명하는 방식을 취했다. 즉 무념에 대해서는 "생각은 있으나 그 생각에 얽매이지 않는 것", 무상에 대해서는 "형상은 있으나 구별 짓지 않는 것", 무주에 대해서는 "생각은 있으나 하나의 생각에 머무르지 않는 것"이라고 보충 설명하는 방식으로 자신의 사상을 펼쳤다. 혜능이 활동할 당시 도교가 전성기를 구가하고 있었기에 혜능은 도교의 무를 차용하여 자신의 법문의 설득력을 높이고자 했던 것이다.

그러면 혜능 사상의 요체는 무엇인가? 혜능은 이렇게 말했다.

내 마음에 스스로 부처가 있으며, 자기의 부처가 바로 진짜 부처다. 만약에 스스로에게 불심이 없다면 어디를 향해서 부처를 구할 것인가? 너희들 스스로의 마음이 부처이니 다시 의심하지 말라.[24]

내 마음에 부처가 있다고 했다. 그래서 혜능은 "부처는 자기 본성으로부터 구하는 것이지, 외부에서 부처가 되는 방법을 찾아서는 안 된다. 자기의 본성이 미망에 사로잡힌다면 부처도 역시 중생으로 변하게 되는 것이고, 자기의 본성을 깨닫는다면 중생도 역시 부처가 되는 것이다"라고도 했다.

견성성불. 사람의 본성을 깨달으면 부처가 된다는 것이다. 이것은 모든 사람이 부처라는 말이다. 즉 부처가 따로 존재하는 것이 아니라 모든 사람이 곧 부처라는 선언이었다. 이러한 혜능의 선언은 불교의 중국화, 즉 불교의 창조적 수용이었다.

혜능의 선언은 당시 불교계에 일대 충격이었다. 부처는 불교의 창시자로서 '천상천하유아독존(天上天下唯我獨尊: 하늘 위와 하늘 아래에서 오직 내가 홀로 존귀하다)'이라는 절대적 권위를 누렸다. 심지어 부처를 신격화하려는 움직임조차 있었다.

혜능은 부처의 권위를 과감하게 부정했다. 부처는 특별한 존재가 아니다. 인간의 본성이 곧 부처이므로 부처가 되기 위해 다른 것에 의존할 필요가 없다. 스스로 자신의 본성을 깨달으면 부처가 될 수 있다. 혜능은 누구나 일시에 자기 본성에 대한 깨달음을 얻을 수 있다고 했다. 그것을 '돈오(頓悟)'라고 한다.

그러므로 혜능은 불경 공부나 예식 같은 것에 별다른 의미를 두지 않았다. 불상을 받드는 일 역시 필요하지 않다. 혜능의 후학인 단하천연(丹霞天然, 739~824)이라는 승려는 '부처라는 특별한 존재에 의존할 필요가 없다'는 것을 보여주기 위해 불상을 태워버렸다고 한다.

인간의 본성이 곧 부처라는 혜능의 사상은 유교에서 영향을 받은 것이었다. 유교는 '누구나 요순이 될 수 있다'는 성선설(性善說)을 주장한다. 인간의 본성이 선하다는 유교의 사상은 인간의 본성이 부처라는 혜능의 사상과 일맥상통한다.

인간의 본성이 부처라는 것은 모든 인간이 평등하다는 보편적인 이상의 표현이다. 혜능은 중국 선종을 보편적 이상을 갖춘 종교로 발전시켰던 것이다.

부처와 중생의 차이는

혜능의 사상은 불교에서 코페르니쿠스적 혁명이었다. 코페르니쿠스는 '태양이 지구 주위를 돈다'는 사고를 180도 회전시켜서 '지구가 태양 주위를 돈다'는 사실을 보여주었다. 마찬가지로 혜능은 불교를 승려 중심에서 대중 중심으로 전환시켰다.

불교는 부처의 언행을 기록한 불경을 금과옥조로 했다. 어떤 면에서 보면 불교의 역사는 불경의 해설사라고도 할 수 있다. 그러나 불경을 읽을 수 있는 사람은 소수의 승려에 불과했다. 그러므로 불경을 중시 하는 불교에서 대중은 소외될 수밖에 없었다.

혜능은 생각을 근본적으로 전환했다. 모든 사람의 본성이 부처이므로, 부처가 되려면 본성을 깨닫는 것 이외에 다른 것에 의존할 필요가 없다. 그래서 불경의 권위는 부정된다. 혜능은 제자들에게 말했다.

중생을 알면 능히 불성을 깨달을 것이며, 만약 중생을 알지 못한다 면 천 겁 만 겁 동안을 찾아도 부처님의 경지를 보지 못할 것이다. (⋯) 부처를 찾고자 한다면 반드시 먼저 중생을 이해하고 중생을 알 아야 부처를 알 수 있게 된다.[25]

중생을 알아야 부처를 알 수 있다. 중생이 곧 부처이므로 중생 이외 에서 부처를 찾으려 하면 아무리 많은 세월이 흐른다고 해도 부처를 찾을 수 없다. 이렇듯 혜능은 불교의 근본이 대중에 있음을 역설했다.

그러므로 승려의 생활이 달라져야 한다. 당시 승려들은 불경 지식을 앞세워 대중 위에 군림하고, 탁발이라 하여 집집마다 돌아다니며 동냥을 했다. 혜능은 이런 생활에 반대하여 승려들이 함께 생활하며 배우는 총림(叢林) 제도를 발전시켰다. 이곳에서 승려들은 농사를 지어 자급자족하면서 수행을 했다. 생활과 수행을 일치시켰던 것이다.

그러면 대중은 어떻게 해야 할까? 대중들 역시 총림에서 수행해야 할까? 그렇지 않다. 혜능은 생활하는 곳에서 수행할 것을 강조했다.

진실로 수행하기를 원한다면 재가에서도 역시 수행할 수 있으며, 출가하여 절에서만 수행할 수 있는 것이 아니다. 출가한 승려가 사찰에서 수행하지 않는다면 이는 마치 서방의 사람으로 심지가 사악한 것과 다를 바 없으며, 재가에서 충실히 수행한다면 이는 바로 동방의 사람이라도 선을 행하는 사람과 같은 것이다. 오직 스스로가 자신의 마음을 청정하게 수행한다면 바로 서방에 도달할 수 있다.[26]

서방(西方)은 불교에서 이상적 세계를 가리키는 말이고, 동방(東方)은 이른바 속세를 이르는 말이다. 수행하는 장소는 중요하지 않다. 절에 있어도 수행하지 않으면 사악한 사람이고, 일상생활을 하면서 수행해도 선한 사람이 된다.

혜능의 사상 전환은 대단한 성공을 거두었다. 중국 선종은 대중 속에 급격히 뿌리를 내렸다. 서두에서 밝혔듯이 혜능이 본격적인 활동을 시작한 지 15년 만에 당시의 황제였던 측천무후로부터 존경의 편지를 받은 것은 결코 우연이 아니었다.

선종은 중국의 중세 전기에 사상계를 지배했으며 동아시아 각국에도 영향을 미쳤다. 우리나라에는 통일신라 시대에 선종의 한 종파인 임제종(臨濟宗)이 들어와 고려 중기부터 오늘날까지 불교계의 지배적인 종파가 되었다. 선종의 또 다른 종파인 조동종(曹洞宗)은 일본에 영향을 주어 오늘날 일본 불교의 원형이 되었다.

중국 남송 시대에 주희가 성리학을 집대성하면서 불교를 비판한 이후 사상계에서 선종의 영향력은 약화되었다. 그렇지만 주희 자신이 20대 중반까지 열렬한 선종 신봉자였고, 그래서 그의 사상에는 선종의 사상이 담겨 있다. 예를 들어 주희가 자기 수양의 학습법으로 중시한 '경(敬)'은 불교의 '선(禪)'을 유교식으로 번역한 것이었다.

무엇보다도 모든 사람이 부처라는 보편적 이상은 결코 부정되거나 사라질 수 없는 것이었다. 혜능이 제자들에게 마지막으로 남겼다는 게송에는 그의 보편적 이상이 담겨 있다.

미혹하면 부처가 중생이요, 깨달으면 중생이 부처다.
어리석으면 부처가 중생이요, 지혜로우면 중생이 부처다.
마음이 사악하면 부처가 중생이요, 마음에 분별이 없으면 중생이 부처다.
(…)
내 마음에 부처가 있으니 내 마음의 부처가 참된 부처다.
내 마음속에 부처가 없다면 어디에서 부처를 찾을 수 있겠는가.[27]

실천하지 않으면
참된 앎이 아니다

왕수인 《전습록》

선생은 《대학(大學)》의 '격물(格物)'을 가르치실 때 구본(舊本)을 사
용하셨다. 그런데 선유(先儒)들은 구본이 잘못된 것이라 했다. (…)
선생은 어렸을 때부터 호탕하여 얽매이지 않았고 글을 잘 지었으
며 불교와 도교에 심취했다. 그래서 선생의 학설을 들으면 이단이
나 그릇된 주장이라 하여 깊이 연구하지 않았다. 선생이 오지에서
3년 동안 생활하면서 어려움 속에서도 마음을 안정하여 정밀한 학
문을 깨친 것을 모르기 때문이었다. 선생은 이미 성인의 경지에 이
르렀다.[28]

서애(徐愛, 1487~1517)는 스승 왕수인(王守仁, 1472~1528?)에 대해 세 가지를 말했다. 《대학》의 구본을 사용하여 격물을 가르쳤고, 불교와 도교에 심취했으며, 오지에서 3년 동안 생활하며 깨침을 얻었다는 것이다. 이는 왕수인의 사상을 이해하기 위한 핵심적인 것들이다.

왕수인은 격물을 가르쳤다고 했다. 격물이 무엇인지를 설명하는 것에서 왕수인의 사상은 시작된다. 격물의 중요성을 가르친 책이 《대학》이다. 그런데 왕수인은 《대학》의 구본을 사용했다고 했다. 《대학》의 구본은 《예기(禮記)》에 수록된 《대학》을 가리킨다. 《대학》은 원래 《예기》에 들어 있던 글인데, 중국 송나라의 사마광(司馬光, 1019~1086)이 독립시켜 별도의 책으로 만들었고, 성리학의 집대성자인 주희는 장(章)을 나누어 《대학》을 새롭게 편집했다.

왕수인이 주희가 편집한 《대학》이 아니라 구본으로 가르쳤다는 것은 주희에 대한 반발이었다. 왕수인은 주희가 죽은 지 170여 년 후에 태어났다. 거의 2세기 동안 주희의 사상은 중국을 비롯한 동아시아 일대에서 지배적인 철학으로 군림했다. 주희의 저서는 국가고시인 과거 시험의 공식 교재였다. 그래서 주희의 사상은 정치권에서도 지배적인 사상이었다. 따라서 주희에 대한 반발은 당대에는 '이단' 취급을 받았다.

왕수인은 불교와 도교에 심취했다고 했다. 본래 왕수인은 열렬한 주희의 문도였다. 성인(聖人)이 되겠다는 일념으로 주희의 저서를 읽었다. 그런데 어느 날 주희의 사상에 의문을 갖게 하는 일이 생기면서 주희의 사상을 멀리하게 되었다. 그 대신 불교와 도교의 서적을 읽었다. 불교와 도교에 대한 공부 또한 주희에 대한 반발이었다. 주희는 불교와 도교를 이단이라며 맹렬히 비판했다. 그러나 왕수인은 주희의 사상을 비판하는 데 불교와 도교의 사상을 활용했다. 그래서 왕수인의 사상은 당대에 이단시되었다.

왕수인은 오지에서 3년 동안 생활하며 정밀한 학문을 깨우쳤다고 했다. 여기서 오지는 귀주성 용장을 가리킨다. 왕수인은 용장에서 사는 동안 사색에 사색을 거듭했다. 그리하여 어느 날 문득 깨달음을 얻어 자신의 사상을 이룩했다. '마음이 곧 이치'라는 '심즉리(心卽理)' 사상이었다. 그 사상은 주희가 '만물의 본체가 곧 이치'라고 한 '성즉리(性卽理)' 사상과 대비되는 것이었다.

서애는 스승 왕수인이 성인의 경지에 이르렀다고 했다. 그래서 서애를 비롯한 제자들이 왕수인의 말과 편지를 모아 《전습록(傳習錄)》을 펴냈다. '전습'은 《논어》에 나오는 '전불습호(傳不習乎: 배운 것을 익히지 못하겠는가)'에서 따온 말이다.

왕수인의 사상을 그의 호를 따서 '양명학(陽明學)'이라고 한다. 왕수인의 제자들은 그의 가르침이 "물이 차갑고 불이 뜨거운" 것처럼 명확하다고 했다. 그러나 대부분의 유학자들은 양명학을 이단이라고 했다. 특히 조선에서는 유학자들이 양명학을 강력하게 배척했다.

왕수인이 무엇을 주장했기에 그토록 찬반이 갈렸던 것일까?

3년의 사색으로 새로운 사상을 얻다

왕수인이 새로운 사상을 이루는 과정을 따라가 보자. 담약수(湛若水,

1466~1560)가 쓴 왕수인의 묘지명에 보면, "처음에는 주어진 임무를 익히는 데 열중했고, 다음에는 무술을 익히는 데 몰입하다가 열심히 시와 문장 쓰기를 익혔다. 그 후 도교와 불교를 배우는 데 빠졌다가 마침내 정덕 원년(1506)에 성현의 학문으로 돌아왔다"고 했다.

어린 시절 왕수인은 무술을 열심히 연마했다. 학문만 하다가 큰일을 당하면 속수무책일 것이라 생각했기 때문이었다. 열다섯 살 때 아버지와 함께 만리장성을 구경하고 이민족의 마을을 방문한 뒤 훌륭한 장수가 되기로 결심했다. 실제로 왕수인은 벼슬을 하면서 반란 진압을 맡아 여러 곳에서 활약했다.

열여덟 살 때 그의 생각이 바뀌는 일이 생겼다. 그때 왕수인은 결혼을 했다. 결혼 후 신부를 데리고 집으로 돌아오던 중 누량(婁諒, 1422~1491)이라는 학자를 만나게 되었다. 누량은 성리학의 대가로 알려진 인물이었다. 누량은 성인이 되려면 반드시 학문을 해야 한다고 가르쳐주었다. 노학자의 가르침에 소년 왕수인은 크게 감동했다. 그래서 주희의 저서를 찾아 본격적으로 읽기 시작했다.

주희의 저서를 공부하던 왕수인은 격물이라는 두 글자를 알게 되었다. 주희는 격물에 대해 "사물의 탐구"라고 말했다. 즉 사물을 탐구해야 이치를 알 수 있다는 것이었다. 그래서 왕수인은 사물을 탐구하기로 결심했다. 마침 아버지가 근무하는 관청 안에 대나무가 있었다. 왕수인은 대나무를 탐구하여 대나무의 이치를 알아내고자 며칠 동안 대나무를 쳐다보았다. 그러나 일주일쯤 지나자 대나무의 이치를 알아내기는커녕 병을 얻어 드러눕고 말았다. 이때부터 왕수인은 주희의 사상에 회의를 갖게 되었다.

왕수인의 경험은 조선의 철학자 서경덕의 경험과 비교된다. 서경덕은 왕수인과 비슷한 시기에 활동했다. 서경덕 역시 왕수인과 비슷한 나이인 열여덟 살 때《대학》을 읽다가 격물을 발견하고 학문의 방법을 크게 깨달았다. 그 후 3년 동안 서경덕은 방 안에 탐구하고자 하는 사물의 이름을 써서 붙여놓고 사색과 관찰을 했다. 그 결과 서경덕은 이 세계에 존재하는 것은 오직 기뿐이라는 사실을 깨달았다. 주희가 이와 기가 함께 존재한다는 '이기이원론(理氣二元論)'을 주장한 반면, 서경덕은 기만이 존재한다는 '기일원론(氣一元論)'에 이르렀던 것이다.

서경덕이 격물을 학문의 방법으로 적극 활용했다면 왕수인은 격물을 새롭게 해석했다. 그것이 '마음이 곧 이치'라는 심즉리 사상의 토대가 되었다.

왕수인은 주희의 사상에 회의를 품으면서 불교와 도교에 관심을 갖기 시작했다. 그렇다고 불교의 승려나 도교의 도사가 되고자 한 것은 아니었다. 불교와 도교를 통해 주희 사상의 문제점을 극복해보고자 했던 것이다.

왕수인은 스물여덟 살 때 과거 시험에 합격하여 벼슬아치가 되었다. 그런데 정쟁에 휘말려 귀주성 용장으로 좌천되었다. 서른네 살이 되던 1506년의 일이었다. 담약수는 왕수인의 묘지명에서 왕수인이 1506년 성현의 학문으로 돌아왔다고 했다. 성현의 학문이란 유교를 의미한다. 불교와 도교에서 벗어나 유교를 다시 공부하기 시작했다는 말이다.

왕수인은 좌천되어 3년 동안 용장에서 생활하면서 유교를 본격적으로 공부했다. 주희의 사상을 다시 공부한 것은 아니었다. 주희의 사상에 회의를 갖고 있었기 때문에 주희와 다른 시각에서 유교의 경전을 탐구하고자 했던 것이다.

용장은 오지 중의 오지였다. 비록 좌천되었지만 왕수인은 그 지역을 다스리는 벼슬아치였다. 그럼에도 용장은 왕수인이 머무를 집조차 없을 정도로 열악한 곳이었다. 왕수인은 오두막을 짓고 화전을 개간하며 밤낮으로 홀로 앉아 사색했다. 마치 스님이 법당에 앉아 참선하는 것과 같았다.

그러던 어느 날 왕수인은 격물의 근본 뜻을 깨우쳤다. 성인의 도는 마음속에 이미 구비되어 있다. 그러므로 사물을 탐구하여 이치를 얻고자 하는 시도는 잘못된 것이다. 격물이란 사물을 탐구하는 것이 아니라 마음에 있는 것을 깨닫는 것이다. 이 깨달음을 얻는 순간 왕수인은 주희의 사상에서 완전히 벗어나 새로운 사상을 이룩했다.

마음 바깥에 사물은 없다

왕수인은 자신의 깨달음을 "마음이 곧 이치다. 따라서 마음 바깥에 사물이 없고, 마음 바깥에 이치가 없다"라고 요약했다. 그런데 '마음 바깥에 사물이 없다'는 말은 무슨 뜻일까? 내가 보고 있는 이 책은 내 마음 바깥에 있지 않은가. 그래서 한 친구가 왕수인에게 물었다.

선생이 남진에서 유람할 때 어느 친구 한 분이 바위 위의 꽃을 가리키며 물었다.

"이 세상에 마음 바깥에 어떤 사물도 없다고 했는데, 저 꽃은 저절로 피었다가 저절로 떨어진다. 저 꽃은 내 마음과 상관없지 않은가?"

선생이 말했다.

"자네가 저 꽃을 보지 않았을 때 저 꽃과 자네의 마음은 모두 고요했네. 그런데 자네가 저 꽃을 보았을 때 저 꽃의 색깔이 또렷해졌네. 그러니 저 꽃은 자네 마음 바깥에 있는 것이 아니네."[29]

무슨 말인가? 왕수인의 설명은 납득하기 어렵다. 꽃이 마음 바깥에 없다는 것을 설명하지 못하기 때문이다. 우선 왕수인이 말하고자 하는 바를 추론해보자. 김춘수의 시 〈꽃〉을 연상하면 말하고자 하는 바를 추론해볼 수 있다. 김춘수는 "내가 그의 이름을 불러주기 전에는 / 그는 다만 / 하나의 몸짓에 지나지 않았다 / 내가 그의 이름을 불러주었을 때 / 그는 나에게로 와서 / 꽃이 되었다"고 읊었다.

내가 이름을 불러주기 전에 그것은 아무것도 아니다. 내가 꽃이라고 부르자 그것은 꽃이 되었다. 마찬가지로 내가 그것을 보지 않았을 때 그것은 그저 고요한 것일 뿐이었다. 내가 그것을 보자 그것은 꽃의 모습으로 나타났다.

이렇게 의미를 파악한다 해도 꽃이 마음 바깥에 없다는 것을 증명하지는 못한다. 왕수인의 주장을 이해하려면 격물에 대한 새로운 해석을 알아야 한다. 주희는 격물을 "사물의 탐구"라고 했다. 당연히 사물은 마음 바깥에 존재한다. 그러나 왕수인의 해석은 달랐다. 제자 서애와 나눈 대화를 보자.

서애가 말했다.
"어제 새벽에 '격물'의 '물' 자가 일이나 사건을 뜻하는 '사(事)' 자와 같으므로 마음을 따라서 나온 것이라고 생각했습니다."
선생이 말했다.
"그렇다. (…) 마음이 드러난 것이 뜻이고 (…) 뜻이 있는 곳이 물이다. 자기의 뜻이 어버이를 섬기는 데 있다면 어버이를 섬기는 일이 바로 물이고 (…) 자기의 뜻이 백성을 사랑하고 사물을 아끼는 데 있다면 백성을 사랑하고 사물을 아껴주는 일이 바로 물이다. (…) '격물'에서 '격'은 맹자가 '대인은 임금의 마음을 바로잡아준다〔대인격군심(大人格君心)〕'라고 말했을 때의 '격'과 같은 뜻이다."[30]

격물을 '일 또는 사건을 바로잡다'로 해석했다. 즉 '물'은 사물이 아니라 '일 또는 사건'을 의미한다. 앞에서 예로 든 꽃을 보자. 왕수인이 주목한 것은 꽃 자체가 아니라 꽃을 바라보았다는 사건이었다. 꽃을 바라보겠다는 뜻이 있어 꽃을 바라보았고, 꽃을 바라보았기 때문에 꽃은 색깔을 드러냈다. 즉 우리의 마음이 꽃으로 하여금 색깔을 드러내게 했다. 이처럼 마음이 세계를 만든다. 그러므로 마음 바깥에 마음과 상관없는 세계는 존재하지 않는다. 이것이 왕수인의 세계관이다.
왕수인의 세계관은 주희의 세계관과 근본적으로 다르다. 주희는 마음 바깥의 세계가 존재한다고 말한다. 이 세계는 이치에 따라 생겨나고 움직인다. 그래서 만물의 본체는 이(理)다. 이것을 표현한 말이 성즉리다. 그래서 주희는 만물의 본체인 이치를 알고 그 이치에 맞게 행동해야 바른 도리를 실천할 수 있다고 했다.

그러나 왕수인은 이 세계가 마음에 의해 생겨나는 것으로 보았다. 그래서 마음이 곧 이다. 이것을 표현한 말이 심즉리다. 그래서 왕수인은 마음을 알고 진심을 다해 행동하면 바른 도리를 실천할 수 있고 세계를 바로잡을 수 있다고 했다.

도둑이 바지를 벗지 않는 이유

심즉리의 의미를 이해하려면 '양지(良知)'를 알아야 한다. 왕수인은 모든 사람이 양지를 가지고 태어난다고 했다. 양지는 맹자가 처음 사용한 말이다. 맹자는 "생각하지 않고서도 아는 것"을 양지라고 했다. 왕수인은 그 양지가 인간의 천성 혹은 본성이라고 했다.

양지의 의미를 좀 더 정확히 이해하기 위해 왕수인의 제자와 얽힌 일화를 보도록 하자.

왕수인의 제자가 어느 날 밤 자기 집에서 도둑을 잡아놓고 양지에 대해서 강의했다. 도둑이 말했다.

"선생님. 나의 양지가 어디에 있는지 알려주십시오."

날씨가 무더운 때였으므로 주인은 도둑에게 우선 더우니 웃옷과 속옷을 벗으라고 권하며 말했다.

"이렇게 아주 무더운데 왜 당신은 바지마저 벗지 않소?"

이 말에 도둑은 주저주저하며 대답했다.

"그건 아주 옳지 않은 것 같습니다."

그러자 주인이 외쳤다.

"거기에 당신의 양지가 있소!"[31]

도둑은 왜 바지를 벗지 않았을까? 부끄러움 때문이다. 이렇게 부끄러움을 아는 마음이 양지다.

맹자는 인간의 본성이 착하다는 성선설을 주장했다. 맹자는 착한 마음의 사례로 네 가지를 제시했다. 불쌍히 여겨 차마 하지 못하는 마음〔측은지심(惻隱之心)〕, 옳지 못한 행동을 부끄러워하고 착하지 못한 행동을 꺼리는 마음〔수오지심(羞惡之心)〕, 남에게 양보하는 마음〔겸양지심(謙讓之心)〕, 옳고 그름을 가리는 마음〔시비지심(是非之心)〕이 그것이다. 맹자는 이 네 가지 마음을 사단(四端)이라고 했다. 왕수인은 이 네 가지 마음, 즉 사단을 양지라고 했다.

왕수인은 사람이라면 누구나 양지를 가지고 있다고 했다. 맹자가 성선설을 증명하기 위해 들었던 어린아이의 사례를 보자. 어린아이가 우물에 빠지는 것을 보게 되면 누구나 아이를 구하려고 한다. 왜 아이를 구하려고 할까? 아이의 부모와 잘 알아서인가. 아니면 다른 사람들로부터 칭찬을 듣고 싶어서인가. 아니면 아이를 구한 대가를 기대해서인가. 그 어느 것도 아니다. 그저 무의식적인 본능에 따라 아이를 구하려는 것뿐이다. 이 무의식적 본능이 양지다.

어떤 일을 할 때 우리는 본능적으로 무엇이 올바른 행동인지, 그리고 무엇이 그릇된 행동인지를 안다. 또한 어떤 일을 처음 접했을 때 우리는 본능적으로 무엇이 옳은지, 그리고 무엇이 그른지를 안다. 그 마음이 바로 양지이고 이치다. 따라서 다른 곳에서 이치를 찾을 필요가 없다. 우리의 마음을 들여다보아 본성인 양지를 알면 된다. 양지는 더 보탤 것도 없고 뺄 것도 없다. 오히려 보태거나 빼면 양지가 아니게 된다.

양지에 따라 나라를 다스리면 백성이 편안하고, 어버이를 섬기면 진정한 효도가 된다. 양지에 따라 사물을 보살피면 모든 사물이 번창한다. 그래서 왕수인은 양지의 지시에 따라 주저하지 말고 행동하라고 한다.

그런데 현실에서 인간의 행위가 올바르기만 한 것은 아니다. 그릇된 행위가 수없이 나타난다. 즉 이 세상에는 선과 악이 공존하고 있다. 그러면 누구나 양지를 가지고 있는데 잘못된 행위, 즉 악이 생겨나는 이유는 무엇일까?

왕수인은 양지가 개인의 욕망, 사리사욕에 가려지기 때문이라고 했다. 그래서 왕수인은 사리사욕을 버리고 본성에 따라 행동할 것을 요구한다. 사실 이 주장은 새로운 것이 아니다. 주희 역시 같은 주장을 한다. 일찍이 공자는 극기복례를 주장했다. 사리사욕을 버리고 본성을 회복하라는 말이다.

왕수인의 주장은 양지를 철저하게 실천과 연관시켰다는 점에서 새로웠다.

알면 실천하라

왕수인은 '치양지(致良知)'를 말한다. 치양지란 양지에 이른다는 말이다. 양지에 이르려면 어떻게 해야 하는가? 실천을 해야 한다. 그래서 왕수인은 '지행합일(知行合一)'을 역설했다. 앎과 실천이 하나라는 말이다.

지행합일에 대해 왕수인은 이렇게 설명했다.

알면서 실천하지 않는 사람은 없다. 알면서도 실천하지 않는 것은 아직 진정으로 알지 못하는 것이다. (…) 《대학》에서 진정한 앎과 실천을 가르치면서 "아름다운 색깔을 좋아하듯이 하고, 나쁜 냄새를 싫어하듯이 하라"고 했다. 아름다운 색깔을 보는 것은 '앎'이고 아름다운 색깔을 좋아하는 것은 '실천'이다. 아름다운 색깔을 보자마자 저절로 좋아하는 것이지, 보고 난 후에 다시 하나의 마음이 생겨 좋아하게 되는 것이 아니다. 나쁜 냄새를 맡는 것은 '앎'이고, 나쁜 냄새를 싫어하는 것은 '실천'이다. 나쁜 냄새를 맡으면 곧장 싫어하는 것이지, 나쁜 냄새를 맡은 후에야 다시 마음이 생겨 싫어하게 되는 것이 아니다.[32]

요점은 앎과 실천이 구별되지 않고 하나라는 것이다. 아름다운 색깔을 보면 저절로 좋아하는 것이지, 아름다운 색깔을 좋아하는 마음이 생긴 후에 그것을 좋아하는 것이 아니다. 아는 것이 곧 실천이고 실천이 곧 아는 것이지, 알고 난 후에 실천하는 게 아니라는 얘기다. 그래서 왕수인은 "앎은 실천의 시작이고 실천은 앎의 완성"이라고 했다.

예를 들어보자. 갑이라는 사람이 길을 가다가 아파서 누워 있는 사람을 발견했다. 갑은 잠시 망설이다 길을 계속 갔다. 약속이 있었기 때문이다. 이런 갑의 행동이 잘못임을 누구나 안다. 갑은 약속이 있다는 핑계로 도움이 필요한 사람을 외면했다. 왕수인 식으로 표현하면 '약속이 있다는 핑계'는 사리사욕이고 '도와야 한다는 마음'이 양지다. 갑은 사리사욕으로 양지를 가렸다.

물론 갑도 도와야 한다는 것을 알고 있었다. 그래서 잠시 망설였던 것이다. 이때 왕수인은 묻는다. 갑이 '도와야 한다는 것'을 알았다는 것이 진정한 앎인가? 왕수인은 진정한 앎이 아니라고 말한다. 갑이 곧바로 아픈 사람을 도왔어야 진정한 앎이다. 그래서 실천이 '앎의 완성'인 것이다.

치양지, 즉 양지에 이르려면 실천을 해야 한다. 실천이 없는 앎은 진정한 앎이 아니다. 왕수인이 치양지를 주장한 이유는 주희의 제자들이 보이는 태도 때문이었다. 사실 주희는 격물치지(格物致知: 사물을 탐구하여 진리에 이른다)를 주장했지만 사물의 탐구보다는 경전 연구에 치중했다. 경전 연구를 통해서도 이치를 알 수 있다고 보았기 때문이다.

주희의 제자들 또한 경전 연구에 치중했다. 명나라 때 주희의 사상이 국가 철학이 되고 주희의 저서가 과거 시험의 공식 교재로 채택되면서 사태는 더욱 악화되었다. 경전 연구가 과거 시험 준비로 전락했기 때문이다. 주희의 제자들은 경전 연구를 통해 세상 이치를 알았다고 자부했다. 그러나 그들은 자신들이 알았다고 자부한 것을 실제 생활에서 실천한 것이 아니라 과거 시험에만 활용했다.

왕수인은 주희 제자들의 이런 태도에 일갈하고자 했던 것이다. 《논어》를 수백 번 읽어 완전히 암기하면 무엇하겠는가. 공자의 가르침이 실천되지 않는다면 《논어》는 아무 쓸모가 없는 책일 뿐이다. 왕수인에게 큰 영향을 끼친 육구연(陸九淵, 1139~1192)은 "오늘날 학자들은 경전의 글자 풀이만 할 뿐, 글 속에 흐르는 참된 뜻을 탐구하지 않는다"라며 당대의 풍토를 비판했다.

치양지는 왕수인 사상의 골간이다. 안다면 실천하라. 실천하지 않으면 진정으로 아는 것이 아니다!

길거리에 성인이 넘쳐난다

왕수인은 나정암(羅整庵, 1465~1547)에게 보낸 편지에 이렇게 썼다. 나정암은 유학자로서 왕수인의 사상에 비판적이었다.

제가 말한 격물 속에 주희의 아홉 가지 설이 모두 포함되어 있습니다. 그러나 요점은 같지만 작용은 다릅니다. 이것은 극히 작은 차이라 할 수 있지만, 작은 차이가 나중에는 큰 차이가 됩니다. 그러니 분별하지 않을 수 없습니다.[33]

왕수인과 주희의 사상적 차이는 결코 작지 않았다. 그래서 분별할 필요가 있었다. 주희에 따르면, 이 세계가 존재하기 이전에 이가 있었다. 그 이가 있어서 마음이 있다. 그러나 왕수인은 정반대의 주장을 한다. 마음이 곧 이다. 진심을 다하면 그것이 바로 이다.

효와 충을 예로 들어보자. 주희에 따르면, 효의 이치와 충의 이치가 먼저 존재한다. 효의 이치가 있기 때문에 어버이를 사랑하는 마음이 있다. 또한 충의 이치가 있기 때문에 임금에게 충성하는 마음이 있다. 그러나 왕수인에 따르면, 어버이를 사랑하는 마음이 있기 때문에 효의 이치가 있다. 그리고 임금에게 충성하는 마음이 있기 때문에 충의 이치가 있다.

주희는 만물의 본체가 이라고 했다. 사물마다 이를 가지고 있으므로 만물은 마음과 별도로 존재한다. 그러나 왕수인은 만물이 관심을 가지고 바로잡아야 할 것이라고 했다. 만물은 우리 마음에 의해 만들어지는 것일 뿐이다.

이상에서 알 수 있듯이 왕수인의 사상은 실천적이다. 우리 마음의 양지를 실천하여 세계를 바로잡아야 한다. 이것이 주희의 사상과 다른 왕수인 사상의 특징이다.

왕수인의 제자들은 150여 년간 큰 학파를 형성했다. 중국 역사에서 이 시기는 중세에서 근대로 이행하는 시기였다. 상업이 발달하고 시민 계급이 본격적으로 형성되는 때였다. 왕수인의 사상은 이행기 사상의 특징을 보여주었다.

왕수인의 제자들은 "길거리에 성인들이 넘쳐난다!"고 외쳤다. 무슨 말인가? 인간이라면 누구나 신분이나 계급의 차이에 관계없이 양지를 가지고 있다. 그러므로 양지를 알고 진심으로 실천한다면 누구나 성인이 될 수 있다. 그러니 길거리에 성인이 넘쳐난다.

이렇듯 왕수인의 사상에는 모든 인간이 평등하다는 이념이 담겨 있다. 그래서 왕수인의 사상은 신분적 차등을 정당화하는 중세적 이념에 대한 비판을 함축했고, 근대적 개인주의의 맹아를 보여주었다. 그런 면에서 황종희(黃宗羲, 1610~1695), 량치차오(梁啓超, 1873~1929) 등 중국의 개혁가들은 왕수인의 사상을 높이 평가했다.

제자들과의 일화에서 왕수인 사상의 진면목을 확인할 수 있다.

왕여중과 황성증이 선생을 모시고 앉았다. 선생이 부채를 주면서 "너희들도 부채질하라"고 말했다. 황성증이 황급하게 일어나면서 "저희들이 어찌……"라고 말했다. 그러자 선생이 말했다. "성인의 학문은 속박하여 고통을 주는 게 아니다. 겉치레 않는 것이 성인의 학문의 본모습이다."[34]

3

행복의 철학

행복,
나와 당신이
누려야 할
권리

21세기를 눈앞에 두었을 때, 그것이 서기 2000년에 시작되는지 아니면 2001년에 시작되는지를 두고 사람들은 논란을 벌였다. 21세기가 새로운 1000년이 시작되는 시기라는 점에서 사람들에게 특별하게 여겨졌기 때문이었다.

새로운 1000년이 시작되는 순간을 경험한다는 것은 행운이었다. 이러한 행운을 잡은 사람들은 새로운 1000년이 시작되면 새로운 세상이 열릴 것이라는 기대를 가졌다. 21세기가 시작되고도 십수 년이 지난 지금, 과연 이 세상은 사람들의 바람대로 새로운 모습을 가지게 되었는지 새삼 돌아보게 된다.

새로운 1000년을 맞이하는 한국과 프랑스의 모습은 좋은 대조를 이루었다. 한국에서는 비무장지대에서 레이저를 쏘아대고 불꽃놀이를 했다. 아마도 21세기에는 남북통일이 이루어질 것이라는 희망을 표현한 것이리라.

그런데 프랑스는 남다른 새천년맞이 행사를 했다. '모든 지식의 대학'이라는 제목의 토론회를 2000년 1월 1일부터 12월 31일까지 매일 개최한 것이었다. 인문학과 자연과학의 모든 성과가 토론의 소재였으며 주제는 '우리는 어떻게 살아야 하는가'로 모아졌다.

21세기, 새로운 1000년을 맞이하며 모든 사람들이 꿈꾼 것은 '행복'이었다. 어떻게 살아야 하는가 하는 문제는 곧바로 어떻게 살아야 행복해질 수 있는가 하는 문제와 연결된다. 새로운 1000년이 시작된 지 십수 년이 지난 지금, 행복에 대한 꿈은 먼 옛날의 일처럼 아득하기만 하다. 하기야 행복에 대한 토론조차 제대로 해본 일이 없는 우리나라로서는 진정한 행복이 무엇인지에 대한 공감대조차 형성하지 못한 상황인지도 모른다. 철학자들은 행복이란 무엇이라고 생각했을까?

에피쿠로스는 두려움을 극복하고 즐거운 삶을 사는 것이 행복이라고 했다. 스피노자 또한 마찬가지의 주장을 했다. 너무나 당연해 보이는 이 말의 전제는 '철학하라!'는 것이다. 우리에게 두려움을 주는 것이 무엇인지 알고 그것이 우리의 삶에 어떤 영향을 미치는지를 알면, 우리는 두려움을 떨쳐내고 행복해질 수 있다. 에피쿠로스와 스피노자가 말한 철학은 결국 관찰하고 생각하라는 것이었다.

단테 또한 행복하려면 알라고 했다. 특히 단테는 인간의 불행이 정치 사회적 질서에서 유래함을 알라고 했다. 볼테르는 그런 질서를 바꾸기 위한 실천을 했다. 볼테르는 "삶을 누리는 것"이 선이라고 했다. 그렇다면 '삶을 억압하는 것'이 악(惡)이고, 불행은 삶의 억압에서 유래한다. 볼테르는 삶을 억압하는 질서에 맞서 자신의 주무기, 즉 펜을 가지고 싸웠다.

우리는 행복에 대한 토론이 실종된 시대에 살고 있다. 경제를 위한다며 경제를 살리겠다는 열띤 토론은 있지만, 인간을 위한다며 인간을 살리겠다는 토론은 없다. 경제가 좋아지면 우리 모두가 행복해진다고? 우리는 너무나 잘 안다. 경제를 살리겠다며 쏟아붓는 천문학적 액수의 돈이 누구의 주머니로 들어가는지를.

인간의 행복을 위한다면 경제가 아니라 인간을 위해 투자해야 한다. 행복은 더 이상 미룰 수 없는 주제다. 우리는 행복을 이야기해야 한다. 에피쿠로스에서 볼테르까지의 사상은 우리가 행복하려면 무엇을 해야 하는지를 말해준다. 그들의 사상을 통해 행복은 결코 멀리 있지 않음을 알 수 있다. 다만, 우리가 그들이 말한 것을 실행하지 않는 것이 문제일 뿐이다.

마음의 건강을
얻기 위해,
철학하라

에피쿠로스 '쾌락'

그토록 깊은 어둠에서 그토록 밝은 빛을 처음으로 들어 올려 삶의 기쁨에 빛을 비춰주실 수 있었던 이여, 저는 당신을 따릅니다. 오, 그리스인의 영광이시여, 이제 저는 당신이 찍어놓은 깊은 자취에 저의 발자국을 딛습니다. (…) 당신은 아버지이자 사물의 발견자입니다. (…) 당신이 신적인 정신으로 일어나 사물의 본성에 대해 말하자마자 마음의 공포가 사라져버렸습니다.

루크레티우스(Titus Lucretius Carus)는 《사물의 본성에 대하여(De

rerum natura)》에서 이렇듯 한 그리스인을 찬양했다. 그 그리스인을 두고 "아버지이자 사물의 발견자"라고 했다. 그 그리스인의 말을 듣고 마음의 공포마저 사라졌다고 했다. 루크레티우스가 이토록 추앙한 인물은 바로 에피쿠로스(Epicouros, B.C.341~B.C.270)였다.

루크레티우스는 고대 로마의 카이사르(Gaius Julius Caesar, B.C.100~B.C.44) 시대에 살았던 철학자다. 카이사르 시대는 큰 사건들이 잇달아 일어나면서 사회적으로 혼란한 시기였다. 카이사르 세력과 반카이사르 세력이 나뉘어 내전이 일어났다. 카이사르는 반대 세력을 모두 물리치고 1인 지배자가 되었지만(B.C.46~B.C.44년) 불과 2년 만에 암살당하고 말았다. 내전과 정치적 혼란으로 사람들의 일상적 삶은 위협을 받았다.

루크레티우스는 이런 혼란 속에서 마음의 평온을 얻고자 했다. 그래서 찾아낸 철학자가 에피쿠로스였다. 에피쿠로스 역시 아테네가 몰락하는 시기에 사회적 혼란 속에서 마음의 평온을 찾고자 했던 철학자였다.

에피쿠로스는 플라톤이 세운 '아카데미아', 아리스토텔레스(Aristoteles, B.C.384~B.C.322)가 세운 '리케이온'과 맞먹는 '정원 학교'를 세우고 수많은 제자들을 길러냈다고 한다. 그러나 유럽에서도 오랫동안 잊혔던 철학자였다. 그렇게 된 이유는 그의 철학과 관련된다.

에피쿠로스는 신을 부정하고 인간의 '쾌락'을 선동한 철학자로 취급되었다. 그래서 기독교가 지배하던 시기에 에피쿠로스의 철학은 금지되었다. 에피쿠로스의 저작은 300편이 넘는다고 한다. 그러나 오늘날까지 전해지는 것은 디오게네스 라에르티오스(Diogenēs Lāertios)가 쓴 《유명한 철학자의 생애와 사상(De clarorum philosophorum vitis etc)》에 실린 세 통의 편지와 〈중요한 가르침〉, 그리고 1888년에 바티칸에서 발견된 〈단장〉의 사본이 전부다.

그렇다고 해서 에피쿠로스 철학의 내용을 알 수 없는 것은 아니다. 당대에 에피쿠로스와 대척점에 있던 스토아학파 철학자들이 남긴 글, 학설사가들의 글, 에피쿠로스 철학을 비판하는 글 등에 에피쿠로스가 주장한 바가 단편적이나마 풍부하게 남아 있다.

특히 중요한 책이 앞에서 인용한 루크레티우스의 《사물의 본성에 대하여》다. 루크레티우스는 에피쿠로스의 철학을 그대로 전해주었다.

헬레니즘 시대, 그리스의 몰락

에피쿠로스는 초기 헬레니즘 시대에 살았다. 그런데 에피쿠로스는 왜 헬레니즘 시대를 혼란의 시대라 생각했을까? 그가 활동했던 아테네가 몰락하던 때였기 때문이다. 몰락의 원인은 전쟁이었다.

에피쿠로스가 태어나기 100여 년 전, 아테네는 페르시아와의 전쟁에서 승리하여 최고의 전성기를 맞았다. 그러나 기원전 431년에 시작된 펠로폰네소스전쟁으로 아테네는 쇠퇴의 길로 들어섰다. 펠로폰네소스전쟁은 아테네와 스파르타 사이의 전쟁으로, 기원전 404년까지 27년간 진행된 끝에 스파르타의 승리로 끝났다. 그러나 엄밀한 의미에서 승자도 패자도 없는 전쟁이었다. 그리스의 폴리스 전체가 몰락하는 계기가 되었기 때문이다.

그리스 북부 지방의 작은 나라였던 마케도니아가 급성장하여 기원전 338년에 아테네와 테베 연합군을 격파하고 그리스 전체를 장악했다. 그리하여 그리스의 역사에서 '폴리스 시대'는 막을 내렸다.

마케도니아의 왕 알렉산드로스(Alexandros, B.C.356~B.C.323)는 페르시아를 침공하여 불과 1년 만에 페르시아를 비롯하여 이집트와 메소포타미아마저 점령했다. 이렇게 해서 그리스와 서아시아 지역을 아우르는 대제국이 탄생했다. 헬레니즘 시대가 시작된 것이다.

헬레니즘 시대란 알렉산드로스가 대제국을 건설한 때부터 이집트의 마지막 마케도니아 통치자 클레오파트라가 죽은 기원전 30년까지의 시기를 일컫는다. 헬레니즘 시대의 시작과 아울러 새로운 철학이 등장했다. 플라톤과 아리스토텔레스로 대변되었던 그리스 철학이 종말을 고한 것이었다.

그 과정을 보자. 펠로폰네소스전쟁을 치르며 아테네는 분열했다. 정치 지도자들은 스파르타에 대해 강경한 입장을 취했지만 시민들 내에서는 전쟁 중단을 요구하는 목소리가 나왔다. 전쟁이 시작된 지 2년 만인 기원전 429년에 아테네의 강력한 지도자 페리클레스(Perikles, B.C.495?~B.C.429)가 사망했다. 그것을 계기로 전쟁은 스파르타에 유리한 방향으로 진행되었다. 그러자 전쟁을 중단하기 위해 스파르타와 협상하라는 목소리가 높아졌다. 희극 작가인 아리스토파네스(Aristophanes, B.C.448?~B.C.380?)는 지도자들을 비판하고 전쟁 중단을 호소하는 작품을 발표하여 인기를 얻었다.

전쟁이 아테네의 패배로 끝나자 분열은 더욱 심해졌다. 그 와중에 일어난 비극적 사건이 소크라테스(Socrates, B.C.470?~B.C.399)의 처형이었다. 소크라테스는 표면적으로는 신을 모독했다는 죄로 고발되었다. 하지만 실제로는 스파르타에 강경 입장을 가진 자들이 스파르타와의 우호관계를 주장하는 세력을 견제하기 위해 소크라테스를 희생양으로 삼은 것이었다.

소크라테스의 제자인 플라톤은 스승의 죽음에 충격을 받아 아테네를 떠났다. 플라톤은 10년이 지나서야 아테네로 돌아왔다. 그가 사설 학교인 아카데미아를 세우자 그리스 전역에서 학생들이 몰려들었다. 그중에는 북부의 지방 도시 트라키아 출신 아리스토텔레스도 있었다.

아리스토텔레스는 17세에 아카데미아에 입학하여 20여 년간 배우다가 플라톤이 세상을 떠나자 아카데미아를 떠났다. 그는 아테네를 떠나 7년 동안 마케도니아에 머물며 왕자 알렉산드로스를 가르쳤다. 그가 아테네에 다시 돌아온 것은 기원전 335년이었는데, 그때 아테네는 폴리스로서 독립성을 상실하고 마케도니아에 복속된 후였다. 아리스토텔레스는 마케도니아의 지원을 받아 아카데미아를 본뜬 리케이온을 세우고 후진 양성에 힘썼다.

그러나 기원전 323년에 알렉산드로스가 죽자 아리스토텔레스는 아테네를 떠나지 않을 수 없었다. 마케도니아의 지배에 불만을 품은 아테네 시민들을 피하기 위해서였다. 그는 아테네를 떠난 지 불과 석 달 만에 망명지에서 세상을 떠났다.

그리하여 플라톤과 아리스토텔레스로 대표되던 철학의 시대는 끝이

났다. 단지 그들의 죽음 때문만은 아니었다. 시대가 달라졌기에 새로운 철학이 요구되었던 것이다.

두 철학자의 등장

아리스토텔레스가 세상을 떠난 지 10년쯤 지났을 때 두 사람이 아테네에 나타나 사설 학교를 세우고 학생들을 가르치기 시작했다. 한 사람은 그리스인이 아니라 시리아 출신의 셈족이었다. 그는 아테네의 중앙 광장인 아고라에 있는 강당에서 철학 강의를 했다. 그가 바로 스토아학파의 창시자인 제논(Zenon, B.C.335?~B.C.263?)이었다. '스토아'라는 말은 제논이 강의한 강당의 이름에서 따온 말이다. 그 강당을 '회랑'이라고도 했는데, 스토아는 그리스어로 회랑이라는 뜻이다.

다른 한 사람은 아테네 식민지인 사모스 섬 출신이었다. 그의 아버지는 사모스 섬으로 이주한 가난한 아테네인이었다. 그는 정원이 딸린 작은 집을 사들여 학교를 열었다. 그가 바로 에피쿠로스학파를 창시한 에피쿠로스다. 그가 세운 학교에는 여자는 물론 노예와 창녀도 드나들었다. 그러면서 학교를 넘어서 하나의 공동체를 이루었다. 그래서 에피쿠로스가 세운 학교를 '정원 공동체'라고도 했다.

제논과 에피쿠로스의 철학은 일차적인 관심사부터 플라톤이나 아리스토텔레스와 달랐다. 플라톤과 아리스토텔레스의 철학적 관심사는 기본적으로 폴리스와 연관된다. 폴리스는 인구 10만 명이 되지 않는 작은 규모의 공동체였다. 그들은 폴리스에 대해 탐구하며 폴리스가 나아가야 할 이상적인 방향을 제시하고자 했다. 그들에게 개인의 윤리와 도덕 역시 바람직한 폴리스의 상(相)과 연관된 것이었다.

또한 플라톤과 아리스토텔레스는 폴리스의 정치에도 적극 참여했다. 자유민이라면 누구든 폴리스의 정치에 참여할 수 있었기 때문에 그들이 정치에 참여한 것은 이상한 일이 아니었다. 그래서 그들은 정치 정세의 변화에 따라 고난을 당하기도 했다.

그러나 제논과 에피쿠로스가 활동한 헬레니즘 시대에는 상황이 완전히 달라졌다. 폴리스는 사라졌고, 그 대신 그리스와 서아시아 지역을 아우르는 거대 제국이 형성되었다. 따라서 그들은 당연히 폴리스에 대해 전혀 관심을 두지 않았다.

또한 제논과 에피쿠로스는 정치와 거리가 멀었다. 헬레니즘 시대의 정치는 왕족과 귀족의 일이었다. 제논은 상인이고 에피쿠로스는 가난한 집안 출신의 평민이었다. 그들은 정치에 참여할 수 있는 계층이 아니었다.

따라서 제논과 에피쿠로스는 개인의 삶에 관심을 집중했다. 그들이 관심을 가진 개인의 삶은 폴리스나 대제국과 관련된 것이 아니었다. 불안한 시대, 혼란의 시대에 어떻게 살아야 하는가와 관련된 개인의 삶이 그들의 주된 관심사였다.

제논과 에피쿠로스가 살았던 시대는 끊임없는 전쟁의 시대였다. 알렉산드로스가 죽자 그 부하들이 제국을 나누어 차지했다. 그리고 더 많은 영토를 차지하기 위해 서로 다투었다. 아테네의 상황은 더욱 심각했다. 산업의 중심이 이집트 등으로 옮겨지면서 아테네의 경제는 파탄 지경이었다. 값싼 농작물이 수입되면서 아테네 경제의 근간인 농업은 심각한 타격을 입었다.

지식인과 기술자는 아테네를 떠나갔다. 알렉산드로스가 광대한 서아시아 지역을 효율적으로 통치하기 위해 이주 정책을 펼친 결과였다. 그러나 그것보다 더 중요한 이유는 일자리를 찾기 위해서였다. 아테네는 정치적·경제적으로 희망이 없는 곳이 되었다.

이런 시기에 어떻게 살아야 할까? 제논과 에피쿠로스는 그 질문에 답을 하고자 했다. 그러나 두 사람이 제시한 답은 달랐다. 제논은 자기의 신분에 충실하라고 했고, 에피쿠로스는 쾌락을 추구하라고 했다.

너의 의무를 다하라

제논이 창시한 스토아철학은 헬레니즘 시대뿐만 아니라 고대 로마 시대를 거쳐 기독교적 세계관이 주축이 되는 시대에 이르기까지 지배적인 철학으로 역할을 했다. 스토아철학은 세계주의를 표방했고 다양한 계층이 그 철학을 받아들였다.

제논은 아테네에서 철학을 배웠고, 아테네인들에게 자신의 철학을 가르쳤다. 그는 아테네인들에게 폴리스 중심적 사고에서 벗어나라고 했다. 폴리스는 사라졌고 알렉산드로스의 대제국이 만들어졌다. 따라서 변화된 시대에 맞게 폴리스의 일원이 아니라 대제국의 일원으로서 사고해야 한다.

제논이 세계주의를 표방했다고 해서 보편적 이상을 제시하고자 했던 것은 아니다. 다만 그는 인간이라면 지켜야 할 '보편적 도덕'을 제시하고자 했다. 그 도덕을 다양한 계층의 사람들이 받아들였다. 로마 시대의 대표적인 스토아철학자인 세네카(Lucius Annaeus Seneca, B.C.4?~A.D.65), 에픽테토스(Epiktētos, 55?~135?), 마르쿠스 아우렐리우스(Marcus Aurelius Antoninus, 121~180)의 출신 배경을 보면 알 수 있다. 세네카는 네로 황제의 스승인 귀족이었고, 에픽테토스는 주인 덕분에 자유민이 된 노예였으며, 마르쿠스 아우렐리우스는 로마제국의 황제였다. 특히 통치자들이 스토아철학에 커다란 관심을 보였다고 한다. 그래서 "알렉산드로스의 뒤를 이은 통치자가 모두 스토아학파를 자처했다"는 말이 있을 정도였다.

왜 그랬을까? 그 이유를 알기 위해 스토아학파가 표방한 도덕을 살펴보아야 한다. 스토아철학자들은 "하늘이 무너져도 너의 의무를 다하라"라는 말을 입에 달고 살았다고 한다. 이것이 그들이 말하는 보편적 도덕이다. 즉 그들은 도덕을 의무로 생각했다.

도덕의 실천은 의무이기 때문에 개인의 감정이 개입되어서는 안 된다. 불우한 이웃을 도왔다고 하자. 그 이유는 불우한 이웃에 대한 연민이나 동정심 때문이 아니다. 인간이라면 해야 할 의무이기 때문에 도운 것이다.

그러면 '네 이웃을 네 몸처럼 사랑하라'는 《성경》의 말씀은 어떠한가? 스토아철학자가 보기에는 올바른 말이 아니다. '네 몸처럼'에는 개인의 감정이 들어가 있기 때문이다. 스토아철학자라면 "이유 여하를 불문하고 네 이웃을 사랑하라"고 할 것이다.

왜 이렇게 해야 하는가? 우주(자연)의 목적에 충실해야 하기 때문이다. 우주는 우연에 의해 움직이지 않고 목적에 따라 움직인다. 우주의 목적은 '선'이다. 그러므로 인간은 우주의 목적에 충실해야 선한 삶을 살 수 있다. 그래서 스토아철학자들은 "우주(자연)에 따라서 살아라"를 생활의 원칙으로 제시했다. 개개인의 감정은 개입할 여지가 없다.

한 개인이 부귀하게 태어났든 비천하게 태어났든 그것은 우주의 목적에 따른 것이다. 그러므로 어떤 신분의 사람이든 자신의 신분에 맞게 충실하게 살면 선한 삶을 사는 것이 된다. 그래서 스토아철학은 고대 그리스의 지배적인 세계관인 '운명론'의 계승이었다. 그리스인들이 개인의 신분을 신이 정해주었다고 생각한 것처럼 스토아학파는 우주가 정해주었다고 했다. 우주는 신의 다른 표현일 뿐이었다.

지배층이 스토아철학을 수용한 이유가 여기에 있다. 운명론은 기존의 사회질서를 합리화하여 유지하게 하는 세계관이기 때문이다.

그런데 의문이다. 타고난 운명에 충실하면 행복한 삶을 살 수 있을까? 노예가 노예의 직분을 다하면 행복할까? 에피쿠로스는 단연코 그렇지 않다고 했다. 운명론은 오히려 인간을 불행하게 만들 뿐이다.

걱정과 불안은 신과 관련이 없다

에피쿠로스를 흔히 쾌락주의자라고 한다. 에피쿠로스는 고통에서 벗어나 쾌락을 추구하는 것이 당연하다고 했다. 인간에게 쾌락만큼 중요한 것이 없다고도 했다. 그런 면에서 에피쿠로스는 쾌락주의자임이 분명하다.

그러나 에피쿠로스가 추구한 쾌락은 육체적인 것이 아니라 정신적인 것이었다. 육체적인 측면에서 보면 그는 금욕주의자였다. 그는 빵한 조각과 물 한 모금의 식사로 만족했고, 성행위는 백해무익이라면서 성적 쾌락을 극도로 경계했다.

그 대신 에피쿠로스는 '정신적 평온의 상태', 즉 '아타락시아(ataraxia)'를 으뜸의 쾌락이라 했다. 그래서 그는 정신적 평온에 이르는 길을 제시하고자 했다. 정신적 평온을 얻으려면 불안과 공포에서 벗어나야 한다.

그러면 무엇이 인간에게 불안과 공포를 주는가? 바로 신과 죽음이다. 그래서 에피쿠로스는 신과 죽음의 실상을 규명하여 그것들로 인한 불안과 공포에서 벗어날 수 있게 하고자 했다. 그것이 철학을 하는 이유다.

에피쿠로스는 〈메노이케우스에게 보내는 편지〉에서 '철학하라!'고 말한다.

젊은 사람이 철학하기를 주저해서는 안 되며, 늙었다고 철학에 싫증을 내면 안 된다. 왜냐하면 어느 누구도 마음의 건강을 얻기에 너무 이르거나 너무 늦지 않았기 때문이다. 철학할 나이가 아직 오지 않았거나 이미 지나갔다고 말하는 사람은 행복을 위한 나이가 자신에게 아직 오지 않았거나 이미 지나갔다고 말하는 것과 다름없다. 따라서 젊은이건 늙은이건 철학을 해야 한다.[1]

철학은 마음의 건강을 얻기 위한 것, 행복을 위한 것이라고 했다. 그러므로 젊은 사람이건 늙은 사람이건 철학을 하는 것이 당연하다. 마음의 건강을 얻기 위해서는 불안과 공포의 근원을 없애야 한다. 에피쿠로스는 그 작업을 했다.

그 작업의 기초가 원자론이다. 에피쿠로스는 이 세상의 근원이 원자와 허공이라고 했다. 원자가 허공에서 움직이면서 우주 만물이 생겨났다. 그렇게 주장한 점에서 에피쿠로스는 데모크리토스(Democritos, B.C.460?~B.C.370?)의 철학을 이어받았다. 소크라테스보다 10년 연하인 데모크리토스는 소크라테스의 제자인 플라톤이 왕성하게 활동할 때까지 활동했다.

에피쿠로스는 데모크리토스의 주장을 받아들였지만 두 사람의 원자론은 다르다. 데모크리토스는 원자가 위에서 아래로 일정하게 움직인다고 했다. 그러므로 원자로 이루어진 이 세계 또한 일정하게 움직인다. 따라서 이 세계는 필연성의 지배를 받는다. 그러나 에피쿠로스는 원자가 일정하게 움직이는 것이 아니라고 했다. 원자 중에는 아래로 곧장 떨어지는 것도 있지만 비스듬히 떨어지는 것도 있고 다른 것과 충돌하여 위로 튕겨나가는 것도 있다. 그래서 예상치 않았던 수많은 변화가 일어난다. 그러므로 이 세계는 우연적인 것들로 가득 차 있다.

데모크리토스는 필연을 주장함으로써 운명을 받아들였다. 이 세계는 필연적인 세계이므로 필연성을 거역할 수 없다. 반면 에피쿠로스는 우연을 주장함으로써 운명을 거부했다. 이 세계에는 미리 정해진 것이 없다. 그러므로 인간은 운명을 받아들일 필요가 없다.

운명론의 거부는 인간이 자유로운 존재임을 주장하는 것이다. 운명처럼 정해져 있는 것이 없으므로 인간은 스스로 판단하며 살아야 한다. 에피쿠로스는 고대 그리스에서 운명론을 철저하게 거부한 최초의 철학자였다.

그런데 운명론을 거부하기 어렵게 하는 존재가 있다. 바로 신이다. 신에 대한 두려움이나 공포가 운명론을 거부할 수 없게 한다. 신은 인간에게 복을 주기도 하고 재앙을 내리기도 한다. 그러므로 신의 뜻에 따라 살아야 복을 받는 삶이 된다. 이런 생각에 대해 에피쿠로스는 잘못된 추측이라고 말한다. 그것은 신에 대한 잘못된 견해라고도 했다.

에피쿠로스는 신에 대해 이렇게 말했다.

신에 대한 공통적인 생각이 이미 우리의 마음속에 각인되어 있듯이, 신이 불멸하며 축복받았다고 생각하라. 또한 신의 불멸성과는 다른 것, 신의 축복받음에 맞지 않는 것을 신에게 귀속시키지 말라. (…) 신은 많은 사람들이 생각하는 것과 다른 방식으로 존재한다.[2]

"많은 사람들이 생각하는 것", 바로 신이 복도 내리고 재앙도 내린다는 생각을 말한다. 신은 그런 일을 하지 않는다고 했다. 왜냐하면 신은 불멸하며 축복받은 존재이기 때문이다. 그러므로 불멸, 축복과 대비되는 것, 즉 불안과 공포는 신과 아무런 관련이 없는 것들이다.

이처럼 에피쿠로스는 신이 인간의 행복과 불행에 개입하지 않는다고 했다. 신이 개입한다고 주장하는 사람들이 있다면 그들은 신에 대해 불경한 일을 하는 것이다. 신은 인간 세계의 바깥에 있는 존재다. 그러므로 인간은 신을 두려워할 필요가 없다.

죽음은 사람과 관련이 없다

인간에게 가장 큰 두려움을 주는 것은 무엇보다도 죽음이다. 사람들은 왜 죽음을 두려워할까? 누구나 죽음에 대한 막연한 두려움이 있지만, 왜 두려워하는지 꼭 집어서 말하기는 어렵다. 에피쿠로스는 죽음을 두려워하는 이유 중 하나를 소개한다. "내가 죽음을 두려워하는 이유는 죽을 때 고통스럽기 때문이 아니라 죽게 된다는 예상이 두렵기 때문이다."

에피쿠로스는 죽음이 닥쳤을 때 고통스럽지 않은데 미리 고통을 예상하는 것은 헛된 일이라고 말한다. 그는 죽음이 우리에게 아무것도 아니라면서 그 이유를 다음과 같이 설명했다.

우리가 존재하는 한, 죽음은 우리와 함께 있지 않으며, 죽음이 오면 이미 우리는 존재하지 않기 때문이다. 그렇다면 죽음은 산 사람이나 죽은 사람 모두와 아무런 상관이 없다. 왜냐하면 산 사람에게는 아직 죽음이 오지 않았고, 죽은 사람은 이미 존재하지 않기 때문이다.[3]

이런 주장은 원자론과 관련된다. 원자가 모이면 삶을 얻듯이 죽음은 원자가 흩어지는 것에 불과하다. 이러한 원리를 안다면 죽음을 두려워할 이유가 없다. 그러므로 죽음을 생각지 말고 삶을 생각해야 한다. 에피쿠로스는 길게 사는 것보다 즐겁게 사는 것이 중요하다고 말한다.

그러면 어떤 삶이 즐거운 삶일까? 몸이 건강하고 마음이 평온한 삶이다. 이것이 행복한 삶이다. 에피쿠로스는 행복한 삶을 위해 욕망에 대해 알아야 한다고 말한다. 욕망에는 자연적인 것도 있지만 공허한 것도 있다. 자연적인 욕망 중에는 필연적인 것이 있다. 그리고 필연적인 욕망 중에는 행복을 위해 필요한 것도 있고, 몸의 휴식을 위해 필요한 것도 있으며, 삶 자체를 위해 필요한 것도 있다.

이것들을 잘 관찰하여 어떤 것은 선택하고 어떤 것은 피함으로써 몸의 건강과 마음의 평온을 얻을 수 있다. 물질적 욕망을 보자. 하나를 가지면 둘을 가지고 싶고, 둘을 가지면 넷을 가지고 싶다. 물질적 욕망은 끝이 없다. 따라서 그 욕망은 충족될 수 없다. 그런데 사람들은 물질적 욕망을 충족하려고 한다. 그래서 많으면 많은 대로 적으면 적은 대로 걱정, 불안, 결핍감을 가지게 된다.

이것은 행복이 아니다. 그러므로 이런 욕망은 피해야 한다. 여기에 에피쿠로스가 주장한 쾌락의 본질이 있다. 쾌락은 선택과 회피를 통해서 이룰 수 있다. 어떤 욕망을 선택하는 것도 쾌락이고 또 어떤 욕망을 회피하는 것도 쾌락이다. 그래서 에피쿠로스가 주장한 쾌락은 무절제한 물질적, 육체적 욕망의 충족이 아니라 정신적 욕망의 충족, 즉 마음이 평온한 상태를 말한다.

마음이 평온하려면 무엇엔가 얽매여서는 안 된다. 얽매이는 것은 노예적인 삶일 뿐이다. 가령 돈에 얽매이면 돈의 노예가 된다. 그래서 돈 때문에 항상 불안해진다. 돈이 많아도 행복하지 않다. 더 많은 돈을 갈구하게 되고, 또 돈이 없어질까 항상 걱정하게 되기 때문이다.

그래서 에피쿠로스는 얽매이지 않는 삶을 살자고 했다. 인간은 자유로운 존재다. 무엇엔가 얽매인다는 것은 자유로움의 포기다. 그것은 스스로 불행을 자초하는 일일 뿐이다. 에피쿠로스는 이렇게 가르친다. 돈, 명예, 지위와 같이 인간의 본질과 무관한 것에 얽매이지 말라! 자유로운 존재로서 삶을 살아갈 때 인간은 '쾌락'을 얻어 행복하다!

현실에서 행복을
실현할 수 있다는
희망의 노래

단테 《신곡》

우리네 인생길 반 고비에 올바른 길을 잃고서 나는 어두운 숲속에
있었다.

1300년의 봄 어느 날, 35세의 단테(Dante Alighieri, 1265~1321)는 "어
두운 숲속"에 있었다고 했다. 그는 "올바른 길"을 잃었다. 그 결과 생
각만 해도 몸서리쳐지는 공포를 겪는다.

갑자기 민첩하고 날렵하게 생긴 점박이 표범 한 마리가 나타나 길을
가로막았다. 단테는 놀라고 당황하여 길을 되돌아섰다. 그러자 이번에

는 사자 한 마리가 나타났다. 사자는 허기진 듯 금방이라도 단테에게 달려들 기세였다.

설상가상(雪上加霜). 암컷 늑대 한 마리도 나타났다. 그것은 비쩍 말라빠진 몰골에 몹시 굶주려 보였다. 맹수들은 서서히 단테에게로 다가왔다. 단테는 주춤주춤 뒷걸음치며 햇빛이 들지 않는 곳으로 밀려들어 갔다. 모든 희망을 잃어버리는 순간이었다.

단테는《신곡(La divina commedia)》의 첫머리에서 자신이 처한 상황을 이렇게 묘사했다. 길을 잃고 맹수들에 쫓기어 아무것도 보이지 않는 암흑의 세계로 밀려들어 가는 상황이라고 했다. 두려움과 고통의 상황이었다. 이 순간, 단테는 철학을 통해 두려움과 고통을 극복하고, 자신이 깨달은 선을 말하기 위한 작품을 썼다. 바로《신곡》이다.

세계사를 보면 시련을 겪지만 좌절하지 않고 위대한 작품을 이룬 사람들이 많다. 중국 한나라의 사마천(司馬遷, B.C.145?~B.C.86?)은 궁형이라는 치욕을 당했지만 그것을 이겨내고《사기(史記)》라는 위대한 작품을 남겼다. 네덜란드의 스피노자는 종교적 파문을 당하고 평생 고립되어 살았지만《에티카》라는 명작을 남겼다. 단테 역시 마찬가지였다. 그들 모두 불행을 극복한 사람들이었다.

그러면 단테는 어떤 시련을 겪은 것일까?

단테의 시련과 희곡

단테가 살았던 시대에 이탈리아에서는 전쟁이 끊이지 않았다. 프리드리히 2세가 이탈리아 북부의 도시들을 공격했다. 프리드리히는 독일 신성로마제국의 황제인 동시에 이탈리아 남부 시칠리아 왕국의 왕이었다. 그는 이탈리아 전역을 지배할 욕심으로 이탈리아 북부의 도시들을 공격했던 것이다.

중세 시대 서유럽의 도시들은 독특한 위치를 차지했다. 중세 시대는 농업을 기반으로 했기 때문에 영주와 귀족이 농촌을 지배했다. 반면 도시는 귀족과 교회의 지배에서 벗어나 자율성을 누렸다. 오늘날의 도시와는 비교할 수 없을 정도로 작은 공동체였지만 유럽의 중세 도시에서는 도시민들의 자치가 이루어졌다.

중세 도시의 산업은 주로 상업과 제조업이었다. 그래서 상업과 제조업을 통해 막대한 부를 얻은 계층이 생겨났다. 이탈리아 북부의 도시들, 즉 피렌체, 밀라노, 베네치아 등도 마찬가지였다. 단테의 고향인 피렌체의 경우 모직물 산업이 발전하면서 직물 상인이나 귀금속 상인이 각기 조합을 만들어 경제적으로 번영했다. 피렌체는 유럽의 상공업과 금융업의 중심지이기도 했다.

그런데 도시의 지배층은 두 개의 당파로 나뉘어 있었다. 하나는 황제당이라 불린 기벨린(Ghibellines) 당이었고, 다른 하나는 교황당이라 불린 겔프(Guelf) 당이었다.

황제당과 교황당은 독일에서 처음 생겨났다. 프리드리히 2세의 아버지인 하인리히 4세와 로마 교황 그레고리우스 7세가 성직자 임명권을 둘러싸고 대립하면서 황제를 지지하는 파와 교황을 지지하는 파가 생겨났던 것이다. 그런데 황제당과 교황당의 갈등이 이탈리아로 확산되면서 갈등 양상이 달라졌다. 성직자 임명권이 아니라 정치적 주도권을 둘러싼 갈등으로 변한 것이었다.

그래서 프리드리히가 이탈리아 북부의 도시들을 침략하자 각 도시 내에서는 황제당과 교황당 사이에 내전이 벌어졌다. 프리드리히의 뒤를 이은 만프레드가 몬타베르티에서 피렌체의 교황당을 격파했다. 그러나 교황당의 저항도 만만치 않았다. 특히 피렌체의 금융업자들은 막강한 재력을 바탕으로 교황당을 지원하여 만프레드의 군대에 맞서는 데 큰 역할을 했다.

단테가 태어났을 때 전쟁의 주도권이 교황당으로 기울고 있었다. 단테 또한 젊었을 때에는 교황당의 일원으로 전투에 참가하기도 했다. 그러나 단테가 공직 생활을 시작할 무렵에는 황제당이 피렌체의 정치적 주도권을 완전히 장악했다. 단테는 황제당의 주요 인사로서 피렌체 시의 최고 행정직에 선출되었다.

그런데 황제당은 주도권을 장악한 뒤 두 파로 분열했다. 네리(Neri)파와 비앙키(Bianchi) 파가 그것이다. 두 파는 교황에 대한 태도와 피렌체의 독립을 둘러싸고 의견을 달리했다. 흔히 흑당이라 불리는 네리 파는 교황청을 지지하여 피렌체를 교황의 통치 하에 두자고 했다. 반면에 백당이라 불리는 비앙키 파는 교황의 통치를 거부하고 피렌체의 독립을 지지했다.

단테는 비앙키 파였다. 1300년 단테는 당시 교황 보니파키우스 8세와 면담하기 위해 사절단으로 파견되었다. 면담의 목적은 교황의 간섭을 막기 위한 협상이었다. 그런데 단테가 사절단으로 파견되어 있는 동안 피렌체의 상황이 급변했다. 흑당이 승리하여 백당의 주요 인사들을 추방했던 것이다.

단테는 궐석재판을 받았다. 재판 결과 공민권이 박탈되고 추방 명령이 내려졌다. 그리고 나중에는 궐석재판에서 사형 선고를 받기도 했다. 이로 인해 단테는 끝없는 유랑 생활을 하게 되었다. 이 상황을 두고 《신곡》에서 "인생길 반 고비에 나는 어두운 숲속에 있었다"고 표현했던 것이다.

단테가 피렌체로 돌아갈 수 있는 기회가 몇 차례 있었다. 잘못을 공식적으로 인정하면 피렌체로 돌아올 수 있다는 사면 제의를 받았던 것이다. 그러나 단테는 그때마다 거절했다. 죄를 인정하는 것은 명예롭지 못하다고 생각했기 때문이다.

단테가 유랑 생활을 시작한 지 10년째 되던 1310년 독일 신성로마제국의 황제 하인리히 7세가 이탈리아에 와서 머물렀다. 이때 단테는 하인리히에게 탄원서를 보냈다. 탄원서에서 단테는 하인리히를 평화의 사도라고 칭송하며 피렌체를 공격하라고 제안했다. 단테는 하인리히의 힘을 빌려 피렌체로 돌아갈 생각을 했던 것이다.

그러나 1313년에 하인리히가 갑자기 사망함으로써 단테의 기대는 물거품이 되었다. 그 뒤 단테는 피렌체로 돌아가려는 꿈을 포기하고 오로지 《신곡》 완성에 집중했다. 단테는 1307년부터 집필을 시작하여 7년 만인 1313년 무렵에 〈지옥편〉과 〈연옥편〉을 완성했고, 그로부터 7년 후에 〈천국편〉을 완성하여 《신곡》을 마무리 지었다. 그리고 《신곡》을 완성한 지 얼마 지나지 않아 세상을 떠났다.

단테는 당시 지식인의 언어인 라틴어가 아니라 피렌체 사람들의 일상어로 《신곡》을 썼다. 피렌체 사람들이 이 작품을 읽어주기 바랐기 때문이다. 《신곡》에는 단테의 정치적 행적이 담겨 있다. 단테는 《신곡》을 통해 자신의 행적을 평가받고 그에 따라 영광스럽게 피렌체로 돌아갈 날을 꿈꾸었던 것 같다. 그러나 그 꿈은 그가 죽은 후에나 이루어졌다. 단테가 《신곡》에 붙인 원제목은 '희곡 또는 희극(commedia)'이었다. 이것은 비극(tragèdia)과 대비되는 말이다. 지인에게 보낸 편지에서 단테는 이렇게 제목을 붙인 이유에 대해 "슬픈 시작이지만 행복한 결말"이기 때문이라고 했다. 그런데 나중에 보카치오(Giovanni Boccaccio, 1313~1375)가 '신적인(divina)'이라는 말을 붙여 단순한 희곡이 아니라 '신적인 희곡(즉 신곡)'이라고 불렀고 오늘날까지도 그 이름으로 불리고 있다.

하느님을 알려면 현실을 탐구하라

《신곡》의 작가이자 주인공인 단테는 어두운 숲속에서 맹수들에게 쫓기다가 베르길리우스(Publius Vergilius Maro, B.C.70~B.C.19)를 만난다. 베르길리우스는 고대 로마의 아우구스투스 시대에 활동한 시인으로, 로마의 건국 시조를 다룬 《아이네이스(Aeneis)》를 썼다. 단테는 베르길리우스의 안내로 지옥과 연옥을 여행한 후 베아트리체를 만나 천국으로 간다. 베아트리체는 단테가 아홉 살 때 한 모임에서 만난 이후 평생 사모한 여인이다. 단테는 천국에서 성모마리아를 열렬히 찬양하는 성인 베르나르도의 인도를 받아 가장 높은 곳으로 올라간다.

이러한 스토리로 전개되는 《신곡》은 토마스 아퀴나스(Thomas Aquinas, 1225?~1274)의 사상에 영향을 받은 작품이다. 아퀴나스는 1274년에 세상을 떠났고, 단테는 1265년에 태어났다. 두 사람은 거의 동시대 사람이라고 할 수 있다. 그만큼 단테는 아퀴나스 철학에 직접적 영향을 받았고, 어떤 면에서는 아퀴나스를 의식하며 작품을 썼다고도 할 수 있다.

토마스 아퀴나스는 동아시아의 주희(朱熹, 1130~1200)에 비견할 만한 사상가다. 주희와 아퀴나스는 중세 후기의 대표적인 철학자들이다. 주희의 철학이 800년 넘게 동아시아 철학에 영향을 미쳤듯이, 아퀴나스의 철학도 700년 이상 유럽 철학에 강한 영향을 미쳤다.

아퀴나스의 철학은 중세 전기의 철학과 대비된다. 중세 전기 유럽 철학은 플라톤의 철학에 기초했다. 중세 전기의 대표적인 철학자 아우구스티누스(Aurelius Augustinus, 354~430)는 플라톤의 책을 읽고 자기 자신을 새롭게 알게 되었다고 했다.

플라톤은 이데아와 현실을 나누고 이데아를 실재의 세계, 현실을 가상의 세계라고 했다. 기독교를 보편 종교로 받아들이면서 중세가 시작되자 이데아는 '하느님'으로 바뀌었다. 하느님은 만물의 창조자다. 그런데 최고선(最高善)인 하느님이 창조한 이 세계에서 인간은 행복하지 못하다. 오히려 인간은 죄악에 빠지고 타락하여 불행하다. 왜 이렇게 되었는가? 그래서 죄악의 근원을 밝히고 행복에 이르는 길을 찾는 것이 철학의 주요한 과제가 되었다.

아우구스티누스는 인간이 외적 물질에 물들기 때문에 죄악이 생겨 난다고 했다. 그러므로 행복해지려면 우선 외적 물질에 대한 관심을 끊고 자신의 죄악을 참회해야 한다. 아우구스티누스는 《고백록(The Confessions)》에서 심지어 젖먹이 시절 젖을 달라고 보채던 일까지 참 회했다. 그러나 참회가 곧 행복은 아니다. 하느님의 참모습을 알고 본 받아 선을 실천해야 행복해질 수 있다.

이렇듯 중세 전기 철학의 특징은 이상만을 소중히 여겼다는 것이다. 현실은 인간을 타락시키는 하찮은 것에 불과했다. 이상은 현실 바깥에 있고, 그래서 이상을 실현하려면 현실을 벗어나야 한다. 그렇다면 어 떻게 하느님을 알고 본받아 선을 실천할 수 있을지 의문이다. 모든 사 람들이 현실을 떠나 수도자가 될 수는 없다. 오히려 보통의 사람들은 대부분 현실을 떠날 수 없다. 그들은 행복해질 수 없는 것인가?

토마스 아퀴나스는 이 물음에 대답하고자 했다. 만물은 하느님에게 서 나왔기 때문에 만물에는 하느님의 모습이 담겨 있다. 그러므로 사 물을 탐구하면 하느님을 알 수 있다. 보통의 사람들은 현실을 떠날 필 요가 없다. 일상의 삶을 살면서 주변의 일들을 관찰한다면 하느님의 모습을 알아갈 수 있다. 그래서 일상의 삶에서 선을 실천하고 행복을 실현해갈 수 있다.

아퀴나스는 현실의 소중함을 일깨웠다. 여기에 아퀴나스 철학의 의 의가 있다. 아퀴나스로 대표되는 중세 후기 철학의 특징은 이상과 아 울러 현실 또한 소중하다는 것이다. 현실은 이상을 향해 나아가는 통 로다.

아퀴나스는 다른 한편으로 사물의 탐구만으로 하느님의 참모습을 온전히 알 수는 없다고 했다. 하느님은 만물 속에 모습을 드러낸다. 그러므로 인간은 경험과 이성을 통해 그것을 알아낼 수 있다. 그러나 하느님은 또한 만물을 초월한 존재다. 하느님의 초월성은 인간의 경험과 이성을 넘어선 것이다. 그러므로 그것을 알기 위해서는 경험과 이성을 넘어선 것을 필요로 한다. 아퀴나스는 신앙의 필요성을 이렇게 말했다.

여기에 중세 후기 철학의 또 다른 특징이 있다. 이상과 현실이 모두 소중하지만, 이상과 현실은 구분되는 것이다. 중요도로 따지면 이상이 현실보다 더 소중하다. 현실은 이성을 통해 알 수 있다. 그러나 이상을 온전히 알려면 이성 너머의 것이 필요하다.

이러한 이원적 구조, 즉 경험과 이성의 영역과 초경험적 영역이라는 이원적 구조는 《신곡》에 그대로 반영되었다. 안내자로서 베르길리우스와 베아트리체가 등장하는 이유다.

베르길리우스는 지옥과 연옥을 안내한 후 이렇게 말하며 퇴장한다.

아들아, 너는 순간과 영원의
불을 보았다. 이제 나로서는 더 이상
알지 못하는 곳에 네가 온 것이란다.
지성과 재주로써 널 여기까지 이끌어왔다.
가파르고 좁은 길을 벗어났으니
이제부터는 네 기쁨을 안내자로 삼거라.[4]

"순간과 영원의 불"은 연옥과 지옥을 가리킨다. 그곳들은 인간의 지성과 재주로 알 수 있는 곳이라고 했다. 그러나 인간의 지성만으로는 그 이상을 알 수 없다. 그래서 새로운 안내자 베아트리체가 등장한다. 베르길리우스가 인간의 이성을 대표한다면 베아트리체는 사랑을 대표한다. 천국에 들어가려면 인간 이성을 넘어서는 사랑이 있어야 한다. 단테는 아퀴나스가 말한 신앙을 사랑으로 바꿔 표현했다.

지상의 지혜가 아니라 사랑의 열정

단테는 《신곡》〈천국편〉에 토마스 아퀴나스를 등장시켰다. 단테는 아퀴나스를 "빛나는 영혼"이라고 칭송했다. 천국은 모든 인간이 추구하는 행복이 실현되는 곳이다. 아퀴나스의 역할은 단테를 대신하여 천국에 오르기 위해 인간이 가져야 할 바람직한 삶의 자세를 설명하는 것이다.

아퀴나스는 프란체스코와 도미니크, 두 성인을 예로 들었다. 아퀴나스는 "하느님은 (…) 두 왕자를 제 자신의 뜻에 따라 가르쳐 이곳이나 저곳에서 안내자가 되게 했다"라고 했다. 여기에서 "두 왕자"란 프란체스코와 도미니크를 가리킨다. 두 성인이 매우 뛰어난 사람들이라는 것이다. 그중 프란체스코는 사랑의 열정이 뛰어나고, 도미니크는 지상의 지혜가 남다르다고 했다.

아퀴나스는 두 성인이 "똑같은 목적에 따라 행동했기에 한 분을 칭송해도 그 두 분의 일이 포함되기 때문에 한 분에 대해 말하겠다"라면서 프란체스코에 대해 얘기했다. 아퀴나스는 도미니크수도회 소속이다. 따라서 실제의 아퀴나스라면 도미니크에 대해 얘기를 했겠지만 단테는 아퀴나스가 프란체스코에 대해 얘기하는 것으로 스토리를 꾸몄다. 그 이유는 사랑의 열정이 지상의 지혜보다 소중한 자세이기 때문이다.

프란체스코는 "행복의 문을 열어주지 않는 죽음과도 같은 여인을 위하여 아버지와의 싸움에 달려들었다"고 했다. 여기에서 '여인'은 가난 혹은 가난한 사람을 상징한다. 프란체스코는 부유한 집안 출신이었지만 집을 떠나 걸식하면서 하층민에 가까이 다가갔다. 프란체스코가 세상을 떠나는 순간에 대한 묘사를 보자.

> 그토록 커다란 은혜를 베푸시는 하느님이
> 자신을 스스로 조그맣게 낮추면서 세웠던 공의
> 상급으로 그를 기꺼이 위로 끌어올리려 했을 때
> 그는 자기 형제들에게 제 자신의 가장 사랑스러운
> 여인을 마치 의로운 유업인 양 부탁하며
> 그녀를 지성껏 사랑하라고 명령했다오.[5]

"제 자신의 가장 사랑스러운 여인"이란 가난 혹은 가난한 자를 가리킨다. 단테는 프란체스코가 자기 스스로를 낮춘 것이 업적이라고 했다. 그는 마지막 순간에도 제자들에게 가난한 사람들을 지성껏 사랑하라고 했다. 자기를 낮추는 청빈한 삶과 가난한 사람들에 대한 사랑이 중요함을 강조했다.

　반면 청빈하지 못한 삶의 모습은 도미니크수도회 수도자들에게서
나타났다.

　　그러나 그의 양 떼는 새로운 음식에
　　욕심을 부리게 되어 사방의 숲으로
　　퍼져나가지 않을 수 없을 지경에 이르렀다오.
　　그의 양들은 아득하게 멀리
　　그로부터 뜨내기 신세 되어 멀어져갈수록 더욱
　　텅 빈 젖통을 지니고 움막으로 돌아온다오.[6]

　실제의 아퀴나스라면 자신이 속한 수도회의 수도사들을 이렇게 비
난하지는 않았을 것이다. 그러나 단테의 목적은 사람들이 탐욕에 빠져
타락한 것을 비판하는 것이다. 아퀴나스의 입을 통해 수도자들의 탐욕
을 비난함으로써 설득력을 높이고자 했다. 행복의 실현에 바람직한 삶
의 자세를 재차 강조하기 위해서였다.

　설명을 마치며 아퀴나스가 하는 말이 독자들에게 강한 호소력을 갖
는다. "내 말이 목쉰 소리가 아니라면, 그대의 청각이 주의를 기울였다
면, 또 내가 이른 바가 그대의 마음에 떠오른다면 그대의 소망이 이루
어질 것이다."

단테의 꿈

《신곡》에서 지옥과 천국 사이에 설정된 연옥은 중세 후기에 나타난 새로운 세계관이다. 지옥과 천국만 있다면 타락한 현실과 이상적 세계만이 존재하게 된다. 이는 중세 전기의 세계관이다. 이 경우에 앞에서도 지적했듯이 지옥 같은 현실에서 천국으로 오를 수 있는 길을 발견하기 어렵다는 문제가 있다.

연옥은 토마스 아퀴나스나 단테가 독창적으로 창안한 개념이 아니다. 이미 그 이전부터 존재해왔던 개념으로, 아퀴나스의 시대에 이르러 진지한 관심을 받게 된다. 인간이 살아가는 현실은 반드시 지옥과 같은 곳이 아니다. 그렇다고 천국 역시 아니다. 지옥과 천국의 중간에 해당하는 곳, 바로 연옥이 인간이 사는 현실의 모습이다. 연옥에 대한 관심은 현실에 대한 관심의 반영이었다.

아퀴나스는 현실의 중요성을 인정하면서도 행복의 실현을 위해서는 현실에 매몰되어서는 안 된다고 했다. 행복은 그 실현체인 하느님의 참모습을 알아야 가능하다. 인간은 현실에 나타난 하느님의 모습을 알 수 있지만 초월적인 하느님의 모습을 알려면 이성을 넘어서야 한다.

단테는 아퀴나스의 노선에 따라 천국에 이르는 길을 《신곡》에서 형상화했다. 천국에 이르려면 지상의 지식 이상의 것이 필요했다. 그것을 아퀴나스는 신앙이라고 했고 단테는 사랑의 열정이라고 했다. 여기까지가 철학이요, 신학이다.

그러나 단테는 여기에서 멈추지 않았다. 현실에서 겪는 불행의 원인이 무엇인지를 밝혀 행복을 위해 무엇을 해야 하는지 말하고자 했다. 단테는 철학자인 아퀴나스와 달리 수많은 사람들을 접촉하는 정치인이었다. 또한 사람들의 감성에 민감한 시인이었다.

단테는 《신곡》에서 행복에 대한 사람들의 열망을 풀어주려 했다. 그래서 현실에서 행복을 실현할 수 있다는 희망을 노래했다. 〈연옥편〉에 지상낙원을 넣은 이유가 여기에 있다. 단테가 꿈에 그리던 베아트리체를 만난 곳은 천국이 아니라 연옥의 지상낙원이다. 현실을 의미하는 연옥은 인간의 행복이 실현되는 곳이다.

그렇다면 어떻게 현실에서 행복을 실현할 수 있을까? 단테는 사회적 상황에 주목했다. 지옥의 맨 밑바닥에서 벌을 받고 있는 범죄자들을 보자. 뚜쟁이, 아첨꾼, 성직이나 성물을 매매한 자, 점쟁이, 탐관오리, 위선자, 절도범, 권모술수꾼, 분파선동자, 위조범 등 대부분 사회적이고 정치적인 범죄자들이다.

단테는 그 범죄자들의 모습을 통해 당시 피렌체 등 이탈리아가 지옥과 같은 현실에 처해 있음을 보여주었다. 그러면 이런 현실이 생겨난 원인은 무엇일까? 연옥에서 만토바 출신 영혼을 만난 후 단테는 잠시 조국의 현실을 생각한다.

아아, 노예인 이탈리아, 고통의 여인숙이여.
커다란 폭풍우 속의 사공 없는 배여.
지방과 지방의 여주인이 아닌 사창굴이여!
(…) 지금 그대 안에서 살고 있는 자들은 전쟁만을

일삼고 있으며, 하나의 성벽이나 장벽으로 둘러싸인 사람들이 서로서로 물어뜯는구려.

가엾은 것이여, 그대 안에서 평화를 즐기는

지역이 있는지 그대의 바닷가 언저리를

찾아보고 또 그대의 가슴속을 주시해보라.[7]

"사공 없는 배"는 황제가 없는 나라를 의미한다. 황제 없는 나라의 현실은 참담하다. 전쟁은 끊이지 않는다. 나라는 계속 침략당하고 백성은 서로 물어뜯는 아귀다툼을 벌인다. 지옥에서 형벌을 받는 자들과 같은 범죄자가 활개를 친다. 그 어디에 평화가 있는가. 이런 혼란한 현실에서 어떻게 행복을 실현할 수 있겠는가.

단테는 《신곡》에서 인간의 행복을 빼앗는 사회적 혼란이 정치에서 연유했음을 보여주고자 했다. 단테 자신이 정치적 희생양이었다. 그는 자신에 대한 처분의 부당성을 이탈리아의 정치적 현실과 결부하여 알리고자 했다.

단테는 교회와 나라를 분리하여 교회는 교황이 관장하고 나라는 황제가 다스려야 한다고 생각했다. 기독교가 지배적이고 교황의 권위가 높았던 시대에 단테는 획기적인 사고를 했다. 그는 교황의 간섭을 배제하기 위해 설득하다 고향에서 추방당했다. 정치에서 자신의 생각을 실천할 방법이 없어지자 그는 펜을 들어 《신곡》을 썼다. 그것은 행복을 위협하는 현실에 맞서 자신이 할 수 있는 실천이었던 것이다.

삶이 고통스러울수록
철학을 하라

스피노자 《에티카》

1656년 7월 27일, 네덜란드의 한 청년이 저주의 판결을 받았다.

그는 낮에도 저주받고 밤에도 저주받을 것이다. 잠잘 때에도 저주받고 일어날 때에도 저주받을 것이다. 주님께서 그를 용서하지 않을 것이고 인정도 하지 않을 것이다. 주님께서 항상 그의 죄에 노여워하실 것이다. 율법서에 기록된 모든 저주가 그를 덮쳐 그의 이름을 이 세상에서 지워버릴 것이다.

그가 무엇을 하든 신의 저주를 받을 것이라고 했다. 《구약성서》〈신명기〉28장의 저주와 〈열왕기 하〉2장의 엘리사의 저주를 연상시키는 저주였다. 신을 배신한 인간에게 내린다는 신의 형벌이었다. 신은 그의 이름조차 지워버릴 것이라고 했다. 즉 그의 생명에 대한 위협이었다.

신의 저주를 받은 인간은 인간 사회에서도 형벌을 받아야 한다. 그래서 주변 사람들에게 다음과 같은 명령이 내려졌다.

누구나 입으로 그와 말을 주고받지 말라. 글로써 그와 의사를 주고 받지도 말라. 아무도 그를 돌보지 말라. 아무도 그와 한 지붕 밑에 서 살지 말라. 아무도 그의 4에르렌(2미터) 근처에 가지 말라. 누구 도 그가 구술했거나 직접 쓴 문서를 읽지 말라.

아무도 그와 말해서는 안 된다. 그와 함께 사는 것은 물론 그의 근처에도 가면 안 된다고 했다.

이 엄청난 저주와 사회적 형벌을 받은 사람은 누구인가? 그는 왜 그런 저주와 형벌을 받아야 했을까? 저주를 받은 청년의 이름은 스피노자(Baruch Spinoza, 1632~1677)였다. 그때 그의 나이는 불과 25세였다. 스피노자는 유대교회의 종교 의식에 따라 파문되었던 것이다.

스피노자는 두려웠다. 실제로 스피노자는 열혈 유대교 청년의 습격을 받았다. 큰 상처를 입지는 않았지만 생명의 위협을 느끼지 않을 수 없었다. 스피노자는 고립되었다. 형제들도 그로부터 등을 돌렸다. 아버지의 가업을 함께 운영했던 동생은 형을 내쫓았다. 여동생은 오빠가

상속받을 재산을 가로채려 했다.

친구들도 스피노자의 곁을 떠나갔다. 스피노자는 자신이 태어나고 자란 곳에서 단 한 걸음도 내디딜 곳이 없었다. 결국 스피노자는 암스테르담 근처 작은 마을의 외딴집 다락방으로 피신했다. 이후 스피노자는 그 주인과 평생을 함께 살았다.

다락방으로 피신한 후 스피노자의 삶은 매우 단순했다. 그는 광학 렌즈를 깎으면서 근근이 생활했다. 회계 관리를 철저하게 해야 했다. 수입보다 지출이 많으면 당장 생활이 곤란해지기 때문이었다. 재정적으로 그를 도와줄 사람은 없었다.

또한 스피노자는 수입보다 지출이 적지 않도록 했다. 돈이 남아서 저축해봐야 재산을 물려줄 자손이 없었기 때문이다. 그래서 그는 생활비를 제외하고 남은 돈으로 모두 책을 샀다.

스피노자는 집 밖으로 나오는 일도 드물었다. 어떤 때는 자신의 다락방에서조차 나오지 않았다. 그 다락방에서 스피노자는 홀로 마음의 평온을 유지하고자 노력했다. 파문은 대수로운 일이 아니라며 스스로를 위로하기도 했다.

그렇지만 파문 이후의 삶은 어두운 밤과 같았다. 무엇보다 스피노자를 괴롭힌 것은 고독이었다. 고독만큼 무서운 것이 있을까? 스피노자는 가족과 친구 등 모든 지인들로부터 고립되었다. 고립은 더욱 처절한 고독을 낳았다.

도대체 25세의 청년은 왜 이토록 가혹한 저주와 형벌을 받은 것일까?

신이 신체를 가졌다면

스피노자가 살았을 당시, 네덜란드는 유럽의 다른 나라들에 비해 정치적으로나 종교적으로 자유로웠다. 네덜란드에는 왕도 귀족도 없었다. 대부분의 유럽 국가들이 절대군주제였던 반면 네덜란드는 총독과 국회가 권력을 나누어 통치하는 공화제적 국가였다. 30여 년에 걸친 독립 전쟁의 결과였다.

네덜란드는 스피노자가 열여섯 살이 되던 1648년에 스페인으로부터 독립했다. 네덜란드의 귀족층은 독립 전쟁 중에 대부분 전사했다. 그 대신 시민계급이 주도적 계층으로 자리 잡았다. 네덜란드의 시민계급은 상업을 통해 부를 축적했다. 시민계급은 특정한 정치 이념이나 종교적 신념보다 경제적 이익을 중요시했다. 따라서 네덜란드 사람들은 상대적으로 정치적, 종교적 자유를 구가할 수 있었다.

유럽 각국에서 정치적, 종교적 이유로 탄압받던 사람들이 네덜란드로 몰려들었다. 영국의 유명한 정치사상가 존 로크(John Locke, 1632~1704)는 정치적인 이유로 네덜란드에 망명하여 5년간 살았다. 프랑스의 철학자 데카르트는 종교적인 이유로 망명하여 20년을 살았다.

다양한 종교를 가진 사람들이 종교적 박해를 피해 네덜란드로 왔다. 그래서 네덜란드에는 가톨릭교인, 신교도인, 유대교인 등이 함께 어울려 살았다. 스피노자의 아버지 역시 종교적 탄압을 피해 포르투갈에서 네덜란드로 이주한 유대교인이었다.

그러나 종교적 자유가 신을 부정할 자유까지 의미한 것은 아니었다.

네덜란드는 종교의 자유를 표방했지만 여전히 기독교를 국교로 하는 국가였다. 스피노자가 파문을 당한 것은 신을 부정했다는 '혐의' 때문이었다.

파문을 당하기 얼마 전, 유대교회 장로들이 스피노자를 불렀다. 그리고 물었다.

"자네는 친구들에게 신은 신체를 가지고 있을지 모른다고 말했나?"

스피노자가 그 질문에 무엇이라 답변했는지는 알려지지 않았다. 그러나 장로들의 질문으로 보면 스피노자가 교회의 주장과 다른 생각을 가졌음을 알 수 있다. 신이 신체를 가진다는 것은 신이 영원 불멸하지 않다는 의미였다. 신이 신체를 가지고 있다면 인간처럼 태어나고 죽을 수밖에 없지 않은가.

독실한 유대교 집안에서 자란 스피노자가 어떻게 그런 생각을 가지게 되었을까? 스피노자는 어렸을 때부터 교회에서 살다시피 했다. 교회의 장로들은 스피노자가 유대교 신앙의 빛이 될 것이라고 기대했다. 스피노자 역시 장로들의 기대에 어긋나지 않기 위해 밤낮을 가리지 않고 《성경》을 공부했다. 그런데 《성경》을 읽으면 읽을수록 의문이 커져갔다. 교회 지도자들이 《성경》과 다른 주장을 하고 있다고 생각한 것이다.

스피노자는 라틴어를 배웠다. 라틴어는 당시 유럽의 공통 문어였다. 대부분의 학자들이 라틴어로 글을 썼다. 조선 시대 선비들이 한문으로 글을 쓴 것처럼 말이다. 스피노자 역시 자신의 주저인 《에티카(Ethica)》를 라틴어로 썼다. 유럽 내에서 광범위하게 읽히기를 기대했기 때문이었다.

라틴어를 배우자 학문의 세계가 달라졌다. 스피노자는 고대와 중세의 학자들이 남긴 유산을 마음껏 섭렵할 수 있게 되었다. 학문이 넓어지면서 교회 지도자들에 대한 불신이 더욱 깊어졌다.

교회의 장로들은 스피노자를 회유하고자 했다. 교회의 가르침에 충실히 따르겠다고 서약하면 거액의 연금을 주겠다고 제안한 것이다. 그러나 스피노자는 장로들의 제안을 거절했다. 그는 자신의 신념과 편안한 생활을 맞바꾸지 않았고, 그 결과 평생을 짓누르는 파문을 당하게 되었던 것이다.

철학은 고통 없는 쾌락이다

주변 사람들과 관계가 단절되고 생명의 위협을 받고 있는 사람이라면 무엇을 해야 할까? 20세기의 철학자이자 평화운동가인 버트런드 러셀(Bertrand Arthur William Russell, 1872~1970)은 "사회적 혼란기에 창조적 활동이 왕성하게 일어난다"고 말한 적이 있다. 개인의 경우에도 적용될 수 있는 말이다. 고통스러운 삶 속에서 창조의 역량이 발휘되는 사례를 많이 발견할 수 있다.

그 대표적인 사례가 스피노자다. 스피노자는 고난의 삶을 창조로 승화했다. 그래서 그는 후대에 삶과 철학의 양 측면에서 존경을 받고 있다. 스피노자는 삶이 고통스러울수록 철학을 하자고 했다. 31세 무렵에 쓴 《지성개선론(Tractatus de Intellectus Emendatione)》에서 철학하는 이유에 대해 다음과 같이 말했다.

경험이 나로 하여금 사회생활 가운데 보통 생기는 모든 일이 헛되고 무용함을 깨닫게 한 뒤에—내가 두려워했던 모든 일이, 그것이 내 마음에 감동을 일으킨다는 뜻으로밖에는, 그 자체로서는 선도 아니요, 악도 아니라는 사실을 깨닫게 된 뒤에—나는 마침내 다음 문제를 탐구하기로 결심했다. 즉 정말 값지고 그 가치를 나에게 나누어줄 수 있으며, 오직 그것만이(다른 온갖 것들이 배척된 뒤에) 내 마음을 움직일 수 있는 그런 무엇이 있을 것인가, 그것을 발견하고 그것을 획득함으로써 내가 계속적이요, 완전한 행복을 영원히 누리게 될 그런 무엇이 정말 있을 것인가를.[8]

자신이 당한 고통은 공허하고 무익한 것이라 했다. 중요한 것은 완전한 행복을 누리게 해줄 무언가를 찾는 것이다. 명예와 부는 우리에게 행복을 가져다줄 수 있다. 그러나 명예와 부를 얻기 위해 달리다 실패하면 어찌할 것인가? 스피노자는 "희망이 좌절될 때 우리는 더욱 심한 고통을 느끼게 된다"고 말한다. 그래서 그는 철학을 하자고 힘주어 강조했다. "영원하고 무한한 것에 대한 사랑", 즉 철학만은 실패에 따른 고통이 생길 염려가 없는 쾌락이기 때문이다.

스피노자는 데카르트의 철학을 힘써 공부했다. 《지성개선론》에 이어 쓴 《데카르트 철학의 원리(Renati des Cartes Principiorum Philosophiae)》는 데카르트 철학에 대한 스피노자의 관심을 보여준다. 스피노자는 그 책에서 자신이 무엇을 탐구하고자 하는지를 보여주었다.

데카르트는 스피노자보다 한 세대 앞의 사람이었다. 앞서 언급했듯 데카르트는 종교적인 이유로 네덜란드에 망명하여 1628년부터 1648년까지 20년간 살았다. 가장 정력적으로 일할 나이에 네덜란드에 거주하면서 주요 저서를 집필했다.

스피노자가 데카르트의 철학에 주목한 것은 자연스러운 일이었다. 데카르트는 이미 당대에 상당한 영향력을 발휘하고 있었다. 스웨덴의 여왕이 가정교사로 초빙할 정도였다. 네덜란드에도 데카르트의 제자를 자처하는 학자들이 많았다. 스피노자와 알고 지내던 학자들 중 상당수가 데카르트 학도였다.

스피노자도 데카르트를 높이 평가했다. 그러나 데카르트 철학에 대한 불만도 드러냈다. 무엇이 불만이었을까?

풀 한 포기도 신이다

스피노자의 대표작《에티카》의 원제목은 '기하학적 순서로 증명된 에티카(Ethica in Ordine Geometrico Demonstrata)'다. '에티카'는 윤리학을 뜻하는 라틴어다. '기하학적 순서로 증명'이란 말이 이채롭다. 스피노자는《에티카》에서 '정의-공리-정리-증명'의 순서로 자신의 주장을 서술했다. 여기에서 '정의-공리-정리-증명'의 순서가 바로 기하학에서 어떤 명제를 증명하는 '기하학적 순서'다.

스피노자가 기하학적 순서로 자신의 주장을 서술한 데에서 데카르트의 영향을 받았음을 알 수 있다. 데카르트는 진리에 도달하는 가장 확실한 방법으로 기하학적 논증 방법을 제시했다. 즉 데카르트는 아무리 복잡한 것일지라도 부분으로 나누어, 단순하고 이해하기 쉬운 사실에서부터 복잡한 것으로 나아간다면 이해할 수 없는 것은 없다고 했다.

스피노자가 데카르트의 방법론을 받아들였다고 해서 데카르트의 주장 자체를 모두 받아들인 것은 아니다. 특히 '실체'와 관련하여 스피노자는 데카르트의 주장에 문제를 제기하고 그것을 넘어서고자 했다.

데카르트는 신과 정신, 그리고 물질이 모두 실체라고 했다. 신은 자연 혹은 우주, 즉 이 세상 바깥에 존재하므로 초월적이다. 데카르트는 신의 존재를 증명하기 위해 '완벽하다'는 말을 이용한다. 완벽하다는 말이 있는 이유는 '완벽한 존재'가 있기 때문이다. 그러나 우리 주위를 아무리 둘러보아도 완벽한 것을 찾을 수 없다. 그렇다면 완벽한 것을 다른 곳에서 찾을 수밖에 없다. 즉 완벽한 것은 이 세상 바깥에 존재할 수밖에 없다. 이 세상 바깥에 있는 완벽한 존재가 바로 신이다.

신과 달리 정신과 물질은 이 세상 안에 존재한다. 그중 정신의 본질은 사유, 즉 생각하는 것이다. 그리고 정신은 신으로부터 이 세상의 이치를 알 수 있는 능력인 '이성'을 받았다. 그러면 물질의 본질은 무엇인가? 물질에는 색깔, 맛, 향기 등이 있지만 본질적인 것이 아니다. 물질마다 색깔, 맛, 향기가 달라지기 때문이다. 모든 물질이 공통적으로 가지고 있는 성질은 길이, 면적, 부피다. 데카르트는 길이, 면적, 부피를 통칭하여 연장(延長)이라 했다. 따라서 물질의 본질은 바로 연장이다.

정신에 내재된 이성은 이 세상의 이치를 알 수 있는 능력이다. 그러므로 이 세상 바깥에 존재하는 신을 이성으로 알 수 없다. 이성을 통해 알 수 있는 것은 이 세상에 존재하는 물질뿐이다.

스피노자는 데카르트의 주장에 불만을 가졌다. 데카르트처럼 주장한다면 철학이 존재해야 할 이유가 어디에 있는가? 철학은 진정한 행복의 길을 찾기 위한 것이다. 그러므로 철학은 신, 정신, 물질을 한꺼번에 설명할 수 있는 이치를 발견하고 그것을 근거로 하여 행복의 길을 찾는 학문이어야 한다. 그래서 스피노자는 이성으로 신, 정신, 물질을 한꺼번에 설명하고자 했다.

스피노자는 《에티카》에서 실체란 "그 자신 안에 존재하며 자기 자신만에 의해 사유되는 것"이라고 정의했다. 그리고 공리에서는 "존재하는 모든 것은 자기 자신만으로 존재하거나 혹은 다른 것 안에 포함되어 존재한다"고 했다. 뒤이은 정리에서 "자연에는 똑같은 본성 또는 속성을 갖는 두 개 또는 그 이상의 실체가 결코 존재할 수 없다"고 했다. 그것을 증명하면서 "자연에는 실체와 그것의 변체 이외에는 아무것도 존재하지 않는다"고 했다. '변체'란 '실체가 다양하게 자신을 드러낸 모습'을 의미한다.

자연에는 하나의 실체만이 존재한다는 것이다. 그러면 실체가 아닌 것들은 무엇인가? 실체가 자신을 다양하게 드러낸 변체일 뿐이다. 이렇게 실체에 대해 설명한 후, 스피노자는 다음과 같이 결론 내렸다.

신 이외에는 어떤 실체도 존재하지 않으며, 또 생각될 수도 없다. (…) 여기에서 다음과 같은 사실이 명료하게 도출된다. 첫째, 신은 유일한 것이다. 다시 말해 자연에는 다만 하나만의 실체가 존재할 뿐이며, 더욱이 그것은 절대 무한하다. (…) 둘째, 연장과 사유는 신

의 속성이거나 신의 속성의 변체다.[9]

신 이외에는 어떠한 실체도 없다고 했다. 데카르트가 물질의 본질이라고 한 연장, 그리고 정신의 본질이라고 한 사유는 신의 속성 혹은 신의 변체일 뿐이다.

정신과 물질에는 자연에 존재하는 모든 것이 포함된다. 길가에 자라는 풀 한 포기를 보라. 그것은 지나다니는 사람들의 발에 이리 차이고 저리 차이는 하찮은 식물이 아니다. 그것 역시 신이 자신의 모습을 풀로 드러낸 것이다. 이렇듯 자연에 존재하는 모든 것은 신이 다양하게 자신의 모습을 드러낸 것이다. 그래서 스피노자는 "신은 곧 자연"이라고 했다.

데카르트는 신과 정신, 그리고 물질이 모두 실체라고 했다. 여기에서 신은 우리가 살고 있는 자연을 초월한 존재이고, 따라서 이성으로는 파악할 수 없다고 했다. 이성을 통해 물질만을 파악할 수 있을 뿐이다. 그러므로 신의 영역은 탐구의 영역이 아니라 신앙의 영역, 믿음의 영역이다. 데카르트는 신의 영역을 별도로 존중하여 놔두고, 정신과 물질을 나누어 물질만 이성을 통해 파악하자고 주장했던 것이다.

반면 스피노자는 우리가 살고 있는 자연에서 신만이 오직 실체라고 했다. 정신과 물질은 신이 자신의 모습을 드러낸 것들이라고 했다. 그러므로 신은 초월적인 존재가 아니다. 신은 우리가 살고 있는 자연 안에 존재하므로 우리는 자연을 탐구함으로써 신의 속성을 알 수 있다.

행복은 고귀하고 드물다

스피노자는 신만이 자연에 존재하는 유일한 실체라면서 "신은 곧 자연"이라고 했다. 이러한 주장을 범신론(汎神論, pantheism)이라고 한다. 이러한 주장은 얼핏 보면 기독교에서 말하는 신과 다르지 않아 보인다. 그러나 실제 내용은 그렇지 않다.

스피노자가 유대교회로부터 파문당한 일을 상기해보자. 그때 장로들은 스피노자에게 "신은 신체를 가지고 있을지 모른다고 말했나?"라고 물었다. 그 질문에 대한 답변은 전해지지 않지만 스피노자의 주장에서 답변을 추론할 수 있다. 신은 신체를 가진 존재다. 왜냐하면 신체는 신이 자신을 드러낸 모습이기 때문이다.

그러나 교회에서 말하는 신은 전혀 다르다. 교회의 교리에 따르면, 신은 창조주이지만 이 세상에는 존재하지 않는다. 즉 데카르트가 말한 것처럼 교회에서 주장하는 신은 초월적인 존재다. 신은 신체를 갖지 않는다. 신이 신체를 갖는다면 그것은 초월적 존재가 아니다.

스피노자가 교회에서 파문을 당한 것은 그만한 이유가 있어서였다. 스피노자는 신을 초월적인 존재로 보지 않았다. 그러나 교회는 신이 절대적이고 초월적인 존재라는 유신론(有神論, theism)의 입장에 서 있다. 따라서 교회의 입장에서 볼 때 스피노자는 신의 초월성을 부정한 무신론자일 뿐이었다.

더욱이 스피노자는 기독교와 유대교에서 말하는 유일신(唯一神)을 부정했다. 스피노자에 따르면 정신과 물질은 신이 자신의 모습을 드러낸 것이다. 따라서 정신이 곧 신이고 물질이 곧 신이다. 자연에는 신만이 유일한 실체라 했으니 신은 하나다. 그러나 정신과 물질 또한 신이므로 신은 여럿이다. 이렇듯 신은 하나이면서 여럿이다. 그래서 유일신 사상은 부정된다.

스피노자는 자신의 사상이 기독교와 유대교의 교리와 다르다는 것을 알고 있었다. 그래서 그는 자신이 "신 및 자연에 대하여 후대의 기독교도들이 믿는 바와는 전혀 다른 견해를 갖고 있다"고 했다.

그러면 왜 스피노자는 초월적 신을 부정하게 되었을까? 초월적 신은 행복의 원천이 될 수 없다고 보았기 때문이다. 교회의 입장에서 볼 때 행복은 초월적 신이 창조한 질서를 따르고 신의 계시를 받들어 실천함으로써 얻을 수 있다. 외부적 상황이 아무리 어지러울지라도 신이 창조한 질서가 회복될 것을 믿고 신이 제시한 규범을 따르고자 하면 누구나 행복할 수 있다. 또한 인간은 신에게 봉사함으로써 신으로부터 보상을 받게 된다.

그러나 스피노자의 생각은 달랐다. 초월적 신은 행복의 원천이 아니라 두려움의 대상이다. 인간은 보상을 기대하기보다 신이 내리는 징벌을 피하고자 신에게 봉사하기 때문이다. 또한 보상을 받는다 해도 살아 있는 동안에 받는 것이 아니라 사후에 받게 될 뿐이다. 따라서 신을 초월적 존재로 인식하는 한, 인간은 살아가면서 진정한 행복을 얻을 수 없다.

스피노자에게도 신은 행복의 원천이다. 신이 행복의 원천이려면 초월적 존재여서는 안 된다. 신은 완전한 존재이므로 최고 행복의 구현체다. 따라서 신을 알 수 있어야 행복에 이르는 길을 알 수 있다. 그렇지만 신이 초월적 존재여서 신에 대해 알 수 없다면 행복에 이르는 길 역시 발견하기 어렵다.

스피노자가 행복하려면 철학을 하라고 말한 이유가 여기에 있다. 스피노자는 행복에 이르는 길을 찾기 위한 사색 끝에 '신이 곧 자연'임을 발견했다. 신이 곧 자연이므로 인간을 포함하여 자연을 구성하는 모든 것, 즉 세상 만물은 신이 자신의 모습을 드러낸 것이다. 그러므로 세상 만물을 관찰하고 사색을 통해 만물의 이치를 깨닫게 된다면 신의 모습을 알 수 있다. 그리고 관찰과 사색을 통해, 즉 철학을 하여 깨달은 이치에 맞게 살아가면 행복한 삶을 살 수 있다.

스피노자는 이치를 깨닫고 삶을 그 이치와 일치시키는 사람이 '현자(賢者)'라고 했다.

우리는 현자의 능력이 얼마나 크며, 그리고 그는 쾌락에 의해서만 충동하는 무지한 사람보다 얼마나 뛰어난지를 안다. 즉 무지한 사람은 외적 원인에 의해서 여러 가지 방식으로 선동되어 결코 정신의 진정한 만족을 누리지 못할 뿐만 아니라 신과 사물에 대해서 거의 무지한 채로 생활하며, 그리고 영향받는 일이 끝나자마자 동시에 존재하는 것도 그친다. 반대로 현자는 그가 현자로 여겨지는 한, 마음속에 동요가 거의 없다. 그러나 자기 자신과 신과 사물의 어떤 영원한 필연성에 의해서 의식하며 결코 존재를 멈추지 않고 언제나 마음의 진정한 만족을 누린다.[10]

현자는 신과 사물에 대해 알기 때문에 진정한 만족을 누리며 사는 사람이다. 그러나 신과 사물에 대해 아는 것이 쉬운 일인가? 스피노자 역시 그 어려움을 인정한다. 스피노자는 이렇게 말한다.

> 만일 행복이 손 가까이 있어 대단한 노력 없이도 발견될 수 있다면 어떻게 거의 모든 사람들에 의해서 등한시될 수 있었을까? 분명 고귀한 것은 드물고도 어렵다.[11]

행복은 고귀한 것이다. 그래서 온 천지에 널려 있는 것이 아니다. 행복이 길가의 돌처럼 널려 있는 것이라면 행복하기 위해 노력하는 사람은 없을 것이다. 우리는 노력 없이 행복을 얻을 수 없다. 행복을 찾는 일은 쉽지 않다. 그러나 그것을 포기하는 삶은 인간적 삶이 아니다.

스피노자는 '신이 곧 자연'임을 밝혀 행복에 이르는 길을 제시했다. 그리고 파문을 당하여 박해받고 소외된 삶에서 행복을 찾는 길을 몸소 보여주었다. 스피노자가 말한 철학은 멀리 있지 않다. 우리 주변의 일을 그냥 지나치지 말고 유심히 관찰하는 것에서 철학은 시작된다. 중요한 것은 항상 노력하는 자세다.

근대를 향한 선구적 철학

스피노자는 중세에서 근대로의 이행기에 살았다. 중세는 귀족이 지배한 시대라면 근대는 시민계급이 주도한 시대다. 그 중간 시대에 해당하는 중세에서 근대로의 이행기에는 사회적으로 시민계급이 출현하여 중세 귀족과 주도권 다툼을 벌였다. 철학사적으로는 이전 시대와 다른 새로운 철학이 출현한 시대이기도 하다. 스피노자의 철학은 중세에서 근대로의 이행기에 새로운 세계관을 명확하게 보여주었다.

스피노자의 철학은 플라톤과 토마스 아퀴나스의 철학과 비교하면 주장하는 바가 더욱 뚜렷하게 드러난다. 이상과 현실을 놓고 세 사람의 철학을 비교해보자. 플라톤의 철학은 고대 말에서 중세 전기까지를 대표하는 철학이었다. 플라톤은 이데아의 세계, 즉 이상의 세계와 현실의 세계를 구분하고 이데아의 세계만이 실재의 세계라고 했다. 이상만을 중시하고 현실은 경시하는 세계관이었다.

반면 중세 후기를 대표하는 철학자 토마스 아퀴나스는 이상뿐만 아니라 현실도 중시했다. 그렇지만 이상적 세계인 신의 세계와 현실의 세계를 구분했고, 그래서 이상은 현실 너머에 있는 것이라고 했다. 그러나 스피노자는 이상을 현실의 세계와 분리된 것으로 보지 않았다. '신이 곧 자연'이라는 주장은 이상이 현실 안에 있음을 선언한 것이었다. 이상은 소중하지만 현실 너머에 존재하는 것이 아니라 현실 속에서 추구해야 하는 것이다. 그래서 스피노자는 만물을 탐구하여, 즉 현실을 탐구하여 행복에 이르는 길을 찾자고 했다. 이러한 세계관을 제시했다는 점에서 스피노자의 철학은 유럽 철학사에서 중요한 위치에 놓인다.

스피노자의 철학은 당시 성장하고 있던 시민계급의 입장과 상통하는 것이기도 했다. 그 대표적인 사례가 인간 욕망에 대한 긍정이었다.

플라톤은 물론 토마스 아퀴나스 역시 인간의 욕망을 경계했다. 플라톤은 이상 국가의 3대 덕목 중 하나로 욕망의 절제를 들었고, 토마스 아퀴나스는 인간의 욕망을 불선(不善)이라 했다. 물론 스피노자 역시 지나친 쾌락 추구를 경계했다. 그러나 스피노자는 인간의 욕망을 자기 보존을 위한 것으로 보았다. 그래서 "어떠한 덕행(德行)도 자기를 보존하려는 노력보다 앞설 수 없다"고 했다.

중세에서 근대로의 이행기에 출현한 시민계급은 귀족 등 이전 시대의 지배적 신분 계층과 달리 경제적 부를 추구했다. 그래서 부를 획득하기 위한 이기심과 소유욕으로 충만했다. 그러므로 인간 욕망에 대한 긍정은 시민계급의 기본적인 입장이었다.

스피노자가 사후 한 세기가 지나서야 주목받기 시작한 데에는 그만한 이유가 있었다. 그 한 세기 동안 유럽에서 시민계급은 비약적으로 발전하여 사회의 주요한 세력이 되었다. 시민계급이 인간 욕망을 긍정한 스피노자의 철학에 주목한 것은 당연한 일이었다.

그렇다고 스피노자가 무절제한 소유욕이나 이기심을 긍정한 것은 아니었다. 스피노자가 긍정한 것은 '자기 보존을 위한 욕망'이었다. 인간의 행복은 자기 보존을 전제로 한다고 보았기 때문이다. 따라서 타인의 보존을 위협하는 무절제한 욕망, 인간의 자기 보존을 위협하는 사회적, 경제적, 정치적 상황은 인간의 행복을 위해 타파되어야 할 것이었다.

스피노자는 42세에 하이델베르크 대학으로부터 철학 교수 자리를 제안받았다. 그 제안에는 "철학하는 자유를 완전히 보장한다"는 내용과 함께 "철학의 자유를 이용하여 국가가 공인한 종교에 문제를 제기하지 않아야 한다"는 단서가 붙어 있었다.

스피노자는 그 제안을 정중히 거절하며 이렇게 썼다. "저는 지금 누리고 있는 것보다 높은 사회적 지위를 원하지 않습니다. 또한 다른 방법으로는 얻을 수 없는 평온함을 사랑하기 때문에 교수직 제의를 정중히 사절합니다." 그는 종교 문제까지 포함하는 완전한 철학의 자유를 원했다. 왜냐하면 그는 철학을 통해 평온함, 즉 행복을 얻을 수 있었기 때문이다.

스피노자는 부유한 상인의 아들로 태어났지만 장사가 싫어서 종교에 관심을 가졌다. 10대 후반에 라틴어를 공부하여 고대 그리스 시대로부터 내려온 인류의 지적 자산을 두루 섭렵했다. 그는 소크라테스나 플라톤보다 데모크리토스와 에피쿠로스, 그리고 루크레티우스를 더 좋아했다. 그들은 철학을 통해 행복을 얻고자 했던 철학자들이었기 때문이다. 또한 그들은 원자설을 주장했는데, 그것에 영향을 받아 스피노자는 세계가 하나로 이루어졌다는 생각을 하게 되었다. 그리고 그 사고와 종교를 결합하여 '자연이 곧 신'이라는 범신론을 주장하기에 이르렀다.

인간이 삶을
누리려면
자유로워야 한다

볼테르 《캉디드》

1715년 '태양왕' 루이 14세의 뒤를 이어 그의 아들 루이 15세가 왕이
되었다. 그러나 루이 15세의 나이는 불과 여섯 살이었기 때문에 오를
레앙 공이 섭정하게 되었다. 오를레앙은 쾌락을 추구했던 인물이었기
때문에 프랑스의 수도 파리는 점차 환락의 도시로 변해갔다.

이때 21세의 청년 프랑소와 마리 아루에(François-Marie Arouet)가
파리로 돌아왔다. 그는 파리에서 태어났지만 작은 시골 도시에서 살고
있었다. 아루에는 시골 도시에서 살 때부터 방탕한 생활을 했다. 노름
을 좋아하고 밤늦게까지 술을 마시며 재담꾼들과 어울렸다.

그렇지만 아루에는 어렸을 때부터 학문에는 비상한 재능을 보였고, 또한 토론의 명수였다. 열두 살 때에는 홀로 교사들과 신학 문제로 토론을 할 정도였다. 그는 특히 문학을 좋아했다. 문학으로 출세하겠다고 하여 아버지를 화나게도 했다. 아버지는 문학이란 굶어 죽으려는 자가 하는 짓이라고 생각했기 때문이다. 파리에 도착한 아루에는 환락의 나날을 보냈다. 그리고 머지않아 재기가 넘치지만 무분별한 젊은이라는 명성을 얻었다.

월 듀란트(Will Durant, 1885~1981)는 《철학이야기(Story of Philosophy)》에서 섭정인 오를레앙과 아루에에 관한 짧은 일화를 소개했다.

마침내 파리에서 소문난 재미있는 일과 악평은 뭐든지 아루에가 장본인이라고 여기게 되었다. 불운하게도 섭정이 왕위를 빼앗으려 한다는 두 편의 시도 그가 지은 것으로 되어버렸다. 섭정은 격노했다. 그리고 어느 날, 우연히 공원에서 이 젊은이와 만났을 때 섭정은 그에게 말했다. "아루에 군, 내가 보증해두겠는데, 자네가 아직 한 번도 본 적이 없는 걸 보여주겠네." "그렇습니까, 그것이 무엇일까요?" "바스티유의 내부일세." 아루에는 그 이튿날, 1717년 4월 16일 실제로 그것을 보게 되었다.[12]

'바스티유'는 감옥이었다. 바스티유에 갇혀 있는 동안 아루에는 시를 썼다. 그는 문학으로 출세하겠다는 결심을 실천에 옮기기 시작했다. 그리고 자신의 필명을 볼테르라고 했다. 이렇게 탄생한 볼테르 (Voltaire, 1694~1778)는 문학으로 출세했다. 그는 99권에 달하는 책을 썼고 그의 문학은 오늘날까지도 그의 이름을 높여주고 있다.

그의 문학작품은 단순한 문학이 아니었다. 인간이 어떻게 살아야 하는가에 대한 가르침이었다. 그 가르침은 세계사를 뒤흔들었다. 프랑스 대혁명의 깃발에는 루소(Jean Jacques Rousseau, 1712~1778)와 함께 그의 이름, 즉 볼테르가 나부꼈다.

두 사람, 볼테르와 루소

프랑스 국왕 루이 16세는 감옥에서 볼테르와 루소의 글을 읽고 한탄했다고 한다. "이 두 사람이 프랑스를 파괴했다." 여기에서 '프랑스'란 루이 16세 자신을 의미한다. "짐이 곧 국가다!"라는 말로 상징되던 절대 왕정 시대였다. 이에 반발해 프랑스 민중이 혁명을 일으켰고(1789), 루이 16세는 체포되어 감옥에 갇혔던 것이다.

절대왕정을 파괴한 두 사람, 볼테르와 루소는 같은 시대에 활동했다. 볼테르는 1694년에 태어났고 루소는 1712년에 태어났으니 볼테르가 열여덟 살 많다. 그렇지만 두 사람은 모두 1778년에 세상을 떠났다.

볼테르와 루소는 절대왕정을 비판하면서 '인간은 어떻게 살아야 하는가'에 대해 사색하고 글을 썼다는 공통점이 있다. 그러나 그 문제에 대한 접근법, 개인적인 성향과 기질은 달랐다. 두 사람은 여러 차례 논쟁을 했다. 두 사람은 서로를 의식했지만 만난 적은 없었다. 루소가 어려움에 처했을 때 볼테르가 자신의 처소로 피신할 것을 권하는 편지를 보냈지만 실현되지 않았다. 두 사람 사이의 대화는 편지나 저작을 통해 이루어졌다.

1750년에 루소는 〈학문 및 예술에 관한 논술(Discours sur les sciences et les arts)〉이라는 논문으로 디종 아카데미상을 받음으로써 일약 유명인사가 되었다. 루소의 나이 서른여덟 살이었다. 그때 볼테르는 쉰여섯 살이었는데 프랑스는 물론 유럽 전역에서 유명 인사였다.

루소가 《인간불평등기원론(Discours sur l'origine et les fondements de l'inégalité parmi les hommes)》을 보냈을 때 볼테르는 이렇게 조롱하는 답변을 했다.

나는 당신이 윤리에 대해 쓴 책을 받았습니다. 감사합니다. 우리를 모두 바보로 만들어버리려는 기도에 그처럼 기지가 동원되기는 이것이 처음이 아닌가 합니다. 독자들은 당신의 책을 읽고 네 발로 기어 다니기를 원할 것입니다. 그런데 적어도 60년 동안이나 그런 습관을 잊고 있던 나로서는 불행하게도 다시 기어 다니기 시작한다는 것은 불가능할 것 같습니다.[13]

루소는 《인간불평등기원론》에서 자연 상태에서 사회 상태로 이행함으로써 불평등이 생겨났다고 보았다. 그래서 자연으로 돌아가자고 했다. 볼테르는 루소가 인류의 진보를 부정한다고 보았다. 루소가 말한 자연 상태는 미개 상태에 불과하다고 생각하고 비판했던 것이다.

볼테르는 루소의 《사회계약론(Du contrat social)》에 대해서도 같은 태도를 취했다. 루소는 평화롭고 평등했던 자연 상태에서 계약을 맺음으로써 국가가 생겨났다고 했다. 볼테르는 "나는 당신이 말하는 것에 하나도 동의할 수 없다"라고 했다. 그러나 "그것을 말하는 당신의 권리는 죽을 때까지 옹호할 것입니다"라는 유명한 말을 덧붙였다. 볼테르는 이 책을 불태워버린 스위스 당국에 격렬하게 항의했다. 언론과 사상의 자유에 대한 옹호였다.

루소는 인간이 평등한 존재임을 밝히고자 했다. 《사회계약론》의 유명한 구절, "인간은 자유로운 존재로 태어났다. 그러나 인간은 모든 곳에서 쇠사슬에 매여 있다"는 루소가 주장하고자 한 핵심이다. 그것을 입증하기 위해 루소는 자연 상태라는 가설을 설정했던 것이다.

반면 볼테르는 인류의 진보를 믿었고 인간의 자유를 옹호했다. 절대 왕정은 인류의 진보와 인간의 자유를 가로막는 장애물이다. 그래서 볼테르는 절대왕정에 맞서 투쟁했다. 그는 종교 역시 인간의 자유를 가로막고 있다고 보았다. 볼테르는 인생의 후반부에 종교와의 투쟁에 몰두했다.

볼테르가 종교와의 투쟁을 본격화한 계기는 리스본 지진 참사였다. 이 참사를 두고 볼테르와 루소는 공개 논쟁을 벌이기도 했다. 1755년 11월 1일, 포르투갈의 수도 리스본에서 대지진이 발생하여 3만 명 이상의 사람들이 희생되었다.

이 소식을 들은 볼테르는 충격을 받았다. 그런데 성직자들은 이 재난을 리스본 사람들에 대한 신의 징벌이라고 했다. 볼테르는 분노했다. 그 분노를 담아 234행에 이르는 장편 시, 〈리스본 재앙에 관한 시〉를 발표했다. 시에서 볼테르는 "신을 믿는 사람들을 죽음으로 몰아넣은 그 신이란 도대체 무엇인가. 신에게 정의가 있고 신도들을 사랑한다면 어떻게 죄 없는 사람들을 이토록 비참하게 죽음으로 몰아넣었는가"라고 규탄했다.

이에 대해 루소는 신에게 책임을 물어서는 안 된다고 반박했다. "인간이 책임을 져야 한다. 우리가 자연에 살고 도시에 살지 않았다면 그토록 대규모로 죽지는 않았을 것이다"라고 했다. 볼테르는 가볍게 응수했다. "인간이 휘두른 모든 지적인 무기 중에 가장 무서운 것은 볼테르의 조소"라고.

루소는 볼테르에게 신앙이 없다고 비판했지만 볼테르는 무신론자가 아니었다. 볼테르는 자신이 유신론자임을 여러 차례 공개적으로 밝혔다. 그는 《불온한 철학사전(Dictionnaire Philosophique Portatif Par Mr. de Voltaire)》에서 유신론자에 대해 이렇게 썼다. "세상 모든 민족들이 서로를 이해 못 하는 가운데 유신론자는 모두가 이해하는 언어를 말한다. 베이징으로부터 카옌에 이르기까지 그의 형제들이 있으니, 그는 세상 모든 현인들을 자신의 형제로 여긴다. 그가 믿기로 종교는 난해한 형이상학의 견해들이나 공허한 외관에 있는 것이 아니라 흠숭(欽崇)과 정의로움에 있다."

볼테르는 재앙을 신의 징벌이라고 설교하는 종교에 반대했다. 그는 "로레토 대성당에 가지 않으면 화를 당할 것이다!"라고 말하는 종교에 반대했다. 그는 "메카 순례를 하지 않을 거면 몸 조심해!"라고 말하는 종교에 반대했다. 볼테르가 추구한 종교는 세상 모든 민족이 서로 이해하고 화해하는 종교였고, 공허한 예식이 아니라 흠숭과 정의로움을 추구하는 종교였다.

이러한 볼테르의 종교론을 이신론(理神論, deism)이라고 한다. 이신론이란 신이 세계를 창조했지만 창조된 이후의 세계는 신의 지배에서 벗어나 자기 법칙에 따라 움직인다는 이론이다. 이러한 사전적 정의보다 볼테르가 무엇을 주장했는지가 더 중요하다. 볼테르는 모든 종교가 나름대로 역사적, 상대적 의의가 있음을 인정하여 화해하고 화합해야 한다고 역설했다. 이것이 이신론의 핵심적 의의다.

여러분은 모두 의견이 같다

볼테르는 《자디그(Zadig)》에서 자신의 종교론을 보여준다. 볼테르는 사디(Sadi)가 터키 황제의 애첩에게 바치는 헌사를 책머리에 실었다. 그 헌사에 따르면 사디가 고대 칼데아어(고대 페르시아어)로 쓰인 자디그 이야기를 국왕을 위해 아랍어로 번역했다고 했다. 즉 《자디그》는 볼테르 자신이 지은 것이 아니라 외국에서 가져온 책이라는 얘기다.

이것은 볼테르의 수법이었다. 대표작인 《캉디드(Candide)》에 대해서도 랄프 박사가 세상을 떠났을 때 호주머니에서 발견된 원고를 번역한 것이라고 했다. 이것 역시 볼테르 자신이 쓴 책이 아니라는 얘기다. 이렇듯 볼테르는 절대왕정의 탄압을 피하면서 자신의 주장을 펼치는 수법을 즐겨 썼다.

《자디그》의 원제목은 '자디그 또는 운명(Zadig, ou la destinee)'이다. 독자들이 자디그의 이야기를 통해 운명을 생각해보게 하려는 의도가 담긴 제목이다. 자디그는 바빌로니아 사람이다. 그는 태어날 때부터 고결했다고 한다. 살림이 넉넉한 집안에서 태어났고 친구가 많았으며 건강했고 용모도 뛰어났다. 그뿐만 아니라 공정한 중용의 정신과 성실하고 고상한 마음씨를 갖추고 있었다. 또한 학문에 능통하여 자연의 원리와 철학에 대해서도 다른 사람에게 뒤떨어지지 않았다.

이쯤 되면 자디그의 삶이 행복했으리라고 생각할 수 있다. 그러나 운명은 자디그에게 행복한 삶을 허락하지 않았다. 불운이 거듭되면서 그 불운이 행운이 되었다가 다시 불운이 되는 사태가 계속 일어났다.

자디그는 결혼을 약속한 아가씨와 산책을 하다가 그 아가씨를 짝사랑하는 자의 패거리들에게 공격을 받는다. 자디그는 눈에 부상을 입었고, 이로 인해 그 아가씨는 자신을 짝사랑하던 자와 결혼해버린다. 자디그는 다른 아가씨와 결혼했지만 아내가 배신하여 이혼을 한다. 이렇게 자디그의 불운이 시작되었다.

질투꾼의 음해로 자디그는 왕에 대한 불경죄로 감옥에 갇힌다. 자디그에 대한 오해가 풀리자 왕은 그의 능력을 알아보고 재상으로 임명한다. 그러나 행운은 오래가지 않았다. 왕은 왕비와 자디그의 사이를 의심하여 죽이려 했고 자디그는 도망을 쳤다. 자디그는 도망을 가다가 위험에 처한 여인을 도와주었는데, 오히려 죄를 뒤집어쓰고 노예가 된다.

그런데 주인은 노예 자디그의 능력을 알아보았고, 그래서 그를 데리고 여행에 나섰다. 한 도시에서 자디그는 이집트인, 인도인, 중국인, 그리스인, 켈트인 등과 함께 식사를 하게 되었다. 그들은 자신의 종교가 옳다며 논쟁을 했다. 분위기가 험악해지는 순간 자디그가 나섰다.

자디그는 이 논쟁이 벌어지는 동안 줄곧 침묵을 지키다가 결국 일어섰다. 그는 우선, 마치 세상 최고의 존재를 상대하고 있는 듯한 켈트인에게 말하기를 지당한 말이라 하고, 그에게도 겨우살이를 지니게 했다. 그러더니 그는 그리스인의 상큼한 웅변을 칭찬하여 들뜬 모두의 마음을 가라앉혔다. 그는 카타이에서 온 중국인에겐 아주 짧은 말밖에 하지 않았다. 왜냐하면 그 사람의 말이 다른 누구보다도 양식을 갖추었기 때문이다. 그런 뒤에 그는 모든 사람을 향해 말했다.
"여러분, 여러분은 사소한 일로 서로를 비난하고 비난받아왔습니다. 왜냐하면 여러분은 모두 의견이 같기 때문입니다."[14]

논쟁을 중재하고 있는 자디그는 바빌로니아 사람이다. 볼테르는 유럽 중심주의적 사고방식을 배격했던 것이다. 이럴 수 있었던 이유는 유럽과 서아시아는 물론 멀리 중국에까지 관심의 범위를 넓혔기 때문이다. 더욱이 중국인의 말이 양식을 갖추었다고 했다.

논쟁의 과정에서 중국인은 "나는 이집트인도 칼데아인도, 영국인이나 켈트인, 브라흐마 신(神)도, 성스러운 소 아피스, 아름다운 신어(神魚) 오안네스도 매우 존경합니다. 하지만 이치, 곧 하늘은 좋을 대로 불러도 괜찮지만 소나 물고기도 가치가 있습니다"라고 했다.

신을 부르는 명칭은 나라마다 다를지라도 모두 가치가 있다는 말이다. 그 이유를 자디그는 "모두 의견이 같기 때문"이라고 했다. 각자가 섬기는 신의 명칭이 다르고 섬기는 의례가 다를지라도 신은 하나라는 것이다. 그러므로 모든 나라의 사람들이 화해하고 화합할 수 있다. 이것이 볼테르가 주장하는 이신론의 핵심이다.

이후로도 자디그의 여행은 계속된다. 자디그는 노예 신분에서 풀려났고 왕의 의심을 받아 도망쳤던 왕비를 만난다. 그사이 왕은 폭정을 일삼다 반란으로 죽었다. 왕비는 바빌로니아로 돌아가 열렬한 환영을 받았다. 자디그는 왕을 뽑는 무술 시합에 나가 경쟁자들의 음모를 물리치고 왕이 되었다. 그리고 왕비와 결혼했다. 볼테르는 그렇게 하여 가장 아름다운 시대가 열렸다며 결말을 지었다.

《자디그》는 표면적으로는 인간이 운명에서 벗어날 수 없음을 말하고자 했다. 그러나 이면적으로는 독자들에게 무엇이 진정한 행복인가를 생각하게 한다. 자디그는 불행을 당하면 자신이 가장 불행한 사람이라고 한탄했고, 행운을 만나면 자신이 진정 행복한 사람이라고 독백했다. 자디그가 왕이 되는 것으로 소설은 마무리되었다.

그렇다면 자디그는 그 이후로 행복했을까? 독자들은 궁금해하면서 행복이란 무엇인지 다시 한 번 생각해보게 된다.

스스로 가꾸는 삶에 진정한 행복이 있다

볼테르는 《캉디드》에서 행복이 무엇인지를 다룬다. 《캉디드》의 원제목은 '캉디드 또는 낙천주의(Candide ou l'optimosme)'다. 캉디드의 이야기를 다루면서 표면적으로는 낙천주의를 되돌아보게 했다. 이면적으로는 독자들에게 진정한 선(善)이 무엇인지 다시 생각하게 했다. 그것을 알아야 인간은 진정으로 행복해질 수 있다.

옛날 베스트팔렌 지방의 툰더 텐 트룽크 남작의 성(城)에 캉디드라는 청년이 살았다. 그는 품행이 방정하고 온순했으며 곧은 판단력과 순박한 기질을 지녔다. 그의 스승인 팡글로스는 "원인 없는 결과는 없으며, 또한 모름지기 세상의 최선인 이 세계에서 남작 각하의 성은 세상의 성 중에서 가장 아름다웠다"라고 말했다. 캉디드는 스승의 말을 굳게 믿었다.

어느 날 캉디드는 남작의 딸 퀴네공드와 열렬한 입맞춤을 하게 되었고, 이를 목격한 남작은 캉디드를 성 밖으로 쫓아냈다. 지상낙원이라 생각했던 성에서 추방된 캉디드는 유럽과 남미를 떠돌며 갖가지 시련을 겪는다.

불가리아에서는 돈에 팔려 군대에 갔다가 가까스로 목숨을 구했고 포르투갈 리스본에서는 화형을 당하기 직전 살아났다. 스페인에 도착한 캉디드는 카캉보라는 하인의 손에 이끌려 남미의 파라과이로 건너갔다. 그곳에서는 예수회 신부로 오해를 받고 원주민들에게 붙잡혀 솥에 삶아지기 직전 예수회 신부가 아님이 밝혀져서 풀려났다.

캉디드는 시련을 겪고 겪으며 엘도라도에 도착했다. 여기에서 볼테르는 유토피아를 그려냈다. 엘도라도에서 금과 은은 아이들이 가지고 노는 돌덩이에 불과했다. 여관에서 진수성찬을 대접받았지만 모두 무료였다. 캉디드는 엘도라도에 대해 알고 싶어 나이가 175세나 되는 노인을 만났다. 캉디드가 엘도라도에도 종교가 있냐고 묻자 노인은 하느님을 섬기지만 기도는 하지 않는다고 했다. 신에게 바라는 것이 아무것도 없기 때문이라고 했다.

캉디드가 성직자를 만나고 싶다고 하자 노인은 모든 사람이 성직자라고 했다. 캉디드가 재차 "가르치고, 설교하고, 지배하고, 음모를 꾀하고, 심지어 자기들과 의견이 다른 사람들을 몽땅 화형에 처하는 성직자"가 있느냐고 묻자 노인은 "그런 게 있었더라면 우리는 미쳐버렸을 것"이라고 답한다.

캉디드는 시내를 구경했다. 캉디드가 법정과 고등법원을 보여달라고 하자 그런 것은 존재하지 않으며 소송도 없다는 답변이 돌아왔다. 감옥 역시 없다고 했다. 캉디드를 놀라게 한 것은 과학박물관이었다. 캉디드는 그곳에서 수학과 자연학 기계가 빼곡히 들어차 있는 회랑을 보았다. 회랑의 길이는 무려 2000걸음이나 된다고 했다.

캉디드는 엘도라도를 떠나 수리남으로 갔다. 그런데 그곳에서 사기를 당해 엘도라도에서 가져온 엄청난 양의 금, 은, 보물을 잃어버리고 말았다. 간신히 보르도행 배를 탄 캉디드는 마르탱이라는 마니교 학자를 만났다. 마르탱은 자신이 왜 마니교도가 되었는지를 이렇게 설명한다.

솔직히 말해서 이 지구, 아니 오히려 볼품없는 구(球)로 눈을 돌리면 신은 이 구를 어떤 사악한 존재에게 맡긴 것이 아닌가 싶습니다.

물론 엘도라도는 예외입니다만, 제가 지금까지 보건대 모든 도시는 하나같이 이웃 도시의 몰락을 바라며, 이름난 가문들은 서로를 모조리 죽이지 못해 안달이더군요. 곳곳에서 약자는 강자의 눈앞에선 바짝 엎드려 기면서 속으론 증오합니다. 그리고 강자는 약자를 마치 고기와 털을 팔려고 내놓은 가축 떼처럼 다루지요. 연대를 편성한 100만 명의 살인자들이 유럽 전역을 휩쓸며 돈벌이를 하기 위해 합법적으로 살인과 약탈을 저지르고 있습니다.[15]

볼테르는 이렇게 당대 유럽의 현실을 고발했다. 캉디드는 여행을 계속한다. 프랑스에서 배를 타고 영국 해안을 거쳐 이탈리아로 갔다가 터키로 간다. 그 옛날 자신과 격렬하게 입을 맞추었던 퀴네공드를 만나기 위해서였다. 그 과정에서 캉디드는 다시 사기를 당하고 감옥으로 끌려가는 시련을 겪는다.

마침내 캉디드는 퀴네공드를 만난다. 퀴네공드는 노파와 함께 트란실바니아 대공 집의 노예가 되어 있었다. 캉디드는 두 사람의 몸값을 지불했다. 그는 퀴네공드와 결혼하고 작은 농지에서 작은 공동체를 이루어 살았다. 이 공동체에는 캉디드와 퀴네공드, 그리고 노파 이외에 스승인 팡글로스, 마니교 학자 마르탱, 함께 여행을 다녔던 카캉보가 함께 살았다.

시간이 흐르자 퀴네공드는 외모가 추해지고 잔소리가 심해졌으며, 노파는 점점 쇠약해졌다. 팡글로스는 대학 교수 자리를 원했지만 뜻을 이루지 못해 절망했고, 카캉보는 채소를 팔러 다니느라 기진맥진해서 자신의 운명을 저주했다. 마르탱만이 인간은 어디에 있든 마찬가지라고 믿기에 참을성 있게 상황을 받아들였다.

어느 날 캉디드와 팡글로스, 그리고 마르탱은 이슬람교도인 한 노인을 만났다. 노인은 두 딸과 함께 행복하게 살고 있었다. 캉디드가 "당신은 분명 드넓고 기름진 땅을 갖고 계실 테지요"라고 묻자 노인은 "내 땅은 겨우 20아르판밖에 되질 않습니다. 그 땅을 자식들과 가꾸고 있지요. 노동은 우리에게서 세 가지 불행, 즉 따분함과 옳지 못한 행동, 그리고 가난을 멀리하게 해준답니다"라고 대답했다.

캉디드는 곰곰이 생각한 끝에 그 노인이 국왕보다도 훨씬 바람직한 삶을 살고 있음을 깨달았다. 그래서 작은 공동체의 사람들은 열심히 노동하여 뜰을 가꾸기로 했다. 공동체의 사람들이 자기 능력을 발휘하자 보잘것없던 땅에서 굉장한 수확이 생겼다.

《캉디드》는 이렇게 결말을 맺는다.

팡글로스는 이따금 캉디드에게 이렇게 말하곤 했다.

"온 세상 가운데 최선의 세계에선 모든 일이 서로 얽혀 있다네. 왜냐하면 결국, 만약 자네가 퀴네공드 양에 대한 사랑 때문에 엉덩이를 세게 걷어차이고 아름다운 성에서 쫓겨나지 않았더라면, 만약 자네가 종교재판에 회부되지 않았더라면, 만약 자네가 아메리카 대륙을 탈출하지 않았더라면, 만약 자네가 남작을 칼로 푹 찌르지 않았더라면, 만약 자네가 아름다운 엘도라도 땅에서 데리고 나온 양들을 몽땅 잃어버리지 않았더라면 자넨 여기서 이렇게 설탕에 절인 레몬이나 피스타치오를 먹고 있지는 않았을 걸세."

"옳습니다. 백번 맞는 말씀입니다."

캉디드는 대답했다.

"그러나 이제는 우리의 뜰을 가꾸어야만 합니다."[16]

캉디드는 시련을 겪을 때마다 팡글로스의 가르침을 굳게 믿고 낙관적인 마음을 잃지 않았다. 팡글로스는 말했다. "지금의 세계는 원인이 있어 생겨난 결과이므로 최선의 상태다." 그러나 이제 캉디드는 "우리의 뜰을 가꾸어야만 한다"라고 했다. 지금의 세계가 최선의 상태가 아님을 말하려고 했던 것이다.

그렇다면 진정한 최선의 상태는 무엇일까? 이슬람교도 노인이 보여주는 것처럼 스스로 가꾸는 삶이다. 그런 삶에 진정한 행복이 있다.

모든 종교는 공존해야 한다

볼테르는 〈리스본 재앙에 관한 시〉에서 "나는 위대한 전체의 하찮은 부분이다. 그렇다, 그러나 모든 동물은 살아야 한다"라고 했다. 여기서 '동물'은 인간을 말한다. 인간은 하찮은 존재일지라도 삶을 누릴 수 있어야 한다. 스스로 자신의 삶을 가꾸며 살아갈 수 있어야 한다. 이것이 볼테르가 생각한 선이다.

그러므로 〈리스본 재앙에 관한 시〉에서 표현했듯, "산 사람은 괴로워하고 서로 죽이기 위해 태어나 신음 소리가 가득 찬" 세계는 악(惡)

이다. 그런 세계에서 인간은 삶을 위협받고 스스로 삶을 가꿀 수 없다. 볼테르는 절대왕정의 세계가 바로 그런 세계라고 보았다. 종교 역시 예외일 수 없다. 리스본 대참사가 리스본 시민에 대한 징벌이며 신의 은총이라고 설교하는 성직자들에 대해 볼테르는 참을 수가 없었다. 그래서 볼테르는 절대왕정과 종교에 저항했다.

인간이 삶을 누리려면 자유로워야 한다. 그렇게 볼테르는 자유의 중요성을 일깨우려고 했다. 이것은 루소가 인간은 평등하게 태어났다면서 평등의 중요성을 일깨우고자 했던 것과 비견된다. 프랑스 대혁명의 3대 정신인 '자유, 평등, 박애'는 바로 볼테르와 루소의 정신에서 나온 것이었다.

볼테르는 오늘날까지 프랑스의 대표적인 계몽사상가로 알려져 있다. 그런데 볼테르의 핵심 사상의 하나인 이신론은 거의 잊혔다. 그러나 오늘날의 현실은 볼테르의 종교론을 다시 생각해보게 한다.

볼테르는 각 종교가 배타적 태도로 다른 종교를 배척하고 억압하려는 것을 비판했다. 모든 종교의 신은 하나임을 인정하여 화합하고 평화롭게 공존해야 한다. 인간이 삶을 누리는 것이 선이듯이 모든 민족이 차별 없이 대등하게 살아가는 것 역시 선이다. 볼테르의 이신론은 종교의 역할을 강조한다. 종교가 모든 민족의 화합과 평화에 기여해야 한다는 것이다.

4

정의가
무너진 사회는
지옥과 같다

근래에 회자되는 말 '헬조선'은 절묘한 조어다. 이 말에서 '헬', 곧 지옥은 우리가 처한 상황을 말한다. 실제로 지옥을 경험한 사람은 없겠지만, 우리는 '헬'이란 단어에서 뭉크의 그림 〈절규〉에 표현된 것과 같은 고통과 불안감을 느낄 수 있다.

한편 우리나라의 옛 국호였던 '조선'은 오늘날의 우리 사회가 그때와 다를 것이 없다는 절박한 심정을 보여주려는 의도로 사용되었다. 조선은 양반과 상민으로 이루어진 신분사회였다. 한번 양반으로 태어난 사람은 죽을 때까지 양반이고, 한번 상민으로 태어난 사람은 상민으로 죽게 된다. 이러한 신분사회였던 조선의 모습이 오늘날에 재현되고 있다는 생각이 헬조선이라는 말을 탄생시킨 것이다.

그러면 우리 사회는 어떻게 나뉘어 있을까? 한쪽에는 속된 말로 '백 (back)'이 있는 집에서 태어나 아무런 부족함 없이 자라고, 결국 부와 권세를 차지하는 계층이 있다. 이들을 '금수저'라고 한다. 다른 한쪽에는 백 없는 집에서 태어나 있는 힘을 다하지만, 결국에는 제대로 대접받지 못하고 보잘것없는 삶을 살아야 하는 계층이 있다. 이들을 '흙수저'라 한다.

이와 같은 사회적 불평등의 대물림은 마치 조선에서 신분이 대물림되던 것과 같다. 이에 따라 우리 사회가 정의롭지 못하다는 인식이 여러 사람들에게 공유되고 있다. 이는 미국의 법학자 마이클 샌델(Michael Sandel, 1953~)의 《정의란 무엇인가(Justice)》가 날개 돋친 듯 팔렸던 것에서도 잘 드러난다. 정의에 대해 알고 싶다는 갈증이 그렇게 나타났던 것이다.

사실 철학에서 정의는 매우 오래된 주제 중 하나였다. 고대 그리스의 철학자 플라톤은 정치에서의 정의를 본격적으로 다룬 최초의 철학자였다. 그는 정의로운 국가를 만들려면 지도자의 역할이 중요하다고 했다. 지도자는 어느 날 갑자기 등장하는 깜짝 스타가 아니다. 오랫동안의 수련과 검증을 거쳐 최종적으로는 '이상 국가'에 대한 철학을 갖추어야 지도자가 될 수 있다. 그리고 그런 지도자를 통해서 정의로운 국가가 탄생한다.

반면 키케로는 윤리 도덕적 측면에서 정의를 다루었다. 그는 유익한 것보다는 올바른 것을 우위에 두어야 한다고 했다. 이로움의 추구를 중요시했던 애덤 스미스의 주장과 대비된다. 그렇지만 스미스가 이로움만 주장한 것은 아니다. 그는 '동감'에 기초한 이로움의 추구만이 정의라고 했다.

한편 베카리아는 형법의 측면에서 정의를 다루었다. 그는 형벌이 잔혹한 나라는 전제국가로 나아갈 수밖에 없다면서 형벌은 범죄로 얻은 이익을 상회하는 정도면 족하다고 했다. 또한 그는 사형제의 폐지를 주장했다.

마르크스는 다수가 역사의 주체임을 본격적으로 주장한 최초의 사상가였다. 그는 이제까지의 정치, 경제, 사회가 소수를 위한 것일 뿐이었다고 했다. 그것은 정의롭지 못한 것이었고, 따라서 다수가 주체가 되어 모두를 위한 정치, 경제, 사회를 만들어나가야 한다고 했다.

롤스는 분배적 정의라는 측면에서 다수에 주목했다. 그가 주목한 다수는 '최소 수혜자'였다. 그는 사회적 약자인 최소 수혜자가 최대의 이익을 누릴 수 있게 해야 정의로운 분배가 된다고 했다.

플라톤에서 롤스에 이르는 사상에서 나타난 공통점은 정의가 정치, 경제, 사회 등 모든 분야에서 가장 기본적인 가치라는 것이다. 정의가 무너진 사회는 '지옥'과 다를 바 없다. 독일의 철학자 칸트는 "하늘이 무너져도 정의를 세워라!"라고 했다. 그런데 기득권을 가진 소수는 정의에 대해 관심이 없다. 결국 정의를 세우는 일은 다수자의 몫일 수밖에 없다. 그런 일을 하려면 여러 사상가들이 제시한 '정의'에 대해 알 필요가 있다.

**통치자가 되려는 자여,
먼저 철학자가 되라**

플라톤 《국가》

우리의 정체(政體)는 이웃의 관례에 따르지 않고, 남의 것을 모방한 것이 아니라 오히려 남들의 규범이 되고 있습니다. 그 명칭도 정치 책임이 소수자에게 있지 않고 다수자 사이에 골고루 나뉘어 있기 때문에 공민통치(公民統治)라고 불리고 있습니다. (…) 이웃 사람이 자기가 좋아하는 일을 하든 무례해 보이는 손해 행위를 하든, 심지어 명백한 형벌 없이 위해를 가하든 우리는 분노하지 않으면서 그 대로 방치해두지도 않습니다. (…) 우리는 문제를 비판하고 또 동시에 그것을 올바른 방향으로 촉진시킵니다. 비판이 실행을 방해한

다고 생각하지 않고, 그렇다고 비판으로만 흘러 해야 할 행동을 소
홀히 하는 일도 없습니다.[1]

기원전 430년 페리클레스가 연설을 했다. 그보다 1년 전인 기원전
431년에 아테네 제국과 스파르타 동맹국 사이에 전쟁이 시작되었다.
이 전쟁, 즉 펠로폰네소스전쟁에서 많은 병사들이 사망했다. 페리클레
스는 그 전사자들의 용맹을 칭송하고 유가족들을 위로하기 위해 연단
에 섰던 것이다.

페리클레스는 고대 아테네의 전성기를 이끌었던 정치가다. 그는 연
설에서 아테네의 '공민 정치', 즉 민주주의를 찬양했다. 정치 책임이 소
수가 아닌 다수에게 있고, 개인의 자유를 보장하며, 그 어떤 비판에도
관용적이라고 했다.

그런데 페리클레스가 연설을 하고 32년이 지났을 때 일흔 살의 노인
이 사형을 당하는 일이 일어났다. 노인의 죄목은 '청년들의 정신을 타
락시켰다'는 것이었다. 과연 그것이 사형까지 당할 만한 죄목이었을
까. 그 노인이 부당한 죄목으로 사형당한 사건은 페리클레스가 힘주어
찬양한 아테네의 민주주의가 막을 내렸음을 의미했다.

그 노인의 이름은 소크라테스였다. 사형이 집행되던 날, 소크라테스
가 감옥 안에서 독약을 마시고 서서히 죽어가는 현장에 한 청년이 있
었다. 그 청년의 이름은 플라톤(Platon, B.C.428?~B.C.347?). 플라톤은
스승의 모습을 차마 볼 수가 없어 고개를 돌리고 눈물을 흘렸다.

소크라테스는 "너 자신을 알라!"고 가르쳤다. 그것이 과연 사형까지

당해야 했던 일일까? 그렇지 않다는 것을 플라톤은 알고 있었다. 그는 소크라테스의 사형이 정치적인 이유 때문임을 알고 있었다.

펠로폰네소스전쟁이 시작되고 몇 년 지나지 않았을 때부터 아테네에는 전쟁 중단을 요구하는 목소리가 높아졌다. 전쟁 반대자들은 스파르타와 협상할 것을 주장했다. 소크라테스는 협상파의 지도적인 인물이었다.

기원전 404년 아테네의 패배로 전쟁은 끝났다. 곧이어 패배에 따른 절망감이 협상파에 대한 보복으로 전환되었다. 협상파들이 스파르타와 내통했다는 선동이 일어났다. 협상파의 지도적 인물인 소크라테스는 표적이 될 수밖에 없었다.

소크라테스는 재판에 회부되었다. 그를 고발한 사람들은 멜레토스와 리콘, 그리고 아니토스 등이었다. 그중 고발을 주도했던 아니토스가 정계를 대표하고 있었다는 사실은 소크라테스에 대한 기소가 정치적이었음을 의미한다.

플라톤은 이런 사실을 잘 알고 있었다. 그는 귀족 집안 출신이었고 외삼촌이 정치에 깊이 관여하고 있었기 때문에 한때 정치 참여를 고민하기도 했다. 이렇듯 정치에 관심이 많았기 때문에 플라톤은 스승이 정치적인 이유로 죽어야 했음을 너무나 잘 알았다.

그래서 플라톤은 소크라테스의 죽음으로 위기감을 느꼈다. 스승과 정치적 입장을 같이했기 때문에 아테네에 계속 머무는 것은 위험한 일이었다. 그는 서둘러 아테네를 떠났다. 그런데 불행이 행운이었다. 그는 망명 기간 중 여러 곳을 돌아다니면서 견문을 넓혔고, 철학자들을 만나 토론하면서 자기 철학을 완성해갈 수 있었다. 그렇게 하여 철학자 플라톤이 탄생하게 되었다.

민회에 반감을 갖다

플라톤이 아테네로 돌아온 것은 마흔 살 무렵이었다. 그는 아카데미아라는 사설 학원을 세우고 제자들을 가르치면서 왕성한 저술 작업을 했다. 아카데미아는 기원전 387년경에 세워졌고 529년까지 무려 900여 년 동안 존속했다.

플라톤의 철학은 아테네를 배경으로 탄생한 것이다. 비록 그가 오랫동안 망명 생활을 했지만 그의 관심은 온통 아테네였다. 따라서 그의 철학은 아테네와 떨어뜨려놓고 생각할 수 없다. 그래서 그의 철학을 이해하려면 아테네에 대해 알아두어야 한다.

당시 아테네는 하나의 도시가 아니라 '폴리스', 즉 정치 공동체였다. 폴리스는 작은 도시와 농촌으로 구성되었다. 도시에는 주로 지주와 농민들이 거주했는데, 그들은 낮에는 농촌 지역에서 일을 하다 날이 저물면 도시로 돌아오는 생활을 했다. 플라톤이 살았을 당시 그리스 지역에는 1500개가 넘는 폴리스가 있었다. 아테네는 그중 가장 큰 폴리스였다.

그러면 왜 그리스 지역에는 이렇게 많은 폴리스가 형성된 것일까? 그 지역의 독특한 역사 때문이었다. 기원전 2000년경 펠로폰네소스 반도의 남쪽에 위치한 미케네에서 문명이 형성되어, 점차 그리스 전역으로 확산되었다. 그런데 기원전 1200년 무렵 미케네 문명이 갑자기 붕괴되면서 '암흑시대'가 시작되었다. 호메로스(Homeros)의 장편 서사시 《일리아드(Iliad)》와 《오디세이아(Odysseia)》의 배경이 되었던 시대다.

암흑시대에 그리스에서는 문자가 사라지고 정치와 경제 생활은 가족 단위의 초보적 단계로 후퇴했다. 20명 정도의 가족이 가축을 기르거나 농사를 지으며 살았다. 기원전 1000년경부터 철기가 보급되면서 그리스인들은 점차 암흑시대에서 벗어났다. 농업 생산력이 발전했고 인구가 늘어났다. 또한 부를 축적하여 세습하는 귀족층도 출현했다.

이 귀족들이 중심이 되어 기원전 800년부터 도시가 세워지면서 도시와 인근 농촌 지역을 포괄하는 공동체, 즉 폴리스가 형성되기 시작했다. 기원전 500년경에 이르면, 폴리스의 수가 그리스 본토와 해외에 걸쳐 약 1500개가량으로 늘어났다.

초기에는 귀족들이 폴리스를 지배했다. 암흑시대를 거치며 그리스에서는 왕정의 전통이 사라졌던 것이다. 폴리스 중 왕정을 유지했던 곳은 스파르타였다. 그렇지만 스파르타에는 두 명의 왕이 있었기 때문에 실질적인 왕정이라고 하기 어려웠다.

귀족들은 회의체를 구성하여 폴리스를 통치했다. 그런데 신흥 부유층이 등장하면서 사정이 달라졌다. 신흥 부유층은 귀족의 지배에 반대했다. 일부 신흥 부유층은 무력을 사용하여 귀족을 몰아내고 권력을 장악하기도 했다. 그런 무리를 참주라고 불렀다.

참주들은 귀족과의 싸움을 유리하게 이끌기 위해 평민들의 지지를 필요로 했다. 그래서 귀족들이 독점했던 회의체에 평민들을 참여시켰다. 그래서 고대 그리스의 독특한 제도인 민회가 형성되었다.

아테네에 처음으로 등장한 참주는 페이시스트라토스(Peisistratos, B.C.600?~B.C.527?)였다. 그는 기원전 546년에 권력을 잡은 후 19년간 통치했다. 뒤를 이어 그의 아들 히피아스(Hippias, B.C.560~B.C.510)가 17년간 통치하다 귀족들에 의해 쫓겨났다. 귀족들의 요청을 받은 스파르타가 군사 개입으로 히피아스 정권을 붕괴시킨 것이었다(B.C.510). 권력은 다시 귀족들의 손으로 넘어갔다.

그러나 예전처럼 귀족들이 독점적으로 통치할 수는 없었다. 귀족들이 주도권을 잡았지만 민회는 그대로 유지되었다. 민회는 참주의 시대에 만들어졌지만 평민들의 힘이 커졌기 때문에 폐지할 수 없었다. 실제로 히피아스 정권이 무너진 후 귀족들이 민회를 폐지하려 했지만 평민들이 반란을 일으켜 민회를 지켰다.

민회는 '자유민'으로 구성되었다. 소크라테스가 활동할 당시 아테네의 인구는 대략 11만~14만 명으로 추산된다. 그중 자유민은 1만여 명에 불과했다. 8만~10만 명으로 추산되는 노예, 그리고 여성에게는 어떠한 권리도 주어지지 않았다.

민회는 아테네를 이끌 10명의 장군을 선출할 권리와 함께 국가적 주요 사안을 결정할 권한을 가졌다. 그런데 귀족들이 장군직을 독점했고 국가의 주요 사안에 대해서도 장군들의 결정을 민회가 추인하는 정도였다. 즉 민회를 실질적으로 지배하는 것은 귀족들이었다.

그럼에도 귀족들은 민회에 대해 거부감을 가졌다. 그들은 평민들의 정치 참여를 꺼렸다. 정치는 귀족들만의 독점물이어야 했다. 플라톤의 생각 역시 마찬가지였다. 그는 귀족 출신으로서 민회에 거부감을 가지고 있었다. 더욱이 존경하는 스승 소크라테스가 민회에서 선출된 배심원들에 의해 사형을 당하자 민회에 대한 반감은 더욱 커질 수밖에 없었다.

이러한 감정이 플라톤 철학의 저류에 흐르고 있다.

철학자가 통치하는 이상적 국가

플라톤은 정치가가 되고자 했다. 당시 귀족 집안 출신들은 으레 정치가를 꿈꿨다. 더욱이 그의 외삼촌들인 카르미데스와 크리티아스는 한때 귀족 정권의 핵심 인물들이기도 했다. 그들은 플라톤에게 정치 참여를 권유했고 플라톤 역시 그럴 생각이었다.

그러나 플라톤은 소크라테스의 죽음을 계기로 철학자의 길로 들어섰다. 자의 반 타의 반이라고나 할까. 플라톤은 아테네에서 정치를 하기 어려운 상황에 처했던 것이다. 그렇다고 해서 그가 정치에 대한 관심을 단절한 것은 아니었다. 망명 중에도 이웃 폴리스의 정치 고문 역할을 하기도 했고 아테네로 돌아온 이후에도 이웃 폴리스에서 연락이 오면 정치 고문을 맡았다.

그렇지만 플라톤의 관심은 어떻게 하면 아테네에 이상적 국가를 세울 것인가에 있었다. 비록 정치가로서의 삶은 포기했지만 철학자로서 그 문제를 두고 고민과 사색을 했다. 그 결과물 중 하나가 대표작인

《국가(Politeia)》였다.

플라톤의 다른 저작들이 그렇듯이, 《국가》 또한 소크라테스가 주변 인물들과 나눈 대화로 이루어져 있다. 그래서 어디까지가 소크라테스의 사상이고 어디부터가 플라톤의 사상인지를 구분하기 어렵다. 그렇지만 플라톤은 소크라테스의 사상 중 동의하는 것만을 기록했을 것이다. 따라서 《국가》에 나오는 모든 것이 플라톤의 사상이라고 해도 과언이 아닐 것이다.

플라톤이 생각한 이상적 국가는 철학자가 통치하는 국가다. 그의 말을 들어보자.

철학자(지혜를 사랑하는 이)들이 나라들에 있어서 군왕들로서 다스리거나, 아니면 현재 이른바 군왕 또는 '최고 권력자'들로 불리는 이들이 '진실로 그리고 충분히 철학을 하게(지혜를 사랑하게)' 되지 않는 한, 그리하여 이게, 즉 '정치권력'과 철학(지혜에 대한 사랑)이 한데 합쳐지는 한편으로, 다양한 성향들이 지금처럼 그 둘 중의 어느 한쪽으로 따로따로 향해하는 상태가 강제적으로 저지되지 않는 한, (…) 인류에게 있어서도 '나쁜 것들의 종식'은 없다네.[2]

철학자가 왕이 되거나, 아니면 지금의 왕들이 철학을 하지 않는 한, 국가는 잘못될 수밖에 없다는 말이다. 이것을 두고 '철인 통치론'이라고 한다. 플라톤은 이 말을 발설하기가 어려웠다고 덧붙였다. 왜 그럴까? 플라톤이 실제적으로는 소수의 귀족이 다스리는 국가를 염두에 두었기 때문이다.

플라톤은 참주정치와 민주정치를 비판했다. 참주정치는 가장 나쁜 정치다. 그것은 '기만과 폭력으로 남의 것을 강제로 빼앗는 정치'이기 때문이다. 그다음으로 나쁜 정치가 민주정치다. 민주정치는 '평민들이 가진 무한한 욕망을 억제하지 못하는 정치'다. 따라서 민주정치는 평민들의 욕구 만족을 선동하는 자에 의해 참주정치로 귀결될 것이다.

플라톤의 비판에는 역사적 경험이 담겨 있다. 참주는 귀족을 몰아내고 권력을 잡았고, 평민들의 지지를 얻고자 했다. 참주가 강제로 빼앗은 '남의 것'이란 귀족의 것이다. 그래서 플라톤은 참주에 대해 적대적 감정을 가질 수밖에 없었다. 또한 참주를 지지하는 평민 역시 플라톤에게는 반감의 대상이었다.

같은 맥락에서 플라톤은 민회를 '평민들이 선동가에게 선동당하는 곳'으로 생각하여 반감을 가졌다. 참주가 민회를 활성화하여 선동으로 권력을 유지하지 않았는가. 그러므로 욕망 덩어리이고 선동당하기 쉬운 평민에게 정치를 맡기는 것은 '나쁜 정치'일 뿐이다.

이렇듯 플라톤은 철저히 귀족정치를 옹호했다. 그렇다면 우리가 플라톤의 정치사상에 관심을 가져야 할 이유가 있을까? 플라톤의 정치사상이 그토록 오랫동안 주목받은 이유는 무엇일까? 플라톤이 통치자 혹은 통치자가 되려는 자에게 철학자가 되라고 했기 때문이었다.

플라톤에 따르면, 통치자가 되는 길은 쉽지 않다. 신분이 좋다고, 학벌이 좋다고 통치자가 되는 것이 아니다. 혹독한 수련을 통해서만 통치자가 될 수 있다. 달리 말하면, 통치자 혹은 통치자가 되려는 자는 혹독한 자기 훈련을 해야 한다는 것, 그리고 그러한 자들에 대한 검증 기준은 엄격해야 한다는 것을 플라톤은 말하고자 했다.

서른 살이 되어야 철학을 배울 수 있다

그러면 플라톤이 제시한 통치자의 길이 어떤 것인지, 따라가 보도록 하자. 열 살 이상의 도시 주민들은 모두 시골로 가야 한다. 아이들을 어른들과 격리하기 위한 조치다. 그렇게 해야 아이들이 어른들의 나쁜 버릇에 물들지 않도록 보호할 수 있다. 아이들이 부패한 어른들을 본받게 되면 이상 국가는 건설될 수 없다.

아이들을 백지상태에서 출발시켜야만 한다. 도시에 남겨진 아이들을 대상으로 교육이 실시된다. 교육에 참가한 아이들에게는 동등한 기회가 주어진다.

그러나 교육 기회를 갖게 되는 아이들은 모두 자유민 중 남자아이임을 잊어서는 안 된다. 자유민 중 여자아이와 노예의 아이, 그리고 외국인의 아이는 대상에서 제외된다. 플라톤 철학은 폴리스 내의 남성 자유민만을 전제로 한다.

아이들은 열 살이 될 때까지 주로 체육 교육을 받는다. 건강해야 국가를 통치할 수 있기 때문이다. 그런데 체육 교육만 받으면 아이들의 정서가 메마르지 않을까? 그래서 음악 교육이 곁들여진다. 음악은 영혼과 육체를 우아하고 건강하게 만든다. 아울러 음악은 아이들의 학업에도 도움을 준다. 수학, 역사, 과학 등 아이들이 싫증을 잘 내는 과목을 음악 형식으로 만들어 쉽고 재미있게 익히게 한다. 이렇듯 플라톤은 세세한 것까지 신경을 쓴다.

스무 살이 된 아이들은 첫 번째 인생의 전환점을 맞이한다. 아이들이 피해갈 수 없는 것, 즉 시험을 보아야 하기 때문이다. 이 시험은 무수히 많은 청년들을 통치자 교육과정에서 탈락시키기 위한 것이다.

이 시험에서 떨어진 청년들은 상인, 점원, 노동자, 농부로 일생을 살아가야 한다. 그들은 평민 신분이 된다. 그들은 평민이지만 욕망 덩어리가 아니다. 교육과 훈련을 받았기 때문에 절제력을 갖춘 평민이다. 따라서 참주와 같은 선동가에게 넘어가지 않는다.

시험에 합격한 청년들은 다시 10년 동안 교육과 훈련을 받는다. 이번 교육과 훈련의 주 내용은 정신과 육체, 그리고 성격에 대한 것이다. 10년 후, 서른 살이 된 청년들은 또다시 시험을 보아야 한다. 이번 시험 역시 대량으로 탈락시키기 위한 것이다. 이 시험에서 떨어진 청년들은 국가의 행정관 또는 군 장교가 된다. 그들은 수호자 신분으로서 나라를 지키는 일을 하며, 그에 필요한 용기를 덕목으로 갖추게 된다.

플라톤이 수호자 신분을 설정한 것은 당시 그리스의 상황과 관련된다. 당시 그리스에서 군인이 될 수 있었던 사람들은 재산이 조금 있는 평민들이었다. 무기를 본인들이 마련해야 했기 때문이다. 그런데 문제는 그들이 집단화되면서 정치적 영향력이 커졌다는 것이었다. 스스로 무기를 마련했기 때문에 통솔 자체가 만만치 않았다. 그래서 플라톤은 오로지 통치자의 명령에 복종하는 용기 있는 수호자 신분을 설정했던 것이다.

두 번에 걸친 시험을 통과한 사람들은 드디어 철학을 배우게 된다. 그런데 의문이다. 철학자를 양성하겠다고 시작한 교육인데, 서른 살 이 후에야 철학을 가르치는 이유가 무엇일까? 플라톤은 이렇게 대답한다.

청년들이 처음으로 논변의 맛을 보게 되면 이를 언제나 반박(반론) 에 이용함으로써 놀이처럼 남용하네. 이들은 자기들을 논박한 사 람들을 흉내 내서 스스로 남들을 논박하는데, 마치 강아지들이 그 러듯, 언제고 가까이 있는 사람들을 논변으로써 끌어당겨서는 찢 어발기기를 즐기네. (…) 스스로 많은 사람을 논박하기도 했지만 많 은 사람한테 논박당해보기도 했을 경우에 이들은 이전에 자신들이 믿었던 것들 가운데 어떤 것도 믿지 않는 사태에 급격하게 빠지네. 또한 그 결과로 이들 자신들도, 그리고 철학과 관련된 일체의 것이 다른 사람들에게는 비방의 대상들로 되네.[3]

너무 일찍 철학을 배울 경우 생길 수 있는 부작용을 우려한 것이다. 또한 당대의 철학적 정세를 고려한 말이기도 하다. 당시에는 서로 다른 주장 사이에 치열한 논쟁이 벌어지고 있었다. 소크라테스나 플라톤의 철학 역시 논쟁에 참여한 하나의 철학이었다. 플라톤은 이 철학적 논쟁 이 젊은이들에게는 바람직하지 않다고 여겼던 것 같다. 그래서 나이가 들어 좀 더 원숙해지면 철학을 배우는 것이 좋겠다고 했던 것이다.

어쩌면 플라톤은 자신의 주장을 이해하려면 세상 물정을 좀 알아야 한다고 생각했을지도 모른다. 당시로서는 그의 철학이 대단히 생소한 것이었기 때문이다.

철인 통치자가 탄생하다

플라톤 이전의 그리스 철학은 주로 자연철학이었다. 세상 만물의 근원
을 밝히는 것이 철학자의 목표였다. 어떤 철학자는 그것이 물이라 했
고 다른 철학자는 불이라 했다. 플라톤과 동시대의 철학자인 데모크리
토스는 세상 만물의 근원이 원자라고 주장했다.

이와 달리 소피스트(sophist)라 불린 무리가 등장하여 "만물의 척도
는 인간"이라고 주장했다. 관심을 자연에서 인간으로 전환시킨 것이었
다. 그런데 그들은 세상 만물의 근원이라는 문제의식을 놓치고 있었다.

플라톤은 이러한 철학자들의 문제의식을 통합하려고 했다. 유명한
'동굴의 비유'를 보자.

지하의 동굴 모양을 한 거처에서, 즉 불빛 쪽을 향해서 길게 난 입
구를 전체 동굴의 너비만큼이나 넓게 가진 그런 동굴에서 어릴 적
부터 사지와 목을 결박당한 상태로 있는 사람들을 상상해보게. 그
래서 이들은 이곳에 머물러 있으면서 앞만 보도록 되어 있고, 포박
때문에 머리를 돌릴 수도 없다네. 이들의 뒤쪽에서는 위쪽으로 멀
리에서 불빛이 타오르고 있네. 또한 이 불과 죄수들 사이에는 위쪽
으로 길이 하나 나 있는데, 이 길을 따라 담(흉장)이 세워져 있는 것
을 상상해보게. 흡사 인형극을 공연하는 사람들의 경우에 사람들

앞에 야트막한 휘장(칸막이)이 쳐져 있어서 이 휘장 위로 인형들을 보여주듯 말일세.[4]

지하 동굴의 모습을 그려보는 것은 쉽지 않다. 그러나 플라톤이 태어나는 순간부터 동굴 속에서 앞만 쳐다보며 살아온 사람들을 가정했음을 알 수 있다. 그들은 동굴 벽면에 비친 그림자만 보며 살아왔다. 따라서 그림자 이외에 다른 실물이 있을 것이라 생각하지 못한다.

플라톤은 동굴 속 사람들이 평생 바라보는 그림자가 바로 우리가 사는 세계라고 했다. 반면 동굴 바깥에 있는 세계가 본래의 세계, 곧 이데아라고 했다. 플라톤에 따르면 이데아가 세상 만물의 근원이고 우리가 사는 세계는 이데아의 그림자에 불과한 것이었다. 그러므로 세상 만물의 근원을 알고자 한다면 우리는 이데아를 보아야 한다.

그런데 누군가가 포승에서 풀려나 동굴 바깥으로 나오게 되면 어떻게 될까? 갑작스럽게 햇빛에 노출된 탓에 눈이 부셔서 사물을 제대로 보지 못할 것이다. 사물을 제대로 보려면 눈이 빛에 익숙해져야 한다. 플라톤의 얘기를 계속 들어보자.

처음에는 그림자들을 제일 쉽게 보게 될 것이고, 그다음에는 물속에 비친 사람들이나 또는 다른 것들의 상을 보게 될 것이며, 실물들은 그런 뒤에야 보게 될 걸세. 또한 이것들에서 더 나아가 하늘에 있는 것들과 하늘 자체를 밤에 별빛과 달빛을 봄으로써 더 쉽게 관찰하게 될 걸세. 낮에 해와 햇빛을 봄으로써 그것들을 관찰하는 것보다도 말일세. (…) 마지막으로는 그가 해를, 물속이나 다른 자리에 있는 해의 투영으로서가 아니라 제자리에 있는 해를 그 자체로서 보고 그것이 어떤 것인지를 관찰할 수 있게 될 것이라고 나는 생각하네.[5]

눈이 햇빛에 익숙해지면서 점차로 사물의 모습을 볼 수 있게 된다고 했다. 이것이 플라톤이 생각한 철학의 필요성이다. 인간은 갑작스레 참다운 세계인 이데아의 모습을 볼 수 없다. 눈을 훈련하고 마음을 가다듬는 과정이 있어야 동굴 밖의 사물을 볼 수 있듯이, 철학적 훈련이 없으면 이데아를 제대로 볼 수 없다.

플라톤은 본격적인 철학 수업의 기간을 5년으로 상정했다. 5년간 청년들은 이데아론을 배운다. 그리고 이데아론을 인간 행동과 국가 운영에 적용하는 훈련을 함께 받는다. 철학적 훈련까지 끝마치면 청년들은 서른다섯 살이 된다.

그러나 플라톤은 서른다섯 살의 청년들에게 나랏일을 맡길 만큼 섣부른 사람이 아니다. 그들은 15년간 더 교육을 받아야 한다. 이제까지의 교육이 이론적인 것이었다면 앞으로의 교육은 실재 세계를 익히는 교육이다.

다시 15년의 세월이 흘러서 청년들은 쉰 살의 중년이 된다. 그리하여 40년 동안의 교육을 통해 선택된 사람들만 남게 된다. 그들은 철학자들로서 냉정하고 자신감에 넘친다. 학자적 허영심은 사라지고 전통과 경험, 교양과 투쟁이 합쳐진 지혜로 무장하게 된다. 그리고 그들은 자동적으로 국가의 통치자가 된다.

통치자의 정의

그러면 철학자가 통치하는 국가의 모습은 어떨까? 그 국가에서 국민들은 평민과 수호자, 그리고 통치자 등 세 신분으로 나뉜다. 여성, 노예, 그리고 외국인은 관심 밖이다. 플라톤의 관심은 오로지 아테네 폴리스의 상황이다.

특히 플라톤은 통치자에 관심을 집중했다. 그는 통치자가 오랫동안 교육과 훈련을 받았지만 나쁜 짓을 저지르지 않을까 우려했다. 여기에 대한 안전장치가 통치자들의 철저한 공산주의적인 생활이었다. 통치자는 꼭 필요한 정도 이상의 재산을 가져서는 안 된다. 통치자가 재산을 가지게 되면 자기 계급의 이익만을 추구하는 도당의 앞잡이가 되기 때문이다.

또한 통치자는 결혼해서도 안 된다. 통치자는 아내가 아니라 국가에 헌신해야 한다. 그리고 통치자는 자신의 아이를 가질 필요가 없다. 만약 통치자가 아이를 갖게 된다면 그 아이는 태어나자마자 다른 아이들과 마찬가지로 격리된 생활에 들어간다.

이렇듯 플라톤의 이상 국가는 소수의 통치자를 정상으로 하고 다수의 군대에 의해 보호되며 평민을 기반으로 하여 실현된다. 개인의 과도한 부나 빈곤은 사회 혼란과 혁명의 원인이기 때문에 이를 방지하기 위해 상업과 산업은 통치자의 통제 밑에 놓는다. 이자는 금지되고 이익은 제한된다. 이에 대한 보답으로 통치자는 매우 검소한 생활을 한다.

이렇게 되면 각 신분의 구성원이 본성과 재능에 따라 알맞은 일을 하고 어떠한 신분의 개인도 서로를 간섭하지 않게 된다. 그래서 다양성이 추구되는 가운데 조화로운 전체가 구현되는, 진정으로 정의로운 국가가 실현된다.

이상과 같은 플라톤의 구상은 아테네 폴리스라는 협소한 범위를 전제로 한 '이상'이었다. 더욱이 플라톤이 세상을 떠나고 9년 뒤에 아테네가 멸망했기 때문에 플라톤의 이상은 시도조차 되지 못했다.

물론 아테네가 상당 기간 존속했다 하더라도 플라톤의 이상은 시도되지 않았을 것이다. 플라톤 역시 그 사실을 알고 있었다. 그래서 그는 "이제껏 우리가 수립하면서 언급해온 나라, 즉 이론상으로나 성립하는 나라 (…) 그 나라는 지상의 그 어디에도 존재하지 않을 것"이라고 말했다.

그럼에도 플라톤은 국가의 '이상적 모습'을 분명히 해두려고 했다. 그것은 정의와 연관된 것이었기 때문이다. 플라톤의 《국가》는 '힘이 곧 정의요, 정의는 강자의 이익에 지나지 않는다'라는 주장에 반론을 펴기 위해 저술된 것이었다.

《국가》에서 플라톤의 반대자인 트라시마코스는 "적어도 법률을 제정함에 있어서 각 정권은 자기의 편익을 목적으로 하여야 합니다. (…) 일단 법 제정을 마친 다음에는 이를, 즉 자기들에게 편익이 되는 것을 다스림을 받는 자들에게 올바른 것으로 공표하고서는 이를 위반하는 자를 범법자 및 올바르지 못한 짓을 저지른 자로서 처벌하죠"라고 했다.

플라톤은 이러한 주장에 반론을 펴기 위해 이상 국가를 제시했다. 이상 국가의 핵심은 통치자다. 통치자는 하루아침에 생겨나지 않는다. 오랫동안 교육과 훈련을 받아야 한다. 그것을 통해 통치자가 자기 이익에 얽매이지 않고 올바른 통치를 할 수 있다.

정의란 무엇인가? 자기 이익의 실현이 아니다. 정의란 올바름이다. 플라톤은 통치자에게 정의를 알고 정의를 실현하라고 했던 것이다.

플라톤은 항상 이렇게 말했다고 한다. "나는 야만인이 아닌 그리스인으로, 노예가 아닌 자유인으로, 여자가 아닌 남자로, 그리고 무엇보다도 소크라테스 시대에 태어난 것을 신께 감사드린다." 앞부분은 출신에 대한 만족감의 표현이다. 플라톤은 귀족 집안 출신이었고, 그 덕분에 마음껏 철학을 할 수 있었다.

소크라테스는 플라톤의 스승이다. 그가 언제부터 소크라테스로부터 가르침을 받았는지 알 수 없으나 스승은 정치적인 이유로 사형을 당했다. 그는 스승의 죽음을 보며 바람직한 정치가 무엇인지 고뇌하게 되었고, 일생을 두고 이 문제에 매달렸다. 그의 결론을 한마디로 요약하면, "철학자가 왕이 되거나, 아니면 왕이 철학자가 되어야 한다"는 것이었다.

철학자가 정치를 하면 이상 국가가 될까? 플라톤은 마흔 살 무렵에 시칠리아 수도의 왕인 디오니시오스로부터 이상 국가를 만들어 달라는 부탁을 받았다. 그런데 디오니시오스는 플라톤의 계획을 실현할 수 없었다. 자신이 철학자가 되든지, 아니면 왕의 자리를 내놓아야 했기 때문이었다. 디오니시오스는 화가 나서 플라톤을 노예로 팔아버렸다. 플라톤은 친구의 도움으로 가까스로 노예에서 풀려날 수 있었다. 철학자가 왕이 되는 것도 어렵지만 왕이 철학자가 되는 것은 더더욱 어려웠던 것이다. 그래서 플라톤은 갓난아기 때부터 교육받은 사람들 중에서 왕이 나와야 한다고 주장했던 것이다.

도덕적으로
선한 것은
유익한 것이다

키케로 《의무론》

키케로(Marcus Tullius Cicero, B.C.106~B.C.43)는 아들에게 문제를
냈다.

어떤 한 사람이 곡물 부족으로 곡가가 폭등하여 기아선상에서 헤
매고 있는 로도스 섬에 알렉산드리아로부터 많은 곡물을 배에다
가득 싣고 왔다고 생각해보자. 그리고 바로 이 착한 사람은 다수의
곡물 상인들이 배에다가 곡물을 가득 싣고 알렉산드리아를 출항하
여 로도스 섬으로 오고 있는 것을 보았다고 생각해보자.

이 착한 사람은 그 사실을 로도스인들에게 그대로 말해주어야 하느냐, 아니면 시치미를 떼고 침묵한 채로 자신의 곡물을 가능한 한, 비싼 값으로 많이 팔아야 하느냐?[6]

답은 둘 중 하나다. 곡물 상인은 자신의 이익이 줄어들더라도 로도스인들에게 사실을 알려야 한다거나, 아니면 자신의 이익을 위해 사실을 알릴 필요가 없다는 것이다. 이 두 가지 답 중에서 하나를 고르라고 한다면 아마도 전자를 고르는 사람이 많을 것이다. 정직은 누구나 지켜야 하는 도덕적 규범이기 때문이다.

그러나 대답을 해야 하는 사람이 이해 당사자라면, 즉 내가 바로 그 곡물 상인이라면 답을 하기가 쉽지 않을 것이다. 키케로는 이 문제에 대한 대답을 도덕과 연관 지었다. "만약 그 사실을 숨기는 것이 도덕적으로 옳지 못하다는 판단을 내린다면 그 사실을 로도스인들에게 숨기지 않겠지만, 도덕적으로 나쁘지 않다고 판단이 되면 그 사실을 말할까 비밀로 해둘까 망설이다 결국 입을 열지 않을 것이다."

그렇다고 해서 문제가 해결된 것은 아니다. 비록 도덕적인 문제가 없다 할지라도 그 사실을 감춘 곡물 상인의 태도는 올바른 것인가? 이 문제를 두고 바빌로니아의 철학자 디오게네스와 그의 제자인 안티파테르가 논쟁을 벌였다. 디오게네스는 곡물 상인이 속임수를 쓴 것이 아니므로 최대의 이윤을 얻기 위한 그의 행동은 정당하다고 했다. 반면 안티파테르는 로도스인은 곡물의 소비자이므로 판매자인 곡물 상인은 곡물과 연관된 모든 사실을 밝혀야 한다고 했다. 다량의 곡물이

로도스 섬으로 오고 있다는 것 역시 곡물에 관한 중요한 정보이므로, 당연히 알려야 한다는 것이다.

키케로는 과연 그 두 사람의 논쟁에 대해 어떤 대답을 내놓았을까? 이 문제의 밑바탕에는 도덕과 이익의 충돌, 키케로의 표현대로 하면 '도덕적 선과 유익함의 상충'이 자리 잡고 있다. 키케로는 이런 충돌 혹은 상충의 상황에서 어떻게 행동하는 것이 올바른가를 제시하기 위해 《의무론(De Officiis)》을 썼다.

도망다니며 쓴 책

키케로는 《의무론》의 첫머리에서 "나의 사랑하는 아들 마르쿠스야! 너는 이미 1년째 크라팁푸스 스승 밑에서, 그것도 아테네에서 수학 중이구나"라고 했다. 이 문장들에는 《의무론》과 관련한 몇 가지 정보가 들어 있다. 우선 키케로가 《의무론》을 아들에게 보내는 편지 형식으로 집필했다는 것이다. 그 아들은 당시 아테네에 유학 중이었다. 아들은 아버지에게 '도덕적 선과 유익함'에 대해 묻는 편지를 보내왔다. 그 질문에 대한 답변이 바로 《의무론》이다.

다음으로 키케로가 《의무론》을 쓴 것은 아들이 유학을 한 지 1년쯤 되던 무렵이었음을 알 수 있다. 아들이 아테네로 유학을 간 것은 기원전 45년이었다. 따라서 키케로가 《의무론》을 쓴 것은 기원전 44년으로 추정된다.

그때는 카이사르가 암살된 직후였고 키케로가 죽기 1년 전이었다.

고대 로마제국이 심각한 정치적 격변을 맞고 있던 때였다. 기원전 60년경 카이사르와 크라수스(Marcus Licinius Crassus, B.C.115~B.C.53), 그리고 폼페이우스(Gnaeus Pompeius Magnus, B.C.106~B.C.48) 등 3인이 정치 동맹을 결성하여 귀족들의 의회인 원로원을 무력화시키고 로마제국의 전권을 장악했다. 그러나 얼마 지나지 않아 크라수스가 전쟁 중 사망하자 3인의 정치 동맹은 붕괴했고 폼페이우스가 원로원파와 손잡고 카이사르에 맞서다가 내전이 벌어졌다. 기원전 45년 카이사르가 내전에서 승리하여 1인 지배자가 되었다. 그러나 불과 1년도 지나지 않아 카이사르는 원로원파의 손에 암살되었다.

기원전 43년 카이사르의 부하였던 옥타비아누스(Gaius Octavianus, B.C.63~14)와 안토니우스(Marcus Antonius, B.C.82~B.C.30), 그리고 레피두스(Marcus Aemilius Lepidus, ?~B.C.13) 등 세 사람이 정치 동맹을 결성하여 카이사르를 암살한 세력을 격파하고 권력을 잡았다. 이 동맹 역시 얼마 지나지 않아 레피두스가 탈락함으로써 붕괴했고 옥타비아누스 세력과 안토니우스 세력 간에 내전이 일어났다. 기원전 31년에 옥타비아누스파가 안토니우스파를 최종적으로 격파했고, 옥타비아누스는 기원전 27년에 아우구스투스(Augustus: 가장 존엄한 자라는 뜻)라는 칭호를 받고 황제의 자리에 올랐다.

이렇듯 로마제국은 카이사르 등 3인이 정치 동맹을 결성한 이후 30년 가까이 정변과 내란이 계속되는 심각한 혼란 상태였다. 키케로는 이 시기에 정치를 했다. 키케로는 옥타비아누스 등이 정치 동맹을 맺자 도피 생활을 하다 체포되어 처형되었다. 키케로는 원로원파로서 카이사르에 반대했다. 《의무론》에서도 키케로는 카이사르에 대해 '불의했다'거나, '다수의 증오를 받았다'는 등의 비난을 했다.

카이사르가 암살되자 키케로는 안토니우스를 원로원에 가장 위협적인 존재로 생각하여 옥타비아누스와 손잡고 견제하려 했다. 그러나 옥타비아누스가 안토니우스와 동맹을 맺자 키케로는 오히려 도망자 신세가 되었다. 키케로는 이 시기에 《의무론》을 썼다. 그래서 《의무론》에는 키케로의 회한이 여러 부분에 드러난다.

나의 모든 근심 걱정의 대상이었고 온갖 노력을 바쳐 헌신했던 공화국이 이제는 더 이상 존재하지 않으므로, 포룸(도시의 광장)과 원로원에서 정치 연설을 하는 내 목소리는 물론 사라지고 말았던 것이다.[7]

비록 내가 한때는 군중들 사이에서 생활하면서 공무를 수행했었지만 지금은 세상을 뒤흔드는 악당들의 눈을 피하여 공직에서 물러나 있기 때문에 종종 외로움을 느끼곤 한다.[8]

키케로는 정치가의 삶을 열망했다. 그는 철학 저술보다는 대중 앞에서 연설하는 것이 자기 체질에 맞는다고 말했다. 그렇다고 키케로가 철학을 등한시했던 것은 아니었다. 그는 어릴 적부터 철학 연구에 전념했고, 정치를 할 때에도 남는 시간에는 철학 연구를 했다고 한다. 그러나 철학 저술을 할 시간적 여유는 없었다.

도피 생활로 인해 키케로는 시간적 여유를 갖게 되었다. 또한 도피 생활로 인한 외로움을 달래줄 무언가가 필요했다. 《의무론》은 이런 배경에서 쓰였다.

아카데미아학파이자 스토아학파

키케로는 아들을 아테네로 유학 보냈다. 왜 그랬을까? 헬레니즘 시대였기 때문이다. 고대 로마는 기원전 8세기경에 작은 도시 공동체로부터 시작하여 이후 계속적인 정복 전쟁을 통해 영토를 확장했다. 키케로 시대에 이르면, 로마는 이미 지중해 전역을 지배하고 있었다. 그럼에도 유럽사에서는 그 시대를 로마 시대가 아니라 헬레니즘 시대라고 부른다.

마케도니아의 왕 알렉산드로스가 페르시아 지역 등을 점령한 이후를 헬레니즘 시대라고 한다. 키케로 시대에 이르면 알렉산드로스가 점령했던 지역에 세워졌던 왕국들은 무너졌지만 이집트 왕국은 남아 있었다. 이집트는 기원전 31년에 옥타비아누스가 이끄는 군대에 멸망했다. 이로써 헬레니즘 시대는 막을 내렸다.

키케로는 헬레니즘 시대의 마지막 시기에 살았고, 따라서 헬레니즘 문화의 영향을 받은 마지막 세대에 속했다. 헬레니즘 문화란 아테네를 중심으로 하는 그리스의 학문과 문화의 주도 아래 페르시아 등 여러 지역의 문화가 융합된 문화를 말한다. 그래서 아테네는 헬레니즘 시대에 정치적으로나 경제적으로는 변방이었지만 학문적으로는 주요한 역할을 담당했다. 키케로가 아들을 아테네로 유학 보낸 이유가 여기에 있었다.

키케로 역시 아테네에서 발전한 철학의 영향을 받았다. 그는 스스로를 '아카데미아학파'라고 했다. 아카데미아학파란 플라톤의 철학에 영향을 받은 사람을 말한다. 그러나 그의 아들은 학통이 달랐다. 아들의 스승인 크라팁푸스는 소요학파 철학자였다. 소요학파란 아리스토텔레스의 철학에 영향을 받은 학파를 말한다.

키케로는 아카데미아학파와 소요학파가 모두 소크라테스와 플라톤 계열이라고 보았다. 그래서 《의무론》을 쓰면서 아들에게 "아카데미아학파와 소요학파는 모두 소크라테스 계열과 플라톤 계열에 소속되고 싶어 하니까, 진정 나는 아무런 방해도 하지 않을 테니 소요학파의 것과 크게 다르지 않은 나의 철학 책들을 읽으면서 네 자신이 책들의 내용 자체에 대해 판단을 내리도록 하여라"라고 했다.

또한 키케로는 스토아학파의 영향도 받았다. 그래서 그는 스토아학파의 입장에서 《의무론》을 쓰겠다고 했다. 자신이 아카데미아학파라고 밝히면서도 스토아학파의 입장을 따르겠다고 한 이유는 도덕적 선에 관해서는 아카데미아학파와 스토아학파, 그리고 아들이 소속된 소요학파의 입장이 같다고 보았기 때문이었다.

키케로는 스토아학파의 입장에서 도덕에 관한 규칙을 제시하고자 했다. 그는 그 규칙을 의무 규칙이라고 했다. 키케로는 《의무론》을 쓴 이유에 대해 이렇게 밝혔다.

이 탐구 주제는 모든 철학자들의 공동 문제다. 의무에 대해 어떤 규칙도 제시하지 않으면서도 자신을 감히 철학자로 칭할 수 있는 자가 누가 있겠는가? 그러나 최고선과 최고악을 설정함으로써 모든 의무를 왜곡시키는 학자들이 없지 않다. 왜냐하면 이와 같이 설정하여 최고선이란 덕과는 아무 관련도 없고, 더욱이 최고선을 도덕적으로 옳고 선하고 명예로운 것으로서가 아니라 자신의 이해득실을 따져 평가하는 사람에게는 가끔 발동하는 본래의 착한 마음도 억눌러가면서 자기 생각을 계속 고집한다면 우정은 물론 정의감도, 관대한 마음도 싹틀 수가 없기 때문이다.⁹

의무 규칙의 제시가 철학자의 의무라고 했다. 그리고 최고선과 최고악을 설정하는 학자는 도덕을 왜곡하는 사람이라고 비판했다. 에피쿠로스학파를 염두에 둔 말이다. 에피쿠로스학파는 쾌락을 최고선으로, 고통을 최고악으로 설정한다고 보았기 때문이다. 키케로는 최고선과 최고악을 설정하지 않겠다고 함으로써 《의무론》이 도덕의 보편적 원리에 관한 것이 아님을 분명하게 했다.

실제로 키케로는 동시대는 물론 그 이전 시대에 나타났던 인물들의 행위가 도덕적으로 옳은지 그른지 평가하는 데 심혈을 기울였다. 의무 규칙이 실생활과 밀접히 연관됨을 보여주고자 했기 때문이다. 그래서 "생활의 어떤 부분도 의무에서 벗어날 수가 없으니, 생에 있어서 도덕적으로 옳고 선하고 명예로운 모든 것은 의무를 이행하는 데 달려 있다"라고 했다.

그래서 키케로는 수많은 사례를 제시했고 앞에 나온 곡물 상인의 행위 역시 그중 하나다.

곡물 상인은 어떻게 해야 했나

곡물 상인의 행위에 대한 디오게네스와 안티파테르의 논쟁으로 되돌아가 보자. 디오게네스는 곡물 상인이 속임수를 쓰지 않았기 때문에 로도스인들에게 많은 곡물이 오고 있다는 사실을 알리지 않은 것에 문제가 없다고 했다. 이에 대해 안티파테르가 반론을 폈다. "선생님께서는 공동체에 기여할 의무가 있습니다. 그런데도 선생님께서는 공동체에 이익이 되는 곡물이 풍족하다는 사실을 사람들에게 알리지 않겠다는 말씀입니까?"

디오게네스가 대답한다. "숨기는 것과 침묵하는 것은 전혀 별개의 문제네. 내가 자네에게 최고의 선인 신에 대해 말하지 않았다고 해서 자네에게 숨기는 것인가. 자네에게 말해주는 것이 유익하겠지만 자네에게 모든 것을 말해주어야 할 의무는 없는 거네."

다시 안티파테르가 반론을 편다. "그러나 사람들 사이에는 자연에 의해 맺어진 사회적 유대감이 있다는 사실을 선생님께서 기억하신다면 말할 필요가 있다는 것을 인정하실 것입니다." 디오게네스가 다시 답변한다. "자네가 말하는 사회가 개인의 사유재산이 전혀 없는 사회를 뜻하는 것인가? 만약 그런 사회라면 아무것도 판매되어서는 안 되고 공짜로 주어야 할 것이네."

키케로는 어느 누구도 논쟁에서 "비록 도덕적으로 옳지 않지만 나에게는 이익이 되므로 나는 그렇게 한다"라고 말하지 않았음에 주목한다. 만약 도덕적으로 옳지 않은 것이라면 검토할 가치도 없다. 검토의 대상은 이익과 관계되지만 도덕적으로 문제가 없는 사안이다. 다음의 사례를 보자.

퀸투스 스카이볼라는 자기가 구입하고 싶어 하는 농장의 가격을 알고자 해서 그 농장의 판매자가 얼마라고 그 값을 불렀을 때, 그는 그 농장이 그 이상의 값이 나간다고 평가하고 농장 판매인이 부른 가격보다 10만 세스테르케스를 더 주었다. 이 농장 판매인이 선하고 정직한 사람이었다는 점을 부정할 사람은 아무도 없다. 그러나 그가 팔 수 있었던 가격보다 더 적은 돈을 받고 농장을 팔았다면, 그것은 현명한 처사가 아니었다고 사람들은 말하고 있다. 따라서 바로 여기에 사람들이 선한 사람과 현명한 사람은 서로 다르다고 평가한다는, 저 위험한 생각이 도사리고 있는 것이다. 엔니우스의 말도 그러하다. "공허하구나, 자기 자신에게 이익이 되는 것을 취하지 않는 현인의 현명함이란!"[10]

문제는 이렇다. 농장 판매인은 자신이 생각한 가격보다 더 많은 돈을 받고 농장을 팔았다. 이때 농장 판매인의 태도는 올바른 것인가? 사람들은 만약 농장 판매인이 퀸투스가 주는 대로 받지 않고 농장을 넘겼다면 현명하지 않은 것이라고 말한다. 이런 말 속에 위험한 생각이 도사리고 있다고 키케로는 말한다. 물론 농장 판매인의 행위는 도덕적으로 문제가 없다. 그러나 키케로는 그의 행위가 현명할지는 모르지만 선하지는 않다고 했다.

선함과 현명함, 달리 말하면 '옳은 것'과 '좋은 것'을 제대로 구별하지 않는 데에 위험한 생각이 도사린다. 키케로는 도덕적인 문제가 없는 상황일지라도 옳은 것과 좋은 것이 상충될 때에는 옳은 것을 우선하라고 한다. 이런 관점에서 곡물 상인의 행위를 둘러싼 디오게네스와 안티파테르의 논쟁에 대해 키케로는 안티파테르의 손을 들어주었다. 곡물 상인은 이익이 줄어든다 할지라도 알고 있는 모든 사실을 로도스인들에게 알렸어야 한다는 것이다. 좋은 것보다 옳은 것이 우선이다.

지혜와 정의, 그리고 용기와 인내

옳은 것과 좋은 것을 엄격히 구분하고 옳은 것을 우선시하라! 키케로는 자신의 도덕론을 뒷받침하기 위해 '도덕적 선'과 '유익함'이 무엇인지를 밝혔다. 먼저 키케로가 말하는 도덕적 선이 무엇인지 알아보자.

내 아들 마르쿠스야, 너는 플라톤이 말한 것처럼 "육안으로 구별된다면, 지혜에 대한 놀라운 사랑을 일으키게 될" 도덕적으로 선하고 명예로운 것의 형상 자체와 바로 그 모습을 보고 있다. 그러나 도덕적으로 선하고 명예로운 것 전부는 다음 네 개의 부분 중 하나에서 나온다. 그것은 첫째, 진리에 대한 통찰과 그 이해에서 생각되거나,

둘째, 인간 사회를 유지하고, 각자의 것은 각자에게 나누어주며, 계약된 것에 대한 신의에서 생각되거나, 셋째, 고귀하며 굽히지 않는 정신의 위대함과 강직함에서 생각되거나, 마지막 네 번째로, 행해지고 말해진 모든 것에 절도와 인내가 내재해 있는 질서와 온건함 속에서 생각되는 것이다. 이러한 네 개 부분은 비록 상호 간에 중복되거나 혼합되어 있다 하더라도 어떤 유의 의무들은 단일 부분에서 나오게 된다.[11]

지혜, 정의, 용기, 인내가 기본적인 도덕적 선이라는 것이다. 플라톤이 주장한 이상 국가의 3대 덕목, 즉 지혜와 용기, 그리고 절제를 연상시킨다. 정의가 더 첨가되기는 했지만 이 또한 플라톤의 주장과 크게 다르지 않다. 플라톤은 세 가지 덕목이 실행되는 것을 정의라고 했다.

키케로는 네 가지 덕 중에 지혜가 가장 중요하다고 했다. 왜냐하면 인간의 본질과 가장 밀접하기 때문이다. 인간은 누구나 새로운 것을 듣고 배우기를 원한다. 인간은 비밀스러운 일이나 신기한 일에 대해 알고자 하는 호기심과 욕망을 가진다. 또한 인간은 지혜를 가짐으로써 선과 악을 구별할 수 있다.

본래 철학이라는 말 자체가 지혜에 대한 탐구를 의미한다. 키케로는 지혜와 관련하여 두 가지 오류를 피해야 한다고 말한다. 첫째, 알지 못하는 것을 아는 체하여 맹목적으로 동의해서는 안 된다. 둘째, 애매모호하고 어려우며 필요하지 않은 것에 너무 많은 정력과 노력을 쏟아서는 안 된다. 우리가 깊이 되새길 만한 내용이다.

키케로는 지혜 못지않게 정의를 중요시한다. 정의는 덕의 광채를 빛나게 한다. 그래서 키케로는 정의로운 사람이 선한 사람이라고 했다. 자선과 친절, 그리고 관대함이 모두 정의와 결부된 말이라고 했다. 그는 "정의의 일차적 기능은 정의롭지 못한 것으로 인해 해를 입지 않는 한, 다른 사람을 해치지 않으며, 공공물은 공공을 위해 사용하고 개인의 사유물은 개인을 위해 사용하는 데 있다"라고 했다.

키케로에 따르면, 본래의 자연 상태에서는 모든 것이 공공물이었다. 그 뒤에 공공물이 개인에게 할당되었다. 그런데 누군가 자기 몫보다 더 많은 것을 탐낸다면 그 사람은 인간 사회의 법을 위반한 것이 된다. 또한 키케로는 정의와 관련하여 "자연 상태인 인간의 본성을 우리 안내자로 하고, 공동의 이익을 위해 공동의 이익을 중심 문제로 생각하며, 서로 간의 의무를 교환해야 한다. 때에 따라 기술과 노동, 그리고 재능을 주고받음으로써 인간 사회를, 인간과 인간의 결속을 공고하게 해야 한다"라고 했다. 훗날 등장하는 사회계약론과 정의론에 이론적 토양을 제공하는 말이다.

키케로는 용기와 인내에 대해 마음의 혼란과 동요를 억제하고 본능적인 요구를 이성으로 복종시키는 능력이라고 했다. 욕망은 사람을 충동한다. 욕망을 통제하지 않으면 그 한계가 정도를 넘어서게 되고, 그 결과 정신적 혼란뿐만 아니라 신체적 이상도 생길 수 있다. 이성으로 욕망을 통제해야 정신적 혼란에서 벗어나 마음의 안정을 찾을 수 있다. 그렇게 하려면 특히 쾌락을 멀리해야 한다.

쾌락을 멀리하고 지혜를 발휘하여 정의로운 것을 실천하라. 그렇다면 유익함이란 무엇인가?

유익함은 쾌락과 관련된 것 아닌가? 키케로는 그렇지 않다고 말한다.

윤리학상 한 흐름의 대표자

키케로는 유익함을 도덕적 선과 분리하는 사고는 해롭다고 했다. 즉 "어떤 것은 유익하지 않으면서도 도덕적으로 선할 수가 있고, 도덕적으로 선하지 않은 것이 유익할 수도 있다고 인정"하는 사고에 대해 개탄한다. 그리고 다음과 같이 말했다.

최고의 권위를 지닌 철학자들은 (…) 동시에 유익한 도덕적 선, 분명히 유익하지 않은 도덕적 선, 분명히 도덕적으로 선하지 않은 유익함으로 구별하고 있기도 하다. 실로 정당한 것은 무엇이든 간에 또한 유익하다고 그들은 생각하고, 마찬가지로 도덕적으로 선한 것은 무엇이든 간에 또한 정당하다고 그들은 생각한다. 따라서 도덕적으로 선한 것은 무엇이든지 간에 또한 유익하다는 결론이 나온다.[12]

도덕적으로 선한 것이 유익한 것이다. 이것이 키케로의 결론이다. 그러므로 앞에서 언급한 곡물 상인의 행위에 대한 키케로의 판단을 이해할 수 있다. 최대의 이익 추구는 쾌락이다. 반면 곡물과 관련한 사실을 알리는 일은 정의다. 그러므로 쾌락을 멀리하고 정의를 추구해야 한다. 그렇게 해야 도덕적으로 선한 것이 되고, 동시에 유익한 것이 된다.

유럽에서는 두 개의 윤리학이 대립해왔다. 하나는 에피쿠로스학파를 시발점으로 근대의 공리주의자들로 이어진 것으로, 어떤 행위에서 생겨나는 쾌락과 고통을 비교하여 쾌락이 크면 그 행위를 하라고 말한다. 부가, 이익이, 돈이 고통보다 쾌락을 준다면 서슴없이 그것들을 선택하라고 말한다.

다른 하나는 스토아학파를 시발점으로 하여 근대의 칸트 철학으로 이어진다. 이것은 이익이 아니라 도덕적 올바름을 선택하라고 말한다. 그것을 칸트는 정언명법이라고 불렀다. 즉 도덕법칙은 수단으로 추구되어서는 안 되고 목적으로 추구되어야 한다는 것이다. 이런 윤리학을 확립한 철학자가 키케로였다.

그래서 키케로는 그 이후의 윤리학에 상당한 영향을 미쳤다. 대표적으로 칸트는 윤리학에 관한 한, 그리스 철학, 특히 플라톤에게서 전혀 배우지 않았고 오로지 키케로의 저작에서 영향을 받았다고 했다. 프랑스의 계몽철학자 볼테르의 말이 《의무론》에 대한 최대의 찬사일 것이다.

아무도 이 책보다 현명하고 진실하며 유용한 것을 쓰지 못할 것이다. 사람들에게 교훈을 주거나 훈시하려는 야심을 가진 작가가 만약 키케로의 《의무론》보다 더 잘 쓰기를 원한다면 그 작가는 허풍쟁이이거나 아니면 이 책을 베끼는 책을 쓰게 될 뿐이다.

도용당한
'보이지 않는 손'

애덤 스미스 《국부론》

우리가 저녁 식사를 기대하는 것은 푸줏간, 술집, 빵집 주인의 자비
심이 아니라 그들 자신의 이해에 대한 배려다. 우리가 호소하는 것
은 그들의 인류애에 대해서가 아니라 자애심에 대해서이며, 우리
가 그들에게 말하는 것은 결코 우리 자신의 필요에 의해서가 아니
라 그들의 이익에 의해서다.[13]

　애덤 스미스(Adam Smith, 1723~1790)의《국부론(An Inquiry into the
Nature and Causes of the Wealth of Nations)》에 등장하는 유명한 구절

이다. 장사는 자선 사업이 아니다. 푸줏간, 술집, 빵집 주인은 자애심(自愛心), 즉 자신들의 이익을 위해 고기와 술, 그리고 빵을 판매한다. 그리고 우리는 그것들을 구매하여 저녁을 해결한다. 너무도 당연한 일이다.

그런데 스미스의 말은 당시에도 상당한 파급력을 가졌을 뿐만 아니라 오늘날에도 깊은 영향을 미치고 있다. 《국부론》이 출간되자 영국의 철학자 흄(Hume, David, 1711~1776)은 "심원하고 견고하며 예리한 책"이라고 평가했다. 오늘날 이른바 신자유주의의 신봉자들은 스미스의 말에서 자신들의 논거를 찾는다.

스미스는 자애심, 즉 이기심이 인간의 본성이며 행위의 근원이라고 했다. 스미스가 처음 주장한 것은 아니었다. 이미 스미스 이전에 그런 주장을 한 사람들은 많았다. 다만 스미스는 그 주장을 국부(國富: 국민의 부)의 성질과 연관시킴으로써 경제학의 토대를 놓았다. 오늘날에도 정치와 경제, 그리고 자본주의의 성격을 말할 때 스미스의 이론은 빼놓을 수 없는 것이 되었다.

그렇지만 《국부론》을 독립적인 경제학 저작으로만 이해해서는 안 된다. 스미스는 글래스고 대학에서 도덕철학을 가르쳤다. 그는 경제학자이기 이전에 철학자였다. 그의 강의는 자연신학, 윤리학, 정의론, 정치경제론으로 구성되어 있었다. 스미스는 그 네 분야를 긴밀히 결합했다. 《도덕감정론(The Theory of Moral Sentiments)》 수정판 '서문'에 스미스는 이렇게 썼다.

이 책의 첫 판 마지막 구절에서 나는 정의와 관련된 것, 경찰, 국고 수입 그리고 군대 등과 같이 법의 대상이 되는 것은 무엇이든, 이런 것들과 관련된 법과 국가의 일반원리와 이 원리가 서로 다른 시대와 시기에 겪었던 변혁을 또 다른 논고에서 설명해야겠다고 말했다.《국부론》에서 나는 이 약속 중 일부를 수행했다.[14]

스미스가 윤리학, 정의론, 정치경제론의 순서로 저작을 발표하고자 했음을 알 수 있다.《도덕감정론》은 윤리학을 다룬 저서다. 그다음으로 정의론에 관련된 저서를 내고자 했으나 뜻을 이루지 못하고《국부론》에서 그 내용의 일부를 다루었다. 그가 윤리학, 정의론, 정치경제론을 긴밀히 결합하고자 했음을 알 수 있다. 따라서《도덕감정론》은《국부론》의 철학적 기초에 해당하는 저작인 셈이다.

《도덕감정론》과《국부론》의 관계는 두 저작이 나온 이후의 상황에서도 알 수 있다.《도덕감정론》은 1759년 런던에서 출판되었다. 생전에 6판까지 출간되었기 때문에 스미스는 그 책의 수정과 증보를 위해 계속 펜을 잡아야 했다.《국부론》은 1776년에 역시 런던에서 출판되었다. 생전에 5판까지 출판되었기 때문에 스미스는 수정과 증보를 계속했다. 스미스는《도덕감정론》과《국부론》의 수정과 보완 작업을 동시에 진행했던 것이다. 이는 두 저작의 내용이 모순 없이 일관됨을 짐작하게 한다. 따라서《국부론》의 철학적 기초인《도덕감정론》에 대해 살펴볼 필요가 있다.

스코틀랜드의 현실

먼저 스미스가 살았던 시대를 살펴보자. 스미스는 계몽주의 시대에 살 았다. 당시 계몽주의의 중심은 프랑스였다. 스미스는 3년 동안 프랑스 에 머물면서 프랑스 계몽주의를 대표하는 철학자 볼테르를 비롯하여 중상주의자인 튀르고(Anne Robert Jacques Turgot, 1727~1781), 중농주 의자인 케네(François Quesnay, 1694~1774) 등을 만났다. 특히 스미스 는 루소를 좋아하여 그의 책을 탐독했지만 스미스가 프랑스를 방문할 당시 루소는 영국에 머물렀기 때문에 만날 수는 없었다. 스미스는 프 랑스 계몽주의자들이 주장하는 자유와 평등의 사상을 공유했다.

스미스의 고향 스코틀랜드에도 계몽주의 시대가 있었다. 철학자 흄 의 저서 《인성론(A Treatise of Human Nature)》이 출판된 1740년부터 스 미스의 저서 《도덕감정론》 6판이 출판된 1790년까지 약 50년간 펼쳐 진 지적 활기를 스코틀랜드 계몽주의라고 한다. 흄과 스미스, 그리고 스미스의 스승인 프랜시스 허치슨(Francis Hutcheson, 1694~1746) 등 이 당시의 대표적인 계몽사상가들이었다.

스코틀랜드 계몽사상가들이 직면한 주요 과제는 스코틀랜드의 현실 이었다. 스미스가 태어나기 16년 전, 스코틀랜드는 잉글랜드와 하나 의 국가로 통일되었다. 물론 통일이 한순간에 이루어진 것은 아니었다. 1603년에 잉글랜드의 왕 엘리자베스 1세가 죽자 당시 스코틀랜드의 왕이었던 제임스 6세가 후계자가 되어 잉글랜드의 왕을 겸임하게 되었 다. 이것이 가능했던 이유는 제임스 6세의 어머니가 헨리 7세의 외손

녀여서 잉글랜드 왕위 계승권을 가지고 있었기 때문이었다. 잉글랜드에서는 그를 제임스 1세라고 불렀다.

제임스 1세는 재위 기간에 스코틀랜드와 잉글랜드를 통일시키려 했다. 그래서 자신을 그레이트브리튼의 왕(King of Great Britain)이라 했고 두 나라에서 공용되는 화폐를 만들었다. 그리고 두 나라의 국기를 합하여 국기를 만들었는데, 그것이 오늘날 영국 국기인 유니언 잭(Union Jack)이다. 그러나 제임스 1세는 실질적인 통일을 이루지는 못했고 스코틀랜드와 잉글랜드는 각기 독립된 나라로 존재했다.

제임스 1세는 왕권신수설을 주장한 것으로도 유명하다. 제임스 1세의 뒤를 이은 찰스 1세와 제임스 2세는 왕권신수설에 입각하여 절대왕정을 추구했다. 이에 반대하여 청교도혁명(1649)과 명예혁명(1688)이 일어나 찰스 1세와 제임스 2세가 쫓겨났다. 이 과정에서 스코틀랜드에서는 왕들을 지지하는 반란이 일어났고 혁명파들은 반란을 무자비하게 진압했다.

제임스 2세의 둘째 딸인 앤이 왕위에 오른 직후인 1707년에 스코틀랜드와 잉글랜드가 통일되었다. 앤은 잉글랜드에서 태어나 자랐기 때문에 스코틀랜드인으로서의 정체성을 갖지 않았다. 스코틀랜드에서는 통일에 반대하는 크고 작은 반란이 일어났고, 1745년에 정점에 이르렀다. 그해에 제임스 2세를 지지하는 세력이 반란을 일으켜 런던 인근까지 진격했다. 그러나 곧 정부군에 의해 진압되었다.

그때 애덤 스미스는 스물두 살이었다. 그는 옥스퍼드 대학에서 공부하고 있었다. 그는 비록 스코틀랜드인이었지만 반란에 동의하지 않았다. 반란은 절대왕정을 추구하는 왕당파가 일으킨 것이었기 때문이다. 그는 절대왕정에 반대했다. 그는 자유와 평등의 사상을 확고히 하고 있었다. 그렇지만 스코틀랜드의 현실은 그의 마음을 무겁게 했다.

상당수의 스코틀랜드인들은 잉글랜드와의 통일에 부정적이었다. 제임스 2세를 지지해서가 아니었다. 스코틀랜드와 잉글랜드의 통일은 가난한 지역과 부유한 지역의 통합이었다. 잉글랜드인들은 우월감을 가지고 스코틀랜드인들을 대했다. 우월감은 차별 의식으로 이어졌다. 스미스 역시 옥스퍼드 대학에 다니면서 차별을 느끼지 않을 수 없었다.

잉글랜드에서는 일찍이 상공업이 발전했다. 엘리자베스 1세 시대에는 군사력을 증강하여 무적함대로 불렸던 스페인 함대를 격파하고 해상권을 장악했다. 그러나 스코틀랜드의 상황은 달랐다. 남동부 저지대의 일부 도시에서는 잉글랜드의 영향을 받아 상공업이 발전하고 있었다. 반면 북동부의 고지대에서는 씨족적인 질서가 유지되고 있었다.

스코틀랜드 인구의 대다수인 농민은 귀족들의 땅을 경작하는 소작농이었다. 스코틀랜드 귀족들은 잉글랜드 귀족의 사치를 따라 하기 위해 수탈을 강화했다. 농민은 곤궁할 수밖에 없었다. 이러한 스코틀랜드의 후진성과 빈곤을 두고 스미스를 비롯한 스코틀랜드의 계몽사상가들은 고민하지 않을 수 없었다.

그들은 시민계급 출신이거나 시민화한 귀족 출신이었다. 그들은 중세적 질서를 거부했고 절대왕정에 반대했다. 그들이 1745년에 일어난 스코틀랜드 왕당파의 독립운동에 동의하지 않은 것은 당연했다. 그들은 스코틀랜드의 후진성을 고민했지만 스코틀랜드 지역주의에 빠지지는 않았다.

다른 한편으로 그들은 잉글랜드에서 나타나는 문제점에도 주목했다. 경제성장에 따른 부의 획득과 그로 인한 도덕적 타락에 관심을 기울였던 것이다. 그래서 그들은 무엇보다도 도덕철학에 관심을 기울였다.

스미스가 《도덕감정론》을 쓴 이유가 여기에 있다. 그러나 그는 도덕철학에서 멈추지 않았다. 도덕철학은 인간에 대해 탐구하는 학문이다. 그는 인간 탐구를 바탕으로 사회 탐구로 나아갔다. 그 결실이 바로 《국부론》이다.

동감은 인간의 본성이다

스코틀랜드 계몽주의자들은 잉글랜드의 학문적 전통에서 큰 영향을 받았다. 잉글랜드의 학문적 전통은 프랑스와 달랐다. 프랑스에서는 데카르트가 확립한 이성 중시의 전통이 이어졌다. 그러나 잉글랜드에서는 베이컨의 철학에서 비롯된 경험론의 전통이 강했다. 스코틀랜드의 계몽사상가인 흄은 경험론을 끝까지 밀고 나가 회의론을 주장하기에 이르렀다. 회의론은 이성의 한계를 밝히고자 했다.

그 대표적 사례가 인과법칙의 부정이다. 먹구름이 끼면 비가 올까? 인과법칙에 따르면 먹구름이 원인이 되어 비라는 결과가 생긴다. 그러나 흄은 반드시 그렇지 않다고 했다. 먹구름이 끼면 비가 왔다는 사실을 여러 차례 관찰하다 보니 먹구름이 끼면 비가 온다고 생각하게 되었을 뿐, 먹구름과 비 사이에는 인과관계가 없다는 것이었다.

흄의 주장은 당대 철학과 과학에 청천벽력이었다. 인과관계가 부정된다면 과학은 설 자리가 없어진다. 그리고 과학의 성과를 반영한 이성주의 철학은 근거를 상실한다. 그래서 독일의 철학자 칸트는 일생을 두고 흄의 주장과 맞서 싸웠다.

흄은 이성의 한계를 밝힘으로써 이성 이상으로 감정이 중요하다는 말을 하고자 했다. 이성론자에 따르면 감정은 이성에 의해 통제되어야 할 것에 불과했다. 인간이 감정에 휘둘린다면 무질서와 혼란만 야기할 뿐이다. 그러나 스코틀랜드 계몽사상가들은 그렇게 생각하지 않았다. 흄이 보여주었듯이 감정은 모든 인간 행위의 근원으로서 탐구되어야 한다고 생각했다. 스미스가 주저의 제목을 '도덕감정론'이라 붙인 것도 그래서였다.

스코틀랜드의 계몽사상가들은 인간의 감정 중 이기심에 주목하여 인간이 이기적 존재라고 생각했다. 그런 생각은 잉글랜드의 철학자 홉스(Thomas Hobbes, 1588~1679)와 로크에게서 왔다. 홉스와 로크는 인간의 이기심에서부터 사회계약론을 이끌어냈다. 그들은 인간의 본성이 이기적이어서 자연 상태에서는 '만인에 의한 만인의 투쟁'이 일어나거나(홉스), 개인의 권리가 충분하게 보장되지 않는다(로크)고 했다. 그래서 사람들은 투쟁을 종식하고 개인의 권리를 보장받기 위해 서로 계약을 맺어 사회를 구성하고 국가를 만들었다.

홉스와 로크의 주장에 따르면, 인간의 이기심을 억제하기 위해 국가가 통제를 해야 한다. 홉스는 국가가 막강한 권한을 가진 존재가 될 수밖에 없다면서 국가를 괴물인 '리바이어던(leviathan)'에 비유했다. 로크는 국가가 괴물과 같은 권한을 갖는 존재라고 하지는 않았지만 국가가 통제력을 가질 수밖에 없음을 인정했다.

스미스는 인간이 이기적 존재라는 주장을 받아들였다. 그러나 국가가 통제를 해야 한다는 생각에는 반대했다. 왜 그러한가? 인간은 이기적 존재인 동시에 이기적이지 않은 존재이기 때문이다. 스미스는 《도덕감정론》의 첫 문장에서 "인간이 아무리 이기적이라고 상정하더라도 인간의 본성에는 분명 이와 상반되는 몇 가지 원리들이 존재한다"고 했다. 《도덕감정론》은 바로 이기심과 상반되는 원리들에 대한 탐구다. 그는 상반되는 원리의 핵심을 '동감(sympathy)'이라고 했다.

동감이란 "타인이 처한 상황에 우리 자신을 설정해놓는 상상에 의해 우리는 타인과 완전히 동일한 고통을 겪는다고 느끼려 하는 감정"이라고 했다. 스미스는 함부로 행동하는 사람이거나 사회의 법률을 아주 극렬하게 위반하는 사람일지라도 동감의 감정을 가지고 있다고 했다. 즉 동감은 모든 인간의 본성이다. 그러므로 인간은 이기적 존재일 뿐만 아니라 타인의 행복과 슬픔을 함께 느끼며 타인의 행복을 위한 행위를 하는 존재이기도 하다.

그대로 내버려두어라

《도덕감정론》에 등장하는 유명한 얘기를 보자.

중국이란 대제국이 그 무수한 주민과 함께 갑자기 지진에 의해 사라져버렸다고 상상해보자. 그리고 세계의 이 부분과는 어떠한 관계도 갖지 않았던 유럽의 어떤 인도주의자가 (…) 어떠한 영향을 받을 것인지를 상상해보자. (…) 그의 인도적 감정을 모두 공평하게 표현한 후에, 그는 그러한 돌발 사건이 전혀 발생하지 않았던 것과 동일한 마음의 평정과 가벼움을 가지고 자신의 사업 또는 쾌락을 추구할 것이다. (…) 만약 그가 내일 그의 새끼손가락을 잃어야 한다면 오늘밤 그는 잠들지 못할 것이다. 그러나 1억의 이웃 형제의 파멸이 있었더라도, 만약 그가 직접 그것들을 본 것이 아니라면, 그는 깊은 안도감을 가지고 코를 골며 잠잘 것이다. 그에게 있어서는 이 거대한 대중의 파멸은 명확하게 그 자신의 하찮은 비운보다도 관심을 끌지 못하는 대상인 것 같다. 그래서 인도적인 사람일지라도 그 자신에 대한 이 하찮은 비운을 방지하기 위하여 1억의 이웃 형제의 생명을, 만약 그가 그것을 결코 보지 않았다고 한다면, 기꺼이 희생시킬 것인가? 인간의 본성은 그러한 생각에 공포를 느끼며, 그리고 세상은, 아무리 부패하고 타락했더라도 그러한 상황을 즐길 수 있을 그러한 악한은 결코 생산하지 않을 것이다. 그러나 무엇 때문에 이러한 차이가 생기는가?[15]

인간은 중국의 재앙보다 자신의 새끼손가락을 더 염려하는 '야비하고 이기적'인 존재다. 이를 일컬어 스미스는 "인간의 수동적 감정"이라고 했다. 그러나 인간은 결코 자신의 새끼손가락을 위해 1억 명의 이웃 형제들을 희생시키려고 생각하지 않는 존재다. 이를 일컬어 스미스는 "인간의 능동적 원리"라고 했다.

스미스는 인간이 수동적 감정보다 능동적 원리를 우선시한다고 했다. 그래서 인간은 타인을 위해 스스로를 희생하기도 한다. 왜 그럴까? 스미스는 우리 마음속에 '중립적 관찰자'라는 본성이 있기 때문이라고 말한다. 스미스의 말을 계속 들어보자.

우리가 타인들의 행복에 영향을 미치는 일을 할 때마다 우리의 가장 몰염치한 열정을 깜짝 놀라게 하는 큰 목소리로 우리에게 다음과 같이 소리치는 것은 바로 이 사람이다. 즉 우리는 대중 속의 한 사람에 불과하고, 어떠한 점에 있어서도 그 속의 어떠한 타인보다 나을 것이 없으며, 우리가 그렇게 후안무치하고 맹목적으로 우리 자신을 타인들에 우선시킨다면 우리는 분개와 혐오와 저주의 대상이 될 것이라고. 우리가 자신들 및 자신들에 관련하는 모든 것이 실제로 사소하다는 사실을 배우는 것은 오직 이 중립적 관찰자로부터이고, 이 중립적인 관찰자의 눈에 의해서만 자기애(自己愛)가 빠지기 쉬운 잘못된 생각을 정정할 수 있다.[16]

인간은 이기심에 빠지기 쉬운 잘못된 생각을 정정할 수 있는 존재다. 인간의 마음속에는 '중립적 관찰자'가 있기 때문이다. 중립적 관찰자란 '이성', '원칙', '양심', '마음속의 거주자', '내부의 사람', '우리의 행위의 재판관이자 조정자'다. 그러므로 인간의 이기심을 근거로 국가의 통제가 필요하다고 주장하는 홉스와 로크의 입장, 즉 사회계약론은 올바르지 않다. 인간은 동감 능력을 가지고 스스로를 통제하며, 타인의 행복에 기여하는 행위를 할 수 있는 존재다.

이러한 스미스의 주장은 인간에 대한 믿음의 표현이다. 인간은 이기적 본성과 아울러 타인의 행복과 고통에 동감하는 본성을 가지고 있다. 인간은 이기심에 이끌려 행위를 하지만 중립적 관찰자의 본성으로 인해 자기 이익에만 매몰되지 않고 타인의 이익과 행복에 기여한다. 개인의 이기적 행위가 의도하지 않았지만 사회의 이익을 증진시킨다는 명제가 여기에서 도출된다. 따라서 결론은 명백하다. 국가가 인간을 통제할 필요가 없다. 인간을 그대로 내버려두어라!

'보이지 않는 손'이 인간을 인도한다

《국부론》의 결론을 한마디로 요약하면 《도덕감정론》과 동일하다. '그대로 내버려두어라!' 프랑스어로 표현하면 '레세-페르(laissez-faire)'다. '레세'는 영어의 '렛(let)'에 해당하고 '페르'는 '두(do)'에 해당한다. 비틀스의 노래 제목으로 우리에게 익숙한 '렛잇비(Let it be)'다.

스미스가 '레세-페르'를 주장한 이유는 인간을 신뢰했기 때문이다. 그는 인간들이 만들어가는 사회적 현상에 대해 낙관했다. 그렇다고 인간의 행위가 '저절로' 사회적 이익에 부합하게 된다고 생각하지는 않았다.

《국부론》은 '분업'에서부터 시작한다. 스미스는 자신이 직접 목격한 핀 공장의 사례를 들어 분업의 효과를 말했다. 아무리 부지런한 사람이라도 혼자서 핀을 만들면 하루에 20개를 만들기도 어렵다. 그런데 분업을 통해 10명이 하루에 4만 8000개의 핀을 만들었다. 한 사람당 4800개의 핀을 만들 수 있는 것이다.

분업은 공장 내에서만 일어나는 현상이 아니다. 사회적으로도 분업이 일어난다. 우리가 입는 모직 옷을 보자. 양치기, 양모 선별, 양모 정돈, 염색, 방직, 직조, 재단, 운반 등 수많은 사람들의 작업을 거쳐 옷한 벌이 만들어지고 우리 손에 들어온다.

왜 분업이 일어나는가? 스미스는 인간의 본성 속에 있는 성향 때문이라고 했다. 인간은 어떤 물건을 다른 물건과 거래하고 교환하며 교역하려는 성향이 있다. 인간은 사회 속에서 협동하는 존재이기 때문이다. 이 글의 서두에서 인용한 푸줏간, 술집, 빵집 주인의 얘기로 돌아가 보자. 스미스는 그 주인들에게 자애심과 이익을 말하라고 했다. "내가 원하는 그것을 나에게 주시오. 그러면 당신이 원하는 이것을 드리겠소."

이렇게 하여 거래와 교환이 이루어지고 자연스럽게 사회적 분업이 생겨난다. 그러면 분업의 결과는 어떻게 되는가? 스미스는 "분업의 결과 생산물이 대폭 증가하여 최저 계층의 사람들에게까지 보편적인 부를 가져다준다"고 했다. 즉 최저 계층의 사람들까지도 이익을 얻어 부를 획득하게 된다. 분업은 상호 이익을 가져다준다. 그래서 사회적 이익에 기여한다.

이제 애덤 스미스 하면 떠오르는 '보이지 않는 손(invisible hand)'의 실체가 무엇인지를 살펴보자. 그 구절은 《도덕감정론》과 《국부론》에 각각 한 번씩 등장한다. 먼저 《도덕감정론》을 보자.

부자들의 자연적 이기심과 탐욕에도 불구하고 (…) 그들은 자신들의 여러 개량의 산물을 가난한 사람들과 나누어 가진다. 그들은 보이지 않는 손에 인도되어 토지가 모든 주민들에게 평등한 몫으로 분할되었을 경우에 행하여졌을 것과 거의 같은 생활필수품을 분배하게 된다. 그리하여 (구체적으로) 의도하거나 알지 못하면서도 이렇게 사회의 이익을 증진시키고 종족 증식의 수단을 제공하게 된다.[17]

여기에서 '부자들'은 토지 소유자를 가리킨다. 토지 소유자는 보다 많은 농작물을 얻기 위한 이기심에 수많은 사람들을 고용한다. 그러나 부자의 입으로 들어갈 수 있는 농작물의 양은 한정되어 있다. 그 나머지는 피고용인들의 입으로 들어가므로 부자는 의도하지 않았지만 사회의 이익을 증진시킨다. 이러한 스미스의 논리는 사실 설득력이 없다.

그러나 스미스가 '토지를 평등하게 분할했을 때와 거의 같은 생활필수품을 분배'하는 것을 사회의 이익이라고 한 부분에 주목할 필요가 있다. 스미스는 높은 수준의 이익 분배를 말하고 있다. 이런 분배가 일어나는 이유는 무엇인가? '보이지 않는 손에 인도'되기 때문이다.

'보이지 않는 손'은 신의 섭리를 의미하는 것도 아니고, 멋을 부리기 위한 수사적 구절도 아니다. 스미스는 멋과 무관한 진지한 사람이었다. '보이지 않는 손'은 인간의 마음속에 있는 '중립적 관찰자'를 가리킨다. 중립적 관찰자의 손은 눈에 보이지 않지만 사회적 이익이 되는 행위를 하도록 인간을 인도한다.

인간은 무한대로 자기 욕망만을 추구하지 않는다. 이성 혹은 양심

혹은 마음속의 거주자에 의해 욕망이 절제되고 통제된다. 그래서 모든 것을 소유하려 하지 않고 다른 사람에게 분배한다. 또한 자신을 다른 사람보다 우선시하면 혐오와 저주의 대상이 된다는 사실을 알고 있기 때문에 높은 수준의 분배를 하게 된다.

스미스, 이름을 도용당하다

이제 《국부론》에 등장하는 '보이지 않는 손'을 보자.

> 사실 그는 일반적으로 사회의 이익을 추구하고자 의도하고 있는 것도 아니고, 그가 얼마만큼 그것을 촉진하고 있는지도 알지 못한다. 국외의 근로보다는 국내의 근로를 유지하는 것을 선택함으로써 그는 그저 자신의 안전만을 의도하고 있는 것이고, 또 그 근로를 그 생산물이 최대의 가치를 가지는 방법으로 방향을 부여함으로써 그는 다만 그 자신의 이득만을 의도하고 있는 것이다. 이 경우 그는 다른 많은 경우와 마찬가지로 보이지 않는 손에 이끌려 그의 의도 속에는 전혀 없었던 목적을 추진하게 되는 셈이다.[18]

이 부분은 수입 제한을 폐지하라고 촉구하는 대목에 나온다. 스미스의 주장은 앞에서 소개한 분업의 논리에서 쉽게 추론할 수 있다. 예를 들어 모직물 수입을 제한한다고 해보자. 그러면 모직물 제조업은 독점이 되고 자본은 모직물 생산에 몰린다. 이런 식으로 자본이 일부 독점

업종에 몰리면 사회적 분업의 발전을 기대하기 어렵다. 자본이 모직물 생산에 몰려 신발 생산이 쇠퇴하는 경우를 생각해보면 된다. 그 결과 사회적으로 생산물이 증가하지 않는다. 그렇다면 최저 계층의 사람들에게까지 보편적인 부를 가져다줄 수 없다.

수입 제한 조치는 자본을 어디에 써야 하는지 지시하는 것과 같다. 그것은 불필요하고 해롭다. 기업가는 자본을 어디에 써야 이익이 되는지 잘 안다. 그러므로 불필요한 수입 규제를 폐지하고 기업가가 하려는 대로 놔두어라.

기업가들은 자신에게 이익이 되는 행위를 한다. 그러나 '보이지 않는 손'에 이끌려 사회적 이익을 증진시킨다. 이러한 스미스의 언급을 두고 '보이지 않는 손'이 인간의 이기적 행위를 정당화한다고만 이해하는 것은 온당하지 않다. 《도덕감정론》에서 보았듯이, 스미스는 '보이지 않는 손'을 사회적 이익과 연관하여 사용했다. 그것이 스코틀랜드 계몽주의의 일원인 스미스의 문제의식이었다.

스코틀랜드 계몽주의자들은 개개인의 이익 추구는 공공의 이익에 부합하는 한, 정당하다고 주장했다. 스미스의 스승인 허치슨은 개인의 이익 추구가 저절로 공공의 이익에 부합하게 된다는 생각에 반대했다. 사람들은 다른 사람에게서 인정받으려는 의식적인 노력 속에서 공공의 이익에 기여하게 된다고 했다.

스미스는 스승의 주장을 이어받아 인간이 이기적 행위를 하면 저절로 사회적 이익이 실현된다는 생각에 반대했다. 인간은 '보이지 않는 손'에 인도받아 사회적 이익에 기여한다. 처음부터 사회적 이익을 고려하지 않더라도 다른 사람의 처지, 고통, 행복에 동감하고 다른 사람들로부터 인정받으려 행동함으로써 사회적 이익이 증진되는 것이다. 인간은 마음속에 있는 이성과 양심인 '보이지 않는 손'에 이끌려 사회적 이익에 공헌하기 위해 의식적 노력을 한다.

스미스는 두 가지 권력에 대항했다. 우선 인간을 억압하고 통제하려는 정치권력에 반대했다. 그리고 독점적 이익을 누리는 경제권력에도 반대했다. 정치권력은 인간의 자유를 부정하고 경제권력은 평등을 부정한다. 스미스는 자유와 평등의 사상 위에서 권력을 비판했다.

그런데 오늘날 권력을 옹호하기 위해 스미스의 이름이 '도용'되고 있다. 시장이 '보이지 않는 손'이라면서 시장을 숭배한다. 시장 원리, 시장 논리가 지고 지선(至高至善)이라고도 한다. 시장 논리는 모든 것 위에 군림하며 지배하는 리바이어던, 즉 괴물이 되었다.

한 예로 노동시장을 들어보자. 노동시장이란 노동자를 인간이 아니라 상품으로 취급하자는 것이다. 이 노동시장에서 기업가는 노동자를 마음대로 사고팔 수 있어야 한다고 한다. 즉 기업가 마음대로 고용하고 해고하게 하자는 것이다. 그것은 기업가의 이익을 위해 노동자를 희생시키자는 얘기와 같다.

스미스는 그런 행위를 결코 지지하지 않는다. 그는 기업가의 이기심보다 사회적 이익을 우선시했다. 사회적 이익은 노동자들이 함께 이익을 누리는 것이다. 이것이 스미스가 주장한 정의였다. 따라서 노동자의 희생을 정당화하는 자들은 그 마음속에 '보이지 않는 손', 즉 이성과 양심이 없는 자들일 뿐이다.

다수를 위한
경제, 사회, 정치를
갈망하다

마르크스 《자본론》

유령이 유럽에 떠돌고 있다. 공산주의라고 하는 유령이.

마르크스(Karl Heinrich Marx, 1818~1883)가 전 유럽을 향해 선언했다. 처음에는 이 선언에 귀 기울이는 사람들이 극소수에 불과했다. 그는 공산주의자동맹의 요청을 받아 1848년 1월에 〈공산당선언(Manifest der Kommunistischen Partei)〉을 작성했다. 〈공산당선언〉에서 마르크스는 "공산주의는 유럽의 모든 강국으로부터 하나의 힘으로 인정받고 있다"고 썼다.

그 말은 사실이 아니었다. 당시 유럽에서 '공산주의자'는 극소수였다. 〈공산당선언〉을 작성해달라고 요청한 공산주의자동맹 또한 조직원이 수십 명에 불과한 작은 조직이었다. 그러나 불과 30년이 지나지 않아 상황은 완전히 달라졌다. 독일에 사회민주당이 설립된 것을 필두로, 거의 전 유럽의 국가에서 사회주의 정당이 만들어졌다.

사회주의자들과 노동자들은 "모든 나라의 프롤레타리아트여, 단결하라!"는 마르크스의 호소에 맞게 단결하고 투쟁했다. 독일에서 사회민주당은 제1 야당으로 성장하는 등 사회주의 정당들은 약진했다. 1917년에는 러시아에서 레닌(Vladimir Ilich Lenin, 1870~1924)이 이끄는 볼셰비키가 사회주의혁명을 일으켜 정권을 잡았다. 이후 마르크스의 사상은 전 세계적으로 급속히 확산되었다.

인구 10억의 대륙, 인도의 독립운동 지도자이자 '건국의 아버지'인 네루(Jawaharlal Nehru, 1889~1964)는 마르크스의 사상을 받아들인 정치가였다. 인구 13억의 대륙, 중국의 혁명 지도자들인 마오쩌둥(毛澤東, 1893~1976)과 덩샤오핑(鄧小平, 1904~1997) 역시 마르크스의 〈공산당선언〉과 《자본론(Das Kapital)》을 읽고 투쟁에 나섰다. 베트남의 독립운동을 이끈 호찌민(胡志明, 1890~1969)도 마르크스의 사상을 배운 사회주의자였다.

그뿐인가. 영화 〈모던 타임즈〉의 찰리 채플린, 상대성이론을 세운 아인슈타인(Albert Einstein, 1879~1955), '불굴의 인간' 헬렌 켈러(Helen Adams Keller, 1880~1968)도 모두 사회주의자였다. 이렇듯 마르크스의 사상은 20세기에 가장 영향력 있는 사상이었다. 마르크스주의를 모른다면 20세기의 세계사를 결코 이해할 수 없을 것이다.

그러면 21세기에는 어떠한가? 마르크스주의는 한때의 유행, 지나간 과거의 유물이 되었는가? 그렇지 않다. 중국과 베트남은 여전히 마르크스주의를 자신들의 사상적 기초로 하고 있다. 유럽에서도 경기 침체와 실업, 그리고 빈부 격차의 확대에 자극받아 '마르크스주의의 부활'을 주장하는 목소리가 커지고 있다. 우리 사회에서도 마르크스주의에 대한 관심이 꾸준히 높아지고 있다.

도대체 마르크스주의가 무엇이기에 여전히 현실적 영향력을 발휘하고 있는가?

노동자의 승리는 불가피하다

마르크스가 살았던 19세기의 서유럽은 두 얼굴을 가지고 있었다. 산업혁명이 일어나 산업 생산이 비약적으로 증대했다. 산업의 중심은 농업에서 공업으로 전환되었다. 이에 따라 토지 독점으로 특권을 누리던 귀족이 사라지면서 사람들은 중세의 신분적 질곡에서 벗어났다.

사회는 자본가와 노동자를 중심으로 재편되었다. 즉 자본주의사회가 성립되었다. 신분적 질곡에서 벗어나자 누구나 노력만 하면 잘살수 있다는 희망이 넘쳐났다. 또한 산업 생산의 증대로 물질적 풍요가 눈앞에 펼쳐졌다. 이제 곧 유토피아가 도래할 것이라는 낙관적 전망이 나왔다. 이것이 19세기 서유럽의 한 얼굴, 즉 장밋빛 미래를 꿈꾸게 하는 현실이었다.

이번엔 다른 얼굴을 보자. 영국의 한 위원회가 1863년에 낸 보고서의 일부다.

(위원회의 위원인) 화이트가 심문한 증인들 중에서 270명은 18세 미만, 50명은 10세 미만이었다. 10명은 겨우 8세, 다섯 명은 겨우 6세였다. 노동시간은 12시간에서 14∼15시간이고, 야간 노동을 하며, 식사 시간은 불규칙했다. 대다수의 경우가 독성이 가득 찬 작업장에서 식사를 했다. 단테가 이 광경을 보았다면 그가 상상한 처참하기 짝이 없는 지옥의 광경도 여기에 미칠 수 없다는 것을 발견했을 것이다.

중세 이탈리아의 정치가이자 작가인 단테가 쓴 《신곡》의 〈지옥편〉에 나오는 그 어떠한 광경보다도 영국의 공장 안에서 벌어지는 참상이 훨씬 더 처참할 것이라고 했다. 독성이 가득 찬 작업장에서 여섯 살짜리 아이가 하루 14∼15시간씩 노동하는 모습을 생각해보라. 이것이 19세기 서유럽의 또 다른 얼굴, 즉 지옥 같은 삶을 연명할 수밖에 없는 현실이었다.

이상의 두 얼굴 중 어느 것에 주목해야 할까? 마르크스는 두 얼굴 모두에 주목했다. 즉 자본주의사회의 성립과 노동자의 고통이 별개가 아니라고 보았다. 또한 자본주의의 발전으로 풍요로운 사회가 가능할 것이라는 전망을 공유했다. 다만 미래 사회의 성격에 대해 의견을 달리했다.

당시 유토피아의 도래를 주장한 사람들은 자본주의의 유지를 전제로 했다. 그러나 마르크스는 자본주의가 사회주의로 전환할 것이라고 주장했다. 그리고 사회주의사회의 주도층은 노동자일 것이라고 했다. 그 이유에 대해 마르크스는 《공산당선언》에 이렇게 썼다.

소시민은 봉건제적 절대주의 멍에 하에서 부르주아가 되었다. 이에 반해서 근대 노동자는 공업의 진보와 함께 향상되기는커녕 자기 자신의 계급의 생존 조건 아래로 더욱더 깊이 가라앉는다. 노동자는 국가의 보호를 받는 빈곤자가 되고, 사회적 빈곤은 인구나 부의 증가보다 더 급속히 증대한다. 그리하여 부르주아계급에는 이제 더 이상 사회의 지배계급으로서 머물러 있을 능력도, 자기 계급의 존재 조건을 규범으로서 사회에 강제할 능력도 없다는 것은 분명하다. (…) 부르주아계급이 막연하게 짊어지고 온 공업의 진보는, 경쟁에 의한 노동자의 고립화 대신에 결합에 의한 노동자의 혁명적 단결을 만들어낸다. 그러기 때문에 대규모의 공업 발전과 함께 부르주아계급의 발판으로부터 그들이 생산하고 또 생산물을 취득하고 있던 시스템 토대 그 자체가 제거된다. (…) 그들의 몰락과 프롤레타리아계급의 승리는 다 같이 불가피하다.[19]

자본주의사회에서 노동자의 사회적 빈곤은 급속히 증대한다고 했다. 노동자들은 단결하게 되고, 그에 따라 자본가들이 주도하는 시스템, 즉 자본주의의 토대가 무너진다. 그러므로 노동자의 승리는 불가피하다고 했다.

마르크스가 살았던 시기는 자본주의사회가 막 성립하던 때였다. 대부분의 사람들이 자본주의의 성립과 발전에 축배를 들던 그 시기에 마르크스는 자본주의의 몰락을 주장했다. 그것이 가능했던 이유는 그가 서유럽 노동자들의 참혹한 삶의 원인을 규명하고 그 해결책을 찾아 나섰기 때문이었다.

공부 또 공부!

대학 시절 마르크스는 열렬한 철학도였다. 헤겔(Georg Wilhelm Friedrich Hegel, 1770~1831) 철학에 심취했고 고대 그리스 철학을 연구한 논문으로 박사 학위를 받았다. 그는 대학 졸업 후인 1842년에 〈라인 신문〉 편집장이 되었다. 나이 24세 때의 일이었는데 이때부터 그는 사회문제에 본격적인 관심을 갖게 되었다.

〈라인 신문〉은 라인 지방의 신흥 부르주아지가 발행한 신문이었다. 당시 독일은 영국이나 프랑스에 뒤처진 후진국이었다. 독일은 여러 개의 지역으로 분열되어 있었다. 사회적으로는 귀족들이 여전히 지배층이었고 인구의 다수인 농민은 귀족들에 얽매인 농노였다. 독일이 근대 자본주의사회로 변모한 것은 1871년 독일 통일 이후였다.

〈라인 신문〉은 귀족들의 특권에 대해 비판하는 역할을 했다. 그 논조가 신랄했기 때문에 결국 발행 6개월 만에 폐간되고 마르크스에 대한 체포령이 내려졌다. 마르크스는 프랑스 파리로 망명했다. 프랑스는 독일과 다른 세계였다. 1789년의 대혁명과 1830년 혁명 등 두 차례의 혁명을 통해 귀족과 시민의 투쟁에서 시민이 승리했다. 아울러 산업혁명이 진행되면서 자본가와 노동자의 투쟁이 부각되고 있었다. 그래서 프랑스에서는 노동자를 옹호하는 사상이 등장해 있었다.

마르크스는 노동자를 옹호하는 여러 사상에 영향을 받았다. 그래서 독일 귀족들을 향했던 필봉을 자본가에게 향하기 시작했다. 그는 독일의 망명자들이 발행한 〈포어베르츠(Vorwärts)〉에 기고하면서 독일 노동자들을 옹호했다.

독일 정부는 프랑스 정부에 압력을 가했다. 프랑스 정부는 어쩔 수 없이 〈포어베르츠〉의 주요 기고자들에 대한 추방령을 내렸다. 마르크스는 브뤼셀로 이주했다. 1848~1849년 독일에서 혁명이 일어나자 마르크스는 독일로 돌아와 혁명을 지지하는 활동을 했다. 그러나 혁명이 실패하자 다시 추방령이 내려졌고 마르크스는 영국 런던으로 건너갔다. 마르크스의 나이 서른세 살이었다. 이때부터 세상을 떠나기까지 마르크스는 런던에 거주하며 연구와 혁명 활동을 했다.

영국은 독일은 물론 프랑스와도 다른 세계였다. 마르크스는 브뤼셀에 거주하는 동안 잠시 영국을 방문한 적이 있었다. 그때 영국의 자본주의 발전과 차티스트운동을 보고 감명을 받았다. 영국에서는 18세기 말부터 산업혁명이 일어나 마르크스가 방문했을 즈음에는 경제적 번영을 누리고 있었다.

차티스트운동은 보통선거권을 쟁취하기 위한 노동자들의 투쟁이었다. 1838년부터 10년간 벌어진 운동으로, 그 결과 남성 노동자들이 선거권을 얻게 되었다. 그것은 노동자들의 정치적 영향력을 키우는 계기가 되었다. 마르크스는 이 운동을 보며 노동자들의 정치적 단결의 중요성을 깊이 인식하게 되었다.

런던에서의 생활은 녹록지 않았다. 정치적 압력은 줄어들었지만 경제적 압박이 마르크스를 괴롭혔다. 자주 이사를 다니며 집의 규모를 줄이고, 가재도구를 팔아가며 겨우 생활했다. 마르크스는 가난으로 인해 여러 아이를 잃었다. 일곱 명의 아이 가운데 세 아이가 런던 시절에 죽은 것이었다.

이러한 어려움 속에서도 마르크스는 흔들리지 않고 연구와 활동을 이어갔다. 연구의 주제는 자본주의사회였다. 마르크스는 영국의 경제 번영 뒤에 가려진 노동자의 비참한 현실을 목격했다. 독일에서는 자본주의가 확립되지 않았기 때문에 노동자의 현실을 제대로 관찰할 기회가 없었다. 프랑스에서는 노동자를 옹호하는 사상을 접했지만 노동자의 현실에 대한 이해는 피상적이었다.

그러나 영국에서는 달랐다. 자본주의가 정착하여 발전하면서 그 속살이 그대로 드러나고 있었다. 앞에서 인용한, 6세의 어린 노동자의 상황은 예외적인 사례가 아니라 일반적인 사례였다. 마르크스가 보기에 영국에서 일어나고 있는 일은 곧 프랑스와 독일은 물론 전 세계에서 일어날 일이었다. 그래서 마르크스는 왜 자본주의사회에서 노동자들의 상황이 처참할 수밖에 없는지를 밝힘으로써 전 세계의 노동자들을 각성시키고자 했다.

연구는 쉽지 않았다. 그는 밥벌이를 위해 여러 신문에 기고해야 했다. 여러 나라에서 찾아오는 사회주의자들과 모임을 하고, 사회주의자 집회나 노동자 집회에서 강연도 해야 했다. 무엇보다도 새로운 자료가 계속 쏟아져 나왔기 때문에 연구한 내용을 계속 재검토해야 했다.

그래서 연구를 시작한 지 10년 만인 1867년에야 《자본론》 제1권을 완성할 수 있었다. 그 10년간 마르크스는 대영박물관에서 살다시피 했다. 마르크스를 방문했던 한 지인은 이렇게 말했다. "대영박물관에는 훌륭한 도서관이 있었다. 마르크스는 매일 공부하던 그곳에 우리도 가보라고 재촉했다. 공부 또 공부! 그가 우리에게 항상 강조하는 말이었다."

이렇게 오랜 기간 연구한 끝에 탄생한 《자본론》은 인문 학문과 사회 학문의 거의 모든 분야에 압도적인 영향을 미쳤다. 그래서 마르크스는 오늘날까지도 우리에게 영향을 미치며 널리 연구되는 사상가가 되었다.

19세기 사상가 마르크스

마르크스는 《자본론》의 '서문'에서 "나의 연구 대상은 자본주의적 생산방식 및 그것에 대응하는 생산관계와 교환관계"라고 했다. 그런데 그는 '상품'에 대한 분석으로부터 시작했다. 왜 그랬을까?

경제적 형태의 분석에서는 현미경도 시약도 소용이 없고 추상력이 이것들을 대신하지 않으면 안 된다. 그런데 부르주아사회에서는 노동 생산물의 상품 형태 또는 상품의 가치 형태가 경제적 세포 형태다. 겉만 관찰하는 사람에게는 가치 형태의 분석은 아주 사소한 것을 늘어놓는 것으로 보일 것이다. 사실 그것은 아주 작은 것을 다루고 있다. 그러나 그 작은 것들은 미생물의 해부에서 다루어지고 있는 그러한 종류의 작은 것이다.[20]

사람의 신체를 분석한다고 해보자. 무엇부터 시작해야 할까? 키, 몸무게, 피부색 등등 겉으로 드러난 것부터 시작할 수도 있다. 그러나 그런 것들로부터 얻을 수 있는 결론은 신체의 일반적 특성이 아니다. 신체는 세포로 구성되어 있다. 따라서 세포 분석에서부터 시작해야 신체의 특성을 알 수 있다.

그러한 관점에서 마르크스는 '상품' 분석에서부터 시작했다. 상품이 곧 자본주의의 '세포'라고 생각했기 때문이다. 마르크스의 연구 방법은 그가 19세기의 사상가임을 알 수 있게 한다. 19세기 유럽에서는 과학에 대한 믿음이 확고했다. 과학의 발전이 생산능력의 비약적 증대로 나타나는 것을 눈으로 목격했기 때문이다. 그래서 인문 학문과 사회 학문에도 과학적 방법이 적용되어야 한다고 생각했다.

마르크스 또한 자본주의 분석에 과학적 방법을 도입하고자 했다. 그런데 자연현상과 달리 사회현상은 실험실에서 실험해볼 수가 없다. '현미경이나 시약'을 사용한 실험도 할 수 없다. 그래서 마르크스가 동원한 방법이 '추상력'을 이용하는 것이었다. 즉 일종의 '사고실험'으로 본질적인 것만을 검토하는 방법을 사용했다. 다시 말해 자본주의의 세포라고 생각한 상품의 구체적 특성을 사상(捨象)하고 필요한 특징만을 검토했다.

　과학적 방법으로 얻고자 하는 것은 법칙의 발견이다. 과학자들이 과학의 법칙을 발견해내듯이, 사회를 연구하는 사람은 사회의 법칙을 발견해야 한다. 마르크스는 자본주의의 경제적 운동법칙을 발견해내는 것을 최종 목표로 했다. 그 법칙을 두고 그는 '자연법칙'이라고 했다. 그런데 자연법칙은 인간이 개입해서 변경할 수 없다. 즉 법칙은 인간의 의지와 관계없이 관철된다.

　마르크스의 말을 들어보자.

　개인들이 문제로 되는 것은 오직 그들이 경제적 범주의 인격화, 일정한 계급관계와 이해관계의 담당자로 되는 한에서다. 경제적 사회 구성의 발전을 자연사적 과정으로 보는 나의 입장에서는 다른 어떠한 입장과는 달리 개인은 이러한 관계들에 대하여 책임이 있다고 생각하지는 않는다.[21]

　"경제적 사회 구성의 발전을 자연사적 과정으로 보는 나의 입장"이란 바로 자본주의의 경제적 법칙이 자연법칙과 같다는 입장을 말한다. 그 법칙은 개인의 의지와 관계없이 관철된다. 마르크스는 자본주의사회에서 관철되는 '자연법칙'을 다음과 같은 것으로 보았다.

　자본주의에서 생산 규모가 비약적으로 증대한다. 그런데 생산수단은 개인이 소유하고 있기 때문에 증대한 생산 규모를 감당할 수 없다.

그래서 자본주의는 붕괴하고 생산수단을 사회가 소유하게 되는 사회주의로의 이행은 필연적인 법칙이다.

자연법칙이므로 이 법칙은 그대로 관철된다. 그렇다면 가만히 있어도 사회주의가 도래한다는 말인가? 마르크스는 이러한 맹점을 인식했다. 그래서 그는 법칙과 아울러 혁명 활동의 중요성도 함께 강조했다. 그러나 법칙과 인간 활동 사이의 관계를 제대로 해명하지 못했다. 마르크스 이후의 마르크스주의자들도 대부분 이 문제를 해결하지 못했다.

그런데 레닌이 등장하여 그 나름대로의 해결책을 찾았다. 자본주의의 법칙은 사회주의혁명의 조건에 대해 말한 것일 뿐이고, 인간의 활동이 더 중요하다는 것이 레닌의 해결책이었다. 즉 그는 인간의 활동이 세계를 바꿀 수 있다고 주장했다. 그는 혁명 정당인 볼셰비키를 조직하여 러시아 혁명을 주도했다. 레닌 이후 마르크스주의자들뿐만 아니라 대부분의 사상가들이 법칙성보다 인간의 의지적 활동에 더 큰 중요성을 부여하게 되었다.

돈은 만물의 척도다

그렇다면 마르크스가 밝힌 자본주의의 법칙은 의미가 없는가? 이 문제에 대한 답을 얻으려면《자본론》을 읽어보는 수밖에 없다.

마르크스는《자본론》의 '서문'에서 '상품 분석'이 이해하기 어렵고, 다른 부분은 이해하기 어렵지 않다고 했다. '상품 분석' 부분이 '추상력'을 이용해 서술한 반면, 다른 부분은 당시 영국의 현실을 구체적으로 묘사하고 있기 때문이다. 마르크스는 당시의 현실을 고발하기 위해 영국 국회에 제출된 공장 감독관의 보고서, 혹은 공중위생에 관한 보고서 등에서 뽑은 내용으로 지면의 절반 이상을 채웠다.

그러나 오늘날의 독자라면 상품 분석이 이해하기 쉽고 다른 부분이 이해하기 어렵다. 당시 영국의 현실은 오늘날과 너무나 다르다. 6세의 어린이가 하루에 14~15시간 노동하는 것을 오늘날의 우리는 상상할 수 없다. 반면 상품 분석에서 제시한 내용은 오늘날 우리가 눈으로 직접 목격하고 있다. 따라서 마르크스의 상품 분석은 오늘날에도 많은 시사점을 준다.

마르크스는 상품 분석을 하면서 모든 상품이 사용가치와 교환가치를 갖는다고 했다. 사용가치와 교환가치가 무엇인지 그의 설명을 들어보자.

상품은 우선 우리의 외부에 있는 하나의 대상이며, 그 속성들에 의하여 인간의 어떤 종류의 욕망을 충족시켜주는 물건이다. (…) 한 물건의 유용성은 그 물건으로 하여금 사용가치로 되게 한다. (…) 사용가치는 오직 사용 또는 소비의 과정에서만 실현된다. 각종 사용가치는 부(富)의 사회적 형태가 어떠하건 간에 모든 부의 실질적 내용을 형성한다. 우리가 고찰하는 사회 형태에서는 사용가치가 교환가치의 물적 담당자로 된다. 교환가치는 언뜻 보면 양적 관계, 즉 어떤 종류의 사용가치가 다른 종류의 사용가치와 교환되는 비율—시간과 장소에 따라 끊임없이 변동하는 관계—로서 나타난다.[22]

사용가치란 한 물건의 유용성을 말한다. 옷을 생각해보자. 옷은 몸을 가려주고 더위와 추위 등 기온 변화에 대처하게 해준다. 이것이 옷의 유용성이고 옷의 사용가치다. 그런데 사람은 옷만으로 살 수 없다. 신발도 필요하다. 그래서 옷 한 벌과 신발 한 켤레를 교환하여 신발을 얻는다. 이때 교환하는 비율이 옷의 교환가치다. 즉 옷의 교환가치는 신발 한 켤레다.

그런데 옷을 만드는 사람이 신발 한 켤레를 얻는 과정이 쉽지가 않다. 먼저 자기가 만든 옷을 필요로 하는 신발 만드는 사람을 찾아야 한다. 그리고 옷을 가지고 가서 신발 만드는 사람을 만나야 한다. 쉽지 않고 번거로운 이 과정을 해결하기 위해 '돈'이 출현했다.

누구나 필요로 하는 물건을 돈으로 지정해놓으면 교환이 손쉽게 이루어진다. 쌀을 돈으로 지정했다고 하자. 쌀 한 말이면 옷 한 벌이나 신발 한 켤레와 교환할 수 있다. 그러면 옷을 만드는 사람은 자신의 옷을 필요로 하는 신발 만드는 사람을 찾을 필요가 없다. 신발 만드는 사람이면 아무나 찾아가서 쌀 한 말을 주면 신발 한 켤레와 바꿀 수 있다.

그런데 여전히 번거롭다. 쌀 한 말을 들고 다니는 것이 쉽겠는가. 그래서 누구나 원하면서도 들고 다니기 쉬운 물건을 찾았다. 최종적으로 금이 돈으로 지정되었다. 이렇듯 돈은 교환의 편리함을 위해 생겨났다. 또한 돈은 단지 어떤 물건의 교환가치의 표현일 뿐이다. 옷 한 벌이 1만 원이라면, 1만 원이라는 돈은 옷과 신발이 교환될 때 신발 한 켤레가 했던 역할을 하는 것에 불과하다.

그런데 자본주의사회가 되면서 사정이 달라졌다. 가치가 뒤바뀌는

가치 전도가 일어났다. 단지 교환의 편리함 때문에 도입된 돈이 가장 가치 있는 것이 되었다. 자본주의에서는 어떤 물건이든 팔기 위해 생산하기 때문이다. 1억 원어치의 옷을 만들어 창고에 쌓아놓는 것은 의미가 없다. 그것이 안 팔리면 옷 만드는 사람은 파산할 뿐이다. 빨리 팔아서 현금을 확보해야 한다.

그래서 옷을 빨리 팔기 위한 여러 가지 방법들이 동원된다. 광고를 하고 브랜드를 갖다 붙인다. 광고나 브랜드는 옷의 유용성, 즉 사용가치와 관련이 없다. 옷의 교환가치와만 관련된다. 다시 말해 옷을 만드는 사람은 광고를 하고 브랜드를 붙임으로써 옷의 교환가치를 높이는 일에 열중하는 것이다.

소비자는 어떠한가. 옷의 편리성이나 내구성 같은 사용가치보다 옷의 모델이 누구인지, 어느 브랜드의 옷인지에 더 관심을 둔다. 소비자들 역시 교환가치에 더 관심을 기울이는 것이다. 이렇게 된 이유는 돈의 역할 때문이다. 고가의 모델을 사용하고 고가의 브랜드를 붙인 옷이 더 근사해 보이고 더 좋아 보이는 것이다.

돈은 단지 어떤 물건의 교환가치를 표현한다. 그런데 옷 한 벌의 교환가치를 표현하는 신발 한 켤레와 같은 역할을 하는 돈이 이제는 거꾸로 그 물건의 가치를 정해주게 되었다. 돈은 만물의 척도가 되었다. 그래서 돈이 가장 중요하게 되었다. 옷을 만드는 사람은 빨리 옷을 팔아 돈을 쌓아두려고 한다. 현금이 많아야 행세하는 기업가가 될 수 있기 때문이다. 소비자는 돈이 정해준 가치를 그대로 믿고 구매를 한다. 그 모델이 입은 그 브랜드의 옷을 입어야 주변에서 인정받기 때문이다.

가치 전도 현상이 가장 심각하게 나타나는 것은 인간에 대한 태도다. 인간조차 돈에 의해 가치가 매겨지는 존재가 되었다. 그에 따라 인간보다 돈을 더 중시하는 인식이 팽배해졌다. 2500여 년 전 고대 그리스의 철학자인 소피스트들은 "인간이 만물의 척도다!"라고 했다. 그러나 이제는 구호가 바뀌었다. "돈이 만물의 척도다!"

마르크스는 상품 분석을 통해 자본주의가 얼마나 비인간적일 수 있는지를 폭로했다.

무엇이 정의인가

마르크스는 가치 전도 현상이 곧 '물신숭배'라고 했다. 물신숭배란 어떤 물건에 초자연적인 힘이 있다고 믿는 것을 말한다. 단군신화에 등장하는 곰 숭배가 그것이다. 그 시대 사람들은 곰이 어떤 신령스러운 힘을 가졌다고 믿었다. 마찬가지로 오늘날의 사람들도 어떤 물건이 강력한 힘을 가졌다고 믿는다는 것이다.

마르크스의 설명을 들어보자.

상품 형태나 이 상품 형태가 표현하는 바의 노동 생산물의 가치관계는 노동 생산물의 물리적인 성질이나 그로부터 발생하는 물적 관계와는 절대로 아무런 관련도 없다. 그것은 인간들 사이의 특정한 사회적 관계에 지나지 않는데, 인간의 눈에는 이 관계가 마치 물건들 사이의 관계라는 환상적인 상태로 나타난다. (…) 이것을 나는 물신숭배라고 부르는데, 이것은 노동 생산물이 상품으로서 생산되자마자 거기에 부착되며, 따라서 상품 생산과 분리될 수 없다.[23]

"노동 생산물의 가치관계"를 표현하는 교환가치는 "노동 생산물의 물리적인 성질", 즉 물건 자체와는 아무런 관련이 없다고 했다. 그것은 "인간들 사이의 특정한 사회적 관계", 즉 자기의 물건을 서로 교환하는 사람들이 정한 교환 비율일 뿐이다. 그럼에도 사람들은 물건이 교환가치를 가지고 있다는 환상을 품는다.

이런 환상을 품게 하는 물건의 귀착점은 '돈'이다. 마르크스는 그런 환상이 "상품 생산과 분리될 수 없다"고 했다. 즉 돈에 대한 물신숭배는 자본주의사회의 불가피한 현상이라는 얘기다.

우리는 돈에 대한 숭배가 낳는 폐해를 일상적으로 목격한다. 비정규직 노동자의 확산도 그중 하나다. 이 현상을 두고 '경영 합리화'니 '노동시장의 유연성'이니 하며 그럴듯한 말들을 늘어놓는 자들이 있다. 그러나 비정규직이 확산되는 이유는 너무나 뻔하다. 자본가의 이익을 위한 것이다.

'경영 합리화'니 '노동시장의 유연성'이니 하는 말들은 이익에 대한 자본가의 열망이 겉으로 드러나는 것을 은폐해줄 뿐이다. 비정규직 확산은 자본가의 '돈' 욕심 때문에 수많은 노동자들이 고통을 당하고 있음을 보여준다. 즉 소수의 이익을 위해 다수가 희생되고 있는 것이다.

마르크스는 《공산당선언》에서 "이제까지의 모든 운동은 소수자의 운동, 또는 소수자의 이익을 위한 운동이었다. 프롤레타리아의 운동은

압도적인 다수자의 이익을 위한, 압도적인 다수자의 자립적 운동"이라
고 했다. 그는 소수가 아닌 다수를 위한 경제, 다수를 위한 사회, 다수
를 위한 정치를 갈망했다. 그의 사상은 그것을 위한 이론적 모색이었
고, 그의 인생은 그것을 위한 실천이었다. 그것이 마르크스가 생각한
정의였다.

마르크스는 열일곱 살에 고등학교를 졸업하며, '직업 선택'에 관한 글을 제출했다. 그 글에서 "우리는 자기 자신과 사회를 향상시킬 수 있는 직업을 선택해야 한다"면서 "남의 노예가 되지 않고 긍지를 가질 수 있는 직업을 선택하겠다"고 했다. 보통의 고등학생이 흔히 쓰는 내용이지만, 마르크스는 이 결심을 실천으로 옮겼다.

그러면 마르크스가 선택한 직업은 무엇이었을까? 그의 첫 직장은 〈라인 신문〉이었다. 대학에서 박사 과정을 밟을 때부터 알고 지낸 지인들과의 인연으로 〈라인 신문〉의 편집장이 되었다. 그는 몇 편의 사설을 썼는데, 그중에는 '목재 절도 단속법'에 대한 것도 있다. 당시 농민들은 산에서 고목이나 마른 가지를 채취했고, 그런 채취 행위는 관행적으로 인정되었다. 그런데 그것을 절도 행위로 처벌해야 한다는 법률의 제정을 놓고 토론이 벌어졌다.

마르크스는 "인간과 나무 중 무엇이 더 소중한가. 이 법에는 모든 것이 왜곡되어 거꾸로 되어 있다. 관행상 인정되던 행위를 목재 도둑이라 규정함으로써 가난한 사람들이 희생되었다. 이 법은 오로지 삼림 소유자의 사적 이익만을 보호하는 것일 뿐이다"라며 비판했다. 불과 6개월 만에 〈라인 신문〉은 폐간되었다. 마르크스는 직장을 잃었지만 새로운 과제를 얻게 되었다. 인간보다 나무를 소중히 여기는 왜곡이 왜 일어났는가를 밝히는 것이었다. 그는 20여 년에 걸친 연구 끝에 그 왜곡이 자본주의에 의해 생겨났음을 인식하고, 자본주의가 사회주의로 대체될 수밖에 없다는 운동법칙을 밝혀내게 되었다.

형벌권은
최소한도의
권한이어야 한다

베카리아 《범죄와 형벌》

1761년 10월 13일. 마크앙투안이라는 청년이 목을 매어 자살했다. 그는 칼라스라는 거상의 큰아들이었다. 변호사가 되고자 했지만 위그 노파 신자였던 그는 개신교 신앙이 문제가 되어 뜻을 이루지 못하고 우울증에 빠져 있었다. 목맨 마크앙투안을 가장 먼저 발견한 아버지 칼라스는 아들의 목에서 끈을 풀고 시신을 땅에 눕혔다.

다음 날 새벽 보르도 시 법원의 판사가 사체를 검시했다. 그사이에 누군가가 "마크앙투안은 가톨릭으로 개종하려 했기 때문에 가족에 의해 살해되었다"라고 외쳤다. 판사는 이 말을 듣고 즉각 칼라스 가족을 체포했다.

칼라스는 첫 번째 심문에서 "아들이 바닥에 누워 있었다"고 진술했다. 당시 종교법에 따르면, 자살자를 발가벗겨서 거꾸로 매단 다음 끌고 다니다가 교수대에 매달도록 규정되어 있었다. 아버지는 차마 이미 숨을 거둔 자식이 그런 형벌을 다시 받는 모습을 볼 수 없어서 자살이 아닌 것처럼 거짓말을 했던 것이다.

그러나 칼라스는 이내 진술을 번복하여 아들이 자살했다고 했다. 자칫 가족이 살해한 것으로 몰릴 가능성이 있었기 때문이다. 그러자 가족들에게 혹독한 고문이 가해졌다. 다른 가족들은 고문을 이기지 못하고 허위 자백을 했지만 칼라스는 시종일관 부인했다. 1762년 3월 9일, 칼라스는 고등법원에서 사형 판결을 받고 교수형에 처해졌다. 그는 형장으로 끌려가면서도 자신은 무죄라고 소리쳤지만 아무도 관심을 기울이지 않았다. 가족들은 강제로 가톨릭으로 개종해야 했고 칼라스의 전 재산은 국가에 몰수되었다.

프랑스의 계몽철학자 볼테르가 아니었다면 이 사건은 그대로 묻혔을 것이다. 볼테르는 이 사건을 우연히 전해 듣고 조사에 착수했다. 고등법원의 사건 기록을 분석하고 가족들을 면담했다. 볼테르는 칼라스의 무죄를 확신했다. 그래서 이 사건에 대한 수많은 글을 써내어 반향을 불러일으켰다. 결국 대법원은 이 사건을 재심하여 큰아들이 자살한 것으로 결론지었다. 사형된 지 3년 만에 칼라스에게 무죄가 선고되었다.

이탈리아 밀라노 출신의 학자 베카리아(Cesare Bonesana Marchese di Beccaria, 1738~1794)는 볼테르가 글을 발표할 때부터 이 사건에 주목했다. 이 사건에는 종교적 편견, 자살자에 대한 비인간적 처벌, 고문에 의한 조작, 돌이킬 수 없는 사형제도 등 다양한 문제가 내포되어 있었다. 그것은 절대왕정 아래에서 자행되는 야만적인 형벌제도를 그대로 보여주는 것이었다.

베카리아는 이 사건을 계기로 《범죄와 형벌(Dei delitti e delle pene)》을 쓰기 시작하여 칼라스가 사형된 지 2년이 지난 1764년에 발간했다. 《범죄와 형벌》은 프랑스 계몽주의자들의 활동에 영향을 받은 책이지만, 또한 그들에게 큰 영향을 미치기도 했다. 볼테르는 《범죄와 형벌》에 대해 상세하게 설명하기도 했다.

베스트셀러가 된 금서

이탈리아에서 《범죄와 형벌》이 처음 출판될 때 베카리아는 자신의 이름을 감추고 가명을 썼다. 절대왕정의 탄압을 피하기 위해서였다. 더욱이 이탈리아에서는 로마 교황청의 영향력이 막강한 상황이었다. 로마 교황청은 이 책이 나오자 200년 동안이나 금서로 지정했다.

그러나 《범죄와 형벌》은 출판 즉시 공전의 베스트셀러가 되었다. 이탈리아에서 출판된 다음 해에 프랑스어판이 나온 것을 시작으로 1800년까지 23개의 이탈리아어판, 14개의 프랑스어판, 11개의 영어판이 나왔다. 그 외에도 네덜란드, 스페인, 덴마크, 그리스, 러시아, 일본 등 여러 나라에서 번역판을 간행했다. 오늘날에도 이 책은 형사법에 관한 가장 중요한 책 중 하나로 꼽히고 있다.

베카리아는 '서론'에서 《범죄와 형벌》을 쓴 이유에 대해 다음과 같이 밝혔다.

철학적 진리는 인쇄술에 의해 확산되면서 통상은 더욱 활기를 띠게 되었다. 국제적으로는 조용한 전쟁, 즉 이전의 전쟁보다 훨씬 인도적이고 이성적 인간에게 어울리는 산업의 전쟁이 시작되었다. 이런 결실은 우리 시대의 계몽주의에 힘입은 것이다.

그러나 형벌의 잔혹성과 형사 절차의 난맥상을 연구하고 그와 싸워온 인사는 거의 없었다. 이들 입법은 너무나 근본적인 것이지만 대부분의 유럽 국가에서 거의 무시되어왔다. 몇 세기에 걸쳐 누적되어온 잘못을 일반적 원리에 비추어 폭로하고 뿌리 뽑고자 한 시도는 거의 없었다. 또한 불변의 진리만이 지닐 수 있는 힘을 통해 가장 냉혈적인 잔혹함을 오랫동안 공공연하게 실행해온 권력의 제약 없는 횡포를 견제하고자 하는 시도도 거의 없었다. 그렇지만 잔인한 무관심과 풍요한 나태에 희생된 약자들의 신음 소리, 증거도 없이 혹은 정체불명의 범죄를 처벌한답시고 쓸모없고 지나친 잔혹함으로 배가된 야만적인 고문들, 비천한 사람들을 가장 괴롭히는 수단, 다시 말해 불확실성이란 수단으로 인해 한층 악화된 수감 시설의 공포감―이러한 문제들은 여론을 지도할 임무를 띠고 있는 위정자들의 주목을 받았어야 마땅했을 것이다.[24]

베카리아는 계몽주의 시대의 성과와 부족한 점을 요약하면서 자신이 하려는 일에 대해 썼다. 계몽주의 시대에는 인간 이성에 대한 각성, 주권재민 의식의 발전, 중세 시대에 대한 신랄한 비판과 새로운 시대에 대한 비전 등이 광범위하게 선전되었다. 인쇄술의 발달로 수많은 책자, 팸플릿 등이 발간되면서 계몽사상은 급격히 확산되었다. 베카리아는 계몽사상의 세례를 받은 사람이었다. 그러나 그가 보기에 형벌에 대해 연구하고 싸운 계몽사상가는 없었다.

절대왕정 시대에 권력의 자의적 남용으로 인해 수많은 사람들이 고통을 당하고 심지어 죽임을 당했다. 프랑스 대혁명이 일어났을 때 파리 시민들이 가장 먼저 습격한 곳이 바스티유 감옥이었다. 수많은 사람들이 무고하게 끌려가 고통당한 곳이었기 때문이다. 바스티유 감옥은 프랑스 절대왕정의 상징이었다. 계몽주의 사상가들이 절대왕정의 권력 남용을 여러 측면에서 비판했지만 베카리아 이전에 형벌 문제를 정면으로 다룬 사상가는 없었다.

그래서 베카리아는 "일반적 원리"에 비추어 절대왕정에서 자행된 형벌의 잔혹성을 폭로하고, "불변의 진리"를 통해 절대왕정의 제약 없는 횡포를 견제하고자 했다.

그러면 베카리아가 생각한 일반적 원리와 불변의 진리는 무엇이었을까?

형벌은 어떻게 생겨났나

베카리아의 형벌론은 사회계약론과 공리주의에 기초한다. 그 사상들은 모두 프랑스 계몽사상가들로부터 영향을 받은 것이었다. 특히 베카리아는 루소로부터 큰 영향을 받았다. 그는 루소에 대해 "어두컴컴한 서재에서 고독한 연구를 통해 결실을 거두기까지 오랜 시간이 소요될 진리의 씨앗을 처음 뿌린 용기 있는 철학자—그에게 인류는 커다란 감사의 빚을 지고 있다"라고 평가했다.

여기에서 "진리의 씨앗"은 사회계약론을 말한다. 루소는 인간이 자연 상태에서 계약을 맺는다고 했다. 자연 상태가 자유롭고 평등한 상태이기는 하지만 다른 세력의 위협 때문에 개인의 자유와 평등이 안전하지 못하기 때문이다. 그래서 인간은 신체와 재산을 보호하기 위해 계약을 맺는다. 이 계약으로 생겨난 것이 국가다. 그러므로 국가의 역할은 인간의 신체와 재산을 보호함과 아울러 자유와 평등을 안전하게 지켜주는 것이어야 한다.

베카리아는 이러한 루소의 사회계약론을 형벌권의 기원과 한계에 적용했다.

법은 고립된 독립한 인간들이 사회에 결속하기 위한 조건들을 말한다. 끊임없는 전쟁 상태에 진력이 나고, 자유롭다고 해도 그 자유를 확실히 지킬 수 없는 상태에서 그 자유는 쓸모없게 되어버린다. 이에 개개인들은 그 자유의 일부를 희생해서라도 그 나머지 자유의 몫을 평온하고 안전하게 누리고자 한다. 공공선을 위해 개개인이 희생한 자유의 몫의 총합이 한 국가의 주권을 구성한다. 주권자는 이렇게 모인 자유의 정당한 수탁자요, 그 자유의 관리자인 것이다.[25]

법은 인간이 하나의 사회를 형성하기 위한 조건이라고 했다. 인간은 끊임없는 전쟁 상태에서 자신의 자유를 지킬 수 없다. 그래서 자신의 자유를 보전하기 위해 그 자유의 일부를 할애하여 나머지 몫의 자유를 평온하고 안전하게 누리고자 법을 만들었다는 것이다.

국가는 개개인이 희생한 자유의 몫의 총합을 수탁받아 관리해야 한다. 그러므로 국가는 법을 어긴 자에게 형벌을 가할 수 있다. 만약 그렇지 않다면 법을 어긴 자에 의해 사회가 혼란해지고 개개인이 자유를 안전하게 누릴 수 없기 때문이다. 이것이 형벌권의 기원이다.

그러나 국가는 무소불위가 아니다. 국가는 수탁받은 공공의 자유와 복지를 개개인의 사적 침탈로부터 방어하는 역할을 한다. 그러므로 형벌을 정당하게 내림으로써 시민을 보호하고 시민의 자유를 신장시켜야 한다. 형벌권의 근거는 개인적 자유의 일부를 희생한 것이다. 그러므로 형벌을 집행하는 형벌권은 최소한도의 권한이어야 한다. 그 한도를 넘어서는 형벌권은 권력 남용이다.

각인에게 그의 개인적 자유의 일부를 포기하도록 강제하는 것은 필연적이었다. 각자는 가능한 최소한의 몫을 공동 저장소에 내놓을 것도 분명하다. 즉 다른 사람들이 자신의 자유를 지켜주도록 설득하는 데 필요한 최소한의 정도로만 내놓을 것이다. 이렇게 개인이 포기하고 공탁한 각자의 최소한의 몫의 총합이 형벌권을 구성하게 된다. 그 이상의 것은 무엇이든 더 이상 정의가 아니고 권력의 남용이다.[26]

철학자의 조언
300

베카리아는 '권력 남용'을 통한 절대왕정의 폭압적 권력 행사가 아무런 법적 정당성을 가질 수 없음을 주장한 것이었다. 법은 인간의 자유와 안전을 보호하기 위해 필요하다. 이런 목적을 넘어선 법의 집행은 국가의 권력 남용이다. 베카리아는 권력 남용이 인간의 행복을 제약하는 부정의한 것이라고 했다.

범죄로부터 얻은 이익과 형벌로 인한 고통

베카리아의 형벌론에서 기초가 되는 또 하나의 철학은 공리주의다. 이것 역시 프랑스 계몽사상가로부터 영향을 받은 것이다. 공리주의의 원리인 '최대 다수의 최대 행복'은 흔히 영국의 사상가 벤담(Jeremy Bentham, 1748~1832)이 주장한 것으로 알려져 있지만 사실 벤담은 《범죄와 형벌》에서 그 구절을 차용했을 뿐이다. 베카리아는 '서론'에서 "최대 다수에 의해 공유된 최대의 행복"을 제시하고 "법은 바로 이 목적에 비추어 평가되어야 한다"고 했다. 벤담은 베카리아에 대해 "나의 스승, 이성의 첫 번째 사도, 공리성의 원칙에 너무나 유용한 길을 제시하여 우리가 할 일을 없애버린 분"이라며 존경을 표시했다.

공리주의의 기원은 고대 그리스의 철학자 에피쿠로스까지 거슬러 올라간다. 에피쿠로스는 인간이 고통에서 벗어나 쾌락을 추구하는 것이 당연하다고 했다. 프랑스 계몽사상가들 중에 유물론자들이 공리주의를 계승했는데, 그 대표적인 인물이 엘베시우스(Claude Adrien Helvétius, 1715~1771)였다.

공리주의는 행복을 위해서는 고통을 극소화하고 쾌락을 극대화해야한다는 것이다. 행위와 관련해서 보면, 그 행위로 인한 이익과 손해를 따져서 이익이 손해보다 크면 그 행위를 하고, 그 반대면 그 행위를 할 필요가 없다는 것이 공리주의다. 베카리아는 이것을 범죄와 형벌의 관계와 관련지어 이렇게 말했다.

형벌이 그 목적을 달성하기 위해 필요한 것은 범죄자가 형벌을 통해 받은 해악이 범죄로부터 얻은 이익을 넘어서는 정도로 충분하다. 이 손익 산정에 있어서는 형벌의 확실성 및 범죄로부터 생겨났을지 모르는 재화의 상실 부분을 포함시키지 않으면 안 된다. 그 정도를 넘어선 모든 처벌은 불필요한 것이고, 그 때문에 폭압적인 것이다. 인간의 행동을 규제하는 것은 자신이 알지 못하는 고통에 의해서가 아니라 그가 알고 있는 고통을 반복 체험함을 통해서다.[27]

형벌은 범죄자가 범죄로부터 얻은 이익을 넘어서는 정도면 족하다는 것이다. 범죄자가 범죄로부터 얻은 이익과 형벌로 인한 고통을 산술적으로 계산하기는 어렵다. 오늘날에도 '국민의 법 감정'이란 말이 있듯이 논란은 계속되고 있다. 그러면 베카리아는 왜 이런 주장을 했을까? 두 가지 이유가 있다.

첫째, 절대왕정 시기의 형벌에 대한 비판이다. 그 시기에는 형벌이 지나치게 가혹했다. 한 예로 거형(車刑)을 들 수 있다. 이는 수레바퀴로 사람을 으깨는 극형이었다. 서두에서 예로 든 칼라스의 경우에도 거형을 당한 뒤 교수형에 처해졌다. 잔혹한 형벌은 박애 정신에 비추어볼 때 잘못된 것이다. 그뿐만 아니라 정의에도 어긋나고 사회계약의 본질과도 상반된다.

베카리아는 가혹한 형벌이 일시적인 효과가 있을지 몰라도 지속적인 효과는 없다고 보았다. 형벌이 잔혹해지면 범죄자들은 그 형벌을 피하기 위해 더욱 대담해진다는 것이다. 특히 베카리아는 잔혹한 형벌이 폭정과 연관되어 있다고 보았다. 잔혹한 형벌로 악명 높았던 나라와 시대에 가장 피비린내 나는 범죄가 저질러졌다는 것이다.

베카리아는 잔혹한 형벌이 폭정을 낳을 수밖에 없다고 보았다. 폭군은 왕좌를 유지하기 위해 백성들에게 공포를 조장하고 형벌을 잔혹하게 한다. 이에 반발하여 폭군을 몰아낸다 할지라도 또 다른 폭군이 들어설 뿐이다. 그 역시 공포와 잔혹한 형벌을 유지하고자 할 테니 말이다.

둘째, 베카리아가 형벌에 관해 공리주의적 주장을 펼친 보다 근본적인 이유는 형벌의 목적에 있다. 형벌의 목적과 관련하여 베카리아는 이렇게 말했다.

국가는 개개인의 사적 욕망에 좌우되지 않고 그러한 욕망을 조용히 누그러뜨리는 조절자로 기능해야 한다. 이러한 국가에서 쓸모없는 잔혹성이 어떻게 뿌리내릴 수 있을까? 이유 없는 잔혹성은 광신적 격정의 도구이든지, 무능한 폭군이 자행하는 도구에 불과하다. 고문당하는 자의 비참한 비명 소리가 시계를 되돌려 이미 저질러진 행위를 이전의 원상태로 만들어낼 수 있는가? 형벌의 목적은 오직 범죄자가 시민들에게 새로운 해악을 입힐 가능성을 방지하고, 타인들이 유사한 행위를 할 가능성을 억제시키는 것이다.[28]

형벌의 목적은 범죄자에 대한 응징이 아니다. 형벌의 목적은 이미 범해진 범죄를 원상태로 회복하려는 것도 아니다. 그것은 가능하지도 않다. 베카리아는 형벌의 목적을 '범죄의 예방'이라고 했다. 그러므로 범죄 예방의 목적을 달성할 수 있는 정도의 형벌이면 족하다고 베카리아는 보았다.

사형은 짧은 순간의 고통일 뿐이다

형벌의 목적이 징벌이냐, 아니면 범죄의 예방이냐? 오랫동안 논란이 되고 있는 문제다. 베카리아와 동시대의 독일 철학자 칸트는 징벌이라고 했다. 그는 "형벌은 결코 범죄자 자신을 위해서 또는 시민사회를 위해서 어떤 다른 선을 조장하는 수단일 수 없다"면서 형벌의 목적이 범죄 예방이라는 주장에 단호히 반대했다. "형벌은 범죄자가 죄를 범했기 때문에 가해지는 것이다!"

만약 어떤 섬에 형성된 사회를 해체하고 사람들이 섬 밖으로 나와야 한다면 감옥에 남아 있는 살인자를 어떻게 해야 할까? 칸트는 사람들이 섬에서 나오기 전에 해야 할 일이 살인자를 처형하는 것이라고 단호하게 주장한다. 그래야 모든 사람들이 자신의 범죄가 어떤 값을 치르게 되는지를 경험하게 된다는 것이다.

칸트는 살인자를 처형하지 않는다면 섬사람들이 모두 정의를 공공연하게 침해하는 것이라는 말을 덧붙인다. 그러나 칸트의 주장에도 형벌이 범죄 예방을 위해 필요하다는 의미가 담겨 있다. "범죄가 어떤 값을 치르게 되는지를 경험하게 하라"고 하기 때문이다. 그렇다면 형벌이 어느 정도여야 하느냐가 문제일 뿐이다.

징벌론의 입장에서는 가혹한 형벌의 필요성을 역설하게 된다. 그러나 베카리아는 범죄자에게 신체적으로 큰 고통을 주는 형벌일 필요가 없다고 말한다. 인간의 정신에는 효과적이고 지속적인 인상을 심어주되, 신체에는 심각한 고통을 주지 않는 형벌이면 충분하다는 것이다. 따라서 베카리아는 범죄와 비례관계가 유지되는 정도의 형벌을 내려야 한다고 주장한다.

사형제는 어떠한가? 《범죄와 형벌》의 압권이 바로 사형제에 관한 것이다. 다음을 보자.

내가 지키지 않으면 안 되는 법률, 나와 부자 사이에 그토록 큰 간격을 만들어내는 이 법률이란 도대체 무엇인가? 그는 내가 구걸하는 한 푼도 거절하면서, 나보고 열심히 일하라고 하면서 거절에 대한 변명을 들이댄다. 자신은 전혀 일할 줄도 모르면서 말이다. 누가 이따위 법률을 만들었는가? 빈민의 누추한 오두막에 발을 디딘 적도 없고, 배고픔에 우는 죄 없는 자녀와 눈물 젖은 아내와 함께 곰팡이 섞인 한 부스러기의 빵을 같이 먹어본 적도 없었던 부자들과 권세가들이 아닌가. 다수의 생존을 위협하고 오직 소수의 나태한 압제자에게만 유익한 이러한 법률의 굴레를 부수어버리자. 부정의를 그 원천까지 공격하자. 나는 원초적인 독립 상태로 돌아가겠다. 적어도 당분간은 나의 용기와 근면의 결실을 가지면서 자유롭고 행복하게 살아갈 작정이다. 언젠가 그 대가로 후회와 고통의 날을 맞이하게 될 것이다. 그러나 그날의 고통은 짧다. 하루 고통을 대가로 치를 것을 각오한다면 오랫동안 자유와 쾌락을 향유할 수 있을 것이다. 확고한 결심을 한 소집단의 우두머리로서 나는 운명의 실수를 바로잡아야겠다. 평소 오만에 가득 찬 압제자들이 자신들의 말이나 개보다 업신여겼던 자의 면전에서 창백하게 떠는 모습을 보아야겠다.[29]

누구의 말일까? 혁명가의 법정 최후진술이 아니다. 베카리아가 도둑이나 살인범들이 가진 생각을 추론하여 쓴 것이다. 여기에서 "그날의 고통"은 사형 집행을 말한다. 사형 집행으로 인한 고통은 짧기 때문에 마음껏 자유와 쾌락, 즉 범죄를 저지르겠다는 말이다. 사형의 범죄 예방 효과가 크지 않음을 보여주기 위해 베카리아는 이런 추론을 했던 것이다.

사형수들은 대개 종교에 귀의한다. 종교는 사형수들이 겪을 비극을 크게 완화해주는 역할을 한다. 그리고 손쉽게 회개하게 하고 영원한 축복을 약속해준다. 베카리아는 말한다. 그렇다면 사형수와 같은 악당들에 대한 징벌은 이루어진 것인가?

형벌의 강도냐 지속성이냐

베카리아는 범죄를 예방하려면 형벌의 강도보다는 지속성이 중요하다고 보았다. 왜냐하면 인간 정신에 지속적인 영향을 주어야 하기 때문이다. 사형은 어떠한가? 사형당하는 장면은 사람들에게 공포감을 주지만 그 효과는 일시적이다. 사형은 하나의 구경거리에 지나지 않는다. 시간이 지나면 사람들은 사형 장면을 잊어버린다. 베카리아는 고대 로마 시대에 사형이 범죄 예방 효과가 없었다고 말한다.

사형은 사회계약의 원리에도 맞지 않다. 사회계약론에 따르면 법은 각 개인의 자유 중에서 최소한의 몫을 모은 것에 불과하다. 그런데 자신의 생명을 빼앗을 권능을 다른 사람에게 양도할 자가 어디에 있겠는가. 그러므로 법에는 인간의 생명을 빼앗을 그 어떠한 권능도 포함되어 있지 않다. 루소 역시 "타인에게 본보기를 제공하기 위해서일지라도 사형할 권한은 없다"라고 말했다.

그렇다면 흉악한 범죄자들에 대해 어떤 형벌을 내려야 하는가? 베카리아는 사형제도의 대안으로 종신 노역형을 제시했다. 불확실한 범죄의 성공 가능성과 범죄가 가져다줄 짧은 동안의 쾌락을, 종신토록 자유를 제약당한 채 노역해야 하는 고통과 비교해보라. 사형이 한순간의 고통이라면 종신 노역형은 일생 동안 계속되는 고통이다. 베카리아는 종신 노역형이 범죄자들에게 사형보다 훨씬 무거운 고통을 안겨준다고 했다. 그러므로 종신 노역형은 사람들에게 '범죄를 저지르면 일생 동안 저렇게 비참하게 되는구나!' 하는 관념을 지속적으로 불러일으키게 된다.

베카리아가 살았던 시대에도 일부 국가에서는 사형제가 폐지되기 시작했다. 베카리아의 《범죄와 형벌》이 일부 계몽적 군주에게 영향을 미쳤던 것이다. 그러나 오늘날까지도 우리나라를 비롯한 다수의 국가에서는 사형제가 유지되고 있다. 그래서 베카리아의 다음 말이 오늘날에도 여전히 유효하다.

일개 철학자의 목소리만으로 맹목적 관습에 좌우되는 수많은 사람들의 소동과 아우성을 넘어서기는 역부족이다. 하지만 지상에 산재해 있는 소수의 현자들은 내 말에 대해 마음속 깊이 공감할 것이다.

아울러 베카리아의 형벌 사상은 법에서의 정의를 다시 환기시킨다. 법은 인간의 자유와 안전을 보호하기 위해 필요하다. 이런 목적을 넘어선 법의 집행은 인간의 행복을 제약하는 것이고 국가의 권력 남용일 뿐이다.

정의는
사회제도의
으뜸 덕목이다

롤스 《정의론》

나의 목적은 이를테면 로크, 루소, 그리고 칸트에게서 흔히 알려져 있는 사회계약의 이론을 고도로 추상화함으로써 일반화된 정의관을 제시하는 일이다. 그러기 위해서는 원초적 계약을 어떤 사람이 특정 사회를 택하거나 특정 형태의 정부를 세우는 것으로 생각해서는 안 된다. 오히려 핵심이 되는 생각은 사회의 기본 구조에 대한 정의의 원칙들이 원초적 합의의 대상이라는 점에 있다. 그것은 자신의 이익 증진에 관심을 가진 자유롭고 합리적인 사람들의 평등한 최초의 입장에서 그들 공동체의 기본 조건을 규정하는 것으로 채택하게 될 원칙들이다. 이러한 원칙들은 그 후의 모든 합의를 규제하는 것으로서 참여하게 될 사회 협동체의 종류와 설립할 정부 형태를 명시해준다. 정의의 원칙들을 이렇게 보는 방식을 공정으로서의 정의관이라 부르고자 한다.[30]

정의란 무엇인가? 정의란 결코 추상적인 개념이 아니다. 언젠가 우리 사회에 불었던 '마이클 샌델 신드롬'을 생각해보자. 미국 하버드 대학의 법학자 샌델이 지은 《정의란 무엇인가》가 베스트셀러가 되었다. 그의 강의를 담은 시디(CD) 역시 폭발적인 인기를 얻었다.

왜 그랬을까? 우리 사회가 정의롭지 못하다는 생각이 널리 퍼져 있기 때문이다. 이른바 '헬조선', '금수저와 흙수저론'은 우리 사회가 정의롭지 못하다는 생각을 단적으로 표현해주는 말들이다. 여기에서 우리는 정의가 개개인의 삶과 긴밀하게 연관되어 있음을 알 수 있다. 정의는 추상적 단어가 아니라 삶과 직결된 개념이다.

정의가 무엇인지 규명해보려는 시도는 오랜 옛날부터 있어왔다. 정의로운 사회가 이상적 사회라고 생각했기 때문이다. 고대 그리스의 철학자 플라톤은 정의가 실현된 이상 국가를 제시하고자 했다. 그래서 자신의 주저인 《국가》를 '정의란 무엇인가'라는 주제로부터 시작했다. 그는 여기에서 한 국가를 이루는 세 신분, 즉 통치자, 수호자, 생산자가 각자 자기 역할을 충실히 하는 것을 정의라고 했다.

플라톤의 '정의'에 대한 정의는 오늘날 통용될 수 없다. 오늘날의 사회는 적어도 외형적으로는 신분적 구분에 의한 차별이 없어졌기 때문이다. 앞서 언급한 샌델의 경우에도 정의를 우리 사회의 유행어로 만드는 데는 기여했지만 무엇이 정의인지에 대한 답을 제시하지는 못했다. 그는 공동체 내에서의 정치적, 도덕적 합의를 주장했다. 그러나 무엇을 두고 합의하라는 것인지가 불분명하여 막연할 뿐이다.

우리 사회가 정의롭지 못하다고 생각하는 이유는 사회적·경제적 불평등, 그리고 정치적 의사표현의 제약 때문이다. 이러한 정치적, 경제적, 사회적 문제를 해결해보려는 수많은 시도와 노력이 있어왔다. 다양한 이론이 제시되었고 그에 따른 실천이 이어져왔다. 지금도 실천이 계속되고 있고, 앞으로도 계속될 것이다.

미국의 철학자 존 롤스(John Rawls, 1921~2002)는 자신의 주저《정의론(A Theory of Justice)》에서 자신의 정의관을 "공정으로서의 정의"라고 했다. 그런데 얼핏 보면 롤스의 정의관은 동어 반복처럼 보인다. 정의라는 말에 이미 공정성이 포함되어 있기 때문이다.

그런데 앞서 인용한 롤스의 글 중에 "자유롭고 합리적인 사람들의 평등한 최초의 입장"이란 표현에 주목해야 한다. 롤스는 그러한 입장을 공정한 입장이라고 했는데, 이 입장에서 정해진 정의의 원칙은 무조건 실행되어야 하는 정언명령이라고 했다. 이것이 롤스 사상의 독특성이다.

정의의 원칙은 정언명령이다

롤스는 자신의 목적을 "로크, 루소, 그리고 칸트에게서 흔히 알려져 있는 사회계약의 이론을 고도로 추상화함으로써 일반화된 정의관을 제시하는 일"이라고 했다. 로크와 루소는 인간이 자연 상태에서 계약을 맺어 국가가 생겨났다는 사회계약론을 주장했다.

그런데 독일의 철학자 칸트는 명시적으로 사회계약론을 주장한 바가 없다. 그럼에도 롤스가 칸트를 함께 인용한 이유는 칸트가 유럽 철학의 두 가지 윤리론 중 하나를 대표하기 때문이다. 롤스는 자신의 이론을 '지극히 칸트적인 것'이라면서 칸트의 윤리론과 결부시켰다.

롤스가 칸트의 윤리론을 선택한 이유는 당시의 지배적 윤리론인 공리주의에 문제가 있다고 보았기 때문이다. 롤스의 말을 들어보자.

이 책을 쓰는 나의 의도는 다음과 같이 설명하는 것이 가장 좋을 것이다. 현대의 많은 도덕철학 가운데서 가장 우세한 체계적 이론은 어떤 유형의 공리주의였다. (…) 우리가 흔히 잊기 쉬운 것은 흄이나 애덤 스미스, 벤담 그리고 밀 등의 위대한 공리주의자들이 일급의 사회 이론가요, 경제학자들이라는 점이며, 따라서 그들이 제시한 도덕 이론은 그들의 보다 광범한 관심사들에 대한 요구를 만족시키면서도 이를 보다 포괄적인 체계로 종합하기 위해 구성된 것이라는 사실이다. (…) 비판자들은 공리의 원칙이 지닌 애매성을 지적하고, 그것이 함축하는 여러 가지 의미와 우리의 도덕감 사이의 표면상 불일치에만 주목했다. 그러나 내가 생각하기에 이들은 그 이론에 대체할 만한 유력하고 체계적인 도덕론을 제시하는 데 실패한 것이다.[31]

공리주의는 '최대 다수에게 최대 행복을 보장하는 행위는 최선의 것이고, 불행을 가져오는 행위는 최악의 것'이라고 주장한다. 한 개인의 행위가 가져오는 쾌락과 고통의 양을 측정하여 쾌락의 양이 더 많으면 좋은 것이고, 반대로 고통의 양이 더 많으면 불행이라는 것이다.

공리주의자들은 이런 원리를 사회에도 적용한다. 한 사회를 구성하는 모든 개인이 가진 쾌락의 양과 고통의 양을 측정하여 쾌락의 양이 많으면 좋은 사회이고 고통의 양이 많으면 불행한 사회다.

롤스는 공리주의의 문제점을 인식했다. 즉 그는 공리주의가 "보다 큰 사회적 이익을 위해서는 노예제도까지는 아니더라도 상당한 정도의 자유의 침해를 정당화한다"고 생각했다. 분배를 예로 들면 보다 명확하다. 10개의 물건을 한 사람에게는 아홉 개, 다른 사람에게는 한 개를 나누어주었다고 해보자. 두 사람이 느낄 쾌락의 합과 고통의 합을 비교해본 결과, 쾌락의 합이 많다면 공리주의자들은 그러한 불평등한 분배를 정당화할 것이다.

공리주의는 행위의 결과를 중시한다. 결과의 좋고 나쁨이 행위의 정당성을 결정짓게 된다. 물론 행위자가 이득을 얻었다고 무조건 정당한 행위가 되는 것은 아니다. 도둑질한 경우 처벌을 받게 된다. 이 경우 도둑질을 통한 이익보다 처벌로 인한 고통이 크기 때문에 도둑질은 해서는 안 되는 행위가 된다.

한 사람의 이득이 다른 사람에게는 손해가 되는 경우는 어떻게 될까. 이 경우에는 두 사람 사이의 이득의 양과 손해의 양을 비교해보아야 한다. 만약 이득의 양보다 손해의 양이 크다면 그 행위는 올바르지 않은 행위가 된다.

그런데 문제는 공리주의의 방식으로는 한 사회에서 일관된 정의의 원칙을 세울 수 없다는 점이다. 즉 공리주의에 입각한 정의의 원칙은 때와 장소, 상황과 결과 등에 따라 달라지는 상대적인 것이다. 더욱이 앞에서 서술했듯이 자칫 자유의 침해나 불평등한 분배마저 정당화된다면 정의의 원칙은 무너져버릴 것이다.

칸트는 공리주의와 다른 윤리론을 주장했다. 그는 행위의 결과가 아니라 행위의 동기를 중시했다. 결과가 아무리 좋더라도 동기가 잘못되었다면 정당한 행위라고 할 수 없다. 그래서 칸트는 결과와 상관없이 누구나 반드시 지켜야 하는 도덕의 법칙이 있음을 주장했다. 그러한 도덕의 법칙을 '정언명령'이라고 한다.

롤스가 보기에 정의의 원칙이란 칸트가 말한 정언명령과 같은 것이어야 한다. 그래야 정의의 원칙이 공리주의의 주장처럼 상대적이지 않고, 때와 장소, 상황과 결과에 관계없이 적용되는 보편적인 원칙이 되기 때문이다.

그렇다면 누구나 인정하는 정의의 원칙은 어떻게 만들어지는가?

무지의 베일 속에서 선택한다

칸트의 도덕법칙을 다시 보자. 그것은 자칫 타율적이라는 인상을 준다. 왜냐하면 우리는 그 법칙을 만드는 데 관여한 바가 없지만 그것이 우리에게 반드시 지켜야 하는 법칙으로 주어졌기 때문이다. 그러나 롤스는 칸트의 도덕법칙이란 "자유롭고 평등한 합리적 존재인 인간의 본성에 입각한 행위의 원칙"이라고 했다. 즉 본성에 부합한 법칙이므로 도덕법칙에 따른 행동은 타율적이지 않고 자율적이라는 것이다.

도덕법칙이 본성에 부합한 것이 되려면 개개인의 특수한 사정이 고려되어서는 안 된다. 법칙을 정할 때 개개인의 사회적 지위나 천부적 자질뿐만 아니라 개개인이 살고 있는 사회 역시 배제되어야 한다.

마찬가지로 정의의 원칙이 정언명령이 되려면 개개인의 특수한 사정을 배제한 원칙이 되어야 한다. 그래서 롤스는 로크나 루소 같은 '사고실험'을 했다. 사고실험이란 머릿속에서 생각으로 진행하는 실험을 말한다. 현실에서 실제로 만들 수 없는 상황을 가정한 후 이론을 검증하는 것으로, 자연과학에서 널리 사용하는 방법이다.

〈인터스텔라〉라는 영화를 보면 중력의 강도에 따라 시간이 달라진다는 얘기가 나온다. 아인슈타인의 상대성이론에 따른 설명이다. 그런데 아인슈타인은 사고실험으로 상대성이론을 밝혀냈다. 여전히 미지의 세계인 우주의 모든 상황을 만들어놓고 실험할 수는 없지 않은가.

사회 이론을 밝히는 데에도 사고실험이 사용된다. 이론을 만드는 데 적합한 순수한 사회 상태가 존재하지 않기 때문이다. 로크와 루소의 사회계약론 역시 사고실험을 통해 제시된 이론이다. 그들은 순수한 '자연 상태'를 상정했는데, 그것은 현실에서는 존재하지 않는 상태다.

롤스는 정의의 원칙을 세우기 위해 사회계약론의 '자연 상태'에 해당하는 '원초적 입장'을 상정했다. 원초적 입장이 무엇인지, 롤스의 설명을 들어보자.

공정으로서의 정의관에 있어서 평등한 원초적 입장(original position)이라는 것은 전통적인 사회계약론에 있어서의 자연 상태에 해당한다. 이 원초적 입장은 역사상 실재했던 상태로 생각해서는 안 되며 더욱이 문화적 원시 상태로 생각해서도 안 된다. 그것은 일정한 정의관에 이르게 하도록 규정된 순수한 가상적 상황으로 이해된다. 이러한 상황이 갖는 본질적 특성 중 하나는 아무도 자신의 사회적 지위나 계층상의 위치를 모르며 누구도 자기가 어떤 소질이나 능력, 지능, 체력 등을 천부적으로 타고났는지를 모른다는 점이다. 심지어 당사자들은 자신의 가치관이나 특수한 심리적 상황까지도 모른다고 가정된다. 정의의 원칙들은 무지의 베일(veil of ignorance) 속에서 선택된다. 그럼으로써 보장되는 것은 원칙들을 선택함에 있어서 아무도 타고난 우연의 결과나 사회적 여건의 우연성으로 인해 유리하거나 불리해지지 않는다는 점이다. 모든 이가 유사한 상황 속에 처하게 되어 아무도 자신의 특정 조건에 유리한 원칙들을 구상할 수 없는 까닭에 정의의 원칙들은 공정한 합의나 약정의 결과가 된다. 각자가 상호 동등한 관계에 있게 되는 원초적 입장의 여건들이 주어질 경우 도덕적 인격으로서, 즉 자신의 목적과 정의감을 가진다고 생각되는 합리적 존재로서의 개인들에게 있어서 이런 최초의 상황이란 공정하다고 볼 수 있다.[32]

원초적 입장이란 평등한 개인들의 최초 입장이라고 했다. 평등한 개인들은 '무지의 베일' 속에서 정의의 원칙을 선택한다. 무지의 베일은 어느 누구도 자신의 사회적 지위와 계층적 위치를 알지 못할 뿐만 아니라 자신의 천부적 능력조차 알지 못하는 상태를 의미한다. 이런 상태에서 나온 원초적 입장은 개개인의 개인적, 사회적 조건을 전혀 고려하지 않는다.

그래서 롤스는 원초적 입장에서 나온 정의의 원칙이 공정하다고 했다. 그 누구도 자기 자신에 대해 알지 못하기 때문에 자기 자신의 이해에 입각한 선택을 하지 않기 때문이다. 즉 무지의 베일 속에 있는 사람들은 자신의 이익을 두고 다투지 않기 때문에 최소의 노력으로 최선의 합리적 선택을 할 수 있다. 그래서 공정한 선택이 이루어진다는 것이다.

정의의 두 원칙

그렇다면 사람들이 원초적 입장에서 선택한 정의의 원칙은 무엇일까? 롤스는 두 가지 원칙을 제시했다.

내가 주장하려는 것은 원초적 입장에서 사람들은 다음과 같은 두 개의 상이한 원칙을 채택하리라는 것이다. 즉 첫 번째 원칙은 기본적인 권리와 의무의 할당에 있어 평등을 요구하는 것이며, 반면에 두 번째 것은 사회적, 경제적 불평등, 예를 들면 재산과 권력의 불평등을 허용하되 그것이 모든 사람, 그중에서도 특히 사회의 최소 수혜자에게 그 불평등을 보상할 만한 이득을 가져오는 경우에만 정당한 것임을 내세우는 것이다. 이러한 원칙들은 소수자의 노고가 전체의 보다 큰 선에 의해 보상된다는 이유로 어떤 제도를 정당화하는 일을 배제한다. 다른 사람의 번영을 위해 일부가 손해를 입는다는 것은 편의로운 것일지는 모르나 정의로운 것은 아니다. 그러나 불운한 자의 처지가 그로 인해 더 향상된다면 소수자가 더 큰 이익을 취한다고 해도 부정의한 것은 아니다.[33]

롤스가 제시한 첫 번째 원칙은 시민권의 평등을 의미한다. 선거권과 피선거권, 언론과 집회의 자유, 양심과 사상의 자유, 재산권과 신체의 자유, 부당한 체포 및 구금을 당하지 않을 자유 등 시민의 기본적인 자유가 모든 사람에게 평등하게 주어져야 한다는 것이다.

첫 번째 원칙에서 주목할 점은 롤스가 시장의 자유를 배제하고 있다는 점이다. 시장의 자유는 시민권이 아니다. 오히려 시장의 자유가 사회 구성원 사이의 불평등을 초래한다. 이것을 가리켜 시장의 실패라고 한다. 자본주의국가의 정부는 시장의 실패로 인한 불평등을 해소하기 위해 복지 정책 등을 도입했다. 롤스의 '정의론' 역시 시장의 실패에 대응하여 분배의 정의를 제시하고자 했다. 그러므로 롤스가 시장의 자유를 시민권에서 배제한 것은 당연하다고 할 수 있다.

어쨌든 롤스가 제시한 첫 번째 원칙에 대해서는 논란의 여지가 없다고 할 수 있다. 그런데 두 번째 원칙과 관련해서는 논란의 여지가 있다. 재산과 권력의 불평등을 인정한다고 했기 때문이다. 롤스는 완전한 평등을 지향하는 사회, 예를 들면 공산주의사회를 논의에서 배제한다. 그에 의하면 체제의 문제는 정의론의 영역을 넘어선 것이다. 롤스가 내세운 정의의 원칙은 재산과 권력의 불평등이 존재하는 사회, 즉 자본주의사회를 전제로 한다.

롤스는 정의의 원칙으로 "모든 사람에게 이득이 되는 경우에만" 재산과 권력의 불평등을 인정한다고 했다. 그러한 전제에 따라 롤스는 불평등이 인정될 수 있는 두 가지 조건을 제시했다. 하나는 "공정한 기회 균등의 조건 아래 모든 사람에게 직책과 직위가 개방되어야 한다"는 것이다. 이른바 '기회 균등의 원칙'이다.

기회 균등을 위해서는 여러 가지가 갖추어져야 한다. 예를 들면 교육 기회의 균등이 대표적이다. 그러나 롤스가 더 주목한 것은 누구나 자기 인생의 미래에 대한 전망을 가질 수 있도록 기회가 균등하게 주어져야 한다는 점이다. 롤스의 다음과 같은 말이 이 원칙의 의미를 분명하게 해준다. "능력 있는 사람이 출세해야 한다!"

재산과 권력의 불평등을 인정할 수 있는 다른 하나의 조건은 "최소 수혜자(the least advantaged)에게 최대 이익이 되어야 한다"는 것이다. 이것은 '차등의 원칙'으로, 롤스가 도입한 독특한 개념이다. 이 원칙을 이해하려면 먼저 최소 수혜자가 누구인지를 알아야 한다. 롤스의 말을 들어보자.

보다 심각한 문제점은 최소 수혜자 집단을 어떻게 규정할 것인가다. 이 점에 있어서 어떤 임의성을 피할 수 없을 것으로 생각된다. 한 가지 가능성은 예를 들어 미숙련 노동자와 같은 특정한 사회적 지위를 선택하여 이 집단의 소득 및 부의 평균치 내지 그 이하를 갖는 모든 자들은 최소 수혜자로 간주하는 방식이다. (…) 다른 또 하나의 대안은 사회적 지위에 상관없이 상대적인 소득이나 부를 통해서만 규정하는 방식이다. 따라서 소득이나 부의 중앙치의 절반 이하를 갖는 모든 사람들은 최소 수혜자 층으로 간주할 수 있다. 이러한 정의는 분배 구조의 하반부에만 의존해 있으므로 최소 수혜자와 평균적인 시민 간의 사회적 격차에 주목할 수 있다는 이점을 갖는다. 이러한 간격은 보다 어려운 사회 성원들의 처지가 갖는 본질적인 측면임이 확실하다.[34]

롤스는 최소 수혜자 집단을 규정하는 두 가지 방식을 제시했다. 하나는 특정한 사회적 지위에 있는 계층을 기준으로 하는 방식이고, 다른 하나는 소득을 기준으로 하는 방식이다. 하나의 방식을 선택하든, 두 가지 방식을 혼합하든 결과는 비슷할 것이다. 즉 저소득층은 물론 성, 인종 등과 관련한 사회적 약자가 최소 수혜자 집단이다.

롤스는 이 최소 수혜자 집단이 최대한 이익을 얻을 수 있어야 한다고 했다. 그런 의미에서 '차등'이다. 즉 이익을 차등화하여 최소 수혜자에게 보다 많은 이익이 돌아갈 수 있도록 해야 한다는 것이다. 그런 면에서 롤스는 승자 독식과 같이 최대 수혜자가 모든 이익을 향유하는 불평등한 사회구조에 강력히 반대하고, 사회적 약자를 더 많이 배려하는 사회를 주장했던 것이다.

롤스는 자신의 정의관을 이렇게 요약했다.

모든 사회적인 기본 가치(선)—자유, 기회, 소득, 부 및 자존감의 기반—는 이러한 가치들의 일부 혹은 전부의 불평등한 분배가 최소 수혜자의 이득이 되지 않는 한, 평등하게 분배되어야 한다.[35]

최소 수혜자의 원칙은 소득 분배에만 한정된 것이 아니다. 자유와 기회는 물론 인간 자존의 가치 역시 평등하게 분배되어야 한다. 예를 들면 우리 사회에서 문제가 되고 있는 '갑질'을 생각해보자. '갑질'은 다양한 영역에서 일어나고 있다. 종업원에 대한 욕설과 폭력에서부터 비정규직 차별, 학력 차별에 이르기까지 최소 수혜자에게 다양한 '갑질'이 가해지고 있다. '갑질'은 자유와 기회를 빼앗는 행위이자 인간의 기본 가치를 짓밟는 행위이기도 하다. 우리 사회가 얼마나 정의롭지 못한가를 보여주는 사례다.

롤스는 정의가 실현되려면 모든 사람들이 평등하게 시민권을 누려야 한다는 원칙을 가장 우선해야 한다고 했다. 평등한 시민적 자유가 없다면 사회적, 경제적 불평등을 해소하기 위한 노력 자체가 불가능하기 때문이다.

다음으로, 롤스는 기회 균등과 차등의 원칙이 효율성의 원칙이나 이익 극대화의 원칙보다 우선해야 한다고 했다. 효율성이나 이익 극대화는 가진 자의 논리다. 경제성장을 통해 파이를 키워야 분배가 가능하다거나 사회 전체의 이익을 위해 소수의 희생은 불가피하다는 등의 논리가 그것이다. 이에 대해 롤스는 "사회 전체를 위한다는 명분으로 정의를 어겨서는 안 된다. 정의는 다수의 이익을 위해 소수에게 희생을 감수하라는 것을 용납하지 않는다"고 했다.

그리고 롤스는 기회 균등과 차등의 원칙 중에 기회 균등의 원칙이 우선한다고 했다. 기회 균등이 출발점에 해당하는 것이라면 차등의 원칙은 결과에 대한 것이기 때문이다. 이른바 '금수저와 흙수저 논란'을 생각해보면 쉽게 알 수 있다. 이 논란은 기회가 균등하지 않기 때문에 생겨난 것이다. 부의 대물림이 교육과 기회의 대물림으로까지 확대됨으로써 수많은 젊은이들이 좌절하고 있다. 이러한 상황에서는 사회 정의는 물론 인간의 가치 존중조차 기대하기 어렵다.

롤스는 "진리가 사상체계의 으뜸 덕목이라면 정의는 사회제도의 으뜸 덕목"이라고 했다. 다시 말해 정의가 사회·경제적인 영역의 개념일 뿐만 아니라 정치적 영역의 개념이기도 하다는 것이다. 사회제도는 정치적 영역에서 만들어지기 때문이다.

그래서 롤스는 정의의 원칙에 어긋날 경우 '시민 불복종'을 해야 한다고 했다. 시민 불복종의 일차적 대상은 '평등한 자유의 원칙에 대한 위반'이다. 시민 불복종에 대한 롤스의 정의는 귀담아들을 만하다.

나는 우선 시민 불복종을 흔히 법이나 정부의 정책에 변혁을 가져올 목적으로 행해지는 공공적이고 비폭력적이며 양심적이긴 하지만 법에 반하는 정치적 행위라 정의하고자 한다. 이러한 행위를 통해서 우리는 공동 사회의 다수자가 갖는 정의감을 나타내게 되고, 우리의 신중한 견지에서 볼 때 자유롭고 평등한 인간들 간에 있어서 사회 협동체의 원칙이 존중되지 않고 있음을 선언하게 된다.[36]

5

시민의 철학

시민의 힘으로
권력에 저항하라

우리 사회에서 '시민' 또는 '시민사회'에 대한 본격적인 관심이 형성된 것은 1990년대 이후였다. 그 이전 시기에는 경제 발전과 민주화가 주요 관심사였다. 1987년 6월 항쟁을 계기로 경제 발전과 민주화가 주요 관심사였던 한 시대가 끝났다. 새로운 시대를 성찰하고 새로운 사회의 전망을 모색하던 시기에 '시민'이 발견되었다.

6월 항쟁은 시민이 주체가 되어 시대와 사회를 변화시킬 수 있음을 보여준 사건이었다. 그래서 시민 또는 시민사회에 대한 관심이 뒤따른 것은 자연스러운 일이기도 했다. 1990년대 이후 다양한 형태의 시민단체들이 나타나, 우리 사회의 주요한 세력으로 발전했다.

시민사회는 시민들의 다양한 일상적 요구를 공론의 장으로 끌어내므로 시민사회에서는 정치, 경제, 사회, 문화, 환경, 여성 등 한 사회의 전 분야에 걸친 문제들이 토론된다. 이러한 시민사회가 등장한 것은 근대가 시작되면서부터였지만 사람들이 시민사회에 주목한 것은 20세기에 들어서였다. 그람시는 시민사회의 중요성을 인식한 최초의 사상가라 할 수 있다. 그는 러시아 혁명에 영향을 받은 혁명가였지만, 그가 살고 있는 서유럽에서는 러시아 혁명과 같은 사회 변혁이 쉽지 않다고 생각했다. 왜냐하면 서유럽에는 러시아와 달리 시민사회가 형성되어 있었기 때문이었다. 그람시는 지배세력이 시민사회에서 헤게모니를 행사하고 있다고 했다. 그러므로 사회를 바꾸려면 시민사회가 헤게모니를 잡아야 한다. 그런데 헤게모니를 둘러싼 싸움은 아주 치열하다. 또한 헤게모니 싸움을 벌이는 현장은 광범위하다. 헤게모니 싸움이 겉으로 드러나는 현장도 있지만, 겉으로 드러나지 않는 현장이 더 많다. 그람시는 사회변혁 세력이 시민사회에서 헤게모니를 잡음으로써 사회 변혁 이전에도 사회를 '지도'할 수 있다고 했다.

하버마스는 시민의 힘을 모으는 공간을 '공론장'이라고 했다. 그곳에서 시민들은 활발한 토론을 통해 여론을 형성한다. 그리고 형성된 여론을 바탕으로 정치적 압력을 행사한다. 그런데 지배세력을 대변하는 거대 미디어들이 출현하면서 상황이 달라졌다. 하버마스는 그런 미디어들로 인해 공론장이 사라지고 있다고 우려했다. 그래서 그는 공론장을 대신하여 생활 현장에서 여론을 모으는 활동을 하자고 했다.

가다머는 전통과 권위를 중시한다는 면에서 보수적인데, 하버마스는 그 점을 비판했다. 그럼에도 우리는 가다머가 비판적 고전 읽기를 해야 한다고 주장했다는 사실에 주목해야 한다. 시민의 힘은 단지 수적 우위에서만이 아니라 지적 우위와 대안적 사고에서도 나오기 때문이다. 지적이고 대안적인 사고를 형성할 수 있게 하는 것이 바로 비판적 고전 읽기다.

비판적 책 읽기를 강조한다는 점에서 푸코 또한 입장이 같다. 푸코는 현재 유포되는 지배적 지식이 권력과 결합된 것일 뿐이라고 했다. 그러므로 비판적 안목을 갖추지 못한다면 지배세력의 논리에 끌려다닐 수밖에 없다고 주장한다. 레비스트로스는 지배적 이데올로기에 맞선 비판적 사고의 한 사례를 보여준다. 그는 유럽 중심주의적 사고에 맞섰다. 문화의 우열을 가리는 그러한 사고에 맞서 모든 문화가 고유한 가치를 가지고 있음을 주장했다.

오늘날의 사회는 정치와 경제, 그리고 시민사회의 세 영역으로 구성된다고 한다. 이 중에 정치 영역은 소수의 엘리트층이, 경제 영역은 소수의 거대 자본가가 지배하고 있다. 시민들의 일상적 권리를 옹호하고, 새로운 사회로 나가기 위해 시민사회의 역할이 중요함을 알 수 있다. 그람시에서 푸코에 이르는 사상은 시민이 무엇을 해야 하는지를 생각하게 할 것이다.

시민사회의 힘으로
권력에 맞서라

그람시 《옥중수고》

선장은 배가 난파되었을 때 자신의 배를 떠나는 최후의 사람이 되어야 하며 배를 탔던 다른 모든 사람들이 무사해진 후에만 배를 떠날 수 있다는 규범이 전해져온다. (…) 그러한 규범 없이 집단적인 생활은 불가능하다. 왜냐하면 그것 없이는 아무도 자신의 생명을 남의 손에 맡겨야 하는 책무를 지거나 수행하려 하지 않을 것이기 때문이다.

그람시(Antonio Gramsci, 1891~1937)는 자전적 글에서 이렇게 썼다.

1926년의 상황에서 자신이 한 행동에 대한 설명이었다.

1926년 10월 31일, 무솔리니(Benito Mussolini, 1883~1945) 정권은 15세의 소년이 무솔리니의 생명을 노린 테러를 저지르려 했다고 발표했다. 누가 보아도 조작된 것이었다. 그러나 무솔리니 정권은 반대파에 대한 대대적 탄압을 시작했다.

당시 그람시는 국회의원이자 이탈리아 공산당의 총책임자였다. 당에서는 그람시에게 스위스로 망명할 것을 권유했다. 그러나 그람시는 당의 권유를 거부했다. 지도자는 어떤 어려움이 있더라도 최후의 순간까지 도피하지 않고 자기 책임을 다해야 한다고 생각했던 것이다.

결국 그람시는 체포되어 재판에 회부되었다. 재판은 처음부터 끝까지 형식적이었다. 그람시에게 붙여진 죄목은 '폭동 예비죄'였다. 증거도 없고 증인도 없었다. 그러나 무솔리니 정권은 무조건 그람시를 감옥에 집어넣고자 했다.

마침내 검사는 "우리는 이자의 두뇌가 작동하는 것을 20년 동안 중지시켜놓아야 한다"라며 중형을 구형했다. 그리고 검사의 요구대로 그람시는 20년 형을 선고받았다. 그러나 그람시는 20년간 감옥 생활을 하지 못했다. 그는 동맥경화, 폐결핵, 척추결핵, 고혈압, 협심증, 통풍, 위장 장애 등 온갖 병에 시달리고 있었다. 감옥 생활을 시작한 지 11년째 되는 해에 그는 감옥이 아니라 병원에서 세상을 떠났다.

그람시의 두뇌가 작동하는 것을 중지시켜놓겠다던 검사의 말과는 달리 육체가 살아 있는 동안 그람시의 두뇌는 작동을 멈추지 않았다. 그는 감옥에서, 그리고 병원에서 서서히 기력이 다해가는 가운데에도 총 2848쪽에 달하는 방대한 글을 썼다.

그람시는 체포된 직후 처형에게 보낸 편지에 이렇게 썼다.

나는 무언가 영원한 것을 해야 한다는 생각에 사로잡혔습니다. (…)
나는 확실한 계획에 따라 나를 빨아들일 수 있고 나의 내적인 삶에
초점을 맞출 수 있는 어떤 주제를 위해 체계적이고 집중적인 노력
을 하고 싶습니다.

그러나 그 노력이 쉽지는 않았다. 그람시는 건강이 몹시 나빴고, 감
옥의 검열 때문에 읽고 싶은 책을 마음껏 읽을 수 없었다. 그렇지만 그
람시는 구할 수 있는 책이면 무엇이든 닥치는 대로 읽었다. 그리고 사
색을 하고 건강이 허락하는 한, 쉼 없이 글을 썼다.

그람시가 병원에서 마지막 숨을 거두자 그가 11년간 자신의 두뇌를
작동하여 쓴 33권의 공책이 남았다. 그 공책들은 누군가에 의해 병원
바깥으로 빠져나왔고, 오늘날《옥중수고(Quaderni del carcere)》라는 책
으로 전해지고 있다.

그것은 마흔여섯의 나이에 삶을 마감한 혁명가가 남긴 '감옥으로부
터의 사색'이었다.《옥중수고》는 완결된 책이 아니다. 책을 읽다가 들
었던 생각, 사색을 통해 얻은 영감을 그때그때 쓴 것이다. 그래서 제법
긴 논문도 있지만 메모 수준의 간략한 내용도 많다. 게다가 그는 교도
소의 검열을 의식하지 않을 수 없었다. 검열을 피하기 위해 은유적 표
현, 낯선 개념을 사용해야 했다. 따라서 의미를 헤아리기 어려운 부분

도 있다. 그렇지만《옥중수고》는 그람시의 사상을 온전히 이해할 수 있게 해주는 매우 값진 자료다.

러시아 혁명이 일어나다

먼저 그람시가 누구인지부터 알아보자. 그람시는 이탈리아 남서부에 위치한 사르데냐 섬에서 태어났다. 사르데냐는 오늘날에는 휴양지로 유명하지만 그람시가 태어날 당시에는 가난한 농어촌 마을이었다.

그람시가 일곱 살이었을 때 그의 아버지가 공금횡령죄로 6년 형을 선고받았다. 하지만 죄명은 평계였을 뿐, 사실은 그 지방의 권력을 잡고 있는 정당에 반대한 것이 구속의 이유였다. 그람시의 아버지는 몇 달 만에 석방되었지만 그람시가 열다섯 살이 될 때까지 새로운 직장을 얻지 못했다.

그동안 그람시를 포함한 일곱 명의 아이들을 키워낸 것은 어머니였다. 집안 형편은 어려울 수밖에 없었다. 그람시는 여덟 살에 초등학교에 입학했지만 돈을 벌어야 했기 때문에 이내 학업을 중단해야 했다.

게다가 그람시는 어려서부터 건강이 좋지 않았다. 척추가 잘못되어 천장에 거꾸로 매달리는 치료를 받았음에도 결국 척추 장애인이 되고 말았다. 어릴 적부터 앓았던 정신 질환은 그를 거의 죽음에 몰아넣기도 했으며, 성인이 되고 나서도 여러 차례 재발했다.

아버지가 새로운 직장을 얻은 후 그람시는 다시 학교에 다니게 되었다. 열여덟 살에 고등학교에 진학한 그는 형과 함께 하숙을 했다. 사회주의자가 되어 있었던 형은 동생에게 사회주의 관련 책자들을 보여주었고, 그람시는 그것들을 읽으면서 사회주의를 알게 되었다. 또한 당시 사르데냐 지방을 휩쓴 사회적 저항운동이 그람시에게 커다란 영향을 미쳤다. 그 운동은 무참히 진압되었지만 그람시는 사회문제에 일찍부터 눈을 뜨게 되었다.

그람시는 스물한 살 때 장학금을 받고 토리노 대학에 진학했다. 그렇지만 장학금 액수가 너무 적어 항상 추위와 영양 결핍에 시달려야 했다. 그래서 2년간 심한 병고를 치르기도 했다. 대학 시절 그람시는 철학과 언어학에 남다른 재능을 보였고 교수들도 그러한 그람시의 재능을 격려해주었다. 그러나 그람시는 가난과 질병으로 대학을 중퇴하지 않을 수 없었다.

대학을 중퇴한 그람시는 이탈리아 사회당 활동에 전념했다. 그는 대학 시절 마르크스주의자가 되었다. 마르크스는 노동자들의 열악한 상태가 자본주의의 구조적 문제 때문임을 밝히며 사회주의혁명이 필연적이라고 주장했다.

당시 이탈리아 노동자들의 상태는 대단히 열악했다. 불결한 환경에서 장시간 노동을 하는데도 임금 수준은 최저 생계비를 밑돌았다. 그람시는 노동자들의 상황을 개선하려면 사회주의혁명이 절실하다고 생각했다. 그래서 마르크스주의자가 되었고 사회주의자들이 만든 사회당에 가입했다.

그가 스물여섯 살 때인 1917년 러시아에서 혁명이 일어났다. 레닌이 이끄는 볼셰비키의 주도 하에 로마노프 왕조를 타도하고 최초로 사회주의 정권을 수립했던 것이다. 유럽 각국의 사회주의자들은 열광했다. 그들은 유럽 전역에서 사회주의혁명의 시대가 임박했다고 생각했다.

그람시 또한 러시아 혁명에 대해 듣고 열광했다. 그러나 러시아 혁명에 대한 자세한 소식을 들을 방법은 없었다. 당시에는 통신 시설이 미비했고 러시아 혁명을 전한 언론들도 사회주의혁명에 대한 반감으로 사실을 왜곡했기 때문이다. 그러나 그람시는 피상적이고 왜곡된 신문 기사를 읽고도 사태의 본질을 제대로 파악했다.

그람시는 러시아 혁명이 "《자본론》을 거역한 혁명"이라고 평가했다. 매우 대담한 평가였다. 당시의 사회주의자들은 러시아 혁명이 마르크스의 《자본론》에 입각하여 일어났다고 생각했다.

그러나 《자본론》에 따르면, 사회주의혁명은 자본주의적 생산력이 고도로 발전한 곳에서, 즉 자본주의가 발전한 곳에서 일어난다. 그런데 러시아는 자본주의가 발달한 곳이 아니었다. 오히려 농민이 전 국민의 70~80퍼센트를 차지하는 농업 국가였다. 그래서 그람시는 러시아 혁명이 "《자본론》을 거역한 혁명"이라고 했던 것이다.

대신 그람시는 러시아 혁명이 혁명적 의지로 세계를 변화시킬 수 있음을 보여준 혁명이라고 평가했다. 이러한 평가는 20세기의 사상적 특징을 설명하는 선구적인 혜안이었다. 마르크스는 《자본론》에서 자본주의의 법칙을 해명하고자 했다. 인간이 의지로써 거역할 수 없는 경제적 법칙이 존재함을 보이기 위해서였다.

달리 말하면, 마르크스는 혁명을 말하기는 했지만 혁명보다는 인간을 지배하는 법칙의 해명에 더 관심을 두었다. 그러나 레닌은 인간의 의지와 활동에 더 중점을 두었다. 레닌은 인간이 법칙을 이용하여 새로운 사회를 만들어낼 수 있다고 보았다. 즉 레닌은 인간이 세계를 개조할 능력이 있음을 확신하고 실천했던 것이다.

인간이 거역할 수 없는 법칙의 해명이 19세기의 특징이라면, 20세기는 인간이 세계를 개조할 수 있다는 신념을 특징으로 하는 시대다. 그런 면에서 러시아 혁명은 20세기의 시작을 알리는 혁명이었다. 러시아 혁명의 이러한 특징을 짚어낸 그람시의 평가는 선구적 혜안이었다.

숙제를 들고 감옥에 가다

러시아 혁명의 영향을 받아 이탈리아 사회당은 분열했다. 레닌을 지지하는 무리들이 탈당하여 이탈리아 공산당을 창당했던 것이다. 그람시 또한 사회당을 탈당하여 공산당에 가담했다. 그리고 1924년에 공산당의 실질적인 최고 지도자가 되었다.

당시 무솔리니가 정권을 잡고 반대파에 대한 탄압을 더욱 강화하고 있었다. 무솔리니는 한때 사회주의자였고 사회당 기관지의 편집장을 맡기도 했다. 그람시가 사회당에 입당할 당시 무솔리니는 사회당의 지도자 중 한 명이었다.

그런데 무솔리니는 갑자기 입장을 바꾸어 '사회주의와의 투쟁'을 선언하며 '파시 디 콤바티멘토(Fasci di Combattimento)'라는 단체를 만들었다. 무솔리니는 이념과 철학보다는 개인적 야망에 따라 움직인 인간이었다. 사회당에서 야망을 실현할 수 없자 바로 입장을 바꾸었던 것이다. 파시는 제1차 세계대전 직후의 혼란기에 부랑자와 실직자들을 끌어모아 만든 폭력 집단이었다. 오늘날 전체주의적 독재를 의미하는 '파시즘'이란 말이 여기에서 유래했다.

파시는 1921년 선거에 참여했지만 소수의 지지를 얻었을 뿐이었다. 그런데 1922년 무솔리니는 5만여 명의 파시스트를 앞세워 로마 진군을 감행했다. 이에 놀란 이탈리아 국왕은 파시스트들을 진압하는 대신 무솔리니를 수상으로 임명했다. 어처구니없는 상황이었다.

정권을 잡은 무솔리니는 사회주의자들을 탄압하기 시작했다. 당시 공산당의 한 간부는 무솔리니 정권의 탄압에 대해 이렇게 썼다.

파시스트 정부는 오랫동안 이야기해오던 반공 검거를 개시했다. 일주일 만에 경찰은 5000명 이상의 동지들을 체포했다. 그 안에는 우리의 모든 지역 서기, 모든 코뮤니스트 노동조합 조직가, 우리의 모든 지방의원들이 들어 있다. (…) 그야말로 경찰과 파시스트 깡패 단이 나란히 손을 잡고 사람 사냥을 다녔다.

1924년에 들어서자 상황은 더욱 악화되었다. 이해에 국회의원 총선거가 실시되었다. 이때 그람시는 공개적으로 활동할 수 없는 상태였지만 국회의원에 당선되었다. 문제는 무솔리니 정권이 국회의 다수당이 되었다는 것이다. 불법과 폭력, 그리고 부정선거를 자행한 결과였다.

이전에는 무솔리니가 정권을 잡았지만 국회에서는 소수파였다. 그러나 1924년의 선거를 통해 무솔리니 일당은 다수당의 자리를 차지했고 이탈리아 국민들에게 상당한 영향력을 미치던 로마 교황청의 지지도 확보했다.

무솔리니 정권에 날개를 달아준 격이 되었다. 무솔리니는 국회를 완전히 무시했다. 국회의원의 면책 특권과 불체포 특권을 파기하여 반대파 국회의원들을 마구잡이로 잡아들였다. 그람시는 무솔리니가 제거하고자 했던 주요한 대상이었으므로 결국 체포되어 수감되었다.

그람시는 체포되는 것을 두려워하지 않았다. 그는 무솔리니 정권이 오래가지 못할 것이라는 낙관적인 전망을 하고 있었다. 그람시를 괴롭히는 문제는 다른 것이었다. 그는 유럽에서 혁명적 분위기가 사그라지는 것을 고심하고 있었다.

불과 몇 년 전, 러시아 혁명의 영향을 받아 독일, 헝가리 등 유럽의 여러 나라에서 봉기가 일어났다. 헝가리에서는 일시적이기는 하지만 사회주의 정권이 들어서기도 했다. 이탈리아에서도 노동자들이 공장을 점거하여 직접 경영을 하는 공장평의회 운동이 일어났다.

그런데 유럽에서의 봉기는 1921년을 전후하여 실질적으로 막을 내렸다. 그리고 사회주의 운동은 침체기에 빠졌다. 유럽의 사회주의자들은 혁명의 불씨를 되살리기 위한 활동에 전념했지만 좀처럼 불씨가 지펴지지 않았다.

그러자 사회주의자들 내에서 의견이 갈라졌다. 한쪽에서는 러시아와 같은 봉기를 통한 혁명은 더 이상 가능하지 않다고 주장했다. 그들은 봉기를 준비하는 등의 혁명적 활동을 포기하고 선거를 통한 집권에 주력해야 한다고 주장했다. 반면 다른 쪽에서는 혁명의 퇴조가 일시적

현상에 불과하다고 주장했다. 그들은 봉기를 위한 준비를 계속해나가야 한다고 주장했다.

그람시는 혁명의 퇴조가 일시적 현상에 불과하다는 입장을 취했다. 그러면 어떻게 해야 할까? 대답이 쉽지 않았다. 1924년에 이탈리아 공산당의 최고 지도자가 되었을 때에도 그람시는 적절한 대답을 내놓지 못했다.

이 문제를 두고 씨름하는 사이에 그람시는 체포되었다. 그래서 그는 커다란 숙제를 가지고 감옥에 들어가게 되었다. 그는 감옥에서 허락하는 것들을 최대한 활용하여 읽고 쓰면서 깊은 사색을 했다. 그리하여 마침내 사고의 대전환을 이루어냈다.

이탈리아와 러시아는 다르다

러시아에서는 혁명이 성공했는데, 왜 이탈리아에서는 혁명이 일어나지 않는 것일까? 그람시의 '감옥으로부터의 사색'은 여기에서부터 시작되었다.

그람시는 이탈리아와 러시아의 상황이 다르다는 점에 주목했다.

러시아에서는 국가가 모든 것이었고 시민사회는 아직 원시적이고 무정형한 것이었지만 서구에서는 국가와 시민사회 사이에 적절한 관계가 형성되었고, 국가가 동요할 때에는 당장에 시민사회의 견고한 구조가 모습을 드러내었다.[1]

러시아에서는 국가가 모든 것이었던 반면 서구에서는 국가와 시민사회 사이에 적절한 관계가 형성되었다고 했다. 시민사회의 존재 여부에 러시아와 서구의 차이가 있다는 것이다.

앞서 잠시 언급했듯 러시아 혁명 당시 러시아는 전근대적 사회였다. 왕이 절대적 권한을 가지고 통치하는 절대왕정체제가 유지되고 있었다. 사회적으로는 귀족과 평민, 그리고 농노라는 신분제가 유지되었다. 귀족들은 토지를 독점했다. 인구의 대다수를 차지하는 농민은 농노였다. 그들은 귀족들의 토지에 매여 있었고 고액의 소작료를 귀족들에게 바쳐야 했다. 수도인 페테르부르크 등 일부 대도시에서 공업이 발달하고 있었지만 전체 산업에서 공업의 비중은 채 10퍼센트도 되지 않았다.

그래서 그람시는 러시아에 시민사회가 존재하지 않는다고 보았다. 레닌 또한 혁명운동의 과정에서 시민사회에 주목하지 않았다. 노동자와 농민이 연대하여 봉기를 통해 일거에 절대왕정을 무너뜨리는 것을 목표로 했다.

반면 서구는 전근대사회의 특징인 신분적 질서가 사라진 근대사회였다. 공업이 발달하여 산업에서 차지하는 비중이 높았고, 노동자가 인구 중 다수를 차지했다. 정부의 역할은 법률에 의해 제한되어 있었다. 대신 각종 단체와 노조 같은 조직이 활성화되어 정치적 압력을 행사했다. 이를 두고 그람시는 국가와 시민사회가 적절한 관계를 형성하고 있었다고 한 것이었다.

이상의 분석에서 그람시가 시민사회에 주목했음을 알 수 있다. 그

점에서 그람시는 다른 마르크스주의자들과 달랐다. 마르크스주의자들은 시민사회의 존재는 인정했지만 그 중요성에는 주목하지 않았다.

그러면 왜 그람시는 시민사회에 주목한 것일까? 그람시의 말을 들어보자.

국가는 단지 외곽에 둘러쳐진 외호에 지나지 않으며 그 뒤에는 요새와 토루(土壘)의 강력한 체계가 버티고 있었다.[2]

그람시는 하나의 성을 예로 들어 국가와 시민사회를 설명했다. 국가는 성을 둘러싼 성곽에 불과하다. 반면 시민사회는 요새와 토루, 즉 참호와 같은 것이다. 성곽이 무너져도 성은 함락되지 않는다. 요새와 참호에 있는 사람들이 성을 지켜낸다. 따라서 하나의 국가가 위기에 처했다 해도 시민사회가 버티고 있는 한, 그 국가의 성격을 바꾸는 혁명은 일어나기 어렵다. 서구 사회가 그렇다는 것이다.

그람시의 말을 계속 들어보자.

적어도 가장 발전된 나라들의 경우에는 정치기술과 정치학에서도 똑같은 격하가 이루어져야 한다. 이들 나라에서는 '시민사회'가 직접적인 경제적 요소(불황, 공황 등)의 파국적 '기습'에 저항할 수 있는 복합적인 구조로 성장했기 때문이다.[3]

불황이나 공황 같은 경제적 위기가 닥치더라도 서구처럼 발전된 나라에서는 곧바로 정치적 위기가 초래되지 않는다는 얘기다. 시민사회가 그러한 위기를 완충시키기 때문이다.

러시아의 경우 제1차 세계대전 참여에 따른 경제적 위기가 혁명의 원인이었다. 그러나 그람시는 서구에서는 경제적 위기만으로 혁명이 일어나지 않는다고 보았다. 시민사회가 존재하기 때문이었다.

그렇다면 이탈리아를 포함한 서구에서 혁명을 위한 전략을 바꾸지 않으면 안 된다.

헤게모니 다툼은 여전히 치열하다

그람시는 군사 용어를 사용하여 '기동전에서 진지전으로' 전략을 바꾸어야 한다고 했다. 기동전이나 진지전이란 무엇인가? 그람시는 기동전은 파업, 진지전은 불매운동 연합과 같은 것이라고 했다.

사회적으로 부도덕한 기업가가 있다고 가정해보자. 그 기업가를 규탄하는 데에는 여러 가지 방법이 있을 수 있다. 그 기업의 노동자들이 기업가를 규탄하는 파업을 일으킬 수 있다. 기업의 생산은 중단되어 기업가에게 직접적 타격을 줄 수 있다.

반면 소비자들이 힘을 모아 그 기업의 제품에 대해 불매운동을 벌일 수도 있다. 생산이 중단되지는 않지만 판매 부진으로 그 기업가는 타격을 받게 된다. 기업가를 규탄하는 간접적 방법이라 할 것이다.

정치적으로 말하면, 어떤 정부를 직접적으로 공격하기 위해 봉기를 일으키는 것이 기동전이다. 러시아 혁명이 바로 기동전이었다. 반면 정부를 포위해 들어가 결국 정부를 전복시키는 것이 진지전이다. 그람시는 서구의 혁명은 진지전일 수밖에 없다고 했다.

그런데 그람시는 혁명의 전략을 진지전으로 전환한다고 해서 조만간 혁명이 일어나는 것은 아니라고 했다. 오히려 진지전은 "무한한 인내와 창의성"을 요구하는 것이다. 왜냐하면 진지전은 시민사회에서 헤게모니, 즉 주도권을 잡는 것이기 때문이다.

어떤 정부든 시민사회에서 강력한 헤게모니를 가지고 있다. 무솔리니 같은 독재자라 할지라도 억압과 강제만으로 통치할 수는 없다. 통치를 하려면 시민사회의 동의가 필요하다. 쉽게 말해 시민사회 안에 무솔리니를 지지하는 세력이나 조직이 존재해야 한다는 것이다. 시민사회에서 동의를 받는다는 것은 정부가 시민사회에서 주도권을 갖고 있음을 의미한다.

진지전이란 정부의 주도권을 빼앗아오는 것을 말한다. 달리 말하면, 시민사회 내에서 혁명 세력을 지지하는 세력과 조직을 다양하게 만들어야 하는 것이다. 그렇게 해서 혁명 세력이 시민사회에서 다수의 지지를 확보하게 되면 혁명이 가능해진다.

따라서 진지전은 상당한 시간을 필요로 한다. 그람시는 그것을 두고 "정치적 카도르니즘(cadornism)이 기대한 것과 같은 속도, 가속된 시간, 결정적 진군의 요소는 발견할 수 없을 것"이라고 했다. 카도르니즘이란 제1차 세계대전 당시 이탈리아의 총사령관이었던 카도르나(Luigi Cadorna, 1850~1928)의 행태를 지칭하는 말이다. 카도르나는 1917년에 카포레토 전투에서 패배하여 물러났다. 그가 패배한 이유는 단시간

내에 승리하려는 욕심에서 무리한 전투를 벌였기 때문이다.

진지전을 하려면 카도르나와 같은 과욕을 부려서는 안 된다. 무한한 인내심이 필요하다. 또한 정부라는 크나큰 실체와 싸우는 것이므로 창의력이 요구된다. 정부는 모든 자원을 총동원하여 반대파를 공격할 것이기 때문이다.

그람시는 진지전의 의의를 적극적으로 평가하여 그것이 혁명 세력을 확대하는 과정일 뿐만 아니라 혁명 세력의 통치 능력을 키우는 과정이라고 했다.

> 한 사회집단은 통치 권력을 얻기 전에 이미 '지도'를 행할 수 있으며 또 행해야 한다(이것은 그러한 권력을 얻는 데에서 가장 중요한 조건들 중의 하나다).[4]

혁명이 있기 이전에라도 '지도'할 수 있어야 한다고 했다. 그것은 실질적인 통치 능력을 길러가는 것이다. 그러므로 진지전은 결코 소극적 개념이 아니다. 그것은 매우 적극적으로 혁명을 준비하는 개념이었다.

그람시는 '어떻게 이탈리아에서 혁명을 일으킬 것인가?'라는 고민에서 출발하여 진지전이라는 개념을 창안했다. 그것은 분명 당대의 사회주의자들과 다른 생각이었다. 사회주의자들은 거의 대부분 러시아 혁명과 같은 방식의 혁명, 즉 기동전을 생각하고 있었다.

그람시가 새로운 개념을 창안할 수 있었던 것은 시민사회에 주목했기 때문이었다. 즉 그는 시민사회가 상당한 영향력을 발휘하고 있는 사회적 현실을 인식한 덕분에 새로운 혁명 전략을 제시할 수 있었던 것이다.

오늘날 시민사회의 영향력은 더욱 커져서 정부와 맞설 수 있는 영역으로 자리 잡았다. 그래서 그람시가 창안한 '진지전', '헤게모니' 등의 개념이 새롭게 해석되어 사용되고 있다.

오늘날에는 어느 나라에든 정부의 영역과 시장의 영역, 그리고 시민사회의 영역 등 세 개의 영역이 존재한다는 사실에 누구나 동의한다. 따라서 시민사회를 둘러싼 헤게모니, 즉 주도권 싸움이 매우 치열해졌다.

물론 오늘날의 주도권 싸움은 그람시가 주장했던 사회주의혁명을 위한 것은 아니다. 정부의 권력 남용을 견제하고 시민의 이해를 정치에 반영시키기 위한 주도권 싸움이 벌어지고 있는 것이다. 그런 점에서는 그람시가 창안한 개념들이 유효하다고 할 것이다.

이렇듯 그람시의 사상은 사회의 변화를 갈망하는 사람들에게 여전히 영향을 미치고 있다. 그들은 그람시로부터 사회의 변화와 변혁에 관한 전망을 얻고자 한다. 그람시가 제시한 시민사회, 헤게모니, 진지전 등의 개념이 오늘날에도 계속해서 연구·검토되고 있는 이유다.

그람시는 옥중에서, "사람들은 누구나 역사의 경작자가 되고 싶어 하지, '거름'이 되고 싶어 하지 않는다."고 했다. 그람시 자신 역시 마찬가지였다.

그람시가 처음 혁명운동에 뛰어들고서 34살에 이탈리아 공산당의 최고 지도자가 되기까지의 삶은 '역사의 경작자'가 되고자 한 것이었다. 그는 신문과 잡지를 만들어 선전·선동을 하고 공산당 내에서 의견이 다른 그룹과 치열한 논쟁을 전개하는 등, 능동적·적극적인 역할을 하고자 했다.

그런데 그람시는 36살 때에 체포되어 시칠리아 북쪽 해안의 우스티카 섬에서 6주간 구류되었고, 밀라노에서 1년간 독방 생활을 해야 했다. 재판으로 20년 형을 받은 뒤에는 튜리 형무소로 이송되었다. 이 과정에서 건강이 악화되자 그람시는 절망했다.

그러나 절망은 새로운 시발점이 되었다. 그는 죽기 전까지 무언가 영원한 것을 해야 한다고 생각했고, '감옥으로부터의 사색'이 시작되었다. 경작자로서의 삶에서 '거름'으로서의 삶으로 전환이 이루진 것이다.

그람시는 감옥에서 자신의 삶을 되돌아보고, 세상을 새롭게 바라볼 수 있게 되었다. 새로운 삶을 살고자 하는 의지가 있었기에 가능한 일이었다.

토론이 이성의
진보를 촉진한다

가다머 《진리와 방법》

가다머(Hans Georg Gadamer, 1900~2002)는 플라톤이 '대답보다 질문이 더 어렵다'는 통찰을 보여주었다고 했다. 플라톤이 저술한 모든 책은 스승인 소크라테스와 주변 사람들이 대화를 나누는 형식으로 구성되어 있다. 소크라테스는 끊임없이 질문을 하고 주변 사람들은 그 질문에 대한 대답을 시도하지만 막히기 일쑤다. 그래서 사람들은 역습을 하기 위해 소크라테스에게 질문을 한다. 그러나 그들은 더 큰 낭패를 본다. 제대로 된 질문을 하지 못하기 때문이다.

가다머가 플라톤의 통찰을 칭찬한 이유는 질문이 매우 중요함을 강조하기 위해서였다. 그는 질문이 진리와 본질적으로 연관된다고 보았다. 그의 말을 들어보자.

어떤 물음이 열려 있다는 것은 언제나 그 물음에 대한 판단이 긍정과 부정 어느 쪽으로도 귀결될 가능성을 내포한다. 문제 제기와 앎의 본질적 연관성은 바로 그 점에서 연유한다. 앎의 본질은 어떤 문제를 올바르게 판단할 뿐 아니라 그러한 판단에 합치되게 동일한 이유에서 올바르지 않은 것은 배제하는 것이기 때문이다. 물음에 관해 판단을 내리는 것은 앎으로 나아가기 위한 길이다. 그렇다면 무슨 기준으로 물음을 판단할 것인가 하는 문제는 과연 어떤 가능성을 옹호하고 어떤 가능성을 반박할 것인가 하는 판단의 근거가 어느 쪽으로 기우느냐에 달려 있다. (…) 모름지기 앎이란 서로 대립되는 것을 동시에 보는 것이다. 그런 앎은 가능성을 단지 가능성으로만 사유하는 그런 편협한 인식 태도에 비해 우월하다. 앎은 근본적으로 변증법적이다. 의문을 가진 사람만이 앎을 터득할 수 있다.[5]

의문을 가지고 질문을 하는 사람만이 진리를 터득할 수 있다. 가다머는 질문을 통해 진리를 얻을 수 있다고 강조한다. 질문을 통한 진리의 획득, 이것이 가다머 철학의 출발이자 결론이다.

가다머의 철학을 흔히 '해석학'이라고 한다. 그리고 가다머를 20세기 최고의 철학적 해석학자라고 부른다. 해석학이란 말 그대로 무엇에 대해 해석을 하는 학문이다. 가다머는 고전을 해석의 대상으로 했다. 가다머는 고전을 읽고 해석하면서 자신의 철학을 정립했다.

1960년에 발표된 《진리와 방법(Wahrheit und Methode)》은 플라톤에서 하이데거에 이르는 유럽 철학의 수많은 고전에 대한 해석으로 가득 차 있다. 고전 해석의 출발점은 질문이다. 가다머는 고전을 읽으며 스스로 질문을 하고, 그 질문에 대한 답을 찾아가면서 자신의 철학을 제시했다.

《진리와 방법》은 가다머가 12년간 방대한 고전을 읽은 기록이다. 제목만 보면, 가다머가 진리에 접근하는 방법에 대해 쓴 것처럼 보인다. 그러나 오히려 그 반대다. 가다머는 이 책에서 진리에 접근하는 방법을 제시하는 철학을 비판했다. 그는 특정한 방법론을 거부하고 개방적인 자세로 진리에 접근하자고 했다. 진리에 접근하기 위해 필요한 것은 단지 질문과 해석일 뿐이다!

선입견은 부정적인가

가다머의 철학을 이해하려면 선입견에서 출발해야 한다. 자, 선입견이란 좋은 것일까, 나쁜 것일까? 보통 우리는 선입견에 대해 부정적으로 생각한다. 그래서 우리는 책을 보든 사물을 대하든 선입견을 배제하고 있는 그대로 보아야 한다고 말한다.

선입견을 배제하라는 주장은 오래된 것이다. 16세기에 영국의 철학자 베이컨은 "우상을 타파하라!"며, 타파해야 할 네 가지 우상으로 '종족의 우상', '동굴의 우상', '시장의 우상', '극장의 우상'을 들었다. 이는 인간이 가정과 사회에서 생활하면서 갖게 되는 선입견을 버려야 한다는 주장이었다.

17~18세기에 등장한 계몽주의자들 역시 선입견의 배제를 주장했다. 그들은 이성의 빛으로 세계를 이해하고 진리에 도달할 수 있다고 했다. 그들이 보기에 선입견은 타파해야 할 전통적 사고에서 생겨난 것일 뿐이었다. 그러므로 이성적 사고를 가로막는 선입견은 배제되어야 한다.

선입견은 우리가 가진 주관을 의미한다. 그래서 선입견 배제는 학문 연구에서 주관성 배제라는 주장으로 나아갔다. 19세기에 등장한 실증주의가 그런 주장을 대표한다. 실증주의란 실제의 증거를 가지고 사물을 보자는 주장이다. 그 어떠한 주관적 판단도 배제한 채 객관적으로 드러나는 것만으로 판단하고 파악해야 사물의 실체, 즉 진리를 알 수 있다는 것이다.

실증주의는 자연과학의 발전에 영향을 받아 생겨난 사상이다. 자연과학이 놀라운 발전을 이룩하면서 자연과학의 방법을 모든 학문에 적용하자는 과학주의가 생겨났다. 그 과학주의에 영향을 받아 나타난 사상의 한 경향이 실증주의다. 실증주의는 철학뿐만 아니라 모든 학문에 영향을 미쳤고 오늘날까지도 지배적인 흐름으로 자리 잡고 있다.

그런데 과연 일체의 주관을 배제한 학문이 가능할까? 가다머는 이 질문에서 출발한다. 그래서 주관성의 대명사와 같은 '선입견'을 재검토했다. 그는 계몽주의에 의해 선입견이라는 개념이 격하되었다면서 이렇게 썼다.

개념의 역사를 분석해보면 계몽주의에 이르러 비로소 선입견이라
는 개념이 오늘날 통용되는 부정적 의미로 부각되었다는 것을 알
수 있다. 그렇지만 원래 선입견이란 어떤 사물의 의미를 규정하는
모든 요소들을 최종적으로 검토하기 전까지 내리는 판단을 뜻한
다. (…) 따라서 '선입견'이 반드시 잘못된 판단을 뜻하는 것은 아니
다. 원래 이 개념은 긍정적으로 평가될 수도 있고 부정적으로 평가
될 수도 있다.[6]

따라서 가다머는 일체의 선입견을 배척하자는 주장 자체가 '또 하나
의 선입견'에 불과하다고 했다. 가다머는 선입견을 '선(先)이해'라고 규
정한다. 선이해란 우리가 미리 알고 있는 것을 말한다. 우리는 사물을
볼 때 우리가 알고 있는 지식을 총동원하여 그 사물을 헤아리려고 하
지 않는가.

그렇다면 어느 누가 선이해를 뜻하는 선입견의 막강한 영향력에서
벗어날 수 있겠는가. 그렇지만 문제는 우리의 선입견이 올바른가 하는
점이다. 가다머는 선입견이 긍정적일 수 있다고 주장한다. 특히 선입
견은 지식의 확장에 기여할 수 있다고 했다.

연필을 예로 들어보자. 우리는 연필이 어떻게 생겼고 어디에 사용하
는지를 안다. 누군가에게 들었든 책에서 보았든 이전에 연필을 써보았
든 우리는 연필이라는 것이 무엇인지를 안다. 대개 연필 하면 육각기

둥 모양이라고 생각했는데, 지금 우리는 손에 삼각기둥 모양의 연필을 들고 있다. 우리는 그것 또한 연필임을 안다. 연필로서 기능하고 있기 때문이다.

우리가 미리 알고 있는 연필에 대한 지식은 육각기둥 모양의 연필이다. 그런데 우리는 삼각기둥 모양의 연필이 있다는 사실을 알게 되었다. 그래서 연필에 대한 지식이 확장된다. 연필이 무엇인지 알고 있었기 때문에 지식의 확장이 가능했던 것이다. 가다머는 이러한 선이해, 즉 선입견은 정당하다고 했다.

권위와 전통을 복권하자

그러면 선입견은 어떻게 생겨나는가? 가다머는 선입견이 권위와 전통에서 생겨난다고 보았다. 그래서 그는 선입견의 정당성을 주장하기 위해 계몽주의자들이 격하했던 권위와 전통을 복권하고자 했다. 계몽주의자들은 권위와 전통을 이성과 대립되는 것으로 보고 배척했다.

먼저 권위를 보자. 계몽주의자들은 권위가 이성을 전혀 사용하지 못하게 하는 작용이라고 보았다. 중세를 지배했던 로마 교황의 권위나 아리스토텔레스의 권위를 생각하면 계몽주의자들의 주장을 쉽게 이해할 수 있다. 그 권위들은 인간의 이성적 사고를 제약했다.

가다머는 권위가 자신의 판단을 대체해버리는 경우에는 잘못된 것임을 인정한다. 그러나 그는 계몽주의가 모든 권위를 폄하함으로써 권위가 진리의 원천이 될 수 있는 가능성을 배제해버렸다고 비판했다.

계몽주의가 권위에 대한 믿음과 자기 자신의 이성 사용을 대립시키고자 한 것 자체는 옳다. 권위의 가치가 자신의 판단을 대체해버리는 경우에는 실제로 권위가 선입견의 원천이 된다. 하지만 그렇다고 해서 권위가 진리의 원천이 될 수 있는 가능성 자체가 배제되는 것은 아니다. 계몽주의는 모든 권위를 무조건 폄하함으로써 그러한 가능성을 보지 못했다. (…) 권위가 애초에는 어떤 사람의 특성을 가리키는 말로 쓰였던 것은 분명하다. 그런데 어떤 사람이 권위를 얻는 궁극적인 이유는 이성을 포기하고 그에게 복종하기 때문이 아니라 그의 권위를 인정하고 인식하기 때문이다. 다시 말해 그 사람의 판단과 통찰이 나보다 월등하게 앞서간다는 것을 깨닫기 때문이다. (…) 권위는 타인의 인정에 근거하며, 자신의 한계를 깨닫고 다른 사람이 더 나은 통찰을 할 수 있다는 것을 인정하는 이성적 판단에 근거한다.[7]

예를 들면 전문가의 주장 같은 것이 권위다. 우리는 왜 전문가의 얘기를 귀담아듣는가? 그들의 주장을 맹목적으로 받아들여 따르고자 하는 것이 아니다. 우리가 전문가의 주장을 귀담아듣는 이유는 전문가가 우리보다 나은 지식을 가지고 있기 때문이다. 우리는 전문가의 얘기를 통해 우리 자신의 한계를 인식하고 보다 나은 지식을 얻게 된다.

다음으로 전통에 대해 살펴보자. 가다머는 전통을 권위의 특별한 형태라고 했다. 권위가 구체적인 사람, 예를 들면 로마 교황이나 아리스토텔레스와 관련된 것이라면 전통은 익명의 권위다. 누가 주장한 것인지는 모르지만 우리의 삶에 직접적인 영향을 미치는 것이 전통이다.

우리는 흔히 전통을 낡은 것, 시대에 뒤떨어진 것으로 생각한다. 그렇게 생각하는 이면에는 전통과 이성이 대립된다는 사고가 있다. 예를 들어 우리는 무당이 굿하는 행위를 배척한다. 왜 그럴까? 그 행위가 미신에 불과한 반이성적이고 비합리적인 것이라고 생각하기 때문이다.

그러나 가다머는 전통이 이성과 대립되는 것은 아니라고 했다. 전통은 의식적으로 보존되는 것이고, 보존된다는 것은 이성에 의한 행위이기 때문이다. 더욱이 우리는 전통에서 벗어날 수 없다.

우리는 항상 전통 속에 있다. 그리고 전통 속에 있다는 것은 전통이 말해주는 바를 낯선 타자로 여기는 대상적 관계가 아니라 엄연히 나 자신의 전통이요, 나에게 모범이 될 수도 있고 경악을 불러일으킬 수도 있는 어떤 것이며, 우리가 뒤늦게 역사적 사후 평가를 하는 처지에서 보면 전통을 제대로 인식하기는커녕 그저 최대한 편견 없이 받아들일 수밖에 없다는 것을 깨닫는 과정에서 우리 자신을 재인식하는 것이라 할 수 있다.[8]

우리는 권위와 전통을 떠나서는 사고할 수 없다. 우리는 학교에서 선생님 말씀을 통해, 혹은 독서를 통해 다양한 지식을 배운다. 권위로부터 배우는 것이다. 또한 우리는 고유한 문화를 익히고 고유한 윤리 규범을 지키며 살아간다. 전통을 배우고 그것에 따른 삶을 사는 것이다.

그러므로 우리는 누구나 권위와 전통에 의해 형성된 선입견을 가지고 있다. 그래서 우리는 선입견을 가지고 사고하고 행동한다. 새로운 지식의 습득 역시 마찬가지다. 우리는 백지와 같은 상태에서 새로운 지식을 습득하는 것이 아니다. 기왕에 가지고 있는 지식을 바탕으로 새로운 지식을 습득해간다. 그런 면에서 가다머는 선입견이 새로운 지식의 원천이 된다고 했다. 가다머가 권위와 전통을 복권시키고자 했던 이유가 여기에 있다. 그는 선입견에 정당성을 부여하고자 했던 것이다.

생산적 선입견이 드러난다

그러면 모든 선입견이 정당할까? 그렇지 않다. 가다머는 선입견을 생산적 선입견과 부정적 선입견으로 구별했다. 그는 '시간의 격차'가 그 구별을 가능하게 한다고 했다.

정작 중요한 것은 시간의 격차를 이해의 긍정적이고 생산적인 가능성으로 인식하는 것이다. 시간의 격차는 텅 빈 심연이 아니라 면면이 이어져온 관습과 전통으로 충만해 있으며, 모든 역사적 전승은 그런 전통에 근거하여 설명될 수 있다. 그러한 연속성을 갖는 역사적 사건이 곧 진정한 생산적 계기라고 해도 과언이 아니다.[9]

가다머는 예술 작품을 예로 들었다. 우리는 동시대에 나온 예술 작품의 내용이나 의미를 제대로 알아차릴 수 없다. 우리 스스로 제어할 수 없는 선입견, 예를 들면 이해관계에 따른 선입견으로 인해 그 작품의 내용이나 의미에 부합하지 않는 과도한 반응을 할 수 있기 때문이다. 그래서 가다머는 당대의 특성을 소거했을 때 비로소 예술 작품이 진정한 모습을 드러낸다고 했다.

역사적 사건 역시 마찬가지다. 가다머는 "어떤 역사적 사건이 당장의 지배적인 생각에 거리를 두고 상대적 완결성을 지녀서 조망할 수 있는 상태가 될 때 비로소 어떤 의미에서는 역사 이해를 위해 진정으로 긍정적인 조건이 성립된다고 할 수 있다"고 했다. 달리 말하면, 단지 역사적 관심사로만 기억될 만큼 충분한 시간이 경과해야 비로소 제대로 인식될 수 있다는 것이다.

그런데 예술 작품이나 역사적 사건의 의미에 대한 이해는 어느 순간에 남김없이 파악되어 종결되는 것이 아니다. 시간이 지나면 지날수록 잘못 이해했던 부분이 드러나고 새롭게 이해하려는 시도가 계속 나타난다. 이런 현상을 두고 가다머는 시간의 격차가 수행하는 정제 작용이라고 했다. 즉 시간의 격차는 잘못된 이해를 유발하는 부정적 선입견을 소멸시키고, 우리를 올바른 이해로 이끄는 생산적 선입견이 드러나도록 작용한다는 것이다.

왜 시간이 흐르면서 이런 현상이 일어나는가? 가다머는 질문이 생겨나기 때문이라고 했다. 누군가가 한 예술 작품의 해석에 의문을 제기한다. 그런 해석을 한 사람의 생각, 즉 선입견이 도전받게 된 것이다. 이제 그 해석자는 자신의 생각을 검증하는 기회를 갖게 되고, 그 과정에서 의문 제기자의 의견을 경청하게 된다. 자신의 생각이 잘못되었다면 해석자는 새로운 진리를 얻게 된다. 이 과정이 무한하게 반복되면서 부정적 선입견은 사라지고 생산적 선입견이 계속해서 그 자리를 대체한다.

해석자와 문제 제기자가 새로운 진리를 얻으려면 대화를 해야 한다. 가다머는 질문 못지않게 대화를 중요시한다. 사람마다 가지고 있는 생각, 즉 선입견이 다르기 때문이다. 같은 책을 읽더라도 서로의 해석이 다르다. 그러면 누구의 해석이 올바른가? 그것을 아는 길은 대화밖에 없다.

가다머는 이렇게 말한다.

진정한 대화가 가능하기 위해서는 상대방의 말에 귀를 기울이고 상대방의 관점을 진정으로 존중해야 한다. 또 굳이 상대방의 개성까지 이해하지는 않더라도 상대방이 하는 말은 이해하려고 한다는 점에서는 상대방의 입장이 되어 생각해볼 수도 있다. 유념해야 할 것은 어떤 사안에 관해 의견 일치를 보기 위해서는 상대방의 의견도 대등한 정당성을 지님을 인정해야 한다는 점이다. 따라서 상대방의 견해를 상대방 자신과 결부시키기보다는 오히려 우리 자신의 견해와 관련지어 생각해보아야 한다.[10]

대화를 통해 의견 일치를 이루면 정당한 이해가 된다. 그러나 의견 일치를 이루지 못한다면 대화를 계속해야 한다. 대화는 대화를 하는 당사자들이 서로 이해해가는 과정이다. 대화를 성공적으로 수행하면 서로를 새로운 공통점으로 결속시켜줄 진실에 도달하게 된다.

대화를 하려면 당연히 상대방의 관점을 진정으로 존중해야 한다. 상대방의 주장은 내 입장에서는 이질적이거나 대립적이다. 그렇지만 상대방의 주장 역시 정당성이 있음을 인정할 때 대화가 이루어지고 의견 일치를 이루어나갈 수 있다.

그러므로 대화할 때 열린 자세가 중요하다. 다른 사람이 말할 때는 그의 주장을 간과하지 말고 귀 기울여 들어야 한다. 개방적인 자세는 말하는 사람뿐만 아니라 듣는 사람에게도 필요하다.

그렇지만 대화는 최종적인 결론을 얻으려는 것이 아니다. 대화는 항상 새롭고 보다 나은 이해로 이끌어주는 것이다. 가다머는 소크라테스의 대화법을 모범적인 사례로 들었다. 소크라테스는 대화를 통해 사람들이 보편적 진리 같은 완전한 결론에 이르게 하려 하지 않았다. 대화를 통해 사람들이 이미 알고 있는 것을 의심해보도록 유도했다.

소크라테스는 대화를 통해 사람들이 무지하다는 사실을 계속 확인하게 했다. 대화는 탐구의 종결이 아니기 때문이다. 대화를 통해 사람들은 자신들이 탐구하고자 하는 문제에 대해 자신이 모른다는 사실을 깨닫는다. 그래서 대화는 계속적인 탐구의 계기가 된다.

가다머는 진리에 이르는 가장 확실한 방법을 제시했다고 주장하는 실증주의에 반대한다. 이른바 과학적 방법을 통해 획득한 객관성이란 그 방법이 전제로 삼고 있는 선입견과 마찬가지로 부적절하다.

가다머에 따르면, 진리에 이르는 객관적 방법은 없다. 이미 가진 생각, 즉 선입견을 품은 채 질문하고 대화하면서 진리를 알아갈 수 있을 뿐이다. 그래서 가다머는 "질문과 대화, 그리고 토론은 그 자체가 이성의 진보를 촉진한다"라고 했다.

정당한 선입견은 있는가

가다머는 권위와 전통에 대한 '선입견'을 불식시키고자 했다. 흔히 권
위와 권위주의는 다르다고 한다. 권위주의는 어떤 특정한 인물에 대한
무조건적 복종을 의미한다. 그 특정인은 철학자일 수도 있고 정치인일
수도 있다. 어쨌든 권위주의는 이성적 사고를 마비시키고, 반대자를
억압하는 것이므로 타파되어야 한다. 그렇지만 권위는 다르다. 존중받
을 가치가 있는 것이다.

전통은 과거의 유산과 다르다. 예전에 "우리 것은 소중한 것이여!"
라는 광고 문구가 있었다. 이때 우리 것이란 과거의 유산을 말한다. 그
모두가 소중한 것은 아니다. 과거의 유산 중에는 보존하고 계승해야
할 것도 있지만 청산해야 할 것도 있다. 그중 보존하고 계승해야 할 것
을 전통이라고 한다.

권위와 전통은 우리의 사고에 커다란 영향을 미친다. 인간이 사회적
동물인 한, 사회에서 권위 있고 전통 있는 것의 영향에서 벗어날 수 없
다. 그런 면에서 권위와 전통을 배척하자는 사고에 반대하여 권위와
전통의 개념을 재해석하고 새로운 진리를 획득하기 위한 원천으로 자
리매김한 것은 가다머의 철학적 업적이다.

그러나 가다머와 동시대의 철학자인 하버마스의 비판 역시 경청할
필요가 있다. 하버마스는 가다머가 비판적 성찰을 부정했다고 비판했

다. 가다머는 권위와 전통의 중요성을 강조했다. 그런데 권위와 전통을 강조하다 보면 보수적일 수밖에 없다.

권위와 전통은 지금 현재 영향력을 미치고 있다. 따라서 권위와 전통의 존중은 지금 현재를 유지하려는 시도가 될 수밖에 없다. 물론 가다머는 권위와 전통을 바탕으로 새로운 진리를 획득해나갈 수 있다고 했다. 그러나 새로운 진리가 필요한 이유는 미래를 향해 나아가기 위해서다. 현재가 만족스럽다면 굳이 미래로 나아가기 위해 새로운 진리를 찾을 필요가 없을 것이다.

권위와 전통은 미래 지향적이지 않다. 그것들은 과거 지향적이고 현실 안주적일 수밖에 없다. 미래로 나가고자 한다면 새로운 통찰이 필요하다. 하버마스는 그것을 비판적 성찰이라고 했다. 현실을 비판적으로 분석하고 현실의 모순을 극복하기 위해 노력하자는 것이다.

그럼에도 현실을 극복하기 위한 노력은 과거에서 실마리를 찾을 수밖에 없다. 과거의 역사에서, 과거의 사상이나 이론에서 미래로 나아가는 데 필요한 것들을 찾아내어 나침반으로 삼아야 한다. 그런 점에서 가다머가 방대한 고전을 읽고 새롭게 해석한 것은 높이 평가할 만하다.

또한 가다머가 지적하듯이 권위와 전통이 현실에서 상당한 영향력을 미치고 있음에 유의할 필요가 있다. 따라서 권위와 전통이란 개념을 부정만 할 것이 아니라 새로운 권위와 새로운 전통으로 대체하려는 노력이 필요하다. 그 과정은 기존의 권위와 전통에 매이지 않고 그것들에 대해 끊임없이 문제를 제기하여 대화하고 토론하는 과정일 것이다.

마지막으로 우리는 선입견에 대해 생각해보아야 한다. 가다머는 선입견을 선이해라고 했다. 우리가 '이미 알고 있는 것'을 선입견이라고 부른 것이다. 그래서 그는 정당한 선입견이 존재한다고 했다. 달리 말해 우리가 제대로 알고 있는 것이 있다는 말이다.

그런데 하버마스는 다음과 같이 비판했다.

가다머는 이해가 선입견의 구조를 갖는다는 통찰에서 선입견 자체를 복권시키는 방향으로 나아간다. 그렇지만 과연 해석학적 선이해 자체의 불가피성을 근거로 삼아 정당한 선입견이 존재한다는 결론을 끌어낼 수 있는가.[11]

우리가 선이해를 가질 수밖에 없다는 것을 근거로 선입견의 정당성을 주장해서는 안 된다는 비판이다. 하버마스에 따르면, 선입견은 올바른 이해의 제약 요인이다. 가다머 역시 이 점을 인정한다. 그래서 그는 선입견을 생산적 선입견과 부정적 선입견으로 나누었던 것이다.

그러나 가다머는 부정적 선입견을 소멸시키고 생산적 선입견이 드러나는 데에는 시간이 걸린다고 했다. 그 역시 우리가 지금 사물이나 사건을 보는 데 부정적 선입견이 크게 작용함을 인정한 것이다. 그렇다면 선입견을 구분하고 정당한 선입견이 존재한다고 굳이 말할 필요가 없을 것이다.

선입견은 부정적으로 작용하는 경우가 훨씬 더 많다. 그러므로 선입견을 극복하기 위한 상당한 노력이 필요하다. 선입견은 알게 모르게 우리의 소소한 일상에까지 영향을 미치기 때문이다.

영화 〈부시맨〉을 예로 들어보자. 어느 날 경비행기를 조종하던 한 유럽인이 다 마신 콜라병을 비행기 밖으로 던졌다. 그 비행사에게 빈 콜라병은 쓸모없는 물건에 불과했다. 그런데 한 부시맨이 그 콜라병을 주웠다. 그 부시맨에게 빈 콜라병은 신이 내린 선물이었다. 각자의 '선이해'에 따라 빈 콜라병을 달리 본 것이다.

우리는 이 영화를 보며 웃는다. 왜? 부시맨에 대한 우리의 선입견이 작용하기 때문이다. 우리는 부시맨의 문화가 단지 우리와 다를 뿐이라 생각하지 않고, 우리의 문화를 기준으로 부시맨을 폄하한다. 그런데 우리는 이 폄하의 과정을 인식하지 못한다. 그래서 선입견이 무서운 것이다.

이러한 잘못된 선입견에서 벗어나려면 질문하고 토론하며 대화해야 한다는 것은 자명한 일이다.

생활세계에서의
소통이 세상을 바꾼다

하버마스 《의사소통행위이론》

하버마스(Jurgen Habermas, 1929~)는 제2차 세계대전 직후 독일의
철학적, 문화적 상황에 대해 다음과 같이 썼다.

표현주의 예술로, 영문학의 세계로, 동시대의 사르트르와 프랑스
좌파 기독교 계열의 철학으로, 프로이트로, 마르크스로, 그리고 독
일인들의 재교육에 결정적인 영향을 미친 제자들을 두었던 듀이의
실용주의로 들어가는 문들이 우리에게 갑자기 열렸다. 또한 현대
영화들이 우리에게 흥미로운 메시지를 던져주었다. 모더니즘의 해

방 정신과 혁명 정신이 몬드리안의 구성주의 회화, 바우하우스 건축술의 기하학적 형상, 그리고 순수한 산업디자인을 통해 모습을 드러냈다. 서방 세계로의 문화적 개방이 서방 세계로의 정치적 개방과 맞물려 진행되었다. 나에게는 자유주의보다 민주주의가 매력적인 말이었다. 나는 모더니즘의 개척자적 정신과 해방의 전망이 결합한 사회계약론의 정치적 구성물들이 대중적인 형태로 등장하고 있음을 알았다.

독일은 패전으로 초토화되었다. 그뿐만 아니라 세계대전을 일으킨 국가로서 혹독한 대가를 치러야 했다. 미국, 소련, 영국, 프랑스 등 4개국이 독일을 공동 관리했고, 전쟁을 일으킨 전범들에 대한 단죄가 진행되었다. 그리고 동서 냉전이 시작되자 독일은 1949년에 동독과 서독으로 분단되고 말았다.

이러한 정치적 상황 속에서도 독일인들은 사상적, 문화적 '자유'를 누렸다. 사상적, 문화적 탄압을 일삼던 나치 정권이 붕괴했기 때문이다. 다양한 사상적, 문화적 사조가 독일로 몰려들었다. 독일인들은 이것들을 새로운 독일이라는 열망과 결부시키고자 했다.

1945년 당시 하버마스는 열여섯 살의 청소년이었다. 그는 당시에 자유주의보다 민주주의에 더 관심이 많았다고 했다. 아마도 막연하지만 새로운 독일의 미래상을 민주주의에서 그렸는지도 모른다. 그렇지만 정치에 대해 이해하기에는 아직 어린 나이였다.

1945년 11월부터 뉘른베르크에서 전범 재판이 시작되었다. 약 1년간 진행된 재판을 지켜보며 하버마스는 자신이 저지른 행위의 정치적 의미를 알게 되었다. 불과 2년 전 소년 하버마스는 히틀러를 찬양하는 소년단인 히틀러유겐트(Hitler-Jugend)에 들어가 6개월가량 복무했다. 하버마스는 히틀러유겐트 복무가 무엇을 의미하는지 깨달았다. 그래서 하버마스는 정신적 충격을 받았다. 그는 스스로 자기반성을 했고, 그 반성은 그가 비판적 지식인으로 성장하는 밑거름이 되었다.

1953년에 하버마스는 다시 한 번 정신적 충격을 받았다. 그해에 하이데거의 《형이상학입문(Einfuehrung in die Metaphysik)》이 출판되었다. 하이데거는 히틀러 정권에 참여한 전과로 비판을 받고 있었다. 그렇지만 하이데거는 자신의 행적에 대해 변명만 할 뿐, 전혀 반성하지 않았다. 더욱이 하이데거는 절반쯤 은퇴한 생활을 하고 있었음에도 여전히 독일 철학계에 상당한 영향력을 행사하고 있었다.

《형이상학입문》은 하이데거가 1935년에 프라이부르크 대학에서 한 강의 내용을 모아놓은 책이었다. 1935년은 히틀러가 국가 권력을 완전히 장악하여 총통으로 불리던 때였다. 하이데거는 그러한 시기에 강의한 내용을 책으로 묶어 출판했던 것이다. 하버마스는 그 출판의 의미를 읽어냈다. 하버마스는 하이데거가 히틀러를 옹호하고 나치즘을 부활시키려는 의지를 갖고 있다고 생각했다.

하버마스는 참을 수 없었다. 그는 하이데거가 아무런 반성도 없이 그런 책을 출판했다는 사실에 분개했다. 그래서 하버마스는 신문지상에 글을 발표하여 하이데거의 정치의식에 대해 준엄한 비판을 했다. 하이데거 비판은 정치 행위였다. 하버마스는 그 이후로도 비판적 지식인으로서 주요 정치적 사안마다 자신의 입장을 숨김없이 발표했다.

동시에 하이데거 비판은 철학적 행위였다. 하버마스는 하이데거 등으로 대표되던 독일의 철학적 전통과 갈라섰다. 하버마스는 독일의 철학적 전통을 계승했다는 자들이 보여주는 모습에 염증을 느꼈다. 그들은 대중을 경멸하고 절대자, 비범한 인물을 찬양했다. 또한 그들은 대화와 평등, 그리고 자율적 결정을 거부하고 침묵과 명령, 그리고 복종을 강요했다.

독일의 철학적 전통을 계승한다는 자들과 결별한 하버마스는 '프랑크푸르트학파'로 향했다.

나치의 만행은 계몽의 결과다

프랑크푸르트학파란 호르크하이머(Max Horkheimer, 1895~1973)와 아도르노(Theodor Wiesengrund Adorno, 1903~1969)가 중심이 되어 세운 학파였다. 1923년에 호르크하이머가 프랑크푸르트에 사회조사연구소를 개설하면서 프랑크푸르트학파가 시작되었다. 그러나 히틀러가 집권하자 주요 멤버인 호르크하이머, 아도르노 등은 미국으로 망명하여 활동했다.

제2차 세계대전이 끝나고 1956년에 망명 생활에서 돌아온 아도르노가 프랑크푸르트 대학 내에 사회조사연구소를 다시 개설했다. 하버마스는 아도르노의 조교가 되어 연구소에 참여했다. 하버마스는 그곳에서 경험적 사회 연구 기법을 익히는 한편 프랑크푸르트학파의 사상을 배웠다. 호르크하이머, 아도르노 등이 프랑크푸르트학파의 1세대라면 하버마스는 2세대에 속한다.

프랑크푸르트학파는 근대사회를 철저하게 비판하고자 했기 때문에 그들의 사상을 '비판 이론'이라고 한다. 그들의 비판 대상은 근대적 이성(理性)이었다. 근대사회에서 인간은 물질적 풍요와 정신적 자유를 구가한다고 한다. 그런데 왜 이런 사회에서 두 차례에 걸친 세계대전이 일어나고 나치의 유대인 학살 같은 비인간적 야만 행위가 저질러졌을까?

호르크하이머와 아도르노는 이러한 문제의식에서 출발했다. 그들은 《계몽의 변증법(Dialektik der Aufklärung)》을 함께 써서 무엇이 문제인지를 밝히고자 했다.

계몽이란 무엇인가? 인간이 미신이나 주술의 지배에서 벗어나 이성적으로 세상을 보는 것이다. 그런데 문제는 '이성의 과잉'에 있었다. 막스 베버(Max Weber, 1864~1920)의 유명한 말을 보자.

합리화는 세계가 미몽에서 깨어났음을 의미한다. 신비로운 힘이 존재한다고 믿었던 야만인들이 마술적 수단에 의존하지 않고 기술적 수단과 계산법으로 모든 것을 다루게 되었다는 것이다.

세계가 미몽에서 깨어났다는 것은 계몽을 의미한다. 계몽의 결과 인간은 모든 것을 계산할 수 있게 되었다. 호르크하이머와 아도르노는 "모든 것을 계산한다"는 것에 주목했다. 계몽은 일체의 신비한 것, 미지의 영역을 남겨두지 않으려 한다. 모든 것을 이해 가능한 방식으로 설명하려고 한다. 이때 사용하는 도구가 자연과학적 지식이다.

자연과학의 발전에 고무되어 과학자들뿐만 아니라 철학자들조차도 자연과학적 방법으로 세상을 해석하려 했다. 그것을 가리켜 막스 베버는 "모든 것을 계산한다"라고 표현했다. 콩트의 실증주의나 스펜서의 사회진화론 등이 그 대표적인 사례들이다.

그런데 자연과학적 방법은 세상을 해석할 수 있게 해주는 장점이 있지만 그에 못지않은 문제점을 가지고 있다. 자연과학적 방법은 모든 것을 법칙화하여 세상을 인식한다. 그 법칙에서 벗어나는 것은 잘못된 것으로 치부해버린다. 즉 이성적으로 설명할 수 없는 것들을 배제해버린다. 따라서 예외를 인정하지 않고 모든 것을 동일한 것으로 만들고자 한다. 이것이 이성의 과잉이다. 호르크하이머와 아도르노는 이런 이성의 과잉이 '폭력'과 다름없다고 했다.

나치의 유대인 학살은 그런 폭력의 극단적인 형태였다. 호르크하이머와 아도르노는 유대인 대학살이 히틀러의 병적 행위이기도 하지만 예외를 인정하지 않고 동일한 것으로 만들고자 하는 시도이기도 했다고 보았다. 그래서 그들은 유대인 학살을 계몽의 결과물이라고 했다.

호르크하이머와 아도르노는 근대사회를 비관적으로 전망했다. 폭력이나 다름없는 이성의 과잉을 근대사회가 극복하기 어렵다고 보았던 것이다. 하버마스는 그들의 문제의식에 동의했다. 그러나 근대사회에 대한 비관적 시각에는 동의하지 않았다.

하버마스는 이성의 다양한 면모에 주목했다. 호르크하이머와 아도르노는 '도구적 이성'에만 주목했다. 합리성과 효율성만 중시하여 과학기술을 맹신하는 것을 도구적 이성이라고 한다. 그것은 인간에게 물질적 풍요를 가져왔다. 그러나 호르크하이머와 아도르노는 그 도구적 이성이 인간의 정신이나 문화마저 질식시키며 지배한다고 보았다. 그래서 그들의 세계관은 비관적일 수밖에 없었다.

그러나 하버마스는 이성에는 도구적 이성뿐만 아니라 실천적, 의사소통적 이성도 있다고 했다. 도구적 이성이 모든 것을 계산 가능한 사물로 여긴다면 실천적, 의사소통적 이성은 인간을 인간 그 자체로 이해하고자 하는 것이다. 하버마스는 '인식과 관심'에 대한 연구를 통해 의사소통적 이성에 관한 철학적 기초를 다졌다.

인식은 관심에서 생긴다

하버마스는 인식을 관심과 연관시키면서 새로운 인식론을 정립하고자 했다. 그는 칸트에 의해 정립된 인식론이 헤겔과 마르크스에 의해 붕괴되었다고 보았다. 칸트는 인식론을 철학의 중심 과제로 설정하고 인간이 어떻게 세계를 인식할 수 있는지를 탐구하고자 했다. 그런데 인식의 도구인 '순수이성'의 능력을 검증한 끝에 인간의 인식능력에는 한계가 있다는 결론을 내리고 말았다.

헤겔은 칸트의 철학을 비판하며 인식능력의 한계를 인정하지 않았다. 그런데 헤겔은 이 세계를 절대정신의 자기운동이라고 보았다. 따라서 이 세계에 대한 인식은 절대정신이 절대정신을 인식하는 것이 되어버렸다. 즉 자기가 자기를 인식한다는 이상한 결론에 이르고 말았다. 마르크스는 헤겔을 비판하여 이 세계가 물질의 운동에 의해 변화한다고 보았다. 그 결과 세계에 대한 인식은 물질의 운동을 받아들이는 것이 되었다. 헤겔이나 마르크스나 실질적으로는 인식론을 무시해버렸던 것이다.

하버마스는 이런 사태를 두고 인식론이 붕괴되었다고 했다. 인식론의 붕괴란 철학의 중심 주제가 사라졌음을 의미한다. 그러면 인식론이 붕괴된 후 어떻게 되었을까? 하버마스는 인식론이 붕괴된 자리에 실증주의가 들어섰다고 했다. 실증주의는 자연과학의 방법을 인문학 등 모든 학문에 적용하자는 주장이다. 철학 고유의 방법은 사라지고 자연과학에서 방법을 빌려오는 꼴이 되어버렸다.

하버마스가 인식론을 재정립하려던 이유가 여기에 있다. 그는 철학의 중심 주제를 부활시키고자 했다. 철학적 사고를 기초로 하여 세계를 인식하고 사회현상을 설명해야 한다. 실증주의적 방법은 프랑크푸르트학파 1세대들이 비판한 도구적 이성의 활용에 불과하다. 이것이 하버마스의 문제의식이었다.

사회질서의 근간이 되는 사회적 규범은 가치판단의 영역이다. 자연과학적 방법이 다루는 것은 객관적 사실이다. 사회적 규범은 자연법칙을 따르지 않는다. 자연법칙 또한 규범적 의미를 갖지 않는다. 사회적 규범은 객관적 사실에서 끄집어낼 수 없고, 객관적 사실은 또한 규범에서 끄집어낼 수 없다. 즉 사회적 규범과 객관적 사실은 분리되어 있는 것이다. 그래서 하버마스는 실증주의에 반대했다.

하버마스는 세계를 인식하기 위한 새로운 인식론의 정립에 착수했다. 그가 주목한 것은 '관심'이었다. 하버마스는 인간의 모든 지식이 일상적 삶에서 생기는 관심과 연결되어 있다고 보았다. 인간은 노동을 하면서 '기술(技術)적 관심'을 가진다. 기술적 관심을 통해 인간은 자연을 인간의 삶에 편리하도록 통제하려 한다. 실증적 경험과학이 이 영역에 속한다.

다음으로 인간은 일상적 삶 속에서 다른 사람에 대한 이해를 목표로 하는 '실용적 관심'을 가진다. 실용적 관심은 언어를 통해 나타난다. 역사학, 해석철학 등이 이 영역에 속한다. 하버마스는 기술적 관심과 실용적 관심을 구분함으로써 자연과학과 사회과학을 구분했다.

하버마스가 관심을 둔 '관심'은 '기술적 관심'과 '실용적 관심'이 아니다. 하버마스는 '해방적 관심'에 관심을 기울였다. 해방적 관심은 모든 형태의 지배와 억압으로부터 벗어난 자유로운 존재로서의 인간을 꿈꾸는 것이다. 하버마스는 자신의 철학이 해방적 관심과 결부되어 있다고 말한다.

그렇다면 인간은 어떻게 억압에서 벗어날 수 있을까? 하버마스는 마르크스와 프로이트(Sigmund Freud, 1856~1939)의 이론을 비교했다. 하버마스에 따르면, 마르크스는 인간이 물질과 허위의식에 억압되어 있으므로 노동과 반성적 사유를 통해 물질과 허위의식에서 벗어날 수 있다고 보았다. 하버마스가 보기에 노동을 통해 물질적 구속에서 벗어날 수 있다는 주장은 해방적 관심이 아니라 기술적 관심이다. 반면 반성적 사유를 통해 허위의식에서 벗어나자는 주장은 해방적 관심이지만 반성적 사유의 측면에서 프로이트의 이론이 더 유용하다고 하버마스는 보았다.

프로이트는 인간이 무의식적 억압 상태에 있다고 보았다. 그리고 무의식적 억압으로부터 벗어나는 길은 무의식을 의식의 차원으로 끌어낼 수 있는 의사와 환자 사이의 의사소통이라고 했다. 하버마스는 프로이트가 말한 '의사와 환자 사이의 의사소통'에 주목했다.

하버마스는 철학자가 사회에서 의사의 역할을 담당해야 한다고 보았다. 철학자는 인간이 모든 억압에서 벗어난 자유로운 존재가 될 수 있도록 역할을 해야 한다. 하버마스는 이러한 사명감을 가진 철학자였다. 그는 세계를 올바르게 인식하고 변화시키는 힘이 비판적 사유와 의사소통에 있다는 결론에 이르렀다. 그것들이 도구적 이성과 다른 의사소통적 이성이다.

하버마스는 의사소통적 이성의 존재를 증명하기 위해 근대사회에 대한 분석으로 나아갔다. 하버마스는 근대사회를 변화시켜온 힘이 바로 의사소통적 이성임을 밝혀나갔다.

공론장이 붕괴했다

하버마스가 근대사회의 해부에 본격적으로 관심을 갖게 된 것은 사회조사연구소에 참여하면서부터였다. 호르크하이머와 아도르노가 근대사회 비판을 수행했기에 하버마스가 근대사회에 관심을 가진 것은 자연스러운 일이었다. 그런데 하버마스의 근대사회 분석은 호르크하이머, 아도르노와 다른 방향으로 나아갔다.

호르크하이머와 아도르노가 '도구적 이성' 개념을 바탕으로 근대사회의 변화에 회의적인 입장을 취했다면 하버마스는 근대사회를 변화시켜온 진정한 원동력이 무엇인지를 찾으려 했다. 그로 인해 하버마스는 그들과 갈등하게 되었다.

하버마스가 발견한 것은 '공론장'이었다. 그는 공론장이 근대사회의 한 범주로서 근대사회를 변화시켜왔다고 보았다. 그러면 공론장이란 무엇인가? 하버마스는 의사소통의 망을 공론장이라고 했다. 관심 분야가 같은 사람들이 모여 서로의 생각을 교환하고 토론하는 공간이 바로 공론장이다. 공론장은 의사소통적 이성에 의해 형성된 것이다.

공론장에는 문화적 공론장, 정치적 공론장 등 다양한 공론장이 있을 수 있다. 그중 정치적 공론장에 대해 살펴보자. 정치적 공론장에서는 정치적 사안을 토론한다. 토론을 통해 여론을 형성하고 이 여론을 통해 정치적 영향력을 행사한다. 부당한 권력에 도전하고 잘못된 정책을 바로잡는다.

그러면 공론장은 어떻게 생겨났을까? 자본주의가 발전하면서 대도시에 카페 같은 모임 공간이 생겨났다. 카페는 그 수가 급격히 늘어나 17세기 말에 이르면 런던에 2000여 개, 파리에 400여 개나 되었다고 한다. 처음에는 카페에 예술인들이 드나들었다. 그들은 자연스럽게 예술과 문화에 관해 토론했다. 이렇게 해서 공론장이 형성되기 시작했다.

토론 주제는 예술과 문화에만 한정되지 않았다. 정치적 사안에 대한 토론도 이루어졌다. 특히 정치인이나 정치에 영향력을 행사하려는 사람들이 카페를 찾으면서 정치 토론이 활발해졌다. 그들은 자신들의 정치적 주장을 놓고 토론을 벌이며 주변의 지지를 얻으려 했다. 이렇게 해서 정치적 공론장이 형성되었다. 하버마스는 18세기가 시작될 무렵 영국에서 정치적 공론장이 처음으로 형성되었다고 보았다.

공론장은 의사소통의 공간이다. 공론장에서 형성된 여론은 정당들을 움직여 정치의 변화를 가져왔다. 그래서 하버마스는 공론장이 근대사회의 한 범주이면서 근대사회를 변화시켜온 힘이라고 보았다.

그렇다면 오늘날 공론장은 어떻게 되었을까? 매스미디어가 발달하고 광범위하게 여론을 형성할 수 있게 되었으므로 공론장이 더욱 발전했다고 해야 하지 않을까. 그런데 하버마스는 20세기 후반에 들어 공론장이 붕괴 위기에 처했다고 보았다. 18, 19세기와 달리 정부의 기능이 비대화하고 공론장의 여론에 귀 기울이는 정당들의 역할이 축소되었기 때문이다.

언론은 어떠한가? 언론은 얼핏 보면 공론장처럼 보인다. 여론 형성의 역할을 담당하고 있기 때문이다. 그러나 언론은 실질적인 공론장의 역할을 하지 못하고 있다. 이윤 추구만을 목적으로 하는 거대 기업체로 변질되었기 때문이다.

언론은 정치와 사회, 그리고 문화에 대해 토론하는 역할을 해왔다. 그래서 언론의 영향력은 점점 커지게 되었다. 그런데 영향력이 커지면서 언론은 이윤 추구의 기업체로 성격이 변화했다. 그 결과 언론이 형성하는 여론은 자기 이익을 위한 것이 되어버렸다. 이제 언론에서 다양한 주장에 대한 토론은 기대하기 어렵게 되었다.

더욱이 언론은 시민들을 우민화하는 경향이 있다. 하버마스는 문학을 예로 들어 언론의 우민화 경향을 비판했다. 18세기에 독서하는 사람들은 소설을 통해 문학 능력을 갖추고 소설의 내용에 대해 서로 친밀하게 편지를 주고받았다고 한다. 그것은 교양을 쌓으면서 주체적인 시각을 형성하게 했다.

그러나 오늘날 언론은 문학 비평이란 것을 통해 독자 상호 간의 관계를 단절시켜버렸다. 독자들은 문학 비평이 제공하는 시각의 단순한 수용자가 되어버렸고 주체적 시각을 상실하게 되었다. 따라서 스스로 문학작품을 읽지 않게 된다. 언론이 제공한 정보와 시각만으로 충분하다고 여기기 때문이다. 공론장은 주체적인 시민의 존재를 전제로 하는데 언론은 수동적인 인간을 만들려고 한다. 그러므로 언론은 실질적인 공론장의 역할을 하지 못하고 있다.

이처럼 공론장이 붕괴하고 있다면 미래에 대한 전망이 어두운 것인가? 하버마스는 그렇지 않다고 말한다. 의사소통의 이성이 작용하는 공간이 달라졌을 뿐이라는 것이다. 하버마스가 대안으로 제시한 것은 '생활세계 내의 의사소통'이다. 이것을 밝히는 책이 《의사소통행위이론(Theorie des kommunikativen handelns)》이다.

생활세계에서 의사소통하라

생활세계(lebenswelt)란 무엇인가? 하버마스는 다음과 같이 정의했다.

생활세계는 체험하는 주체에게 의문 없이 주어져 있다. 일상적 생활세계란 깨어 있는 정상적 성인이 건전한 상식의 태도에서 그저 주어진 것으로 발견하는 현실 영역을 말한다. (…) 생활세계는 나에게 주어진 모든 것들이 그 위에 서 있는, 의문시되지 않는 토대이며, 내가 대처해야 하는 문제들이 그 안에서 제기되는, 의심의 여지가 없는 틀이다.[12]

생활세계는 우리가 살아가는 삶의 현장이다. 그것은 가정일 수도 있고 학교일 수도 있고 직장일 수도 있다. 그런 점에서 생활세계는 공론장과 다르다. 공론장은 일부러 찾아가야 하는 곳이다. 그러나 공통의 관심사가 존재한다는 점에서 생활세계는 공론장과 다르지 않다. 많은 사람들이 공통된 생활을 함으로써 공통의 관심사가 생겨난다.

산업 현장을 예로 들어보자. 하나의 산업 현장은 그곳에서 일하는 수많은 노동자들의 생활세계다. 같은 노동조건에서 일하기 때문에 노동조건이 열악하다면 노동조건 개선이 모든 노동자들의 공통 관심사가 된다. 노동자들은 노동조건 개선을 위해 의사소통을 하고 토론을 한다. 노동자들은 의견을 모아 노동조합을 결성하고 노동조건 개선을 위한 투쟁을 한다.

그런데 생활세계는 경계가 없다. 우리는 한 가정의 구성원이면서 한 동네의 주민이다. 또한 한 도시의 시민이면서 한 국가의 국민이다. 따라서 공통의 관심사가 한 직장의 문제, 한 동네의 문제에 국한되지 않는다. 생활세계에서 의사소통은 다양한 주제로 이루어질 수 있다.

공론장에서 형성된 여론은 정당들을 통해 실현되었다. 그렇다면 생활세계에서 형성된 여론은 어떻게 실현될 수 있을까? 하버마스는 사회운동에 주목했다. 사회운동은 생활세계 내의 의사소통에 기초한다고 보았기 때문이다.

사회운동에는 다양한 것이 있다. 하버마스는 사회운동을 크게 두 가지로 구분했다.

저항운동들 가운데서 우리는 다시금 기존의 전통적인 사회적 소유 서열 관계를 방어하려는 운동과 이미 합리화된 생활세계의 토대 위에서 새로운 형식의 협동과 공동생활을 시험하는 방어운동을 구별할 수 있다. 이런 기준에 따라 우리는 대규모 기술 프로젝트에 의해 자신들의 생활 환경이 위협받는 것에 대한 구(舊) 중산층의 저항, 종합 학교에 대한 학부모들의 저항, (…) 납세 저항운동, 그리고 대부분의 자치주의적 운동들과 새로운 갈등 잠재력의 핵심 현상들을 구별할 수 있다. 후자의 예로는 생태와 평화의 주제들에서 불붙었으며, 성장 비판을 공통의 초점으로 하는 청년운동과 대안운동 같은 것을 들 수 있다.[13]

하버마스는 두 가지의 사회운동을 모두 중요시하면서도 "새로운 형식의 협동과 공동생활을 시험하는 방어운동", "새로운 갈등 잠재력의 핵심 현상"인 청년운동과 대안운동을 보다 더 중요시했다. 하버마스는 그것들이 해방 잠재력을 가졌다고 보았다. 왜냐하면 전통적인 사회운동이 운동 참여자들의 이해관계를 지키려는 것이라면 새로운 사회운동은 사회를 변화시키고자 하는 것이기 때문이다.

이러한 태도는 하버마스의 해방적 관심을 반영한 것이다. 하버마스는 인간이 억압과 착취를 당하지 않고 인간답게 살 수 있는 세상을 꿈꿨다. 그런 세상은 사회 변혁 없이는 불가능하다. 그래서 일상의 생활에서 공통의 관심사를 놓고 토론하며 의사소통하는 것이 중요하다. 그것이 세상을 바꾸는 첫걸음이다. 우리 스스로가 주체적인 시민이 되어야 하는 이유가 거기에 있다.

《의사소통행위이론》은 1981년에 출판되었다. 이후 여러 가지 변화가 일어났다. 하버마스가 강력하게 비판했던 신자유주의가 전 세계를 지배하고 있다. 그럼에도 이에 저항하는 대안운동이 세계 전역에서 일어나고 있다. 언론의 경우만 보아도 이윤을 추구하는 거대 언론에 맞서 다양한 대안 언론들이 나타났다. 무엇보다도 인간답게 살고자 하는 주체적 시민이 성장하고 있다는 사실이 가장 고무적이라 하겠다.

유럽 중심적 사고는
잘못되었다

레비스트로스 《슬픈 열대》

나는 여행이란 것을 싫어하며, 또 탐험가들도 싫어한다. 그러면서
도 지금 나는 나의 여행기를 쓸 준비를 하고 있다. 내가 이 일을 결
심하기까지 꽤 오랜 시간이 걸려야 했다. 마지막으로 내가 브라질
을 떠나온 지도 벌써 15년이 지났으며, 그동안 내내 이 책을 써볼
생각을 수없이 해왔다. 그러나 그때마다 부끄러움과 혐오감이 앞
서서 그만두고는 했다. 무엇 때문에 그 시시하고 무미건조한 사실
이며 사건들을 상세하게 서술해야 한다는 말인가.

레비스트로스(Claude Lévi-Strauss, 1908~2009)는 《슬픈 열대(Tristes Tropiques)》를 이렇게 시작했다. 그는 마지막으로 브라질을 떠나온 지 15년 만에 이 책을 쓴다고 했다. 책을 쓸 생각을 여러 차례 했지만 그만두었다고도 했다. 레비스트로스는 무엇을 부끄러워하고, 무엇에 대해 혐오감을 가졌을까?

레비스트로스는 시시하고 무미건조한 사실과 사건이라 했지만 《슬픈 열대》에 기록된 사실과 사건은 결코 시시하지도 무미건조하지도 않다. 그가 부끄러움과 혐오감을 느낀 대상은 남아메리카 아마존 일대의 원주민이 아니다. 레비스트로스가 부끄러워한 대상은 문명인이라고 자부하는 존재들이었고, 그가 혐오스러워한 것은 문명이었다.

레비스트로스는 《슬픈 열대》를 통해 문명인을 자부하는 자들이 얼마나 부끄럽고 혐오스러운 존재인지를 보여주었다. 또한 그는 이 책에서 아마존 원주민의 삶과 미래가 슬프고 비관적임을 보여준다. 그래서 제목이 '슬픈 열대'다.

레비스트로스가 처음으로 브라질에 간 것은 1935년이었다. 그의 스승인 조르주 뒤마(Georges Dumas, 1866~1946)가 브라질에 설립한 상파울루 대학에 사회학 교수로 가게 된 것이었다. 그는 상파울루 대학에서 약 5년간 가르쳤다. 레비스트로스는 브라질에 체류하는 동안 주말이나 방학을 이용하여 아마존 강 유역의 원주민 사회를 답사하는 기회를 가지게 되었다. 원주민들과 접촉하면서 인류학에 관심을 갖게 되었고 1936년에는 인류학 논문을 발표하기도 했다.

《슬픈 열대》는 레비스트로스가 1937년부터 1938년 사이에 방문했던 브라질 내륙 지방의 카두베오 족, 보로로 족, 남비콰라 족, 투피 카와이브 족 등 네 개의 원주민 부족에 대한 기록이다. 그뿐만 아니라 레비스트로스는 이 책에서 자신의 사상적 편력과 청년기의 체험과 함께 자신이 왜 민족학자, 즉 인류학자가 되었는지를 서술했다. 따라서 《슬픈 열대》는 레비스트로스의 지적 자서전이라고도 할 수 있다.

원주민 사회의 해체를 연구하는 학문

1930년대 중반 프랑스인들에게 브라질은 매우 낯선 곳이었다. 브라질의 대학에서 강의하려는 교수가 없어서 봉급을 세 배나 주어야 교수를 구할 수 있었다. 레비스트로스에게도 브라질은 낯선 땅이었다. 그럼에도 그가 브라질로 간 것은 인류학에 대한 관심 때문이었다.

레비스트로스는 본래 철학을 전공했다. 그는 5년간 철학을 공부했지만 얻은 것이 없었다. 당시의 철학은 언어의 문제를 다루었다. 그는 철학에서 다루는 형식과 내용, 본질과 실존 등의 개념들이 사고를 훈련시키는 것이 아니라 말장난에 불과하다고 생각하게 되었다.

그래서 레비스트로스는 법학을 공부하기 시작했다. 그것이 쉬웠기 때문이다. 그러나 법학에서도 어떤 뚜렷한 학문적인 객관적 근거를 발견할 수 없었다. 레비스트로스의 지적 방황은 계속되었다. 프로이트의 학설을 공부하고 마르크스주의를 연구했다. 그러나 그것들 역시 레비스트로스에게 지적인 만족감을 주지 못했다.

이러한 지적 갈등과 방황 끝에 레비스트로스는 인류학, 즉 민족학을 발견했다. 그는 민족학이 가져다준 만족감에 대해 다음과 같이 썼다.

민족학은 나에게 지적 만족을 가져다준다. 세계의 역사와 나의 역
사라는 양극을 결합시켜, 인류와 나 사이에 공통되는 근거를 동시
에 드러내 보이는 것이다. 민족학은 나로 하여금 인간을 연구하도
록 함으로써 나의 회의를 덜어주었다. 어떤 한 문명에만 집착하여
서 만일 그 문명 바깥으로 나가게 되면 자기 붕괴를 일으키고 말 사
람들을 제외한, 모든 인간들에게 관련되는 변화와 차이를 민족학
이 다루고 있기 때문이다. 어쨌든 민족학은 풍속과 습관과 제도의
다양성을 갖춘, 실질적으로 무한한 자료를 나의 사고에 확보시켜
주면서 나의 불안과 파괴적인 갈망을 가라앉혀준다. 민족학은 나
의 성격과 생활을 융화시켜주는 것이다.[14]

민족학은 인간을 연구한다고 했다. 민족학은 모든 인간의 다양한 습
관, 태도, 제도를 연구 대상으로 한다. 그래서 모든 인간의 변화와 차이
를 다룰 수 있게 된다. 레비스트로스는 민족학을 통해 자신과 세계를
결합하고, 자신과 세계가 공유한 동기를 해명할 수 있다고 보았다.

레비스트로스가 민족학에 만족한 이유는 연구 대상에 국한되지 않
았다. 민족학은 연구 방법 역시 철학이나 법학과 달랐다. 철학이나 법
학은 연구실에 앉아 사실과 개념을 검토한다. 그러나 민족학은 연구자
가 직접 참여해야 한다. 원주민 사회를 실제로 체험하면서 관찰해야
한다. 레비스트로스는 그러한 연구 방법이 자신의 성격과 생활을 조화

시켜줄 것이라고 기대했다.

레비스트로스는 브라질로 건너가 원주민 사회와 직접 접촉하면서 민족학적 조사를 하기로 했다. 그러나 민족학자가 하는 일은 영화 〈인디아나 존스〉에 나오는 것과 같은 모험이나 탐험이 아니다. 원주민 사회에 대한 탐구는 원시림 한가운데에서 예상치 않게 겪게 되는 굶주림, 피로, 질병을 이겨내는 인내의 작업이었다.

이런 인내의 작업을 하며 레비스트로스는 무엇을 발견했을까? 레비스트로스는 원주민 사회가 해체되고 있음을 목격했다. 원주민 사회는 이른바 문명사회와 접촉하면서 변질되고 있었다. 원주민 사회의 변질은 원주민들에 의해 이루어지는 것이 아니라 유럽 문명이 원주민 사회를 파괴함으로써 일어나고 있었다.

레비스트로스는 유럽 문명의 침략성에 분노했다. 또한 레비스트로스는 자신의 기대와 달리 민족학이 원주민 사회의 해체를 탐구하는 학문이라고 한탄하지 않을 수 없었다.

원주민이 사라져가다

그러면 당시 브라질 원주민의 상황은 어떠했을까? 레비스트로스는 브라질로 가기 전에 프랑스 주재 브라질 대사로부터 다음과 같은 얘기를 들어야 했다.

인디언 말씀입니까? 아아! 선생. 이미 오래전에 다들 사라졌지요.

우리 조국에 있어 정말 슬프고 부끄러운 역사의 한 페이지입니다. 16세기 포르투갈의 식민지 통치자들은 탐욕스럽고도 난폭한 친구들이었지요. 하지만 그때 누가 그들의 거친 소행을 비난할 수 있었겠습니까? 그들은 인디언들을 붙잡아다가 포구에 결박을 지어 놓고, 산 채로 그냥 포탄을 쏴버리곤 했답니다. 최후의 한 사람까지 다 그런 식으로 없애버렸던 거지요. 사회학자로서의 당신에게는 브라질이 많은 감격적인 사실들을 발견하게 해줄 것입니다. 하지만 인디언에 대해서는 아예 기대를 마십시오. 단 한 사람도 볼 수 없을 테니까요.[15]

레비스트로스는 두 가지 점에 깜짝 놀랐다. 첫째는 브라질 대사가 원주민 대량 학살은 원주민의 책임이라는 식으로 말한다는 점이었다. 브라질 대사는 청년 시절부터 프랑스에서 교육받았기 때문에 유럽의 시각에 흠뻑 젖어 있었다.

둘째, 레비스트로스가 입수한 1918년 지도에 따르면, 프랑스 크기인 브라질 상파울루 주의 3분의 2는 '인디언만 거주하고 있는 미개발 지역'이었다는 점이다. 즉 원주민이 살고 있는 지역이 다수였던 것이다. 그런데 불과 10여 년 만에 원주민이 사라졌다는 것이었다.

실제로 레비스트로스는 상파울루에서 원주민을 만날 수 없었다. 가끔씩 골동품을 팔러 나온 몇몇 가족만 볼 수 있을 뿐이었다. 원주민을 만나려면 상파울루에서 3000킬로미터나 떨어진 내륙으로 들어가야만 했다.

레비스트로스가 원주민을 처음 만난 곳은 티바지 강이었다. 그곳에는 상파울루 개발에 밀려난 원주민들이 살고 있었다. 그들은 20세기 초까지 상파울루 인근 숲속에서 살았다. 수백 년 동안 잔혹한 학살을 경험했기 때문에 자신들을 외부 세계에 노출시키지 않고 살아가는 법을 배웠다.

그러나 20세기에 들어 유럽인들이 상파울루 개발을 본격화하면서 상황이 달라졌다. 유럽계 회사들이 브라질 정부로부터 토지 조차권을 얻어 도로와 철도를 건설했다. 도로가 생기고 철도가 뻗어나감에 따라 원주민들은 삶의 터전을 박탈당했다.

브라질 정부는 원주민들을 특정 지역에 거주하게 했고 이에 저항하는 원주민들을 진압했다. 그러한 사정을 레비스트로스는 이렇게 썼다.

대부분의 집단들은 1914년경에 진압되었고 또 브라질 정부는 '문명 생활에 적응'시킨다는 목적으로 그들을 특정 지역 내에 거주시켰다. 예를 들면 내가 베이스캠프를 쳤던 상제로니무의 부락에는 자물쇠 상점, 약방, 학교, 그리고 제재소가 있었다. 정기적으로 도끼, 칼, 못이 그곳에 보내졌고 의류와 담요도 지급되었다. 그러나 20년 후에는 이 같은 실험은 중지되었다. (…) 원주민들이 짤막한 문명 생활과 체험을 통해 지니게 된 것이라고는 브라질인들의 옷, 그리고 도끼, 칼, 바늘, 실의 사용법이었다. 다른 측면에서는 완전히 실패했을 뿐이다. 원주민들을 위해 주택이 건립되었지만 그들은 오히려 야외에서 사는 것을 더 좋아했다. 그들을 부락 내에 거주시키려고 노력을 해보았으나 그들은 여전히 방랑 생활을 즐겼다. (…) (티바지 인디언들은) 20세기 초반(1900~1925)에 매우 광범위하게 나타났던 사회학적 상황을 완전하게 보여주는 하나의 실례였다. 말하자면 그들은 갑작스레 문명의 강요를 당한 '예전의 야만인들'이었다. 그러나 그들이 '사회에 대한 위험한 존재'가 아니라는 것이 밝혀짐과 동시에 문명은 그들에 대해서 더 이상 관심을 부여하지 않았다.[16]

레비스트로스가 티바지 강에서 만난 원주민들은 '진정한 인디언'이 아니었다. 그렇다고 해서 '문명화한 인디언'도 아니었다. 옛날 방식의 삶을 살려고 하면서도 유럽인이 전파한 도구를 이용하는 어중간한 삶을 사는 사람들이었다. 문제는 그들이 어중간한 삶을 산다는 것이 아니라 삶의 터전을 잃으면서 사라지고 있다는 점이었다.

레비스트로스는 '순수한 인디언'을 만나기 위해 더욱 깊숙이 내륙으로 들어가야 했다. 그리하여 그는 카두베오 족, 보로로 족, 남비콰라 족, 투피 카와이브 족을 만나게 되었다. 그러나 그들 역시 '순수'하지 않았다. 그들도 이미 유럽인의 영향력 아래 살고 있었다.

유럽인의 농장 일에 동원되어 수탈되는 원주민도 있었고, 황금과 다이아몬드를 찾으려는 유럽인에게 혹사당하는 원주민도 있었다. 또한 많은 원주민들이 성병과 같이 유럽인이 퍼뜨린 질병에 신음하며 죽어가기도 했다. 수많은 원주민들이 16세기 이후 수백 년간 유럽인들에게 학살되었다면 20세기에 들어서는 유럽인들의 경제적 욕망에 희생되고 있었다. 레비스트로스는 그 현장을 목격했다.

열대가 슬픈 이유

레비스트로스는 브라질 원주민 조사에서 무엇을 찾으려 했을까? 신석기시대의 삶이었다. 그는 프랑스의 철학자 루소를 존경했다. 루소를 가리켜 "우리들의 주인이자 형제"라고 했고, 《슬픈 열대》의 모든 페이지를 루소에게 헌정"할 수 있다고도 했다.

일찍이 루소는 《인간불평등기원론》에서 '자연 상태'를 설정했다. 루소는 인간이 자연 상태에서 완전히 자유롭고 평등했지만 공동생활을 하는 사회 상태로 이행하면서 불평등하게 되었다고 했다. 그런데 루소는 자연 상태를 설정함으로써 비판을 받았다. 사회를 떠난 인간은 존재할 수 없으므로 자연 상태를 설정한 것은 잘못이라는 지적이었다.

레비스트로스는 루소에 대한 비판이 타당하지 않다고 했다. 레비스트로스에 따르면, 루소는 결코 사회를 떠난 인간을 상정하지 않았다. 루소는 인간에게 고유한 사회 상태 내의 악이 어디에서 유래하는지를 밝히려 했다는 것이다. 즉 악이 사회 상태의 고유한 것인지 아닌지 하는 문제를 해결하고자 했다는 것이다.

이른바 '문명사회'에 대한 연구는 루소가 제기한 문제에 해답을 줄 수 없다. 레비스트로스는 루소가 자연 상태와 가장 유사한 상태를 신석기시대로 생각했다고 보았다. 따라서 레비스트로스는 루소가 민족학에 영감을 주었다고 생각했다. 그리고 브라질 원주민을 조사한 결과 루소의 생각은 옳았다고 판단했다. 레비스트로스의 말을 들어보자.

나로서는 루소가 말한 '원초(原初) 시대의 거의 감지할 수 없는 진보'를 찾아서 지구의 끝까지 갔던 것이다. 보로로 족과 카두베오 족의 지나치게 복잡한 법칙의 베일 뒤에서 나는 다시 한 번 루소의 말을 인용하면 "더 이상 존재하지 않으며, 어쩌면 존재한 일조차 없고, 아마도 결코 존재하지 않을 것이지만, 우리의 현재 상태를 적절히 판단하기 위해서는 우리가 그 정확한 개념을 알고 있는 것이 필요한" 어떤 상태를 찾으려고 애썼던 것이다.

나는 루소보다 운이 좋게, 거의 종말에 직면한 하나의 사회 속에서 그와 같은 상태를 발견할 수 있었다고 생각했다. 그러나 이 사회가 (루소가 마음속에 지니고 있던 사회의) 어떤 흔적을 나타내주는 것인지 아닌지를 자문한다면 그것은 쓸데없는 짓일 것이다. 전통적인 것이든 혹은 타락해버린 것이든 간에 그 사회는 나로 하여금 상상할 수 있는 모든 사회적, 정치적 조직의 형태 가운데서 가장 빈약한 조직의 하나와 접할 수 있게 했다. 나는 원초적인 조직 속에서 그 사회를 유지했거나 또는 그러한 조건에까지 그 사회를 이끌고 갔음직한 그 사회의 고유한 역사를 탐구할 필요는 없었다. (…) 나는 가장 단순한 표현으로 환원되어 있는 사회를 찾아다녔다. 그런데 바로 남비콰라 족의 사회가 내가 그 사회에서 오직 인간만을 발견할 수 있었을 정도로 단순한 상태에 있었다.[17]

레비스트로스는 루소보다 운이 좋아서 남비콰라 족을 발견했다고 했다. 그러면 남비콰라 족을 발견해서 기뻤을까? 그는 남비콰라 족의 수를 알고자 했다. 1915년에 나온 보고서에서는 인구가 2만 명에 이른 다고 추산되었다. 그러나 불과 20여 년이 지나 레비스트로스가 방문했 을 당시 인구는 고작 2000명 남짓에 불과했다.

레비스트로스는 자신보다 10년 전에 남비콰라 족을 방문했던 한 학 자의 글을 인용했다.

내가 마투그로수에서 보았던 모든 인디언들 가운데서 이 남비콰라 무리들이 가장 비참한 듯했다. 여덟 명의 남자들 가운데 한 사람은 매독에 걸렸고, 한 사람은 허리가 곪아서 고약한 냄새를 풍기고 있 었으며, 한 사람은 발에 상처를 입고 있었고, 또 한 사람은 비늘이 생기는 피부병에 걸려 온몸에 퍼져 있었으며, 귀머거리에 벙어리 까지 겹친 사람도 한 명 있었다.[18]

백인들이 옮긴 병으로 남비콰라 족의 남자들이 고통을 겪고 있었던 것이다. 남비콰라 족의 인구수는 급격히 감소했다. 1900년 초에 '사바 네' 집단이라고 알려진 남비콰라 족의 한 분파는 인구가 1000명이 넘 었다. 그러나 1929년 인플루엔자의 유행으로 300여 명의 원주민이 사 망했다. 1938년에 이르면 사바네 집단에는 19명의 남자만이 아내와 아이들을 거느리고 살아남았다.

레비스트로스가 원주민 사회를 조사하며 느낀 것은 비애감이었다.

그는 광대한 열대가 이미 황폐해지고 있음을 보았다. 그곳의 자연은 풍요롭지 못했고, 원주민들은 생존의 한계 상황에서 살아가고 있었다. 그리고 아직까지 도기 제조나 직조 기술조차 습득하지 못한 원주민들에게 선교사, 대농장 지주, 식민주의자, 정부 기관의 직원 등은 유럽의 문명을 침투시키려 하고 있었다. 그래서 원주민 사회의 미묘한 균형이 깨어지고 있었다.

루소가 악의 기원을 사회 상태로의 이행에서 찾았던 것처럼 레비스트로스는 악의 기원이 바로 문명임을 알았다. 그는 신비스러운 조화의 구조를 가졌던 원시적 과거가 눈앞에서 파괴되고 소멸해가는 것을 목격했다. 그래서 마지막 원주민들이 자신들의 삶을 위해 발버둥치고 있는 열대가 슬픈 것이었다.

서로 다른 사회가 있을 뿐이다

레비스트로스는 "만약 누군가가 자신들의 사회를 다른 사회와 연관 지어 평가할 수 있다고 주장한다면, 그들은 자신들의 사회가 다른 모든 사회들보다 더 우월하다고 주장하는 것"에 불과하다고 비판했다.

그러한 관점에서 레비스트로스는 유럽 사회가 자신의 기준으로 다른 사회를 재단하려는 태도에 반대했다. 유럽 사회의 관점에서 원주민 사회가 야만적이거나 비합리적이라고 생각하는 것은 잘못이다. 원주민 사회는 유럽 사회와는 다른 하나의 사회일 뿐이다. 이 세상에서 더 우월한 사회란 없다.

독일의 철학자 헤겔은《역사철학강의(Vorlesungen über die Philosophie der Weltgeschichte)》에서 아프리카 원주민의 식인 습관을 비판했다. 아프리카 원주민이 야만적이고 비윤리적이기 때문에 식인을 한다는 것이다. 심지어 식인은 아프리카 원주민이 가진 일반적인 원리에 부합하는 것이라고도 했다. 즉 아프리카 원주민은 인육조차도 하나의 고기로 취급한다는 것이다. 이러한 헤겔의 비판에는 '유럽인은 문명인이고 아프리카 원주민은 야만인'이라는 사고가 깔려 있었다. 즉 헤겔은 유럽이 아프리카보다 우월하다는 의식을 가졌던 것이다.

레비스트로스는 다른 관점에서 식인 습관에 접근했다.

완전한 사회란 없다. 각 사회는 그것이 주장하는 규범들과 양립할 수 없는 어떤 불순물을 그 자체 내에 선천적으로 지니고 있다. 이 불순물은 구체적으로는 잔인, 부정, 그리고 무감각으로서 표현된다. 우리는 이 같은 요소들을 어떻게 평가해야만 하는 것일까? 민족학적 조사가 여기에 대한 대답을 제공할 수 있다. 왜냐하면 어떤 적은 수의 사회를 비교하면 서로서로가 매우 다른 것처럼 보이게 되지만 조사의 영역이 확대되어나감에 따라서 차이점들은 점점 감소된다. 그리하여 마침내는 어떤 인간 사회도 철저하게 선하지는 않다는 점이 명백해질 것이다. 그러나 어떤 인간 사회나 근본적으로 악한 것도 아니다. (…) 야만인의 모든 관례들 가운데에서 우리들이 가장 끔찍하게 혐오하는 식인 풍습을 예로 들어보자. (…) 조상의 신체의 일부분이나 적의 시체의 살점들을 먹음으로써 식인종

은 죽은 자의 덕을 획득하려 하거나 또는 그 힘들을 중화시키고자
한다. 이러한 의식은 종종 매우 비밀스럽게 거행되며, 그들이 먹고
자 하는 그 음식물을 다른 음식물과 섞거나 또는 빻아 가루로 만든
유기물 약간을 합해 먹는다. (…) 우리가 식인종을 비난하는 이유인
죽음의 신성함에 대한 무시의 정도는 우리가 해부학 실습을 용인
하고 있다는 사실보다 더 크지도 더 작지도 않다.[19]

어떤 인간 사회에도 철저하게 선하거나 근본적으로 악한 것은 없다
고 했다. 이런 관점에서 레비스트로스는 '야만인'이 식인을 하는 이유
에 대해 설명했다. 헤겔의 주장과 달리 식인종은 인육을 고기로 생각
하여 배를 불리기 위해 먹는 것이 아니다. 조상의 덕을 획득하거나 적
의 힘을 무력화시키는 방법으로 약간의 살점을 먹을 뿐이다. 또한 식
인은 매우 비밀스럽게 진행된다.
　레비스트로스의 설명은 헤겔의 주장이 유럽인 중심적 사고임을 보여
준다. 또한 레비스트로스는 윤리적 측면에서도 원주민과 유럽인 사이
에 차이가 없음을 주장했다. 죽음의 신성함을 무시한다는 측면에서 보
면 유럽인의 해부학 실습과 원주민의 식인은 다를 바 없다는 것이다.
　이어서 레비스트로스는 형벌의 측면에서 원주민과 유럽인을 비교하
며 이렇게 썼다.

우리는 무엇보다도 만약 어떤 다른 사회의 관찰자가 조사하게 된
다면 우리들 자신의 어떤 관계들이 그에게는 우리가 비문명적이라

고 간주하는 식인 풍습과 유사한 종류로 간주될 것이라는 점을 유의해야만 한다. 여기에서 나는 우리들의 재판과 형벌의 습관들에 대해 생각해보고 싶다. 만약 우리가 외부로부터 이것들을 관찰한다면 우리는 두 개의 상반되는 사회형을 구별해보고 싶을 것이다. 식인 풍습을 실행하는 사회에서는 어떤 무서운 힘을 지니고 있는 사람들을 중화시키거나 또는 그들을 자기네에게 유리하도록 변모시키는 유일한 방법은 그들을 자기네 육체 속으로 빨아들이는 것이라고 믿는다.

한편 우리들 사회 같은 두 번째 유형의 사회는 (…) 이 끔찍한 존재들을 일정 기간 또는 영원히 고립시킴으로써 그들을 사회로부터 추방한다. 이 존재들은 이 특별한 목적을 위해 고안된 시설들 가운데서 인간성과의 모든 접촉을 거부당한다. 우리가 미개적이라고 부르는 대부분의 사회에서 이 같은 관습은 극심한 공포를 일으킬 것이다. 그들이 오직 우리와는 대칭적인 관습을 지니고 있다는 이유만으로 우리가 그들을 야만적이라고 간주하듯이 우리들 자신도 그들에게는 야만적으로 보이게 될 것이다. (…) 우리가 동료 인간들을 잡아먹는 대신에 그들을 신체적, 도덕적으로 절단시킨다는 단순한 이유 때문에 우리들이 하나의 '위대한 정신적 진전'을 이루었다고 믿는 것은 우스꽝스러운 짓이 아닐 수 없다.[20]

범죄자를 죽여 먹는 것과 감옥에 가두는 것 중 어느 것이 더 야만적일까? 유럽인이라면 식인 풍습을 야만적이라고 할 것이다. 그러나 "어떤 다른 사회"의 관찰자에게는 감옥에 가두는 것이 야만적으로 보일 것이다. 서로 자신의 입장에서 다른 사회를 바라보는 것이다. 그래서 레비스트로스는 유럽만이 "위대한 정신적 진전"을 이루었다고 주장하는 것은 우스꽝스러운 일이라고 했다.

레비스트로스는 민족학, 즉 인류학에 대한 관심으로 브라질 원주민 사회를 조사했다. 그가 발견하고자 한 것은 루소가 설정한 자연 상태였다. 마침내 레비스트로스는 원주민의 한 부족에서 자연 상태를 발견했다. 그러나 그는 자연 상태의 원주민들이 사라져가고 있는 슬픈 현실을 목격해야 했다.

그렇지만 레비스트로스는 더 큰 발견을 했다. 그는 유럽 중심적 사고가 잘못되었음을 발견했다. 어떤 사회든 완전한 사회는 없다. 따라서 우월한 사회와 열등한 사회라는 차등적 관점은 의미가 없다. 이 세상에는 서로 다른 사회만 있을 뿐, 더 우월한 사회는 없기 때문이다. 그래서 레비스트로스는 "우리들 자신의 것과는 동떨어진 생활 방식과 관습들에 대해서 편견 없고 분별 있는 관점"을 가질 것을 촉구했다.

레비스트로스가 주장하듯, "위대한 정신적 진전"은 차등의 관점을 버리고 대등의 관점에서 세상을 볼 때 가능하다. 그러나 아직도 이러한 관점의 전환이 온전히 이루어지지 않고 있다. 문명이 원주민의 삶을 파괴하고 사라지게 하는 열대가 슬프듯이, 차등적 세계관이 널리 퍼진 문명 역시 슬픈 것이다.

우리를 억압하는
권력에 저항하라

푸코 《지식의 고고학》

어떤 감옥의 모습을 보자.

반지 모양의 원형 건물 안마당 중심에는 탑이 하나 있다. 탑에는 원형 건물의 안쪽으로 향해 있는 여러 개의 큰 창문이 뚫려 있는데, 지그재그의 칸막이가 설치되어 있어서 안이 들여다보이지 않는다. 반지 모양의 원형 건물은 독방들로 나뉘어 있다. 독방은 건물의 앞면에서 뒷면까지 내부 공간을 모두 차지하고 있는데, 독방에는 두 개의 창문이 나 있다. 하나는 탑의 창문에 대응하는 쪽에 있고 다른 하나는 건물 바깥쪽으로 나 있어서 그곳을 통해 빛이 스며든다. 중 앙의 탑에는 감시인이 한 명 배치되어 있고, 각 독방에는 죄수가 한 사람씩 감금되어 있다. 중앙의 탑은 빛이 차단되어 있어서 감시인 이 있는지 없는지를 확인할 수 없지만 수감자들은 역광에 의해 언 제나 환하게 모습이 보이도록 되어 있다.

영국의 공리주의 철학자 벤담이 1791년에 설계하여 발표한 '팬옵티 콘(panopticon)'이란 감옥의 구조다. 팬옵티콘은 '모두'를 뜻하는 그리 스어 '판(pan)'과 '본다'를 뜻하는 그리스어 '옵티콘(opticon)'의 합성어 다. 벤담은 한 사람의 감시인이 전체 죄수들을 효율적으로 감시할 수 있도록 팬옵티콘을 고안했다.

벤담이 팬옵티콘을 고안한 목적은 죄수들에 대한 감시보다는 감옥 안에서 생길지 모를 사건이나 사고를 방지하기 위해서였다. 벤담은 범 죄자에 대한 처벌보다 범죄 예방을 주장한 철학자다. 그러한 생각이 반영되어 팬옵티콘이란 감옥을 고안했다.

세월이 흐르면서 잊혔던 벤담의 팬옵티콘을 푸코(Michel Paul Foucault, 1926~1984)가 불러냈다. 푸코가 팬옵티콘을 불러낸 목적은 벤담과 달리 현대사회의 감시를 폭로하기 위해서였다. 푸코는 팬옵티 콘이 오늘날의 사회에서 일상적으로 일어나는 감시의 구조를 상징적 으로 보여준다고 보았다.

오늘날 권력은 인터넷, 감시 카메라 등을 이용하여 개인들의 일거수 일투족을 감시한다. 팬옵티콘에서는 죄수들이 감시인을 볼 수 없어서 자신들이 감시당한다는 것을 의식하지 못한다. 마찬가지로 푸코는 현대인들이 자신들을 감시하는 권력을 볼 수 없어서 감시당하는지조차 의식하지 못하고 살아간다고 보았다.

판옵티콘에 빗댄 근대 권력에 대한 폭로와 비판은 푸코가 일생을 두고 진행한 작업의 한 사례다. 흔히 유럽의 근대는 인간의 자유와 평등이 실현된 시대로 간주된다. 그러나 푸코는 그것이 겉으로 보이는 모습에 불과하다고 했다. 실질적으로는 억압과 불평등이 존재하는 사회가 근대사회라는 것이다.

푸코는 근대사회의 억압과 폭력성을 폭로하기 위한 연구를 했고, 또한 권력에 저항하는 실천적 지식인의 삶을 살았다. 근대사회를 폭로하려면 새로운 연구 방법이 필요했다. 근대 이성의 본질을 폭로해야 했기 때문이다. 그래서 푸코는 지성사를 연구하면서 주요 개념을 뒤집어 해석하는 작업을 수행했다.

푸코를 향해 다양한 비난과 조롱을 퍼붓는 사람들이 적지 않았다. 푸코는 그들에게 이렇게 답했다.

당신들은 내가 그렇게 고통스럽게 또 그렇게 즐겁게 쓰고자 한다고 생각하는가. (…) 한 사람 이상이, 의심할 바 없이 나처럼, 더 이상 얼굴을 가지지 않기 위해서 쓴다. 내가 누구인지 묻지 말라. 나에게 거기에 그렇게 머물러 있으라고 요구하지도 말라. 이것이 나의 도덕이다. 이것이 내 신분증명서의 원칙이다. 쓴다는 것이 필요할 때, 이것이 우리를 자유롭게 하는 것이다.[21]

자신의 사고는 한곳에 머물러 있지 않고 계속 새로운 것을 향해 움직이니, 언제든 자유롭게 쓰겠다는 말이다.

역사는 연속적이지 않다

푸코는 대학에서 병리학, 심리학, 정신분석학과 같은 의학 계열의 학문을 공부했고, 졸업 후에는 과학적 심리학을 가르치기도 했다. 그러나 푸코가 관심을 기울인 분야는 역사학이었다. 그는 역사학을 기초로 철학을 하고자 했다. 그래서 푸코를 두고 '철학자가 되기 위해 역사가가 되었다'라고 평가하기도 한다.

1969년에 발표한《지식의 고고학(L'archéologie du savoir)》은 '역사란 무엇인가'라는 질문에 답을 하는 책이다. 푸코는 이 책에서 전통적 역사학을 뒤집는 새로운 역사학을 제시했다. 그것은 근대사회를 폭로하기 위해 필요한 새로운 연구 방법이기도 했다.

전통적인 역사학은 무엇을 하고자 하는가? 푸코의 설명을 들어보자.

역사가들은, 정치적 돌발 사건들과 그들의 일화 아래에서, 안정적이고 깨어지기 어려운 평형들과 비가역적인 과정들, 항상적인 조절, 오랫동안의 지속을 거쳐 정상에 달했다가 전복되는 일정한 경향의 현상들, 축적과 느린 포화의 운동들, 전통적인 이야기들의 연쇄가 사건들의 모든 두께로부터 복구해낸 부동의 그리고 말 없는 커다란 주춧돌을 드러내고자 했던 것이다. 이러한 분석을 행하기 위해 역사가들은 한편으로 그들이 주조해낸, 또 한편으로 다른 과학들로부터 받아들인 도구들을 사용했다: 경제적 성장의 모델들, 교환 유통의 양적 분석, 인구통계학적 성장과 퇴보의 단면도, 풍토와 그의 진동에 관한 연구, 사회학적 상수들의 지표화, 기술(技術)들의 배분에 대한 그리고 그들의 확산 및 존속에 대한 기술(記述). (…) 정치적 지배, 전쟁, 기근으로 시끄러운 역사의 이면에서 거의 부동의 것으로 보이는, 극히 완만한 경사를 그리는 제역사가 드러난다: 항로의 역사, 소맥과 금광의 역사, 가뭄과 홍수의 역사, 윤작의 역사, 굶주림과 풍요 사이에서 인류에 의해 획득된 평형의 역사.[22]

"부동의 그리고 말 없는 주춧돌", "역사의 이면에서 거의 부동의 것"을 드러내고자 한다고 했다. 전통적인 역사학이 역사에서 하나의 중심 혹은 원리를 보여주고자 한다는 얘기다. 그래서 푸코는 연속성과 총체성이 전통적 역사학의 주요 개념이라고 보았다. 즉 역사를 연속된 과정으로 다루면서 역사를 움직이는 원인, 사건의 경과와 결과를 하나의 원리로 총체적으로 파악하고자 한다는 것이다.

이러한 전통적 역사학에 대해 푸코는 문제를 제기한다. 잡다한 사건들을 어떻게 연결시킬 것인가? 사건들은 어떻게 필연적으로 연결되는가? 연속성과 총체성을 어떻게 정의할 수 있는가? 이러한 문제 제기 속에 푸코의 역사관이 드러난다. 역사는 결코 연속적이지 않다. 과거와 현재가 단절된 것이다. 따라서 역사에서 총체성을 찾는 것은 허황된 일이다.

푸코는 당대에 새롭게 대두하고 있던 역사 연구의 경향에 주목했다. 지성사, 과학사, 철학사, 사상사, 문학사 등과 같이 지식의 역사를 다루는 분야에서 새로운 경향이 나타났다. 지식의 역사를 연구하는 역사가들은 전통적인 역사가들과 다르게 연구를 했다. 그들은 어떤 시대에 대해 서술하기보다 '비약'에 주목했다. 그래서 비약이 일어나는 우발적인 사건, 즉 계기를 추적했다.

비약이 일어나면 비약 이전과 이후가 완전히 달라진다. 그러므로 비약은 곧 전과 후의 단절을 의미한다. 그 단절을 어떤 학자는 "인식론적 활동과 문턱"이라 표현하기도 하고, 어떤 학자는 "인식론적 단절"이라고 부르기도 했다.

문턱이라고 표현하든 비약이라고 표현하든 '역사의 불연속과 단절'을 의미한다. 푸코는 그것을 받아들였다. 한 걸음 더 나아가 불연속과 단절을 지성사뿐만 아니라 역사 전체를 다루는 개념으로 확대했다.

역사 연구에서 어떤 분야는 연속이고 어떤 분야는 불연속이라는 식으로 왔다 갔다 해서는 안 된다. 역사는 연속되지 않으므로 역사에 대한 연구는 불연속에 대한 연구가 되어야 한다. 그래서 푸코는 "새로운 역사학의 가장 본질적인 특징은 아마도 불연속으로의 전회일 것"이라고 했다.

흔적이 말을 하게 하라

그러면 어떤 방법으로 역사를 연구할 것인가? 푸코는 이렇게 말했다.

말 없는 기념비들, 관성적인 흔적들, 문맥 없는 대상들과 과거에 묻힌 사물들에 대한 연구로서의 고고학이 역사를 지향하고, 역사적 언설의 재건에 의해서만 의미를 취했던 때가 있었다. 이제 우리는, 재치 있게 말해서, 우리 시대에 있어 역사란 고고학을, 기념비의 내재적인 기술(記述)을 지향한다고 말할 수 있을 것이다.[23]

푸코는 '고고학적 기술'을 역사 연구의 방법으로 제안했다. 고고학이란 무엇인가? 사전적으로 고고학이란 '과거 인류가 남긴 물질적인 자료를 통해 당시의 문화, 즉 행위, 사회적 조직, 이념 등을 복원하고 과거 인류의 문화가 어떻게 그리고 왜 변화되었는지 연구하는 학문'을 말한다.

실제로는 어떤지 고고학자들의 발굴 현장으로 가보자. 고고학자들은 하나의 지층을 선택하여 발굴을 한다. 공룡 화석같이 큰 것이 나왔다고 멈추는 것이 아니다. 다른 작은 동물의 뼛조각에서부터 눈에 거의 안 보이는 씨앗에 이르기까지 온갖 것들을 발굴하고 수집한다. 그래서 지층 분석을 통해 연대를 밝혀내고 수집한 것들을 바탕으로 그 연대의 특징을 연구한다.

푸코가 고고학에 주목한 이유가 여기에 있다. 첫째, 고고학자들은 하나의 지층에서 발견할 수 있는 모든 것을 발굴하여 연구한다. 반면 역사학자들은 주로 문자로 기록된 것, 즉 문서를 수집하고 연구한다. 푸코는 그렇게 문서에 의존하는 태도를 비판한다.

역사학이라는 분야가 존재하게 된 이래, 사람들은 문서를 이용했고 그를 조사했으며 그에 대해 의문을 제기해왔다는 것은 분명한 사실이다. (…) (그러한 조사와 의문 제기는) 하나의 동일한 목적으로 향한다: 이 문서들이—종종 암시적으로—말해주는 바에서 출발해, 그들 뒤에서 펼쳐 나오는 그리고 그들 뒤 멀리에서 소멸되어가는 과거를 재구성하는 것. (…) (그러나) 역사는 문서에 대한 그의 입장을 바꾸었다: 역사는 문서를 해석하는 것, 그의 참 여부를 결정하는 것, 그 표현적 가치를 결정하는 것이 아닌 내부로부터 그를 가공하는 것, 정교화시키는 것을 그의 최초의 과업으로서 부여받는다. (…) 그러므로 문서는 더 이상 역사에 대해 역사가 그를 통해서 사람들이 말하고 행했던 바를, 사건들이 발생했던 바를 그리고 그 발자국만이 남아 있는 것을 재구성하고자 하는 이 관성적 물질이 아닌 것이다. (…) 문서는 역사—그 자체에 있어 또 충분한 권리를 가지고서 기억이라고 할 수 있을—의 바람직한 도구가 아니다. 이 도구를 사용하는 역사란 (…) 방대한 문서들을 정교화하고 그에 지위를 부여해주는 어떤 방식인 것이다.[24]

예전에는 역사학자들이 문서를 통해 과거를 재구성하고자 했다. 그러나 이제 역사가는 문서를 검토하여 그 내용을 정밀하게 파헤치는 일을 하고 있다는 얘기다. 문서 연구가 오히려 역사 연구에 장애가 된다는 것이다. 그러므로 태도를 바꾸어야 한다. 푸코는 언어적이지 않은 흔적들이 말하게 하는 것이 역사학이라고 했다.

그러므로 역사를 고고학적 방법으로 연구해야 한다. 한 장의 그림, 조그만 돌탑 등과 같이 말없이 서 있는 옛날의 흔적을 찾아 연구를 해야 한다는 것이다. 푸코의 《말과 사물(Les Mots et Les Choses)》에서 그 사례를 찾아볼 수 있다. 푸코는 벨라스케스(Diego Rodríguez de Silva Velázquez, 1599~1660)가 그린 〈시녀들〉에 대한 해석에서 논의를 시작한다. 그는 그 그림을 통해 17세기의 '관념체계'를 읽어냈던 것이다.

푸코가 고고학에 관심을 가진 두 번째 이유는 단절성에 있다. 고고학자들은 각각의 지층이 서로 다른 특징을 갖고 있음을 안다. 즉 각 지층의 특징은 단절된 것이지 연속된 것이 아니라는 것을 안다.

앞에서 서술했듯이 푸코는 역사의 불연속과 단절을 주장했다. 고고학자들이 보여주는 연구 자세는 푸코의 역사관에 부합한다. 푸코가 역사를 불연속과 단절이라고 한 이유는 어떠한 사상이든 이론이든 특정한 시대의 산물일 뿐이라고 보았기 때문이다. 즉 시대가 달라지면 그 사상이나 이론은 진리일 수 없다는 것이다. 푸코는 자신의 역사적 서술 방식에 대해 이렇게 말했다.

고고학적 기술(記述)은 정확히 지성사에 대한 포기이며, 그 가설들과 과정들에 대한 체계적 거부이며, 사람들이 말한 것과는 전혀 다른 역사를 만들어내고자 하는 시도다.[25]

지성사는 사상이나 이론이 연속된다고 본다. 뒤에 등장한 이론은 앞에 있었던 이론을 계승하면서 그 문제점을 극복한다. 그러나 푸코가 주장하는 고고학적 방법에 따르면 앞의 이론과 뒤의 이론은 단절된다. 앞의 이론이나 뒤의 이론이나 당대의 정신적 산물일 뿐이다.

그 한 사례로 푸코는《말과 사물》에서 인문과학을 예로 들었다. 인문과학이란 인간을 과학적으로 분석한다는 학문을 말한다. 흔히 인문과학은 르네상스 이래의 보편적인 학문으로 여겨져왔다. 그러나 푸코는 인문과학이 19세기 유럽에서 탄생한 학문일 뿐임을 밝혀냈다. 푸코에 의하면, 19세기 이전에 인간은 독자적인 분석의 대상이 아니었다. 19세기에 인간이 지식의 중심 대상이 되면서 인문과학이 생겨났다는 것이다. 이상의 분석을 통해 푸코는 사상과 이론에서 시대적 단절을 보여주었다.

근대 이성은 억압을 정당화한다

푸코의 주 관심사는 근대의 해부였다. 유럽의 근대는 모든 억압과 불평등으로부터 인간을 해방시킨 시대라고 일컬어진다. 인간의 이성이 인간 해방의 원동력으로 여겨졌다. 이성은 진리를 밝히는 빛이고, 이성에 의해 밝혀진 진리가 근대사회를 불러왔다는 것이다.

그러나 푸코는 고개를 가로젓는다. 근대는 인간을 해방시킨 시대가 아니라, 또 다른 형태의 억압과 불평등이 존재하는 시대라고. 그리고 푸코는 새로운 억압과 불평등은 근대에 출현한 이성, 즉 근대 이성에 의해 생겨났다고 주장했다.

그래서 푸코는 근대 이성을 비판했다. 푸코에 따르면, 근대 이성은 인간을 '이성적 인간'과 '비이성적 인간'으로 구분한다. 그리고 이성적 인간이 비이성적 인간을 통제하고 다스리는 권한을 갖는다고 한다. 또한 근대적 이성에 의해 형성된 지식은 통제와 다스림, 즉 지배를 정당화하는 역할을 한다. 그러므로 이성과 지식, 그리고 권력은 결탁 관계다. 그 결탁의 과정을 푸코는《광기의 역사(Histoire de la Folie Age)》를 통해 폭로했다.

광기(狂氣)란 무엇인가? 우리는 흔히 광기 하면 정신이상을 떠올린다. 그러나 고대 그리스 시대에는 광기를 달리 생각했다. 그 시대 사람들은 광기를 창조성과 관계있는 것으로 보아 중요시했다. 고대 그리스의 철학자 플라톤이 "광기는 신이 준 것 중 가장 좋은 것"이라고 말한 것이 대표적인 사례다.

그런데 오늘날 광인은 정신이상자로 간주되어 격리와 치료의 대상이 된다. 왜 그렇게 되었을까? 푸코는 르네상스 이후의 역사를 분석하여 광인이 어떻게 배제되고 억압되었는지를 밝혔다. 르네상스 시대에도 광인은 신비한 능력을 가진 사람으로 이해되었다. 물론 그 시대에도 광인은 보통 사람들이 사는 곳으로부터 추방되었지만, 여전히 자유로운 존재였고 통제나 억압의 대상이 아니었다.

17세기에 이르러 사정이 달라졌다. 17세기의 프랑스는 절대주의 국가였고, 데카르트와 파스칼(Blaise Pascal, 1623~1662) 등의 출현으로 근대 이성이 형성되고 있었다. 이때에 프랑스에 구빈원이 설치되었다. 설치 목적은 사회적 불안을 야기할 만한 부랑자들, 즉 실업자, 환자, 상이군인들을 감금하는 것이었다.

광인 역시 구빈원에 감금되었다. 르네상스 시대까지만 해도 자유로운 존재였던 광인이 통제의 대상이 된 것이었다. 광인은 부랑자들과 다른 부류였다. 철학자와 과학자들은 광기를 연구했다. 그 결과 광기는 인간이 가진 '야수성이 드러난 것'으로 규정되었고 광인은 '야수와 같은 인간'으로 분류되었다.

18세기 중엽에 이르러 유럽 사회에서 광인에 대한 공포가 새롭게 부각되었다. 모든 질병과 악의 근원이 광인이라는 인식이 급속히 확산되었다. 사람들은 광기가 확산되어 자신도 광인이 될지 모른다는 공포에 휩싸였다.

그래서 광인은 감옥으로 보내졌다. 그런데 문제가 발생했다. 감옥에 수감된 범죄자들이 광인들과 함께 지내는 것에 항의를 했던 것이다. 그래서 광인만을 수용할 수용소를 고민하지 않을 수 없게 되었다. 이 때 의사들은 광기가 정신질환이라고 주장하기 시작했다. 그것은 광기가 '이성이 아닌 것'으로 문명과 연관된 질병이라는 주장이었다. 즉 광인은 지나치게 방종을 하고 문명에 적응하지 못하는 인간이라는 것이었다.

이러한 주장을 바탕으로 19세기에 광인을 위한 수용소가 세워졌다. 수용소의 목적은 체벌이 아니라 치료였다. 치료는 광인들의 수치심, 열등감, 자책감을 자극하는 것에서 시작했다. 즉 광인이 죄의식을 갖게 만드는 것이었다.

이런 분석을 통해 푸코는 광기를 '이성이 아닌 것'으로 규정하고 광인을 '비이성적 인간'으로 구분하는 일이 근대에 와서 생겨났음을 보여주었다. 다시 말해 근대에 들어와 인간을 이성적 인간과 비이성적 인간으로 구분하기 시작했던 것이다. 그리고 '이성이 아닌 것'은 다시 '비정상'으로 규정되었고, 비정상인으로 낙인찍힌 사람들은 감시와 통제의 대상이 되었다.

푸코는 인간의 구분과 감시, 그리고 통제가 근대 이성의 횡포라고 말한다. 광기가 '이성이 아닌 것'이라면 이성은 '광기가 아닌 것'에 불과하다. 무엇이 정상이고 무엇이 비정상인가. 그런데 사람들은 근대 이성을 절대화함으로써 '이성이 아닌 것'을 비정상으로 규정해서 억압과 통제를 정당화했다. '이성이 아닌 것'은 잘못된 것이고, 따라서 '이성이 아닌 것'에 대한 억압과 통제를 당연한 것으로 받아들이게 된 것이다.

'너 자신을 알라'라는 말의 새로운 해석

푸코가 역사를 불연속과 단절이라고 주장한 이유는 현재의 지배적 사상이 인류 역사를 관통하는 보편적 사상이 아님을 밝히기 위해서였다. 어떠한 사상이든 한 시대의 특수한 이해관계 속에서 생겨난 것이다. 푸코가 근대 이성의 본질을 폭로한 이유가 여기에 있다. 사람들은 근대 이성을 가장 보편적인 것으로 여기지만 푸코는 근대 이성이 근대에 탄생한 것일 뿐이고 억압과 불평등을 낳았다고 폭로했다.

푸코의 철학은 우리에게 각성을 촉구한 것이었다. 우리는 자율적인 존재인가? 그렇지 않다. 우리의 사고를 지배하는 것이 무엇인지를 생각해보면 알 수 있다. 우리는 부지불식간에 지배적 사상을 받아들인다. 그래서 우리는 스스로의 판단에 의해서가 아니라 외부에서 주입된 사상에 의해 생각을 한다. 그러므로 우리는 타율적인 존재다.

우리가 흔히 사용하는 '비이성적'이니 '비정상'이니 하는 말에서 그 사례를 찾을 수 있다. 우리는 불행히도 외부에서 주입된 기준에 따라 이성과 비이성, 정상과 비정상을 구분한다. 그리고 비이성이나 비정상이라고 생각되는 것들을 배제하고 차별하며 억압한다.

그러한 배제, 차별, 억압은 권력에 의해 조장되고 권력을 정당화한다. 1980년 5월에 일어난 광주민주화운동이 그 사례다. 당시 권력 집단과 언론은 민주주의를 요구하는 시민들의 행동을 '폭도들의 난동'이라고 규정했다. 비이성적 폭도가 비정상적 난동을 일으켰다는 것이었다. 그리고 그러한 규정을 근거로 권력 집단은 군을 동원하여 선량한 시민들을 무참히 학살했다.

1980년 5월 당시부터 무려 10여 년간 상당수의 사람들이 광주민주화운동을 그렇게 규정하는 데 동참했다. 언론뿐만 아니라 심지어 학교 교육에서도 그러한 규정을 전파했고, 많은 사람들이 부지불식간에 그것을 받아들였다. 이제는 광주민주화운동의 실상이 상당히 밝혀져서 무엇이 비이성이고 비정상이었는지가 백일하에 드러나 있다.

이제는 신자유주의 사상의 전파에서도 우리의 사고가 외부로부터 주입되는 사례를 찾을 수 있다. 많은 사람들이 신자유주의자들이 전파하는 무한 경쟁을 당연시한다. 그래서 많은 학생들, 젊은이들이 시험에 매달리고 스펙 쌓기에 모든 것을 걸다시피 하고 있다.

그러나 생각해보라. 신자유주의는 결코 인류 역사를 관통해온 보편적 사상이 아니다. 신자유주의자들이 주장하는 무한 경쟁의 사회는 결코 보편적 진리가 아니다. 신자유주의는 불과 30~40년 전 대자본의 이익을 극대화하기 위해 등장한 사상일 뿐이다. 대자본은 이익 극대화를 위해 노동자들을 '마음대로 해고할 자유'를 얻고자 한다. 무한 경쟁이란 대자본이 원하는 자유를 포장하고 있는 단어에 불과하다.

신자유주의의 전파에서 푸코가 말한 지식과 권력의 결탁을 확인할 수 있다. 권력은 경쟁력 강화라는 이름을 내걸고 대자본이 원하는 자유를 실현시키고자 한다. 그 결과 해고가 쉬워져서 노동자들의 생활이 불안정해지고, 빈부 격차가 확대되어 불평등이 심화된다.

그래서 푸코는 억압과 불평등을 조장하는 권력에 저항하라고 했다. 푸코는 권력에 저항하고 억압과 불평등을 극복하기 위해 우리가 자율적인 인간이 되어야 한다고 했다. 스스로 생각하고 판단하는 주체적인 사고를 하라는 것이다.

푸코는 고대 그리스의 철학자 소크라테스가 말한 "너 자신을 알라!"를 새롭게 해석했다. 흔히 소크라테스의 말은 우리가 무지함을 인식해야 한다는 의미로 이해되어왔다. 그러나 푸코는 스스로를 성찰하고 자신의 영혼을 갈고닦아 지혜로운 사람이 되라는 의미로 해석했다.

즉 "너 자신을 알라!"는 '주체적 인간이 되라!'는 말이다. 진정으로 나 자신을 앎으로써 주체적인 인간으로의 길이 열린다. 진정한 인간 해방은 억압과 불평등을 조장하는 사상을 극복하고 부당한 권력에 맞섬으로써 가능해진다. 푸코는 그것을 보여주기 위해 실천했던 철학자이자 운동가였다.

그때,
철학이
움텄다

푸코는 한 인터뷰에서 어린 시절을 회상하며, "나의 모든 감정적 추억들이 정치적 상황과 연결되어 있다"고 말했다. 그가 고등학교에 입학했을 당시 프랑스는 독일에 점령되었다. 학생들은 조회 시간에 독일이 내세운 괴뢰정부의 수반인 페탱(Philippe Pétain, 1856~1951)을 찬양하는 노래를 불러야 했다. 그리고 몇몇 선생들은 독일군에 체포되어 강제수용소로 끌려갔다.

푸코는 온종일 공부만 하며 다른 학생들과 잘 어울리지 않았다. 그는 자신이 동성애자임을 알고 나서 더욱 고독한 생활을 했다. 어쩌다 친구들과 어울릴 때면 다투기 일쑤였다. 친구들을 놀리고 빈정대며 논쟁을 하거나 불같이 화를 냈다. 심지어 수차례 자살을 기도하는 등 정신이상 증세를 나타내기도 했다.

푸코는 자신의 경험을 정치적 상황, 특히 정치권력의 문제와 결부지어 연구했다. 그래서 그는 정상과 비정상의 문제를 연구했고, 그 결과 정상과 비정상의 구별이 근대 이성주의의 산물임을 밝혀냈다. 그리고 비정상에 대한 차별이 정치권력의 강화와 결부되었음을 주장하게 되었다.

6

통치의 철학

백성의
지지를 잃으면
나라가 위태롭다

영국의 역사학자 E. H. 카(E. H. Carr, 1892~1982)는 1950년대에 쓴 글에서 대중민주주의 시대가 도래할 것임을 예언한 바 있다. 즉 정치가 소수의 엘리트 중심에서 대중 중심으로 바뀔 것이라고 전망했던 것이다. 소수 독점자본의 영향력이 약화될 수밖에 없음을 이러한 전망의 배경으로 들었으며, 복지국가의 출현이 그 증표라고 했다.

그러나 오늘날의 현실에 비추어볼 때 카의 전망은 너무나 낙관적이었다. 독점자본의 영향력은 결코 약화되지 않았다. 오히려 세계화 시대를 맞아 독점자본은 규모나 영향력 면에서 과거 어느 때보다도 커졌다. 거대 독점자본의 정치적 영향력 또한 막강해졌다. 과거에는 정치 엘리트가 거대 자본에 대해 상대적 자율성을 가졌지만 오늘날에는 예속되고 있다. '신자유주의'는 거대 자본의 이익을 정치적으로 관철하는 이데올로기다.

반면 국민들의 삶은 날로 악화되고 있다. 이른바 '중산층'은 붕괴되었다고 한다. 소득불균형이 확대되어 양극화가 심화되었다. 실업자는 증가하고, 특히 청년 실업은 위험 상태에 이르렀다. 겨우 얻은 일자리는 비정규직이어서 생활을 매우 불안하게 한다. 이렇듯 국민의 삶은 붕괴되고 있는데, 국민을 위한 정치는 실종되었다.

그래서 정치란 무엇인가를 다시 생각해보게 된다. 동아시아에서는 이미 2500여 년 전부터 정치는 국민, 즉 백성을 근본으로 해야 한다는 사상이 나타났다. 중국 춘추시대 제나라의 재상이었던 관중의 사상이 시초였다. 그는 바람직한 통치의 자세로 목민(牧民)을 강조했다. 목민을 해야 하는 이유는 나라를 통치함에 있어 백성의 지지가 중요하기 때문이다. 목민의 으뜸은 백성을 먹고살 수 있게 하는 것이다. 그래서 관중은 당시의 주요 산업인 농업 생산력을 발전시키는 것이 부국강병의 지름길이라고 했다.

묵자는 통치자가 겸애(兼愛), 즉 백성을 두루 사랑해야 한다고 했다. 겸애하면 나라와 백성에 두루 이익이 되기 때문이다. 그는 하루가 멀다 하고 참혹한 전쟁이 벌어지는 전국시대에 살았다. 그는 통치자가 자기 나라만 사랑하기 때문에 남의 나라를 거리낌 없이 공격한다고 했다. 그러므로 겸애하면 평화가 찾아오고 백성들의 삶이 안정될 것이라고 했다.

맹자도 백성의 삶이 가장 중요하다고 했지만, 묵자의 겸애설에는 반대했다. 묵자가 이익을 앞세운다고 봤기 때문이다. 맹자는 통치에서 이익보다 정의가 중요하다고 했다. 그래서 그는 나라의 이익을 위한 방책을 묻는 양혜왕에게 "어찌 이익에 대하여 말씀하십니까?"라고 꾸짖기도 했다.

이이는 경장, 즉 개혁의 시급성을 주장했다. 그는 자신이 살던 시대에 조선이 쇠퇴하고 있다고 진단했다. 그래서 조선이 다시 소생하려면 개혁이 시급하다고 했다. 그는 자신이 건의한 개혁안을 3년간 시행해보고, 효과가 없으면 자신을 처벌하라며 목숨을 건 상소를 했다. 그러나 개혁은 이루어지지 않았고, 이이가 세상을 떠나고 8년 후 임진왜란이 일어났다.

정약용은 목민관의 바람직한 자세를 제시했다. 임명장을 받아 임지로 떠날 때부터 임기가 끝나고 되돌아올 때까지 목민관이 가져야 할 마음가짐, 업무 처리의 태도 등을 세세하게 제시했다. 그래서 그가 지은《목민심서》는 오늘날까지도 '공직자의 윤리 교과서'로 널리 읽히고 있다.

관중에서 정약용에 이르는 통치 사상은 신분질서가 엄격했던 시대에 제시된 것들이다. 그렇다면 오늘날에는 아무런 의미가 없는 것일까? 그렇지 않다. 오히려 백성을 근본으로 해야 한다는 사상은 오늘날 그 중요성이 더해지고 있다. 우리가 그들의 통치 사상을 다시 한 번 찬찬히 살펴보아야 할 이유가 거기에 있다.

먼저 백성을
부유하게 하라

관중 《관자》

'관포지교(管鮑之交)'라는 말이 있다. 중국 춘추시대 사람인 관중(管仲, ?~B.C.645)과 포숙(鮑叔)의 우정을 칭송하는 말이다. 그런데 실상을 보면 진정한 우정인지 의구심이 생긴다. 먼저 관중의 고백을 들어보자.

내가 가난하게 살았을 때 포숙과 장사를 한 적이 있었다. 이익을 나눌 때마다 내가 더 많은 몫을 차지하곤 했으나 포숙은 나를 욕심쟁이라고 말하지 않았다. 그는 내가 가난한 것을 알았기 때문이다. 한

번은 내가 포숙을 대신해서 어떤 일을 경영하다가 실패하여 그를 더욱 어렵게 만들었지만 포숙은 나를 어리석다고 하지 않았다. 운세에 따라 좋은 때와 나쁜 때가 있음을 알았기 때문이다. 나는 일찍이 세 번이나 벼슬길에 나갔다가 세 번 다 군주에게 내쫓겼지만 포숙은 나를 모자란 사람이라고 여기지 않았다. 내가 아직 때를 만나지 못한 것을 알았기 때문이다. 그리고 나는 세 번 싸움에 나갔다가 세 번 모두 달아났지만 포숙은 나를 겁쟁이라고 하지 않았다. 내가 늙은 어머니를 모시고 있다는 사실을 알았기 때문이다.[1]

관중의 고백에서 알 수 있는 것은 우정이 아니라 포숙의 배려다. 사마천 역시 포숙의 우정이 아니라 식견을 평가했다. 포숙이 사람을 보는 눈이 남달리 뛰어났다고 했다. 포숙의 식견이 빛을 발한 사건은 관중을 제나라의 재상으로 추천한 일이었다.

춘추시대는 주나라 왕실이 약화된 틈을 타서 200여 개의 제후국들이 패권을 다투던 시기였다. 그중 오늘날의 산동 지방에 터를 잡은 나라가 제나라였다. '낚시'로 유명한 강태공이 다스리던 지역이었다.

제나라 왕의 아들 중에 소백(小白, ?~B.C.643)과 규(糾)가 있었다. 포숙은 소백을 섬겼고, 관중은 규를 모셨다. 그런데 소백이 왕위에 올라 환공(桓公)이 되었다. 규는 환공에 맞서 싸웠지만 패하여 죽었다. 규를 모시던 신하 중 소홀(召忽, ?~B.C.685)은 스스로 목숨을 끊었지만 관중은 사로잡혀 감옥에 갇혔다.

이때 포숙은 환공에게 관중을 적극 추천했다. '천하의 우두머리가 되고자 한다면 반드시 관중이 필요하다'며 환공을 설득했던 것이다. 환공은 포숙의 추천을 받아들여 관중을 재상에 임명했다. 이후 관중은 40년간 재상 자리를 맡았고, 환공은 천하의 우두머리가 되었다.

그런데 관중이 환공에게 충성한 일을 두고 후대에 많은 사람들이 비판을 했다. 관중이 규에 대한 의리를 지키지 않았다는 것이었다. 그렇게 비판한 사람 중에 공자의 제자인 자로가 있었다. 어느 날, 자로가 스승에게 자신의 생각을 말했다.

"환공이 공자 규를 죽이자 소홀은 죽었고 관중은 죽지 않았으니 관중은 인(仁)하지 못한 것입니다."
공자께서 말씀하셨다.
"환공이 제후들을 규합하되 무력을 쓰지 않은 것은 관중의 힘이었으니, 누가 그의 인만 하겠는가. 누가 그의 인만 하겠는가."[2]

공자의 생각은 자로와 달랐다. 관중이 있었기 때문에 무력을 쓰지 않고 제후들을 규합할 수 있었다는 것이다. 자로가 사람이 마땅히 지녀야 할 자세를 가지고 관중을 비판했다면 공자는 관중의 업적을 가지고 관중을 옹호했다.

통치자의 바람직한 자세

관중에 대한 공자의 평가는 이중적이다. 자로에게는 관중을 칭찬했지만 다른 곳에서는 관중의 인물됨이 작다고 비판했다.

공자께서 말씀하셨다. "관중의 그릇이 작구나."
어떤 사람이 "관중은 검소했습니까?"라고 묻자 공자께서 말씀하셨다. "삼귀(三歸)를 두었으며 가신의 일을 겸직시키지 않았으니, 어찌 검소하다고 할 수 있겠는가."
"그러면 관중은 예(禮)를 알았습니까?" 하고 묻자 공자께서 말씀하셨다. "나라의 임금만이 병풍으로 문을 가릴 수 있는데 관중도 병풍으로 문을 가렸다. 나라의 임금만이 다른 임금을 우호관계로 만날 때 술잔을 되돌려놓는 자리를 둘 수 있는데 관중은 술잔을 되돌려놓는 자리를 두었다. 관중이 예를 안다면 누가 예를 알지 못하겠는가."[3]

삼귀는 관중이 집에 지은 정자의 이름이다. 관중은 이 정자를 짓기 위해 백성을 동원했기에 원성을 샀다고 한다. 공자는 관중이 검소하지도 않았고 예의도 몰랐다고 했다. 결국 관중의 업적은 인정하지만 관중은 결코 군자가 아니었다는 것이 공자의 최종적 평가였다.
그러면 관중은 어떻게 공자조차 높이 평가한 업적을 이룩할 수 있었을까? 《논어》를 보면 공자는 인물들을 대단히 박하게 평가했다. 그러한 공자가 긍정적 평가를 했다면 관중의 업적이 대단했음을 알 수 있다.
관중은 정치가였지만 뚜렷한 자기 철학을 가진 사람이었고 그 철학에 기초한 정책을 펼침으로써 업적을 이루었다. 따라서 관중의 철학이 무엇이었는지를 살펴보아야 한다. 관중의 철학이 집약되어 있는 책이 《관자(管子)》다. '관자'는 관중을 높여 부른 말이다. 《관자》에는 관중이 직접 쓴 글도 있고 제자들이 관중의 언행을 기록한 글도 있다. 사마천은 《사기》에서 《관자》 중 〈목민(牧民)〉, 〈산고(山高)〉, 〈승마(乘馬)〉, 〈경중(輕重)〉을 읽었다고 했다. 사마천 이전 시대부터 《관자》가 읽히고 있었음을 알 수 있다. 오늘날까지 전해져오는 《관자》는 한나라 때 학자 유향(劉向, B.C.77?~B.C.6)이 편집한 것이다. 유향은 총 564편의 글 중에서 중복된 것을 빼고 86편만을 편집했다고 한다.

관중은 공자가 태어나기 100여 년 전에 활동한 정치가였다. 공자는 물론 공자 이후에 출현한 사상가들, 즉 이른바 제자백가들은 대개 유세객이었다. 유세객의 꿈은 고위 관리로 발탁되는 것이었다. 공자 역시 다르지 않았다. 공자는 10여 년간 유세객으로 전국을 돌아다녔다.

그러나 관중은 40년 동안 제나라의 재상을 지낸 사람이다. 어찌 보면 관중은 후세 유세객들의 롤 모델이었다. 관중은 반평생 동안 재상을 했기 때문에 그의 사상은 통치를 떠나서 생각할 수 없다. 관중은 무엇이 바람직한 통치자의 자세인지를 밝히고자 했다. 그러므로 관중 사상의 요체는 '통치론' 또는 '군주론'이었다.

그러면 관중이 생각한 바람직한 통치자의 자세는 무엇일까? 한마디로 요약하면 '도(道)를 따르라'는 것이었다. 그렇게 말한 부분을 보자.

도는 하나이지만 도가 드러나는 모습은 다르다. 도를 듣고 집안을 이롭게 하는 사람이 한 집안의 가장이다. 도를 듣고 마을을 이롭게 하는 사람이 한 마을의 지도자다. 도를 듣고 나라를 이롭게 하는 사람이 한 나라의 통치자다. 도를 듣고 천하를 이롭게 하는 사람이 천하의 지도자다.[4]

통치자란 도를 듣고 도에 따라 나라를 다스리는 사람이다. 관중은 통치자가 도에 따라 다스리면 백성들이 스스로 통치자를 따르게 된다고 했다. 반면 도를 따르지 않으면 통치자와 백성이 불화를 일으켜 나라를 위태롭게 한다고도 했다. 도를 잃은 통치자가 일시적으로 통치를 할 수는 있다. 그렇지만 통치자는 순식간에 그 지위를 잃게 된다.

만물의 근원은 신이 아니다

그렇다면 도가 무엇인지가 문제다. 도는 동아시아의 철학에서 중심 개념이다. 그런데 도는 여러 의미로 사용된다. 공자가 "아침에 도를 들으면 저녁에 죽어도 좋다"라고 했을 때 도는 진리라는 말이다. 반면 노자가 "도에서 만물이 생겨난다"라고 했을 때 도는 만물의 근원을 말한다. 이와 비슷한 개념이 불교의 '다르마(dharma)'다. 한자로는 '법(法)'으로 번역되는 다르마는 경우에 따라서 '진리'를 나타내기도 하고 '존재'를 나타내기도 한다.

그러면 관중이 생각한 도는 무엇인가? 관중이 도에 대해 말한 대목을 보자.

관자가 말씀하셨다. "도가 하늘에 있으면 태양이고, 도가 사람에게 있으면 마음이다." 따라서 "기가 있으면 생겨나고 기가 없으면 사라진다. 생겨나는 것은 기 때문이다"라고 말씀하셨다.[5]

무슨 말인가? 관중의 말을 이해하려면 앞뒤의 말을 잘 연결해서 해석해야 한다. 먼저 "도가 하늘에 있으면 태양이고 사람에게 있으면 마음"이라는 것은 도가 만물의 중심이라는 얘기다.

그리고 도가 왜 중심인지 설명하기 위해 "기가 있으면 생겨나고 기가 없으면 사라진다"고 부연 설명했다. 만물의 근원은 기다. 그래서 기가 있으면 생겨나고 없으면 사라진다. 이러한 이치가 바로 도다. 즉 관중에게 도란 만물이 생성하고 소멸하는 원리를 말한다.

이러한 관중의 사상은 당시로서는 획기적인 것이었다. 관중보다 한 세기 후에 태어난 공자조차 만물의 생성과 소멸에 관심을 두지 않았다. 공자는 바람직한 삶의 자세를 도라고 했다. 그래서 공자가 말한 도의 내용은 충서(忠恕) 혹은 인 또는 예였다.

관중의 시대에는 신이 만물을 주재한다고 생각했다. 천자(天子)라는 말이 바로 신이 만물을 주재한다는 생각에서 나왔다. 당시 주나라 왕을 천자라고 했다. 천자란 하늘의 아들이라는 말이다. 따라서 왕은 신의 아들 또는 신의 대리인으로서 백성을 다스리는 존재로 간주되었다. 이를 두고 신정(神政)이라고 한다.

그러나 신정은 한계에 봉착했다. 춘추시대는 각 지역의 제후들이 들고 일어나 왕을 표방하면서 천자인 주나라 왕에게 대항했던 시대였다.

이는 신의 아들이라 내세우며 통치를 하는 것이 한계에 봉착했음을 보여주는 뚜렷한 징표였다. 신정이 무너진 시대에는 그에 걸맞은 새로운 통치 철학이 필요했다. 그것을 관중이 앞장서서 만들어냈다. 그 결과 관중을 기용한 환공은 천하의 우두머리가 되었다.

관중은 기가 만물의 근원이라고 함으로써 신이 만물을 만들고 주재한다는 생각에서 탈피했다. 만물은 기에 의해 생겨나고 변화할 뿐이다. 그렇다면 신이 설 자리는 없다. 그런 생각을 계절의 변화와 낮밤의 교체를 예로 들어 명확하게 설명했다.

봄 여름 가을 겨울은 음기와 양기가 흐름에 따라 일어난다. 낮밤의 길이 변화는 음기와 양기의 작용이다. 낮밤의 교체는 음기와 양기의 변화다. 따라서 음기와 양기는 정확하다. 설령 정확하지 않더라도 남는다고 덜어낼 수 없고 모자란다고 보탤 수 없다. 하늘과 땅일지라도 덜어내거나 보탤 수 없다.[6]

계절의 변화와 낮밤의 교체는 기의 운동일 뿐이다. 하늘과 땅이 기를 덜어내거나 보탤 수 없듯이 신이라 할지라도 기의 운동에 개입할 수 없다.

물론 관중이 신을 완전히 부정한 것은 아니었다. 그는 신에 대한 전통적인 제사를 존중했고, 또 그것을 조장하기도 했다. 그러나 그는 세상을 볼 때 신에 대한 관념을 배제하고 관찰했다.

기의 운동을 알려면 자연은 물론 인간과 사회에 대한 관찰과 탐구가 필요하다. 관중의 통치론은 그러한 관찰과 탐구의 결과였다. 그래서 관중의 통치론은 현실적이다. 이상과 관념을 배제하고, 기의 운동 원리인 도에 따라 통치해야 한다고 했다. 신의 이름으로 통치하는 것은 낡은 것이 되었다. 그러한 통치가 일시적인 성공을 거둘 수는 있지만 도에서 벗어난 통치는 몰락할 수밖에 없다.

백성의 지지가 중요하다

관중은 통치의 핵심을 '목민'이라 했다. 목민을 해야 하는 이유는 백성의 지지를 얻어야 하기 때문이다. 통치자가 무엇을 해야 하는지 관중의 말을 들어보자.

> 나라가 있어 목민하는 자는 사계절에 맞춰 일을 하여 쌀 곳간을 넉넉하게 해야 한다. 국가가 부유하면 멀리에서도 찾아오고, 땅을 일구면 백성들이 그곳에 머무른다. 쌀 곳간이 넉넉하면 예절을 알고, 입고 먹는 것이 갖추어지면 명예와 치욕을 안다.[7]

나라가 있어 목민하는 자가 통치자다. 통치자는 백성들이 먹고살 수 있게 해야 한다. 그래야 백성들이 예절, 명예와 치욕을 알게 된다. 그래서 관중은 나라를 다스리는 도가 "백성을 부유하게 하는 것"이라고 했다. 백성이 부유하면 다스리기 쉽지만 백성이 가난하면 다스리기 어려워진다.

목민은 조선 후기 실학자 정약용의 《목민심서》를 통해 우리에게 익숙한 개념이지만 사실 오늘날의 시각에서 보면 수용할 수 없는 개념이다. 목민의 '목'은 '목장', '목축' 등에 사용되는 것처럼 '동물을 기른다'는 의미로서 결국 목민은 고대에 백성들의 중요한 생업이었던 소나 양을 기르는 것처럼 '백성을 기른다'는 뜻이기 때문이다.

그러나 당시 목민은 정치사상의 일대 전환을 보여주는 개념이었다. 그 당시 백성은 단순한 부림의 대상일 뿐이었다. 일체의 권리를 박탈당한 채 왕과 귀족의 사치를 위해 동원되는 일꾼에 불과한 하찮은 존재였다. 그러나 관중은 사고를 전환했다. 백성을 먹고살게 하는 것이 통치의 핵심이다!

먹고살 수 있어야 백성은 통치자를 지지한다. 백성의 지지를 받는 임금은 후대에도 그 이름이 길이 남을 훌륭한 임금이 된다. 그래서 관중은 이렇게 말했다.

옛날의 훌륭한 임금은 이름과 명예 그리고 업적을 남겨 후대에도 잊히지 않았다. 백성의 지지를 얻었기에 가능한 일이다. 반면 폭군은 나라를 잃고 종묘사직을 위태롭게 하고 후대에는 완전히 잊혔다. 백성의 지지를 잃어서 그렇게 된 것이다.[8]

오늘날의 관점에서 보면 상식적인 얘기다. 그러나 2500여 년 전의 상황에서 보면 획기적인 발언이었다. 그 당시 왕은 무소불위의 권력을 휘둘렀다. 그런 왕에게 백성의 지지를 설파하는 것 자체가 대단한 용기를 필요로 했던 때였다.

관중의 목민 사상을 공자의 사상과 비교해보자. 공자는 통치자의 자세를 더 중요시했다. 공자가 정치에 대해 언급한 부분을 보자.

공자께서 말씀하셨다. "정치를 덕으로 하는 것은 비유하면 북극성이 제자리에 머물러 있으면 뭇 별들이 그에게로 향하는 것과 같다."[9]

계강자(季康子)가 공자에게 정치를 묻자 공자께서 대답하셨다. "정치는 바로잡는다는 것이니, 그대가 바름으로써 솔선한다면 누가 감히 바르지 않겠는가?"[10]

북극성은 통치자를 의미한다. 통치자가 덕으로 정치를 하고 올바름을 실천하면 백성들이 따를 것이라고 했다. 공자가 말한 '덕치(德治)'는 오랜 이상이다. 오늘날에도 우리는 덕치의 지도자를 기대하며 기다리고 있다.

그러나 관중은 이상에 기울지 않는다. 공자는 일개 부족장 정도에 불과했던 요(堯)와 순(舜)을 덕치의 이상이라며 통치자가 따라야 할 모델로 제시했다. 그러나 관중은 요나 순에 관심을 두지 않았다. 관중의 관심사는 통치자가 따라야 할 이상이 아니라 통치자가 실제로 해야 할 일이었다. 그래서 '목민을 잘하는 지도자가 훌륭한 통치자다!'라고 했다.

부국강병의 바탕은 농업

관중은 '부국강병(富國强兵)'을 추구했다. 수십 개의 나라가 패권을 다투는 시대에 부국강병을 추구하는 것은 당연한 일이었다. 관중은 부국강병책으로 중농 정책을 제시했는데, 그것은 목민 사상의 구체화였다.

관중은 백성들이 '사농공상(土農工商)'의 네 가지 직업에 종사한다고 했다. 사농공상이란 학자, 농민, 장인, 상인을 말한다. 우리는 흔히 사농공상을 신분적 개념으로 알고 있지만 본래 사농공상은 직업 분류였다. 관중의 말을 들어보자.

> 옛 임금들은 사농공상이라는 네 직업의 백성들이 서로 생산한 것을 교환하도록 했다. 그래서 한 해의 이익이 백성들 사이에 치우치지 않게 했다.[11]

백성은 사농공상의 네 직업에 종사한다고 했다. 학자를 말하는 사는 특권적인 신분이 아니라 직업인일 뿐이다. 관중은 네 직업의 백성들이 생산한 것을 서로 교환한다고 했다. 그 교환의 결과 "이익이 백성들 사이에 치우치지 않게 했다"는 발언은 매우 획기적인 것이었다.

관중은 사농공상 중에서 농민을 가장 중시했다. 그렇게 말한 부분을 보자.

예전 79대의 임금들이 법령이 미비함에도 천하를 다스릴 수 있었던 이유는 무엇인가? 나라가 부유하고 곡식이 많았기 때문이다. 나라가 부유하고 곡식이 많아지는 것은 농업에 달려 있다. 그래서 옛 임금들은 농업을 소중하게 여겼다. 나라를 위해 시급히 해야 할 일은 상공업과 글공부를 금지하는 것이다. 상공업과 글공부를 금지하면 놀고먹는 백성이 없어지고, 백성들이 반드시 농사를 짓게 된다. 백성들이 농사를 지으면 땅을 개간하여 곡식이 많아지고 나라가 부유하게 된다.[12]

상공업이나 학자들의 글공부를 금지하자고 했다. 그것들은 놀고먹는 일이기 때문이다. 상공업을 부정적으로 바라본 이유는 당시의 상공업 수준이 매우 낮았기 때문일 것이다. 어쨌든 관중은 백성들이 농업에 종사하도록 해야 한다고 했다. 왜 그럴까?

나라가 부유하게 되면 군대가 강해진다. 군대가 강해지면 전쟁에서 이긴다. 전쟁에서 이기면 영토가 넓어진다. (…) 백성의 숫자가 많아지고 군대가 강해지며, 영토가 넓어지고 나라가 부유해지는 것은 모두 곡식에서 나온다.[13]

부국강병은 '곡식'을 통해 가능하다고 했다. 즉 농업 생산력이 발전해야 나라가 부유해지고 군대가 강해진다는 것이다. 관중의 농업 중시는 탁견이었다. 춘추시대에 대부분의 나라는 군대를 중시했다. 군대가 강해야 패권 다툼에서 유리할 것이라고 생각했기 때문이다.

그러면 어떻게 군대를 강하게 할 수 있는가? 병사의 수를 늘리고 각종 무기를 많이 갖추는 것이 정답일 수는 없다. 그렇게 하려면 경제력이 뒷받침되어야 하기 때문이다. 경제력이 뒷받침되지 않았기 때문에 대부분의 나라에서 백성을 가혹하게 수탈했다.

관중은 목민과 부국강병을 연결시켰다. 백성의 대다수가 농민인 나라에서 백성을 먹고살 수 있게 하는 길은 농업을 발전시키는 것이다. 그리고 농업이 발전하면 나라가 부유해지고 군대가 강해진다.

농업 중시가 탁견인 또 다른 이유는 당대에 농업에서 생산력의 비약적 발전이 이루어지고 있었다는 점에 있다. 철기가 농기구로 사용되기 시작한 것이었다. 주나라 초에 중국에 들어온 철기는 주로 무기에 사용되다가 관중의 시대에 이르러 점차 농기구로도 이용되기 시작했다. 철제 농기구의 출현은 농업 생산력을 비약적으로 발전시켰다. 땅을 파는 데 나무 막대기를 이용하는 경우와 삽을 이용하는 경우를 비교하면 철기가 가져온 생산력의 발전을 쉽게 알 수 있다.

관중은 누구에게 영향을 주었나

관중은 재상으로서 사회 안정을 중시했다. 그래서 법령의 중요성을 강조했다. 그렇지만 관중은 법령에만 의존하지 않았다. 관중은 사회적 질서를 법령 이상으로 중시했다. 관중은 네 가지 쌍의 질서를 강조했다.

여덟 가지로 나눈다는 것은 무엇인가? 윗사람과 아랫사람 사이에는 의리가 있어야 하고, 귀한 자와 천한 자 사이에는 구분이 있어야 한다. 나이가 많은 사람과 적은 사람 사이에는 차등이 있어야 하고, 부자와 가난한 자 사이에는 법도가 있어야 한다. 이렇게 여덟 가지로 나누는 것이 예의 이치다.

윗사람과 아랫사람 사이에 의리가 없으면 나라가 어지러워지고, 귀한 자와 천한 자 사이에 구분이 없으면 다툼이 일어난다. 나이가 많은 사람과 적은 사람 사이에 차등이 없으면 서로 등지게 되고, 부자와 가난한 사람 사이에 법도가 없으면 통제가 되지 않는다. 이런 상황에서 나라가 편안하기를 기대하는 것은 바랄 수 없는 일이다.[14]

상(上)과 하(下), 귀(貴)와 천(賤), 장(長)과 유(幼), 빈(貧)과 부(富) 등 네 가지 쌍의 구분이 중요하다고 했다. 여기에서 상과 귀는 신분이 높은 지배층, 하와 천은 신분이 낮은 피지배층을 가리킨다. 그러므로 관중은 신분, 나이, 재산에 따라 엄격한 구분이 필요함을 말한 것이다.

그 구분을 관중은 "예의 이치"라고 했는데, 사회질서의 원리라는 말이다. 이 원리가 무너지면 사회적 혼란이 초래되어 나라가 위태로워진다. 그러므로 상, 귀, 장, 부와 하, 천, 유, 빈 사이에 구분을 분명히 해야 한다. 관중이 제시한 예의 이치는 중세 시대에도 그대로 이어졌다.

관중은 성공한 재상이었기에 그의 글은 널리 읽혔다. 그래서 공자 이후에 등장한 제자백가에게 상당한 영향을 미쳤다. "기가 만물의 근원이고, 만물은 기에서 생겨난다"는 관중의 철학은 노자와 장자로 이어졌다. 그러나 노자와 장자는 관중의 목민 사상과 부국강병론에 관심이 없었다.

반면 한비자는 성공한 재상의 검증된 이론인 관중의 통치론을 받아들였다. 그러나 한비자는 관중이 주장한 법령의 중요성만 받아들였을 뿐, 관중의 철학과 목민 사상을 버렸다. 그래서 한비자의 사상은 독재적인 군주론이 되고 말았다.

공자와 그 제자들은 관중에 대해 신랄한 비판을 했다. 공자와 그 제자들은 관중의 철학에 관심이 없었고, 관중이 주장한 부국강병론을 패도의 정치라고 비판했다. 그럼으로써 관중의 사상은 유교가 지배적인 시대에 역사의 뒤안길로 사라졌다.

그럼에도 관중은 성공한 사람이었다. 공자를 비롯한 수많은 유세객들의 롤 모델이었다. 어떻게 관중은 성공할 수 있었을까? 자기 시대에 대한 탐구와 통찰이 있었기에 가능한 일이었다.

통치자는 백성을
동등하게
사랑해야 한다

묵자 《묵자》

중국 전한 시대 회남왕 유안(劉安, B.C.179?~B.C.122)이 지은 《회남자(淮南子)》의 〈태족훈(泰族訓)〉에는 다음과 같은 내용이 있다.

묵자를 따르는 제자가 180명에 달했다. 묵자는 그 제자들을 불속에 뛰어들게 하거나 칼날을 밟게 할 수도 있었다. 그렇게 죽을지라도 제자들은 발뒤꿈치를 돌려 달아나지 않았다. 모두 묵자에게 감화되었기 때문이다.

묵자(墨子, B.C.480~B.C.390)는 묵적(墨翟)을 높여 부른 이름이다. 묵자와 제자들의 관계가 예사롭지 않다. 제자들은 스승의 명령에 절대적으로 따랐다고 했다. 단순한 스승과 제자의 관계를 넘어 정치적 결사체 수준의 관계였다고 할 것이다.

묵자의 제자가 180명이었다고 했다. 공자의 사상을 온전히 이해한 제자가 70명이었음을 감안할 때, 결코 적은 숫자가 아니었다. 공자를 따르는 제자 집단을 유가라 불렀듯이 묵자를 따르는 제자 집단을 묵가(墨家)라고 불렀다. 묵가는 공자 사후 나타난 가장 큰 학문 집단이었다.

묵자는 공자가 세상을 떠난 지 불과 10여 년 뒤에 태어났다. 그러나 공자가 활동했던 시대와 묵자가 활동했던 시대의 상황은 매우 달랐다. 공자는 춘추시대 후기에 활동했고, 묵자는 전국시대 초기에 활동했다. 춘추시대는 주나라가 존재하는 가운데 형식적이나마 주나라와 주종관계를 맺고 있던 제후들이 다투던 시대였다. 반면 전국시대는 주나라가 사라지고 일곱 개의 나라가 패권을 다투던 시대였다.

전쟁의 규모도 달라졌다. 춘추시대의 전쟁은 무사 집단 위주의 소규모 전쟁으로 기껏해야 하루면 끝나곤 했다. 반면 전국시대의 전쟁은 수만에서 수십만 명의 병사를 동원한 대규모 전쟁으로 몇 년간 이어지기도 했다. 따라서 전국시대에는 인명 피해가 엄청나게 커졌고 또한 전쟁의 양상 역시 매우 잔인해졌다. 기원전 260년에는 진나라 대장 백기(白起)가 항복한 조나라의 군사 40만 명을 참수하기도 했다.

춘추시대에는 주나라 중심의 주종관계가 회복되면 전쟁이 끝날 것이라는 희망이 남아 있었다. 공자가 주나라의 문물을 뜻하는 예를 강조한 이유가 여기에 있다. 그러나 전국시대는 달랐다. 이미 사라진 주나라의 문물을 말하는 것은 흘러간 레코드판을 트는 것에 불과했다.

전국시대에 제자백가라고 불리는 수많은 사상가들이 나타났다. 사상가들은 전국을 유세하며 자신들의 사상을 전파했다. 다행히도 사상가들을 처형하는 나라는 없었다. 오히려 각국의 왕들은 사상가들을 초빙하여 의견을 듣고자 했다. 패권을 잡기 위해 사상가들의 지혜가 필요했기 때문이다.

묵자는 전국시대에 최초로 나타난 사상가였고, 또한 공자를 공개적으로 비판한 최초의 사상가였다. 장자나 한비자 등도 공자를 비판했지만 그들은 묵자 이후의 사람들이었다.

겸애하면 이익을 얻는다

묵자의 사상과 공자의 사상은 어디에서 갈라졌을까? 묵자와 공자는 모두 성인(聖人)에 대해 말했다. 그런데 그 의미가 전혀 달랐다. 묵자는 천하를 다스리는 사람을 성인이라고 했다. 반면 공자는 완전한 도덕성을 갖춘 인물을 성인이라 했다. 묵자가 바람직한 통치자상으로 성인을 제시했다면 공자는 바람직한 인간상으로 성인을 제시했던 것이다.

요순 임금을 예로 들어보자. 묵자와 공자는 모두 요순 임금을 성인이라 했다. 그러나 강조점이 달랐다. 묵자가 통치를 잘한 임금으로서 요순을 받들었다면 공자는 통치자보다는 도덕성을 갖춘 바람직한 인간으로서 요순을 받들었다. 이 차이는 근본적인 것이었다. 묵자가 통치자가 해야 할 일을 밝히고자 했다면 공자는 인간의 올바른 삶을 역설했다.

묵자의 주장을 계속 따라가 보자. 천하를 다스리려면 어떻게 해야 할까? 묵자는 혼란이 일어나는 이유를 알아야 한다고 했다. 의사가 병을 고치려면 병의 원인을 알아야 하지 않는가. 묵자는 당시의 혼란상을 세 가지로 예시했다. 국가 간의 전쟁, 집안 간의 상호 약탈, 사람 간에 서로 죽이는 잔혹함이 그것이다.

그러면 왜 이런 혼란이 생겼는가? 묵자는 서로 사랑하지 않기 때문이라고 했다. 서로 사랑하지 않아서 생기는 폐해는 실로 심각하다. 묵자는 그 폐해를 이렇게 요약했다.

지금 제후들은 단지 자신의 나라를 사랑할 줄만 알지 남의 나라를 사랑하지 않는다. 그래서 자신의 나라의 힘을 동원하여 남의 나라를 공격하는 데 주저하지 않는다. 지금 집안의 가장은 단지 자신의 집안만을 사랑할 줄 알지 남의 집안은 사랑하지 않는다. 그래서 그의 집안을 동원하여 남의 집안을 빼앗는 데 꺼리지 않는다. 지금 사람들은 단지 자신의 몸만 사랑할 줄 알지 남의 몸은 사랑하지 않는다. 그래서 그의 몸을 써서 남의 몸을 해치는 데 거리낌이 없다. 그러므로 제후들이 서로 사랑하지 않으면 반드시 들에서 전쟁을 하게 되고, 집안의 가장들이 서로 사랑하지 않으면 반드시 서로 빼앗게 되며, 사람과 사람이 서로 사랑하지 않으면 반드시 서로 해치게 되며, (…) 천하 사람들이 서로 사랑하지 않는다면 강한 자가 반드시 약한 자를 잡아 누르고, 부자는 반드시 가난한 사람들을 업신여기며, 귀한 사람들은 반드시 천한 사람들을 깔보고, 사기꾼은 반드시 어리석은 사람들을 속이게 될 것이다.[15]

사람들이 빈부귀천으로 갈리고 강자, 부자, 귀족이 약자, 가난한 자, 천민을 깔보고 무시하며 억누른다고 했다. 약육강식의 정글 법칙이 사회에 만연하여 현실이 혼란스럽고 참담해졌다는 것이다.

혼란의 원인을 알았으니 혼란을 극복할 처방을 찾을 수 있다. 서로 사랑하면 혼란스럽고 참담한 현실을 해결할 수 있다. 이것을 겸애 사상이라고 한다. '겸'은 '똑같이'라는 의미다. 따라서 겸애란 '똑같이 사랑'하는 동등한 사랑을 말한다.

겸애는 누구나 가져야 할 마음이지만 특히 통치자가 가져야 할 마음이다. 똑같은 백성인데 빈부귀천을 따져 차별해서는 안 된다. 따라서 통치자는 백성을 똑같이 사랑해야 한다. 통치자가 겸애해야 하는 이유가 무엇인가? 묵자는 겸애하면 천하의 이익을 얻을 수 있다고 했다. 즉 겸애는 천하의 이익을 얻기 위한 수단이다.

묵자는 성인, 즉 통치자가 해야 할 일이 "천하의 이익을 얻기 위해 천하의 폐해를 제거하는 것"이라고 했다. 천하의 이익이란 나라와 백성의 이익을 말한다. 묵자는 통치의 기준을 아래와 같이 제시했다.

무엇을 세 가지 기준이라 하는가? (…) 근본을 마련하는 것, 근원을 따지는 것, 실천하는 것이다. 무엇에다 근본을 마련하는가? 위로 옛날 성왕들의 일에 근본을 둔다. 무엇에서 근원을 따지는가? 아래로 백성들이 듣고 본 사실에서 근원을 따져야 한다. 무엇에 실천을 두는가? 형법과 행정을 시행하여 국가와 백성의 이익에 부합하는가를 보는 것이다. 이것이 바로 말에 표준이 있는 것이다.[16]

세 가지 기준 중 나라와 백성의 이익이 가장 중요하다. 묵자가 보기에 나라와 백성의 이익이 모든 가치 결정의 기준이다. 근대 유럽의 공리주의를 연상시키는 말이다. 공리주의의 원조라는 영국의 사상가 벤담 역시 인간의 이익이 가치판단의 기준이라고 했다. 묵자와 벤담의 차이점은 묵자가 겸애를 이익의 수단으로 주장했다면 벤담은 '최대 다수의 최대 행복'을 수단으로 주장했다는 점이다.

공자는 군자가 아니다

묵자의 공자 비판은 신랄했다. 왜 그랬을까? 공자는 묵자와 마찬가지로 사랑을 주장했다. 공자는 자신의 핵심 사상인 '인'을 '애인(愛人)', 즉 사람을 사랑하는 것이라 했다. 묵자는 젊었을 때 공자의 가르침을 공부했고 공자가 주장한 인을 받아들였다.

그러나 묵자가 볼 때 공자의 주장은 미흡했다. 공자에 따르면 부모에 대한 사랑이 가장 소중하다. 그러므로 모든 사랑이 똑같을 수는 없다. 부모에 대한 사랑과 아프리카 원주민에 대한 사랑은 차이가 있을 수밖에 없다. 즉 사랑은 친소관계에 따라 차등적일 수밖에 없다.

묵자는 차등적 사랑에 만족할 수 없었다. 그래서 공자를 신랄하게 비판했던 것이다. 그러나 《묵자》에서 차등적 사랑에 대한 설득력 있는 반박을 찾아보기는 어렵다. 대신 묵자는 공자의 행태를 집중 비판했다. 그 예를 보자.

공자가 채나라와 진나라 사이에서 궁지에 빠져 명아주로 만든 국 만으로 싸라기도 없이 열흘을 지냈다. 제자인 자로가 돼지고기를 구해 삶아주자 공자는 고기가 어디서 났는지를 물어보지도 않고 먹었다. 남의 옷을 벗겨 그것을 팔아 술을 사다주자 공자는 술이 어디서 났는가를 물어보지도 않고 마셨다. 노나라 애공이 공자를 맞 아들이니 그는 방석이 반듯하지 않아도 앉지 않았고 고기가 바르 게 썰어져 있지 않으면 먹지 않았다. 자로가 나아가 물었다.
"어찌 그토록 진나라와 채나라에 있을 때의 태도와 반대가 되십니 까?"
공자가 대답했다.
"이리 오너라. 네게 얘기해주마. 전에는 너와 함께 살아가기에 급 급했지만 지금은 너와 함께 의로움을 행하기에 급급하다."[17]

묵자는 공자의 행동이 "굶주리고 곤궁할 때에는 어떻게든 살아남으 려 발버둥치고, 부유하고 배부르면 허위적 행동으로 스스로를 꾸미는 것"이라고 했다. 그래서 그는 공자를 향해 "더럽고 사악하다"고 비난 했다. 묵자가 비판한 것은 공자의 언행불일치였다.

묵자의 공자 비판에 공자의 제자들은 수긍할 수 없었다. 단지 스승인 공자를 비난했기 때문이 아니었다. 묵자의 주장은 공자의 제자들로서는 묵과할 수 없는 것이었다. 다음의 비판을 보자.

도의와 방법, 학술, 사업을 통일하는 것이 어진 것이다. 크게는 사람들을 다스리고 작게는 벼슬자리에 나아가며, 멀리는 두루 널리 베풀고 가까이는 자기 자신을 수양한다. 의롭지 않은 곳에 처신하지 않고, 이치에 어긋나는 행동을 하지 않으며, 천하의 이익을 일으키기에 힘쓰고, 온갖 노력을 기울이며 이롭지 않으면 하지 않는다. 이것이 군자의 도다. 그런데 내가 들은 공자의 행동은 곧 근본적으로 이것과 서로 어긋난다.[18]

이 비판 역시 공자의 언행불일치를 겨냥한 것이다. 천하의 이익이 되도록 실천하는 것이 군자의 도리라고 했다. 공자는 그런 도리를 따르지 않았으니 군자가 아니라고 했다. 그러나 공자의 제자라면 이 비판을 듣고 발끈했을 것이다. 어찌 군자의 도리가 이익 추구에 있다는 말인가. 공자의 제자를 자처하는 맹자가 분개해서 나섰다.

어찌 이익을 말하는가

맹자는 묵자가 죽고 약 20년 후에 태어났다. 맹자는 공자의 사상을 전파하기 위해 일생을 두고 다른 사상과 논쟁을 벌였다. 그런 이유는 위기 의식 때문이었다. 맹자는 논쟁할 수밖에 없는 이유를 이렇게 말했다.

양주와 묵적의 이론이 온 천하에 가득 차게 되었네. 천하의 이론은 양주에게 붙는 것이 아니면 묵적에게 붙는 것이 되었네. (…) 양주와 묵적의 도가 없어지지 않는다면 공자의 도는 드러나지 않을 걸세. 그것은 사악한 이론이 사람들을 속여 어짊과 의로움의 도를 틀어막아 버리기 때문이야. 어짊과 의로움이 틀어막혀 버리면 곧 짐승들을 거느리고 사람을 잡아먹고 사람들끼리도 서로 잡아먹게 될 것일세. 나는 이런 것이 두려워서 옛 성인의 도를 지키면서 양주와 묵적의 이론을 막아 방탕한 말과 사악한 이론을 펴는 자들을 몰아내어 더 생겨나지 않도록 하려는 것일세.[19]

여기서 묵적은 묵자를 지칭한다. 양주는 개인주의인 위아 사상을 표방한 사상가였다. 맹자는 양주와 묵자의 사상이 천하에 가득 차 있다고 했다. 그래서 만약 공자의 사상이 사라지면 인간성을 상실하는 극단적 상황이 초래될까 두렵다고 했다. 그래서 맹자는 분투했다.

맹자는 묵자에 대해 "천하의 모든 사람들을 똑같이 사랑한다고 하니 그에게는 부모도 없다"라고 비판했다. 그러나 사실 납득하기 어려운 비판이다. 모든 사람을 똑같이 사랑하기 때문에 부모를 사랑하지 않는다는 비판은 설득력이 없다.

맹자의 비판을 제대로 이해하려면 묵자의 제자인 이지(夷之)에게 한 말을 보아야 한다. 이지는 맹자에게 겸애가 공자의 사상과 같은 것 아니냐고 물었다. 이에 맹자가 역으로 물었다.

"정말로 사람들이 그의 형의 아들을 친근히 여기는 것과 그의 이웃
어린아이를 친근히 여기는 것이 같다고 생각하는 거요?"[20]

그 두 사랑은 같을 수 없다. 당연히 형의 아이를 이웃집 아이보다 더 사랑한다. 따라서 동등한 사랑이라는 겸애는 불가능하다. 사랑은 친소 관계에 따라 차등적일 수밖에 없다.

사실 이 정도의 차이라면 그리 대단한 것이 아니다. 모든 사랑은 똑같지만 사랑의 실천은 가까운 곳에서부터 시작해야 한다고 정리하면 될 문제다. 그러나 맹자는 묵자의 사상을 사라지게 해야 한다고 했다. 맹자는 묵자의 사상에 근본적인 문제가 있다고 보았다.

어떤 근본적인 차이가 있다는 말인가? 맹자와 송경(宋牼)의 대화에서 실마리를 찾을 수 있다. 송경은 송나라의 학자로 묵자를 지지했던 모양이다. 송경은 진나라와 초나라의 전쟁을 막기 위해 두 나라 왕을 만나러 가는 길에 맹자를 만났다. 맹자가 대뜸 물었다.

"저는 자세한 내용까지 여쭙지 않겠으나 그 요지만은 알고 싶습니
다. 그분들을 어떻게 설득하려 하십니까?"
"나는 전쟁이 이롭지 않다는 것을 말해주려 합니다."
"선생의 뜻은 큰데, 선생의 명분은 좋지 않습니다. (…) 어찌 반드

시 이로움입니까?"[21]

아무리 좋은 일일지라도 이익을 앞세우면 안 된다고 했다. 이것이 맹자 사상의 기초다. 맹자는 이익을 앞세우는 공리주의적 사고를 극력 배격했다. 양나라 혜왕에게 들려준 맹자의 충고는 맹자 사상을 집약적으로 보여준다. 혜왕이 "우리나라에 이익이 될 방책을 알려주십시오"라고 묻자 맹자는 정색하며 말했다. "어찌 이익에 대하여 말씀하십니까? 왕께서는 오로지 인의(仁義)의 덕만을 추구하시면 됩니다."

맹자의 사상은 성선설을 바탕으로 한다. 맹자는 인간이 본래 착한 본성을 가지고 있지만 이익을 추구하다 보니 본성이 흐려졌다고 주장했다. 맹자가 볼 때 묵자의 사상은 이익을 앞세우는 사상이다. 묵자는 겸애하여 나라와 백성의 이익을 크게 일으켜야 한다고 하지 않는가. 그러나 이익 추구는 착한 본성을 흐릴 뿐이다. 묵자의 사상이 퍼지면 앞다퉈 이익을 추구하게 되고, 그 결과 착한 본성이 사라지면서 인간은 동물과 같은 존재가 된다. 그래서 맹자는 묵자의 사상과 극렬하게 싸웠던 것이다.

윗사람과 뜻을 같이하라

묵자와 맹자의 차이는 정치관에서도 드러난다. 묵자는 통치자의 필요성을 다음과 같이 말했다.

옛날 백성들이 원시 생활을 하여 형정의 가르침이 존재하지 않았을 때, 대개 그들의 말은 사람마다 그 뜻이 달랐다. 그래서 한 사람이면 한 가지 뜻이 있었고, 두 사람이면 두 가지 뜻이 있었으며, 열 사람이면 열 가지 뜻이 있었다. 사람들이 많아지자 그들이 말하는 뜻도 많아졌다. 이로 인해, 사람들은 자기 뜻을 옳다고 하면서 남의 뜻은 비난했으니, 그래서 사람들은 서로를 비난하게 되었다. 그리하여 가정 안에서는 부자나 형제들이 서로 원망하고 미워하게 되면서 헤어지게 되었고 서로 화합·공생하지 못했다. (…) 천하의 혼란은 마치 새나 짐승들이 뒤섞인 것과 같았다. 천하가 혼란해지는 까닭은 지도자가 없기 때문이다. 그러므로 천하의 현명하고 훌륭한 사람을 골라 천자로 삼아야 한다.[22]

영국의 사상가 토머스 홉스가 말한 국가의 기원을 연상케 한다. 인간이 자연 상태에서 혼란을 겪자 통치자를 세웠다는 것이다. 그래서 주권이 백성에게 있다고 주장하려는 말은 아니었다. 당대의 혼란을 어떻게 극복할 것인가를 제시하기 위한 말이었다.

혼란을 극복하고 나라가 잘되려면 어떻게 해야 하는가? 묵자는 "언제나 윗사람과 뜻을 같이하고 결코 아랫사람을 따르지 말라"고 했다. 그렇게 말하며 부연한 부분을 보자.

좋은 말이든 나쁜 말이든 듣게 되면 모두 그것을 윗사람에게 고하라. 윗사람이 옳다고 여기는 것은 반드시 모두 그것을 옳다고 여기

며, 그르다고 여기는 것은 반드시 모두가 그르다고 여겨야 한다.[23]

결국 통치자의 뜻에 따라야 한다는 얘기다. 그렇지 않고 백성들이 자기주장을 내세우게 되면 또다시 혼란의 자연 상태로 되돌아가게 된다. 물론 묵자는 통치자가 해야 할 일을 분명하게 지적한다. 겸애를 실천하여 나라와 백성에게 이익이 되는 일을 해야 한다고. 그러나 묵자의 주장은 왕의 일방적 전횡을 뒷받침할 사상을 제공할 위험성이 있었다.

맹자는 "백성이 가장 무겁고 왕이 가장 가볍다"고 했다. 임금은 "백성이 원하는 것을 하고 백성이 싫어하는 것을 하지 말라"고도 했다. 물론 국가의 주권이 백성에게 있음을 주장한 것은 아니었다. 백성을 귀하게 여기고 백성을 위하는 정치를 하라는 것이었다. 이것을 '민본(民本)', 즉 백성을 근본에 두는 사상이라고 한다.

민본 사상에 입각하면 왕의 전횡은 용납될 수 없다. 맹자는 여러 차례의 충언을 듣지 않으면 왕을 교체할 수도 있다고 했다. 맹자는 왕이 추구해야 할 정치를 '왕도정치(王道政治)'라고도 했다. 왕도정치는 '차마 하지 못하는 마음'을 넓혀서 도달한 정치다.

사람들은 누구에게나 남의 불행을 차마 그대로 못 보는 마음이 있다. 옛날의 훌륭한 임금들은 남의 불행을 차마 그대로 못 보는 마음이 있어서 이에 남의 불행을 차마 그대로 못 보는 정치를 했던 것이다.[24]

맹자는 '차마 하지 못하는 마음'을 인간의 본성이라고 말한다. 공자가 말한 인이 겉으로 드러난 마음이 바로 '차마 하지 못하는 마음(不忍之心)'이다. 맹자는 이 마음을 측은지심이라고도 했다. 왕도정치는 인간 본성에 기반을 둔 정치다. 맹자가 볼 때 묵자가 주장한 정치는 왕이 이익을 내세워 전횡을 하는 패도정치(覇道政治)일 뿐이다.

묵자의 정치관은 공리주의적 사고에 바탕을 두고 있다. 통치자는 백성에게 이익이 되도록 천하의 혼란을 바로잡아야 하고, 백성은 통치자의 노력을 지지해야 한다. 반면 맹자의 정치관은 도덕주의적 사고에 바탕을 두고 있다. 인간의 착한 본성에 바탕을 두고 덕의 정치를 실현해야 한다.

묵자의 소중한 가르침

진시황이 최종 승자가 됨으로써 전국시대는 막을 내렸다. 전국시대 이후 묵자의 사상과 공맹의 사상은 운명이 달라졌다. 묵자의 사상은 소멸했고 공자와 맹자의 사상을 계승한 유교는 중국 중세 시대의 지배적인 철학이 되었다.

왜 이렇게 운명이 달라졌을까? 묵자의 사상은 통치자를 대상으로 한 것이었다. 그래서 통치자가 거부하면 소멸할 수밖에 없었다. 그런데 통치자들이 나라와 백성의 이익을 명분으로 내세운다고 해도 겸애를 실천하고자 하겠는가. 통치자들은 바람직한 통치의 전제인 겸애를 받아들이지 않았다.

유교 역시 통치자를 대상으로 덕의 정치를 실천할 것을 주장했다. 그러나 유교는 통치자만을 대상으로 한 사상이 아니었다. 유교는 바람직한 인간의 모습을 제시하고자 했다. 통치자가 유교를 거부한다고 해도 바람직한 인간의 모습을 추구하려는 이상은 사라지지 않는다. 특히 '누구나 성인이 될 수 있다'는 맹자의 주장은 빈부귀천을 떠나 누구에게나 매력적인 것이었다.

묵자가 주장한 '절용(節用)' 또한 당대의 백성들에게 환영받기 어려웠다. 절용은 절약해서 사용한다는 말이다. 묵자는 옛 왕이 절용의 법도를 정하면서 따랐다는 선언을 인용했다.

모든 천하의 여러 공인들은 수레를 만들거나 가죽으로 물건을 만들거나 질그릇을 만들거나 가구를 만들거나 할 때 각기 자신의 능력대로 일을 하도록 한다. 그리고 모든 물건들은 백성들이 사용할 만큼만 만들면 된다.[25]

필요한 만큼만 생산하여 재료의 낭비를 줄이고 검소하게 생활해야 한다는 취지다. 합당한 얘기 같지만 문제가 있었다. 백성들이 필요로 하는 제품의 양은 통치자에 의해 정해질 수밖에 없다. 따라서 백성들은 평균적인 삶을 요구받을 수밖에 없었다. 또한 경우에 따라서는 백성들에게 내핍 생활이 강요될 수도 있었다.

묵자를 따르는 집단인 묵가의 생활을 보자. 장자는 이렇게 썼다.

(묵자는) 후세의 묵가들에게 털가죽 옷과 칡베 옷을 입고 나막신이나 짚신을 신고서 밤낮으로 쉬지 않고 자신을 괴롭히는 것을 법도로 삼게 했다. (…) 후세의 묵가들로 하여금 반드시 스스로를 괴롭힘으로써 넓적다리에는 살이 없고 정강이에는 털이 없도록 만들어주고 있을 따름인 것이다.[26]

묵가들은 검소한 생활을 하며 쉬지 않고 일을 했다는 얘기다. 이런 생활을 백성들은 환영하지 않았다. 전국시대에 백성들은 하루하루 근근이 연명하는 삶을 살았다. 묵자의 절용은 백성들의 고단한 삶에 위로가 될 수 없었다. 맹자는 '의식족지예절(衣食足知禮節)'이라 하지 않았던가. 살 만해야 예절을 갖출 수 있다는 말이다. 고단한 삶을 사는 사람들에겐 맹자의 말이 더 다가왔을 것이다.

묵자의 사상은 당대 통치자들에게 거절당했지만 겸애와 절용의 의의 자체가 사라질 수는 없는 일이다. 특히 오늘날에는 겸애와 절용이 더욱 절실해지고 있다. 신자유주의로 표현되는 지금의 시대에는 약육강식의 법칙과 승자 독식의 논리가 횡행하고 있다. '갑질' 같은 가진 자들의 횡포, '흙수저론'에서 나타나는 부와 빈곤의 세습으로 인해 수많은 사람들이 절망하는 시대를 우리는 살아가고 있다. "다들 행복의 나라로 갑시다!"라는 옛 노래의 가사처럼 행복을 다함께 누리기 위한 토론과 실천이 절실한 시대다. 겸애는 그 토론과 실천의 바탕이 되는 정신이다.

또한 우리는 절용이 절실한 시대에 살고 있다. 상대적 빈곤으로 인한 박탈감, 자원 낭비에 대한 우려가 깊어지는 시대에 묵자의 가르침은 소박하지만 정곡을 찌른다.

그들이 옷을 지어 입은 것은 무엇 때문이었나? 겨울에는 추위를 막고 여름에는 더위를 막기 위해서였다. 무릇 옷을 만드는 원리는 겨울에는 더 따스해지도록 하고 여름에는 더욱 시원해지게 하는 것이다. 화려하기만 하고 이익을 주지 못하는 것은 제거해버렸다. 그들이 집을 지은 것은 무엇 때문이었는가? 겨울에는 바람과 추위를 막고 여름에는 더위와 비를 막기 위해서였다. 도적이 들어올 경우를 대비해서 더욱 튼튼히 만든다. 화려하기만 하고 이익을 주지 못하는 것은 제거해버렸다.[27]

그들(백성)에게 옷과 집은 더위와 추위를 피하기 위해 필요할 뿐이다. 화려함을 추구할 이유가 있겠는가.

이익이 아니라
인의만을 추구하라

맹자 《맹자》

맹자(孟子, B.C.372?~B.C.289?)의 어머니와 관련된 두 가지 일화가
있다. 하나는 '맹모삼천지교(孟母三遷之敎)'다. '맹자의 어머니가 세 번
이사하며 가르쳤다'는 말이다. 처음 공동묘지 근처에 살 때 맹자는 장
례 지내는 놀이를 하며 놀았다고 한다. 그래서 시장 근처로 이사를 했
더니, 이번에는 장사꾼들의 흉내를 내며 놀았다고 한다. 그래서 서당
근처로 이사를 했더니, 예법에 관한 놀이를 하며 놀았다는 것이다.

중국 전한시대에 유향이 지은 《열녀전(列女傳)》에 나오는 것으로, 맹
자의 어린 시절 일화다. 어머니가 아들의 교육을 위해 이사를 다녔다

는 것이다.

《열녀전》에는 또 다른 일화도 소개되어 있다. '단기지교(斷機之敎)'다. '베의 날실을 자르며 가르쳤다'는 얘기다.

맹자는 아버지를 일찍 여의고 홀어머니 밑에서 가난하게 자랐다. 어머니의 지극한 교육열에 힘입어 공자의 손자인 자사의 문하에 들어가 공부를 했다. 그런데 공부를 시작한 지 오래지 않아 어머니가 보고 싶어 집으로 돌아왔다. 어떻게든 아들을 공부시켜 인재를 만들고자 했던 어머니의 소망이 무너지려는 순간이었다. 어머니가 물었다. "공부는 마쳤느냐?" 맹자가 대답했다. "아닙니다. 어머니가 보고 싶어 왔습니다." 어머니는 즉시 칼을 들어 짜고 있던 베의 날실을 끊어버렸다. 맹자가 놀라 물었다. "어머니, 왜 그러십니까?" 어머니가 말했다. "네가 공부를 그만둔 것은 내가 오랫동안 고생해서 짜던 베를 자르는 것과 같다." 맹자는 그 길로 되돌아가 학문에 전념했다.

맹자가 본격적으로 공부할 때의 일화다. 어머니가 아들의 마음을 잡아주기 위해 그 귀한 베의 날실을 잘라버렸다는 것이다. 이 두 일화에서 어머니가 아들의 교육을 위해 대단히 헌신했음을 알 수 있다.

어리석은 질문이겠지만 어머니는 왜 그렇게 아들 교육에 열성이었을까? 아마도 아들이 벼슬자리를 얻어 편히 살기를 바랐기 때문일 것이다. 글을 읽을 줄 아는 사람이 많지 않은 시절이었기 때문에 공부만

하면 벼슬자리 하나 얻는 것은 어렵지 않았던 시대였다.

맹자는 어머니의 뜻을 받들어 열심히 공부했다. 그래서 어머니가 기대하는 것 이상의 큰 학자가 되었다. 그러나 맹자는 어머니가 기대했음 직한 벼슬을 하지는 못했다. 맹자는 선생이 되어 제자들을 가르쳤고 제자들과 함께 왕들에게 유세하러 다녔다.

벼슬에 뜻이 없었던 것은 아니었다. 왕에게 유세하는 목적은 벼슬을 하는 것이었다. 그러나 그의 주장을 선뜻 받아들이려는 왕이 없었다. 사마천의 《사기》에 따르면, 맹자는 제나라의 선왕을 섬기려 했다고 한다. 그러나 선왕이 자신의 주장을 실행하지 않자 맹자는 양나라로 갔다. 양의 혜왕은 말로는 맹자의 주장을 받아들이면서도 실제로는 아무것도 실행하지 않았다고 한다.

그렇지만 맹자는 꺾이지 않았다. 그는 자신에 대한 자부심이 매우 강한 사람이었다.

500년마다 반드시 성군이 나왔고, 그 중간에는 반드시 그 이름을 세상에 떨친 훌륭한 인물이 나왔었다. (…) 하늘이 천하를 태평하게 할 생각이 없다면 그만이지만 만약에 천하를 태평하게 할 생각이 있다면 지금 세상에 나 말고 누가 있겠느냐?[28]

역사에서 500년마다 등장한다는 훌륭한 인물, 그 인물이 바로 자신이라는 말이다. 맹자는 이러한 자부심을 품은 채로 굽히지 않고 자신의 사상을 설파하러 다녔다.

맹자, 한탄하다

사상사적으로 보면 맹자가 활동한 때를 전후한 시기를 제자백가의 시대라고 한다. 다양한 사상이 출현하여 경쟁했던 시대였다. 맹자를 중심으로 제자백가의 관계를 살펴보자. 먼저 연대기적 관계를 보면, 맹자는 공자가 세상을 떠난 지 약 100년 후에 태어났다. 맹자가 태어나기 얼마 전에 '겸애설'을 주장한 묵자가 세상을 떠났다. 맹자는 장자와 동년배였다. 그리고 맹자가 세상을 떠날 무렵에 '성악설'로 유명한 순자(荀子, B.C.298?~B.C.238?)와 '동양의 마키아벨리'라고 불리는 한비자가 태어났다.

그들의 사상적 관계를 보면 맹자는 공자의 사상을 받아들인 반면 묵자의 사상을 비판했다. 장자에 대해서는, 그 존재를 몰랐거나 아니면 그 사상을 무시했다. 순자는 공자의 사상을 받아들였지만 묵자와 장자 그리고 맹자의 사상을 모두 비판했다. 한비자는 공자, 묵자, 장자, 맹자의 사상을 모두 비판했다. 이렇듯 앞의 사상을 계승한 경우도 있었지만 대개는 서로 치열하게 논전을 벌였다. 그래서 다양한 사상이 출현했다.

제자백가 시대에 사상가들은 제자들을 이끌고 다니며 왕들에게 자신의 사상을 설파했다. 맹자의 경우 '수십 대의 수레와 수백 명의 제자'를 데리고 다녔다고 한다. 왕들은 사상가들을 후하게 대접했다. 맹자의 경우만 해도 방문한 나라마다 머물 집과 음식을 제공했고 떠날 때는 두둑한 노잣돈을 받았다고 한다.

따라서 제자백가 시대에는 사상가들이 탄압을 받아 죽임을 당하는 경우가 없었다. 맹자는 다니는 곳마다 자신의 사상을 거절당했다. 그렇다고 왕들이 맹자에게 위해를 가한 것은 아니었다. 그래서 제자백가의 사상가들은 여러 나라를 다니며 자신들의 사상을 마음껏 설파할 수 있었다. 그래서 맹자 역시 당당하게 자신의 주장을 펼칠 수 있었다. 이러한 시대적 배경 덕분에 고대 중국에서는 다양한 사상이 발전할 수 있었다.

맹자는 공자의 사상을 계승했다. 아마도 그가 자사(子思, B.C.483?~B.C.402?)의 문하에서 공부한 것이 계기가 되었을 것이다. 자사는 공자의 손자로, 유교의 4대 경전인 《중용(中庸)》을 쓴 것으로 알려져 있다. 공자의 다른 제자들과 달리 자사는 할아버지처럼 제자 육성에 전념한 것으로 보인다.

공자의 제자들은 대부분 벼슬을 했다. 자로는 위, 자장(子張, B.C.503~?)은 진, 담대멸명(澹臺滅明, B.C.512~?)은 초, 자하(子夏, B.C.507~B.C.420?)는 서하, 자공은 제나라에서 벼슬을 했다. 글을 깨치고 능력을 갖춘 자는 중용되던 때였다. 특히 공자의 명성이 높았기 때문에 여러 나라에서 그의 제자들을 초빙해 가기도 했다.

이들과 달리 자사는 벼슬을 하지 않고 제자를 가르쳤다. 그렇지만 맹자가 자사에게 직접 배운 것은 아니었다. 맹자가 태어나기 전에 자사는 이미 세상을 떠났다. 그럼 맹자의 직접적인 스승은 누구일까. 없었던 것 같다. 맹자는 "나는 공자의 제자가 될 수 없었지만 사람들로부터 주워듣고 배울 수 있었다"고 했다.

맹자는 이런 현실을 한탄했다. 그는 "인류가 있은 이래 공자와 비견

될 만한 인물은 아직 없었다"라고 했다. 그래서 "내가 바라는 바는 공자의 도를 배우는 것이다"라고 했다. 그런데 공자의 도를 제대로 전해주는 사람이 없었다. 그래서 맹자는 이렇게 탄식했다.

공자로부터 지금까지는 겨우 100여 년이 지났는데, 성인께서 살아 계셨던 때가 이처럼 멀지 않고, 성인께서 사셨던 지역이 이처럼 가까운데, 그럼에도 불구하고 (공자의 도가 시행되는 것을 직접 보고 안) 사람이 없으니, (먼 훗날 그 도를 전해 들어서 알) 사람 또한 없겠구나.[29]

공자가 세상을 떠난 지 100여 년이 지나자 제자들 역시 모두 세상을 떠났다. 그래서 공자의 도를 직접 들어 전해줄 수 있는 사람들이 사라졌다. 문제는 그것이 아니었다. 맹자와 동시대에 공자의 도를 제대로 깨친 사람이 없었다. 그러니 누가 공자의 도를 후세에 전해줄 수 있겠는가.

그래서 맹자는 분발했다. 그는 자하 문하에서 전승되고 있던 공자의 언행을 배웠다. 《논어》가 아직 세상에 나오지 않았기 때문에 입으로 전승되는 내용에 의존할 수밖에 없었던 때였다. 맹자의 배움이 여기에 그쳤다면 그는 평범한 학자에 불과했을 것이다. 맹자는 《시경》과 《서경》 등 경전에 대한 독자적인 연구를 진행했다.

이렇듯 맹자는 자득하여 공자의 가르침에 자신의 연구를 보탰다. 그래서 공자의 사상을 단순히 계승한 것이 아니라 자신의 독창적 사상을 이루어낸 큰 학자가 되었다.

물질보다 인간이 먼저다

정치사적으로 보면, 맹자가 활동했던 때는 전국시대였다. 공자가 활동했던 시대와 달랐다. 공자가 활동했던 춘추시대는 형식적이나마 주나라와 주종관계를 맺고 있던 제후들이 패권을 다투던 시대였다. 그러나 전국시대는 주나라와 주종관계를 단절한 7개국이 중원의 패권을 두고 다투던 시대였다. 전쟁의 규모와 양상이 춘추시대와 비교할 수 없을 정도로 커지고 잔인해졌다.

당시의 상황에 대해 맹자는 "백성은 굶주리고, 들에는 굶어 죽은 시체가 나뒹군다. 위로는 부모를 섬기기에 부족하고, 아래로는 처자를 먹여 살리기에 부족하다. 풍년에도 내내 고생하고 흉년에는 죽음을 면하지 못한다. 신하로서 자기 임금을 시해하는 자가 있고 자식으로서 자기 아비를 시해하는 자가 있다"라고 했다. 백성은 전쟁으로 고통받고 정치적 질서는 무너진 시대라는 것이다.

시대가 달라지면 사상의 내용 역시 달라져야 한다. 맹자는 공자와 달리 치국의 사상, 즉 통치의 철학을 제시했다. 맹자는 자신의 통치 철학을 유세하기 위해 왕들을 만나러 다녔다. 맹자가 유세를 시작한 것은 큰 학자로 명성을 얻은 뒤였다. 그래서 왕들은 맹자를 융숭하게 대접했고 두둑한 노잣돈도 주었다. 그러나 다들 그의 사상을 받아들이지는 않았다.

왜 그랬을까? 《맹자》 첫머리에 나오는 양 혜왕과의 대화를 보면 이유를 알 수 있다. 맹자가 양 혜왕을 방문했다. 왕은 매우 반가워하며

"우리나라에 이익이 될 방책을 알려주십시오"라고 요청했다. 이에 맹자가 즉각 대답했다.

왕이시여! 어찌 이익에 대하여 말씀하십니까? 왕께서는 오로지 인의의 덕만을 추구하시면 됩니다.[30]

이익이 아니라 인의를 추구하라는 것이다. 얼핏 보면 공자의 말씀과 다를 바 없다. 일찍이 공자는 "군자는 의리를 추구하고 소인은 이익을 추구한다"고 말했었다. 그러나 공자의 말과 맹자의 말은 함축하는 의미가 달랐다. 공자는 군자가 되기 위한 수양을 하라고 했다면 맹자는 인의의 추구가 통치의 핵심이라고 말했던 것이다.

어쨌든 양 혜왕은 맹자의 대답에 실망했다. 왕은 맹자에게 듣고 싶은 말이 있었다. 그것이 무엇인지는 사마천의 《사기》를 보면 알 수 있다.

이 당시 진나라에서는 상앙을 등용하여 나라를 부유하게 하고 병력을 강화했으며, 초나라와 위나라에서는 오기를 등용하여 싸움에서 이겨 적국을 약화시켰다. 제나라의 위왕과 선왕이 손빈과 전기와 같은 인물을 기용해서 세력을 넓혔으므로 제후들은 동쪽으로 제나라에 조공을 바쳤다. 천하는 바야흐로 합종과 연횡에 힘을 기울이고 남을 침략하고 정벌하는 것만을 현명하다고 여기는 시대였다.[31]

상앙(商鞅, ?~B.C.338)은 법가이고, 오기(嗚起, B.C.440?~B.C.381)와

손빈(孫臏) 그리고 전기(田忌)는 병법가들이다. 사마천이 설명하듯, 법가와 병법가는 부국강병의 방책과 군사 전략을 제시하는 무리다. 진나라, 초나라, 위나라, 제나라는 법가와 병법가를 기용하여 국력을 키웠다. 그것을 최고로 알던 시대였다.

양 혜왕 역시 국력을 키우고 싶었다. 맹자에게 군사 전략을 기대하지는 않았겠지만 부국강병의 방책을 듣고 싶었던 것이다. 그래서 '나라에 이익이 될 방책'을 물었다. 그런데 맹자는 한마디로 자른다. 하필이면 이익에 대해 말하십니까!

이익을 말하지 말고 인의의 덕만을 실천하라고 했다. 그리고 맹자는 덧붙였다.

전차 1만 대를 가진 대국에서 그 임금을 시해하는 자는 반드시 전차 1000대를 가진 제후 가운데서 나오는 법이니 (…) 만약 정의를 무시하고 이익만 앞세운다면 자기 임금의 것을 모두 빼앗아 갖지 않고서는 만족할 수 없을 것입니다.[32]

이익을 앞세운 결과가 무엇인가. 제후들 또한 이익을 앞세워 왕의 것을 모두 빼앗으려고 한다. 제후가 왕을 죽이는 일이 빈번한 시대였다. 이익을 앞세우다 보면 왕이 목숨을 잃을 수도 있었다. 그래서 맹자는 이익 대신 인의만을 추구하라고 했다. "정의를 추구하는 사람으로서 자기 임금 섬기기를 태만히 하는 사람"은 없다. 임금이 인의를 추구하면 신하 또한 인의를 추구하게 되고, 그 결과 신하는 왕을 섬김에 태만히 하지 않는다.

맹자는 진정으로 나라를 위하는 일이 무엇인지를 가르치고자 했던 것이다. 그러나 왕들은 부국강병에만 골몰한 나머지 맹자를 현실성 없는 몽상가라고 치부했다. 맹자의 사상이 시대를 너무 앞서 나갔던 것인지도 모른다.

맹자의 사상은 인간에 대한 깊은 이해를 바탕으로 한다. 수많은 백성들이 고통을 당하고 죽어가는 현실 앞에서 맹자는 인간을 우선했으나 왕들은 인간보다 물질을 우선했다. 그래서 왕들은 맹자를 이해할 수 없었다.

통치자의 욕망을 다스려라

맹자는 인간의 본성을 밝히고 그것을 사상의 출발점으로 삼았다. 그것에 맹자의 탁월함이 있다. 공자 역시 인간에 대해 무수히 많은 말을 했다. 그렇지만 공자는 인간 본성에 대해 탐구하지 않았다. 맹자는 공자가 하지 않은 일에서부터 시작했다.

당시 인간의 본성에 관한 다양한 주장이 제기되었다. 《맹자》를 보자.

고자가 말했습니다. "인간의 본성은 선량한 것도 아니고 선량하지 않은 것도 아니다." 그리고 어떤 사람은 말했습니다. "본성은 선량하게 될 수도 있고 선량하지 않게 될 수도 있다." 또 어떤 사람은 말했습니다. "어떤 사람은 본성이 선량하고, 어떤 사람은 본성이 선량하지 않다."[33]

　세 가지 주장이 있었다고 했다. 오늘날에도 제기될 수 있는 문제의
식이 망라되었다. 주장은 세 가지이지만 말하고자 하는 바는 같다. 인
간에게는 타고난 본성이 없다는 것이다. 고자(告子)는 그것을 분명히
말했고, 다른 사람들은 타고난 본성이 없기 때문에 인간이 선량해질
수도 있고 선량해지지 않을 수도 있다고 주장했던 것이다.
　맹자는 그러한 주장들에 단호히 반대했다. 인간은 선한 본성을 타고
난다! 그는 사람이면 누구나 '동정심', '수치심', '공경심', '옳고 그름을
가리는 마음'을 가지고 있다고 했다. 그리고 이렇게 덧붙였다.

　동정심은 인(仁)에 속하고, 수치심은 의(義)에 속하며, 공경심은 예
　(禮)에 속하고, 옳고 그름을 가리는 마음은 지(智)에 속한다. 이 인의
　예지는 외부로부터 나에게 스며들어 온 것이 아니고 내가 본래부터
　가지고 있는 것으로, 단지 그것을 생각하지 않고 있을 뿐이다.[34]

　인의예지(仁義禮智)는 도덕심의 표현이다. 이 도덕심은 인간이 본래
부터 가지고 있는 것이다. 그러므로 인간의 본성은 선량하다. 맹자의
성선설이다. 맹자가 성선설을 증명하기 위해 든 사례는 너무나 유명하
다. 우물에 빠지려는 아이를 보는 순간 누구나 아이를 구한다. 보상이
나 명예 같은 이익 때문이 아니다. 인간의 본성이 그렇게 하게 하는 것
이다.

맹자의 성선설은 획기적인 것이었다. 인간의 본성이 같다면 모든 인간은 동등하기 때문이다. 당시에는 왕과 귀족만이 사람대접을 받았다. 평민이나 노예는 부림의 대상일 뿐이었다. 그들은 사람대접을 받지 못했고 단지 왕과 귀족의 사치와 향락을 위한 도구로만 취급됐다.

"인간의 본성에는 선한 것도 있고 선하지 않은 것도 있다"라는 주장은 왕과 귀족 중심의 차등적 질서를 합리화하는 것이었다. 왕과 귀족은 도덕적 인간이므로 당연히 지배를 해야 하고, 평민과 노예는 도덕이 없으므로 지배당하는 것이 당연하다는 것이다.

맹자의 성선설은 그러한 차등적 인간관에 반대하는 사상이었다. 오히려 맹자는 "사람이면 누구나 요순이 될 수 있다"고 했다. 요와 순은 당대의 사람들이 모두 성인으로 추앙했던 인물들이다. 맹자는 왕이든 귀족이든 평민이든 노예든 요순과 같은 성인이 될 수 있다고 했던 것이다. 사람의 본성은 똑같이 선량하기 때문이다.

그래서 의문이 제기되었다. 인간의 본성이 선량하다면 현실에서 악한 행동을 하는 사람이 많은 이유는 무엇인가? 맹자가 우산(牛山)의 비유를 들어 답했다. 우산은 본래 나무와 풀이 우거진 산이었다. 그런데 사람들이 도끼로 나무를 마구 베어버리고, 소와 양을 풀어 풀을 뜯어먹게 했다. 그 결과 우산은 본래의 모습을 잃고 벌거숭이가 되었다.

사람 역시 마찬가지다. 사람의 본성은 본래 선량하다. 그러나 이욕(利慾)을 좇아 행동하고 그것이 쌓이다 보니 본성을 잃게 되었다. 그러므로 본성의 선량함을 깨닫는다면 어찌 악한 행동을 하겠는가.

여기에서 맹자는 매우 중요한 문제를 제기했다. 사람들이 우산의 나무를 마구 베고 소와 양을 풀어놓은 이유는 무엇인가. 왕과 귀족 때문이다. 왕과 귀족을 위한 땔감과 고기를 마련하기 위해 그런다는 것이다. 그렇다면 우산이 본래의 모습을 되찾게 하는 방법은 간단하다. 왕과 귀족이 욕망을 억제하고 우산에 다시 나무를 심으면 된다.

맹자의 치국 사상, 즉 통치 철학의 핵심이 여기에 있다.

나무 위에서 물고기가 잡힐까

맹자는 "백성이 가장 귀중하고, 사직(社稷)이 그다음이고, 왕은 가장 경미한 존재"라고 했다. 사직이란 토지와 곡식의 신에게 제사 지내는 것을 말한다. 농업사회였기 때문에 사직을 중시한 것은 당연했다. 이 말에는 정치가 무엇인지에 대한 대답이 들어 있다. 정치는 왕을 위한 것이 아니라 백성을 위한 것이다.

앞에서 서술했듯이 인간의 본성은 선량하다. 따라서 선량한 본성이 드러나게 하면 나라가 안정되고 이상적 국가를 만들 수 있다. 그런데 인간의 선량한 본성을 가리고 있는 것이 무엇인가. 왕과 귀족의 탐욕이다. 그러므로 왕의 바른 마음에서 바른 정치가 시작된다.

맹자가 어느 날 제 선왕과 대화하다가 물었다.

왕께서 어느 때엔가 대전에 앉아 계실 때, 어떤 사람이 대전 아래로 소를 끌고 지나갔는데, 왕께서 그것을 보고는 물으셨습니다. "그 소를 어디로 끌고 가느냐?"라고. 그러자 그 사람은 "흔종을 준비하

려고 합니다"라고 대답했습니다. 그러자 왕께서는 "그 소를 놓아
주어라! 무서워 부들부들 떨면서 죄도 없이 도살장으로 끌려가는
가련한 꼴을 내 차마 보지 못하겠다"라고 말씀하셨습니다. 그러자
그 사람이 말했습니다. "그러면 흔종의 의식을 폐지할까요?"라고.
그러자 왕께서는 "그거야 어찌 폐지할 수 있겠느냐? 소 대신에 양
으로 바꾸도록 하여라!"라고 말씀하셨다는데, 그런 일이 정말로 있
었는지는 모르겠습니다.[35]

흔종(釁鐘)이란 동물의 피를 새로 만든 종에 바르는 의식을 말한다.
제 선왕이 흔종에 쓸 동물을 양으로 바꾸라고 한 적이 있다고 하자 맹
자는 칭찬했다. 사람들은 왕이 쩨쩨한 사람이라 소 대신 양을 쓰게 했
다고 비난하고 있었다.

맹자는 생각이 달랐다. 맹자는 왕이 양을 보지 못했기 때문에 그런
것뿐이라고 했다. 만약 왕이 도살장으로 끌려가는 양의 모습을 보았다
면 양을 다른 동물로 바꾸라고 했을 것이라는 것이다.

맹자가 주목한 것은 제 선왕의 '불쌍한 꼴을 차마 보지 못하는 마음'
이었다. 동물에 대한 마음이 이렇다면 사람에 대한 마음은 미루어 짐
작할 수 있다. 백성이 어려움을 당하고 있다면 왕은 차마 그것을 보지
못했을 것이다. 그 마음, 즉 불쌍한 것을 차마 보지 못하는 마음을 맹자
는 인애(仁愛)의 마음이라고 했다.

인애의 마음은 인간의 본성이다. 맹자는 왕이 그 마음으로 정치를
하면 왕도정치, 어진 정치가 실현될 수 있다고 했다. 그러므로 왕도정

치는 어렵지 않다. 맹자는 "태산을 옆에 끼고 북해를 건너뛰는 일"과 "어른을 위하여 팔다리를 주물러드리는 일"의 비유를 들었다. 앞의 것은 할 수 없는 일이지만 뒤의 것은 충분히 할 수 있는 일이다. 왕도정치는 북해를 건너뛰는 일이 아니라 팔다리를 주물러주는 일과 같다.

왕이라면 누구나 왕도정치를 실현할 수 있다. 자신이 타고난 어진 마음을 정치의 방면으로 넓히는 것이기 때문이다. 이렇게 하여 맹자는 성선설을 바탕으로 왕도정치론을 제시했다.

그런데 왕도정치는 왜 실현되지 않는 것일까? 왕들이 하지 않으려 하기 때문이다.

맹자가 제 선왕을 설득하기 위해 했던 절절한 말을 들어보자.

왕께서 크게 바라시는 바를 알 수 있겠습니다. 국토를 확장하여 진이나 초와 같은 나라들로부터 조공을 받으며, 천하의 맹주가 되셔서 사방의 낙후한 오랑캐들을 위무하려는 것이지요? 그러나 지금과 같은 방법으로 지금 품고 계신 바와 같은 욕망을 이루고자 생각하는 것은 마치 나무 위에 올라가서 물고기를 잡으려는 것과 같습니다. (…) 만약 왕께서 좋은 정치를 행하여 인덕을 베푸신다면 천하의 벼슬하는 사람들은 모두 제나라에 와서 관리가 되고 싶어 할 것이며, 농사짓는 사람들은 모두 제나라에 와서 농사짓고 싶어 할 것이며, 행상이나 좌고들도 모두 제나라로 와서 장사를 하고 싶어 할 것이고, 여행자들도 모두 제나라의 길 위를 지나가고 싶어 할 것이며, 자기 나라 임금을 미워하는 천하의 모든 사람들은 모두 왕에

게로 찾아와서 하소연하려 할 것입니다.[36]

이것이 '정치의 왕도(王道)'가 아니겠는가. 그러나 왕들은 '지금의 방법'만 따르려고 했다. 앞에서 사마천이 썼듯이 법가와 병법가를 고용하여 나라의 외형만 키우려 했다. 왕들은 전혀 왕도정치를 실천하려 하지 않았다. 그래서 모든 나라가 잘되었을까. 나무 위에서 물고기를 잡으려고 하면 잡을 수가 있겠는가.

맹자는 그저 옛날 사람일 뿐인가

기원전 221년에 진나라가 중국을 통일하면서 전국시대가 끝났다. 맹자가 세상을 떠나고 70여 년이 지난 때였다. 나무 위에서 물고기를 잡으려던 나라들은 물거품처럼 사라졌다. 그렇지만 진나라는 물고기를 잡은 것 아닌가?

진나라 시왕은 통일 후 황제라 자칭하며(진시황), 약 10년간 통치했다. 진시황은 학정을 일삼았고, 이에 반발한 반란이 여기저기에서 일어났다. 진시황이 죽자 그 시신조차 수습할 사람이 없었다. 그리고 나라가 분열하여 다시 전쟁이 시작되었다.

분서갱유(焚書坑儒)는 진시황 통치기에 일어난 비극적 사건이었다(B.C.212). 제자백가의 사상가 수백 명을 생매장하고 책을 불태워버린 사건이었다. 이 사건으로 가장 피해를 본 학자들이 맹자의 제자들이었다고 한다. 맹자의 성선설과 왕도정치론이 진시황의 통치에 대해 정곡을 찌른 비판이었기 때문일 것이다.

　그러나 사람을 생매장한다고 해서 그 정신까지 매장되는 것은 아니다. 맹자의 사상은 꾸준히 전파되었고, 마침내 맹자는 공자 다음가는 성인으로 추앙받게 되었다. 또한 성선설과 왕도정치론은 중세 동아시아의 지배적인 사상이 되었다.

　맹자는 성선설을 통해 모든 인간이 동등하다고 했다. 왕도정치론을 통해 백성의 어려움을 차마 외면하지 못하는 마음이 지도자가 가져야 할 근본적 마음이라고 했다. 맹자가 세상을 떠나고 2300여 년의 세월이 흘렀다. 그런데 과연 우리는 모든 사람이 동등하다고 인정하는 세상에 살고 있을까? 과연 백성의 아픔을 차마 외면하지 못하는 마음을 가진 지도자는 얼마나 될까? 맹자의 사상을 존중해야 하는 이유다.

맹자는 공자 사상의 계승자이자 공자에 버금가는 사상을 펼친 '아
성(亞聖)'이라고 한다. 그를 공자 다음가는 사상가로 평가하는 이유
는 무엇일까? 공자 사상의 계승자들이 대부분 공자의 사상을 후대
에 전달해주는 역할만 한 것에 반해 맹자는 공자 사상을 계승하면서
새로운 사고를 더해 발전시켰기 때문이다. 그는 공자 사상의 핵심인
'인'에 '의'를 더했다.

공자는 '견리사의(見利思義: 이익을 보면 의를 생각하라)'를 성인의
한 품성으로 제시했다. 맹자는 이익과 의를 대비시키며 의를 통치의
핵심 사상으로 위치 지었다. 양 혜왕이 나라의 이익을 묻자 '왜 하필
이익을 말하는가? 오로지 의가 있을 뿐이다'라고 대답한 데에서 맹
자의 생각을 알 수 있다.

맹자는 나라의 이익을 내세워 온갖 수단을 정당화하려는 사고에
반대하고 나라의 통치가 오로지 정의에 입각해야 함을 주장한 것이
다. 공자가 "정치는 정(正: 올바름)"이라고 한 것과 상통한다. 그러나
정을 '정의'라고 명확히 함으로써 공자의 사상을 발전시킴과 아울러
독창적인 '맹자 사상'을 정립했던 것이다.

시대와 상황에 맞게
나라를 개혁하자

이이 《율곡집》

내가 풍악산(가을의 금강산을 달리 이르는 말)을 유람하다가 하루는 혼자서 깊은 골짜기를 걸어 들어가는데 몇 리쯤 되는 곳에서 작은 암자 하나를 발견했다. 어떤 노승이 가사를 걸치고 정좌하고 있었는데 나를 보고 일어나지도 않고 말도 한마디 없었다. (…)

내가 그의 논변을 시험해보려고 물었다. "공자와 석가 중에 누가 성인입니까?" "선비는 늙은 중을 놀리지 마시오." (…)

승려가 한참 있다가 말했다. "색도 아니고 공도 아니라는 말은 어떤 말입니까?" (…) 이에 내가 말했다. "'솔개는 하늘로 날아오르고 물고기는 연못에서 뛴다'라고 했는데 이는 색입니까, 공입니까?"

"색도 아니고 공도 아닌 것이 바로 진여의 본체입니다. 어찌 이런 시로 견줄 수 있겠습니까?"

내가 웃으면서 말했다. "말로 표현하면 곧 경계인데 어찌 본체라 합니까?" (…) 승려가 깜짝 놀라며 내 손을 잡고 말했다. "그대는 속된 선비가 아니군요."[37]

노승과 논전을 벌인 사람은 이이(李珥, 1536~1584)다. 당시 이이의 나이는 열아홉 살이었다. 그런데 예사롭지 않다. 불교를 주제로 논전을 벌여 노승을 코너로 몰아넣은 것이다. '진여는 색도 아니고 공도 아니므로 본체, 즉 본질이 없거늘, 어찌 노승께서는 진여의 본체를 말하십니까.' 이이의 한마디에 노승은 녹다운되었다.

이이가 불교의 이치를 상당히 깨닫고 있었음을 알 수 있다. 그럴 만한 사연이 있었다. 이이는 금강산에 유람 간 것이 아니었다. 그는 승려가 되기 위해 금강산에 갔던 것이다. 그가 노승을 만났을 때는 불교에 대한 공부가 상당히 진척된 상태였다.

그러면 훗날 성리학의 대학자가 되는 이이가 왜 승려가 되려고 했을까? 그 계기는 어머니 신사임당(申師任堂, 1504~1551)의 죽음이었다.

승려가 되려 한 사연

이이는 신동이었다. 세 살 때 외할머니가 석류 열매를 보여주며 무엇이냐고 묻자 이이는 옛 글을 인용하여 "부스러진 붉은 구슬을 껍질이 감싸고 있다"라고 대답했다고 한다. 네 살 때에는 중국 역사서 《사략 (史略)》을 배우면서 글귀에 토를 달아 주위 사람들을 깜짝 놀라게 했다. 네 살이면 다른 아이들은 아직 공부를 시작하지 않은 나이였다.

이이가 여덟 살 때 지었다는 한시 〈화석정(花石亭)〉을 보자. 임진강 가에 있는 화석정이라는 정자를 보며 지었다고 한다.

숲 정자에 가을이 이미 깊어가니,
시인의 감흥이 끝이 없구나.
강물의 끝은 하늘에 닿아 푸르고,
서리 단풍은 나날이 붉어지는구나.
산은 외로이 둥근 달을 토해내고,
강은 끝없이 바람을 품는구나.
변방의 기러기는 어디로 가느냐,
소리가 끊어진 저녁 구름 속에서.

이이는 자신을 시인이라고 표현했다. 강물의 색깔이 푸른 이유는 그 끝이 하늘에 닿았기 때문이라고 했다. 산 위로 솟아오른 보름달을 보면서는 산이 둥근 달을 토해냈다고 했다. 강과 단풍과 산과 기러기가 있는 늦은 가을의 풍경을 한 점의 수채화처럼 담아냈다. 이것이 여덟 살짜리에게서 나온 시라고 할 수 있을까. 이이는 책을 읽을 때 한눈에 열다섯 줄밖에 못 읽는다고 겸손해했다. 물론 한문책이다. 사람 기죽이는 방법도 여러 가지다.

이이는 열세 살에 진사 초시에 합격했다. 공부 좀 한다는 사람도 20대가 되어야 초시에 합격했다. 그래서 시험관들은 물론 주위 사람들이 모두 놀라워했지만 이이 자신은 별로 기뻐하는 기색이 없었다고 한다.

그런데 이이에게 충격적인 사건이 일어났다. 어머니 신사임당이 세상을 떠난 것이다. 그의 나이 열여섯 살 때였다. 그때 그는 아버지의 출장길에 따라나서 집에 없었다. 임종을 지키지 못한 죄책감과 애통함 속에서 파주 두문리 자운산에 묘막을 짓고 삼년상을 치렀다.

신사임당의 죽음은 이이에게 정신적 충격을 주었다. 그는 어린 시절 외가인 강릉에서 자랐다. 외할아버지는 일찍 돌아가셨고 아버지는 한양에서 벼슬을 하고 있어서 외할머니, 어머니와 함께 지냈다. 어머니에 대한 정이 애틋할 수밖에 없었다.

이이는 신동이었지만 달리 선생을 두지 않고 신사임당이 직접 가르쳤다. 그래서 신사임당은 이이에게 스승이자 정신적 지주였다. 그런 어머니가 돌아가셨을 당시 이이는 사춘기의 청소년이었다. 그는 정신적 방황을 했다. 어머니의 삼년상이 끝나자 그는 홀연 금강산으로 들어갔다.

앞서 보았듯 승려가 되기 위해서였다. 이이의 손제자인 송시열(宋時烈, 1607~1689)에 따르면 이이는 금강산에 들어가기 전부터 이미 불교 서적에 심취했다고 한다. 어머니 상을 치를 때부터 삶의 고민에 대한 해답을 불교에서 찾으려 했던 것이다. 이이는 1년간 금강산에 머물다 내려왔다. 불교에서 답을 찾지 못했던 것이다.

그런데 승려가 되려 했던 이력은 훗날 이이를 괴롭혔다. 조정의 여론이 갈라진 뒤에 이이는 그 이력으로 인해 곤욕을 치러야 했다. 1575년에 이조정랑 자리를 두고 김효원(金孝元, 1532~1590)과 심의겸(沈義謙, 1535~1587)이 갈등했다. 이를 계기로 조정의 여론은 김효원을 지지하는 동인과 심의겸을 지지하는 서인으로 갈라졌다.

이이는 어느 쪽에도 속하지 않고 동인과 서인을 화해시키고자 했다. "사림(士林)이 분열하면 나라가 어지러워지고, 사림이 패망하면 나라가 망한다"라며 양쪽을 설득했으나 소용이 없었다. 오히려 이이는 동인으로부터 서인의 영수로 지목되었다. 이이와 가까운 벼슬아치들이 서인에 속했기 때문이었다. 급기야 동인은 이이가 승려가 되려 했다는 이유를 들어 탄핵했고, 오만 정이 떨어진 이이는 스스로 벼슬을 버리기까지 했다.

승려가 되려던 이력은 정쟁의 수단이 되었지만 불교 공부 덕분에 이이는 철학의 세계를 넓힐 수 있었다. 대부분의 성리학자들이 유교 경전만 배우며 사상적으로 경직되었던 반면 이이는 불교는 물론 도교의 학설까지 두루 섭렵하여 사상의 폭과 깊이를 더했다.

이황, 주희를 능가하다

이이가 이황(李滉, 1501~1570)을 처음 만난 것은 스물세 살 때였다. 그때 이황의 나이 쉰아홉 살이었다. 조선 시대를 대표하는 두 유학자의 만남이었다. 이이는 이황의 고향 집을 찾아가 이틀간 함께 지냈다. 이후로도 두 사람은 조정에서 함께 일할 기회가 있었기 때문에 대화를 나눌 수 있었다. 직접 만나지 못할 때에는 서신 왕래를 했다.

그런데 이이는 이황에게서 가르침을 받았지만 이황의 학설에 만족할 수 없었다. 친구인 성혼(成渾, 1535~1598)에게 보낸 편지에서 이황에 대해 "환하게 꿰뚫어 이치를 깨닫는 경지에까지 이르지는 못했다"라고 평가했다. 그러면서 "이도 발동하고 기도 발동한다는 주장은 아는 게 병이 된 주장들이다"라고 비판했다.

'이도 발동하고 기도 발동한다'는 '이기호발설(理氣互發說)'은 이황 철학의 핵심이었다. 그것을 이이는 문제 삼았다. 이는 이이가 이황 철학의 한 부분이 아니라 전체를 문제 삼았음을 의미한다. 이이의 이황에 대한 비판을 계기로 조선의 유학자들은 둘로 갈라졌다. 따라서 두 사람의 차이를 이해해야 이황-이이 이후의 유학자들이 무엇을 두고 논란을 벌였는지 알 수 있다.

이이의 비판을 이해하려면 먼저 이황의 철학을 간략히 살펴볼 필요가 있다. 이황은 자신의 시대가 '말세'라고 생각했는데 그 이유는 '성현의 도', 즉 성리학이 조선에서 사라졌다고 보았기 때문이다.

성리학이 우리나라에 처음 들어온 것은 고려 후기였다. 그리고 조선은 성리학을 국가 철학으로 선포했다. 그럼에도 성리학은 제대로 연구되지 않았다. 그러던 차에 사화(士禍)가 일어났다. 연산군 때부터 명종 때까지 네 차례의 사화가 일어나 수많은 선비들이 목숨을 잃었다. 이황 역시 사화의 피해자였다.

이황은 성현의 도가 무너졌기 때문에 참담한 비극과 혼란이 일어났다고 보았다. 이황이 자신의 시대를 말세라고 한 이유다. 그래서 그는 평생 성리학의 연구와 전파에 진력했다. 이황이 추구한 것은 성리학에서 주장하는 도덕을 실현하여 이상적 사회를 만드는 것이었다.

그런 입장에서 보면 서경덕의 기일원론은 묵과할 수 없는 것이었다. 서경덕과 이황은 동시대 인물로, 서경덕이 9세 위였다. 서경덕은 오로지 기만이 존재한다고 주장했다. 이황이 묵과할 수 없었던 이유는 서경덕의 주장대로라면 도덕과 이상의 근거가 사라지기 때문이었다. 성리학은 이와 기로 인간과 세계를 해석하는 철학이다. 이는 도덕과 이상을 표현하는 개념이고, 기는 현실을 표현하는 개념이다. 그러므로 이가 존재하지 않는다고 하면 도대체 도덕과 이상은 어디에서 찾아야 하는가.

그래서 이황은 서경덕의 주장을 비판하며 "이와 기는 결단코 다른 존재"라고 했다. 사실 성리학의 입장에서는 새로운 주장이 아니었다. 이미 주희가 이와 기는 서로 다른 존재라고 했다. 그런데 이황은 덧붙여 이와 기는 서로 섞이지 않는다고 했다. 여기서부터 이황의 독창적 철학이 시작된다.

이황이 말하려던 것은 비록 현실이 말세일지라도 현실과 별도로 변하지 않는 도덕과 이상이 존재한다는 것이다. 그런데 이황의 주장에는 문제가 있었다. 이상은 현실 속에서 실현되어야 한다. 그런데 이상과 현실이 별도로 존재한다면, 도대체 어디에다 이상을 실현하라는 말인가.

제자 격인 기대승(奇大升, 1527~1572)과의 논쟁에서 그 문제점이 드러났다. 사실 이황만이 봉착했던 문제가 아니었다. 주희 역시 이와 기가 별도의 존재라고 하면서도 그 둘의 관계를 제대로 밝히지 않았다. 이황과 기대승의 논쟁은 사단과 칠정의 관계를 두고 벌어졌다. 그래서 그 논쟁을 '사단칠정 논쟁'이라고 하는데, 논쟁의 주제는 선과 악이다.

사단이란 '측은(惻隱)', '수오(羞惡)', '사양(辭讓)', '시비(是非)'의 마음을 가리키고, 칠정이란 '희로애락애오욕(喜怒哀樂愛惡慾)'의 마음을 가리킨다. 인간이 살아가면서 일상적으로 표출하는 마음이 바로 칠정이다. 이황은 "사단은 선이고 칠정에는 선과 악이 섞여 있다"라고 했다. 그 근거로 "사단은 이발기수(理發氣隨: 이가 발동하고 기가 따른다)이고, 칠정은 기발이승(氣發理乘: 기가 발동하고 이가 올라탄다)"이라고 했다.

여기에서 '이도 발동하고 기도 발동한다'는 이기호발설이 나온 것이다. 이기호발설은 주희를 능가하는 것이었다. 주희는 이과 기의 관계를 밝히지 못했지만 이황은 이가 발동하는 경우와 기가 발동하는 경우로 나누어 그 둘의 관계를 밝혔던 것이다.

그렇지만 또 다른 문제가 생겼다.

마음은 하나다

무엇이 문제인가? 과연 이가 발동할 수 있는가 하는 것이 문제였다. 이는 도덕이나 이상을 가리킨다. 이러한 것들이 스스로 움직일 수는 없는 일. 그러나 이황은 이와 기가 섞이지 않는 것이라고 했기 때문에 도덕과 이상이 실현되려면 이가 발동한다고 할 수밖에 없었다.

이이는 이황이 이와 기의 관계를 잘못 설정했기 때문에 오류가 생겼다고 보았다. 그렇다면 이이가 생각하는 이와 기의 관계는 어떠한가? 이이는 이와 기가 다른 존재임을 인정했지만, 그 둘은 서로 분리되지 않는다고 했다.

이와 기는 항상 한 몸처럼 섞여 있다. 그리고 이는 스스로 움직일 수 없기 때문에 기가 움직이는 대로 움직일 수밖에 없다. 그래서 이이는 이황의 주장 중 '기발이승'만이 옳다고 했다.

이러한 입장에서 이이는 선과 악의 문제를 다시 다루었다. 새로운 주장을 펴려면 그에 적합한 개념을 사용해야 한다. 그래서 이이는 사단칠정 대신 '인심도심(人心道心)'이란 개념을 사용했다. 사단이나 칠정은 모두 마음을 나타내는 것들이므로, 마음을 직접적으로 표현할 수 있는 개념을 사용한 것이었다.

그러면 인심도심이란 무엇인가? 이이는 〈인심도심도설(人心道心圖說)〉에서 이렇게 말했다.

정이 표현될 때 도의를 위해 표현되는 것이 있습니다. 예컨대 어버이에게 효도하려고 하고, 임금께 충성하려고 하는 것과 어린아이가 우물에 빠져 들어가려는 것을 보고 측은히 여기고, 옳지 않은 것을 보고서는 부끄러워하거나 미워하고, 종묘를 지나갈 때 공경하는 따위가 이것입니다. 이런 것을 도심이라 합니다. 입과 몸을 위하여 표현되는 것이 있습니다. 예컨대 주리면 먹으려 하고, 추우면 옷을 입으려 하고, 힘들여 일하면 쉬려고 하며, 정기가 성하면 아내를

그리워하는 따위가 이것입니다. 이런 것을 인심이라 합니다.[38]

'정'은 마음을 말한다. 도심은 도의를 위해 표현된 것이다. 효심, 충성심, 공경심 등이 그것이다. 그래서 도심은 순전히 선한 것이다. 반면 인심은 입과 몸을 위해 표현된 것이다. 식욕, 성욕 등이 그것이다. 그러면 인심은 모두 악한 것인가? 그렇지 않다. 이이는 인심에 선도 있고 악도 있다고 했다.

이이는 식욕과 성욕을 예로 들었다. 배고프면 먹어야 하고 정기가 성하면 아내를 그리워하는 것은 성현들도 가진 공통된 마음이다. 이것은 선이다. 그런데 이 마음이 지나치면 욕심이 된다. 그것을 '인욕(人慾)'이라 하는데 인욕은 악이다. 그래서 이이는 인심이 인욕으로 흐르기 쉬우므로 경계해야 한다고 했다.

여기까지는 누구나 이해할 수 있는 일반론이다. 문제는 인심과 도심의 관계다. 인심과 도심은 서로 다른 두 마음인가? 이황이라면 도심은 이가 발동한 것, 인심은 기가 발동한 것이라고 구분할 것이다. 그러나 이이의 설명은 달랐다.

진서산은 천리와 인욕을 지극히 분명하게 논했으니 배우는 사람이 공부하는 데 매우 유익합니다. 다만 인심을 오로지 인욕으로만 귀속시켜서 한결같이 다스리려고 생각한 것은 미진한 점이 있습니다. 주자가 이미 "비록 지혜로운 사람이라도 인심이 없을 수 없다"라고 했은즉 성인도 또한 인심이 있습니다. 어찌 전부 인욕이라고 할 수 있습니까. 이로써 보건대, 칠정은 인심과 도심, 선과 악을 모두 합한 개념입니다. 맹자는 칠정 가운데에서 선한 한 측면만 뽑아내어 사단으로 지목했으니, 사단이란 곧 도심이며 인심 가운데 선한 것입니다.[39]

진서산(眞西山, 1178~1235)은 중국 남송 시대의 학자다. 이이는 진서산이 인심을 오로지 인욕에만 귀속시켰다며 잘못을 나무랐다. 인심이 곧 악은 아니라는 것이다. 성인에게도 인심이 있다. 그 인심 중에 선한 측면이 도심이다.

이황의 주장과 비교하기 위해 사단칠정의 개념을 대입해보자. 인심은 칠정에 해당한다. 그 칠정 중 선한 부분이 사단이다. 그렇다면 이가 발동했다는 별도의 사단은 존재하지 않는다. 이렇게 하여, 이이는 인심과 구별되는 도심, 칠정과 구분되는 사단이 별도로 존재하는 것이 아님을 밝혔다. 그것을 요약하여 "마음에는 애초부터 두 가지 마음이 없다"라고 했다.

이황의 주장대로라면 인심과 도심은 출처가 다르다. 즉 인심은 기발, 도심은 이발이 되어야 한다. 이이는 이황의 주장을 부정했다. 인심이든 도심이든 하나의 마음이 표출된 것이다. 그래서 마음은 둘이 아니라 하나일 뿐이다.

다만 표출된 마음의 지향점이 다르다. '도의를 위해' 표출된 마음이 도심이고 선한 마음이다. '입과 몸을 위해', 즉 일상의 삶을 위해 표출된 마음에는 선한 마음도 있고 악한 마음도 있다. 그중 선한 마음은 도심이고 악한 마음은 인욕이다.

이이는 기의 발동만을 인정하는 입장에서 선악의 문제를 다루었다. 그래서 '마음이 곧 기'라고 했다. 마음은 스스로 표현하는 활동을 하기 때문이다. 이러한 이이의 철학은 일상의 삶 자체에 대한 관심을 높였다는 의의가 있다.

주희라도 반대하면 틀린 것이다

이이는 자신의 철학을 '이통기국(理通氣局: 이는 통하고 기는 국한된다)'이라고 정식화했다. 이통기국이란 무엇인가? 이이의 설명을 들어보자. 이이는 물과 컵을 예로 들었다. 다양한 모양의 컵에 물을 따랐다고 해보자. 컵 안에 담겨 있는 물의 모양이 서로 다르다. 왜 그럴까? 물의 모양이 다르기 때문일까? 그렇지 않다. 모양이 다른 것은 컵이다. 그 안에 담긴 물은 똑같다. 다만 다른 모양의 컵에 담겼기 때문에 물의 모양이 다르게 보였던 것이다.

이이는 물이 똑같은 것을 두고 '이통'이라 하고, 컵의 모양이 다른 것을 두고 '기국'이라 했다. 그리고 덧붙여 "이통이란 세상 만물이 한 가지 이치를 함께 가지고 있다는 것이고, 기국이란 세상 만물이 저마다 기를 하나씩 가진다는 것"이라고 했다. 세상 만물은 한 가지의 이와 서로 다른 기를 갖는다는 말이다.

무슨 말인가? 이통기국의 의미를 알기 위해 주희의 주장과 비교해보아야 한다. 주희는 '이동기부동(理同氣不同: 이는 같고 기는 다르다)'이라고 했다. 얼핏 보면 이통기국과 이동기부동의 의미는 다르지 않은 것 같지만 함축된 의미가 다르다.

주희는 이동과 기부동을 병렬했을 뿐, 이와 기가 어떤 관계인지를 밝히지 않았다. 그리고 기부동보다 이동을 중요시했다. 그러나 이이는 세상 만물이 이와 기를 가지고 있다면서 이와 기가 세상 만물 속에 통일되어 있음을 말했다. 그래서 그는 이통뿐만 아니라 기국 역시 대등하게 중요시했다.

물과 컵을 예로 들면, 주희는 물을 컵보다 더 중요시했다. 반면 이이는 물과 컵을 모두 중요시했다. 목마른 사람에게 물과 컵이 모두 중요하지 않겠는가. 여기에 이통기국의 의의, 독창성이 있다.

어버이에 대한 효도를 생각해보자. 효도는 어느 나라, 어느 시대에든 중요하다. 주희는 이것을 강조했다. 그러나 효도의 내용과 방식은 나라마다 시대마다 다르다. 따라서 효도와 아울러 효도의 내용과 방식도 소중하다. 이이는 이것을 주장했다. 즉 주희가 보편성에 치우쳤던 반면에 이이는 보편성과 구체성을 통일시키고자 했던 것이다.

따라서 이이의 이통기국론은 주희의 이동기부동론을 넘어선 창조적인 철학이었다. 이이는 스스로 이통기국론에 대해 자부했다. 그래서 이렇게 단언했다. "비록 주희가 온다고 해도 이통기국론에 반대한다면 주희의 학설은 틀린 것이다."

이통기국은 이상이 현실 속에 존재함을 의미한다. 현실이 어떤 모습을 갖추느냐에 따라 이상이 온전히 실현되기도 하고 전혀 실현되지 않기도 한다. 컵의 모양에 따라 물의 모양이 달라지는 것과 같다. 따라서 중요한 것은 현실을 변화시켜 이상이 온전하게 드러나도록 하는 것이다.

이이는 그 일에 전심전력했다. 그는 벼슬살이를 하면서 줄기차게 '경장론(更張論)'을 주장했다. 시대 변화에 맞게 조선을 개혁하자는 것이었다.

치국을 위한 철학

사람들은 이이를 '구도장원공'이라고 불렀다. 스물두 살 때부터 스물아홉 살 때까지 무려 아홉 차례의 과거 시험에서 장원을 했기 때문이다. 그러나 오늘날에도 이이를 높이 평가하는 이유는 과거 시험 점수 때문이 아니라 그가 조선의 개혁을 위해 혼신의 노력을 기울였기 때문이다.

그런 면에서 이이는 선배 학자인 이황과 달랐다. 이황 역시 벼슬을 했다. 그렇지만 그는 벼슬살이가 "짐승 우리에 갇힌 삶"이라고 했다. 그는 가급적 벼슬살이를 기피하고 고향으로 돌아가 은거하며 학문하기를 즐겼다. 그래서 이황의 철학은 자기 수양을 위한 것으로 기울었다. 즉 그는 타고난 인간의 착한 본성을 깨닫고, 그 본성에 따라 살아가라고 촉구했다.

이이는 달랐다. 학문을 하여 깨친 바를 정치에서 실천하라고 했다. 그래서 이이는 《격몽요결(擊蒙要訣)》에서 "벼슬아치란 글을 읽고 이치를 탐구하여 마땅히 가야 할 길을 밝히고, 그것을 실천하는 자"라고 했다. 이황의 철학이 수신(修身)을 위주로 했다면, 이이의 철학은 치국(治

國)을 위한 것이었다.

이이가 주장한 치국의 핵심은 경장이었다. 경장이란 "때에 따라 변통하고 법을 마련하여 백성을 구제하는 것"을 말한다. 시대와 상황에 맞게 나라를 개혁하자는 것이다. 이이는 경장이 시급하다고 했다. 조선이 '중쇠기'에 접어들었다고 보았기 때문이다.

중쇠기란 무엇인가? 이이의 말을 들어보자. 그는 선조 14년(1581) 7월의 한 경연에서 이렇게 말했다.

예부터 나라가 중엽에 이르면 반드시 안일에 젖어 점차 쇠약해지기 마련인데 (…) 우리나라가 200여 년을 전해왔는데 이제 이미 중엽으로 쇠퇴해가는 시기이니 이는 진정 천명을 이어주어야 할 때입니다. (…) 만약 세속의 논의대로 한다면 한 가지 폐단도 고치지 않고 망하기를 기다릴 따름이니 어떻게 나라를 보전할 수 있겠습니까?

조선이 개국한 지 200년이 되어 나라가 쇠약해졌다고 했다. 그런 상황을 일컬어 중쇠기라고 했다. 그런데도 무사안일에 젖어 시급히 경장하지 않는다면 가만히 앉아서 나라가 망하기를 기다리는 것일 뿐이다. 그래서 이이는 글자 수가 1만 자나 되는 상소문인 〈만언봉사(萬言封事)〉에서 왕의 결단을 촉구했다.

비유하자면, 어떤 사람이 젊어서 건강할 적에 마구 술을 마시고 함부로 여색을 즐겨서 상해의 요인이 여러 갈래였으나 혈기가 한창 강성했기 때문에 아직 손상을 입지 않았지만 만년에 노쇠함에 따라 상해의 독이 갑자기 나타나서 비록 근신하고 조심하더라도 원기가 이미 쇠하여 지탱할 수 없는 것과 같습니다.

오늘날의 일은 실로 이와 같아서 10년이 못 되어 반드시 화란을 일으킬 것입니다. 보통 사람도 열 칸짜리 집과 전답 100묘를 자손에게 물려주면 자손은 오히려 그것을 잘 지켜서 부모를 욕되지 않게 하려고 생각합니다. 하물며 지금 전하께서는 조종의 100년 사직과 1000리나 되는 영토를 물려받았는데 화란이 닥쳐오려 하고 있지 않습니까.[40]

조선은 쇠약해졌으므로 이대로 두면 10년 내에 변란이 일어날 것이라고 경고했다. 이이가 〈만언봉사〉를 올린 것은 1574년이었다. 그로부터 채 20년이 안 되어 임진왜란이 일어났다. 물론 이이가 왜란을 예측한 것은 아니었다. 경장의 시급성을 강조했던 것뿐이다.

이이의 충정은 다음과 같은 제안에서 잘 드러난다. 이이는 3년 동안 자신의 건의대로 시행해보자고 제안했다. 만약 효과가 없다면 "임금을 속인 죄"로 자신을 다스리라고 했다. 임금을 속인 죄는 극형이다.

이이는 조선의 경장에 자기 목숨을 걸었다. 그러나 그의 주장은 받아들여지지 않았다. 오히려 이이의 주장은 동서 붕당의 싸움 속에서 폄훼되기 일쑤였다. 동인들의 탄핵을 받아 거의 은퇴 상태에 들어갔던 이이는 마흔아홉의 젊은 나이에 세상을 떠났다.

당시 영의정이었던 박순(朴淳, 1523~1589)이 이이를 추모하며 했다는 말이 전해져온다. 오늘날의 시각에서 이이를 평가한다 해도 아마 박순과 같은 말을 해야 할 것이다.

"이이의 재주를 써보지도 않고 어떻게 함부로 평가하는가. 그는 참으로 희귀한 인재였다."

당장 바로잡지 않으면
나라가 망할 것이다

정약용 《목민심서》

정약용(丁若鏞, 1762~1836)이 두 아들에게 편지를 보냈다.

근래에 상자 속에 들어 있는 옛날 원고를 살펴보았다. 어려움을 겪기 전에 궁궐에서 펄펄 날 때 지은 시는 처량하고 우울했다. 장기에 귀양 갔을 때 지은 시는 더욱 슬퍼서 비통하기까지 했다. 강진에 온 이후 지은 시는 대부분 마음이 넓어진 상태를 보여주는 말과 뜻을 담고 있었다. 고난을 겪기 전에는 이런 기상을 갖지 못했다. 이런 기상을 가지게 된 뒤로는 힘은 들어도 걱정은 없었다.

정약용은 이 편지를 강진에서 썼다. 그는 자신의 인생을 세 시기로 구분했다. "궁궐에서 펄펄 날 때", "장기에 귀양 갔을 때", 그리고 "강진에 온 이후"다. 이를 다시 귀양 전후의 두 시기로 구분할 수 있다. 그런데 묘하게도 두 시기는 18세기와 19세기로 갈라진다. 그는 18세기에 38년을 살았고, 19세기에 36년을 살았다.

18세기에 정약용은 펄펄 날았다. 정조의 총애를 받아 동부승지, 병조참의 등 고위 직책을 맡았던 잘나가는 벼슬아치였다. 그러나 1800년에 정조가 세상을 떠나자 정약용의 처지는 달라졌다. 1801년에 장기로 귀양 가게 되었고, 다시 귀양지가 강진으로 바뀌면서 18년 동안 귀양살이를 해야 했다.

그런데 정약용은 펄펄 날던 때 지은 시가 처량하고 우울했다고 평가했다. 아마도 그 시대의 상황이 그렇게 만들었으리라. 정약용이 벼슬살이를 하던 시기는 국가 정책을 수립하는 일이 쉽지 않은 때였다.

장기에 귀양 갔을 때 지은 시는 더욱 슬퍼서 비통하기까지 하다고 했다. 왜 그럴까? 정약용은 천주교와 관련되었다는 이유로 귀양을 갔다. 그러나 그 죄목은 사실이 아니었다. 그가 천주교에 관심을 가졌던 것은 사실이지만 정조의 명령으로 이미 관계를 정리했기 때문이다.

그런데 귀양 가기 직전 감옥에 갇혔을 때 정약용은 꿈을 꾸었다고 한다. 꿈에 한 노인이 나타나 "소무는 19년 동안 참았는데, 지금 너는 19일도 못 참느냐"고 꾸짖었다고 한다. 소무(蘇武, 701~762)는 중국 한나라 때의 벼슬아치로 흉노에 사신으로 갔다가 19년간 억류되었던 사람이다. 이 일화는 그가 감옥살이를 견디기 어려워했음을 보여준다.

자신은 죄가 없다고 생각했기 때문이다. 그래서 장기에서 쓴 시는 슬프고 비통할 수밖에 없었다.

장기에서의 귀양살이는 오래가지 않았다. 귀양지가 강진으로 바뀌었기 때문이다. 반대파들이 정약용을 귀양 보낸 이유는 사실 천주교 때문이 아니었다. 정치적 이유 때문이었다. 그들은 정약용을 정치적으로 제거하고자 했던 것이다. 그래서 그들은 한양에서 멀리 떨어진 전라남도 강진으로 정약용의 귀양지를 바꾼 것이었다.

장기에서 귀양살이를 할 때만 해도 정약용은 귀양이 곧 풀려 벼슬자리에 복귀할 것이라고 기대했다. 귀양지가 바뀌자 그는 그 기대를 접었다. 강진에서 귀양살이를 시작하며, "소싯적에는 학문에 뜻을 두었는데 20년간 세상일에 간여하느라 그 뜻을 잊고 살았다. 이제야 여가를 얻었구나"라고 했다. 벼슬에 대한 기대를 접은 것이었다. 따라서 강진에서 지은 시에는 "마음이 넓어진 상태를 보여주는 말과 뜻"을 담을 수 있었던 것이다.

불행이 곧 행운이었다. 18년간의 귀양살이가 정약용을 더욱 분발하게 했다. 그래서 그는 500여 권이 넘는 책을 저술한 대학자가 되었다. 오늘날 우리는 정약용을 벼슬아치가 아니라 학자로서 기억하고 있다.

화약고가 되어가는 농촌

정약용이 귀양살이한 지 10년 만인 1811년 평안도에서 홍경래의 난이 일어났다. 홍경래 등이 주동이 되어 10년간 준비하여 일으킨 난이었다. 이 난에는 상인, 농민, 노동자, 빈민은 물론 양반까지 거의 모든 계층이 참여했다.

홍경래 등은 '서북 지역 차별 폐지'를 명분으로 내세웠지만 실질적으로는 조선을 타도하고자 했다. 그래서 그들은 사전에 군대를 모집하고 무기를 사들이는 등 치밀하게 준비했다. 또한 그들은 일종의 도참설인 '정진인설(鄭眞人設)'을 퍼뜨려 새로운 나라의 수립이 불가피하다는 선전을 하는 등 사전 작업도 철저히 했다.

이렇듯 조선을 타도하기 위한 난이 준비되고 실행되었다는 것은 조선이 심각한 위기에 처했음을 의미했다. 그래서 홍경래의 난은 불과 4개월 만에 진압되었지만 조선 사회를 뒤흔들기에 충분했다. 홍경래의 난 이후로 전국에서 크고 작은 농민 반란이 계속해서 일어났다.

그렇다면 조선의 위기는 정조 이후에 갑자기 발생한 것일까? 그렇지 않다. 위기는 이미 정조 시대 이전부터 잉태되고 있었다. 조선이 중세에서 근대로의 이행기에 들어섰기 때문이다. 이 시기에는 중세의 질서가 흔들리기 마련이다. 대표적으로 신분 질서의 동요가 나타난다. 조선에서도 신분 질서가 동요하고 있었다.

신분 질서의 동요는 임진왜란 이후 시작되었다. 조선 사람들의 신분은 '양반-평민-노비'로 나뉘어 있었다. 그중에서 우선 노비의 수가 임진왜란 이후 감소하기 시작했다. 전쟁 중에 대량의 노비문서가 불타 없어졌고, 피란 과정에서 수많은 노비들이 도망쳤다. 전쟁 이후 조정까지 나서서 도망친 노비를 잡으려 했지만 별무소득이었다. 이후로도 수많은 노비들이 도주, 몸값 지불, 호적 조작 등 다양한 방법으로 신분의 질곡에서 벗어났다.

반면 양반의 수는 증가했다. 임진왜란 이후 조정에서는 부족한 재정을 보충하기 위해 대량의 공명첩을 발행했다. 돈을 받고 명예직 벼슬을 판 것이었다. 그래서 평민은 물론 노비 중에도 재력이 있는 사람들은 합법적으로 양반이 되었다.

또한 전쟁 이후 상업이 발달하면서 장사로 돈을 번 상인들이 출현했다. 농업 생산력이 발전하면서 부농층도 등장했다. 이렇듯 재력을 갖춘 평민들이 늘어난 것도 양반 수가 증가하는 요인이었다. 그들은 벼슬이나 족보를 사거나, 지방의 하위직 벼슬아치와 짜고 호적을 위조하는 등의 방법으로 양반이 되었다.

그런데 그들은 왜 양반이 되고자 했을까? 정약용은 〈신포의(身布議)〉에 이렇게 썼다.

양반이 되어야 군포를 면제받을 수 있기 때문에 백성들은 밤낮으로 양반이 되는 길을 모색한다. 고을 호적부에 기록되면 양반이 되고, 거짓 족보를 만들면 양반이 되고, 고향을 떠나 먼 곳으로 이사하면 양반이 되고, 두건을 쓰고 과거 시험장에 드나들면 양반이 된다. 몰래 많아지고, 암암리에 늘어나고, 해마다 증가하고, 달마다 불어나 장차 온 나라 사람들이 모두 양반이 되고 말 것이다.

군포를 면제받기 위해 양반이 되고자 한다고 했다. 즉 양반이 누리는 특권 때문이었다. 양반은 개인에게 부과되는 세금을 면제받았다.

그 대표적인 세금이 군포였다. 16세 이상 60세 이하의 평민 남성은 군포를 1필씩 납부해야 했다. 한 집안에 성인 남성이 많으면 그 부담이 적지 않았다. 양반이 되고자 하는 열망이 높을 수밖에 없었다.

양반이 되기 위해 다양한 방법이 동원되었다. 정약용이 소개한 방법들 이외에도 양반 자리를 사고파는 경우도 있었다. 박지원의 〈양반전(兩班傳)〉이 그런 경우를 보여준다. 그런데 양반 자리를 산 사람도 양반이 되지만 그것을 판 사람 역시 계속 양반이었다. 이래저래 양반 수는 급격히 늘어났다. 정조 때 전체 인구의 30~40퍼센트가 양반이었다. 조선 초에 약 7퍼센트였던 것과 비교하면 4~6배가 늘어난 것이었다.

양반 수가 늘면 국가 재정이 부족해진다. 양반은 세금을 면제받기 때문이다. 그래서 부족한 재정을 메우기 위해 농민의 세금 부담이 늘어날 수밖에 없다. 양반 수가 급증하면서 농민의 부담은 과중해졌다. 당연히 농민의 불만은 높아졌다.

어느 순간 농민들이 인내할 수 있는 정도를 넘어서자 농촌은 언제 폭발할지 모르는 화약고로 변해갔다. 그렇게 조선은 위기에 봉착하게 되었다. 누군가 불을 댕기면 금방 폭발할 상황. 홍경래 등이 그 불을 댕겼다.

그런데 조선 후기에 나타난 위기는 이전 시대의 위기와 달랐다. 중세적 방법으로는 해소할 수 없는 위기였다. 근대로 이행하면서 나타난 위기로, 중세의 질서가 부정되어야 해소될 위기였다. 정조 시대의 벼슬아치나 학자들은 위기의 실체를 온전히 알 수 없었다. 그들은 애민사상에 바탕을 두고 해법을 찾으려 노력했다.

양반 수를 줄이자

벼슬을 하던 시절, 정약용은 정조에게 올린 상소문에서 "높기로는 양반이 으뜸이고, 이익으로는 장사가 으뜸이며, 편안하기로는 장인이 제일입니다"라고 했다. 그래서 백성들이 양반이 되고, 상인이 되고, 장인이 되려고 한다는 얘기다. 반면 "농업은 이익이 적어 농민의 신분이 날로 낮아지고 있다"고 했다. 그래서 백성들은 농업을 기피하고 있다는 것이다.

당시 백성들이 선호하는 직업의 순서를 밝힌 내용이어서 흥미롭다. 본래 사농공상, 즉 양반, 농민, 장인, 상인 순으로 직업별 순위를 매겨서 장인과 상인은 천한 직업으로 여겼다. 그런데 사정이 달라졌다. 상인과 장인을 농민보다 선호하게 된 것이었다.

시대가 달라지고 있었다. 이미 조선은 중세에서 근대로 이행하고 있었다. 이행기에는 시민이 출현하여 주도권을 잡으려 한다. 조선에도 그런 시민들이 생겨나고 있었다. 장사를 하거나 물건을 만들어 돈을 번 사람들이 바로 그 시민이었다.

재력을 갖춘 시민들은 두 가지 방향으로 움직였다. 하나는 양반이 되는 것이다. 그들은 재력을 바탕으로 양반 자리를 샀다. 아니면 지방의 하급 벼슬아치를 매수하여 호적을 조작해 양반이 되었다. 한편 양반이 되는 것에 만족하지 않는 시민들도 있었다. 홍경래의 난에 가담한 상인 등이 그들이다. 그들은 조선을 타도하여 스스로 자기 권력을 세우고자 했다.

이런 시기에 제시된 정약용과 박지원의 대책을 비교해보자. 두 사람은 동시대의 인물로, 박지원이 스물다섯 살 위였다. 정약용은 정조의 총애를 받는 벼슬아치였고, 박지원은 벼슬을 하지 않았지만《열하일기》등으로 널리 알려진 작가였다. 그러나 두 사람 사이의 교류는 없었던 것으로 보인다. 정약용은 남인 출신이고 박지원은 노론 출신이었기 때문이리라.

정약용은 농업을 중시하여 상업을 억제하자고 했다. 반면 박지원은 상업의 장려를 주장했다. 이러한 견해 차이는 성장 배경의 차이와 연관된다. 정약용은 오늘날의 경기도 남양주에서 태어나 20대 초반까지 지방을 돌며 살았다. 그래서 어렸을 때부터 농업에 익숙했다. 그러나 박지원은 한양에서 태어나 한양에서 자랐다. 당시 한양의 인구는 10만 명을 헤아렸고, 그중 상당수가 상업에 종사했다. 따라서 어렸을 때부터 상업에 익숙했다.

농업 중시와 상업 중시는 당시로는 심각한 차이가 아니었다. 실제로도 정조는 농업을 중시하는 정책을 펴면서도 신해통공(辛亥通共)을 통해 상업을 자유롭게 할 수 있게 했다.

주목할 점은 정약용과 박지원이 양반 사회의 개혁에 의견이 일치했다는 것이다. 그 두 사람 이외에도 홍대용(洪大容, 1731~1783), 박제가(朴齊家, 1750~1805) 같은 당대의 의식 있는 학자들이 양반 사회의 개혁을 주장했다. 그들은 모두 양반 수의 급증이 조선을 내부로부터 약화시키고 있음을 인식했던 것이다. 그래서 그들은 특권적인 양반의 수를 엄격히 제한하고, 그 이외의 양반은 농업이든 상업이든 생업에 종사하게 해야 한다고 주장했다. 당시의 상황에 비추어보면 매우 타당한 주장이었다.

그런데 정조는 양반의 특권에 손을 대지 않았다. 대신 과거 시험을 엄격히 관리하여 부당한 합격자가 나오지 않게 했다. 그것은 양반에 대한 대책이 아니었다. 정조 말에 과거 시험 응시생이 10만 명을 넘어섰다. 답안지를 제출한 인원은 3만여 명이었고 그중 제대로 된 답안지를 제출한 인원은 200명도 안 되었다. 즉 대다수가 양반 행세를 하느라 과거장을 들락거렸던 것이다.

정조는 사태의 심각성을 제대로 인식하지 못했다. 다만 정조는 벼슬아치들의 기강을 잡는 데 주력했다. '문체반정'이 그것이었다. 문체반정이란 글을 바르게 쓰자는 것이다. 그러나 그것은 명분이고 실제로는 벼슬아치들에게 성리학을 항시 공부하라고 한 것이었다.

정조는 성리학의 이상을 실현하면 나라가 안정된다고 생각했다. 벼슬아치들이 민본 사상을 투철히 인식하여 통치한다면 백성이 잘사는 나라가 될 것이라고 생각했다. 그러나 그런 이상이 통용될 수 있는 시대는 지나가고 있었다.

정조의 정책은 일시적인 성공을 거두었다. 성리학의 이상이 훌륭했기 때문이 아니라 벼슬아치들의 기강을 어느 정도 잡았기 때문이다. 그래서 백성들의 불만 표출을 막을 수 있었다. 그러나 중세는 이미 허물어지기 시작했고 근대로의 발걸음은 이미 시작되었는데, 중세의 이념인 성리학으로 대처하려던 것은 시대 역행적일 뿐이었다.

정조가 세상을 떠나자 사태가 급변하여 불과 10년 만에 홍경래 등이 난을 일으켰다. 정조의 선정(善政)에 가려졌던 백성들의 불만이 표출되기 시작했던 것이다.

참된 벼슬아치는 짐부터 검소하다

정약용은 귀양살이를 하며 조선 사회의 민낯을 절절히 체험했다. 화약고가 되어가는 농촌 사회의 현실을 눈으로 직접 보고 몸으로 직접 경험했던 것이다. 그는 '전간기사(田間記事)'라는 제목의 시에 붙인 '서문'에서 "기사년(1809)에 다산 초당에 있을 때, 아주 가물어서 겨울과 봄은 물론 입추가 되도록 풀 한 포기 나지 않은 땅이 천 리나 이어졌다. 6월 초가 되니 집 떠나 방황하는 백성들이 길을 메웠다. 마음이 아프고 그 광경이 참혹해서 살고 싶지 않을 정도였다"라고 썼다.

　농촌의 현실이 이렇게 참혹한데 벼슬아치들의 수탈은 그치지 않았다.

　승냥이여, 이리여!
　우리 소 잡아갔으니,
　우리 양은 건드리지 마라.
　장 안에는 저고리도 없고,
　옷걸이에 걸 치마도 없다.
　항아리엔 남은 장도 없고,
　독 안에는 남은 쌀도 없다.
　무쇠솥, 가마솥 다 빼앗아가고,

숟가락, 젓가락도 모두 가져갔구나.

도적도 아니고 원수도 아닌데,

어째서 착하지 못한가!

정약용은 한 농민의 울부짖음을 이렇게 시로 기록했다. 등골을 빼먹는다는 말이 있다. 등골을 빼먹으면 어떻게 되는가. 사람이 죽는다. "우리 양"이라 표현된 한 농민과 그의 가족은 등골을 빼먹히고 죽을 위기에 놓였다.

소를 잡아갔다. 그뿐인가. 농민의 가족이 먹고사는 데 필요한 모든 것을 빼앗아갔다. 등골을 빼 간 것이다. 누가 그런 짓을 하는가? 지방의 벼슬아치들이다. 그들은 승냥이나 이리와 마찬가지인 짐승 같은 자들이다. "도둑도 아니고 원수도 아닌데" 왜 벼슬아치들은 그런 짓을 하는가?

정약용은 탄식했다. "조금이라도 병들지 않은 곳이 없으니, 지금 당장 고치지 않으면 나라가 망할 것이다." 그래서 정약용은 당시 자신이 할 수 있는 유일한 실천, 즉 글쓰기를 했다. 그는 1818년에《목민심서(牧民心書)》를 썼다. 1818년은 그의 귀양살이가 끝난 해다. 그는 귀양지인 강진에서 고향집인 경기도 남양주까지 이 책의 원고를 싸들고 갔다고 한다. 오랜 귀양살이 중의 탐구와 사색, 그리고 고민이 담긴 결실이기에 매우 소중했던 것이다.

정약용은《목민심서》에서 지방 벼슬아치들의 마음가짐부터 문제라고 했다. 벼슬아치들이 부임지에 갈 때부터 그 마음가짐을 알 수 있다고 했다. 참된 벼슬아치라면 "행장을 꾸릴 때 의복, 안장을 얹은 말은 본래 있는 그대로 쓸 뿐, 새로 마련하지 않는다"고 했다. 짐을 쌀 때부터 검소하고 청렴한 마음가짐을 갖는다는 것이다.

그뿐인가. 짐도 간소하다고 했다. "이부자리와 베개, 그리고 솜옷"만 가져가면 충분하다는 것이다. 여기에 덧붙여 정약용은 책을 한 수레 싣고 간다면 맑은 벼슬아치라고 했다. 부임지 백성의 삶을 윤택하게 하려면 항시 연구해야 하므로 책이 필요하기 때문이다.

그런데 실상은 어떠한가?

요즘 수령으로 부임하는 사람들은 책력(冊曆: 책으로 된 달력) 이외의 다른 책은 한 권도 행장에 넣지 않는다. 임지에 가면 으레 많은 재물을 얻게 되어 돌아오는 행장이 무겁기 마련이니, 책 한 권도 부담이 된다고 여기기 때문이다. 슬프다, 그 마음가짐의 비루함이 이와 같으니, 어찌 또 목민인들 제대로 할 것인가![41]

탄식이 절로 나오는 현실이다. 부임지에 갈 때부터 마음가짐이 이러하니, 부임지의 생활은 불을 보듯 훤하다. 많은 재물을 얻고자 하니 승냥이 짓, 이리 짓을 하게 되는 것이다.

누가 진짜 도둑인가

왜 이렇게 되었을까? 정약용이 귀양살이를 시작한 지 얼마 안 되어 이른바 '세도정치'가 시작되었다. 소수의 가문이 권력을 독점하고 사리사욕을 챙겼다. 그 대표적인 사례가 매관매직이었다. 과거에 합격하려면 세도가에게 돈을 바쳐야 했다. 과거에 합격했다고 벼슬을 얻는 것은 아니었다. 벼슬자리를 얻으려면 다시 세도가에게 돈을 바쳐야 했다.

그렇게 수많은 돈을 바쳐 지방 수령 한 자리를 얻었으니 본전 생각이 날 터. 지방 수령들은 백성들을 가혹하게 수탈했다. 앞에서 서술했듯이 양반이 늘어나면서 농민의 세금 부담이 커졌다. 정조는 벼슬아치들의 기강을 잡음으로써 농민들에 대한 가혹한 수탈을 막았다. 그러나 세도정치가 시작된 뒤로 기강이 급격히 해이해졌다. 돈을 받고 자리를 내준 것이기에 기강을 잡을 수도 없었다.

과중한 세금 부담 위에 벼슬아치들의 가혹한 수탈이 더해지면서 농민의 삶은 피폐해졌다. 그래서 모든 것을 빼앗긴 농민들은 집을 떠나 방랑하거나 떼를 지어 도적이 되거나, 아니면 반란을 일으켰다.

이런 참혹한 상황을 지켜보면서 정약용은 '갈의거사'라는 인물의 입을 빌려 천하의 큰 도둑이 누구인지를 묻는다. 갈의거사가 포승줄에 묶인 도둑의 팔을 잡고 "어찌 이런 욕을 당하느냐"라며 통곡했다. 포졸이 그 까닭을 묻자 갈의거사가 말했다.

지금 온갖 도둑이 땅 위에 가득하다. 토지에서는 재결을 도둑질하고, 호구에서는 부세를 도둑질하고, 굶주린 백성 구제에서는 양곡을 도둑질하고, 환곡 창고에서는 그 이익을 도둑질하고, 송사에서는 뇌물을 도둑질하고, 도둑에게서는 장물을 도둑질한다. (…) 지위가 높을수록 도둑질의 힘은 더욱 강해지고, 녹봉이 후할수록 도둑질의 욕심은 더욱 커진다. 그러고서도 (…) 종신토록 향락하여도 누가 감히 뭐라고 말하지 못한다. 그런데도 이 굶다 굶다 좀도둑질 좀 한 사람이 이런 큰 욕을 당하니 슬프지 아니한가? 내가 이래서 통곡을 하는 것이지, 다른 연고는 아니다.[42]

이렇듯 정약용은 벼슬아치들의 수탈 행태를 낱낱이 고발했다. 벼슬아치들은 직위가 높을수록 더욱더 많은 수탈을 자행하면서도 평생 향락을 즐기며 산다고 했다. 그렇다면 벼슬아치와 굶주림에 지쳐 좀도둑질한 사람 중 누가 더 큰 도둑인가. 사실 좀도둑질한 사람은 벼슬아치들이 등골을 빼먹는 바람에 살길을 잃고 연명하기 위해 도둑질한 것에 불과했다.

그러나 정약용이 벼슬아치를 나무라기 위해서만 《목민심서》를 쓴 것은 아니었다. 오늘날로 말하면 행정, 입법, 사법의 전 분야에서 공직자가 갖추어야 할 바람직한 자세를 제시하기 위해 썼던 것이다. 당시 목민관이라 불렸던 지방 수령은 지방의 행정, 입법, 사법의 3권을 한 손에 쥔 절대적 권력자였다. 따라서 지방 수령이 가져야 할 자세는 행정, 입법, 사법의 전 분야에 걸친 내용이 되었다.

정약용은 《목민심서》에서 임명받을 때부터 퇴임할 때까지를 12개의 항목으로 나누어, 목민관이 갖추어야 할 도리와 덕목을 제시했다. 그중에서 특히 〈율기(律己)〉, 〈봉공(奉公)〉, 〈애민(愛民)〉 등이 주목할 만하다. 그 세 편에서 정약용은 목민관의 기본 덕목을 조목조목 제시했다.

〈율기〉에서는 "바른 몸가짐과 청렴한 마음"으로 "절약"하고 "청탁을 물리치라"고 했다. 그리고 〈봉공〉에서는 "덕을 널리 펼치고" "법을 지킴"과 아울러 "예로써 사람을 대하라"고 했다. "세금을 거두어들일 때에는 부자부터" 해야 한다고도 했다. 또한 〈애민〉에서는 "노인을 공경"하고 "어린이를 사랑"하며 "외롭고 가난한 사람을 구제"해야 한다고 했다. 특히 수재와 화재 같은 "재난에 최우선적으로 최선을 다해 대처"해야 한다고도 했다. 이러한 덕목들은 하나도 빠짐없이 오늘날에도 유효한 것들이다.

공직자의 윤리 교과서

정약용은 《목민심서》 이외에도 1817년에 《경세유표(經世遺表)》, 1819년에 《흠흠신서(欽欽新書)》를 썼다. 이 두 권의 저서 역시 나라의 개혁을 위한 오랜 사색과 고민을 담고 있다. 《경세유표》에서는 제도 개혁의 원칙을 밝혔고 《흠흠신서》에서는 법의 개혁을 다루었다. 이 세 권의 저서를 가리켜 흔히 '1표 2서'라고 한다.

그런데 정약용은 "육경과 사서로써 자기 자신을 수양하고 1표 2서로써 나라를 다스리니 본말을 갖추었다"고 했다. 육경과 사서가 본(本)이고 1표 2서가 말(末)이라는 얘기다. 요즘 말로 하면 앞의 것은 철학이고 뒤의 것은 정치사상이다. 즉 철학을 바탕으로 정치사상이 나온다는 얘기다.

그래서 정약용은 귀양살이 기간에 철학적 작업을 많이 했다. 핵심은 성리학에 대한 문제 제기였다. 정약용은 젊은 시절 천주교를 공부했다. 《천주실의》를 지은 마테오 리치는 성리학을 비판하면서 공자와 맹자의 철학, 즉 '원시 유학'이 천주교와 유사함을 주장했다. 그 영향으로 정약용은 성리학보다 원시 유교에 관심을 기울였다.

정약용의 주된 작업은 《논어》, 《맹자》 등 유교의 주요 경전을 재해석하는 일이었다. 그것은 당시 철학을 하는 주요 방법이었다. 정약용은 경전들에 대한 주희의 해석을 비판하고 자신만의 독창적인 해석을 하고자 했다. 예를 들어 맹자가 말한 인의예지에 대해 주희는 인간이 마음속에 본래 가지고 있는 본성이라고 주장한 반면, 정약용은 인간의 마음이 밖으로 드러난 것이라고 했다.

그러나 경전 해석은 자구 해석에 치우쳤고, 따라서 성리학을 능가하는 새로운 철학을 정립하는 데까지 나아가지 못했다. 다만, 정약용은 인간의 욕망을 긍정함으로써 나라의 개혁이 시급함을 주장하는 사상적 토대를 마련했다. 성리학은 인간의 욕망을 악이라고 한다. 따라서 인간의 욕망은 극복해야 할 대상이다. 그런 얘기가 삶의 터전을 빼앗기고 방랑하는 백성들에게 씨알이나 먹히겠는가.

정약용은 말한다. "선비는 고귀해지고 싶은 욕망, 백성은 잘살고 싶은 욕망을 가진다." 이러한 욕망은 자연스럽고 당연한 것이다. 그런데 욕망을 충족하지 못하면 어떻게 되는가. "사람 쓰는 일이 공정하지 못하면 선비는 욕망을 충족할 수 없어 떠나버린다. 백성의 이익을 늘리지 못하면 백성 역시 떠나버린다." 어디를 떠난다는 말인가. 나라를 떠나버린다.

그렇다면 나라를 떠난 선비와 백성은 무엇을 하는가? 홍경래처럼 난을 일으키게 된다. 만약 모든 백성이 난을 일으키게 되면 나라는 망한다. 그래서 정약용은 이런 사태를 방지하기 위해 백성의 정당한 자기 욕망이 충족되는 나라가 되어야 한다고 했다.

그런 나라를 만들기 위한 지침으로, 정약용은 1표 2서를 썼다. 농촌이 화약고가 되어가는 현실을 바꾸기 위해 나라의 개혁과 벼슬아치들의 각성을 촉구했다. 이 책들에는 벼슬아치 때의 경험, 귀양살이 중에 목격하고 체험한 백성들의 삶, 그리고 애민정신과 고뇌가 담겨 있다. 그래서 정약용은 1표 2서에 대단히 현실적인 개혁 방향을 담을 수 있었다.

1표 2서 중《목민심서》는 오늘날에도 유효한 내용을 담고 있다. 특히 〈율기〉, 〈봉공〉, 〈애민〉에서 제시한 벼슬아치의 바람직한 자세와 덕목은 글자 한 자 고칠 것 없이 그대로 지금도 유효하다. 그래서《목민심서》는 공직자의 '윤리 교과서'로서 널리 읽히고 있다.

아울러《목민심서》는 다른 나라에도 영향을 미쳤다. 베트남의 독립운동 지도자이자 초대 국가주석이었던 호찌민은 죽는 날까지 이 책을 열독했다고 한다.

7

아웃사이더의 철학

시대의 이단아들,
철학의 구원자들

아웃사이더 하면 흔히 문제아 혹은 사회 부적응자를 떠올린다. 그런데 이 말이 처음 주목받은 것은 전혀 다른 의미에서였다. 1956년, 영국 청년 콜린 윌슨(Cdin Wilson, 1931~2013)은 《아웃사이더(The Outsider)》를 발표했다. 그는 그 책에서 니체, 고흐, 도스토옙스키, 사르트르 등의 삶과 작품을 해석하면서 '아웃사이더 기질'을 그들의 공통점으로 제시했다. 이때부터 '아웃사이더'라는 말이 주목받게 되었다.

윌슨이 사용한 아웃사이더란 말은 우리말 '방외인(方外人)'과 상통한다. 방외인이 어떤 사람인지, 대표적 방외인인 김시습(金時習, 1435~1493)을 통해 살펴보자. 그는 자신과 세상이 모순된 처지라고 했다. 그는 세상을 용납할 수 없어 비판했으며 세상 또한 그를 용납하지 않았다. 그래서 그는 그 어디에도 정착하지 못하고 일생을 방랑했다.

이렇게 본다면 아웃사이더 혹은 방외인은 기존 체제의 바깥에 있는 사람을 가리킨다고 할 수 있다. 그래서 지배 세력은 아웃사이더를 문제아 또는 사회 부적응자로 취급했다. 김시습은 '떠돌이 미친 중' 취급을 받았고, 동네 아이들에게 돌팔매질을 당하며 쫓겨다녀야 했다.

그런데 김시습은 기존의 사고나 사상에 얽매이지 않은 독창적인 사고를 했고, 그 시대의 주류적 사상과는 다른 사상을 제시했다. 콜린 윌슨의 아웃사이더란 말에 딱 부합하는 인물이었던 셈이다.

이런 의미에서 원효는 우리나라의 아웃사이더 원조에 해당하는 인물이다. 출가하여 승려가 되었지만 결혼해 아이를 낳았다. 백성들과 어울려 술을 마시고 춤을 추었다. 여기까지였다면 원효는 문제아일 뿐이다. 그러나 원효는 큰 깨달음을 얻었고, 그 깨달음을 실천하고자 했다. 그는 삼국통일기에 전쟁으로 피폐해진 백성들의 삶을 위로하고자 했다.

반면 서경덕의 삶은 아웃사이더의 삶과 달라 보인다. 그는 사회적으로 논란이 될 만한 문제를 일으킨 적이 없으며 일생을 조용히 살았다. 현실 비판적인 글을 쓰지도 않았다. 그러나 "시대에 맞지 않으면 자신의 도를 숨기고 살아야 한다"며 일체의 벼슬을 거부했다. 그는 주류 철학인 성리학을 비판하고 새로운 철학인 기일원론을 주장했다.

박지원은 출신만 보면 아웃사이더가 될 수 없는 인물이었다. 당대 지배층인 노론 집안 출신이었기 때문이다. 그러나 일찌감치 벼슬을 단념하고 자유롭게 살며, 타고난 글재주를 밑천 삼아 시대를 풍자하는 글을 썼다. 그것이 문제가 되어 정조에게 반성문까지 제출했지만 "삶을 누리는 것이 선"이라는 신념 아래 붓을 꺾지 않았다.

최한기는 외톨이였다. 다른 사람들에게 '왕따'를 당한 것은 아니었다. 스스로 다른 사람과 교류하지 않고 오로지 독서와 글쓰기에만 전념했다. 기왕의 모든 철학을 비판하고 "천하 어디에서나 만세(萬歲)에 걸쳐 적용되는 철학"을 하자고 했다. 외세의 침략으로 나라의 운명이 위태롭던 시대에 최한기는 시대의 변화를 통찰하며 미래를 준비하는 철학을 했다.

원효에서 최한기로 이어지는 철학은 우리의 소중한 자산이다. 그들은 자기 시대를 통찰했고, 기존의 사상과 다른 독창적 사상을 제시했다. 그로 인해 그들의 삶은 하나의 사회가 원하는 원만한 삶일 수 없었다.

우리는 어떠한 시대에 살고 있을까? 우리는 우리의 시대를 통찰해야 한다. 통찰이란 어려운 일이 아니다. 주변에서 일어나는 일을 무심코 지나치지 말고 관찰하고 생각하는 데에서부터 통찰은 시작된다. 원효에서 최한기에 이르는 철학은 바로 그러한 통찰의 방법을 가르쳐준다. 그래서 그들의 철학은 우리의 출발점이 될 수 있다.

울타리 안에
매몰되지도 말고
벗어나지도 말라

원효 《금강삼매경론》

한 스님이 길거리에서 노래를 불렀다.

그 누가 내게 자루 없는 도끼를 주려는가.
내가 하늘을 떠받칠 기둥을 찍어보련다.

사람들은 아무도 그 노래의 의미를 알지 못했다. 그런데 삼국통일의
초석을 놓은 신라 제29대 왕인 태종무열왕이 그 의미를 알아차렸다.
"아마도 이 스님이 귀한 부인을 얻어 어진 아이를 낳고 싶어 하는 것

같구나. 나라에 위대한 현인이 있으면 이로움이 막대할 것이다." 그래서 관리에게 그 스님을 불러오라고 했다. 관리는 궁궐 근처에 있는 문천교라는 다리에서 스님을 발견했다. 이때 스님이 갑자기 물속으로 뛰어들었다. 관리는 스님을 근처 요석궁에 모셔 옷을 말리게 했다. 그 핑계로 요석궁에 들어간 스님은 계속 그곳에서 지냈다.

당시 요석궁에는 과부가 된 공주가 살고 있었다. 얼마 지나지 않아 공주는 임신을 했다. 그렇게 해서 스님과 공주 사이에 아이가 태어났는데, 그 이름이 설총(薛聰, 655~?)이다. 훗날 설총은 한자를 이용하여 이두문자를 개발한 대학자가 되었다.

스님의 이름은 원효(元曉, 617~686)다. 고려 중기 때 스님인 일연(一然, 1206~1289)은 《삼국유사(三國遺事)》에서 "상례를 벗어난 행동"이라며 원효가 혼인하게 된 경위를 밝혀놓았다. 스님이 혼인을 하다니, 상례를 벗어났다는 것이다. 그러나 원효는 혼인을 간절히 원했다. 노래를 부르고 스스로 물에 빠지기까지 원효의 전략이 매우 치밀했던 것을 보면 알 수 있다. 물에 빠졌기에 요석궁에 갈 수 있었던 것이다.

원효는 왜 간절히 혼인을 원했을까? 태종무열왕의 생각대로 '어진 아이를 낳기' 위해서였을까? 그렇지 않다. 원효가 혼인을 원했던 이유는 다른 데에 있다. 그 이유를 알기 위해 원효가 언제 혼인을 했는지부터 살펴보아야 한다.

그런데 그게 오리무중이다. 원효는 661년에 당나라 유학길에 올랐다가 중도에 깨달음을 얻어 돌아왔다고 한다. 바로 그해에 태종무열왕이 세상을 떠났다. 그렇다면 원효는 혼인한 이후 당나라로 가다가 깨달음을 얻은 것이 된다. 역사적 기록이 부족하다.

깨달음과 혼인은 원효의 삶에서 중요한 두 가지 사건이다. 그 두 사건은 서로 긴밀히 연관되어 있다. 따라서 깨달은 후에 혼인을 추진했다고 보는 것이 타당하다. 즉 자신이 깨달은 바를 실천하기 위해 공주와의 혼인이 필요했다고 보아야 한다. 공주와 혼인을 추진한 이유는 그의 신분이 육두품이었기 때문이다.

신분적 한계를 벗어나자

신라는 엄격한 신분제 국가였다. 신분제의 근간은 골품제(骨品制)였다. 골품제란 출신에 따라 성골, 진골, 육두품, 오두품, 사두품, 그리고 평민으로 신분을 나누는 제도다. 신분에 따라 관직과 복장, 그리고 집의 크기 등이 엄격히 구분되었다.

성골과 진골은 주요 관직과 직책을 독점했다. 성골은 제28대 진덕왕까지 왕위를 독점했고, 제29대 태종무열왕부터 진골 출신이 왕위에 올랐다. 또한 제3대 유리왕 때 관직을 17등급으로 나누면서 1등급에서 5등급까지는 진골 이상만 할 수 있게 했다.

육두품 출신은 능력이 출중해도 관직 진출에 한계가 있었고, 그래서 좌절하는 인사가 많았다. 그 대표적인 인물이 신라 하대의 최치원(崔致遠, 857~?)이었다. 최치원은 열두 살에 당나라에 유학하여 과거 시험에 합격했고 문필로도 이름을 날렸다. 특히 황소의 난 때 정부군 총사령관의 종사관으로서 작성한 〈토황소격(討黃巢檄)〉은 그의 명성을 드높여주었다. 그러나 그는 귀국 후 신분의 한계를 절감하여 고민과 방황을 거듭하다 자취를 감추어버렸다.

육두품 출신은 관직뿐만 아니라 활동에서도 자유롭지 못했다. 최치원이 대사시중에게 편지를 써서 "은혜를 베푸시어 수륙을 통행할 수 있는 통행장을 주시기 바랍니다"라고 호소한 데에서도 활동이 자유롭지 못했음을 알 수 있다.

신라에서 육두품이 할 수 있는 일은 두 가지였다. 《삼국사기(三國史記)》에 실린 〈강수열전〉에서 그 사정을 알 수 있다. 강수(强首)는 원효와 동시대 사람이다. 그는 머리에 뿔이 난 것처럼 우뚝한 뼈가 있는 모습으로 태어났다고 한다. 이를 이상히 여긴 아버지가 현자에게 물으니, 현자가 답하기를 "매우 비상한 아이이니 잘 키우라"고 했다.

아이가 장성하자 아버지는 "너는 불교를 배우겠느냐, 유교를 배우겠느냐"라고 물었다. 스님이 되겠느냐, 아니면 글을 배워 벼슬을 하겠느냐는 물음이었다. 강수가 대답하기를, "불교는 세상 밖에 있을 수 있는 가르침이라 하옵니다. 저는 인간이온데 불교를 배워서 어디에 쓰겠습니까. 유자의 도를 배우겠습니다"라고 했다.

강수는 글을 배워 당대의 문장가가 되었다. 그렇다고 글을 써서 문집을 남긴 것은 아니었다. 그가 한 일은 왕이 대내외에 보내는 문서를 작성하는 것이었다. 그는 탁월한 문장력을 발휘하여 왕에게 인정을 받고 사찬의 자리에 올랐다. 사찬은 8등급의 자리였다. 그것이 육두품의 한계였다.

강수와 달리 원효는 불교를 배웠다. 본인이 의도한 것은 아니었다.

아홉 살 때 부모가 원효를 절로 들여보냈다. 당시 신라에서는 불교가 대단히 성행했기 때문에 자식을 출세시켜보려는 마음에서 아이를 절에 들여보낸 것이리라.

원효는 부모의 기대 이상으로 대단한 인물이 되었다. 당시 불교계 내에서 최고의 고승이 되었기 때문이 아니다. 오히려 그는 당대 불교계에서 냉대를 받았다. 불교계 역시 왕족인 진골들이 지배하고 있었다.

당시 왕실은 불교를 전폭적으로 지원했다. 불교를 통해 왕권 강화와 왕실 안정을 꾀했기 때문이었다. 신라가 불교를 받아들인 이유 자체가 정치적이었다. 불교는 신라에서 제23대 왕인 법흥왕 14년(527)에 공인되었다. 당시 신하들은 불교 공인에 반대했다. 신라판 왕권과 신권의 대립이었다. 이때 이차돈(異次頓, 506~527)이 법흥왕과 짜고 스스로 죽었다. 이 사건을 계기로 법흥왕은 불교 공인을 밀어붙였다.

법흥왕의 뒤를 이은 진흥왕은 부인과 함께 아예 승려가 되었다. 이후 수많은 왕족들이 승려가 되었고 왕실에서도 그것을 장려했다. 그래서 왕족들이 불교계를 지배하게 되었다. 그들이 추구한 불교는 당연히 왕실 불교였다. 즉 왕을 정점으로 한 질서가 불교의 가르침이라고 설파하는 불교였다.

원효는 이러한 왕실 불교에 반발했다. 당연히 주류들로부터 냉대를 당했다. 그러나 그것이 문제는 아니었다. 심각한 문제는 육두품 출신이기 때문에 활동에 제약이 따른다는 것이었다. 자신의 불교 사상을 전파하려면 신분적 한계를 넘어서야 했다. 그래서 공주와의 혼인이 필요했다. 공주의 남편을 그 누가 막겠는가.

원효는 공주와의 혼인이 성사된 후 궁궐을 떠나 길거리로 나섰다. 자신의 이름을 '소성거사'라 하고 광대들에게 바가지 춤을 배웠다. 그리고 바가지 춤을 추며 전국 방방곡곡을 돌아다녔다. 자신이 깨달은 바를 실천하기 시작한 것이었다. 그렇게 하여 그는 대단한 인물이 되었다.

관음보살은 어디에 있을까

그렇다면 원효는 무엇을 깨달았을까? 원효의 사상은 의상(義湘, 625~702)의 사상과 대비된다. 의상은 왕족인 진골 출신으로 왕실 불교의 최고봉에 오른 승려였다. 《삼국유사》에는 두 사람의 인연이 여러 차례 소개되었다.

원효와 의상은 두 차례에 걸쳐 당나라 유학길에 함께 나섰다고 한다. 한번은 고구려를 거쳐 당나라로 가려다 붙잡혔다. 간첩 혐의로 조사받다가 가까스로 탈출했다. 또 한번은 오늘날의 경기도를 거쳐 배를 타고 가려고 했다. 그 도중에 원효는 깨달음을 얻어 돌아왔다. 그래서 원효는 국내파, 의상은 유학파가 되었다.

《삼국유사》에 소개된 두 사람의 관계를 액면 그대로 받아들일 필요는 없다. 사실 두 사람이 고락을 함께할 정도로 가까운 사이였는지는 의문이다. 신분과 생각이 확연히 달랐기 때문이다. 따라서 두 사람의 관계를 소개하는 일화는 그들의 사상 차이를 드러내기 위한 장치일 가능성이 크다.

그 차이를 확연히 드러내는 일화를 보자. 그것은 원효가 깨달은 것이 무엇인지를 보여주는 일화이기도 하다. 원효와 의상은 시간을 달리하여 같은 장소를 방문했다. 오늘날의 낙산사다. 방문 목적은 같다. 관음보살을 만나기 위해서였다.

먼저 의상이 방문했다. 목욕재계하고 7일간 기도하자 시종들이 나타나 동굴 안으로 안내했다. 의상은 그곳에서 허공에 예를 올렸다. 그러자 물속에서 수정염주 한 꾸러미가 나왔다. 그는 그것을 받아 밖으로 나왔다. 다시 목욕재계하고 7일간 기도하자 관음보살이 나타나 "네가 앉아 있는 곳에 대나무 한 쌍이 솟아날 것이니, 그곳에 절을 지어야 한다"고 말했다. 과연 대나무가 솟아나자 의상은 그곳에 절을 짓고 이름을 낙산사라고 했다.

얼마 지나지 않아 이번에는 원효가 그곳을 방문하고자 했다. 절 근처에 도착했을 때 흰옷을 입은 여인이 논에서 벼를 베고 있는 모습이 보였다. 원효는 장난삼아 벼를 달라고 했다. 그러자 여인 역시 장난을 치며 벼가 아직 제대로 영글지 않았다고 대답했다.

원효는 다시 그곳을 향해 걸어가다 다리에 이르렀다. 그 아래 개울가에서 한 여인이 개짐을 빨고 있었다. 그는 목이 말라 그 여인에게 물을 떠달라고 했다. 그러자 여인은 개짐을 빨던 더러운 물을 떠주었다.

원효는 그 물을 쏟아버리고 다시 떠서 마셨다. 그때 들 한가운데의 소나무 위에서 파랑새가 그를 불렀다. "스님은 그만두시게!" 그러고는 갑자기 파랑새가 사라지고 소나무 아래에 신발 한 짝이 놓여 있었다.

원효가 절에 도착해보니 관음보살의 자리에 신발의 나머지 한 짝이 놓여 있었다. 그제야 그는 아까 만났던 여인들이 관음보살임을 알았다. 그는 관음보살을 만나기 위해 동굴로 들어가려고 했다. 그러나 풍 랑이 크게 일어 들어갈 수가 없었다.

의상은 관음보살을 만나 수정염주를 받았고 원효는 문전박대를 당 했으니 의상의 법력이 더 센 것인가? 그렇지 않다. 의상의 관음보살은 저 멀리 높은 곳에 있다. 관음보살을 만나려면 몇 날 며칠 동안 목욕재 계하고 기도하며 정성을 다해야 한다. 일상에 바쁜 백성이 쉽게 하기 어려운 일이다.

그러나 원효의 관음보살은 우리 주변에 있다. 벼를 베고 개짐을 빨 며 백성과 함께 살면서 농담도 하고 장난도 친다. 그런데 백성들은 미 처 그것을 깨닫지 못하고 있다. 이것이 원효의 깨달음이었다. 그래서 그는 관음보살이 백성의 삶 속에 있음을 깨우치고자 바가지 춤을 추며 전국 방방곡곡을 돌아다녔던 것이다.

물과 얼음의 근원은 같다

원효는 백성과 어울리기만 했을까? 중국 송나라 승려인 찬녕(贊寧, 919~1002)은 《송고승전(宋高僧傳)》에서 "원효의 발언은 미친 듯 난폭 하고 예의에 어긋났다. 행동은 상식의 선을 넘었다. 그는 거사와 함께 주막이나 기생집에 들어가고 지공과 같이 금빛 칼과 쇠 지팡이를 가지 기도 했다. 어떤 때는 주석서를 써서 《화엄경(華嚴經)》을 강의하기도 하 고, 어떤 때는 사당에서 거문고를 타면서 즐겼다. 때로는 여염집에서 유숙하기도 하고, 때로는 산수에서 좌선하는 등 계기에 따라 마음대로

해 일정한 규범이 없었다"라고 썼다.

원효는 난폭하며 예의에 어긋난 발언을 하고 주막이나 기생집에 드나드는 등 '상식의 선을 넘은' 행동을 했다. 백성과 어울려 살아간 행적이 다른 승려의 눈에는 그렇게 보였던 것이다. 그러나 만약 원효가 그렇게만 살았다면 대단한 사람이 되었을 리 만무하다. 아무리 큰 깨달음을 얻었다 해도 시쳇말로 '땡중'일 뿐, 역사에 기록되지도 않는 인물이 되었을 것이다.

원효는 '주석서를 쓰고 《화엄경》을 강의'했다고 한다. 그는 끊임없이 글을 읽고 글을 쓰는 학승이었다. 그가 쓴 책이 무려 240여 권에 이른다고 한다. 그는 어렸을 때부터 대단한 결심을 한 사람이다. 10대 때 〈발심수행장(發心修行章)〉을 써서 "절하는 무릎이 얼음처럼 시리더라도 불기운을 그리워하는 마음이 없어야 한다. 주린 창자가 마치 끊어질 듯하더라도 음식을 구하는 마음이 없어야 한다. 100년도 잠깐인데 어찌 배우지 않는다 말할 것이며, 수행하지 않고 놀기만 할 것인가"라고 했다.

원효는 그런 결심으로 각고의 노력을 했다. 특별히 스승은 두지 않았다. 의문 나는 것이 있으면 여기저기에서 묻고 배웠다. 그렇게 당대의 모든 불교 경전을 꿰뚫었다. 여기에 백성과 함께 생활하며 배운 지혜를 보태 새로운 사상을 창조했다. 그의 사상은 중국과 일본에까지 전파되어 존경을 받았다. 《삼국사기》의 한 부분을 보자.

일본국 진인이 신라 사신 설 판관에게 준 시서에 "일찍이 원효 거사가 지은 금강삼매론을 읽고서 그분을 뵙지 못한 것이 깊이 한이 되었는데, 듣자니 신라국 사신 설은 바로 그 거사의 자손이라고 하니 비록 그 조상을 뵙지 못했지만 그 자손을 만난 것이 기뻐서 시를 지어 증정한다"고 했다.[1]

'금강삼매론'이란 원효의 《금강삼매경론(金剛三昧經論)》을 말한다. 본래의 제목은 '금강삼매경소(金剛三昧經疏)'였다. '소'란 붓다의 말씀을 기록한 '경'과 그 경을 해설한 '논'에 주석을 다는 것이다. 즉 원효는 《금강삼매경》이란 경전에 주석을 달았던 것이다. 그런데 그 주석이 탁월하여 중국과 일본에서 책 제목이 논으로 승격되었다. 원효의 학문이 국제적으로 인정받은 것이었다. 《삼국사기》의 기록은 원효가 어느 정도 존경을 받았는지를 보여준다.

그러면 원효의 사상은 무엇일까? 흔히 '화쟁(和諍) 사상'이라고 한다. 화쟁 사상이란 물과 얼음처럼 겉보기에는 다른 것들도 근원은 같기 때문에 서로 통하고 융합할 수 있다는 것이다. 《대승기신론소(大乘起信論疏)》의 한 구절을 보자.

종래 논을 해석하는 사람들은 이 논의 근본정신에 대해 조금씩 파악하고 있으나, 각자 자기가 배운 것에만 사로잡혀 있거나 문장에만 이끌려 허심탄회하게 그 논지를 파악하지 못했다.[2]

여기서 '논'은 인도의 승려 마명(馬鳴, 100?~160?)이 지었다는 《대승기신론》을 가리킨다. 그 논을 여러 종파의 사람이 해석했다고 했다. 그런데 그들은 모두 자기가 배운 것 또는 문장에만 매달려서 논의 논지를 파악하지 못했다. 이를 두고 원효는 비유를 들어, "잎을 잡고 줄기라 말하고, 옷깃을 잘라 소매를 깁는" 것과 같다고 했다.

그렇다고 원효가 비판만 했던 것은 아니었다. 오히려 원효는 서로 다른 해석에 따른 갈등을 극복하고 각 종파의 주장을 통합하자고 했다. 각 해석이 물과 얼음처럼 달라 보이지만, 근원은 논이므로 융합할 수 있다는 것이다.

어떻게 융합할 수 있는가? 원효는 바람직한 자세를 말했다. 원효는 《대승기신론》의 의의에 대해 "심오하면서 보편성을 가지고 있어 주장하지 않는 것이 없지만, 스스로 그 주장을 버린다"고 했다. 또한 "다른 주장들을 모두 타파하면서도 그 주장들을 다시 허용한다"라고도 했다.

이것이 원효가 《대승기신론소》에서 하고자 했던 핵심적 발언이다. 자신의 주장이 옳지만 오히려 그것을 버리자. 다른 주장들이 틀리지만 오히려 그것을 인정하자. 자신만을 고집하여 상대를 말살하려 해서는 안 된다. 원효는 바람직한 자세를 이렇게 정리했던 것이다. 이렇게 해야 지나친 갈등으로 화합과 멀어지는 사태를 막을 수 있다. 이것이 '화쟁'의 방법이다.

귀한 것과 속된 것의 관계

화쟁은 불경 연구를 위해서만 필요한 것이 아니다. 그 시대의 상황에 맞는 적절한 해법이기도 했다. 원효가 살았던 시대를 보자. 마흔네 살이던 660년에 신라가 당나라와 연합하여 백제를 침공하면서 전쟁이 시작되었다.

물론 그 이전에도 신라, 백제, 고구려 사이에는 크고 작은 전쟁이 있었다. 그러나 이번에는 달랐다. 나라의 명운을 건 전쟁이 시작된 것이었다. 그만큼 전쟁의 강도가 치열했고 전쟁에 동원된 군사 또한 대규모였다.

660년에 백제가 멸망했다. 그리고 8년 후인 668년에 고구려가 멸망했다. 그사이에 평온했던 것은 아니었다. 백제의 잔당 세력이 저항하여 전투가 계속 이어졌다. 또한 당나라는 백제 지역을 차지하려는 야심을 드러내며 신라와 계속 충돌했다. 고구려가 멸망한 뒤에는 당나라의 압박이 더욱 거세져서 전쟁을 피할 수 없었다. 당나라가 물러나기까지는 몇 년의 세월이 더 걸렸다.

삼국통일이라는 역사적 대사건이 완성되었다. 민족사적으로는 뜻깊은 일이지만 장기간 전쟁으로 백성들의 삶은 피폐해졌다. 신라와 백제, 그리고 고구려 백성들이 한데 어울려 살게 되면서 생긴 그들 사이의 심각한 갈등 또한 문제였다.

원효는 이런 현실을 외면하지 않았다. 그는 승려였고 육두품 신분이었기 때문에 정치에 직접 간여할 수는 없었다. 그렇다고 방관하지 않았다. 시대 상황에 맞는 적절한 철학의 제시가 마땅한 일이었다.

《금강삼매경론》의 한 부분을 보자. 원효가 《금강삼매경》의 큰 뜻을 밝히는 부분이다.

진리의 바다는 귀한 것과 속된 것을 융합하고 있으므로 깊고 깊다. 그 둘은 융합되어 있지만 하나가 아니다. (…) 하나가 아니지만 둘이 융합되어 있기 때문에 귀하지 않은 것이 속된 것도 아니고, 속되지 않은 것이 귀한 것도 아니다.[3]

귀한 것과 속된 것의 관계를 들어 진리에 대해 말했다. 진리의 바다에는 귀한 것과 속된 것의 구분이 없다. 그러므로 진리를 추구할 때 자기주장만 고집하여 다른 주장을 배척해서는 안 된다는 것이다. 학문에서 화쟁의 방법이 중요함을 강조한 말이다.

그런데 굳이 '귀한 것'과 '속된 것'을 거론했음에 주목할 필요가 있다. 그것들은 사회적으로 귀족과 평민을 의미하기 때문이다. 그래서 원효는 진리 탐구를 위한 철학을 시대 상황과 결부된 철학으로 확장했다.

'귀한 것과 속된 것은 융합되어 있지만 하나가 아니고, 하나가 아니지만 융합되어 있다'고 했다. 귀족과 평민의 사회적 관계를 이렇게 표현했다. 귀족과 평민은 하나의 사회 속에 융합되어 있지만, 그 둘의 처지는 서로 다르다. 처지가 다른 이유는 불평등하기 때문이다. 이 불평등으로 인해 둘 사이에 대립과 갈등이 생기고, 대립과 갈등이 충돌로 발전하면 사회가 파탄난다.

그러므로 귀족과 평민은 처지가 다르지만 화합해야 한다. 화합의 관건은 불평등 해소다. 그것은 귀족이 앞장서야 하는 일이다. 귀족은 사회의 지배층이고 사회가 파탄나면 가장 잃는 것이 많은 신분이다. 그러므로 귀족이 앞장서 화합하고 사회의 평화가 유지되게 해야 한다.

이러한 원효의 사상은 왕실 불교의 대표자인 의상의 사상과 극명하게 대비된다. 의상은 "하나 가운데 모든 것이 있고 많은 것 가운데 하나가 있으니, 하나가 바로 모든 것이고 많은 것이 곧 하나"라고 했다. 핵심은 '하나'에 있다. 하나에서 모든 것이 나오므로 하나가 모든 것이다. 하나는 왕을 말한다. 그러므로 왕을 정점으로 하는 질서가 가장 소중하다는 얘기다.

민중불교로 우뚝 서다

왕이 100명의 승려를 모아 '백좌인왕경대회'를 열었다. 그러나 원효는 이 자리에 초청받지 못했다. 백성들이 그를 추천했지만 다른 승려들이 그를 배척했기 때문이다. 그래서 원효는 더욱 분발했다.

황룡사에서 왕과 승려들이 모여 《금강삼매경》의 뜻을 헤아리고자 했다. 그런데 그 자리에 모인 어떤 승려도 그 내용을 알지 못했다. 그들은 어쩔 수 없이 원효를 초빙해야 했다. 강의를 마치고 나오며 원효는 말했다. "지난날 서까래를 100개 고를 때에는 끼지 못하다가 오늘 아침 대들보를 하나 가로질러 놓아야 하는 곳에서는 나 혼자 능력을 발휘했네."

백좌인왕경대회에 초대받지 못했음을 비판하고 자신의 능력을 한껏 자부했던 것이다. 원효는 《금강삼매경》의 해설서인 《금강삼매경론》을 길거리에서 지었다고 한다. 소의 두 뿔 사이에 붓과 벼루를 놓고 단숨에 썼다고 했다. 원효의 능력이 탁월했음을 알 수 있다.

원효는 육두품이라는 신분적 제약으로 인해 자신의 능력을 마음껏 발휘할 수 없는 처지였다. 그래서 승려가 되어 각고의 노력 끝에 큰 깨달음을 얻었다. 밤낮 없는 공부에 백성의 지혜를 보태 자신의 독창적 철학을 세웠다.

그리고 원효는 자신의 깨달음을 실천하기 위해 승복을 벗어던졌다. 전쟁에 지친 백성을 위로했다. 대립과 갈등을 화합으로 극복하는 길을 설파했다. 길거리에서, 주막에서, 전국 방방곡곡에서 백성과 함께 바가지 춤을 추며 한판 축제를 벌였다.

일연은 원효의 공적을 이렇게 평가했다.

일찍이 원효는 이것을 가지고 여러 마을을 돌아다니면서 노래하고 춤을 추며 교화시키고 읊다가 돌아왔다. 그래서 뽕나무 농사짓는 늙은이나 옹기장이, 무지몽매한 무리에게도 모두 붓다의 이름을 알리고 나무아미타불을 부르게 했으니, 원효의 교화가 컸다고 할 수 있다.[4]

여기서 '이것'은 바가지를 의미하고 원효가 바가지에 붙인 이름은 '무애(無㝵)'였다. 무애란 막히거나 거침이 없다는 말로, 요즘말로 자유로움을 의미한다. 원효는 자신이 말하고자 하는 바를 바가지의 이름에 담았다. 붓다는 무애인, 즉 자유인이다. 붓다가 되려면, 자유인이 되려면 어떻게 해야 하는가? 속세를 떠나 수도를 해야 하는가? 그렇지 않다.

원효는 말한다. "하나의 울타리 안에서 그것에 매몰되지 않으면서 그것에서 벗어나지 않고, 바르게 생각하고 관찰하면 그것이 진리에 이르는 길이다." "하나의 울타리 안"이란 일상생활을 말한다. 일상생활 속에서 일상생활에 매몰되지도 않고 벗어나지도 않으면서 바르게 생각하면 근본적 진리, 즉 깨침을 얻을 수 있다. 그러므로 누구나 일상의 삶에서 깨침을 얻어 자유로워질 수 있다.

원효의 사상은 통일신라 시대에는 불교계에서 뒷전으로 밀려났다. 그러나 백성의 마음속에서는 결코 잊히지 않았다. 백성의 마음속에서 1000년 이상의 세월을 견뎌내고, 오늘날 한국 불교의 독창성인 '민중불교'로 우뚝 섰다.

원효는 아홉 살 때 절에 맡겨졌다고 하는데, 스승을 두지 않고 홀로 공부했다고 한다. 그럼에도 탁월한 학승이 되었다. 중국 당나라 때의 승려 도선(道宣, 596~667)이 지은 《속고승전(續高僧傳)》에 따르면, 신라에서 원효만큼 불교 교리에 정통한 승려가 없었다고 한다. 그렇지만 그는 제자를 두지 않고 홀로 전국을 다니며 설교를 했다. 그래서였을까? 그는 고려 시대 대각국사 의천(義天, 1055~1101)이 그의 이름을 거론할 때까지 수백 년간 불교계에서조차 잊힌 인물이었다.

그러나 백성들 사이에서는 달랐다. 일연은 《삼국유사》에서 원효의 업적을 이렇게 평가했다. "일찍이 원효는 이것을 가지고 여러 마을을 돌아다니며 노래하고 춤을 추며 교화시키고 읊다가 돌아왔다. 그래서 뽕나무 농사짓는 늙은이나 옹기장이, 무지몽매한 무리에게도 모두 붓다의 이름을 알리고 나무아미타불을 부르게 했으니, 원효의 교화가 컸다고 할 수 있다."

또한 백성들 사이에서 원효에 관한 수많은 설화가 만들어져 오늘날까지 전해진다. 그가 세상을 떠날 때의 설화를 보자. "그가 입적하자 아들인 설총이 유해를 잘게 부수어 참 얼굴을 빚어 분황사에 모시고는 공경하고 사모하여 슬픔의 뜻을 표했다. 그때 설총이 옆에서 예를 올리자 소상이 갑자기 돌아보았다." 왜 돌아보았을까? 위로받지 못하는 백성의 삶이 안타까웠기 때문일지도 모른다.

진짜로 중요한 일은
스스로 알아내는 것

서경덕 《화담집》

황진이는 비록 기생이었지만 성품이 고결하여 화려한 것을 싫어했다. 그리하여 비록 관가에서 주연(酒宴)이 있다 해도 빗질과 세수만 하고 나갈 뿐, 화장을 하거나 옷을 꾸며 입지 않았다. 또 방탕한 것을 싫어하여 시정잡배 같은 자들은 천금을 준다 해도 돌아보지 않았다. 선비들과 함께 어울리는 것을 즐겼고, 글을 좋아하여 당시(唐詩)를 읊었다. 일찍이 서경덕의 학문을 흠모하여 그 문하에 들어가 함께 담소를 나누었다.

'오성(鰲城)과 한음(漢陰)'으로 유명한 한음 이덕형(李德馨, 1561~
1613)이 지은 《송도기이(松都記異)》에 실려 있는 이야기다. 서경덕(徐
敬德, 1489~1546)은 배우고자 하는 사람이 있으면 출신을 따지지 않고
가르쳤다. 황진이는 서경덕을 찾아가 제자가 되었다. 어느 날 황진이
가 서경덕에게 "송도에 삼절(三絶)이 있습니다"라고 말했다. 서경덕이
"삼절은 무엇이냐?" 하고 묻자 황진이가 "박연폭포와 선생님, 그리고
저입니다" 하고 답했다. 이에 서경덕이 크게 웃었다.

서경덕은 조선 11대 임금 중종 때의 사람이다. 중종은 폭정을 일삼
던 연산군을 반정으로 몰아낸 벼슬아치들에 의해 왕으로 추대되었다.
중종반정(1506)으로 세상이 바뀌면서 유생들이 다시 조정에 진출하기
시작했다. 연산군 때에는 두 차례의 사화, 즉 무오사화(1498)와 갑자사
화(1504)로 인해 유생들이 전원에 조용히 숨어 지내고 있었다.

중종 때 조정에 진출한 유생들은 유교의 도에 따라 정치를 하려는
열의를 가졌다. 그 대표적인 인물이 조광조(趙光祖, 1482~1519)였다.
그는 진사시에 합격하여 성균관에서 공부하던 중 조지서의 사지로 추
천되었다. 조지서는 종이를 만드는 부서였으며 사지는 그 일을 맡아보
는 벼슬이었다. 조광조는 추천을 거부하고 과거 시험을 보아 홍문관에
들어갔다. 자기 스스로 능력을 보여주고자 했던 것이다.

홍문관은 왕의 공부인 경연을 준비하고 진행하는 부서였다. 그래서
조광조는 자연스럽게 중종과 대면할 기회를 갖게 되었다. 그때마다 그
는 유교의 도를 설파하여 중종의 신임을 얻었다. 중종은 조광조에게
중책을 맡겼다. 불과 몇 년 사이에 조광조는 부제학, 대사헌이 되었다.

벼슬의 품계를 무시한 초고속 승진이었다.

조광조는 현량과(賢良科)를 실시하여 은거 중인 학자들을 대거 등용하게 했다. 또한 기존 벼슬아치들의 기득권을 제어하기 위해 중종반정의 공신으로 책봉된 105명 중에 76명의 공훈을 박탈하게 했다.

그러나 조광조의 개혁 정치는 오래가지 못했다. 중종이 점차 조광조의 개혁 드라이브에 피로감을 느끼기 시작했기 때문이다. 이때를 이용하여 기득권 벼슬아치들이 역모 사건을 조작하고 조광조를 탄핵했다. 조광조를 비롯하여 조광조와 가까운 사람들이 대부분 죽거나 유배되었다. 조광조는 능주로 유배되었다가 사약을 받고 죽었다. 이 사건을 기묘사화(1519)라고 한다.

이러한 시대에 서경덕은 살았다. 그는 일체의 벼슬을 하지 않았다. 조광조가 거듭 요청했음에도 끝내 거절하고 은둔 생활을 했다. 왜 그랬을까? 추천을 받아 벼슬길에 오른 사람들의 처지가 불안했기 때문은 아니었다.

마도를 탐구하다

서경덕은 젊었을 적에 벼슬에 뜻을 두었다. 자신의 인생을 되돌아본 시 〈술회(述懷)〉에서 "공부하던 그 시절에는 세상을 다스리는 일에 뜻을 두었다"라고 했다. 또 다른 시에서는 "지난날의 뜻은 임금의 신하가 되는 것이었다"라고도 했다.

그러나 어느 시점부터 벼슬의 뜻을 완전히 접었다. 단지 시대가 불안했기 때문만은 아니었다. 조광조의 추천을 여러 차례 거절하자 후배 학자가 벼슬을 하지 않는 이유를 물었다. 서경덕은 "자신이 가진 도를 행할 준비가 되어 있어도 시대가 맞지 않으면 그 도를 숨기고 사는 데 불평이 없는 사람이 있다"라고 답했다. 자신의 도와 시대가 맞지 않는다는 것이다.

도대체 서경덕의 도, 즉 그의 철학이 무엇이기에 시대와 맞지 않는 다는 것일까? 서경덕이 자신의 철학을 형성해가는 과정부터 살펴보도록 하자. 그는 탐구심이 매우 강한 사람이었다. 어렸을 때의 일화가 있다. 그는 어렸을 적부터 집안을 돕기 위해 나물을 캐러 다녔다. 그러나 저녁 늦게 빈 바구니로 돌아오기 일쑤였다.

그래서 부모가 그 이유를 물었다. 소년 서경덕이 대답하기를, "나물을 뜯다가 종달새 새끼가 나는 것을 보았습니다. 첫날에는 땅에서 한 치를 날더니 다음 날에는 두 치, 그다음 날에는 세 치를 날다가 차츰 하늘로 날아다니게 되었습니다. 이 종달새 새끼가 나는 것을 보고 그 이치를 생각해보았지만 터득하지 못하고, 나물도 얼마 못 뜯고 늦게 돌아오게 되었습니다"라고 했다.

이렇듯 서경덕은 어렸을 때부터 호기심이 강했고, 의문이 있으면 스스로 답을 찾았다. 이이는 서경덕을 가리켜 '자득지학(自得之學)'이라고 했다. 스스로 터득했다는 얘기다. 이는 이황의 '의양지학(依樣之學)'과 대비된다. 이황은 옛 성현의 글을 연구하는 데 치중했다. 옛 성현의 글에 대한 서경덕의 태도는 제자와의 대화에서 드러난다. 제자가 《대학》에 대해 묻자 "글자로 쓰인 내용은 옛사람들의 생각의 찌꺼기에 불과하다. 진짜로 중요한 일은 스스로 알아내는 일이다"라고 했다.

서경덕은 독학을 했다. 집안 형편이 어려운 것이 하나의 이유였다. 그의 집안은 양반집임에도 농사와 양잠으로 생계를 이었다. 심지어 땅이 없어 남의 땅을 빌려 소작을 하기도 했다. 그러나 독학한 이유가 집안 형편 때문만은 아니었다.

서경덕이 열네 살이었을 때 부모가 선생을 초빙했다. 아들이 과거를 보아 벼슬아치가 되는 것이 당시 대부분의 부모들이 기대하는 바였으리라. 그런데 선생이 오고 얼마 지나지 않아 《서경》의 첫머리 〈요전(堯典)〉 편을 공부하게 되었다. 거기에 "1년은 365일 여이니 윤달로써 사시(四時)를 정하고 해를 이룬다"는 구절이 있었다. 양력으로 1년은 365일이고 음력으로 1년은 355일이기 때문에 양력과 음력을 일치시키기 위해 윤달을 넣는다는 얘기다. 선생은 이 원리를 알지 못하여 제자에게 제대로 설명하지 못했다. 서경덕은 보름 동안 혼자 궁리하여 그 원리를 깨치게 되었다. 그 이후로 그는 스승을 두지 않고 스스로 터득해 가는 공부를 하게 되었다.

열여덟 살 때 서경덕은 《대학》에서 '격물치지'라는 구절을 발견하고 크게 깨달았다. "우리가 학문을 하는 데는 먼저 격물을 하지 않으면 아무 소용이 없다!" 그래서 그는 세상 만물에 대한 탐구에 집중했다.

서경덕은 매우 총명한 사람이었다. 스스로 "스무 살이 되면서부터 한 번 저지른 실수를 두 번 저지르지 않았다"라고 말할 정도였다. 그러나 공부 방법은 한마디로 무식(?)했다. 그는 알고자 하는 사물이 있으면 그 이름을 적어 벽에 붙여놓고는 사색과 관찰을 했다. 확실히 깨달지 못하면 깨달을 때까지 며칠이고 식음을 전폐한 채 탐구했다.

서경덕은 〈천기(天機)〉라는 시에서 그 당시를 회고했다.

벽 위에 마도(馬圖)를 붙여놓고

3년 동안 들어앉아 공부를 했네.

거슬러 올라가 혼돈이 시작되던 때를 보니

음양(陰陽)과 오행(五行)은 누가 움직이게 했을까

벽 위에 마도를 붙여놓았다고 했다. 마도를 집중 탐구했다는 얘기다. 마도란 중국의 전설상 인물인 복희씨(伏羲氏)가 세상을 다스릴 때 용마가 가져왔다는 문서다. 그 문서에는 '세상 만물의 세계'를 상징하는 기호인 팔괘(八卦)가 그려져 있었다고 한다. 그러므로 마도를 탐구한다는 것은 세상 만물의 근본 이치를 탐구한다는 얘기다.

'혼돈이 시작되던 때에 누가 음양과 오행을 움직였을까?' 이것을 알면 근본 이치를 깨칠 수 있다고 서경덕은 생각했다. 혼돈이란 세상 만물이 생겨나기 이전인데, 이 상태에서 음양과 오행이 움직여 세상 만물이 생겨났다. 음양은 음기와 양기, 즉 기를 가리키고, 오행은 세상 만물을 구성하는 원소인 금(金), 수(水), 목(木), 화(火), 토(土)를 말한다.

음양과 오행을 움직인 것을 밝혀내면 세상 만물의 이치를 알 수 있다. 그 이치가 바로 '천기', 즉 세상의 비밀이다. 서경덕은 열여덟 살 때부터 스무 살 때까지 3년간 그것을 탐구했다고 한다. 그리고 마침내 이치를 밝혀냈다.

바람은 어디로부터 나오는가

그러면 서경덕이 밝혀낸 천기는 무엇일까? 〈천기〉를 계속 읽어보자.

바람이 지나간 뒤 달은 밝게 떠오르고,

비 온 뒤 풀 냄새 향기롭다.

하나가 둘을 타고 있는 것을 보니,

물(物)과 물(物)이 서로 의지해 있구나.

오묘한 낌새를 꿰뚫어 얻어,

방을 비우고 앉으니 빛이 생겨난다.

'하나가 둘을 타고 있으니 물과 물이 서로 의지해 있다'고 했다. 그래서 바람과 달이 연관되고, 비와 풀 냄새가 연관된다. 어떻게 그것들이 연관되는가? 바람과 달, 비와 풀 냄새는 모두 기다. '하나가 둘을 타고 있다'는 것은 하나의 기가 음과 양을 품고 있다는 의미다.

서경덕은 통찰을 얻은 후 옛 학자들의 글을 찬찬히 읽으며 자신의 생각과 비교해보았다. 그는 자신의 결론이 올바르다고 더욱 확신하게 되었다. 훗날 서경덕은 자신의 통찰을 두고 "모두 고심하며 전력을 다해 얻어낸 것"이라고 했다. 그리고 "나는 스승을 얻지 못해 공부에 지극한 어려움을 겪었다. 후인들은 나의 말을 따르면 공부하기가 나처럼 힘들지 않을 것이다"라며 자신의 통찰에 대한 자부심을 밝혔다.

그러나 서경덕은 자신의 통찰을 글로 써서 발표하지 않았다. 다만,

가벼운 산문이나 시에서 자신의 철학을 조금씩 드러냈을 뿐이다. 한두 가지 사례를 들어보자.

대사헌과 대제학을 지낸 김안국(金安國, 1478~1543)이 부채를 보내 오자 서경덕은 감사의 시를 지어 보냈다. 그 시의 '서문'에 서경덕은 이렇게 썼다.

문건대 부채는 휘두르면 바람이 난다는데 바람은 어디로부터 나오는가? 만약 부채에서 나온다고 한다면 부채 속에 언제부터 바람이 있었단 말인가? 만약 부채에서 나오지 않는다고 한다면 도대체 바람은 어디서 나오는 것일까? (…) 부채는 그것으로써 바람을 처낼 수 있는 것이지 부채가 바람을 나게 할 수는 없는 것이다. (…) 바람이란 기인 것이다. 기가 공간에 꽉 차 있음은 물이 골짜기에 가득 차 있는 것과 같아서 빈 공간이란 없는 것이다. 바람이 고요하고 잠잠한 때에는 전혀 그것이 모이고 흩어지는 형체가 보이지 않는다. (…) 부채를 휘둘러 움직임을 받자마자 밀리고 쫓겨 기는 물결치듯이 바람이 되는 것이다.[5]

바람은 기의 움직임이라고 했다. 부채를 휘두르면 공기 중의 기가 밀리면서 물결치듯이 바람이 된다는 것이다.

죽음은 어떠한가? 서경덕은 어느 날 가까운 사람이 죽었다는 소식을 듣게 되었다. 그래서 그 사람을 위해 〈만인(挽人)〉이란 추모시를 썼다.

만물은 어디로부터 왔다가 또 어디로 가는지,

음과 양이 모였다 흩어졌다 하는 이치와 빌미는 오묘하다.

구름이 생겼다 없어졌다 함을 깨쳤는지 못 깨쳤는지,

만물의 이치를 보면 달이 차고 기욺과 같다.

(…)

만물은 모두 잠시 머물고 있는 것과 같아서

한 기운 가운데서 떴다 가라앉았다 한다.

구름이 생기는 것을 보면 흔적이나 있는가?

얼음이 녹은 뒤 찾아봐도 자취도 없다.

음과 양이 모이고 흩어짐에 대해 썼다. 구름이 생겼다 없어졌다 하는 것이 음양의 모임과 흩어짐이다. 구름을 아무리 봐도 어떻게 생기는지 알 수 없고, 얼음이 녹으면 어디로 갔는지 알 수 없다. 죽음이 그런 것이다. 음양이 흩어져서 어디로 갔는지 알 수 없는 것이다.

혼돈의 시기에 '기'만 있다

서경덕은 쉰일곱 살이 되자 건강이 몹시 나빠져 살날이 많지 않음을 알게 되었다. 자신의 철학을 글로 남기는 일을 더 이상 미룰 수 없다고 생각했다. 그래서 〈원이기(原理氣)〉, 〈이기설(理氣說)〉, 〈태허설(太虛說)〉, 〈귀신사생론(鬼神死生論)〉 등 네 편의 짧은 논문을 작성했다.

서경덕은 이 논문들을 작성한 이유에 대해 제자들에게 말했다. "이 논문들은 여러 성인들이 다 전하지 않은 경지까지 이해한 것을 담고 있다. 중간에 잃어버리지 않고 후세 학자들에게 전해주고 온 세상에 두루 알리면 먼 곳에서든 가까운 곳에서든 우리나라에 학자가 있었음을 알게 될 것이다."

〈원이기〉에서 서경덕은 자신이 가장 고심했던 핵심 주제, 즉 '혼돈된 때 무엇이 음양과 오행을 움직였는가'를 다루었다. 그의 설명을 보자.

태허는 맑고 형체가 없는데, 이를 일컬어 '선천(先天)'이라 한다. 그 크기는 한이 없고, 그에 앞서는 아무런 시작도 없었으며, 그 유래는 추궁할 수도 없는데, 그 맑게 비고 고요한 것이 기의 근원이다. (…) 그 맑은 본체를 말로 표현하여 일기(一氣)라 한다. (…) 선천은 기이하고 기이하지 아니한가? (…) 누가 그렇게 만든 것일까? (…) 우주의 기틀이 스스로 그렇게 되는 것이다.[6]

'선천'은 세상 만물이 탄생하기 이전 혼돈의 시기를 말한다. 그 시기에는 세상 만물이 존재하지 않으므로 텅 비어 있다. 그래서 '태허'라고 했다. 그러나 그 빈 공간에 아무것도 없는 것은 아니다. 그 공간은 한 가닥의 털조차 들어갈 수 없을 정도로 기가 가득 차 있다. 단지 손으로 만지고 눈으로 볼 수 없기 때문에 없는 것처럼 보일 뿐이다. 그래서 〈태허설〉에서는 "태허가 곧 기"라고 했다. 이 기가 바로 세상 만물의 근원이다.

그러면 누가 기를 움직이는가? 서경덕의 설명을 더 보자.

일기는 음과 양을 품고 있다고 했다. 그래서 일기가 음과 양을 낳지 않을 수 없다. 누가 움직이는 것이 아니고, 기가 스스로 움직인다. 일기라 했지만 일(一)은 이미 이(二)를 품고 있으며, 태일(太一)이라 했지만 일은 곧 이를 지니고 있는 것이다. 그러므로 일은 이를 생(生: 생성)하지 않을 수 없으며, 이는 스스로 생하거나 극(克: 극복)할 수 있는 것이다. 생하면 극할 수 있게 되고, 극하면 곧 생하게 되는 것이다. 기의 미세한 움직임에서부터 큰 진동에 이르기까지 모두 생과 극이 그렇게 만드는 것이다.[7]

생성과 극복의 원리를 들어 기의 운동을 설명했다. 일은 이미 이를 포함하고 있으므로 이가 생겨나지 않을 수 없다고 했다. 하나의 기에는 음기와 양기가 있으니 음기와 양기가 생겨난다는 것이다. 이것을 두고 생성이라고 했다. 그러나 음기와 양기는 모두 기이므로 하나의 기로 되돌아오게 된다. 이것을 극복이라고 했다. 이렇듯 기는 흩어지고 뭉치는 과정을 계속한다. 그러면 어떻게 기가 흩어지고 뭉치는가? '누가 움직이는 것이 아니고 스스로 움직인다'고 했다.

세상 만물이 생겨나기 전 상태가 그렇다면 세상 만물이 생겨난 이후에는 어떻게 될까?

일기가 음과 양으로 나누어지고 양의 극이 진동하여 하늘이 되었으며 음의 극이 모여서 땅이 되었다. 양이 진동된 끝에 그 정기가 엉킨 것이 해가 되었으며, 음이 모여든 끝에 그 정기가 엉킨 것이 달이 되고 나머지 정기가 헝클어져 별들이 되었다. 그것이 땅에 있어서는 물, 불이 되었는데, 이것을 '후천(後天)'이라 부르며, 곧 자연의 활동이 있게 된 것이다.[8]

'후천'이란 세상 만물이 생겨난 이후의 시기를 말한다. 후천 때에도 선천 때와 마찬가지로 기가 운동한다. 하나인 기가 음과 양으로 나뉜다. 그리고 그 음과 양이 스스로 뭉치고 흩어지기를 반복하면서 세상 만물이 계속 생겨난다는 것이다.

서경덕의 결론은 이렇다. 이 세상에 존재하는 것은 기뿐이다. 그 기가 스스로 흩어지고 뭉치는 운동을 하여 세상 만물을 창조했고, 또 계속 만들고 있다.

관념론을 극복하라

그렇다면 의문이다. 서경덕은 성리학자가 아니라는 말인가? 그렇다. 흔히 조선 시대의 학자는 모두 성리학자라고 생각하지만 서경덕은 성리학자가 아니었다. 성리학은 이와 기가 별도로 존재한다고 했지만 서경덕은 기만이 존재한다고 하여 이의 존재를 부정했다.

그러면 이는 무엇인가? 〈이기설〉의 한 구절을 보자.

기의 바깥에 이가 없다. 이는 기를 주관한다. 주관이란 바깥에서 와서 하는 게 아니다. 주관이란 기가 저절로 작용할 수 있게 하는 것

을 의미한다. 이는 기보다 앞설 수 없다.⁹

핵심어는 '이'다. "이는 기를 주관"한다고 했다. 이렇게 말하면 성리학에 근접한 것 같지만, 실제 내용은 그렇지 않다. 이의 역할은 "기가 저절로 작용할 수 있게 하는 것"이라고 했다. 기가 저절로 작용한다면 별도의 존재인 이는 불필요하다.

서경덕이 볼 때 이는 기의 운동 원리를 가리킨다. 따라서 이 대신 원리 혹은 법칙이란 말을 사용해도 무방하다. 그럼에도 이를 사용한 이유는 지배적 철학인 성리학에서 이를 사용하고 있으므로, 설득력을 높이기 위해서일 것이다.

어쨌든 서경덕의 이와 성리학의 이는 천양지차다. 성리학에서는 이를 기보다 더욱 소중하게 여긴다. 왜냐하면 이가 도덕과 이상을 표현하는 개념이기 때문이다. 반면에 기는 현실을 표현한 개념이다.

성리학자들의 믿음은 이렇다. 현실은 타락하고 어지러워질 수 있다. 그러나 별도의 존재인 도덕과 이상은 변치 않는다. 따라서 현실이 잘못되었다 할지라도 이런 현실의 바깥에는 변치 않는 도덕과 이상이 건재하다.

이러한 믿음은 주희에게서도 나타났다. 주희가 활동할 당시 송나라는 오랑캐라 치부하던 금나라에 밀려 중국의 남쪽으로 쫓겨나 있었다. 주희에게 이러한 현실은 잘못된 것이었다. 그러나 이상은 변치 않는다. 그러므로 아무리 현실에서 오랑캐가 판을 쳐도 그 너머에 있는 중화의 문명은 결코 사라지지 않는다. 이러한 믿음에서 주희를 비롯한 성리학자들은 이를 매우 소중하게 여겼다.

그런데 서경덕은 성리학자들에게 찬물을 끼얹으며 "꿈 깨라!"고 말한다. '기 바깥에 이는 없다.' 현실 바깥에는 아무것도 없다. 어찌 이상을 현실 바깥에서 찾으려 하는가. 덧붙여 "이는 기보다 앞설 수 없다"고도 했다. 현실보다 이상을 더 소중히 여길 이유도 없다.

현실을 관찰하여 현실이 어떻게 움직이는지를 탐구하는 자세가 소중하다. 그것이 기의 운동 원리인 이를 발견하는 길이다. 이러한 서경덕의 철학을 기일원론이라고 한다. 기일원론은 흔히 이기이원론이라고 하는 성리학과 대비되는 철학이다. 기일원론은 과도한 이상 추구와 관념론을 극복하고 현실의 탐구가 소중하다는 사실을 제시하는 철학이다.

논쟁의 방아쇠가 당겨지다

서경덕은 직접 농사를 지어야 할 정도로 몰락한 양반 집안에서 태어나 과거 시험을 통한 출세를 거부하고 오로지 학문을 하며 살았다. 세상 만물의 근원을 밝히는 것을 필생의 과제로 삼고 사색과 탐구를 통해 기일원론을 제시했다.

서경덕은 기일원론을 담은 자신의 글을 제자들에게 건네주며, "천고(千古)의 의문을 풀었다"고 자부했다. 성리학으로는 해결할 수 없었던 세상 만물의 근원을 밝혀냈다는 얘기였다. 성리학과 다른 철학을 정립했다는 얘기이기도 했다.

그래서 서경덕의 철학은 당시로는 '이단'이었고 위험했다. 훗날 선조가 "서경덕의 학문에 의심할 만한 것이 많다"라고 말할 정도였다. 그래서 서경덕은 조심스러웠고 세상 만물의 근원을 밝히는 데서 멈추어버렸다. 그는 평생 교유했던 개성부학 교수 심의에게 "군자가 배움을 귀하게 여기는 이유는 그것을 통해 멈춤을 알 수 있기 때문이다"라고 했다. 기일원론으로 조선 사회를 해석하고 비판하는 일이 대단히 위험하다는 것을 알기에 멈출 수밖에 없었다.

그래서 서경덕은 일체의 벼슬을 사양하고 조용히 은거하며 살았다. 달리 제목을 붙일 수 없어 '무제'라는 제목이 붙은 시의 한 부분을 보자.

눈에는 발을 드리우고 귀에는 문을 닫았지만,
솔바람 시내 소리는 더욱 뚜렷하기만 하구나.
나를 잊고 물(物)을 물(物)대로 보게 되니,
마음이 어디에 있든 절로 맑고 따뜻하구나.

눈을 가리고 귀를 막았다. 그러나 세상 소식은 오히려 더 요란하게 들린다. 그러나 귀 기울이지 않고 물을 물대로 본다고 했다. 세상을 잊고 자연과 일체된 삶을 살겠다는 의지를 그렇게 나타냈다. 그러자 마음이 더욱 맑아졌다.

이렇듯 서경덕은 자연 속에 살다 조용히 세상을 떠났다. 그가 죽음을 맞이하는 자세에 대한 기록이 전해져온다. 그는 죽기 전 2년 동안 병을 앓았다. 그래서 자신의 죽음이 멀지 않았음을 알고 있었다. 병석에 누워 있던 서경덕은 목욕을 시켜달라고 했다. 그가 목욕을 하는 동안 한 제자가 물었다. "지금 어떤 생각을 하십니까." 그가 답했다. "삶과 죽음의 이치를 오래전에 알았으므로 생각이 편안하다."

서경덕은 삶과 죽음이 기가 모이고 흩어지는 것에 불과하다고 했다. 죽으면 기가 흩어져 다시 기로 돌아갈 뿐이다. 이 이치를 깨달았기에 그는 죽음을 앞두고도 마음이 편안하다고 했다.

이렇듯 서경덕은 조용한 삶을 살다 갔다. 그러나 그가 남긴 철학은 논쟁의 방아쇠를 당겼다. 서경덕보다 열두 살 아래인 이황은 서경덕을 비판하며 자기 철학을 정립했고, 이황보다 서른다섯 살 아래인 이이는 두 사람의 철학을 비판하며 자기 철학을 정립했다.

이렇게 하여 16세기 조선에서 서경덕, 이황, 이이에 의해 뚜렷이 구분되는 세 개의 철학이 등장했다. 그리고 그들로부터 시작된 철학 논쟁은 조선 후기까지 이어졌고, 조선의 학자들은 시대의 변화를 철학에 반영하기 위해 분투했다.

백성의 입장에서
유학자를 꾸짖다

박지원 《열하일기》

박지원(朴趾源, 1737~1805)은 열일고여덟 살 무렵에 병을 앓았다. 병명은 알 수 없고, 그저 가슴이 답답하고 매사에 의욕이 없었다. 요즘 식으로 말하면 우울증인 모양이었다. 그래서 그는 사람들을 불러 기이한 얘기를 듣기도 하고 기이하다는 사람들을 직접 만나 얘기를 나누며 답답한 마음을 달랬다. 그리고 그때 보고 듣고 경험한 것을 소설로 썼다.

그중 가장 유명한 소설이 〈양반전〉이다. 이 소설에서 박지원은 양반을 신랄하게 풍자했다. 한 부자가 양반 신분을 샀지만 양반이면 마땅히 지녀야 할 자세를 듣고는 "날더러 도적이 되라는 말이냐"고 했다.

양반의 횡포가 도적질과 같다는 얘기였다.

그런데 박지원이 소설을 쓴 목적은 양반 사회를 풍자하는 것에만 있지 않았다. 그의 소설에는 다양한 사람들이 주인공으로 등장한다.

먼저, 재주가 탁월했지만 그 뜻을 펼칠 수 없었던 사람들이 등장한다. 민옹은 일곱 살 때부터 수많은 인물의 행적을 벽에 써놓고 본받고자 분발했으나 나이 70에도 벽만 글씨로 시커멓게 할 뿐, 뜻을 펼치지 못했다(《민옹전閔翁傳》). 김홍기는 곡기를 끊고 면벽 수행하여 신선이 되었지만 남 앞에 자신의 재주를 드러내지 않고 살았다(《김신선전金神仙傳》). 우상은 통역관으로 일본에 가서 문장으로 이름을 날렸지만 국내에서는 그 이름을 알아주는 사람이 없었다(《우상전虞裳傳》).

민옹, 김홍기, 우상의 얘기는 재주 있는 사람을 기용하지 않는 세상에 대한 비판이었다. 또한 박지원 자신의 이야기이기도 했다. 자신의 뜻과 이상을 펼칠 수 없는 세상에 대한 한탄이었다. 박지원은 영·정조 시대의 사람이다. 조선의 부흥기라 불리는 그 시대에도 인재가 널리 등용되지 못했음을 알 수 있다. 다른 한편으로는 박지원의 사상이 그 시대와 맞지 않아서이기도 했다.

박지원의 사상이 무엇이기에 그 시대에 맞지 않았을까? 그 사상의 일단을 그의 소설의 다른 주인공들을 통해 살펴보자.

비렁뱅이 광문은 구걸하며 살았지만 의로운 사람이란 명성이 자자해서 뭇사람이 따랐다고 했다(《광문자전廣文者傳》). 똥 치우는 일을 하는 엄 행수는 비록 하는 일은 더럽지만, 처신과 행실은 향기롭고 고상하다고 했다(《예덕선생전穢德先生傳》). 미치광이 송욱, 조탑타, 장덕홍은 자칭 군자들의 행실이 말 거간꾼과 다름없다면서 서로를 벗 삼아 거지로 살기로 했다(〈마장전馬馹傳〉).

주인공으로 등장하는 인물들은 비렁뱅이, 똥 치우는 사람, 미치광이들이다. 그런 인물들이 주인공으로 등장하는 것 자체가 예사롭지 않다. 당시 소설에 등장하는 주인공은 대개 양반 가문의 인물들이었다. 그러나 박지원은 사회적으로 소외되고 천대받는 신분의 사람들을 주인공으로 등장시켰다.

세태를 비판하고자 그런 인물들을 등장시킨 것은 아니었다. 박지원은 그들의 삶 속에서 긍정성을 보여주고자 했다. 비록 사회적으로는 천대받는 사람들이지만 그들의 삶은 삶 그 자체로 소중하다. 박지원은 이것을 보여주고자 했다. 그리고 바로 그것이 박지원의 사상이었다.

위선적인 무리를 참지 못한 박지원

박지원이 태어났을 때 집안사람들이 중국 베이징의 점쟁이에게 그의 사주를 물어보았다고 한다. 그 점쟁이가 말하길, "반고와 사마천 같은 문장을 타고났는데 까닭 없이 비방을 당한다"라고 했다. 반고(班固, 32~92)는 《한서(漢書)》를 지은 역사학자이고, 사마천은 《사기》를 지은 역사학자다. 두 사람 모두 타고난 문장가였다.

그 점쟁이가 말했듯이, 박지원은 탁월한 문장가였지만 항상 비방에 시달렸다. 스무 살 무렵에 지은 소설들로 박지원은 명성을 얻었다. 특히 〈예덕선생전〉, 〈광문자전〉, 〈양반전〉은 그 당시부터 널리 읽혔다. 그러나 박지원은 그 소설들로 인해 평생 시달렸다. 요즘 말로 하면 저질 작가 시비에 시달렸고 유학자들로부터 온갖 비방을 들어야 했다.

박지원은 타고난 글쟁이였지만 글공부는 매우 늦게 시작했다. 열여섯 살에 결혼한 이후부터 본격적으로 공부를 시작했다. 스승은 장인 이보천(李輔天)과 처삼촌 이양천(李亮天)이었다. 이보천에게서 《맹자》를 배우고, 이양천에게서 《사기》를 배웠다.

공부를 시작했지만 박지원은 과거 시험에 관심이 없었다. 주변의 성화에 못 이겨 과거에 응시했다가도 백지 답안지를 내고 나오기 일쑤였다. 한번은 답안지에 소나무와 괴석을 그리기도 했다.

그러나 젊은 시절부터 글짓기 능력은 탁월했다. 《사기》를 배우며 문장 짓는 법을 익힌 후 글을 짓기 시작했고, 글로써 유명해졌다. 앞에서 서술했듯이 스무 살 무렵에 지은 몇 편의 소설이 시작이었다. 그 소설들은 내용상 특히 하층민들이 좋아했다. 비록 그들은 한문을 읽지 못했지만 다른 사람이 읽어주는 것을 통해 소설 내용을 알았다. 그 당시에는 돈을 받고 소설을 읽어주는 직업이 성행했다.

박지원의 인기를 보여주는 일화가 있다. 스물아홉 살 때 친구들이 금강산 여행을 계획했는데 박지원은 돈이 없었다. 한 친구가 여비를 대주기로 했다. 그렇지만 함께 데려갈 하인이 없었다. 박지원이 고민하자 어린 여종이 길거리로 나가 "우리 집 작은 서방님의 이불 짐과 책상자를 지고 금강산에 따라갈 사람 없나요?"라고 외쳤다. 길거리에서 하인을 모집한 것이다. 그 소리를 듣고 순식간에 몇 명이 자원했다.

박지원은 성격이 직선적이었다. 그래서 주변 사람들이 걱정을 했다.

그의 장인조차 "지원의 재주가 뛰어나기는 한데, 악을 지나치게 미워하고 뛰어난 기상이 너무 드러나 걱정이다"라며 우려할 정도였다. 실제로도 그는 유학자들과 양반 사회의 위선을 직선적으로 비판했다.

그래서 박지원은 평생 유학자들의 비난과 비방에 시달렸다. 그가 세상을 떠난 후, 그의 처남은 "위선적인 무리들에 대해 참지 못했다. 그래서 소인배들과 썩은 선비들이 늘 원망하며 비방했다"라고 박지원의 삶을 회고했다.

박지원은 권력자들에 대해서도 직설적 논평을 했던 것 같다. 그로 인해 위기를 겪는다. 그의 집안은 대표적인 노론 가문이었다. 그래서 어렸을 때부터 다른 노론 집안의 아이들과 어울려 놀았다. 그때부터 어울린 친구 중에는 심환지(沈煥之, 1730~1802) 같은 인물도 있었다. 심환지는 정조 시대에 노론당의 영수가 된 인물이다.

유력한 가문의 젊은이들이 모이면 자연스럽게 정치 얘기가 나오게 마련이다. 조정의 정책이나 인물에 대해 왈가왈부했을 터. 영조 때에는 별문제가 없었는데, 정조가 왕위에 오른 직후 홍국영(洪國榮, 1748~1781)이 실권자가 되면서 사정이 달라졌다.

홍국영은 노론의 주요 인물들을 탄핵하여 몰아냈다. 이때에도 박지원은 친구들과 어울려 다니며 홍국영을 직선적으로 비판했던 것 같다. 하루는 친구인 유언호(兪彦鎬, 1730~1796)가 찾아와 "자네의 주장이 너무 직설적이어서 권세가들의 비위를 거스르는 내용이 많으니 주의하라"며 조정의 분위기를 전해주었다.

박지원은 어쩔 수 없이 개성 부근 연암골로 피신했다. 그는 그곳에서 2년간 은둔 생활을 하다 홍국영이 권좌에서 쫓겨난 뒤 한양으로 돌아왔다. 그런데 가까운 지인들 중 상당수가 죽거나 멀리 유배된 상태였다. 그렇다고 의기소침할 박지원이 아니었다. 그는 방탕한 생활을 하며 말을 더욱 직설적으로 해댔다. 그러자 사람들이 그를 파락호라며 손가락질해댔다. 그런 비난이 몸을 보존하기에는 더 유리했다. 방탕한 생활은 박지원의 전략이었던 것이다. 그때 박지원에게 기회가 찾아왔다.

북벌이 아니고 북학이다

친척 형인 박명원(朴明源, 1725~1790)이 청나라 건륭제의 칠순 생일 축하사절로 중국 베이징에 가게 되었다. 박명원은 영조의 사위였다. 박명원은 박지원에게 함께 갈 것을 권유했다. 이런 기회를 놓칠 박지원이 아니었다. 당시에는 해외여행의 기회가 매우 드물었다. 그뿐만 아니라 자신은 물론 지인들도 고초를 겪는 조선에서 탈출하고도 싶었다.

생일 축하사절단은 1780년 5월에 한양을 출발했다. 박지원의 나이 마흔넷이었다. 사절단은 그해 8월에 베이징에 도착했다. 그런데 황제가 열하에 머물고 있었기 때문에 열하로 갔다가 10월에야 귀국했다. 장장 5개월에 걸친 여정이었다.

베이징을 다녀온 후 박지원은 다시 연암골로 들어갔다. 이번에는 피신을 위한 것이 아니었다. 베이징 기행문을 쓰기 위해서였다. 그렇게 《열하일기(熱河日記)》가 탄생했다.

그런데 박지원의 시각이 문제였다. 그는 앞선 문물을 보고 배우자는 시각에서 글을 썼다. 이러한 시각은 당시 지배층의 시각과 대립되는 것이었다. 당시 지배층은 '북벌론'에 사로잡혀 있었다. 그들은 청나라가 만주족이 세운 오랑캐의 나라라며 비하했다. 더욱이 청나라에 인조가 항복한 사건(1636년, 병자호란)을 두고 청나라에 복수하자는 북벌론을 주장했던 것이다. 북벌은 불가능했지만 지배층은 북벌론을 통해 조선 사회를 이데올로기적으로 통제했다.

박지원의 시각은 북벌론과 대립되는 '북학론'이었다. 청나라에서 선진 문물을 배우자는 것이었다. 박제가의 《북학의(北學議)》에 부친 '서문'에 박지원은 이렇게 썼다.

저 중국 사람들이 변발을 하고 오랑캐 옷을 입고 있는 것은 사실이다. 하지만 저들이 의지하여 살고 있는 땅은 어찌 삼대(三代) 이래 한, 당, 송, 명의 중국 땅이 아니겠는가. 또한 그 땅 안에 살고 있는 사람들은 어찌 삼대 이래 한, 당, 송, 명의 예전 백성이 아니겠는가. 진실로 그 법이 훌륭하고 제도가 아름답다면 장차 오랑캐에게라도 나아가 배워야 하는 법이다. 하물며 그 통이 매우 크고 마음 씀씀이가 정밀하며, 문물제도가 원대하고 문장이 찬란한 점으로 말하면, 여전히 삼대 이래 한, 당, 송, 명의 고유한 옛 법을 보존하고 있음에랴.[10]

박제가는 박지원보다 2년 먼저 베이징을 다녀와서 자신이 목격한 청나라의 문물을 소개하는 《북학의》를 썼다. 이 책의 '서문'을 쓰면서 박지원은 청나라에서 배워야 한다고 했다. 한, 당, 송, 명은 조선의 지배층이 칭송하는 한족의 국가들이다. 청나라의 땅은 바로 그 나라들이 다스렸던 땅이고 청나라의 백성은 그 나라들의 백성이었다. 그러므로 청나라에서 배우는 것에 어떤 문제가 있겠는가.

청나라에서 배우려면 청나라가 오랑캐 나라라는 생각부터 바꾸어야 한다. 그래서 박지원은 《열하일기》에 이렇게 썼다.

청나라가 천하의 주인이 된 지 이제 겨우 4대째인데, 그들은 모두 문무를 아울러 갖추었으며, 장수를 누렸다. 태평성대를 노래한 지 100년 동안 온 누리가 고요하니, 이는 한나라, 당나라 때에 보지 못했던 일이나 이처럼 편안히 터를 닦고 건설한다는 뜻을 볼 때에도 하늘이 배치한 명리, 즉 천자가 아닐 수 없겠다.[11]

청나라가 불과 100년 만에 모든 문물을 갖추었다고 했다. 청나라의 태평성대는 한나라나 당나라 때에도 없던 일이다. 그러므로 청나라는 한나라와 당나라보다 더 뛰어난 나라다. 그런 청나라를 북벌하자는 것은 무리한 주장일 뿐이다. 오히려 청나라로부터 배워야 한다. 박지원은 북학의 이유를 이렇게 밝혔다.

근대를 향한 발걸음을 독려하다

박지원은 조선과 청나라의 국경에 설치된 책문에서 주눅이 들었다고

했다. 책문을 통해 청나라의 시골 마을을 보니 예사롭지 않았다. 거리
는 바둑판 모양으로 정리되어 있고, 민가는 모두 벽돌로 담을 쌓았다.
사람이 탄 마차와 물건을 실은 수레가 분주하게 길을 오갔다. 책문 이
쪽 조선의 마을과 너무나 대비되었다.

그래서 박지원은 '변두리 동네가 이러한데 베이징은 어느 정도겠는
가'라고 생각하니 온몸이 화끈거렸다. 발길을 돌려 돌아갈까 생각하다
반성을 하고 생각을 바꾸었다.

이는 하나의 시기하는 마음이다. (…) 이제 한번 다른 나라에 발을
들여놓자마자 아직 만 분의 일도 못 보고 벌써 이런 나쁜 마음이 생
기니 어찌 된 까닭일까. (…) 만일 밝은 눈으로 세계를 두루 살핀다
면 어느 것 하나 평등하지 않음이 없을 것이다. 모든 것이 평등하다
면 시기와 부러움도 저절로 사라질 것이다.[12]

박지원은 "밝은 눈"으로 작은 것 하나 놓치지 않고 살폈다. 산천, 성
곽, 배와 수레, 각종 생활 도구, 저자와 점포, 백성들이 사는 동네, 농
사, 도자기 굽는 가마, 언어, 의복 등 자질구레한 것까지 빼놓지 않고
살피고, 그것들을 《열하일기》에 썼다. 조선과 다른 세상이 있음을 보여
주고자 했던 것이다.

조선에 없는 것을 빠뜨릴 리 없다. 그중 하나가 코끼리다.

코끼리의 생김새는 소 몸뚱이에다 나귀의 꼬리이고, 낙타 무릎에

다 범의 발굽이다. 짧은 털은 잿빛이고, 모습은 어진데다 소리는 구슬프다. 귀는 구름장처럼 드리워졌고, 눈은 초승달 같다. 두 어금니의 크기는 열 치 가까이 되고, 길이는 한 길 남짓 된다. 코는 어금니보다 큰데, 자벌레처럼 구부러지고 펴진다. 굼벵이처럼 말아 붙이기도 하는데, 누에 꽁무니 같은 코끝을 이용해 족집게처럼 물건을 끼어서 두르르 말아 입에다 넣는다.[13]

박지원은 진정 타고난 글쟁이다. 주변에서 흔히 볼 수 있는 것들을 이용해 코끼리의 모습을 세세하게 그려냈다. 천주교회 역시 조선에는 없는 것이다. 박지원은 천주교회의 모습, 그리고 천주교회에서 연주되는 풍금과 아울러 청나라에 천주교가 전래된 소략한 역사를 기록했다. 이렇듯 읽을거리가 풍성했기 때문에 수많은 사람들이 《열하일기》를 찾았다. 비록 정식으로 출판되지 않았지만 필사본이 돌아다녔다. 《열하일기》가 폭발적 인기를 얻자 시련이 닥쳐왔다. 청나라의 연호를 사용했다고 시비를 거는 자들이 있었다. 그러나 그런 철 지난 북벌론자의 얘기를 귀담아들을 박지원이 아니었다.

그런데 어느 날 조정의 도서관리 책임자인 규장각 직각 남공철(南公轍, 1760~1840)이 찾아왔다. 그는 정조의 편지를 전했다. 편지에 이르기를, "근자에 문풍이 이렇게 된 것은 모두 박지원의 죄다. 《열하일기》를 내 이미 익히 읽어보았거늘 어찌 속이거나 감출 수 있겠느냐? 《열하일기》가 세상에 유행한 후로 문체가 이같이 되었거늘 본시 결자해지인 법이니, 속히 순수하고 바른 글을 한 부 지어 올려 《열하일기》로 인한 죄를 씻도록 하라"고 했다.

당시 정조는 문체반정을 추진하고 있었다. 문체반정이란 소설이나 패관잡기 같은 자유분방한 글쓰기를 탄압하고, 성리학적 도를 담은 문장만을 쓰도록 하는 것을 말한다. 정조가 성리학의 이상을 실현하겠다며 추진하던 정책이었다. 정조는 소설류의 글쓰기를 유행시킨 장본인으로 박지원을 지목한 것이었다.

박지원은 '반성문'을 쓰지 않을 수 없었다. 그는 "저는 중년 이래로 불우하고 영락하여 스스로 자중하지 못하고 글로써 유희를 삼아 때로는 궁한 처지에서 나오는 근심과 하릴없는 마음으로 드러냈으니, 조잡하고 허망한 말이 아닌 것이 없습니다"라고 반성했다. 다행히 사건은 반성문을 쓰는 것으로 일단락되었다.

그러나 박지원의 반성문은 '반성'이 아니라 자신의 '전략'을 밝힌 글이었다. '글로써 유희를 삼는다'고 한 대목이 바로 그것이다. 그는 글쓰기가 군사 전략과 같다고 한 적이 있다. 주류 성리학과 다른 자신의 사상을 밝히려면 우회 전략을 쓸 수밖에 없었다. 소설류의 글은 탄압을 피하면서도 자신의 사상을 독자들에게 쉽게 전달할 수 있는 수단이었다.《열하일기》에 실린 소설 〈호질(虎叱)〉이 그 대표적인 사례였다.

박지원은 〈호질〉이 옥전현에서 들른 한 식당의 벽에 걸려 있던 글을 베긴 것이라고 했다. 프랑스 작가 볼테르가 《자디그》를 발표하면서 외국에서 가져온 책이라고 한 것과 같은 수법이다. 두 사람 모두 탄압을 피하기 위해 자신들이 직접 쓴 글이 아니라고 둘러댄 것이었다.

박지원은 〈호질〉에서 선과 악의 문제를 다루었다. 선악의 문제는 당시 성리학자들 사이에 뜨거운 논쟁 주제였다. 논쟁의 시작은 '사람과 동물의 본성이 같은가 아니면 다른가?' 하는 물음이었다. 너무나도 대답이 뻔해 보이는 이 질문 때문에 논쟁이 일어난 이유가 무엇일까?

주희에 따르면, 세상 만물은 모두 똑같은 이를 가지고 있지만 기가 달라 모습이 다르다고 했다. 여기에서 의견이 둘로 갈라진다. 똑같은 이를 가졌으니 사람과 동물의 본성은 같다고 주장한 쪽이 있었다. 그런데 그 주장은 상식과 다른 것이었다. 그래서 반론을 제기하는 쪽이 나타났다. 기가 다르므로 사람과 동물의 본성은 다르지 않느냐.

이쯤에서 끝났어야 하는데 논쟁은 계속되었다. 선과 악의 문제가 걸려 있었기 때문이었다. 성리학에서 이는 도덕과 이상을 의미하고 기는 현실을 의미한다. 그러므로 이는 순수한 선이다. 만약 이가 없다면 선의 근거가 사라진다. 이것이 성리학자들의 기본 생각이었다. 그래서 답을 찾기 어려웠다. 이를 앞세워 본성이 같다고 하면 상식과 다른 결론이 난다. 그렇지만 기에 따라 다르다고 하면 선의 근거를 찾을 길이 없게 된다. 성리학의 입장에서는 결론을 내리기 어려운 논쟁이었다.

그런데 이 논쟁을 공리공론이라고 치부해버려서는 안 된다. 논쟁이 벌어진 시기는 중세에서 근대로 이행하는 시기였다. 이를 앞세운 쪽은 중세적인 도덕과 이상을 내세워 시대의 흐름을 역전시키고자 했다. 반면 기에 따른 차이를 주장한 쪽은 시대의 흐름은 인정했지만 중세적 도덕과 이상을 버리지 못하고 있었다.

결국 시대의 흐름에 맞는 새로운 선악관이 출현해야 했다. 그것은 성리학과 다른 철학을 필요로 했다. 그런 작업을 박지원이 〈호질〉에서

했다. 박지원은 성리학과 다른 철학인 서경덕의 기일원론을 받아들여 새로운 선악관을 정립했다.

'호질'은 범이 꾸짖는다는 말로, 꾸짖는 대상은 타락한 유학자인 북곽(北郭)이다. 범이 꾸짖는 내용을 보자.

너희는 말이나 소가 태워주고 일해주는 공로도 다 저버리고, 사랑하고 충성하는 생각까지 잊어버리며, 날마다 푸줏간이 미어지도록 이들을 죽이고 심지어는 그 뿔과 갈기까지 하나도 남기지 않더구나. 게다가 우리의 노루와 사슴까지도 토색질하여 산에서 우리 먹을 것을 없애고 들에서 끼니를 굶게 했다. (…) 메뚜기에게서 그 밥을 빼앗고, 누에한테서 옷을 빼앗으며, 벌을 막질러 꿀을 긁어먹고, 심한 경우에는 개미의 알로 젓을 담가서 그 조상께 제사하니, 너희보다 잔인하고 덕이 적은 자가 있겠느냐? (…) 너희는 이를 말하고, 성(性)을 논하면서 걸핏하면 '하늘'을 일컫지만 하늘이 명한 바로 본다면 범이나 사람이 다 한가지 동물이다. 하늘과 땅이 만물을 낳아서 기르는 인으로 논하더라도 범과 메뚜기, 누에, 벌, 개미와 사람이 모두 함께 길러졌으므로, 서로 거스를 수 없다. 그 선악으로 따지더라도 뻔뻔하게 벌과 개미의 집을 노략질하고 긁어가는 놈이야말로 천지의 거도(巨盜)가 아니겠으며, 함부로 메뚜기와 누에의 살림을 빼앗고 훔쳐가는 놈이야말로 인의의 대적이 아니겠느냐?[14]

인간의 죄상을 열거했다. 말과 소의 공로도 저버리고 마구 잡아먹는다고 했다. 산과 들에서 노루와 사슴을 마구 잡아 범을 굶주리게 한다고도 했다. 그뿐만 아니라 메뚜기, 누에, 벌, 개미에게서 밥과 옷, 심지어 새끼까지도 빼앗는다고 했다. 일상의 일들을 들어 독자들에게 인간의 행동을 되돌아보게 했다.

그러면서 박지원은 선과 악의 문제를 거론했다. 사람과 범, 메뚜기, 누에, 벌, 개미는 모두 하늘과 땅이 낳고 기른다고 했다. 사람과 동물이 모두 동등하다는 얘기다. 그런데 사람들은 동물에게서 소중한 것들을 빼앗아가므로 거도, 즉 큰 도적이다. 즉 사람들의 행위는 동물의 삶을 유린하는 '인의의 대적', 즉 악이라는 것이다.

그렇다면 선이란 무엇인가? 사람이든 동물이든 삶이 유린되지 않는 것, 즉 삶을 누리는 것이 선이다. 선은 성리학에서 주장하는 이처럼 미리 설정되어 있는 것이 아니다. 일상에서 온전한 삶을 살 수 있게 하는 것이 선이다. 이렇게 하여 박지원은 성리학에서 주장하는 '미리 설정된 절대적인 선악의 기준', 즉 이의 존재를 부정하고, 일상의 삶 속에서 선악을 판단하는 새로운 선악관을 제시했다.

삶을 누리는 것 자체가 선이라는 사상은 자유와 평등, 그리고 박애의 사상과 상통한다. 자유와 평등, 그리고 박애는 사람이 삶을 누릴 수 있게 하자는 것이다. 그것들을 부정하는 것은 사람들의 삶을 억압하는 것이고 악이다. 박지원은 누가 삶을 억압하는지를 고발한다. 범의 꾸짖음을 계속 들어보자.

보드라운 털을 빨아서 아교를 녹여 붙여 칼날을 만들되, 끝이 대추

씨처럼 뾰족하고 길이는 한 치도 못 되게 하여, 오징어 거품에 담갔다가 꺼낸다. 종횡무진 멋대로 치고 찌르되 세모창처럼 굽고 작은 칼처럼 날카로우며, 긴 칼처럼 예리하고 가지창처럼 갈라졌으며, 살처럼 곧고 활처럼 팽팽해서 이 병장기가 한번 번뜩이면 모든 귀신이 밤중에 곡할 지경이다. 그러니 너희보다도 가혹하게 서로 잡아먹는 자가 있겠느냐?[15]

"보드라운 털을 빨아서 아교를 녹여 붙여" 만드는 칼날이란 붓을 의미한다. 붓은 본래 보드라운 것이지만 유학자들은 이 붓을 칼처럼, 창처럼, 활처럼, 화살처럼 사용하여 서로 잡아먹는다고 했다. 유학자들이 악을 조장하는 자들이다. 박지원은 중세 조선의 신분 질서가 악의 근원임을 주장했던 것이다.

박지원은 당시 지배층인 노론파 집안 출신이었고, 그래서 베이징을 여행하는 특권까지 누렸다. 그렇다고 지배층의 일원으로 산 것은 아니었다. 문필가로서 형식에 얽매이지 않는 글을 써서 지배적인 철학인 성리학을 비판하고 양반 사회를 신랄하게 풍자했다. 박지원의 사상은 중세에서 근대로 이행하는 시기에 중세로 역행하려는 사상을 비판하고 근대를 향한 발걸음을 독려하는 것이었다.

모든 사람들이
감동하는
철학을 하라

최한기 《기학》

최한기(崔漢綺, 1803~1877)는 순조 3년에 태어나 고종 16년에 세상을 떠났다. 지금으로부터 150여 년 전에 활동한 학자다. 그는 무려 1000권이 넘는 책을 썼다고 한다. 저작 수로만 따져보면, 그 이전에 그만큼 많은 저작을 남긴 사람이 없었고, 아마 앞으로도 그런 사람은 나오기 힘들 것이다.

최한기는 이렇게 수많은 책을 썼지만 그의 시대에는 물론 그 이후로도 상당 기간 그의 책은 출판되지 않았다. 예외가 있다면 그의 대표작 중 하나인 《기측체의(氣測體義)》 정도다. 그 책은 중국 베이징에서 출판되었다. 어떤 경로를 통해 그 원고가 그곳까지 갔고, 어떻게 출판되었는지는 알 길이 없다. 다만 출판본에 1836년에 쓴 '서문'이 붙어 있어 출판 연도를 짐작할 수 있을 뿐이다.

최한기는 일생을 한양에서 살았다고 한다. 그런데 최한기에 대해 알려진 것은 별로 없다. 150여 년 전에 한양에 살며 1000권이 넘는 책을 쓴 학자였지만 그의 삶과 행적에 대해 알려진 것이 별로 없다는 사실이 신기하기만 하다.

먼저, 최한기가 살았던 시대부터 살펴보자. 그는 세도정치가 시작되던 때에 태어나 일본의 강압으로 강화도조약을 맺은 그다음 해에 세상을 떠났다. 즉 그는 조선이 급격히 쇠퇴하던 시대에 태어나 활동했다. 그 시대에 내적으로는 홍경래의 난을 시작으로 삼남지방의 민란까지 크고 작은 민란이 계속 일어났다. 외적으로는 병인양요(1866), 신미양요(1871) 등 유럽 열강의 침략이 계속되었다.

이런 시대에 최한기는 한양 어느 동네에서 독서와 사색, 그리고 집필을 하며 살았다. 집안은 보잘것없었고 벼슬도 하지 않았다. 그의 집안은 소론파였기 때문에 벼슬을 하기도 어려웠다. 세도정치 시대에는 노론파 일부 집안에서 벼슬을 독점했다. 집안이 보잘것없더라도, 벼슬을 하지 않았더라도 내우외환의 시대에 무엇인가 하려고 나선 사람의 이름은 남는다. 그러나 최한기는 그렇게 하지 않았다.

또한 최한기에게는 친구도 별로 없었다. 한양처럼 인구가 많은 대도시의 특성상 익명성이 보장된다. 그의 이름을 알리기 위해 나서는 이웃은 없다. 오히려 그는 이런 상황을 즐긴 것 같다. 홀로 조용히 사색하고 독서하며 집필할 수 있었기 때문이다. 이상의 여러 가지 요인이 작용하여 그의 이름이 별로 알려지지 않은 것 같다.

독서와 집필만 했다고 해서 최한기가 시대 상황을 외면한 것은 아니었다. 그는 오히려 학문을 통해 시대에 기여하고자 했다. 그래서 그는 획기적인 학문을 이루게 되었다.

몰락한 양반집에서 태어나다

최한기의 삶을 어느 정도 알게 해주는 자료로는 이건창(李建昌, 1852~1898)이 쓴 〈혜강최공전(惠岡崔公傳)〉과 아들 최병대(崔柄大)가 쓴 〈여현산소묘지명〉이 있다. 혜강은 최한기의 호다. 이건창은 당쟁사를 정리한 《당의통략(黨議通略)》이라는 책을 쓴 학자인데, 아마도 같은 소론파 집안이라 생각하여 최한기에 대해 쓴 것으로 보인다.

최한기의 직계 조상 10여 대 중에서 문과에 합격한 사람은 단 한 명도 없었다. 다만 증조할아버지, 할아버지, 양아버지가 무과에 급제하여 양반의 명맥은 유지하고 있었다. 그러나 무늬만 양반일 뿐, 사회적 처지는 중인이나 평민층과 다를 바 없었다. 비교적 가까이 지냈던 김정호(金正浩)가 평민 출신이고, 이규경(李圭景, 1788~?)이 서자 출신이었음을 생각하면 최한기 집안의 사회적 처지를 알 수 있다.

이런 집안 출신이면 당연히 문과 시험에 합격하기를 꿈꾼다. 최한기 역시 스물세 살에 생원시에 합격하여 생원이 되었다. 그러나 더 이상 과거 시험은 보지 않았다. 생원시 합격은 양반 자격증을 받는 정도인

데, 그것에 만족하고 벼슬에 관심을 두지 않았다.

능력이 없었던 것은 아니었다. 이건창의 〈혜강최공전〉에 최한기의 능력을 보여주는 사례가 기록되어 있다. 1866년에 프랑스 군이 강화도에 침입해왔을 때의 일이다.

서양 오랑캐가 재차 강화도를 침범했을 때 유수 정기원이 평소에 혜강과 친했던 터라 급히 사람을 보내어 일을 의논했다. 하루는 오랑캐가 급히 모래를 운반하여 선상으로 가는데 아무도 그 까닭을 추측하지 못했다. 혜강은 그 소문을 듣고 말하기를, "저들이 반드시 식수가 떨어졌다. 모래를 독에 담아두고 바닷물을 넣으면 짠물이 담수로 화하기 때문이다. 그러나 저들이 이미 깊이 들어와 물을 기를 길이 없으니 장차 스스로 물러날 것이다"라 했는데 며칠 뒤 과연 오랑캐가 달아났다.[16]

최한기가 과학적 지식을 활용하여 프랑스 군이 물러갈 것을 예언했다는 것이다. 이에 정기원이 조정에 보고하여 최한기를 작전 회의에 참여시키려 했다. 그러나 최한기는 "아직 군사 문제를 배우지 못했다"며 사양했다고 한다.

자신이 모르는 분야이기 때문에 사양한 것이기도 하겠지만, 기본적으로 최한기는 벼슬을 멀리했다. 그는 오로지 학문에만 전념하고자 했다. 그의 성격 또한 학문에 들어맞았다. 그는 모르는 것이 나오면 매우 부끄럽게 여겼다고 한다. 그래서 탐구를 멈추지 않았다.

최한기는 탐구하여 깨닫게 되면 깨달은 바를 마구 써댔다. 그는 대단한 속필이었던 모양이다. 순식간에 수천 자를 쓰기도 했다. 그렇게 써내려가니 틀린 문장이 나올 수밖에 없다. 그래서 다른 사람이 그것을 지적하면 "그런가? 왜 고쳐주지 않는가? 내가 어찌 문장을 하는 자이겠는가"라고 할 따름이었다.

최한기의 저작이 1000권이 넘는 데에는 그만한 이유가 있었던 것이다. 그는 문장이 올바른지 어떤지에 관심을 두지 않았다. 잘못된 문장이나 자구는 나중에 고치면 될 일이다. 탐구하여 깨닫고, 그 깨달은 바를 글로 남기는 것이 중요할 뿐이다. 이러한 성격은 벼슬살이에는 적합지 않다. 그러나 학문하는 데에는 적합하다.

최한기의 책 사랑

지금도 마찬가지이지만 최한기의 시대에도 직장 없이 공부만 하는 것은 매우 어려운 일이었다. 그가 벼슬을 하지 않고 학문에만 정진할 수 있었던 이유는 집안에 재력이 있었기 때문이다. 그것은 그에게 행운이었다.

최한기의 집안은 이미 오래전에 몰락한 양반 가문이었다. 그러나 조상들이 대대로 개성에 살면서 재산을 모았다. 개성이라는 지역의 특성상 아마도 조상들이 장사를 했던 것으로 보인다. 특히 일찍이 한양에 올라와 살던 큰아버지가 부유했다. 최한기는 어렸을 적에 큰아버지의 양자로 들어가 한양에서 살게 되었다.

최한기의 책 사랑은 유별났다. 그는 타고난 책벌레였다. 그는 특히 최신의 책을 좋아하여, 신간을 구입하기 위해 집안의 재력을 활용했다.

집안이 본래 부유하여 좋은 책이 있다는 말을 들으면 후한 값을 아끼지 않고 구입했다. 읽기를 오래하면 헐값으로 팔았다. 이 때문에 나라 안의 책장사들이 다투어 몰려와 책을 팔려고 했다. 연경의 방국에서 새로 간행된 책이 우리나라에 오자마자 혜강이 열람하지 않은 것이 없었다.[17]

"연경의 방국(坊局)"은 베이징에 있는 출판사를 말한다. 베이징에서 출판된 책 중에 조선에 들어온 책은 최한기가 모두 보았다는 것이다. 비싼 가격으로 책을 구입하는 것을 보고 그를 나무라는 사람도 있었다. 그러면 그는 "이 책 속의 사람이 나와 한 시대에 살아 있으면 천만 리 길이라도 내 반드시 찾아갈 것이다. 그런데 지금 나는 앉아서 책을 통해 그 사람을 만날 수 있다. 아무리 비싼 값으로 책을 산다고 해도 내가 그 사람을 찾아가는 비용보다 적게 들지 않겠는가"라고 응수했다. 책의 가치를 이만큼 높이 평가한 사람도 드물 것이다.

그러나 재력에도 한계가 있는 법. 특별한 직업 없이 비싼 값에 책을 사서 헐값에 팔아대니 버틸 재간이 없었다. 그로 인해 가세가 기울었다. 어쩔 수 없이 최한기는 살던 집을 팔고 셋방살이를 해야 했다.

그런 최한기를 보고 "시골에 내려가 농사라도 지으며 사는 것이 어떻겠느냐"고 주위에서 말했다. 그러면 그는 "그것도 좋지만 나에게는 더 중요한 것이 있다. 나의 견문을 넓히고 생각을 열어주는 것은 오직 책이다. 그 책을 구하는 데 한양보다 편리한 곳이 없다. 배고픔을 벗어나기 위해 견문과 지식을 넓히지 않으며 살 수야 있겠는가?"라고 반문했다.

최한기의 책 사랑은 말릴 수가 없었다. 한양에 사는 이유는 단지 책을 구하기 쉬워서라는 것이다. 그래서 그는 가난 속에서도 한양에 살며 독서와 탐구를 계속했다. 그러면 왜 최한기는 그렇게 책을 읽으려 했을까? 책을 읽어 무엇을 얻으려 했을까?

그는 〈장수루기〉라는 짧은 글에 이렇게 썼다. "1000년의 세월을 오르내리면서 성스러운 정신이 이어진다. 세월이 오래되어 티끌처럼 아득해져 모습을 바라보고 소리를 듣기는 참으로 어려워도 만 리나 되는 곳에서 어진 인재가 배출된다. 땅이 멀고 지방이 달라 언어가 통하지 않지만 사람 평생을 헤아리고, 사람을 만나보고, 그 시절의 훈도를 받는다. 여러 성현의 언어 동작이나 정신 골수가 전해오는 책에 모두 있다. 능히 모아들일 수 있다면 우주와 통하고 피차의 구분이 없어진다."

동서고금의 성스러운 정신이 모두 책 속에 들어 있다는 것이다. 책을 통해서 1000년 전의 성스러운 정신도 배울 수 있고, 만 리 밖 인재의 말도 모두 들을 수 있다. 동서고금의 모든 지혜가 책에 담겨 있다. 그것들을 모두 모을 수 있다면 세상 만물의 이치를 깨칠 수 있다. 따라서 책 이외의 스승은 필요하지 않다. 오로지 수많은 책을 읽으며 스스로 이치를 깨치면 된다. 독서의 의의에 대해 이만큼 정확하게 말한 사람도 드물다.

오늘을 표준으로 하자

책 읽기를 많이 한다고 해도 학문하는 자세가 올바르지 않으면 성과를 내기 어렵다. 그러므로 어떤 자세로 책 읽기를 할지부터 생각해야 한다. 책의 내용을 달달 암기하면 되는가? 성현의 말이라고 무턱대고 믿고 따르면 되는가? 당연히 그러한 것은 올바른 학문의 자세가 아니다.

최한기가 《기학(氣學)》에서 한 말을 들어보자.

> 옛사람의 언어 문자가 기에까지 이른 것이 매우 드문 가운데 어떤 것은 그 자취를 보았으나 그 본체에 이르지 못했고, 어떤 것은 그 단서를 드러내었으나 궁극까지 파헤치지 못했기 때문에 이학인(理學人)의 물리치는 대상이 되었다. 그러나 이학인의 변척은 특히 언어 문자를 단서로 삼아 다투고 시비하는 것이지, 표준을 세워 허실을 명확하게 분별하고 경험을 얻어 그것을 사업에 조처하는 것이 아니었다.[18]

옛사람, 즉 성현들의 글 중에 기에 다다른 것이 아주 드물다고 했다. 그러므로 성현들의 글이라고 해서 애지중지 떠받들 이유가 없다. 기, 즉 세상 만물은 항상 변화한다. 따라서 시대에 따라, 지역에 따라 세상 만물의 이치는 다를 수밖에 없다. 옛 성현들의 글은 그 시대, 그 장소의 기를 설명한 것은 될지언정, 지금 이곳의 기를 설명한 것은 아니다. 그래서 최한기는 '표준'을 세우라고 했다.

무엇을 표준으로 세우라는 것인가?

만약 옛것과 지금의 것의 취사로써 논한다면 내가 힘입어 생육되
는 바와 의뢰하는 바가 지금에 있지 옛것에 있지 않으며, 내가 수용
하는 바와 준행할 바가 지금에 있지 옛것에 있지 않으니, 차라리 옛
것을 버릴지언정 지금을 버릴 수는 없다. 가령 문학하는 선비가 오
늘의 기화(氣化)를 전혀 모르고 단지 옛 문적을 가지고 오늘의 백성
을 다스리고자 한다면 반드시 계획했던 것에 어그러짐이 많을 터
이니 어떻게 다스림을 이룰 수 있겠는가.[19]

옛날과 오늘날 중에서 선택하라면 당연히 오늘날을 선택해야 한다
고 했다. 바로 그 '오늘날'이 '표준'이다. 따라서 오늘날의 문제를 가지
고 씨름하며 탐구하는 것이 학문을 하는 바람직한 자세다.

옛 성현의 글은 오늘날의 문제를 밝히는 하나의 지침이 될 수 있다.
그러나 그것은 오늘날의 문제를 설명하지 못한다. 그러므로 옛 성현의
글에 매달리기보다 현실을 탐구의 표준, 즉 탐구의 주제로 해야 한다.
그런데 현실은 항상 변화하며 새로운 것이 끊임없이 생겨난다. 따라서
현실을 탐구하고자 하는 학문에는 끝이 없다.

새로운 것은 항시 생겨나기에 평생 밝혀낼 수 있는 것에는 한계가
있다. 그러므로 겸손해야 한다. 이것 또한 학문하는 사람의 중요한 자
세다.

학문의 근본 의의는 일생 동안 연구 궁리하여 과거에 개발하지 못한 것을 개발하고 후세에 당연히 밝혀질 것을 밝히는 것이니, 어찌 당장에 그것을 자랑하고 뽐내어 모욕을 받고 권귀(權貴)에게 저촉되어 해를 당해서야 되겠는가. 또 해치는 자를 가지고 말하더라도 학문하는 사람을 잘 돌보아 보호하지는 못할망정, 도리어 현명한 이를 시기하고 유능한 이를 질투하여 죄책을 초래하는 것이야 어찌 사람으로서 차마 할 수 있겠는가.

만약 거짓 학문을 가지고 어리석은 자를 속여 유혹하면, 마땅히 국법으로써 금지하고 지도 교화해야지 그 사람을 처벌해서는 안 된다. 하물며 잘못된 학문이란 본의가 남을 해치려는 데 있는 것이 아니고 오직 견해가 잘못된 것일 뿐임이겠는가. 진실로 운화(運化)를 잘 터득하여 하늘을 본받고 땅을 본뜨고 사람에 화합하여 응하는 데 따라 행동하면 이에 화응하고 따르는 사람들의 소리에 메아리가 울리고 형체에 그림자가 따르는 것 같아 해를 당하는 일이 없을 것이니 어찌 해치는 자가 있겠는가.[20]

일생을 걸고 탐구하더라도 밝혀낼 수 없는 것이 너무나 많다. 따라서 무언가를 밝혀냈다고 자만하고 다른 사람을 얕잡아보아 모욕을 줄 이유가 전혀 없다. 그런 자세는 시기와 질투를 불러일으키고, 심한 경우 국법에 따른 박해를 받게 된다. 물론 최한기는 학문에 대한 박해가 잘못임을 지적한다. 그러나 최한기가 강조하고자 하는 것은 학문하는 자세를 바르게 하자는 것이다. 겸손한 자세로 학문을 하여 성과를 얻으면 따르는 사람들이 늘어난다고 했다. 그래야 학문하는 사람이 해를 입거나 박해를 당하는 일도 없을 것이라고 했다.

근대의 문턱에 선 철학

그러면 최한기가 추구한 학문은 무엇인가? 그는 '천하만세공공(天下萬歲公共)'을 위한 학문을 한다고 했다. 공간과 시간을 초월하여 두루 적용할 수 있는 학문을 한다는 말이다. 그 학문을 '기학(氣學)'이라고 명명했다.

최한기는 서른네 살에 쓴 《기측체의》에서 기학의 대강을 밝혔다. 그 '서문'의 내용을 보자.

기는 실리의 근본이요, 추측은 지식을 확충하는 요법이다. 그러므로 이 기에 연유하지 아니하면 궁구하는 것이 모두 허망하고 괴탄한 이치이고, 추측에 말미암지 아니하면 안다는 것이 모두 근거가 없고 증험할 수 없는 말일 뿐이다.[21]

기가 실리, 즉 실제적 이치의 근본이라고 했다. 최한기는 서경덕 이래 발전해온 기일원론의 입장에 섰다. 그리고 추측의 방법을 사용해야 지식을 확충할 수 있다고 했다. 이 부분이 최한기가 새롭게 개척한 분야다. 추측을 통해 지식을 확충한다는 것, 요샛말로 하면 인식론이다.

그러면 어떻게 추측해야 하는가?

오직 기(氣)를 미루어서 이(理)를 헤아리고, 정(情)을 미루어서 성
(性)을 헤아리고, 동(動)을 미루어서 정(靜)을 헤아리고, 자기를 미
루어서 남을 헤아리고, 물(物)을 미루어서 일[事]을 헤아릴 뿐이다.
하루하루 점점 쌓아 은미한 것을 드러내고 드러난 것을 통하게 하
면, 추측과 유행이 자연히 합해져 하나의 이(理)가 된다.[22]

앞쪽에 나오는 기, 정, 동, 자기, 물은 우리가 감각을 통해 확실하게
알 수 있는 것들이다. 반면 뒤쪽에 나오는 이, 성, 정, 남, 일은 감각으
로는 알 수 없는 것들이다. 앞의 것들을 미루어서 뒤의 것들을 헤아리
라고 하니, 추측이란 확실하게 아는 것을 근거로 아직은 알지 못하는
것을 알아내는 것이다.

이러한 추측의 방법을 통해 궁극적으로 알고자 하는 것이 '유행의 이
치'다. 유행이란 세상 만물이 생기고 발전하고 사라지는 변화를 말한
다. 그러므로 유행의 이치란 세상 만물의 이치, 즉 진리를 말한다.

예를 들어 우리는 아직 우주 탄생의 비밀을 완전하게 알지는 못한
다. 아직 우주가 탄생하는 순간을 관측하지 못했기 때문이다. 그러나
그동안의 천문학적 관찰을 통해 알아낸 사실을 근거로 해서 우주가 어
느 한순간의 대폭발로 생겨났다고 추론하고 있다. 여기에서 '우주 탄
생의 비밀'이 유행의 이치이고, 그것을 알아내기 위한 추론이 곧 추측
의 방법이다.

현재는 추론이지만 계속 새로운 사실이 밝혀지고 그것을 근거로 추
측이 계속된다면 결국에는 우주 탄생의 비밀이 완전히 밝혀질 것이다.

그 순간을 최한기는 '추측과 유행이 합해져 하나의 이치가 된다'라고 표현했다.

최한기는 추측의 대상을 다섯 가지로 말했다. 그중 '기를 미루어서 이를 헤아리고, 정을 미루어서 성을 헤아리는' 것을 본격적으로 진행하여 얻은 결실을 담은 책이 《기학》이다. 《기학》은 《기측체의》를 발간한 후 22년 동안 사색과 탐구에 몰두한 결과물이었다.

최한기는 《기학》에서 기존 학문의 실태를 이렇게 말했다.

중고의 학문은 흔히 무형의 이와 무형의 신을 종지로 삼아 이것을 심원하고 고매한 것으로 여기고, 반대로 유형의 물체와 검증할 수 있는 사실을 근본으로 삼는 것은 천박하고 보잘것없는 것이라고 했다.[23]

"중고의 학문"이란 성리학, 불교, 도교 등을 일컫는다. 이 학문들은 모두 무형의 이와 신을 근본으로 삼는다고 했다. 그래서 최한기는 이런 학문을 통칭하여 '이학(理學)'이라고 불렀다. 그런데 사람들은 이학을 고매하게 여기고 기학을 천박하게 생각했다. 그 이유는 "기의 근본이 이미 드러나 있었지만 그것을 보지 못했기 때문"이었다.

그래서 최한기는 기학의 중요성을 강조했다.

대저 기의 성은 본래가 활동 운화하는 물건이다. 이것이 우주 안에 가득 차서 털끝만큼의 빈틈도 없는 것이다. 이러한 기가 모든 천체를 운행하게 하여서 만물을 창조하는 무궁함을 드러내지만 그 맑고 투명한 형질을 보지 못하는 자는 공허하다고 하고, 오직 그 생성의 변함없는 법칙을 깨달은 자만이 도라, 성이라 한다. (…) 그러므로 견줄 수 있고 헤아릴 수 있는 자는 이 기를 가지고 배워서 앞의 기를 미루어 뒤의 기를 증험하고, 이 기를 가지고 저 기를 증험하여 그것들이 서로 부합되면 스스로 깨달음이 있어 기뻐하게 된다.[24]

이학을 하는 자들은 세상 만물의 이치를 깨닫지 못한다. 오직 기학을 하는 자만이 깨달음을 얻어 기쁨을 누린다고 했다. 그러므로 이학은 있어도 그만, 없어도 그만인 학문이고, 때로는 해롭기만 한 학문이다. 그러나 기학은 사람들을 감동시키는 학문이다.

이렇게도 할 수 있고 저렇게도 할 수 있어서 있어도 그만, 없어도 그만인 것은 '췌마학(揣摩學)'이요, 화(禍)니 복(福)이니 재앙이니 상서로움이니 하여 해롭기만 하고 보탬이 없는 것이 '낭유학(稂莠學)'이다. 말하지 않으면 그뿐이지만 말하게 되면 천하 사람이 취해 쓰고, 드러내지 않으면 그뿐이지만 드러내면 우주 내의 모든 사람들이 감복게 되는 것은 오직 '기학'일 것이다.[25]

'췌마'란 자기 마음으로 남의 마음을 헤아린다는 뜻인데, 자기 생각에 다른 사람을 꿰어 맞추는 것을 지칭하는 말이다. 그러니 있어도 그만, 없어도 그만이다. 최한기는 성리학을 두고 그렇게 말했다. '낭유'는 곡식에 해가 되는 잡초를 말한다. 그런데 화, 복, 재앙, 상서로움과 관련된 학문이라고 말한 것으로 보아 불교, 도교, 기독교 등 종교를 '낭유학'이라 한 것이다. 그것은 해롭기만 하다고 했다.

성리학은 무형의 이를 근본으로 하고, 기독교는 무형의 신을 근본으로 한다. 최한기가 보기에 그것들은 대표적인 이학이다. 그런 이학은 없어도 그만 있어도 그만이기도 하고, 오히려 해롭기만 한 철학이다. 반면 기학은 천하 사람이 취해 쓰고 우주 안의 모든 사람들이 감동하는 철학, 즉 천하만세공공을 위한 철학이다. 그러므로 이학을 버리고 기학으로 가야 한다.

조선 시대에 성리학만 존재한 것은 아니었다. 성리학과 다른 기일원론이 존재했다. 서경덕에서 시작하여 박지원을 거쳐 최한기에 이르기까지 기일원론은 발전했다. 최한기는 성리학을 뿌리에서부터 비판하면서 없어도 되는 것이라고 했다. 서경덕, 박지원이 활동한 시기와는 분위기가 달라졌기에 과감하게 발언할 수 있었다.

최한기는 기일원론을 기학이라 하여 하나의 당당한 학문임을 주장했다. 기학은 중세를 마감하고 근대로 나아가는 시대를 반영하는 철학이었다. 중세적 도덕과 이상을 표현한 성리학의 이를 폐기하고, 현실의 변화를 탐구하여 새로운 지식을 넓혀가자는 것이었다. 그래서 조선 사회는 여전히 중세의 모습을 탈피하지 못했지만 철학적 측면에서는 근대의 문턱에 들어섰다.

그러나 예기치 않은 시련이 닥쳐왔다. 최한기가 《기학》을 쓴 것은 1857년이었다. 그때로부터 불과 20년이 지나지 않아 일본의 강압에 의해 강화도조약이 체결되고, 이후 조선은 열강의 각축장이 되었다. 결국 우리 민족은 일본에 강제 병합되는 크나큰 시련을 겪게 되었다.

우리 민족이 비극적 삶으로 내몰리는 사이 조선의 철학 역시 비극을 맞이했다. 유럽의 학문이 물밀듯이 밀려오면서 조선의 철학은 뒷전으로 밀려났다. 더욱이 망국의 원인이 성리학에 있다 하여 모든 조선의 철학은 매도되었다.

불과 150여 년 전 한양의 한 동네에서 천하만세공공을 위한 철학을 했던 최한기. 그는 완전히 몰락한 양반 집안에서 태어나 벼슬을 단념하고 학문에만 몰두했다. 기존의 철학을 비판하여 넘어서고, 유럽에서 발전한 철학적 성과를 받아들여 기학을 정립했다.

그러나 그의 철학은 조선에서조차 쓰이지 않은 채 그의 이름과 함께 잊혔다. 그러나 최한기는 살아서 이런 사태를 당했을지라도 좌절하지 않았을 것이다. 그는 《인정(人政)》에서 자신이 학문하는 자세를 이렇게 썼다.

옛사람들이 많이 시대를 만나지 못한 것을 우탄(憂歎)했는데 우탄이 깊어서 도리어 학문을 해치고, 또 흔히 어지러운 정치에 울분(鬱憤)을 느꼈는데 울분이 깊어서 도리어 학문을 해치기도 했다. 그러나 만약 이런 사람으로 하여금 훌륭한 시대와 좋은 임금을 만나게 했다면 과연 불세(不世)의 훈업(勳業)을 세울 수 있었을까? 마음에 맞지 않는 것이 있다고 하여 편곡(偏曲)된 행동을 하는 자는 반드시 뜻을 얻으면 참람하게 되기 마련이니, 어찌 그러한 공훈을 수립했을 것이라고 믿을 수 있겠는가? 이런 까닭에 시세(時勢)가 뜻에 맞지 않으면 그것으로 학문을 탁마(琢磨)하고 사물과 교접에 생각과 다른 것이 있으면 그것으로 학문을 고쳐서 근심과 즐거움으로 뜻을 빼앗김이 없고 운화에 따라 진취가 있게 되는 것이니, 만나고 만나지 못함으로 잃을 것이 없고 다스려지건 어지럽건 모두 소득이 있는 것이다.[26]

'우불우무소실(遇不遇無所失).' 때를 만나든 만나지 못하든 잃을 것이 없다는 뜻이다. 어쩌면 최한기의 철학이 때를 만나게 되는 날이 곧 도래할지도 모른다. 우리는 근대적 모순이 적나라하게 드러나는 시대에 살고 있다. 또한 이 시대는 근대를 넘어서자는 움직임이 전 세계적으로 일어나고 있는 시대이기도 하다. 이런 시대에 필요한 철학이 바로 현실을 표준으로 하여 사람들에게 감동을 주는 철학이다.

8

철학과 과학

과학은
어떻게
세상을
바꾸었는가?

철학은 주관적인 반면 과학은 객관적이라는 선입견 때문에 이 둘을 상극으로 보는 사람들이 많다. 그런데 역사적으로 보면 과학은 철학의 자식이다. 유럽 철학의 원조인 고대 그리스 철학은 자연철학에서부터 시작되었다. 철학자들은 자연현상을 관찰했고 그 결과를 바탕으로 우주 만물의 근원을 밝혀보고자 했다.

과학이 철학에서 독립한 것은 '만유인력'으로 유명한 뉴턴(Isaac Newton, 1642~1727) 이후였다. 사실 뉴턴은 철학을 하기 위해 우주를 탐구했다. 그런데 성과가 워낙 뛰어나서 하나의 학문으로 인정받게 되었고 자연을 관찰하는 학문은 과학으로 특화되었다. 반면 철학은 자신의 영역을 인식론으로 제한했다. '세계를 어떻게 인식할까?'가 철학의 주된 과제가 되었다.

19세기에 이르러 극적인 반전이 일어났다. 과학의 성과에 자극받아, 철학 또한 과학적 방법으로 탐구되어야 한다는 주장이 제기되었다. 철학이 자신의 자식인 과학에게 신세져야 한다는 주장이 나타난 것이었다.

그런 주장을 하는 사람들이 떠받드는 사상가가 바로 베이컨이다. 그는 뉴턴 이전 세대인데, 과학적 방법으로 철학을 하자고 주장한 원조였다. 그는 사실에 대한 관찰과 실험의 결과를 근거로 철학을 하자고 했다. 그래서 베이컨은 자신이 고대 그리스의 자연철학을 계승했다고 했다. 그의 철학은 당시 막 개화하기 시작했던 과학의 발전에 커다란 영향을 미쳤다.

19세기의 콩트와 스펜서 또한 과학적 방법으로 철학을 하자고 주장했다. 그러나 그들의 주장은 베이컨의 주장과 달랐다. 그들은 과학적 방법만 중시하여, 일체의 철학적 통찰을 사변적이라며 배제하고자 했다. 그들의 주장은 베이컨과 달리 과학에 신세지자는 것이었다.

이에 대해 베르그송이 반발했다. 그는 과학적 방법으로 철학을 하자는 데에는 동의했지만, 인간의 창조성 또한 간과해서는 안 된다고 했다. 과학자들에 따르면 자연은 법칙에 따라 움직인다. 과학적 방법을 인간과 사회 탐구에 도입하면 인간의 활동은 법칙에 따르는 것에 불과하게 된다. 베르그송은 그러한 주장이 결정론에 불과하다며 반대했다.

과학에 대한 신화는 '과학이 객관적'이라는 데에서 연유한다. 그런데 과학자 쿤은 '과학의 객관성'에 의문을 제기했다. 그는 '패러다임'이라는 개념을 도입하여, 과학의 발전이 정치의 변화와 다르지 않다고 설명했다. 과학자들은 지배적 패러다임에 따라 연구한다. 즉 과학자에게 가장 큰 영향을 미치는 것은 실험의 결과가 아니라 과학자들이 가진 패러다임이다. 과학의 발전은 패러다임의 변화에 따른 것이다. 이렇게 하여 쿤은 '과학은 객관적'이라는 신화를 깨뜨렸다.

과학이 생활에 얼마나 큰 영향을 미치는지에 대해 우리는 너무나 잘 알고 있다. 우리가 누리는 물질적 풍요는 과학의 발전이 있었기에 가능한 것이다. 그래서 과학에 대한 과도한 믿음, 과학에 대한 맹신이 생겨났다.

그러나 과학은 두 얼굴을 가졌음을 간과해서는 안 된다. 과학은 인간의 삶을 풍요롭게 할 수도 있고 파괴할 수도 있다. 인간과 컴퓨터가 싸우는 SF 영화 얘기를 하자는 것이 아니다. 핵무기와 같은 대량 살상 무기를 얘기하자는 것도 아니다. 당장 우리의 일상적 삶을 위협하는 환경 문제를 생각해 보라. 환경 문제는 인간이 과학을 이용하여 환경을 착취한 결과 발생했다. 베이컨에서 쿤에 이르는 사상을 통해 철학과 과학의 바람직한 관계를 생각해보아야 한다. 그래야 과학은 계속하여 인류의 희망이 될 수 있다.

관찰과 고찰에서
참다운 지식을
얻을 수 있다

베이컨 《신기관》

그리스 신화에서 가장 인기 있는 영웅은 헤라클레스다. 그는 신의 왕인 제우스와 인간 사이에서 태어났다. 어렸을 때부터 제우스의 부인인 헤라의 질투를 받아 시련을 겪다가 성장한 후에는 12개의 어려운 과업을 부여받는다. 헤라클레스는 모험에 나서 12과업을 해결하고, 죽어서는 마침내 신이 되었다.

헤라클레스가 받은 12과업 중 열 번째가 게리온의 소를 생포하는 것이었다. 게리온은 머리가 세 개, 팔다리가 여섯 개씩 달린 괴물이다. 게리온의 소를 생포하기 위해 헤라클레스는 항해를 시작한다. 어느 곳에 이르자 바다가 산으로 막혀 있었다. 그는 산을 부수어 해협을 만들었다. 그것이 지중해와 대서양을 연결하는 지브롤터 해협이다. 이런 신화에 근거하여 지브롤터 해협 동쪽 끝에 있는 두 개의 바위 기둥을 헤라클레스의 기둥이라 부른다.

1620년에 출판된 베이컨(Francis Bacon, 1561~1626)의 대표작 《신기관(Novum Organum)》의 표지에 헤라클레스의 기둥이 등장한다. 표지에는 헤라클레스의 기둥 사이를 항해하는 한 척의 배가 그려져 있고, '많은 사람이 왕래하며 지식이 더하리라'라는 《성경》의 구절이 쓰여 있다.

헤라클레스의 기둥과 배, 그리고 《성경》 구절이 책 표지에 등장하는 이유는 무엇일까? 그림과 《성경》 구절은 하나의 상징이다. 인간은 산이 가로막은 곳에서 멈추어 선다. 그러나 헤라클레스는 그 산은 깨뜨려 길을 만들었다. 기존의 한계를 깨부수어야 더 넓은 세계로 나아갈 수 있다는 의미다.

베이컨은 그렇게 하고자 했다. 기존의 사상과 이론을 부수고 새로운 혁신을 일으키려 했다. '신기관'이란 제목은 고대 그리스의 철학자 아리스토텔레스의 논리학 저서인 《기관(Organon)》에 대항하는 의미를 담고 있다.

본래 '기관'이란 에너지를 기계적인 힘으로 바꾸는 장치를 말한다. 자동차의 엔진을 내연기관이라고 부른다는 것을 떠올리면 기관의 의미를 쉽게 알 수 있다. 그런데 예전에는 인간의 정신적 에너지를 이 기관에 넣으면 지식이 생산된다는 의미로도 사용되었다. 거기에서 '기관'이 논리학을 의미하게 되었다.

어쨌든 베이컨이 책 제목에 아리스토텔레스에 대항하는 의미를 담았다는 것이 중요하다. 그는 새로운 세계로 나아가기 위해서 아리스토텔레스의 논리학을 깨부수려고 했던 것이다. 베이컨 이전 시대에 아리스토텔레스의 논리학이 지배적이었기 때문이다.

야심만 컸던 정치인

베이컨은《신기관》에서 이렇게 말했다.

> 위대한 발견을 하는 것은 인간의 행위 중에서 가장 탁월한 행동이다. 고대인들도 그렇게 생각했다. 그들은 새로운 사물을 발견한 사람들은 신격화해서 그 영예를 드높였지만 국사에 공적이 있는 사람들―예를 들면 도시와 제국을 건설한 사람, 입법자, 오래 도탄에 빠져 있던 조국을 구한 사람, 독재자를 타도한 사람 등―에게는 영웅의 영예를 부여하는 데 그쳤다. (…) 발견의 혜택은 인류 전체에게 미치지만 정치상의 혜택은 특정한 장소에 한정되는 것이고, 또한 후자의 혜택은 기껏해야 2, 3대에 그치지만 전자의 혜택은 영원하기 때문이다.[1]

여기에서 "위대한 발견"이란 학문적 발견을 의미한다. 학문이 정치보다 더 중요하다는 얘기다. 학문의 혜택은 인류 전체에 영원히 미치지만 정치의 혜택은 특정한 곳에 2, 3대에 미칠 뿐이기 때문이다.

그런데 사실 베이컨은 학문보다 정치에 더 열중했다. 물론 정치를 하면서도 학문을 꾸준히 했다.《신기관》역시 정치하던 시절에 나온 책이었다. 그러나 그는 "학문에 너무 많은 시간을 소비하는 것은 나태"라고 말하기도 했다.

베이컨은 열여섯 살에 정치를 시작했다고 말했다. 그때 프랑스 주재 영국 대사의 수행원이 되었다. 그는 열두 살에 케임브리지 대학에 입학하여 철학을 공부했다. 그런데 수행원 제안을 받자 철학을 그만두고 정치를 선택했다.

베이컨은 자신이 인류에 봉사하기 위해 태어났다고 믿었기 때문에 처음에는 학문을 추구하고자 했다면서 그 당시의 심경을《자연의 해석》서두에 밝혔다. 게다가 자신은 예리하고도 집중력이 강한 정신의 소유자이므로 학문에 매우 적합하다고 했다. 그런데 집안 분위기가 정치적이었다고 했다. 베이컨의 아버지는 대법관까지 지낸 귀족이었다. 그래서 그는 어렸을 때부터 "정치에 젖어 있었고", 조국에 대한 의무가 자신에게 부여되어 있다고 생각했다. 그래서 학문 대신 대사의 수행원을 하기로 했다는 얘기다.

덧붙여 베이컨은 "국가의 어떤 높은 자리에 오른다면 운명이 나에게 예정하고 있는 일을 완성하는 데 필요한 여러 가지 원조나 지지를 얻을 수 있을 것이라는 희망을 가졌다"라고 했다. 그에게 예정된 운명이 무엇인지는 모르겠지만 그가 이미 열여섯의 나이에 권력에 대한 야심을 가졌음을 알 수 있다.

권력에 대한 야심은 실현되었다. 46세에는 오늘날의 법무차관에 해당하는 직위를 얻었고 7년 후에는 법무장관이 되었다. 그로부터 5년 후인 1618년에는 드디어 대법관이 되었다. 베이컨의 나이 57세였다. 대법관은 왕 다음가는 자리였다.

그렇지만 베이컨은 존경받는 정치인이 아니었다. 그는 돈을 물 쓰듯 썼고 빚 때문에 체포되어 조사를 받기도 했다. 대법관 시절에는 죄수로부터 뇌물을 받은 죄로 런던탑에 수감되었다. 당시 영국 왕인 제임스가 베이컨의 충성심을 들어 사면했지만 대법관 자리에서는 쫓겨났다. 이후 5년 동안 그는 집 안에 은거하다시피 하다가 세상을 떠났다.

정치인 베이컨의 혜택은 2, 3대는커녕 당대에도 미치지 못했다. 그는 개인적 야심만 컸던 정치인이었다. 만약 그가 정치만 했다면 오늘날에는 아마도 그 이름조차 알려지지 않았을 것이다. 그러나 베이컨은 정치를 하면서도 틈틈이 학문을 했고, 학문을 통한 위대한 발견으로 인류에게 혜택을 주었다. 그 혜택은 오늘날에까지 미치고 있다.

그렇다면 베이컨은 무엇을 '발견'했기에 그 혜택이 오늘날까지 미치는 것일까?

삼단논법은 오류다

베이컨은 《신기관》의 '머리말'에서 "저 논리학이라는 학문은 사태를 해결할 능력을 완전히 상실해 진리를 밝히기보다는 오히려 오류를 강화하는 역할을 해왔을 뿐이다"라고 했다. 기존 논리학의 문제점을 지적한 것이다.

여기서 기존 논리학이란 아리스토텔레스의 논리학을 가리킨다. 베이컨의 출발점은 바로 아리스토텔레스 비판이었다. 왜 그렇게 했을까? 아리스토텔레스 철학의 영향력 때문이었다.

베이컨 이전 시대에는 아리스토텔레스의 그림자가 드리우지 않은 학문 분야가 없었다. 과학도 철학도 모두 아리스토텔레스의 사상에 기초하고 있었다. 아리스토텔레스의 사상은 하나의 권위였고, 그 사상에 토대를 두지 않으면 논리를 전개하기 힘들었다. 학문과 사상에서 아리스토텔레스는 일종의 독재자였다.

베이컨은 그 실상을 이렇게 토로했다.

논리학이 하는 일은 원리나 핵심 공리를 발견하는 것이 아니라 원리나 핵심 공리와 일치한다고 생각되는 명제들을 발견하는 것이다. 그 원리 혹은 대전제가 되는 공리들의 증명과 발견에 의문을 제기하면 논리학은 그냥 그렇게 믿으라고, 충성을 맹세하라고, 판에 박은 대답만 되풀이한다.[2]

베이컨은 아리스토텔레스 이후 철학이 거의 진보하지 않았다고 단언했다. 아리스토텔레스의 논리학을 그냥 믿고 그것에 충성만 한다면 당연히 진보할 수 없다. 베이컨은 이제 더 이상 그러한 상태가 계속되어서는 안 된다고 생각했다. 그래서 과감하게 아리스토텔레스를 비판하고 새로운 세계로 나아가자고 주장했다.

새로운 세계로 가자는 베이컨의 주장은 당시의 상황을 반영한 것이었다. 베이컨은 나침반, 화약, 인쇄술이 인류의 3대 발명품이라고 했다. 이 세 가지는 베이컨 당시 새로운 세계를 여는 역할을 했다.

그 당시 유럽인의 관점에서 이른바 '지리적 발견'이 이루어졌다. 1492년에 콜럼버스(Christopher Columbus, 1451~1506)가 아메리카 대륙을 발견했다. 뒤이어 1498년에 바르톨로메우 디아스(Bartholomeu Diaz, 1450?~1500)가 아프리카의 끝 희망봉을 발견했다. 그리고 같은 해에 바스쿠 다가마(Vasco da Gama, 1469?~1524)가 희망봉을 돌아 인도에 도착했다. 이렇듯 모험가들이 배를 타고 바다를 건너, 유럽에는 알려지지 않았던 땅들을 발견했다.

이때부터 유럽 각국들은 앞 다투어 식민지 개척에 나섰다. 스페인이 선두 주자로 남아메리카와 아시아 일부 지역을 식민지화하고, 그곳들로부터 막대한 양의 금과 은을 수탈했다. 이에 자극받아 영국도 식민지 개척에 나섰다. 베이컨이 활동했던 시대에 영국은 미국에 식민지를 세웠다.

나침반과 화약이 지리적 발견과 초기 식민지 개척 시기에 큰 역할을 했다. 나침반이 없었다면 먼 바다로 항해하는 일은 꿈도 꾸지 못했을 것이다. 화약은 식민지 개척 과정에서 원주민 제압에 사용되었다. 인쇄술은 지리상의 발견을 기록하고 알리는 데 기여했다.

지리상의 발견은 중세 유럽을 강타했다. 유럽을 세계의 전부로 생각했던 사고는 우물 안 개구리의 시각이었음이 드러났다. 중세의 세계관은 커다란 타격을 입었다. 지리상의 발견을 계기로 유럽은 본격적으로 중세에서 근대로 이행하기 시작했다.

때맞춰 중세 철학에 대한 비판이 시작되었다. 중세 후기의 유럽 철학을 지배한 아리스토텔레스의 철학이 비판의 일차 대상일 수밖에 없었다. 그 일을 베이컨이 맡았다. 즉 베이컨의 아리스토텔레스 비판은 시대적 변화의 반영이었다.

베이컨은 시대의 변화를 받아들이고 새로운 세계를 여는 철학을 제시하고자 했다. 당시 과학 또한 중세의 사슬에서 벗어나 발전해나가기 시작했다. 1543년에 코페르니쿠스(Nicolaus Copernicus, 1473~1543)의《천체의 회전에 관하여(De revolutionibus orbium coelestium)》가 출판되었다. 그것은 '지구중심설'을 폐기하고 '태양중심설'을 주장한 것이었다. 지구중심설은 아리스토텔레스에 영향을 받은 프톨레마이오스(Claudios Ptolemaeos)가 주장한 것으로, 중세 시대까지 지배적인 우주관이었다. 코페르니쿠스는 태양중심설을 주장함으로써 과학에서 '혁명'을 이룩했다.

베이컨이 보기에 아리스토텔레스의 논리학은 과학 발전에 장애였다. 아리스토텔레스 논리학의 핵심인 삼단논법을 보자. 삼단논법은 '대전제-소전제-결론'으로 이루어진다. 이 논법의 문제점은 대전제를 당연히 '참'으로 인식한다는 것이다. 베이컨은 증명되어야 할 대전제를 당연히 참으로 받아들임으로써 오류를 낳는다고 보았다. 그리고 대전제에 문제를 제기하는 사람에 대해 "그냥 믿고 따르라!"고 한다고 한탄했다.

우상을 타파하라

그렇다면 베이컨은 무엇을 하자고 했는가?《신기관》의 첫머리를 보자.

> 인간은 자연의 사용자 및 자연의 해석자로서 자연의 질서에 대해
> 실제로 관찰하고, 고찰한 만큼만 무엇인가를 할 수 있으며 이해할
> 수 있다. 그 이상의 것은 알 수도 없고, 할 수도 없다.[3]

이 몇 줄에 베이컨의 핵심적인 주장이 모두 들어 있다. 인간은 관찰
하고 고찰한 만큼만 알 수 있다고 했다. 이 뒤에 이어지는 말이 유명하
다. "인간의 지식이 곧 인간의 힘이다!"

이 몇 줄의 말이 베이컨의 '위대한 발견'이라면 별로 대단해 보이지
않는다. 그러나 그렇지 않다. 베이컨은 그 이전의 철학이 두 가지 측면
에서 오류가 있다고 보았다. 그 하나는 무엇이든 다 알고 있다는 식의
주장을 하는 독단론이고, 다른 하나는 아무것도 알 수 없다고 하는 회
의론이다. 그는 이 두 가지 오류를 극복하고 참다운 지식을 알기 위한
방법을 제시했다.

참다운 지식은 관찰과 고찰을 통해 얻을 수 있다. 이 간단한 사실을
이해하려면 '지성의 정화'가 필요하다. 즉 우리가 가지고 있는 잘못된
관념을 씻어내야 한다. 그 잘못된 관념을 베이컨은 '우상'이라고 했다.
우상은 오류의 원천이므로, '새로운 논리학'의 첫 과제는 오류의 원천
을 찾아 타파하는 일이다.

베이컨은 네 가지 우상을 들었다. 바로 '종족의 우상', '동굴의 우상', '시장의 우상', '극장의 우상'이다. 먼저 종족의 우상을 보자.

'종족의 우상'은 인간성 그 자체에, 인간이라는 종족 그 자체에 뿌리박고 있는 것이다. "인간은 만물의 척도다"라는 주장을 생각해 보면 쉽게 이해가 갈 것이다. 이것은 물론 그릇된 주장이지만, 인간의 모든 지각은 감각이든 정신이든 우주를 준거로 삼는 것이 아니라 인간 자신을 준거로 삼기 쉽다는 것을 여실히 보여주는 말이다.[4]

인간의 주관성 또는 자기중심성으로 인해 사물을 잘못 인식하는 오류를 두고 종족의 우상이라 했다. 베이컨은 인간의 지성이 울퉁불퉁한 거울과 같아서 사물을 본모습 그대로 비추지 않고 사물에서 나오는 광선을 왜곡되게 굴절시킨다고 했다. 쉽게 말해 자신의 관념에 맞도록 세계를 왜곡한다는 것이다.
다음으로 동굴의 우상이란 무엇인가?

'동굴의 우상'은 각 개인이 가지고 있는 우상이다. (…) 그것은 개인 고유의 특수한 본성에 의한 것일 수도 있고, 그가 받은 교육이나 다른 사람에게 들은 이야기에 의한 것일 수도 있고, 그가 읽은 책이나 존경하고 찬양하는 사람의 권위에 의한 것일 수도 있고, 첫인상의 차이(마음이 평온한 상태에서 생겼는지, 아니면 선입관이나 편견에 사로잡힌 상태에서 생겼는지)에 의한 것일 수도 있다.[5]

종족의 우상이 모든 인류에게 공통된 오류라면 동굴의 우상은 개인마다 가지고 있는 특성에서 생기는 오류다. 예를 들면, 어떤 사람은 분석적이어서 어디서나 차이점을 찾아내고, 어떤 사람은 종합적이어서 어디서나 유사성을 찾아낸다. 또 어떤 사람은 옛것을 무한히 찬양하고, 어떤 사람은 열심히 신기한 것을 받아들인다. 이 각각의 사람들은 어느 한 측면만을 주장하는 오류를 범하고 있다.

이번에는 시장의 오류다.

인간 상호 간의 교류와 접촉에서 생기는 우상이 있다. 그것은 인간 상호 간의 의사소통과 모임에서 생기는 것이므로 '시장의 우상'이라고 부를 수 있겠다. 인간은 언어로써 의사소통을 하는데, 그 언어는 일반인들의 이해 수준에 맞추어 정해진다. 여기에서 어떤 말이 잘못 만들어졌을 때 지성은 실로 엄청난 방해를 받는다. (…) 언어는 여전히 지성에 폭력을 가하고, 모든 것을 혼란 속으로 몰아넣고, 인간으로 하여금 공허한 논쟁이나 일삼게 하고, 수많은 오류를 범하게 한다.[6]

베이컨은 시장의 우상이 우상 중에 가장 성가시다고 했다. 언어와 관련된 것이기 때문이다. 언어는 본래 의사소통을 위한 것이다. 그런데 학자들이 자기 필요에 따라 새로운 언어를 만든다. 또는 기존 언어에 대해 자기 나름대로 새롭게 정의를 내린다. 이로 인해 혼란이 일어난다. 언어는 누구나 알아들을 수 있어야 하는 것인데도 개인의 수준에 맞추어 사용함으로써 의사소통이 단절된다. 그리고 본질에서 벗어난 쓸데없는 논쟁을 일삼게 된다.

그런데 이러한 문제에 왜 시장의 우상이라는 이름을 붙였을까? 오늘날과 달리 예전에는 사람들이 만나서 대화를 나누는 곳이 시장이었기 때문이다. 오늘날에는 미디어나 인터넷 같은 곳에서 생겨날 수 있는 잘못된 정보, 잘못된 소문 등이 그 시절에는 시장에서 생겨났던 것이다.

마지막으로 극장의 우상을 보자.

철학의 다양한 학설과 그릇된 증명 방법 때문에 사람의 마음에 생기게 된 우상이 있는데, 나는 이를 '극장의 우상'이라고 부르고자 한다. 지금까지 받아들여지고 있거나 고안된 철학체계들은, 생각건대 무대에서 환상적이고 연극적인 세계를 만들어내는 각본과 같은 것이다.[7]

왜 극장의 우상이라 이름 지었는지가 궁금하다. 베이컨이 셰익스피어와 동시대의 인물임을 알면 답이 나온다. 셰익스피어의 희곡은 당시에도 대단히 인기가 있었다. 그의 희곡이 공연되면 극장에는 수많은 사람들이 몰려들었다. 그의 희곡은 주로 역사를 소재로 했기 때문에 연극을 관람한 사람들은 그것을 실제의 역사라고 생각했다. 오늘날 텔레비전이나 영화관에서 사극을 보고 그것을 실제 역사라고 생각하는 것처럼 말이다.

유명한 철학자의 글을 읽고 그것을 진리라고 생각하는 것이 셰익스피어의 연극을 보고 그것을 실제 역사라고 생각하는 것과 닮았다고 해서 베이컨은 극장의 우상이라는 이름을 붙였던 것이다. 베이컨이 주로 비판한 철학은 물론 아리스토텔레스의 철학이다. 그는 아리스토텔레스가 "자신의 논리학으로 자연철학을 온통 망쳐놓고 말았다"고 비판했다.

베이컨은 오류의 네 가지 원천, 즉 4대 우상을 밝히고 그것을 타파하자고 했다. 그러나 파괴만이 능사일 수는 없다. 그는 4대 우상을 파괴한 자리에 '귀납법'을 세우자고 했다. 그것이 베이컨의 '위대한 발견'이었다.

참다운 귀납법

베이컨은 참다운 진리를 얻는 과정을 다음과 같이 썼다.

우리가 학문에 대해 어떠한 희망이라도 품고자 한다면 일정한 단계를 중단이나 두절 없이 연속적으로 상승하는 길, 즉 개별적인 사례에서 저차원의 공리로, 그다음에 중간 수준의 공리로, 계속해서 고차원적인 공리로 차차 올라간 다음, 마지막으로 가장 일반적인 공리에 도달하는 길뿐이다.[8]

개별적 사실에서 시작하여 점진적 상승 과정을 거쳐 일반적인 공리,

즉 진리에 도달한다고 했다. 이러한 방법을 '귀납법'이라고 한다. 이 방법은 아리스토텔레스의 삼단논법과 반대의 과정을 거치는 것이다. 삼단논법에 의하면 일반적 공리에서 시작하여 개별적 사례를 파악한다.

삼단논법의 논리를 설명하는 유명한 사례를 보자. '모든 사람은 죽는다. 그런데 소크라테스는 사람이다. 그러므로 소크라테스는 죽는다.' 즉 모든 사람의 죽음이라는 일반적인 공리에서 출발해서 소크라테스의 죽음이라는 개별적 사례에 대한 결론을 이끌어냈다.

그러나 귀납법은 다르다. '모든 사람은 죽는다'로 시작하지 않는다. 그 공리는 증명되어야 할 것이지, 일반적 공리로 전제될 수 없는 것이다. 그래서 귀납법은 개별적인 사람들의 죽음으로부터 시작한다. '소크라테스는 죽었다.' '아리스토텔레스도 죽었다.' '플라톤도 죽었다.' 그들의 공통점은 사람이다. 즉 '그들은 모두 사람이다'. 그렇다면 결론은 '사람은 모두 죽는다'가 된다.

그러면 귀납법의 시작인 개별적 사례를 어떻게 모을까? 베이컨은 실험과 관찰을 통해 모은다고 했다. 그래서 앞에서 인용했듯이, 그는 "관찰하고 고찰한 것만큼만 알 수 있다"고 말한 것이다.

귀납법은 완전히 새로운 논리학이었다. 베이컨은 자신의 철학이, 아리스토텔레스가 무시했던 고대 그리스 자연철학의 전통을 잇는 것이라고 했다. 그렇지만 자연철학자들은 논리학의 문제에 매달리지 않았다. 따라서 귀납법은 베이컨이 제창한 것이다.

베이컨은 귀납법에도 위험성이 있음을 알고 있었다. 그의 말을 들어보자.

단순 나열의 귀납법은 보통 소수의 사례, 그것도 손쉽게 얻을 수 있는 사례들만 가지고, 그 가운데서도 특히 두드러진 사례만 가지고 판단하기 때문에 믿을 만한 결론을 내릴 수 없을 뿐만 아니라 단 한 가지라도 반대 사례가 나타나면 결론이 당장 무너지게 되는 위험성이 있다.[9]

그래서 베이컨은 개별적 사례에서 여러 차원의 공리를 거쳐 일반적인 공리로 나아가는 점진적 상승을 주장했다. 그는 자신의 방법만이 "참다운 귀납법"이라고 했다.

그렇다고 위험성이 해소된 것은 아니다. 문제의 핵심은 개별적 사례가 무한대로 많다는 것이다. 몇 대에 걸쳐, 몇백 년에 걸쳐 사례를 모은다고 해도 모두 모은다는 보장이 없다. 그렇다면 언제 일반적 공리에 도달할 수 있겠는가.

베이컨은 "중간 수준의 공리"를 강조했다. "중간 수준의 공리에는 진실이 있고 생명이 있다"는 것이다. 여기에는 성급하게 일반적 공리에 도달하려는 시도에 대한 경계의 의미도 있지만 귀납법의 근본적 한계에 대한 인식이 깔려 있다고 보아야 한다.

그럼에도 베이컨의 철학은 대단한 영향을 미쳤다. 근대 영국의 철학자들은 모두 베이컨의 제자라 할 수 있다. 근대 영국의 철학은 경험론과 공리주의로 특징지어진다. 실험과 관찰, 즉 경험을 우선시한 베이컨으로부터 경험론이 출발했다. 그리고 실제적 경험을 중시하는 철학적 전통에서 추상적이고 형이상학적인 도덕론을 배격하는 공리주의가 출현했다.

또한 베이컨의 철학은 근대과학의 발전에 크게 기여했다. 베이컨이 왕성하게 활동할 때인 1600년에 이탈리아의 철학자 브루노(Giordano Bruno, 1548~1600)는 태양중심설을 지지했다는 죄목으로 화형을 당했다. 종교에 의해 과학의 발전이 매우 제약되었던 때였다. 이러한 때에 베이컨은 실험과 관찰을 중시하여 과학의 발전을 지원했다.

무엇보다 귀납법은 과학적 탐구에 적합한 방법이었다. 실험과 관찰을 통해 새로운 가설을 만들고, 그 가설을 실험하여 이론을 만드는 과정은 베이컨이 주장한 "참다운 귀납법"과 일치하기 때문이다.

인문과 사회의 현상을 분석하는 데 과학적 방법이 도입되어야 한다는 주장이 19세기에 나오자 베이컨이 새삼 주목받은 데에는 그만한 이유가 있었다.

베이컨은 과학적 발견을 중시하여 과학적 방법을 사회의 연구에 도입해야 한다고 주장하는 철학자들의 원조다. 그는 실제 생활에 도움을 주는 것, 과학적 발견과 발명을 통해 인류가 자연을 지배할 수 있게 하는 것을 철학의 기본 정신으로 했다.

그런데 베이컨은 당대의 과학적 발견에 대해 잘 알지 못했다. 그는 코페르니쿠스의 태양중심설을 부정했다. 천체운동에 대한 획기적인 발견인 케플러(Johannes Kepler, 1571~1630)의 타원궤도 법칙에 대해서는 전혀 몰랐다. 심지어 자신의 주치의였던 하비(William Harvey, 1578~1657)가 발견한 혈액 순환에 대해서도 알지 못했다. 수학에 대해서는 실험 정신의 불충분을 이유로 낮게 평가했다.

물론 베이컨은 《신기관》에서 과학적 실험의 결과를 다수 인용했다. 그러나 실험의 결과를 통해 결론을 이끌어내는 귀납법적 방법을 사용한 것이 아니라 결론을 미리 내놓고 그것에 부합하는 실험 결과를 모아놓은 것이었다. 그래서 베이컨이 정치적 성공에 집착하지 않고 철학에 충실했다면 더 나은 철학을 했을 것이라는 평가가 나온다. 그럼에도 그는 철학과 신학을 구분하고, 관찰과 실험을 중시함으로써 근대 과학의 발전에 상당한 기여를 했다.

사실을 바탕으로
만든 법칙으로
미래를 예견한다

콩트 《실증철학 강의》

사회 학문에는 정치학, 경제학, 그리고 사회학 등이 있다. 근대 정치학의 창시자는 마키아벨리(Niccoló Machiavelli, 1469~1527)이고, 경제학의 창시자는 애덤 스미스다. 그렇다면 사회학의 창시자는 누구일까? 바로 프랑스의 철학자 콩트(Auguste Comte, 1798~1857)다.

콩트가 처음에 사용한 용어는 '사회물리학'이었다. 사회현상을 물리학처럼, 즉 과학적으로 연구하자는 것이었다. 콩트는 이공대학(에콜 폴리테크니크) 출신으로 자연과학을 추종했다. 그래서 자연과학의 방법으로 사회를 연구하자는 생각을 했다. 그런데 콩트는 사회물리학이라는 용어를 포기해야만 했다.

그 용어가 널리 알려지기 전에 벨기에의 학자 아돌프 케틀레(Adolphe Quetelet, 1796~1874)가 콩트와 다른 의미로 사회물리학을 사용했다. 자신의 독창성을 훼손당했다고 생각한 콩트는 사회물리학과 구분되는 새로운 용어를 만들어냈다. 그것이 '사회학(Sociology)'이란 합성어다. 사회학이란 사회를 의미하는 라틴어 '소시에타스(socíetas)'와, 이성 혹은 학문을 의미하는 그리스어 '로고스(logos)'를 혼합하여 만든 개념이다.

콩트는 총 여섯 권에 달하는 주저 《실증철학 강의(Cours de philosophie positive)》 중 세 권에서 사회학 분야를 다루었다. 콩트가 이 저서에서 밝힌 것은 이후 사회학의 이론적 지침이 되었다. 그 중요한 지침 중 하나가 사회학의 내용을 사회정태론(공동체의 자연적 질서론)과 사회동태론(발전론)으로 구분한 것이다. 그렇지만 콩트 생전에는 사회학이 하나의 학문으로 정착되지 못했다. 19세기 후반에 뒤르켐(Émile Durkheim, 1858~1917), 베버와 같은 걸출한 학자들이 등장하면서 사회학은 사회 학문의 주요한 분야로 자리 잡았다.

사회학과 아울러 콩트를 유명하게 만든 것은 실증주의 철학이다. 실증주의란 일체의 형이상학적 사고를 거부하고 관찰과 실험으로 얻은 지식만 진리로 받아들이는 것이다. 콩트는 실증주의에 따라 자연과학적 방법을 동원하여 사회현상을 연구하자고 했다. 오늘날 실증주의의 영향이 광범위하게 미치고 있다. 철학과 역사 같은 인문 학문, 사회학과 경제학 같은 사회 학문 등 학문의 전 분야에 걸쳐 실증주의가 논의

되고 있다. 어떤 면에서 보면 실증주의는 현대사회의 학문에서 주류적인 경향이라고 할 수 있다.

혁명의 시대에 살다

콩트는 "사랑을 원리로, 질서를 기초로, 진보를 목표로"를 자신의 모토로 내세웠다. 질서를 기초로 진보를 이룬다는 말은 얼핏 모순처럼 들린다. 진보하려면 기존 질서의 파괴가 불가피하기 때문이다. 그러나 콩트에게는 질서와 진보가 모순적이지 않았다. 그는 자본주의의 대변인이었다. 그가 말한 진보는 자본주의 질서의 정착이었다.

콩트가 살았던 시대를 살펴보자. 콩트는 '혁명의 시대'에 살았다. 1789년에 프랑스 대혁명, 1830년에 7월 혁명, 1848년에 2월 혁명이 일어났다. 프랑스 대혁명은 콩트가 태어나기 9년 전에 일어났다. 콩트는 대혁명의 영향을 직접적으로 받지는 않았지만 여전히 혁명 지지파와 왕정 지지파의 갈등이 계속되는 상황에서 어린 시절을 보냈다. 콩트가 여섯 살이 되었을 때 나폴레옹이 황제로 등극했다.

열일곱 살에 입학한 이공대학은 나폴레옹 정부가 세운 학교였다. 콩트가 대학에 입학하던 해에 외국 군대에 의해 파리가 점령되고 나폴레옹은 유배되었다. 그러나 다음 해에 나폴레옹이 다시 황제로 등극했다가 100일 만에 다시 유배되는 사건이 일어났다. 나폴레옹이 유배된 뒤 프랑스에는 왕정이 들어섰다. 이러한 정치적 격변을 겪으며 콩트는 공화주의자가 되었다. 공화주의는 왕정에 반대하고 공동체의 가치를 중시하는 사상이다.

1830년 7월에 다시 혁명이 일어났다. 당시의 국왕인 샤를 10세가 프
랑스 대혁명으로 성립된 법과 제도를 인정하지 않고 혁명 이전의 절대
왕정으로 돌아가려 하자 이에 반대하여 자본가가 주축인 의회가 반란
을 일으켰다. 7월 27일부터 3일간 샤를 10세에 반대하는 세력들이 파
리 시내에 바리케이드를 치고 시가전을 벌였다.

샤를 10세는 영국으로 망명하고 루이 필리프가 왕으로 추대되면서
혁명은 끝이 났다. 샤를 10세의 반대 세력 중에는 공화주의자보다 입
헌군주파가 많았기 때문에 새로운 왕을 세움으로써 혁명이 끝났던 것
이다. 콩트는 혁명에 직접 참여하지는 않았지만 공화주의자로서 왕정
에 대한 반대 입장을 고수했다.

1848년 2월에 다시 혁명이 일어났다. 7월 혁명으로 출범한 정부는
독점적인 대자본가와 은행가들에 의해 좌우되었다. 이에 반대하여 중
소 자본가, 노동자, 농민들이 봉기를 일으켰다. 단 하루 만에 정부가 무
너지고 새로운 정부가 들어섰다.

그런데 그해 6월에 노동자들이 파리 시내에 바리케이드를 설치하며
봉기를 일으켰다. 2월 혁명으로 성립한 정부는 노동자의 요구대로 노
동시간을 한 시간 30분 줄였다. 그런데 선거를 통해 새롭게 수립된 정
부가 그 조치를 무효화했다. 당시 재산이 있는 자에게만 투표권이 주
어졌기 때문에 노동자 대표가 의회에 들어갈 수 없었던 것이다.

정부군은 봉기한 노동자들을 무자비하게 진압했다. 곳곳에서 학살
이 벌어져 수천 명이 죽었다. 또한 수만 명이 체포되어 알제리 강제 노

역소로 추방되었다. 혁명의 결과 공화정이 성립했다. 나폴레옹의 손자 나폴레옹 3세가 대통령에 당선되었다. 그런데 나폴레옹 3세는 재임 중에 쿠데타를 일으켜 황제로 등극했다. 콩트는 1848년 혁명을 지켜보면서 노동자의 봉기에 전율했다. 그래서 공화주의적 입장을 버리고 나폴레옹 3세의 쿠데타와 황제 등극을 지지했다.

콩트가 살았던 시대는 '혁명의 시대'이자 '산업혁명의 시대'이기도 했다. 영국보다 늦었지만 프랑스에서 산업혁명은 급격하게 진행되었다. 1816년에서 1829년 사이에 면화 생산량은 세 배, 선철 생산량은 두 배 증가했다. 1817년에 리옹의 직조기는 7000대에 불과했지만 1832년에는 4만 2000대로 늘어났다. 또한 1818년에 불과 200대에 지나지 않았던 증기기관의 수가 1847년에는 4800여 대로 늘어났다.

여러 차례의 혁명과 정치 변화를 겪으며 콩트는 혁명보다 질서가 중요함을 절감했다. 노동자의 봉기를 접하고는 혁명에 무조건 반대하게 되었다. 반면 콩트는 급속한 산업혁명에서 진보를 보았다. 정치혁명과 산업혁명이 결부되어 정치, 경제, 사회 등 모든 방면에서 자본가가 지배하는 시대가 도래하자 콩트는 질서와 진보라는 자신의 신념이 실현되었음을 확신했다. 마침내 콩트는 인류 진화의 마지막 단계인 실증적 단계에 이르렀다고 선언했다.

공상적 사회주의자의 비서

프랑스의 철학자 생시몽(Comte de Claude Henri de Rouvroy Saint-

Simon, 1760~1825)은 프랑스의 푸리에(François Marie Charles Fourier, 1772~1837), 영국의 오언(Robert Owen, 1771~1858)과 함께 공상적 사회주의자라고 불린다. 그는 귀족 집안의 장남으로 태어났지만 청년 시절에 계몽주의자 달랑베르(Jean Le Rond d'Alembert, 1717~1783)에게 수학한 후 귀족의 지위를 던져버렸다.

프랑스 대혁명을 직접 겪은 생시몽은 '자유, 평등, 박애'의 혁명 정신에 충실하고자 했다. 특히 박애의 정신에 투철하고자 했다. 생시몽은 산업혁명을 지지하면서 그 결과 대량으로 등장한 노동자의 현실에 주목했다. 그는 〈산업자의 정치적 교리문답〉에서 노동자가 사회의 으뜸 계급이라며 이렇게 썼다. "노동자계급은 사회에서 으뜸가는 계급이다. 왜냐하면 노동자계급은 여러 계급 중에서 가장 중요한 계급이기 때문이다. 어떠한 계급이든지 노동자계급을 소홀히 대할 수 없지만 노동자계급은 다른 어떠한 계급도 필요하지 않다. 왜냐하면 노동자계급은 자기 자신의 능력과 노동으로 존재하기 때문이다. 다른 계급의 사람들은 노동자계급을 위해 일해야 한다. 왜냐하면 다른 계급에 속한 사람들은 노동자계급 덕택에 존재하기 때문이다."

그러나 노동자가 처한 현실은 어떠한가? 산업혁명이 진행되면서 노동자의 상황은 열악해졌다. 노동자의 임금은 3인 가족 최저 생활비의 절반 수준에 불과했다. 12시간 이상, 심지어 18시간 이상 일하는 공장의 위생 상태가 엉망이어서 노동조건은 끔찍한 수준이었다.

박애주의자 생시몽은 노동자들의 상황을 개선하기 위해 새로운 사회의 건설을 구상했다. 그것은 평등과 협동을 기반으로 하는 사회였다. 생시몽의 구상은 실현되지 않았지만 사회주의 사상의 형성에 영향을 미쳤다. 그뿐만 아니라 오늘날에는 협동조합 운동에 영향을 미치고 있다.

콩트는 청년 시절 생시몽의 비서로 일했다. 이공대학을 중퇴한 콩트는 일자리를 얻지 못해 고생하다 정기간행물 〈산업〉지의 편집자였던 생시몽을 만났다. 그때 콩트의 나이 20세, 생시몽의 나이 58세였다. 콩트는 7년간 생시몽의 비서 역할을 하면서 그에게서 배웠다. 콩트의 세 가지 모토 중 하나인 "사랑을 원리로"는 생시몽의 박애 정신에서 따온 것이다. 콩트의 트레이드마크인 실증주의 역시 생시몽의 아이디어에서 빌려온 것이다. 생시몽은 "인간과학과 사회과학이 관찰된 사실을 기초로 하는 실증과학으로서 구축되어야 한다"고 말한 바 있다. 콩트는 이 말에서 실증과학을 따와 '실증주의'와 '사회학'을 제시했다.

그러나 생시몽과 콩트는 의견이 갈렸다. 생시몽은 사회 개혁을 위한 즉각적 행동을 주장했다. 그러나 콩트는 행동보다는 이론을 중시했다. 더욱이 콩트는 질서와 사회 안정에 애착을 가지고 있었다. 결국 콩트는 생시몽과 결별하고 자신의 독자적인 학문체계를 형성하기 시작했다.

생시몽과 결별한 후 콩트는 가정교사 등을 하며 근근이 생계를 유지했다. 심각한 정신쇠약으로 병원에 입원하기도 했다. 그런 고통스러운 상황에서도 콩트는 공개 강좌를 개설했다. 그리고 자신의 주저인 《실증철학 강의》를 집필하기 시작했다. 《실증철학 강의》가 처음 발간된 것은 콩트의 나이 32살 때인 1830년이었다. 이때 1권을 낸 이후에도 콩트는 후속 편을 발표하기 위한 집필을 계속했다. 1권이 나온 지 12년 후인 1842년에 드디어 《실증철학 강의》 전권이 발간되었다. 그중 앞의 세 권은 자연과학에 대한 것이고, 뒤의 세 권이 사회학에 관한 것이다.

인류 진화의 마지막 단계에 이르다

콩트는 생시몽에게 배울 때부터 학문의 목표를 정해두고 있었다. 그는 "큰 원숭이에 지나지 않던 인간이 문명화된 인간으로 변화해온 과정을 발견하는 것"이 목표라고 했다. 그 변화 과정을 콩트는 나름의 과학적 비교 방법으로 제시하고자 했다.

콩트는 《실증철학 강의》에서 변화 과정을 이렇게 썼다.

> 우리의 모든 주요 개념들, 곧 모든 분야의 지식들은 세 가지 상이한 이론적 조건—신학적 또는 공상적, 형이상학적 또는 추상적, 과학적 또는 실증적—을 단계적으로 거쳐왔다. (⋯) 신학적 상태에 있어서 인간 정신은 존재의 근원과 모든 결과의 제1 원인 또는 궁극 원인을 찾고 있었고 (⋯) 모든 현상은 초자연적인 존재의 직접적 행동에 의해 나타나는 것이라 생각했다. 형이상학 상태에 있어서는 (⋯) 정신은 (⋯) 모든 현상을 산출해낼 수 있는 추상적 힘, 확실한 실체(즉 의인화된 추상물)들을 상정하고 있었다. (⋯) 마지막으로 실증적 상태에서는 정신은 절대자, 우주의 기원과 종착지, 모든 현상의 원인 등에 대한 무익한 탐구를 포기하고 대신 그것들을 법칙, 즉 그들의 연속성과 유사성의 불변적 관계들을 연구하는 데 몰두한다.[10]

이것은 콩트 철학의 핵심 내용이다. 이를 두고 인류의 진화법칙 또는 3단계 법칙이라고 한다. 콩트는 3단계 법칙이 인간의 성장 과정과 일치한다고 보았다. 인간은 어렸을 때 열렬한 신자였다가 청년이 되면 비판적 형이상학자가 되고 어른이 되면 자연철학자가 되는 경향이 있다는 것이다.

콩트는 각 단계마다 지배 집단이 달라졌다고 했다. 신학적 단계는 고대 시대에 해당하는 것으로, 그 단계에서는 사제와 군인이 지배했다. 반면, 형이상학적 단계는 중세 시대와 르네상스기에 해당하며 성직자와 법률가가 지배했다. 그리고 마지막 단계인 실증적 단계는 르네상스기 이후의 시대에 해당한다면서 콩트는 특히 자신이 살고 있는 시대에 주목했다. 그는 그 시대에는 자본가와 과학자가 지배할 것이라고 보았다.

생시몽에 비해 콩트의 시대 인식은 현실적이었다. 생시몽은 자본가와 노동자를 합쳐서 산업가라고 부르면서 산업가가 지배하는 세상을 꿈꿨다. 그래서 노동자의 비참한 현실을 극복하기 위해 자본가와 노동자가 평등하게 협동하는 새로운 세상을 구상했다. 반면 콩트는 자신의 시대를 자본가가 지배할 것이라고 했다. 실제로 프랑스는 1830년대 이후 자본가가 지배하는 나라가 되었다.

콩트는 자본가가 지배하는 시대를 인류 진화의 마지막 단계라고 했다. 그 시대에 나타난 노동자의 고통은 외면했다. 오히려 자본가에 대항하는 노동자의 힘을 발견하고는 두려워하며 일체의 변화를 거부했다. 생시몽의 박애 정신을 콩트에게서는 찾아보기 어려웠다. "사랑을 원리로"라는 콩트의 모토는 내용 없는 공허한 것일 수밖에 없었다.

콩트는 진화의 각 단계에 상응하여 학문의 내용 역시 달라진다고 했다. 처음에는 모든 학문을 신학적 개념이 지배하고, 그다음 단계에서는 학문이 형이상학적 경험을 방편으로 삼으며, 마지막 단계에 이르러 실증적 지식을 획득하게 된다는 것이다.

콩트는 마지막 단계에 이르렀으므로 실재하는 경험적 사실에서 벗어난 학문은 불필요하다고 했다. 플라톤의 '이데아', 아리스토텔레스의 '제1 원인'처럼 인간 존재의 궁극적 물음을 탐구하는 철학은 공리공론일 뿐이다. 실재하는 것, 경험적으로 알 수 있는 것만을 근거로 모든 문제를 해명해야 한다.

그래서 콩트는 "우리가 할 수 있는 일은 첫째, 현상계를 통하여 주어진 모든 사실을 있는 그대로 받아들이고, 둘째, 이 주어진 사실들을 일정한 법칙에 따라 정리하며, 셋째, 여기에서 인식된 법칙을 토대로 앞으로 현상계에 나타날 여러 가지 사실을 예견하여 그에 대처할 준비를 하는 것이다"라고 했다. 이것을 실증주의의 원리라고 한다. 주어진 사실을 있는 그대로 받아들여 법칙으로 정리한 다음 그 법칙으로 미래의 세계를 예견하자!

최고 단계의 학문, 사회학

콩트 시대에 자연과학은 놀라운 속도로 발전하고 있었다. 콩트는 이에 감동했고 이공대학에 들어가 자연과학의 기초를 배웠다. 자연과학의 성과를 토대로 하여 자연과학적 방법으로 사회현상을 탐구해야 한다는 생각은 콩트에게 자연스러운 것이었다. 사회학이란 용어 이전에 사용했던 사회물리학은 콩트가 추구하는 학문의 성격을 집약적으로 표현한 것이었다.

콩트가 자연과학에 감동한 이유는 그 유용성 때문이었다. 그는 《실증철학 강의》에서 "현상의 법칙을 알고 그것으로 예견할 수 있게 되어야 비로소 우리는 자연계를 우리에게 유용하도록 변경할 수 있다. 우리가 어떤 현상에 큰 영향을 주기 위해서는 자연의 법칙을 알아야 한다. 과학에서 예견이 나오고, 예견에서 행동이 나온다"라고 했다. 자연의 법칙을 알아야 자연을 인간에게 유용하게 변화시킬 수 있다.

사회를 유용하게 변화시키는 것 역시 마찬가지다. 사회현상의 법칙을 알아야만 유용하게 변화시키는 일이 가능하다. 그런데 사람들은 사회현상이 아무런 법칙도 없이 우연적으로 나타나는 것이라고 생각한다. 그런 생각을 갖고 있는 사람들은 개인적 이익만 추구하게 되어 사회는 혼란과 갈등에서 벗어날 수 없다.

그러나 콩트는 사회현상에 법칙이 있음을 알게 되면 사람들이 달라질 것이라고 했다. 그렇다면 어떻게 사회현상의 법칙을 발견할 것인가. 콩트는 뉴턴이 바람직한 사례를 보여주었다고 했다. 뉴턴은 '이데아'나 '제1 원인' 같은 것에 대한 무익한 탐구를 버리고 법칙의 연구를 발전시켰다는 것이다. 뉴턴과 같은 자연과학자들이 정립한 새로운 과학은 전통적 권위를 벗어던지고 추론과 관찰을 통해 지식을 획득하게 했다. 그러므로 모든 과학적 이론은 관찰된 사실에만 기초해야 한다.

이상과 같은 콩트의 인식은 사실 새로운 것이 아니었다. 이미 콩트보다 200여 년 전에 영국의 철학자 베이컨이 주장한 내용이었다. 베이컨은 '우상'이라 표현한 일체의 선입견을 버리고 관찰과 실험을 통해 얻은 지식만을 중요시하라고 주장했다. 콩트가 베이컨과 다른 점은 자연과학의 각 분야가 발전해온 순서를 정하고 사회학을 가장 위에 위치시켰다는 것이다.

콩트는 인류가 진화의 단계를 거쳐왔듯이 과학적 지식 역시 비슷한 발전 단계를 거쳤다고 생각했다. 즉 "모든 종류의 지식은 일반성과 단순성, 그리고 다른 학문으로부터의 독립성 등에 비례하여 실증적 단계에 도달하는 시간이 다르다"는 것이다.

콩트에 따르면 모든 자연과학 중에 가장 일반적이고 단순한 수학이 가장 먼저 발전했다. 그 뒤를 이어 천문학이 발전하고 계속해서 물리학, 화학, 생물학의 순서로 발전했다. 높은 단계의 과학은 낮은 단계의 과학이 발전해야 나타난다. 즉 수학이 발전해야 천문학이 나타나고, 천문학이 발전해야 물리학이 나타난다는 것이다. 그 이유는 낮은 단계의 과학이 높은 단계의 과학에 기초가 되기 때문이다. 그래서 과학이 발전해온 순서에 따라 복잡성은 증대하지만 일반성은 감소한다.

콩트가 사회학을 가장 위에 위치시킨 이유는 그것이 모든 자연과학이 발전해야만 나타날 수 있는 것이기 때문이다. 콩트는 다른 모든 자연과학은 예비적인 것이고 사회학은 실증적 방법의 완성이라는 속성을 지닌다고 했다. 사회현상은 자연현상에 비해 훨씬 복잡하다. 따라서 자연과학의 모든 방법이 동원되어야 사회현상의 법칙을 발견할 수 있다.

사회학이 모든 자연과학의 성과를 포괄해야 하지만 사회학 역시 앞 단계의 과학에 의존한다. 사회학 앞 단계의 과학은 생물학이다. 생물학은 다른 자연과학과 구분되는 특성을 가지고 있다. 물리학, 화학 등이 부분을 다룬다면 생물학은 전체를 다룬다.

생물은 하나의 유기체다. 예를 들어 장미꽃과 국화꽃을 연구한다고 해보자. 장미와 국화는 모두 뿌리, 줄기, 가지, 잎, 그리고 꽃으로 구성되어 있다. 그런데 장미와 국화는 서로 다르다. 전체적인 모습과 특성을 보아야 두 꽃의 차이를 알 수 있지, 각 부분을 따로 떼어내어 본다면 차이를 알기 어렵다.

콩트는 사회 역시 생물과 마찬가지로 하나의 유기체라고 보았다. 그래서 그는 "사회를 각 부분으로 나누어서 따로따로 연구한다면 사회에 대한 과학적 연구는 이루어질 수 없다"고 했다. 따라서 사회학에서는 각각의 사회현상을 전체 사회체제에 비추어 관찰해야 한다. 콩트는 사회학과 자연과학의 방법적 차이를 이렇게 요약했다.

비유기적 과학에 있어서 각 요소들은 그들이 구성하고 있는 전체보다 훨씬 많이 알려져 있다. 이러한 경우에 우리는 단순한 데서 복잡한 데로 진전되어가야 한다. 그러나 인간과 사회를 연구하는 데 있어서는 이와 반대되는 방법이 필요하다. 즉 전체로서의 인간과 사회가 그것을 구성하는 각 부분보다 훨씬 잘 알려져 있고 또 훨씬 연구 대상으로 잡기도 쉬운 것이다.[11]

보수적 학문의 보루

1848년 2월 혁명이 일어난 며칠 후 콩트는 '실증학회'를 설립했다. 그의 나이 50이었다. 실증학회는 프랑스의 여러 지방은 물론 스페인, 영국, 미국, 그리고 네덜란드 등 해외에서도 세워졌다. 회원들은 콩트의 생계를 위해 헌금을 했고 콩트의 사상을 전파하는 데 앞장섰다.

그런데 실증학회는 순수한 학문 연구 단체가 아니었다. 콩트는 인류교를 창시했다. 자신의 명의로 나가는 모든 문서에는 "보편종교의 창시자, 인류교의 대사제"라고 서명했다. 인류교를 창시한 목적은 인간의 감정을 도덕적으로 순화시키기 위해서였다.

실증학회는 인류교를 전파하는 단체였다. 실증학회가 여러 곳에 세워지자 콩트는 마치 사도 바오로가 된 심정이었다. 지방과 해외의 교인들에게 '바오로의 편지'와 같은 메시지를 매주 정기적으로 보냈다. 또한 콩트는 대사제로서 교리문답서를 작성하여 실증학회를 통해 전파했다.

콩트가 종교에 심취하자 가까웠던 사람들이 그로부터 멀어져갔다. 그 대표적 사례가 영국의 철학자 존 스튜어트 밀(John Stuart Mill, 1806~1873)이다. 그는 일찍이 콩트의 사상을 인정하고 정기적으로 교류해왔다. 그러나 콩트가 인류교를 창시하자 멀리하기 시작했다. 밀은 《오귀스트 콩트와 실증주의(Auguste Comte and Positivism)》라는 책의 제1부에서는 실증주의를 긍정적으로 평가하면서도 제2부에서는 인류교가 엉뚱한 짓이라고 비난했다.

인류교의 수명은 길지 않았다. 콩트가 세상을 떠나자 인류교는 흔적도 없이 사라졌다. 콩트는 인류교의 창시자가 아니라 사회학과 실증주의의 창시자로서 이름이 남았다. 콩트는 질서와 진보라는 두 개의 가치를 추구한다고 했다. 그러나 그는 질서에 더 비중을 두었고, 1848년 혁명 당시 노동자의 봉기를 경험한 뒤로는 진보를 내버렸다. 앞서 말했듯 콩트에게 진보란 자본주의 질서의 정착이었기 때문이다. 프랑스에 자본주의 질서가 정착되자 콩트는 더 이상의 진보를 생각할 이유가 없었다.

실증주의는 사실에 대한 연구를 중시한다. 콩트는 사실을 바탕으로 법칙을 만들고 그 법칙으로 미래를 예견한다고 했다. 그런데 문제는 사실을 모은다고 해서 저절로 법칙이 만들어지지는 않는다는 것이다. 법칙을 세우려면 전체적인 시각이 필요하다. 콩트는 전체적인 시각을 형이상학이라고 하여 배격했다. 이렇게 되자 전체와 부분이 분리되었다. 그래서 실증주의는 부분을 중시하는 학문이 되고 말았다. 나무를 보되, 숲은 보지 못하는 문제점이 나타나게 된 것이다.

우리 사회에서 논란이 된 '식민지 근대화론'이 실증주의의 폐단을 보여준다. 식민지 근대화론자들은 경제지표를 예로 들어 우리나라가 일제강점기에 근대화했다고 주장한다. 경제지표라는 부분만을 중시했지, 그 부분을 식민지라는 전체와 연관 지어 생각하지 않았던 것이다. 그 결과 일제의 강점을 미화하게 되었다. 전체는 부분의 대립적 총체다. 전체만 보면 내용이 공허해지고 부분만 보면 역사적 시야를 놓치게 된다.

오늘날 콩트의 실증주의는 보수적 학문의 보루 역할을 하고 있다. 콩트는 사회를 하나의 유기체로 다루어야 한다고 했다. 그런 주장은 기존의 질서를 전제로 할 수밖에 없다. 변화를 통해 만들어지는 미래의 사회는 지금 실재하지 않는다. 따라서 연구 대상에서 제외된다.

그런 사실은 콩트의 연구에서도 확인된다. 그는 사회학에서 사회정태론과 사회동태론을 다루어야 한다고 했다. 그러나 그의 실제 연구는 사회정태론에 국한되었다. 변화에 대한 두려움 때문이기도 했지만 사회의 변화를 유기체론으로 다루기 어려웠기 때문이다.

콩트의 실증주의는 그가 살아 있을 때에는 크게 빛을 보지 못했다. 근대 자본주의 질서가 정착되어가던 과정이었기 때문이다. 그러나 자본주의 질서가 정착되자 실증주의는 각광받게 되었다. 자본주의라는 전체를 문제 삼지 않고 그 체제 안의 부분에만 관심을 두는 사상은 체제 유지에 공헌하기 때문이다.

정부의 사회 개입이
진화 과정을
왜곡한다

스펜서 《진보의 법칙과 원인》

    사회진화론을 흔히 사회적 다위니즘(사회적 다윈주의)이라고 한다. 찰스 다윈(Charles Robert Darwin, 1809~1882)으로서는 억울한 일이다. 사회진화론은 진화론을 사회에 적용한 사상이지만 다윈은 진화론을 사회에 적용하는 것을 경계했기 때문이다. 더욱이 사회진화론의 내용은 다윈의 진화론과 별로 관련이 없다.

    진화론을 사회에 적용한 사람은 스펜서(Herbert Spencer, 1820~1903)였다. 따라서 그가 사회진화론의 시조였다. 스펜서는 다윈보다 먼저 자신의 진화론을 발표했다. 다윈의《종의 기원(On the Origin of

Species)》이 1859년에 출판된 반면에 스펜서의 《진보의 법칙과 원인 (Progress : Its Laws and Cause)》은 1857년에 발표되었다. 그 책에서 스펜서는 진화론을 사회에 적용했다. 이것이 사회진화론의 출발이었다.

오늘날과 달리 당시에는 다윈의 주장이 여러 개의 진화론 중 하나일 뿐이었다. 유럽에서 진화에 관한 토론은 18세기부터 진행되었다. 독일 철학자 칸트는 인간이 원숭이에서 진화했을 가능성을 제기했고, 프랑스의 동물학자 라마르크(Jean Baptiste Lamarck, 1744~1829)는 유전에 의해 진화가 일어난다고 주장했다. 스펜서와 다윈이 살았던 19세기 중반에 진화라는 관념은 일반적이었다. 그렇지만 누구의 학설이 타당한지는 아직 검증되지 않았다.

스펜서의 진화론과 다윈의 진화론은 내용이 같지 않다.《종의 기원》이 발표된 이후에도 스펜서는 자신의 입장을 바꾸지 않았다. 무엇보다도 스펜서는 다윈과 달리 진화론을 사회에 적용했다. 그런데 다윈의 진화론이 타당한 것으로 밝혀지면서 사회적 다위니즘이란 용어가 생겨났다. 사회진화론자들이 다윈의 명성을 '도용'한 셈이다.

사회진화론은 동서양에 걸쳐 큰 영향을 미쳤다. 19세기 후반에서 20세기 초에 이르기까지 사회진화론은 주류적인 이데올로기였다. 서양에서는 사회진화론이 제국주의의 이데올로기가 되었다. 전 세계를 문명과 미개로 구분하고 문명 국가인 유럽이 미개 지역을 식민화하는 것이 당연하다고 했다.

동양에서도 상당수의 사상가들이 문명-미개의 이분법을 받아들였다. 일본의 사상가 후쿠자와 유키치(福澤諭吉, 1835~1901)가 대표적이었다. 그는 《문명론의 개략(文明論之槪略)》에서 조선과 중국은 반미개의 상태라 규정짓고 일본만이 문명국이 될 수 있다고 했다. 이런 주장은 일본의 제국주의적 침략을 정당화하는 이데올로기가 되었다.

우리나라에도 사회진화론이 영향을 미쳤다. 이른바 개화사상가들의 상당수가 사회진화론에 입각한 문명-미개의 논리를 받아들였다. 그들은 미개한 조선 사람을 깨우쳐 문명인이 되도록 하는 것이 자신들의 임무라고 했다. 이런 주장은 일본의 조선 침략과 식민지 지배를 정당화하는 역할을 했다.

제2차 세계대전 이후 사회진화론의 영향력은 수그러들었지만 스펜서의 사상은 여전히 영향력을 행사하고 있다. 1980년대 이후 주류적 이데올로기로 등장한 신자유주의는 스펜서의 사상적 자산을 물려받았다. 우리나라에서도 1등 지상주의, 무한 경쟁이라는 구호 등에서 스펜서 사상의 영향력을 엿볼 수 있다.

극단적 개인주의자

스펜서는 살아생전에 영국의 경제적 번영과 공황, 그리고 제국주의로의 변모를 목격했다. 1870년대까지 영국은 경제적 번영을 누렸다. 영국은 가장 먼저 산업혁명에 성공하여 세계의 공장이 되었다. 이 시기에 영국의 철강 생산량은 전 세계의 절반에 이르렀고 석탄 생산량은 1억 톤이 넘었다. 1870년대에 영국의 대외 무역액은 프랑스, 독일, 이탈리아 등 유럽 주요 국가의 무역액을 합한 것보다 더 많았다.

그런데 1870년대 중반을 지나면서 상황이 달라졌다. 프랑스와 독일, 그리고 미국의 경제가 급격히 성장하면서 영국의 경쟁자로 등장했다. 영국은 더 이상 세계 일인자가 아니었다. 1880년대 이후 영국에서는 새로운 기술 혁신이 일어나지 않았다. 그래서 낡은 시설로 생산할 수밖에 없었던 반면 독일과 미국에서는 새로운 기술의 도입으로 산업 생산이 급격히 늘어났다. 그 결과 1900년에 이르면 독일의 철강 생산량이 영국을 앞지르는 등 영국은 세계의 공장이라는 명성을 잃게 된다.

또한 1890년대 영국에서는 경제적 공황이 발생했다. 무수히 많은 기업들이 도산하고 산업 생산이 감소했다. 영국 정부는 식민지 확장을 통해 경제 위기를 해소하고자 했다. 식민지는 주요한 원료 공급지이자 상품 시장이었다. 1880년대부터 식민지를 확장한 영국은 공황이 발생하자 더욱 절실하게 식민지를 필요로 했다. 그런데 프랑스, 독일, 미국 역시 식민지 확보에 나서면서 국가 간에 크고 작은 분란과 전쟁이 일어났다.

영국은 본격적으로 식민지 확장에 나서면서 제국주의 국가로 변모했다. 제국주의 국가에서는 정부의 역할이 증대할 수밖에 없다. 더욱이 식민지 쟁탈전이 치열해지면서 정부의 권한은 더욱 비대해졌다.

영국의 국내 상황 역시 정부의 역할을 증대시켰다. 경제적 번영기에도 인구의 다수를 점하는 노동자들의 생활은 비참했다. 노동자들은 하루에 12시간 이상, 심지어는 18시간 이상 비위생적 조건에서 일해야만 했다. 그렇지만 임금은 최저 생계비에 훨씬 못 미치는 수준이었다. 앞서 보았듯 마르크스는 《자본론》에서 당시의 영국 노동자들이 직면했던 비인간적 상황을 정부의 조사 자료를 인용하여 폭로했다.

노동자들은 노동협회, 노동조합 등 다양한 조직을 결성하여 조직적인 투쟁을 전개했다. 특기할 만한 사실은 노동자들의 투쟁이 노동시간 단축과 임금 인상뿐만 아니라 선거권 확보도 목표로 했다는 점이었다. 노동자들의 생활을 개선하려면 입법이 중요함을 인식했기 때문이다. 당시의 선거권 확보 운동을 차티스트운동이라고 한다. 당시에는 재산을 가진 자에게만 투표권이 주어졌고, 그래서 노동자들은 투표권을 갖지 못한 상태였다.

1838년에 시작된 차티스트운동은 10여 년간 지속되었다. 그 성과로 1867년에 이르러 남성 노동자들이 투표권을 갖게 되었다. 그러자 정당들은 표를 얻기 위해 노동자의 요구를 부분적이나마 수용하지 않을 수 없었다. 1874~1880년 사이에 정권을 잡은 디즈레일리(Benjamin Disraeli, 1804~1881) 정부는 공장법과 노동조합법, 그리고 보건위생에 관한 법률을 통과시켰다. 이것은 정부의 역할이 증대된다는 의미였다.

이렇듯 국내외적 상황으로 정부의 역할이 확대되었다. 스펜서는 이런 현상에 반대했다. 그는 극단적 개인주의자로서 정부를 불신했다. 정부가 하는 일을 시민에 대한 간섭으로 보았기 때문이다. 그래서 새로운 법령이 나오면 개인의 자유에 대한 침해라 보았다. 심지어 정부가 운영하는 시설도 믿지 않았다. 그래서 자신의 원고를 우체국에 맡기지 않고 직접 인쇄소에 가져다줄 정도였다.

스펜서는 정부의 역할을 최소화하자는 사상을 지지했다. 그는 정부의 역할이 "이웃의 침해로부터 각 시민을 보호해야 할 의무, 그리고 외부의 침입으로부터 개인과 전체 집단을 방어할 의무"에 한정되어야 한다고 주장했다. 그 외의 모든 일은 시민 개개인의 자유로운 판단에 맡기면 된다는 것이다.

비유적으로 말하면 정부의 역할은 야간에 도둑이 들지 않게 지키는 경비원의 역할과 같다는 것이다. 그래서 훗날 독일의 사상가 라살레(Ferdinand Lassalle, 1825~1864)는 그러한 국가를 두고 '야경국가'라고 이름 붙였다. 애덤 스미스의 《국부론》이 출판된 이후 경제학자들은 기업가의 개인적 판단을 중시하여 정부의 개입에 반대했다. 벤담의 공리주의 사상에 영향을 받은 사상가들도 여기에 가세했다. 스펜서는 진화론을 통해 정부 개입이 불필요함을 증명하려고 했다.

진화는 진보인가

스펜서는 특이한 사상가였다. 그는 대개의 사상가들과 달리 철학, 역사, 문학에 관해 광범위한 독서를 하지 않았다. 그의 비서였던 콜리어는 스펜서의 서재에 대해 기록하기를, "그의 서재에는 철학에 관한 책은 단 한 권도 없었다. 과학에 관한 서적도 거의 없었고, 역사 서적이나 전기도 없었다. 문학에 관한 책이라고는 로런스 스턴의 《트리스트럼 샌디》 한 권뿐이었다"라고 했다.

스펜서는 수많은 저서와 논문을 썼지만 스스로 고백한 바에 따르면 어렸을 때부터 영어 문장 교육을 받아본 적이 없다고 했다. 또한 한 번도 책을 끝까지 읽은 적이 없다고 했다. 한마디로 그는 체계적인 학습과 거리가 먼 사람이었다. 콜리어의 말처럼 스펜서는 자신이 필요로 하는 지식을 '채집'하는 사람이었다. 그가 지식을 주로 채집한 곳은 잡지나 주변 사람들과의 토론이었다.

스펜서는 채집한 지식을 자신의 논리를 정당화하는 사례로 활용했다. 1857년에 발표한 《진보의 법칙과 원인》 역시 그랬다. 이 책은 수십 쪽에 불과한 짧은 분량이지만 스펜서는 이 책에 자신의 진화론을 집약했다. 여기에서 스펜서는 채집한 자연과학의 성과를 사례로 진화의 법칙을 규정짓고 그 법칙을 인간과 사회에 적용했다.

스펜서는 진화와 진보를 동의어로 사용했다. 이 점에서 스펜서의 진화론과 다윈의 진화론은 달랐다. 스펜서는 스무 살에 리엘(Charles Lyell, 1797~1875)의 《지리학의 제 원리(Principles of Geology)》를 통해 진화라는 개념을 처음 접하면서 라마르크의 진화론을 받아들였다.

프랑스의 동물학자 라마르크는 1809년에 발표한 《동물철학(Philosophie zoologique)》에서 '용불용설(theory of use and disuse)'을 진화의 원리라고 주장했다. 생물이 자연환경에 적응하는 과정에서 자주 사용하는 기관은 발달하고 그렇지 않은 기관은 퇴화한다. 이때 발달한 기관이 유전되어 진화가 일어난다고 라마르크는 말했다. 라마르크는 모든 생물이 완성의 방향으로 나아가려는 경향이 있음을 주장한 것이었다. 스펜서는 그러한 경향을 진보라고 보았다.

그러나 다윈은 진화가 곧 진보라고 생각하지 않았다. 그는 "모든 생물이 상위로만 발전하려는 경향을 가졌다면 수많은 최하등의 생물이 존재하는 까닭이 무엇인가?"라는 의문을 제기했다. 다윈은 이렇게 결론을 내렸다.

> 나의 학설에 의한다면 하등 생물이 존재하는 것은 아무런 문제가
> 되지 않는다. 왜냐하면 자연선택 또는 적자생존은 반드시 진보적
> 발달을 수반할 까닭이 없기 때문이다―그것은 다만 그 복잡한 생
> 활 관계 속에서 모든 생물에게 일어난 유리한 변이를 이용하는 데
> 지나지 않기 때문이다.[12]

'자연선택' 또는 '적자생존'이 다윈이 주장한 진화의 원리다. 만약 진
보한 생물만이 살아남는다고 하면 하등 동물이 여전히 존재하는 이유
를 설명할 수 없다. 그 이유를 설명하기 위해 다윈은 환경에 유리하게
변이(變異)를 일으킨 생물이 살아남는다고 했다. 그런 현상은 반드시
진보라고 할 수 없는 것이다.

다윈이 예로 든 마데이라 섬의 날개 짧은 딱정벌레를 보자. 마데이
라 섬 부근에는 바람이 세게 분다. 그래서 날개가 길고 튼튼한 딱정벌
레는 돌풍 때문에 바다에 떨어져 죽는다. 반면 날지 못하는 딱정벌레
는 섬에 살아남았다. 환경에 적응한 딱정벌레가 살아남은 것일 뿐, 두
딱정벌레 중 어느 것이 더 진보했는지 따질 수는 없다. 날개라는 측면
에서 보면, 마데이라 섬에서 살아남은 딱정벌레는 오히려 퇴화했다.

이렇듯 자연선택은 진보한 것이 아니라 환경에 가장 잘 적응한 것을
보존시킨다. 다윈은 진화와 진보를 동의어로 생각하지 않았다.

문명과 미개를 나누다

스펜서가 말하는 진화의 법칙은 단순하다. 간단한 것에서 복잡한 것으로의 발전이 곧 진보의 법칙이라는 것이다. 스펜서의 얘기를 들어보자.

유기체의 발전이 단순성에서 복잡성으로 가는 변화에 있다는 것은 논란의 여지가 없는 정설이다. 그래서 이런 유기체적인 진보의 법칙이 모든 진보의 법칙임을 주장할 수 있다. 이와 같이 연속된 분화를 통해 간단한 것에서 복잡한 것으로 가는 진화는 지구의 발전에서 생명의 발전, 혹은 사회·정부·공업·상업·언어·문학·과학·예술의 발전에 이르기까지 모두 동일하게 적용된다. 태초까지 거슬러 올라가는 우주적 변화부터 최근에 나타난 문명의 결과까지 우리는 단순한 것들이 복잡한 것으로 변화하는 것에서 진보가 본질적으로 존재한다는 것을 알 수 있다.[13]

스펜서는 자신의 주장을 증명하기 위해 태양계의 생성, 지구·기후·식물·동물의 사례를 들었다. 동물의 경우를 보자. 스펜서는 다양한 지층에서 발견된 화석을 토대로 하여 "지질 시대가 후기로 접어들수록 더욱 복잡한 유기체가 진화되어 나왔고, 시간이 지남에 따라 전체 생물 종은 복잡성을 더욱 나타내는 경향이 있다"라고 했다. 그래서 어류는 척추동물 중에서 가장 단순하고, 파충류는 어류보다 이후에 출현해서 좀 더 복잡성을 띠고 있다. 포유류와 조류는 파충류보다 더 이후에 나타나서 더욱 심화된 복잡성을 띤다.

그런데 스펜서는 자신의 주장을 인간과 인간 사회에 적용하면서 무리한 짓을 했다. 먼저 인간에 대한 부분부터 보자.

문명인의 사지(四肢) 발달이 미개인보다 (…) 더욱 멀리 진화했다. (…) 더욱이 문명인이 보여주는 능력의 범위가 더욱 넓고 다양하다는 점에서 판단하건대, 문명인은 미개인보다 더욱 복잡하고 정교한 신경 기능을 가졌다고 추론할 수 있다. (…) 더욱 유력한 증거는 모든 유아에게서 확인할 수 있다. 유럽인 유아들은 하등 인종과 닮은 점을 여럿 가지고 있다. (…) 그런데 이런 성질이 성인 유럽인의 형태로 바뀌는 발달 과정은 과거의 배아가 단순함에서 복잡함으로 성장하는 변화의 연속이며 (…) 야만인과 비슷한 성질이 문명인의 것으로 바뀌는 과정도 단순함에서 복잡함으로 가는 발달의 연속이다.[14]

스펜서는 인간을 문명인과 미개인으로 나누었다. 유럽인이 문명인이고 미개인은 유럽인 유아 수준이라고 했다. 유럽인이 인종적으로 우월하다는 얘기다.

다음으로 인간 사회에 대한 설명을 보자. 스펜서는 이렇게 썼다.

개별적인 형태의 인간으로부터 사회적인 형태의 인간으로 나아가는 데서 보다 다양하게 나타나는 일반적인 법칙을 발견할 수 있다.

단순함에서 복잡함으로 나가는 변화는 전반적인 문명의 진화에서도, 또는 부족이나 국가의 진화에서도 마찬가지로 나타난다.[15]

진화의 법칙은 문명의 진화에서도 나타난다고 했다. 이어지는 글에서 스펜서는 유럽이 부족사회에서 근대사회로 발전해오는 과정을 서술했다. 그래서 유럽만이 문명사회에 이르렀고, 기타 지역은 여전히 미개사회에 머물고 있다는 것이 결론이다.

결국 스펜서가 진화의 법칙을 인간과 사회에 적용하며 드러낸 것은 유럽과 유럽인이 문명적으로 그리고 인종적으로 우월하다는 차등적 세계관이었다. 그런데 스펜서의 뒤를 이은 일부 사회진화론자들이 스펜서의 주장을 더욱 극단화했다. 그들은 유럽의 식민 지배가 미개사회를 진보로 이끌기 위한 문명의 전파라며 정당화했다. 더욱이 인종 차별마저 정당화했다. 이런 주장은 끔찍한 결과를 초래했다. 독일의 나치주의자들이 유대인 대학살이라는 최악의 범죄를 저질렀던 것이다.

사회진화론은 극단적 주장으로 인해 제2차 세계대전 이후 영향력을 상실했다. 제2차 세계대전이 끝나자 제국주의 시대가 막을 내렸다. 제국주의 국가의 식민지였던 나라들은 1970년대까지 대부분 독립했다. 또한 나치의 대학살을 경험하면서 인종 차별은 전 세계적으로 금기 사항이 되었다. 그러나 사회진화론의 기초를 제공한 스펜서의 사상은 1980년대 이후 옷을 갈아입고 부활했다.

외부의 간섭은 필요 없다

스펜서는 진보의 법칙에 이어 진보의 원인을 설명했다. 그는 천문학, 물리학, 지질학, 화학, 생물학 등의 성과를 인용하면서 "단순성에서 복잡성으로 가는 진화는 단일 원인으로 여러 결과를 창출해낸다"라고 결론지었다.

그 결론을 인류 사회에 적용했다. 스펜서는 석기가 청동기로 대체된 것이 원인이 되어 나타난 결과를 이렇게 열거했다.

원래 석기로 쓰이던 것뿐만 아니라 무기, 공구, 가재도구 등의 많은 것을 바꾸었다. 그리고 이것은 이런 것들의 생산에 영향을 주었다. 더욱이 이것은 이런 도구들이 사용되던 생산 과정과 건물, 조각, 의복, 액세서리 등의 생산품에 영향을 주었다. 다시 이것은 가공 가능한 도구가 존재하지 않아서 이전에는 가공이 불가능했던 재료를 사용하는 제조법을 가능하게 했다. 이런 모든 변화는 다시 사람들에게 작용해 그들의 숙련도, 지능, 안락함을 증가시키고, 그들의 습관이나 취향을 세련되게 만든다. 그러므로 단순한 사회에서 복잡한 사회로 진화하는 것은 이런 일반 법칙의 결과이며, 여기서 단일 원인으로 여러 가지 효과가 나타난다.[16]

원인은 석기가 청동기로 바뀐 것 하나이지만 생산은 물론 인간의 습관과 사회까지 바뀌는 결과가 나타났다고 했다. 하나의 원인이 여러 가지 결과를 가져온다는 주장은 충분히 납득할 만하다. 그러나 문제가 남았다. 그 원인의 원인이 무엇이냐 하는 것이다.

석기가 청동기로 바뀐 게 원인이다. 그러면 그 원인이 생겨난 원인은 무엇인가. 또 그 원인의 원인의 원인은 무엇인가. 이런 식으로 추적해가면 최초의 변화를 일어나게 한 최초의 원인을 발견할 수 있다. 스펜서는 그 최초의 원인을 '제1 원인'이라고 했다. 그런데 실망스럽게도 스펜서는 그 최초의 원인을 알 수 없다고 했다.

아마도 몇 마디 말로 모든 시대의 철학자들이 골치를 앓은 거대한 질문에 대한 해답을 내릴 수 없을 것이다. (…) 아무리 논해봐도 궁극적인 의문은 아직도 신비에 싸여 있다. (…) 대상의 모든 성질을 작용력의 설명으로 풀어내는 데 성공한다고 해도 그들은 작용력이 무엇인지 깨달을 수 없다. (…) 내부적인 것이든 외부적인 것이든 감각들의 궁극적인 창조와 본성을 헤아리기가 어렵다. (…) 모든 방향에서 그들의 탐구는 궁극적으로 불가지(不可知)한 것에 접근할 것이다.[17]

스펜서는 과학의 능력과 한계를 말하고자 했다. 그것을 모르는 사람들은 자기기만과 중대한 오류에 빠져들 것이라고 덧붙였다. 사실 인간 인식의 한계를 설정하는 것이 새삼스러운 주장은 아니다. 이미 스펜서보다 한 세기 전에 영국의 철학자 흄과 독일의 철학자 칸트가 이성의 한계를 논한 바 있다. 흄은 과학적 법칙을 인식할 수 없다는 회의론을 주장한 반면에 칸트는 사물의 본체인 '물자체'를 알 수 없다고 했다.

스펜서는 최초의 원인이 '불가지한 것', 즉 알 수 없는 것이라고 했다. 알 수 없는 최초의 원인이 작용하여 다양한 결과가 생겨난다. 그 다양한 결과가 다시 원인이 되어 작용하면 훨씬 더 많은 결과가 생겨난다. 이런 과정이 계속 이어지면서 단순한 것이 복잡한 것으로 변화한다. 불가지한 것에서 시작하지만 진화의 과정은 자연스럽게 진행된다. 그래서 스펜서는 진화의 과정에 외부의 힘은 불필요하다고 했다.

그러면 인간 사회는 어떠한가. 자연의 진화 과정은 인간 사회에도 동일하게 나타난다. 인간 사회도 최초의 원인이 작용한 이후 단순한 것에서 복잡한 것으로 자연스럽게 진화해왔다. 그리고 앞으로도 그렇게 진화해갈 것이다. 그래서 인간 사회의 진화 과정에서도 외부의 힘은 필요 없다.

스펜서가 말하고자 하는 요점이 거기에 있다. 정부가 사회에 개입하면 진화의 과정이 왜곡되고, 앞으로의 진보에도 장애물이 형성될 뿐이다. 그래서 스펜서는 《사회 정학(Social Statics)》에서 이렇게 썼다.

한 사회의 삶을 유지하고 도와주는 산업, 직장, 직업들이 건강하게 활동하고 적절한 비율로 존재하기 위해서는 우선 서로 간에 합의를 맺는 개인들의 자유가 제한되지 말아야 하며 둘째로는 그들이 맺은 합의에 대한 강제가 있어야 한다. (…) 사람들이 연합하게 될 때 각자의 행위에 자연적으로 나타나게 되는 규제는 단지 상호 계약의 결과로 나타나는 것일 뿐이다. 결국 사람들이 자발적으로 맺

은 계약에 부가되어야 할 다른 규제는 있을 수 없는 것이다.[18]

개인들의 자유를 제한하지 말아야 한다. 개인들의 판단에 맡겨두면 서로의 합의에 의해 사회가 건강하게 움직인다. 유일하게 필요한 규제는 합의한 것을 지키도록 강제하는 것이다. 그런데 그 규제조차도 개인들의 합의에 의한 것일 뿐이다. 그러므로 정부의 개입과 간섭은 불필요하다. 스펜서의 불개입주의는 오늘날 신자유주의자들에 의해 확대 재생산되고 있다.

신자유주의로 부활한 스펜서

스펜서는 정부의 빈곤 구제 정책을 지지하는 사람들을 비판했다.

사물의 자연적 질서 하에서 사회는 병들고 열등하며 느리고 우유부단한 신념 없는 자들을 끊임없이 배제시켜나간다는 사실을 알지 못한 채 (…) (정부의) 간섭을 찬양하고 있다. 그러나 이러한 간섭은 정화작용(淨化作用)을 중지시킬 뿐만 아니라 지금까지의 정화를 무효화시킬 가능성도 지니고 있다. (…) 그것은 잡다한 무모하고 열등한 사람들을 (…) 격려하는 반면 유능하고 똑똑한 사람들의 (…) 용기를 꺾는 것이다.[19]

스펜서는 진화론에 입각하여 정부의 빈곤 구제 정책을 비판했다. 가난한 사람들은 "병들고 열등하며 느리고 우유부단한 신념 없는 자들"이다. 그래서 그들은 생존 경쟁에서 패배한 사람들이다. 그들을 지원하는 것은 생존 경쟁에서 승리한 "유능하고 똑똑한 사람들"의 용기를 꺾는 것이다. 그러므로 빈곤 구제는 "정화작용"을 중지시키거나 무효화하는 것일 뿐이다. 정화작용? 가난한 사람들을 도태시키는 것을 의미한다.

요점은 간단하다. 빈곤은 개인이 열등하고 게을러서 생겨난 것이므로 정부가 구제해서는 안 된다. 스펜서는 근대 자본주의사회의 모순에는 관심을 두지 않는다. 부익부 빈익빈이라는 근대 자본주의사회의 불평등 구조를 외면한다. 부와 지위를 가진 자는 생존 경쟁에서 승리한 유능한 자이고, 가난한 자는 생존 경쟁에서 패배한 열등한 자일 뿐이다.

오늘날 우리는 신자유주의자들에게서 같은 얘기를 듣는다. 빈곤은 개인의 문제이므로 복지 정책은 불필요하다. 복지 정책은 빈곤한 자들을 게으르게 하고 도덕적으로 해이하게 만든다. 복지 정책은 낭비일 뿐만 아니라 자생적인 사회의 질서를 교란하여 사회 발전을 저해한다. 용어만 바뀌었을 뿐, 알맹이는 스펜서의 주장 그대로다.

스펜서의 사상이 야기한 더욱 심각한 문제가 있다. 언제부터인가 우리 사회에서 무한 경쟁이 절대적 상황으로 여겨지고, '살아남아야 한다'가 가장 절박한 과제가 되었다. 또한 '1등 지상주의'가 최고의 가치로 자리 잡았다. 그 결과 인간이 추구해야 할 소중한 가치는 뒷전으로 밀리고, '스펙 쌓기'가 지상 과제가 되고 있다.

스펜서는 과학을 맹신했고 과학적 성과를 사회에 적용하고자 했다. 그러나 과학, 특히 생물학을 사회에 적용하면 끔찍한 결과를 낳을 수밖에 없다. 신자유주의는 경제학에서 출발했지만 사회를 자연과 같은 자생적 질서로 간주한다는 점에서 스펜서의 사상과 다르지 않다. 인간을 생존 경쟁에 내몰린 존재로만 인식할 뿐이다.

사회는 자연과 다르다. 사회는 인간이 활동하는 공간이기 때문이다. 그래서 인간 사회에는 과학적 법칙이 아니라 인간적 가치가 더욱 소중함을 잊어서는 안 될 것이다.

과학의 진보에
압도당한 인간을
부활시키다

베르그송 《창조적 진화》

사실에 대한 고찰을 실증과학에 맡기는 것이 신중한 것으로 보일 수도 있다. 물리학과 화학은 무기물질을 다루며, 생물학과 심리학은 생명의 현상들을 다룬다. 그때 철학자의 임무는 명백히 한정된다. 그는 과학자의 손으로부터 사실들과 법칙들을 물려받는다. 그것들을 넘어서서 심층적인 원인들에 도달하려 애쓰건, 또는 더 멀리 가는 것이 불가능하다고 믿고 과학적 인식의 분석 자체를 통해 그것을 증명하건, 양쪽 모두에서 철학자는 과학이 그에게 건네준 바와 같은 사실들과 관계들에 대해서 이미 판결이 난 사태에 당연히 따라오는 존경심을 가지고 있다. 이러한 인식에 철학자는 인식 능력 비판을 겹쳐놓거나, 그것이 잘 안 될 경우에는 형이상학을 겹쳐놓을 것이다. 한편 인식 그 자체, 그 구체성에 대해서는 과학이 할 일이며 철학의 일이 아니라고 생각한다. 그러나 이러한 이른바 작업 분담은 모든 것을 뒤섞어 혼란에 빠뜨리게 된다는 것을 왜 알지 못하는가?[20]

베르그송(Henri Louis Bergson, 1859~1941)은 《창조적 진화(L'evolution creatrice)》에서 당대 철학자들의 문제를 이렇게 진단했다. 철학자들은 사실과 법칙의 탐구를 과학자의 몫이라고 인식한다. 그래서 그들은 과학자들이 연구한 사실과 법칙에 철학적 용어만 얹어놓고 자신들의 역할을 다했다고 생각한다. 베르그송은 이러한 철학자의 자세에 대해 경고했다. 철학자와 과학자의 역할 분담은 모든 것을 뒤섞어 혼란에 빠뜨리게 된다!

《창조적 진화》는 1907년에 출판되었다. 당시 베르그송은 파리의 콜레주드프랑스에서 강의하고 있었다. 1900년부터 1924년까지 24년간 진행된 강의에는 전문가들뿐만 아니라 일반 대중까지 참여했다. 그 과정에서 《창조적 진화》가 발표되었다.

《창조적 진화》의 출판으로 베르그송은 국제적 명성을 얻었다. 이 책이 나온 이후 베르그송의 강의를 듣기 위해 프랑스 각지에서뿐만 아니라 외국에서도 찾아왔다. 4반세기에 걸쳐 베르그송이 인기를 누린 데에는 그만한 이유가 있었다.

베르그송은 19세기 후반에 대학을 다녔고, 또한 대학 교수가 되었다. 그래서 그는 19세기 유럽의 철학적 전통에 정통했다. 그는 강의를 통해 19세기 유럽의 철학적 전통을 결산하면서 그 전통을 반성하고 극복하고자 했다. 새로운 세기를 여는 새로운 철학을 제시하고자 했던 것이었다.

베르그송은 19세기 유럽 철학의 문제점을 철학자와 과학자의 잘못된 역할 분담에서 찾았다. 즉 철학이 과학에 의존하는 것이 문제라고 보았다. 사실에 대한 탐구는 과학자에게 맡겨두고, 철학자는 과학의 성과 위에 숟가락이나 얹으려는 태도를 갖는 것이 문제였다.

왜 이런 문제가 생겨났을까?

정신이 물질을 지배한다

베르그송과 동시대에 형성된 두 개의 학파, 즉 신칸트주의와 사회진화론을 살펴보자. 먼저 신칸트주의를 보자. 신칸트주의자들은 "칸트로 돌아가자!"는 구호를 내세우며 자신들이 칸트의 철학을 새롭게 계승한다고 했다. 그들은 무엇을 계승하고자 했는가?

독일의 철학자 칸트는 '철학이란 무엇인가' 하는 문제에 직면했다고 생각했다. 그 발단은 뉴턴의 등장으로 물리학이 독립 학문으로 떨어져 나간 것이었다. 유럽 철학은 고대 그리스의 플라톤과 아리스토텔레스 이후 '존재론'을 중심 주제로 했다. 우주 만물의 근원이 무엇인가를 철학의 제1 과제로 했다. 플라톤은 우주 만물의 근원을 '이데아'라고 했고, 아리스토텔레스는 '제1 원인'이라고 했다. 아리스토텔레스는 우주 만물의 근원을 밝히는 것이 형이상학이라고 했다.

그런데 뉴턴이 등장한 이후 우주 만물을 탐구하는 물리학이 독립 학문이 되자 철학은 무엇을 해야 하는가에 대한 문제가 제기될 수밖에 없었다. 칸트는 철학의 과제를 '존재론'에서 '인식론'으로 변경함으로써 해답을 찾고자 했다. 인식론이란 진리를 어떻게 알 수 있는가에 대한 탐구를 말한다. 칸트는 30여 년간의 사색 끝에 1781년 《순수이성비판》을 발표하여 인식론의 전환을 주장했다.

칸트는 자신의 발견을 '코페르니쿠스적 혁명'이라고 불렀다. 코페르니쿠스는 천체의 회전과 관련하여 지구중심론을 태양중심론으로 바꾸어놓았다. 칸트는 인식론에서 자신의 업적이 코페르니쿠스에 버금간다고 했다. 칸트는 "이제까지 사람들은 우리의 인식이 대상과 일치해야 한다고 가정했다. 그러나 이제 대상들이 우리의 인식과 일치해야 한다고 가정해보자"라고 했다.

이제까지 철학자들은 사물에 대한 인식이 그 사물에 따라가야 한다고 가정했는데, 칸트는 그 가정에 오류가 있다고 보았다. 칸트는 그 가정을 뒤집었다. 붕어빵 굽는 것을 예로 들어보자. 밀가루 반죽이 붕어빵의 모습으로 변하는 이유는 붕어빵의 틀 때문이다. 칸트는 인간에게 선험적으로 붕어빵의 틀과 같은 인식의 틀이 있다고 했다. 그래서 사물이 어떤 질서를 갖게 하는 것은 사물 자체가 아니라 인간의 정신이라고 주장했다.

칸트는 철학의 과제를 인식론으로 전환시킴으로써 결정적으로 철학과 과학을 분리시켰다. 우주 만물의 탐구는 과학의 영역이고, 철학은 인간 인식의 영역을 탐구한다. "칸트로 돌아가자!"고 외친 신칸트주의자들은 그런 분리를 끝까지 밀고 나갔다. 그들은 사회현상과 자연현상은 다르므로 자연에 대한 탐구 결과를 사회에 적용할 수 없다고 했다.

자연의 법칙을 그대로 사회에 적용할 수 없다는 주장은 올바른 것이었다. 문제는 칸트의 인식론을 무비판적으로 적용하려는 것이었다. 신칸트주의자들은 칸트의 인식론에 의거하여 인간의 정신이 사물을 지배한다고 보았다. 그러므로 객관적 사실보다는 인간 정신에 대한 탐구에 전력했다. 따라서 내용 없는 관념론으로 흐르고 말았다.

베르그송은 칸트의 인식론에 대해 이렇게 썼다.

결국 인식론을 위해 선택해야 할 세 가지, 오직 세 가지의 대안이 있다는 결론이 나온다. 정신이 사물의 지배를 받거나, 사물이 정신을 지배하거나, 아니면 사물과 정신 사이에 신비한 일치를 가정해야 한다. 그러나 사실은 제4의 선택지가 있는데 칸트는 그것을 생각하지 않은 것 같다. (…) 물질이 지성의 형식을 결정하는 것도 아니고, 지성이 물질에 자신의 형식을 부과하는 것도 아니며, 물질과 지성이 내가 모르는 어떤 예정 조화에 의해 상호 조정되는 것도 아니고, 지성과 물질은 점진적으로 상호 적응하면서 결국 하나의 공통된 형식에 이르게 되었다고 말하는 것으로 이루어진다.[21]

정신이 사물을 지배하는 것이 아니라 그 두 가지는 점진적인 상호 적응을 한다. 신칸트주의자들은 이 점을 간과했다는 것이다.

스펜서를 비판한 베르그송

사회진화론은 신칸트주의와 반대의 주장을 했다. 신칸트주의자들이 사회의 해석에서 과학의 탐구 성과를 무시했다면 사회진화론은 과학의 성과로 사회를 해석하고자 했다. 베르그송은 대학 시절부터 사회진화론의 창시자인 스펜서의 철학을 공부했다. 베르그송이 같은 프랑스인인 콩트의 실증주의 철학보다 스펜서의 철학에 열중한 이유는 진화론 때문이었다.

진화론은 베르그송 당대에 뜨거운 이슈였다. 특히 다윈이《종의 기원》을 발표한 이후 진화론은 생물학뿐만 아니라 철학 사상에서도 뜨거운 논쟁을 불러일으켰다. 스펜서는 생물학에서 발전한 진화론을 그대로 사회에 적용했다.

스펜서는 자연과 인간 사회가 다르지 않았고 보았다. 사회 역시 자연과 마찬가지로 자생적으로 생겨난 것이다. 따라서 사회 속에서 인간은 생존 경쟁을 하여 '적자생존의 법칙'에 따라 생존하거나 도태된다. 베르그송은《창조적 진화》의 '서문'에서 스펜서의 철학을 비판했다.

인식론과 생명 이론이 우리에게는 상호 불가분적인 것처럼 보인다는 것을 의미한다. 인식 비판을 수반하지 않는 생명 이론은 지성이 위임해준 개념들을 그대로 받아들여야만 한다. 그 경우 생명 이론은 결정적인 것으로 간주된 기존의 틀 속에 사실들을 강제적으로 가두어둘 수밖에 없다. 그렇게 해서 하나의 유용한 상징체계가 획득된다. 이것은 어쩌면 실증과학에는 필요할지 모르지만 생명적 대상에 대한 직접적인 소관은 아니다. 다른 한편, 인식론은 지성을 생명의 일반적 진화 속에 다시 위치시키지 않는다면 인식의 틀이 어떻게 해서 형성되었는지에 대해서도, 또한 어떻게 하면 그것을 확장하고 넘어설 수 있는지에 대해서도 가르쳐주지 않을 것이다. 인식론과 생명 이론이라는 이 두 가지 탐구는 재결합해야 하며 순환적 과정에 의해 서로를 무한히 전진시켜야 한다. 그 두 가지 탐구가 결합하면 철학이 제기하는 주요한 문제들을 더욱 확실하고, 경험에 더 근접하는 방법으로 해결할 수 있을 것이다. (…) 그러면 스펜서의 잘못된 진화론—이미 진화한 현 실재를 역시 진화한 작은 조각들로 분해하고, 실재를 이 단편들로 재구성하는, 그리고 그렇게 해서 설명할 모든 것을 미리 놓고 시작하는—은 실재가 그 발생과 성장 속에서 추적되는 진정한 진화론으로 바뀌게 될 것이다.[22]

베르그송은 스펜서의 철학이 인식론과 진화론을 결합하지 못했다고 했다. 진화론의 개념을 무비판적으로 받아들이고 적용한 결과 결정론처럼 되어버렸다는 것이다. 결정론은 자연 탐구에는 필요할지 모르지만 사회에 적용하면 오류가 생긴다. 인간과 사회의 운명이 미리 결정되어 있는 것이 되어버리기 때문이다.

따라서 인식론과 생명 이론을 재결합해야 한다. 이것은 베르그송이

《창조적 진화》를 쓴 이유이기도 하다. 인식론은 철학을 말하고 생명 이론은 진화론을 말한다. 베르그송은 바로 철학과 진화론의 재결합을 추구했던 것이다.

왜 그래야 하는가? 베르그송은 인식론을 진화론과 결부시키지 않으면 인식의 틀이 어떻게 형성되고 확장되는지를 알 수 없다고 했다. 인간의 인식은 어느 날 갑자기 하늘에서 뚝 떨어진 것이 아니다. 인간의 사고능력은 분명 진화의 과정에서 발전해왔다. 이것은 앞에서 서술한 신칸트주의에 대한 비판이기도 하다. 신칸트주의자들의 주장처럼 인간의 정신이 사물을 결정하고 지배한다면 인간의 정신은 어디에서 생겨났는지 알 수 없게 된다.

베르그송이 보기에는 스펜서의 철학이든 신칸트주의자들의 사상이든, 철학과 진화론을 결합하지 못한 것이었다. 스펜서가 진화론의 개념을 무비판적으로 사회에 적용하려 했다면 신칸트주의자들은 진화론의 성과를 무시했다.

스펜서의 철학과 신칸트주의는 서로 상반된 주장을 했지만 공통점이 있었다. 두 사상 모두 철학과 과학을 분리하여 사물에 대한 탐구를 과학의 영역으로 밀어버렸던 것이다. 이러한 분리의 극복이 베르그송의 철학적 과제였다.

미래는 결정되어 있는가

베르그송은 특히 스펜서의 진화론을 극복하고자 했다. 그래서 주저의 제목도 '창조적 진화'라고 했던 것이다.

'창조'와 '진화'는 얼핏 모순된 개념처럼 보인다. 오늘날까지도 생명의 기원과 관련하여 창조론과 진화론이 대립하고 있지 않은가. 그러나 베르그송은 종교에서 말하는 것과 다른 의미로 창조라는 말을 사용했다. 종교에서 창조란 무에서 유가 만들어지는 것을 의미한다. 그러나 베르그송은 연속적인 변화 속에서 일어나는 질적 비약을 창조라는 말로 표현했다.

베르그송이 오해의 여지가 있음에도 창조라는 말을 사용한 이유는 결정론을 부정하기 위해서였다. 스펜서는 진화론을 그대로 사회현상에 적용했다. 그 경우 진화론은 사회결정론이 되어버린다. 인간의 삶과 사회의 변화가 진화의 법칙에 따른 것이라면 인간에게는 자유, 사회에서는 보다 나은 삶을 위한 수많은 사람들의 노력이 아무런 의미가 없게 된다. 인간의 운명과 사회의 진행 방향은 이미 결정되어 있기 때문이다.

더욱이 스펜서의 사회진화론에 따르면 사회에는 적자생존의 법칙이 관철된다. 그러므로 수단과 방법을 가리지 않고 승리한 자가 정당화된다. 그뿐만 아니라 스펜서의 사회진화론은 제국주의자의 논리를 뒷받침하는 사상적 토대가 되었다. 제국주의 국가는 우월하고 식민지로 전락한 국가들은 열등하므로 제국주의의 지배는 정당한 것이 된다.

베르그송은 스펜서의 진화론에 내재된 결정론을 극복하려 했다. 그는 모든 생명체가 끊임없는 변화의 과정을 겪고 있다고 보았다. 그 과정에서 수없이 많은 질적 비약이 일어난다. 그러므로 하나의 생명체가 어떻게 변화하여왔고, 앞으로 어떻게 변화할 것인지를 예측하기는 쉽지 않다. 그러나 결정론은 변화의 과정과 방향이 결정되어 있다고 본다. 베르그송은 그러한 결정론이 오류를 낳을 수밖에 없다고 보았다.

베르그송이 보기에 결정론적 사고는 스펜서의 철학에만 한정된 것이 아니다. 이는 이전 시기 유럽 철학에 두루 나타났던 문제였다. 베르그송은 결정론적 사고의 이면에 기계론과 목적론이 있다고 보았다.

먼저 기계론부터 보자. 기계론은 생명을 일종의 기계장치로 보는 사고다. 이런 사고방식은 프랑스의 철학자 데카르트로부터 시작하여 베르그송 당대에도 널리 퍼져 있었다. 베르그송은 기계론에 반대하여 생명의 진화를 통해 인간과 같은 유기체가 결코 단순한 기계장치가 아니라는 사실을 알 수 있다고 했다. 특히 베르그송은 시간의 개념을 도입하여 기계론에 반대했다.

기계론적 설명은 우리의 사유가 전체로부터 인위적으로 분리시키는 체계들에 대해 유효하다. 그러나 전체 그 자체와 이 전체 속에서 그것의 이미지를 따라 자연적으로 형성되는 체계들을 기계적으로 설명하는 것은 선험적으로 인정할 수 없다. 왜냐하면 그 경우 시간은 무용하게 될 것이고 심지어 실재하지 않게 될 것이기 때문이다. 기계적 설명의 본질은 사실상 과거와 미래를 현재의 함수로 계산할 수 있다고 간주하고, 그렇게 해서 모든 것이 주어졌다고 주장하는 것이다. 이 가설에서 계산을 할 수 있는 초인간적 지성이 있다면 그는 단번에 과거, 현재, 미래를 볼 수 있게 될 것이다.[23]

한 시간에 10개의 물건을 생산할 수 있는 기계가 있다고 해보자. 지금 50개의 물건이 있다면 다섯 시간 전부터 그 기계를 가동한 것이다. 마찬가지로 앞으로 다섯 시간 동안 기계를 가동한다면 50개의 물건이 더 만들어질 것이다. 그러나 생명체의 경우는 다르다. 예를 들어 다섯 살인 아이의 키가 1미터라고 해보자. 기계론에 따르면 이 아이는 1년에 20센티미터씩 키가 큰 것이다. 그리고 아이가 열 살이 되면 키는 2미터가 될 것이다.

인간에 대한 기계론적 설명이 타당하지 않음을 알 수 있다. 아이의 키는 1년에 1센티미터밖에 자라지 못하는 때도 있고 10센티미터씩 자라는 때도 있다. 그리고 열 살 난 아이의 키가 2미터에 이른다는 것은 상상하기 어렵다. 과거의 경우라면 매년 아이의 신장을 잼으로써 몇 센티미터씩 성장해왔는지 알 수 있다. 그러나 미래에 어떻게 될지는 알 수 없다.

베르그송에 따르면, 기계론자들은 아이의 현재 상태를 기준으로 과거와 미래를 계산한다. 그런 계산법은 결코 타당하지 않다. '초인간적 지성', 즉 신이라면 과거-현재-미래를 단번에 알 수 있을 것이다. 그러나 '초인간적 지성'을 전제하는 것은 철학도 아니고 과학도 아니다.

다음으로 목적론에 대해 알아보자. 목적론은 세계 안에서 일어나는 모든 일을 목적과 연결시켜 설명한다. 그 대표적인 예가 독일 철학자 라이프니츠(Gottfried Wilhelm Leibniz, 1646~1716)의 예정조화설이다. 예정조화설은 인간을 포함한 우주 질서의 조화가 신에 의해 예정되어 있다는 것이다. 만약 그렇다면 사물과 존재들은 미리 그려진 계획을 실현하는 것에 불과하다는 의미다.

베르그송은 목적론에 대해 이렇게 비판했다.

만약 예측 불가능한 것이 없다면 우주에는 발명도 없고 창조도 없
으며, 시간은 여전히 무용하게 된다. 기계론적 가설에서처럼 여기
서도 역시 모든 것이 주어졌다고 가정된다. 이와 같이 이해되었을
때 목적론은 거꾸로 된 기계론에 불과하다.[24]

목적론은 거꾸로 된 기계론이다. 앞에서 서술한 아이의 키 사례를
다시 들어보자. 기계론자라면 아이의 키가 5년 후에 2미터가 된다고
말할 것이고, 목적론자라면 아이의 키가 열 살이 되었을 때 2미터가 되
도록 예정되어 있다고 말할 것이다. 목적론 역시 결정론일 뿐이다.

생명은 창조적으로 진화한다

베르그송이 볼 때 과학은 이성의 작품이다. 반면 철학은 직관의 작품
이다. 베르그송의 정의는 독특하다. 전통적인 주장과 달리 베르그송은
이성이 행동을 목표로 하고 직관은 사색의 역할을 한다고 했다. 그러
면 철학과 과학의 올바른 관계는 무엇인가? 베르그송은 이렇게 썼다.

철학은 과학을 따라가면서 과학적 진리 위에 형이상학이라고 부를
수 있는 아주 새로운 종류의 인식을 겹쳐놓아야 할 것이다. 그러면

과학적이든 형이상학적이든 간에 우리의 모든 인식은 되살아난다. 우리는 절대적인 것 속에 위치하고 순환하며 살아간다. 우리가 거기서 가지는 인식은 아마 불완전할 것이다. 그러나 그것은 외적이거나 상대적인 것이 아니다. 우리는 과학과 철학을 결합하여 점진적으로 발달시키면서 존재 자체의 심층에 도달한다.[25]

과학은 이성의 작품이므로 철학은 여기 근거해야 한다. 그러나 철학은 과학을 무조건 따라가지 않는다. 철학은 과학의 업적을 직관할 수 있어야 한다. 즉 사색을 통해 과학적 업적을 숙고해보아야 한다. 베르그송은 그것이 과학과 철학의 관계를 재정립하는 것이라고 보았다.

그 사례로, 베르그송은 다윈을 비롯한 생물학자들의 진화론을 검토하여 그들과 다른 진화의 개념을 정립했다. 생물학자들의 주장에는 공통점이 있다. 자연에서 치열한 생존 경쟁을 벌이고, 환경에 잘 적응한 개체 혹은 종이 생존한다는 것이다. 즉 그들은 환경에 잘 적응한 개체가 생존한다는 적자생존을 공통적으로 말한다. 다만 라마르크는 환경에 유리하게 신체 기관을 발전시킨 개체가 생존한다고 했고, 다윈은 유리하게 돌연변이를 일으킨 개체가 생존한다고 했다.

베르그송은 진화의 의미를 생물학자들과 달리 사용했다. 진화란 지속과 생명력의 축적, 생명과 정신의 발명력, 그리고 절대적으로 새로운 것의 끊임없는 전개라는 것이다. 생물학자들이 사용하는 진화의 개념은 기계론적이다. 그러나 생명의 진화는 기계론적 메커니즘에 의해 이루어지는 것이 아니다. 생명은 기계장치 이상의 것이기 때문이다.

베르그송은 생명이란 성장하고 자신을 회복하며 환경을 어느 정도 마음대로 만들어낼 수 있는 힘이라고 결론짓는다.

베르그송은 생명의 진화를 세 가지로 구분했다. 첫째, 생명이 거의 물질적인 식물의 무감각에 빠져 있는 경우 나태하게 안전만을 추구하여 수천 년 동안 비겁하게 살아남는다. 둘째, 개미나 벌과 같은 경우 생명의 정신과 노력이 본능으로 응결된다. 이 두 가지 경우 생물학자들이 주장하는 진화론으로 설명할 수 있다.

그러나 셋째, 척추동물의 경우는 다르다. 생명이 자유를 추구하여 본능을 벗어버리고 용감하게 사고의 무한한 모험을 감행한다. 생명은 이성에 관심을 갖게 되고 이성에서 희망을 찾게 된다. 이 경우의 진화는 생물학자들이 주장하듯 자연의 선택에 의한 것이 아니다. 또한 생명 외적인 어떤 계획에 의해 일어나는 것도 아니다. 즉 창조적 진화가 일어난다.

창조적 진화란 생명의 자유로운 활동에 의해 일어나는 진화를 말한다. 그래서 창조적 진화라는 개념은 인간을 새롭게 인식할 수 있게 했다. 인간은 결코 세계라는 큰 기계의 한 부품이 아니다. 스스로 자기 역할을 찾고 창조해가는 존재다. 베르그송은 과학의 진보에 압도되어 왜소해져가던 인간을 다시 부활시킨 셈이다.

과학혁명이
패러다임을
바꾼다

토머스 쿤 《과학혁명의 구조》

거의 모든 경우 '과학'이라는 용어는 확실한 방식으로 발전이 일어
나는 분야에만 쓰인다. 이 성격이 가장 명확히 드러나는 것은 이런
저런 현대의 사회과학들이 참으로 과학인가에 관한 되풀이되는 논
쟁에서다. (…) 전체를 통틀어서 그것들의 표면적 주제는 그 난감한
용어의 정의다. 어떤 사람들은 예컨대 심리학은 이러저러한 특성
들을 가지고 있는 까닭에 과학이라고 주장한다. 다른 사람들은 그
런 특성들은 한 분야를 하나의 과학으로 성립시키는 데에 불필요
하거나 충분치 않다고 반박한다. 이런 싸움에서는 흔히 막중한 노

력이 투입되고 뜨거운 열정이 솟아나기도 해서 바깥에서 보는 사
람은 이유를 알지 못해 어리둥절해진다. '과학'의 정의가 그렇게 대
단한 것인가?[26]

토머스 쿤(Thomas Samuel Kuhn, 1922~1996)은 도발적으로 문제를
제기했다. 《과학혁명의 구조(The Structure of Scientific Revolutions)》
는 1962년에 출판되었다. 지금도 마찬가지이지만 그 책이 출판될 당
시에도 사람들은 과학을 대단하게 여겼다. 책이 출판되기 불과 1년 전
에 소련의 비행사 유리 가가린(Yury Alekseevich Gagarin, 1934~1968)
이 인류 최초로 우주 비행에 성공했다. 과학의 발전에 힘입어 인류는
지구 바깥으로 나아갔던 것이다. 사람들은 과학에 더욱 열광할 수밖에
없었다.

그런데 쿤은 "과학의 정의가 그렇게 대단한 것인가?"라고 물었다.
쿤은 물리학을 전공한 학생이고, 과학의 역사를 연구한 학자이며, 과
학철학에 관심을 기울인 철학자였다. 이러한 인물이 과학의 정의가 중
요함을 몰랐을 리가 없다. 그러나 그는 도발적인 질문을 통해 과학이
무엇인지를 다시 한 번 생각해보자고 했던 것이다.

우리는 흔히 '과학의 시대'를 살고 있다고 한다. 과학의 시대란 과학
이 발전하고 그것에 의해 물질문명이 발달하는 시대만을 의미하지 않
는다. 과학의 시대란 과학이 중세 시대의 종교와 같은 역할을 하는 시
대를 말한다.

중세 시대에는 모든 지식이 진리로 인정받기 위해 종교의 권위를 빌

려야 했다. 현대사회에서는 사람들이 자신의 주장을 정당화하기 위해 권위 있는 증거로서 과학을 제시하고 싶어 한다. 그리하여 자신의 주장을 입증하고자 하는 사람들은 자신의 주장을 과학적이라고 주장하거나, 최소한 과학이 제시하는 사실들에 어떻게든 연결되어 있음을 보이려고 한다.

쿤이 예로 든 심리학을 둘러싼 논쟁은 '과학 시대'의 한 단면을 잘 보여준다. 심리학을 하는 사람들은 심리학이 과학이라고 한다. 그런 주장을 하는 이유는 심리학이 권위 있는 학문으로 인정받기를 바라기 때문이다. 다른 사람들은 심리학이 과학이 아니라고 한다. 심리학을 하나의 학문으로 인정하고 싶지 않기 때문이다.

그러면 과학에 대한 무한한 신뢰감은 어디에서 나오는 것일까? 언뜻 생각해본다면, 일상생활에 필요한 여러 가지 기계들에서부터 원자폭탄이라는 가공할 무기까지, 우리의 삶과 직간접적으로 연관되는 여러 가지 것들을 만들어낸 과학의 위력에 대한 존경심 때문일 수 있다.

그러나 조금 더 따지고 들어가면, 과학에 대한 신뢰는 과학에 관한 일반화된 관념과 관련되어 있음을 알 수 있다. 즉 '과학은 항상 엄밀하고 객관적이며 합리적'이라는 과학관이 과학에 대한 무한한 신뢰감의 밑바닥에 깔려 있다. 이러한 과학관은 전문가든 비전문가든 관계없이 거의 모든 사람들에게 '상식'으로 받아들여지고 있다.

그런데 토머스 쿤은 그 '상식'이 올바른 것인지 의문을 제기했다.

패러다임을 깨닫다

오래전부터 철학은 과학적 방법을 중시해왔다. 여기에서 과학적 방법이란 자연과학의 연구 방법을 의미한다. 16세기 영국의 철학자 베이컨은 관찰과 실험을 통해 얻은 지식 이외에는 진리가 아니라고 했다. 그 뒤를 이어 프랑스의 철학자 데카르트는 기하학의 방법을 이용해야 진리에 도달할 수 있다고 했다.

철학자든 학자든 진리를 추구한다. 그런데 항상 어떻게 객관적 진리에 도달할 것인가 하는 문제에 봉착한다. 그래서 철학자 혹은 학자의 주관성을 배제할 방법을 찾게 된다. 과학적 방법을 도입하자고 주장하는 이유가 여기에 있다. 과학적 방법은 철학자나 학자의 주관성을 배제하는 최상의 방법으로 여겨졌기 때문이다. 예를 들어 돌 두 개에 돌 두 개를 합하면 돌 네 개가 된다. 이 명백한 진리에는 인간의 주관성이 개입할 여지가 전혀 없다. 이런 엄밀한 방법을 사용해야 객관적 진리를 얻을 수 있다는 것이다.

자연과학이 발전하자 과학적 방법에 대한 확신은 더욱 강해졌다. 철학뿐만 아니라 사회현상을 탐구하는 모든 학문에 과학적 방법을 도입해야 한다는 요구가 거세졌다. 19세기 중반에 프랑스의 철학자 콩트는 과학적 방법을 사회현상 분석에 도입하자면서 실증주의를 제창했다. 실증주의란 오로지 객관적 사실만을 토대로 인간과 사회, 그리고 역사를 설명하자는 주장이다. 실증주의는 오늘날까지도 인문학과 사회과학 전반에 지대한 영향을 미치고 있다.

그런데 과연 과학적 방법은 객관적이고 합리적인가? 이런 의문에 대한 검토는 제대로 이루어지지 않았다. 학문의 엄밀성을 추구한다면서도 과학적 방법에 대한 엄밀한 검토는 간과되었다. 자연과학에서 잇달아 중요한 발견이 이루어지자 과학적 방법의 엄밀성, 객관성, 합리성은 당연한 것으로 받아들여졌기 때문이다.

그러나 20세기에 들어서면서 과학적 방법에 대해 조심스럽게 의문이 제기되기 시작했다. 1950년대 후반에 이르자 문제를 제기하는 목소리가 높아졌고, 마침내 1962년에 쿤이 《과학혁명의 구조》를 발표하면서 문제 제기가 공식화되었다.

과학적 방법의 엄밀성, 객관성, 합리성에 대한 문제 제기는 자연과학자가 하는 것이 적당했다. 사회현상 분석의 타당성을 다투는 문제가 아니라 자연과학자들이 어떻게 연구를 진행하는가를 따지는 문제였기 때문이다.

쿤은 하버드 대학과 대학원에서 물리학을 전공한 자연과학자였다. 그는 대학을 졸업한 후 하버드 대학의 특별연구원 모임에 참여했다. 이때부터 그는 과학사에 관심을 갖게 되었다. 알렉상드르 쿠아레(Alexandre Koyre, 1892~1964), 에밀 메이에르송(Emile Heyerson, 1859~1933) 등의 연구 업적을 접했기 때문이다. 그들은 코페르니쿠스, 갈릴레이(Galileo Galilei, 1564~1642), 뉴턴 등 천문학과 물리학에 혁혁한 공로가 있는 과학자들의 업적을 과학사적 측면에서 연구했다.

쿤은 본격적으로 과학사와 관련한 선행 연구들을 분석했다. 쿤의 연구 분야는 자연과학에만 한정되지 않았다. 그는 과학사 연구 논문에 붙은 각주를 보고 다른 분야의 학문에도 관심을 갖게 되었다. 장 피아제(Jean Piaget, 1896~1980)의 심리학을 공부했고, 언어학과 사회학에도 관심을 기울이게 되었다.

쿤은 행동과학고등연구소의 초청을 받아 그곳에서 2년간 생활하면서 자신의 사상을 확고하게 다지게 되었다. 그 연구소에서 그는 사회과학자들과 함께 연구했다. 그때의 경험에 대해 쿤은 이렇게 썼다.

보다 중요한 것은 주로 사회과학자들로 구성된 공동체에서 생활을 함으로써 내가 쭉 훈련받아온 자연과학자들의 사회와 그 사회와의 차이에 대해서 미처 예기치 않은 문제들을 겪게 된 것이었다. 특히 정당한 과학적 문제와 방법의 본질에 대해서 사회과학자들 사이의 공공연한 의견 대립이 대단한 것에 나는 충격을 받았다. 과학의 역사와 그러한 인식은 둘 다 나로 하여금 자연과학에 종사하는 사람들이 사회과학 분야의 동료들보다 그런 질문에 대한 보다 확고하고 영속적인 답변을 가지고 있다는 사실을 의심하게 만들었다. 그러나 어쨌든 천문학, 물리학, 화학 또는 생물학의 과학 활동은 오늘날의 심리학자나 사회학자들이 안고 있는 것으로 보이는 기본적인 문제들에 대한 논쟁을 불러일으키지 않는 것이 보통이다. 이러한 차이의 근원을 찾아내려는 시도로 말미암아 나는 '패러다임(paradigm)'이라고 그때부터 불러온 것이 과학적 탐구에서 지니는 역할에 관하여 깨닫게 되었다.[27]

사회과학자들은 서로 공공연하게 논쟁을 한다. 그러나 자연과학자들은 기본적인 문제들에 대해서도 논쟁을 하지 않는다. 왜 그럴까? 우리도 흔히 경험하는 일이다. 하나의 사회현상을 두고 의견을 달리하는 학자들이 텔레비전 프로그램에 출연하여 논쟁하는 모습을 자주 본다. 그러나 자연과학자들이 논쟁하는 모습은 보기 힘들다.

쿤은 사회과학자와 자연과학자의 차이에 주목했다. 그 차이의 근원을 밝히기 위해 연구한 끝에 '패러다임'이 자연과학자들의 탐구에 결정적 역할을 한다는 사실을 깨달았다.

패러다임은 정치에서 '제도'와 같다

그러면 패러다임이란 무엇인가? 쿤이 《과학혁명의 구조》에서 사용한 이후 '패러다임'이라는 말은 학문 연구뿐만 아니라 일상생활에서도 흔히 사용하는 말이 되었다. 쿤은 패러다임을 어느 일정한 시대에 과학자들이 공유한 신념이나 가치, 문제 풀이 방식 등을 가리키는 말로 사용했다.

예를 들면 프톨레마이오스의 천문학과 코페르니쿠스의 천문학은 각기 다른 패러다임이다. 프톨레마이오스는 태양이 지구 주위를 돈다는 지구중심설을 주장했고, 코페르니쿠스는 지구가 태양 주위를 돈다는 태양중심설을 주장했다. 그런데 어느 시대에는 과학자들이 프톨레마이오스의 주장을 공유했다. 즉 그의 주장이 패러다임이었던 것이다. 마찬가지로 다른 시대에는 코페르니쿠스의 천문학이 패러다임이 되어 과학자들에게 공유된다.

쿤은 패러다임을 과학의 발전과 연관 지어 사용했다. 따라서 패러다임의 의미를 좀 더 정확히 이해하려면 쿤이 주장하는 과학의 발전 과정을 살펴보아야 한다.

먼저 쿤과 대비되는 오스트리아 출신 영국 철학자 칼 포퍼(Karl Raimund Popper, 1902~1994)가 주장하는 과학의 발전 과정을 보자. 그는 그 과정을 다음과 같이 요약했다.

> 기존 이론으로 설명할 수 없는 현상의 발견
> ▼
> 이를 설명하기 위한 새로운 가설의 제기
> ▼
> 이 가설의 검증
> ▼
> 검증 결과에 따른 가설의 폐기 또는 이론으로서의 정립

우리는 흔히 포퍼가 제시한 과정을 통해 과학이 발전한다고 생각한다. 포퍼의 주장은 교과서에도 등장하는 '상식화'된 견해다. 과학은 '가설-검증'의 절차를 거쳐 발전하기 때문에 엄밀하고도 합리적이다. 또한 과학은 기존의 이론 위에 벽돌을 한 장 한 장 쌓아가듯이 발전하므로 점진적으로 발전한다.

그러나 쿤의 생각은 달랐다. 그는 과학의 발전 과정을 정치혁명에 비유했다. 그렇게 말한 부분을 보자.

정치적 발전과 과학의 발전 사이에는 엄청난 본질적인 차이가 있음에도 불구하고 어떠한 유비관계가 양쪽에서 혁명을 발견하는 은유를 정당화시키는가? (…) 정치혁명이란 기존 제도가 주위의 상황에 의해서 제기되는 문제들을 이제 더 이상 적절하게 해결할 수 없다는 의식이 흔히 정치적 사회의 집단에 편재되어 팽배하면서 시작된다. 이와 비슷한 방식으로 과학혁명이란 기존 패러다임이 자연현상에 대한 다각적인 탐사에서 이전에는 그 방법을 주도했으나 이제 더 이상 적절하게 구실을 하지 못한다는 의식이 과학자 사회의 좁은 분야에 국한되어 점차로 증대하면서 시작된다. 정치적, 과학적 발전의 양쪽에서 위기로 몰고 갈 수 있는 기능적 결함을 깨닫는 것은 혁명의 선행조건이다.[28]

패러다임은 정치에서 '제도'와 같은 것이라고 했다. 기존의 제도가 문제의 해결책이 될 수 없을 때 정치혁명이 일어나듯이, 기존의 패러다임이 자연현상에 대한 탐구에서 역할을 할 수 없을 때 과학혁명이 일어난다. 정치혁명을 통해 제도가 바뀌듯 과학혁명을 통해 패러다임이 바뀐다.

코페르니쿠스 혁명을 예로 들어보자. 프톨레마이오스는 지구중심설을 주장했다. 그것은 항성과 행성의 위치 변화를 예측하는 데 신통하게도 잘 맞았다. 그러나 한두 가지 사소한 부분에서는 관측 결과와 오차가 있었다. 그래서 그의 이론을 신봉하는 학자들은 오차를 없애려고 노력했다.

코페르니쿠스 역시 처음에는 프톨레마이오스의 이론에 따라 관측을 시도했다. 그러나 오차를 없앨 수는 없었다. 그는 프톨레마이오스식 패러다임이 제구실을 할 수 없음을 깨달았다. 그래서 그것을 거부하고 새로운 패러다임을 찾기 시작했다.

이렇게 시작된 코페르니쿠스의 혁명은 패러다임의 교체를 가져왔다. 그 과정은 포퍼가 주장하는 점진적 과정과 달랐다. 벽돌을 쌓듯이 축적되는 과정이 아니라 기존의 이론과 단절하는 과정이었다. 그래서 쿤은 과학의 발전이 혁명을 통해 이루어진다고 했다.

과학혁명은 일조일석(一朝一夕)에 이루어지지 않는다. 프톨레마이오스가 지구중심설을 주장한 것은 기원전 2세기였다. 코페르니쿠스가 태양중심설을 주장한 것은 16세기였다. 패러다임의 교체에 무려 1800년 이상의 세월이 걸렸던 것이다.

왜 이렇게 오랜 시간이 걸리는 것일까? 바로 패러다임의 역할 때문이다. 패러다임은 학자들에게 연구 주제와 방법을 제시해주는 역할을 한다. 학자들은 하나의 패러다임 안에서 생각을 하고 연구를 한다. 자연과학자들 사이에 논쟁이 없는 이유가 여기에 있다.

이것은 과학 연구가 결코 과학자의 주관성을 배제한 것이 아님을 말해주는 것이다. 쿤이 패러다임이란 개념을 통해 밝히려던 것이 바로 그것이다. 과학이 반드시 객관적인 것은 아니라는 사실 말이다.

과학혁명은 다수결로 이루어진다

쿤이 제시한 '과학혁명의 구조'를 요약하면 다음과 같다.

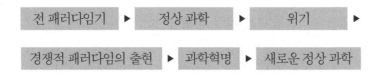

'전 패러다임기'란 하나의 패러다임이 아니라 여러 학파의 학설들이 난립하여 경쟁하는 시기를 말한다. 그러다가 하나의 학파가 승리하여 '정상 과학'의 단계가 시작된다. 정상 과학은 '그 분야의 모든 과학자가 하나의 패러다임에 근거하여 연구 활동을 하는 과학'을 의미한다. 예를 들면 근대 이전에는 아리스토텔레스의 역학, 프톨레마이오스의 천문학 등이 정상 과학이었다.

그런데 과학 연구를 하다 보면 기존의 이론과 맞지 않는 현상들이 나타나게 마련이다. 이때 과학자들은 패러다임을 변형시키거나 보조적인 가설을 세움으로써 기존 패러다임을 유지하려고 애쓴다. 그러나 기존의 패러다임으로 설명할 수 없는 사실이 계속 존재하게 되면 기존 패러다임이 제 역할을 다하지 못하게 된다.

이에 따라 '위기'가 초래된다. 쿤은 모든 과학자들이 위기를 인식해야 위기 상황이 되는 것은 아니라고 했다. 정치혁명에서 소수가 기존 제도의 문제를 느끼고 새로운 대안을 찾듯이, 과학에서도 소수가 기존 패러다임의 문제를 인식하는 것이 바로 위기라는 것이다.

위기를 인식한 소수의 혁신적인 과학자들이 새로운 학설들을 제기한다. 앞에서 서술한 포퍼의 의견에 따르면 새로운 학설은 새로운 가설이므로 검증을 받아야 한다. 그러나 실제로는 검증이 아니라 박해를 받았다.

코페르니쿠스의 태양중심설을 보자. 그것이 발표되자 과학계 내에서 검증을 진행한 것이 아니라 배척을 했다. 극소수의 학자들만이 태양중심설을 지지했고 그중 갈릴레이는 태양중심설을 신봉한다는 이유로 종교재판까지 받아야 했다.

그러나 결국에는 새롭게 등장한 학설들이 기존 패러다임과 경쟁을 벌이게 된다. 그러다가 새로운 학설들 중 하나가 승리하게 되면 '새로운 정상 과학의 시기'가 시작된다. 아리스토텔레스의 역학을 대체하여 뉴턴의 역학이 새로운 패러다임이 되고, 프톨레마이오스의 천문학을 대체하여 코페르니쿠스의 천문학이 새로운 패러다임이 되는 것이다.

쿤은 새로운 패러다임으로 대체되는 과정 역시 정치혁명의 과정과 흡사하다고 말한다.

정치적 및 과학적 발전 사이의 원천적 유사성의 측면은 더 이상 의심할 여지가 없다. 그러나 그 원천적 유사성의 의미도 제2의 보다 심오한 측면을 지니고 있다. (…) (정치혁명에서) 위기가 심화됨에 따라서 새로운 제도의 틀 속에서 사회를 재구성하는 어떤 구체적인 대안을 밝히게 된다. 그 시점에 이르면 그 사회는 여러 갈래의 경쟁적 진영이나 당파로 나뉘게 되는데, (…) 혁명의 투쟁에 나선 당파들은 결국 흔히들 무력을 포함한 대중 설득의 기술에 호소해야 하기에 이른다. (…) 서로 경쟁하는 정치제도들 사이의 선택과 마찬가지로, 경쟁하는 패러다임들 사이의 선택은 과학자 사회생활의 양립되지 않는 양식 사이에서의 선택이라는 것이 밝혀진다.[29]

정치혁명에서 승리하는 당파는 반드시 논리적 합리성을 가진 당파가 아니다. 대중을 설득하여 다수의 지지를 얻는 당파가 승리한다. 과학혁명의 과정 역시 마찬가지다. 과학혁명에서 새로운 패러다임의 선택은 객관적 증거와 논리에 따른 것이 아니다. 하나의 패러다임이 과학자 집단을 설득하여 다수의 동의를 얻음으로써 이루어진다.

과학자들은 기존의 패러다임과 새로운 이론 사이에서 선택을 해야한다. 새로운 이론의 선택이 쉽지는 않다. 쿤은 "경쟁하는 패러다임들 사이의 선택은 과학자 사회생활의 양립되지 않는 양식 사이에서의 선택"이라고 했다. 과학자가 새로운 이론을 선택한다는 것은 기존 관계와 단절한다는 것을 의미한다. 함께 연구하고 생활했던 과학자 집단으로부터의 이탈이기 때문이다.

그러나 새로운 패러다임의 설득력이 높아짐에 따라 대부분의 과학자들은 새로운 패러다임을 받아들이게 된다. 그 과정을 쿤은 이렇게 썼다.

패러다임의 새로운 후보는 당초에는 지지자도 거의 없고 지지자의 동기도 의심스러운 경우가 많다. 그럼에도 불구하고 지지자들이 유능한 경우에는 패러다임을 개량하고, 그 가능성을 탐구하고, 그것에 의해 인도되는 과학자 사회가 어떤 것이 되는가를 보여주게 된다. 그리고 그런 일이 진행됨에 따라서 만일 패러다임이 투쟁에서 승리를 거둘 운명이라면 설득력 있는 논증들의 수효와 강도가 증강될 것이다. 그에 따라서 보다 많은 과학자들이 개종할 것이고 새 패러다임의 탐사 작업이 계속될 것이다. (…) 계속해서 새로운 관점이 효과적임에 납득된 더 많은 사람들이 정상 과학을 수행하는 새로운 방식을 채택하게 되면서 결국 소수의 나이 많은 저항자들만이 남을 것이다.[30]

이렇게 해서 새로운 패러다임이 기존 패러다임을 교체하게 되어 과학혁명이 완성된다. 그리고 새로운 정상 과학이 시작된다. 이렇듯 과학혁명은 과학적 성과에 기초하지만 다수결에 의해 이루어진다.

쿤의 '과학혁명'

쿤은 과학이 엄밀하고 객관적이며 합리적이라는 과학관에 결정적인 타격을 가했다. 그는 과학 연구가 반드시 객관적이거나 합리적으로 진행되는 것이 아니라는 사실을 과학사 연구를 통해 제시했다. 그는 많은 사람들이 생각하는 것과 달리 과학자 집단의 권위와 과학자 개인의 주관적 신념이 과학 연구에서 많은 역할을 하고 있다고 주장했다. 그래서 과학의 역사는 하나의 신념에 입각한 지배적 이론이 새로운 신념에 입각한 또 다른 이론에 의해 '혁명적'으로 교체되는 방식으로 발전해왔다고 한 것이다.

쿤의 철학에서 핵심 개념은 '패러다임'이다. 패러다임이란 정치적으로는 하나의 제도이고 철학적으로는 하나의 신념체계를 의미한다. 과학적으로는 과학자들이 공유한 신념이나 가치, 문제 풀이 방식을 말한다. 즉 패러다임은 특정 시기의 과학자 집단이 공유하는 문제 해결 모델이다.

쿤에 따르면, 대부분의 과학적 연구 활동은 새로운 이론을 탐구하는 작업이 아니다. 자신들의 신념인 기존의 패러다임을 적용해 새롭게 등장하는 문제를 해결하는 작업이다. 그러므로 자연과학은 끊임없이 자기 자신의 전제에 대해 물음을 던지고 새로 시작하는 것이 아니다. 이미 과학자 집단에 의해 공인된 패러다임 위에서 여러 가지 문제들을 해결하는 것이다.

그래서 과학은 엄밀하고 객관적이며 합리적이지 않다. 쿤에 따르면, 하나의 패러다임이 과학자들 사이에서 공유되는 정상 과학의 시기에 과학자들은 엄정하게 객관적인 눈으로 자연을 관찰하는 것이 아니다. 교과서에서 습득한 세계관과 가치 기준, 그리고 문제 해결 방식에 따라 대상을 바라보고 연구한다. 즉 과학자의 연구에는 그의 주관이 강력하게 영향을 미친다.

그래서 실제 관찰에서 패러다임에 부합하지 않는 사례들이 발견되어도 초기에는 과학자 집단이 크게 동요하지 않는다. 패러다임에 대한 믿음이 있기 때문에 패러다임에 부합하지 않는 사례는 기껏해야 '예외'로 치부되어버릴 뿐이다. 그래서 쿤은 엄정한 자연 관찰과 실험을 통해서 과학적 이론에 도달할 수 있다는 과학관을 비판한다. 그렇게 해서 한결같이 객관적이고 합리적인 것으로 신성시되던 과학적 방법은 그 신화적 광채를 잃게 되었다.

쿤은 여기서 더 나아간다. 과학 연구의 대상이 되는 자연현상조차 연구자에 따라 달리 선택된다고 했다. 어떤 과학자가 가진 선입견과 그의 시대를 지배하는 패러다임에 따라 연구하는 자연현상이 달라지고, 그 현상에서 강조하는 측면이 달라진다는 것이다. 따라서 과학자들은 주로 자신의 주장을 입증하기에 유리한 현상들만을 강조하고 불리한 현상들은 외면하려 한다는 것이다.

관찰 대상의 선택에 과학자의 주관이 영향을 미치고 과학자의 생각에 특정 패러다임이 영향을 미친다면, '과학 연구는 과학자의 주관적인 가치관과는 별개로 객관적 관찰만으로 이루어진다'는 '과학의 객관성'에 대한 믿음은 무너지지 않을 수 없다.

유럽의 중세가 '종교의 시대'로 기록되었듯, 유럽의 20세기 이후는 '과학의 시대'로 기록될 것이 분명하다. 그런데 갈릴레이를 심판하던 중세 기독교의 영토는 유럽으로 제한되어 있었지만 과학은 전 지구에서 힘을 떨치고 있다. 이러한 시대의 한복판에서 쿤은 과학관의 '혁명가' 역할을 했다. 이제 과학을 얘기하면서 쿤을 빼놓을 수는 없게 되었다. 쿤의 연구 덕분에 과학이 반드시 객관적인 것만은 아니며, 과학에도 비합리적 요소가 다소 내포되어 있다는 것이 어느 정도 공인된 사실이 되었다.

그래도 문제는 남았다. 그렇다면 진리에 도달할 수 있는 방법은 무엇인가? 쿤은 이 질문에 어떠한 대답도 내놓지 않았다. 그러나 우리는 쿤이 보여준 태도에서 답을 찾을 수 있다. 쿤은 과학에 관한 통찰력을 보여주었다. 바로 이 통찰력이 진리에 도달하는 방법인 것이다.

전문가 혹은 학자만이 통찰력을 가질 수 있는 것은 아니다. 상식에 도전하라. 그리고 주변 상황을 관찰하라. 통찰력은 그렇게 배양되는 것이다.

9

종교에는
인간 존중의
철학이
담겨 있다

정약용의 행적을 평가하는 천주교계와 철학계의 입장은 엇갈린다. 천주교계에서는 정약용이 세례를 받았으므로 천주교 신자라고 주장한다. 반면 철학계에서는 정약용이 천주교에 관심을 가졌지만 세례를 받지는 않았다고 주장한다.

왜 이런 논란이 생기는 걸까? 아마도 정약용의 상징성 때문일 것이다. 그는 실학을 집대성했다고 한다. 또한 앞에서 살펴보았듯 그의 책《목민심서》는 '공직자의 윤리 교과서'로서 지금도 널리 읽히고 있다. 즉 그는 조선 시대를 대표하는 학자였다.

그런데 논란의 이면에는 종교와 철학의 관계라는 문제가 내재되어 있다. 종교와 철학을 배타적인 관계로 보는 시각이 있다. 종교는 절대자를 전제로 한다. 따라서 인간의 문제를 다루는 철학자들의 입장에서는 거리를 둘 수밖에 없다는 것이다. 물론 철학자들 중에도 종교인이 많다. 그러나 그들도 종교와 철학을 분리해서 사고한다.

우리 사회에 비해 종교적 전통이 강한 미국이나 유럽에서는 신의 존재를 부정하는 학자들의 저서가 널리 읽힌다. 리처드 도킨스(Richard Dawkins, 1941~)의 《만들어진 신(The God Delusion)》이 대표적인 사례다. 그는 신의 존재를 부정하고 인간 본연의 가치를 되찾자고 했다. 그런데 의문이다. 신을 인정하기 때문에 인간 본연의 가치가 타락한 것인가?

인류의 역사에는 수많은 종교가 있었다. 그중에서 세계적 종교로 발전한 종교는 불교, 기독교, 힌두교, 이슬람교 등 몇몇에 불과하다. 그 종교들이 세계적 종교로 발전할 수 있었던 것은 절대자에 대한 신앙 때문이 아니라 인간 존중의 사상 때문이다. 즉 그 종교들은 모든 인간이 대등하다는 철학을 견지한다.

중세 시대에 불교는 동아시아, 기독교는 유럽, 힌두교는 인도 대륙, 이슬람교는 서아시아와 동남아시아에서 지배적 종교였다. 그래서 중세는 고대와 달라졌다. 고대에 백성은 단지 부림의 대상일 뿐이었다. 지배층은 백성들을 가혹하게 수탈하고 착취했다. 심지어 왕이 죽었을 때 수십 명 또는 수백 명을 생매장하는 순장이 행해지기도 했다.

중세에는 순장 풍습이 사라졌다. 신분 질서라는 차등적 관계는 유지되었지만, 백성을 동물처럼 취급하지는 않았다. 그래서 중세는 고대보다 발전한 시대가 되었다. 그렇게 하기까지 세계적 종교들이 기여했다.

우리는 세계 종교의 인간 존중을 경전에서 확인할 수 있다. 《법구경》은 불교의 대표적 경전으로 붓다의 제자들이 생존해 있던 시기에 나왔다. 《법구경》에서는 인간의 바람직한 삶의 자세를 가르친다. 그림자가 우리를 떠나지 않듯 깨끗한 마음으로 살면 행복이 우리를 떠나지 않는다고 했다.

《바가바드기타》는 힌두교의 3대 경전 중 하나다. 힌두교는 사제 중심의 브라만교를 대중 종교로 전환하면서 생겨났다. 이 과정에서 《바가바드기타》는 누구나 일상에서 깨달음을 얻어 진리를 알 수 있다고 가르쳤다.

한편 마테오 리치는 서로 다른 종교 또는 문화가 만날 때 어떠한 태도를 취해야 하는지를 보여주었다. 그는 천주교 신부로, 중국에서 선교를 하면서 유교 경전을 공부했다. 유교와 천주교가 다르지 않음을 발견하고, 전례를 할 때 중국의 풍습을 존중했다. 그런 마테오 리치가 세상을 떠나자 천주교와 청나라 정부가 마찰을 일으켰다.

종교와 철학은 배타적이지 않다. 배타성은 자신이 믿는 종교만이 옳다고 주장하는 데서 생겨난다. 다른 종교의 경전을 함께 읽으며 차이점보다 공통점을 찾으려는 노력이 절실한 시대에 우리는 살고 있다.

목수가 나무를
구부리듯
자기를 다스려라

《법구경》

싯다르타(Siddhārtha Gautama, B.C.624?~B.C.544?)가 출가했다. 스물아홉 살 때였다. 온 가족이 곤히 잠들어 있던 야음을 틈타 조용히 집을 나섰다. 싯다르타는 궁궐에서 편안한 삶을 사는 왕자였다. 그러나 편안한 삶을 버리기로 했다. 부인과 아들이 있었지만 평온한 가정조차 버리기로 했다.

왜 싯다르타는 편안한 삶과 평온한 가정을 버리기로 결심했을까? 출가 전, 싯다르타는 궁궐 밖을 돌아볼 기회가 있었다. 풍요롭고 사치스러운 궁궐 생활을 하던 싯다르타가 목격한 궁궐 밖의 모습은 충격적이었다. 그때 싯다르타의 심정은 어떠했을까?

길가에서 농부가 밭을 일구면서 벌레를 죽이는 것을 보고 불쌍히 여겨 마음이 찢어질 듯이 아팠다. 또 농부는 온몸에 흙을 묻히고 머리를 풀어헤친 채로 땀을 흘리며 고생스럽게 일하고, 소는 피곤하여 혀를 내밀며 가쁜 숨을 몰아쉬는 모습을 보았다. 본성이 자비로운 태자는 불쌍한 마음을 금할 길이 없었고 탄식은 긴 한숨으로 이어져 땅바닥에 주저앉고 말았다. 이러한 괴로움을 관찰하고 생멸법(生滅法)을 사유하면서 "세간의 어리석음으로는 깨달을 수가 없구나!" 하고 탄식했다.[1]

생멸법이란 삶과 죽음에 관한 진리를 말한다. 싯다르타(태자)는 탄식했다. 그리고 삶과 죽음에 대해 생각해보았다. 그러나 자신이 알고 있는 지식으로는 삶과 죽음에 대해 알 수 없었다. 삶과 죽음에 대해 알려면 무언가 다른 방법을 찾아보아야 했다.

싯다르타는 고행하는 사람들에 대해 들은 적이 있었다. 고행하면 진리를 알 수 있지 않을까? 싯다르타는 큰 결심을 했다. 편안한 궁궐 생활을 버리고 고행을 하기로 했다. 진리를 찾는 고난의 길을 걷기로 한 것이었다.

궁궐을 나온 싯다르타는 고행하는 사람을 여럿 만났다. 그중에는 채소만 먹는 사람, 나무의 싹만 먹는 사람, 나뭇가지만 먹는 사람, 나무뿌리만 먹는 사람, 심지어 소똥을 먹는 사람도 있었다.

고행자들은 음식을 먹지 않음으로써 육체의 욕망을 끊고자 했다. 육체의 욕망에서 벗어나야 진정한 정신적 해방을 이룰 수 있다. 그래야 삶과 죽음에 대한 고민에서 벗어날 수 있다. 고행자들은 그렇게 생각했다. 싯다르타는 그들의 방식을 따르기로 했다. 하루에 쌀 한 알씩만 먹으며 고행을 시작했다.

그렇게 6년의 세월이 흘러갔다. 피골이 상접하여 온몸의 뼈마디가 몸 밖으로 드러났다. 그렇게 육체는 극히 쇠약해졌지만 삶과 죽음에 대해서는 알 수 없었다. 삶과 죽음의 고민에서 벗어나기는커녕 잡념만 더 쌓여갔다.

육체를 괴롭히는 것으로는 진리를 얻을 수 없었다. 싯다르타는 방법을 바꾸기로 했다. 오랜 고행을 청산하기로 결심했다. 마침 주변에 젖소를 기르는 집이 있어 우유죽을 얻어 마셨다. 점차 정상적인 식생활을 하며 체력을 회복했다.

체력이 회복되자 싯다르타는 보리수 아래 조용히 앉아 명상을 시작했다. 명상을 시작한 후 며칠이 지나자 서서히 마음이 밝아오기 시작했다. 그러던 어느 날, 마침내 싯다르타는 진리를 깨닫게 되었다. 그리하여 싯다르타는 붓다(Buddha), 즉 깨달은 사람이 되었다. 서른다섯 살, 궁궐을 나온 지 6년 만이었다.

붓다는 여전히 진리를 찾아 고행하는 사람들을 만나 조용히 타일렀다. "진리는 지혜로부터 이루어지는 것이지 음식을 먹지 않는 것은 방법이 아니다."

붓다의 가르침을 모으다

싯다르타가 삶과 죽음에 대해 고민했다는 것은 시대가 달라지고 있다는 징표였다. 싯다르타가 살았던 고대 시대에는 인간의 삶과 죽음에 대한 해답을 종교의 사제들이 관장했다. 사제들은 왕을 받들어 정치를 하는 권력자들이었다. 인도에서는 그런 사제들을 '브라만'이라고 불렀다.

싯다르타는 왕족이기는 했지만 브라만이 아니었다. 인간의 삶과 죽음에 대해 말할 자격이 없는 사람이었다. 그러나 삶과 죽음에 대한 브라만의 가르침에 만족할 수 없었다. 브라만은 신을 받들어 제사를 지냄으로써 삶과 죽음에 대한 고민에서 벗어날 수 있다고 했다. 그러나 현실은 어떠한가? 모든 사람들이 정성껏 제사를 지내고 신을 받들지만 삶과 죽음의 고민에서 벗어나지 못하고 있었다.

싯다르타는 당대 인도를 지배하고 있던 종교인 브라만교의 가르침에서 벗어나기로 결심했다. 싯다르타만이 아니었다. 많은 사람들이 브라만교의 가르침에 만족하지 않고 스스로 올바른 삶의 길을 찾아 고행에 나섰다. 이런 사람들을 '사문(沙門)'이라 불렀다. 사문은 비주류적인 집단에 불과했지만 브라만교의 가르침과 다른 해답을 찾아 설파하며 돌아다녔다.

싯다르타 시대에 두 개의 대표적인 사문 집단이 있었다. 자이나교 집단과 유물론 집단이 그것이다. 자이나교 집단은 인간의 순수한 영혼이 육체에 갇혀 있기 때문에 삶과 죽음의 고통에서 벗어나지 못하고 있다고 보았다. 그래서 자이나교의 사문들은 육체를 버리기 위해 극단적인 고행을 했다. 반면 유물론 집단은 인간의 영혼이 육체의 작용에 불과하기 때문에 죽음과 함께 사라지는 것으로 보았다. 그래서 유물론 집단의 사문들은 현생에서 최대한 즐기라고 했다.

싯다르타는 자이나교와 유물론 집단의 주장을 넘어섰다. 극단적인 고행도 현생에서의 즐김도 진리를 발견하는 방법이 아니다. 진리는 지혜를 통해 얻을 수 있다. 어찌 보면 매우 단순해 보이는 이 깨달음을 얻는 순간, 싯다르타는 깨달은 자, 즉 붓다가 되었다.

붓다는 여든 살까지 살았다. 보리수 아래에서 깨달은 이후 45년 동안 인도 전역을 다니며 자신이 깨달은 바를 가르쳤다. 붓다가 세상을 떠나자 제자들은 붓다의 가르침을 모으기 시작했다. 붓다는 광범위한 지역에서 수많은 사람들을 가르쳤기 때문에 붓다의 가르침을 모으는 작업은 단번에 끝날 일이 아니었다.

붓다의 가르침을 모으는 작업을 '결집'이라 했다. 모두 세 차례에 걸쳐 결집이 있었다. 붓다가 세상을 떠나고 3개월 후에 1차 결집, 붓다가 세상을 떠나고 100년 후에 2차 결집, 그리고 기원전 250년경 아소카 왕의 주도로 3차 결집이 이루어졌다.

붓다는 말로 가르쳤다. 그래서 붓다의 가르침은 입에서 입으로 전해지고 있었다. 이렇듯 구전되는 가르침을 문자로 기록하는 것이 과제였다. 3차 결집이 끝나고 150여 년이 지난 후인 기원전 94~기원전 80년에 스리랑카에서 체계적인 문자 기록 작업이 이루어졌다.

이때 사용한 언어는 팔리어였다. 팔리어는 갠지스 강 유역에 있는 마가다 지방의 언어였다. 마가다국은 당시 가장 큰 나라였고 붓다는 주로 그곳에서 활동했다. 따라서 팔리어 경전은 붓다가 사용한 언어로 기록했다는 의의를 갖는다.

이후 불교 경전은 당시 인도의 지배적인 언어였던 산스크리트어로 번역되었다. 우리나라에 전래된 한문 불교 경전은 산스크리트어 경전을 번역한 것이다.

수레바퀴가 소를 따르듯

《법구경(法句經)》은 붓다가 세상을 떠나고 3개월 후에 이루어진 1차 결집 때 모인 가르침을 기록한 것이다. 따라서 현존하는 불경 가운데 가장 오래된 불경 중 하나다. 처음에는 방언의 하나인 프라크리트어로 기록되었다가 팔리어로 다시 기록하는 과정에서 프라크리트 어《법구경》은 사라졌다고 한다.

《법구경》은 팔리어로 '담마빠다(Dhammapada)'라고 한다. '담마'는 그 유명한 '다르마'와 같은 의미로 '진리'를 뜻한다. '빠다'는 '말' 혹은 '말씀'을 뜻한다. 따라서 담마빠다란 '진리의 말씀'이라는 의미다. 붓다의 말을 진리의 말씀이라고 했다. 적절한 지칭이었다. 붓다는 진리를 찾고자 했고 진리를 가르치고자 했기 때문이다.

《법구경》은 423개의 짧은 시로 이루어져 있다. 시이지만 쉬운 말을 반복해서 누구나 쉽게 읽을 수 있게 했다. 또한 구체적인 사실을 들어 가르침으로써 누구나 삶의 이치를 깨달을 수 있게 했다.

《법구경》의 핵심은 첫 번째와 두 번째 시에 담겨 있다.

모든 것은 마음이 앞서가고,

마음은 가장 중요하고

(모든 것은) 마음에서 만들어진다.

만일 나쁜 마음으로 말하거나 행동하면

그로 인해 괴로움이 그를 따른다.

수레바퀴가 끄는 소의 발자국을 따르듯이.

모든 것은 마음이 앞서가고,

마음은 가장 중요하고

(모든 것은) 마음에서 만들어진다.

만일 깨끗한 마음으로 말하거나 행동하면

그로 인해 행복이 그를 따른다.

그림자가 떠나지 않듯이.[2]

누구나 알 수 있는 사례를 들어 설득력을 높였다. 수레바퀴는 그 수레바퀴를 끄는 소의 발자국을 따라가고, 그림자는 우리에게서 떠나지 않는다. 마찬가지로 나쁜 마음을 가지면 괴로움이 뒤따르고 깨끗한 마음을 가지면 행복이 떠나지 않는다.

바람직한 삶의 자세를 말했다. 누구나 동의할 수 있는 내용이다. 그렇지만 깨끗한 마음으로 사는 게 쉽지만은 않다. 무엇보다도 자기와의 싸움에서 이겨야 하기 때문이다. 《법구경》은 자기와의 싸움에 대해 이렇게 말한다.

전쟁에서 백만 대군을 정복하는 것보다

하나의 자신을 정복하는 사람이야말로

그는 참으로 전쟁의 가장 큰 승리자다.[3]

자기와의 싸움을 전쟁에 비유했다. 자기와의 싸움에서 승리하는 것이 백만 대군과의 전쟁에서 승리하는 것보다 더 큰 승리라고 했다. 그만큼 자기와의 싸움이 어렵다는 말이다.

현실을 모르니 어리석다

자기와의 싸움이 왜 그토록 어려울까? 마음을 다스리기 어렵기 때문이다.《법구경》은 "마음이 좋아하는 곳에는 어디에든 내려앉는다"라고 말한다. 온갖 유혹에 쉽게 흔들린다는 말이다. 실제로 우리는 살아가면서 온갖 유혹을 받는다. '마음은 간사하다'고 했던가. 우리는 매 순간 유혹으로 이끌리는 마음을 발견하고 깜짝 놀라곤 한다. 오죽하면 '작심삼일(作心三日)'이라는 말이 있겠는가. 마음을 바로잡으려 해도 그 마음이 사흘을 가기 어렵다는 말이다.

왜 유혹에 마음이 흔들릴까? 소유의 욕망 때문이다. 휴대전화를 예로 들어보자. 최신 휴대전화가 나오면 마음이 쏠린다. 전화 통화라는 면에서 보면 지금 손에 들고 있는 휴대전화와 차이가 없음에도 최신 휴대전화를 갖고자 욕망한다. 그래서 지금 가지고 있는 휴대전화의 약정 기간이 끝나지 않았음에도 최신 휴대전화를 구매한다.

이런 소유 욕망에 대해 《법구경》은 어리석다고 했다.

'내 아들이다', '내 재산이다'라고
생각하며 어리석은 자는 괴로워한다.
참으로 자기 자신도 자기 것이 아닌데
어찌 아들일까? 어찌 재산일까?[4]

내 아들, 내 재산, 심지어 내 자신도 내 것이 아니라는 충격적인 발언을 했다. 소유 욕망이 어리석음을 알려주기 위해 충격이 필요했다.

왜 소유 욕망은 어리석은 것인가? 불교 철학의 세계관을 알아야 해답을 얻을 수 있다. 《법구경》은 "세상 만물은 영원하지 않다. 세상 만물은 자아가 없다"라고 했다. 이것이 불교 철학이 말하는 세상 이치다. 첫째, "세상 만물은 영원하지 않다". 한자어로 '제행무상(諸行無常)'이라고 한다. 아침은 저녁이 되고, 저녁은 밤으로 변한다. 봄은 여름으로 바뀌고, 가을은 겨울로 바뀐다. 사람은 태어나서 성장하여 일을 하다 늙어 죽는다. 이처럼 세상 만물은 항상 변화하기 때문에 영원한 것이 없다.

둘째, "세상 만물은 자아가 없다". 한자어로 '제법무아(諸法無我)'라고 한다. 세상 만물은 서로 연관되어 생겨난다. 지금 읽고 있는 책은 종이가 없다면 만들 수 없다. 종이는 나무가 없다면 만들 수 없다. 그러므로 책은 자아, 즉 자기 본질이 없다. 종이가 없으면 책이 없기 때문이다. 종이 또한 자아가 없다. 나무가 없으면 종이가 없기 때문이다. 이처럼 세상 만물에는 자아가 없다.

　제행무상과 제법무아. 이것을 불교에서는 세상의 참모습이라고 한다. 소유 욕망은 바로 이러한 세상의 참모습을 보지 못하기 때문에 생겨난 것이다. 다시 휴대전화를 예로 들어보자. 오늘 구매한 최신 휴대전화는 약정 기간을 채우기도 전에 낡은 것이 되어버린다. 그리고 얼마 지나지 않아 아예 사라져버린다. 오늘 산 최신 휴대전화는 결코 영원한 최신 휴대전화가 아니다. 그러므로 최신 휴대전화를 소유하려는 욕망은 어리석음일 뿐이다. 이렇듯 사라져 없어질 것에 대한 소유 욕망을 불교에서는 '집착'이라고 한다.

　집착하면 어찌되는가? 오늘 산 최신 휴대전화가 약정 기간이 끝나기도 전에 낡은 휴대전화가 되어버리니 안타깝고 슬프다. 이런 안타까움, 슬픔을 불교에서는 '괴로움'이라고 한다. 이때 괴로움은 정신적, 육체적 고통만을 의미하지 않는다. '자기 뜻대로 되지 않음' 또한 괴로움이다. 자기 뜻대로 되지 않으니 괴로울 수밖에 없다. 따라서 집착하면 괴로울 뿐이다.

사랑은 괴롭다

사랑은 어떤가?《법구경》은 사랑 역시 괴로움이니 사랑하는 사람을 만들지 말라고 한다.

　사랑하는 사람과 사귀지 말라.

사랑하지 않는 사람과도 결코 사귀지 말라.

사랑하는 사람은 보지 못함이 괴로움이며

사랑하지 않는 사람은 보는 것이 또한 괴로움이다.

그러므로 사랑하는 사람을 만들지 말라.

사랑하는 사람과 헤어짐은 참으로 괴롭다.

사랑하는 사람도 사랑하지 않는 사람도

없는 사람들에게는 얽매임이 없다.[5]

납득할 만한 설명이다. 사랑하는 사람을 볼 수 없어서 괴롭고, 사랑하는 사람과 이별하게 되면 더더욱 괴롭다. 사랑마저 괴로운 것이니, 《법구경》은 "모든 것이 괴롭다"고 했다. 한자어로 '일체개고(一切皆苦)'라 한다.

그렇다면 사랑하지 말라는 말인가? 그렇지 않다. 사랑하는 사이라도 서로 얽매이지 말라는 말이다. '얽매인다'는 말은 '구속한다' 혹은 '속박한다'는 의미다. 사랑하게 되면 상대방을 소유하려는 욕망이 생겨 서로를 구속하거나 속박하려고 한다. 즉 상대방에게 집착하게 된다. 집착의 결과는 괴로움일 뿐이므로, 사랑하되 서로 얽매이지 말라는 것이다.

괴롭지 않으려면 집착하지 말아야 한다. 집착은 사랑하는 사람이든 최신 휴대전화든 '나'의 바깥에 있는 것에 대한 소유 욕망이다. 그런데 나의 바깥에 있는 것은 영원하지도 않고 자아도 없기 때문에 그것들에 대한 소유 욕망은 허망하다.

그럼에도 집착하는 사람들에게 《법구경》은 강력하게 경고한다.

오직 쾌락의 꽃을 따는
집착된 마음의 사람을
죽음은 잡아간다.
홍수가 잠든 마을을 휩쓸어가듯이.

오직 쾌락의 꽃을 따는
집착된 마음의 사람을
악마가 지배한다.
쾌락이 채워지기도 전에.[6]

악마를 들먹이니 유치하다고 생각하지 마라. 나를 괴롭게 하는 것,
나를 어렵게 하는 것, 이 모두가 악마다.

자기 안을 들여다보라

집착이 문제라고 해서 바깥 것을 원망해서는 안 된다. 문제는 자기 자
신이다.

자기에 의해 악을 짓고, 자기에 의해 더러워진다.
자기에 의해 악을 짓지 않고, 자기에 의해 깨끗해진다.

깨끗함과 더러움은 자기 자신에 달렸다.
아무도 다른 이를 깨끗하게 할 수 없다.[7]

그러므로 자기 자신을 되돌아보아야 한다. 자기 자신을 되돌아보면 마음 안에 있는 놀라운 의지를 발견할 수 있다.

물에서 잡혀
땅에 던져진 물고기처럼
이 마음은 펄떡거린다.
악마의 손아귀에서 벗어나기 위하여.[8]

갓 잡힌 물고기는 펄떡펄떡 뛴다. 삶을 향한 강렬한 몸부림이다. 마찬가지로 우리 안에는 청정하게 살려는 깨끗한 마음의 약동이 있다. 우리 안에 있는 깨끗한 마음을 깨달은 사람이 지혜로운 사람이다. 그래서 《법구경》에서 말하듯이 "지혜로운 사람은 목수가 나무를 구부리듯 자기 자신을 다스린다".

누구에게나 깨끗한 마음이 있다. 그러나 많은 사람이 자기 안의 깨끗한 마음을 깨닫지 못하여 어리석은 자로 살아간다. 그래서 《법구경》은 어리석게 살아가는 사람들에게 항시 지혜로운 사람과 함께하라고 강조한다. 지혜로운 사람은 "마치 보물을 알려주는 것처럼 잘못을 지적해주기" 때문이다. 지혜로운 사람과 함께하면 항상 더 나아질 뿐, 나빠지지 않는다.

궁극적으로는 모든 사람이 지혜로운 사람이 되어야 한다. 지혜로운 사람이 되려면 어떻게 해야 하는가?

자신을 위해서도, 남을 위해서도
자식도, 재산도, 왕국도 바라지 말라.
진리가 아닌 것으로 자신의 영달을 바라지 말라.
이런 사람은 규범, 지혜, 진리를 갖춘 사람이다.[9]

자식, 재산, 왕국과 같은 자기 바깥의 것을 바라지 말라고 했다. 오로지 진리에 따라 살아야 한다. 여기에서 진리란 자기 안에 있는 깨끗한 마음을 아는 것을 가리킨다.

《법구경》은 누구나 쉽게 읽을 수 있는 경전이다. 그러나 내용이 쉽다고 뜻하는 바가 단순한 것은 아니다. 《법구경》에 실린 한 편 한 편의 시는 우리의 삶과 우리 자신을 되돌아보게 한다. 《법구경》은 진리가 멀리 있지 않음을 보여주고자 했다. 누구나 바람직한 삶의 자세를 가지면 지혜롭고 해탈한 사람이 된다는 것이다.

《법구경》이 제시한 바람직한 삶의 자세를 보자.

욕망과 성냄과 어리석음을 버리고
올바로 알고, 마음을 온전히 해탈하여
이 세상이나 저세상에 집착하지 않으면
그는 청정한 삶의 결실을 나눈다.[10]

해탈은 마음의 자유로움을 말한다. 욕망, 성냄, 어리석음을 버리고 나 자신의 바깥 것에 집착하지 않으면 온전한 해탈을 이룰 수 있다. 이 단순해 보이는 진리가 결코 단순하지 않고 무겁게 느껴지는 게 우리가 살아가는 오늘날의 현실이다. 그러나 《법구경》은 우리에게 희망을 전달한다. 우리 안의 마음을 들여다보면 바람직한 삶의 원동력이 우리 자신에게 있음을 알 수 있다고.

일상에서
깨달음에
이르는 길

《바가바드기타》

인도의 건국 시조 바라타의 자손인 쿠루 족은 하스티나푸라(지금의
인도 뉴델리 북동쪽)에 살았다. 쿠루 족의 왕 판두가 세상을 떠나자 그의
형 드리타라슈트라가 왕위를 이어받았다. 그런데 그 뒤를 이을 왕위
계승을 둘러싸고 판두의 다섯 아들과 드리타라슈트라의 100명의 아들
이 갈등했다. 드리타라슈트라의 맏아들 두료다나가 왕권을 강탈하자
판두의 아들들이 반발하여 전쟁이 일어났다.

쿠루 크세트라 대평원에 두료다나가 이끄는 부대와 판두의 맏아들
유디스티라가 이끄는 부대가 집결했다. 두료다나의 부대가 훨씬 우세

했다. 쿠루 족의 가장 웃어른이자 당대 최고의 명장 비슈마 장군이 두료다나의 부대에 가담했다. 더욱이 두료다나와 유디스티라에게 무술을 가르쳤던 스승 드로나 장군마저 두료다나의 부대에 가담했다.

전쟁은 18일간 계속되었다. 그런데 처음 예상과 달리 전쟁은 유디스티라 부대에게 유리하게 진행되었다. 전쟁 10일째 되던 날, 두료다나 부대의 상징 비슈마 장군이 전사하면서 전세가 급격히 유디스티라 쪽으로 기울었다. 결국 전쟁은 유디스티라 부대의 승리로 끝났다.

이 쿠루 크세트라 전쟁은 이후 장대한 장편 서사시로 창작되어 입에서 입으로 전해졌다. 이 서사시가 《마하바라타(Mahābhārata)》다. '마하바라타'란 '위대한 바라타'라는 말로서 건국 시조를 찬양하기 위해 제목을 그렇게 붙였다. 《마하바라타》는 기원전 4세기경부터 기원후 2세기경 사이에 전 내용이 갖추어졌고 기원후 400년경에 오늘날과 같은 모습으로 확정되었다.

《바가바드기타(Bhagavadgītā)》는 《마하바라타》의 제6권에 해당하는 700편의 시를 따로 뽑아놓은 것이다. '바가바드기타'란 '초월적 절대자의 노래'라는 뜻이다. 이런 제목이 붙여진 이유는 《바가바드기타》가 초월적 신인 크리슈나의 말을 기록한 것이기 때문이다.

크리슈나는 유디스티라의 동생 아르주나의 마부로 등장한다. 크리슈나는 아르주나를 상대로 궁극적 진리와 바람직한 삶의 자세를 설파했다. 초월적 신의 말이라고 하여 의심을 갖지 않게 하면서 신이 낮은 지위의 마부와 다르지 않다고 하여 궁극적 진리가 멀리 있지 않음을 말하고자 했다.

《바가바드기타》는 지금도 인도의 힌두교도들이 아침저녁으로 낭송하는 경전이다. 비폭력 무저항주의로 유명한 인도의 성인 간디는 (Mohandas Karamchand Gandhi, 1869~1948) 영국에서 유학하던 시절 《바가바드기타》를 읽은 이후 평생 몸에 지니고 다니며 읽었다고 한다.

만물은 공(空)하다

《바가바드기타》는 《베다(Veda)》, 《우파니샤드(Upanisad)》와 함께 힌두교의 주요 경전이다. 이 세 경전의 의의를 알려면 인도에서 종교와 철학의 역사를 먼저 살펴볼 필요가 있다.

중국의 황하 강, 이집트의 나일 강, 이라크의 유프라테스 강과 함께 세계 4대 고대 문명의 발상지인 인도의 인더스 강 유역에는 인도의 원주민인 드라비다인이 살았다. 드라비다인은 기원전 2000~3000년 사이에 계획된 도시에 살며 고대 문명을 이룩했다. 그러나 기원전 1300년경 아리아인들이 침공하여 드라비다인을 격파했다. 아리아인이 승리한 요인은 철기의 사용이었다. 드라비다인은 고도의 문명을 이룩했지만 청동기를 사용하고 있었다.

아리아인은 브라만교를 창립했고 이후 브라만교는 인도의 정통 종교로 자리 잡았다. 브라만교의 영향으로 인도 사회는 네 개의 신분으로 나누어졌다. 사제인 브라만, 귀족인 크샤트리아, 평민인 수드라, 노예인 바이샤가 그것이다. 정복당한 드라비다인은 노예 신분으로 전락했다.

브라만교라는 명칭은 사제인 브라만이 주도하는 종교였기 때문에 붙여진 것이다. 브라만교의 경전은 《베다》였다. '베다'는 산스크리트어로 '지식' 또는 '지혜'를 뜻하는데 《베다》에는 브라만교의 교리와 종교의식이 담겨 있다.

브라만교의 기본 강령은 세 가지였다. 첫째, 《베다》는 신의 계시이므로 의심해서는 안 된다. 둘째, 신에 대한 제사를 통해 재앙을 내쫓고 행복을 얻을 수 있다. 셋째, 브라만은 존귀한 신분이므로 최대한 존중받아야 한다. 이 3대 강령에서 알 수 있듯이 브라만교는 사제인 브라만이 주도하여 신에게 제사 지내는 의식을 중시하는 종교였다.

그런데 브라만교는 붓다의 출현으로 타격을 입었다. 기원전 4~5세기경에 출현한 붓다는 자기 성찰을 통해 깨달음을 얻을 수 있다고 하여 신의 개입 가능성을 차단했다. 또한 누구나 깨달은 자, 즉 붓다가 될 수 있다고 하여 신분 차이에 따른 차등을 배격하고 모든 인간은 대등하다고 했다.

붓다가 세상을 떠나고 500여 년이 지나 나가르주나((Nāgārjuna, 150?~250?)가 등장했다. 나가르주나는 한자로 '용수(龍樹)'라 한다. 나가르주나는 붓다의 가르침 중 연기설(緣起說)이 핵심이라면서 만물의 본성이 공이라 하여 충격을 주었다. 연기설은 만물이 서로 원인과 결과 관계로 연관되어 생겨나고 사라진다는 주장이다. '이것이 있어서 저것이 있고, 저것이 있어서 이것이 있다. 따라서 이것이 없으면 저것이 없고, 저것이 없으면 이것이 없다'는 것이 연기설의 기본 주장이다.

이렇듯 만물이 연기하여 생기기도 하고 사라지기도 하기 때문에 만물은 고유한 자기 본성이 없다. 나가르주나는 그 '본성 없음'을 공이라고 했다. 공은 숫자 0의 철학적 표현이다. 어떤 숫자에 0을 더하든 빼든 숫자의 차이가 없다. 그러므로 0은 없는 것이다. 그렇지만 1907에서 0은 십의 자리를 표현하므로 존재하는 것이다. 따라서 공은 '있음'과 '없음'을 포괄한다.

존재하는 모든 것의 총체를 숫자 1로 표현해보자. 나가르주나의 공사상은 1이 곧 0이고, 0이 곧 1이라는 의미다. 이러한 나가르주나의 철학은 철학사상 획기적인 것이었다.

고대 그리스의 철학자 데모크리토스는 세상 만물의 근원을 원자라 했고 중국의 제자백가는 기라고 하여 창조자로서의 신을 부정했다. 만물이 원자 혹은 기에 의해 생겨나므로 신이 설 자리는 없다. 그러나 최초의 원자 혹은 기는 어디에서 생겨나는가에 대한 설명은 없었다. 그래서 신에 의해 생겨난 것이라고 주장할 여지가 있었다.

그러나 나가르주나가 만물은 0에서 시작된다고 하자 신이 들어설 자리는 완전히 사라졌다. 나가르주나의 철학이 등장하자 브라만교의 교리는 결정적 타격을 입었다. 나가르주나가 개창한 대승불교는 인도 전역에 급속하게 확대되었다. 4~6세기에 인도를 지배한 굽타왕조는 불교를 국가적 종교로 인정하여 적극 지원했다. 반면 브라만교는 급격히 쇠퇴하여 농촌에서나 근근이 명맥을 유지하게 되었다.

이런 상황을 타개하기 위해 브라만교 내에서 개혁이 일어났다. 브라만 중심의 브라만교를 대중 중심의 힌두교로 전환시켰다. 이 전환을 위한 철학적 기초가 필요했다. 그 일에 나선 사람이 샹카라((Śaṅkara,

700~750)였다. 샹카라는 《베다》가 아닌 《우파니샤드》를 토대로 하여 자신의 철학을 이룩했다.

만물은 어떻게 생겨났는가

'우파니샤드'라고 이름 붙여진 저술은 200개가 넘는다고 한다. 하지만 대부분은 누가 언제 지었는지 알 수 없다. 대개 기원전 8세기에서 기원전 3세기 사이에 저술된 것을 진본이라고 한다. '우파니샤드'란 '가까이 앉는다'는 뜻이다. 제자가 스승의 가까이에 앉아 그 가르침을 듣는다는 의미다.

《우파니샤드》는 학생들이 스승의 가르침을 듣고 전파하는 과정에서 생겨났다. 공자의 가르침을 제자들이 기록한 《논어》와 상통하고 소크라테스가 여러 사람과 주고받은 대화를 플라톤이 기록한 것과도 유사하다.

《우파니샤드》중 가장 오래된 것으로 추정되는 《브리하다라냐카 우파니샤드》제1장에 세상 만물의 탄생과 관련한 세 가지 생각이 담겨 있다. 첫 번째 생각을 보자.

처음에 이 세상에는 아무것도 없었다. 그야말로 죽음과 굶주림만이 이 세상을 뒤덮고 있었다. 왜냐하면 죽음은 굶주림이기 때문이다. '나는 육체를 갖추게 될 것이다.' 죽음은 이처럼 결심했다. 그래서 죽음은 찬가를 부르면서 갔다. 그 찬가를 부름으로 인하여 물이 생겨났다. (…) 죽음은 대지 위에서 수고를 했다. 그 수고에서 온 피로와 달아오른 열이 불이 되었다.[11]

아무것도 없던 곳에서 물과 불이 생겨났다고 했다. 세상 만물의 근원이 물과 불이라는 말로 이해할 수 있다. 이것은 만물의 근원을 원자나 기로 보는 것과 상통하는 생각이다. 그러므로 이 생각은 철학으로 나가는 길을 열어준다. 이 경우 보편적이고 궁극적인 진리를 깨달아 구원을 얻을 수 있다는 생각을 할 수 있게 해준다.

반면 창조주를 전제하는 생각이 있다.

신들과 귀신들은 프라자파티의 자손들이었다. 그들 중에서 신들은 연하이고, 악마들은 연상이었다. 이런 세계를 획득하려고 하여 그들은 다투었다.[12]

프라자파티(Prajapati)가 선과 악 그리고 세계를 만들었다고 했다. 신이 세상 만물을 창조했다는 것으로, 창조주를 인정하는 종교적인 생각이다. 이 경우, 인간의 행복과 구원은 종교 의식을 통해 신을 제대로 섬김으로써 가능하다는 생각을 하게 한다.

구원을 얻기 위해 궁극적 진리를 깨달으면 되는가? 아니면 종교 의식을 통해 신을 제대로 섬겨야 하는가? 이 둘 사이에 논란이 벌어질 수밖에 없다. 그래서 두 가지 생각을 아우를 수 있는 제3의 생각을 마련했다.

최초로 인간의 모습을 한 아트만이 존재했다. 주위를 다 둘러보아도 자기 자신밖에 아무것도 보이지 않았다. (…) 그것은 무서웠다. (…) 그것은 조금도 즐겁지 않았다. (…) 그것은 이 육신을 두 부분으로 나누었다. 그리고 남편과 아내가 생겨났다.[13]

아트만(ātman)에게서 남편과 아내가 생겨났다고 했다. 남편과 아내에게서 자손이 나오듯이 아트만에게서 만물이 생겨났다는 말이다. 이때 아트만을 신이라 하면 종교적인 사고가 되고, 아트만을 원자나 기라 하면 철학으로 나아가는 사고가 된다.

그래서 제3의 생각이 어느 쪽으로든 이해될 수 있게 했을 뿐, 논란을 종식시킬 수는 없었다. 그 논란의 과정을 《카타 우파니샤드》에서 다루었다.

아트만은 브라만이다

《카타 우파니샤드》에는 나치케타라는 소년이 등장한다. 나치케타의 아버지는 제사 때 쓸 제물을 마련하기 위해 자신의 모든 재산을 내놓았다. 그러자 나치케타가 아버지에게 "저는 누구에게 바치시려 하십니까?" 하고 물었다. 두 번, 세 번 반복해서 질문하자 귀찮아진 아버지는 "나는 너를 죽음의 신에게 바치겠다"라고 말해버렸다. 아버지의 본심은 아니었을 것이다.

그러나 나치케타는 무작정 죽음의 신을 찾아갔다. 나치케타는 아직 죽음의 신에게 가야 할 때가 아니었다. 그래서 죽음의 신은 나치케타에게 돌아가라며 세 가지 소원을 들어주겠다고 했다. 나치케타는 아버지가 자신을 명랑하게 맞이하도록 해줄 것을 부탁하고, 자신의 제사를 관장하는 불의 신에 대해 물었다. 죽음의 신은 그 두 가지 소원을 들어주었다. 나치케타는 마지막으로 죽음에 대해 물었다.

그러나 죽음의 신은 죽음의 문제는 매우 어려우니 묻지 말고, 부귀영화나 장수 같은 것을 요청하라고 했다. 그러나 나치케타는 그것을 거부하고 오직 죽음에 대해 알고 싶다고 했다. 결국 죽음의 신은 "아트만을 알게 되면 죽음의 어귀에서 해방된다"라고 말해주었다.

《카타 우파니샤드》는 나치케타의 이야기가 왜 중요한지를 이렇게 밝혔다.

죽음의 신에 의하여 알려진 태곳적 나치케타 설화를 말하고 듣는 현명한 사람은 브라만의 세계에서 기뻐한다. 브라만의 집회에서 혹은 조상에게 제사를 올릴 때 이 최고의 비밀스러운 《우파니샤드》를 들려주는 사람, 그를 도와 그것은 끝없는 효력을 지니게 한다. 그것은 끝없는 효력을 지니게 한다.[14]

죽음의 신이 나치케타에게 알려준 것이 《우파니샤드》의 최고 비밀이라고 했다. 죽음의 신은 나치케타에게 아트만을 알면 죽음에서 벗어날 수 있다고 했다. 죽음을 관장하는 죽음의 신이 직접 죽음을 부정한 것이다. 신이 직접 한 말이라며 누구도 부정할 수 없게 했다. 그리고 사제들에게 제사를 지낼 때 나치케타의 이야기를 들려주라고 했다. 나치케타 이야기의 의미는 신에게 제사 지내는 일은 필요치 않다는 것이다.

나치케타의 아버지는 신에 대한 제사를 중시하는 사람들을 대표한다. 반면 나치케타는 궁극적 진리를 알면 구원에 이를 수 있다고 주장하는 사람들을 대표한다. 그러므로 《카타 우파니샤드》에서는 종교 의식보다 궁극적 진리를 깨닫는 일이 중요함을 일깨우고자 했다.

이렇듯 《우파니샤드》는 궁극적 진리를 깨닫는 것이 중요하다는 사실을 일깨워주었다. 남인도 출신 샹카라는 《우파니샤드》를 기초로 하여 나가르주나의 철학을 넘어서고자 했다. 그것은 인도의 종교적 주도권을 불교에서 힌두교로 가져오기 위해 필요한 일이었다.

나가르주나는 앞에서 서술했듯이 공 사상을 주장했다. 이에 맞서 샹카라는 '베단타(vedānta)'의 원리를 제시했다. 베단타는 《우파니샤드》를 가리키는데, 《우파니샤드》를 《베다》의 최종 결론으로 여겼기 때문에 '베단타'라고 했다.

샹카라가 주장하는 《우파니샤드》의 원리는 무엇인가? 《우파니샤드》는 세상 만물의 본성이자 궁극적 진리를 브라만이라고 했다. 그리고 사람들의 마음을 아트만이라고 했다. 샹카라는 《우파니샤드》를 설명하면서 브라만과 아트만이 서로 다른 것이 아니라고 했다. 즉 브라만과 아트만은 별개의 것이 아니라 하나라는 것이다. 그래서 샹카라의 철학을 '두 개가 아니다'라는 의미로 '불이론(不二論)'이라고 한다.

샹카라의 불이론은 나가르주나의 철학을 적극적으로 받아들임으로써 성립했다. 자기 마음을 깨달으면 붓다가 될 수 있다는 나가르주나의 사상을 받아들여 자기 마음이 바로 아트만이라고 했던 것이다. 반면 샹카라는 세상 만물의 본성이 공이라는 나가르주나의 주장을 반박하여 세상 만물의 본성은 브라만이라고 했다. 아트만과 브라만은 하나이므로 아트만을 알면 세상 만물의 본성인 브라만을 알아 궁극적 진리에 도달할 수 있다. 나가르주나의 논법을 활용하여 나가르주나의 사상을 논파하려 했던 것이었다.

샹카라의 철학은 나가르주나 철학에 맞선 최상의 반박 논리였다. 세상 만물의 본성이 공이라면 깨달음을 통해 얻을 것이 없다. 샹카라는 이 지점을 파고들었다. 자기 마음인 아트만을 알면 세상 만물의 본성이자 궁극적 진리인 브라만을 알 수 있다.

샹카라의 시도는 성공했다. 샹카라의 철학을 기초로 하여 브라만교는 힌두교로 전환했고, 불교와의 주도권 싸움에서 승리했다. 그러나 시대가 변하면서 반론이 제기되었다. 힌두교를 더욱더 대중적인 종교로 발전시켜야 한다는 것이다. 그것은 또한 새로운 철학을 필요로 하는 것이었다.

세상은 물질이다

샹카라가 세계는 허상이고 브라만만이 실재한다고 주장한 것이 문제였다. 마음속 아트만을 알면 브라만을 알 수 있다는 것은 불교의 논리를 차용한 것이었다. 따라서 아트만을 알려면 불교에서 가르치듯이 단박에 깨쳐야 한다.

그런데 이것이 쉽지 않다. 특히 세속의 대중들에겐 매우 어려운 일이었다. 깨침을 얻기 위해 세속을 벗어나는 일은 대중들로서는 받아들이기 어려운 일이다. 따라서 종교적 제사보다 진리의 깨침이 중요하다는 생각의 전환은 이루어졌지만 대중들은 여전히 종교적 제사에 더 매달릴 수밖에 없었다.

그래서 대중들이 일상에서 깨치는 길이 제시되어야 했다. 그것은 또 한 번의 철학적 전환을 필요로 하는 것이었다. 그 일을 맡은 사람이 라마누자(Rāmānuja, 1017~1137)였다. 그는 남인도 출신 '박티(Bhakti)'였다. 박티란 힌두교의 수행자를 말한다. 그는 인도 전역을 다니며 철학 논쟁을 통해 자신의 사상을 전파했다. 그의 제자인 바타르는 "라마누자 성인 만세. 신에 대한 헌신을 무기 삼아 세상을 떠들썩하게 하는 마귀를 몰아내셨도다"라며 스승의 업적을 찬양했다.

라마누자가 문제 삼은 것은 이 세계가 허상이라는 샹카라의 주장이었다. 그것은 샹카라가 불교에서 그대로 받아들인 것이었다. 라마누자는 샹카라의 주장에 반대했다. 라마누자가 볼 때 세상 만물의 본성인 브라만은 저 멀리 홀로 떨어진 존재가 아니다. 브라만은 세계에 존재하는 다양한 물질의 속성으로 나타난다. 따라서 브라만이 자기 모습을 드러내는 이 세계는 결코 허상이 아니고 실상이다. 이러한 라마누자의 철학을 '제한불이론(制限不二論)' 혹은 '한정불이론(限定不二論)'이라고 한다. 브라만이 물질에 제한 혹은 한정되어 나타난다고 했기 때문이다.

샹카라가 눈에 보이는 허상의 세계에서 벗어나 궁극적 진리를 발견하라고 했다면 라마누자는 세계의 다양한 모습에서 브라만을 발견하라고 했다. 이렇게 해야 일상에서 궁극적 진리를 발견할 길이 열린다.

라마누자는 자신의 철학을 개진하기 위해 힌두교의 또 다른 경전인 《바가바드기타》를 기초로 했다. 《우파니샤드》가 궁극적 진리인 브라만과 아트만을 다룬 경전이라면 《바가바드기타》는 일상에서 어떻게 깨침을 얻을 것인가를 다룬 경전이었기 때문이다.

《바가바드기타》는 앞에서 서술했듯이 아르주나와 초월적 신인 크리슈나의 대화를 기록한 것이다. 대화의 한 부분을 보자.

> 아르주나여, 나는 모든 존재의 '발원지'다. 나는 현명한 이들의 그 '지성'이다. 그리고 나는 훌륭한 사람들의 그 '훌륭함'이며 모든 존재들과 뭇 사물들의 그 '특성'이다. (…) 저 물질의 세 가지 특성인 창조, 유지, 파괴는 모두 나에게서 비롯되었다. 그러나 나는 결코 그 셋 속에 존재하지 않는다. 내가 그 셋 속에 존재하는 것이 아니라 그 셋이 오히려 내 속에 존재하고 있다.[15]

여기서 '나'는 크리슈나 자신이므로 신을 의미한다. 두 가지 얘기를 했다. 하나는 신이 모든 존재의 '발원지'이자 모든 존재와 사물의 '특성'이라는 것이다. 다른 하나는 신이 결코 존재의 특성 속에 있지 않다는 것이다.

무슨 말인가? 신은 모든 존재의 발원지이자 특성이므로 신과 존재가 하나라는 것이다. 따라서 모든 존재는 허상이 아니고 실상이다. 그래서 이 세상에 존재하는 것을 알면 궁극적 진리인 브라만을 알 수 있다.

이래야 일상의 삶에서 궁극적인 진리를 깨칠 길이 열린다. 세속을 벗어날 필요 없이 주위의 것을 관찰·탐구하면 되기 때문이다.

그런데 신과 존재는 다르다고 했다. 신은 존재와 달리 성스러운 특징을 가지고 있다. 그러므로 주변의 것을 알았다고 해서 곧바로 브라만을 알았다고 할 수 없다. 브라만을 알고자 하면 무엇인가 다른 것이 필요하다. 이렇게 말하면 일상에서 깨치는 길이 닫혀버리는 것 같다.

그러나 결코 그렇지 않다. 《바가바드기타》에서 강조하고자 하는 바는 일상의 삶에 매몰되는 것을 경계하라는 것이다. 일상에서 깨닫고자 한다면 필요한 것이 있다. 바로 '지혜'다.

아르주나여, 여기 네 부류의 사람들이 나를 찾는다. 첫째, 고통받고 있는 사람들. 둘째, 재물을 원하는 사람들. 셋째, 진리를 찾는 사람들. 넷째, 지혜를 닦는 사람들. 이 넷 가운데 네 번째의 지혜를 닦는 현명한 사람이, 굳은 신념으로 나를 따르는 이가 가장 뛰어나다. 나는 그에게 진한 애정을 느끼며 그 또한 나에게 깊은 사랑을 느끼고 있다.[16]

신을 찾는 사람을 넷으로 나누었다. 고통받고 있거나 부귀영화를 원하는 사람들이 신을 찾는 이유는 소원을 성취하기 위해서다. 진리를 찾는 사람들이 신을 찾는 이유는 종교적 지식을 얻기 위해서다. 이런 부류의 사람들은 일상에 매몰된 사람들, 즉 자기 이익을 추구하는 사람들이다.

네 번째 부류인 지혜를 닦는 사람들이 신을 찾는 이유는 궁극적 진리를 깨치기 위해서다. 이 부류의 사람들이 가장 뛰어나다. 지혜는 지식과 다르다. 지식은 배워서 알 수 있는 것이지만 지혜는 깨달아야 하는 것이다. 지혜는 지식이 많아야 가질 수 있고, 지식이 적으면 가질 수 없는 것이 아니다.

지혜를 닦는 일은 삶의 자세와 관련된다. 다람쥐 쳇바퀴 돌듯 일상을 반복하면 지혜를 얻을 수 없다. 자기의 이익만을 좇는 사람 또한 지혜를 얻을 수 없다. 지혜는 삶의 자세를 바르게 해야 얻을 수 있는 것이다. 《바가바드기타》는 바람직한 삶의 자세가 무엇인지 깨우쳐준다.

신의 덕성을 나누어 갖는다

그러면 무엇이 바람직한 삶의 자세인가? 아르주나가 크리슈나에게 물었다. "헌신과 명상 중 어느 것이 더 완벽한 길인가?" 지혜를 얻어 깨치기 위해 무엇을 해야 하는지를 물은 것이다. 명상이 일상을 떠난 사색이라면 헌신은 일상에서의 삶의 자세다. 아르주나의 질문에 대해 크리슈나는 단호하게 '헌신'이라고 대답한다. 그러면서 크리슈나는 헌신적인 삶이 무엇인지 제시했다.

그 누구도 미워하지 않고 모든 존재에게 연민의 정을 느끼며 집착하는 마음이 없는 이는,
그리하여 이 고통과 기쁨에 더 이상 휩쓸리지 않는 이는,

그 마음은 넉넉하며 신념이 확고한 이는,

그 마음과 지성이 언제나 나를 향하고 있는 이는,

그는 내 사람이다. 가장 가까운 내 사람이다.[17]

헌신적인 삶이란 미워하지 않고 연민의 정을 느끼며 집착하지 않는 삶이라고 했다. 또한 고통과 기쁨에 일희일비하지 않고 모든 것을 다해 신, 즉 궁극적 진리를 향하는 삶이라고도 했다. 한마디로, 자기 자신을 잘 다스리는 삶이다.

물론 자신을 다스리는 일은 말처럼 쉽지 않다. 그러나 어렵고 쉬움의 문제가 아니라 옳고 그름의 문제로 접근해야 한다. 그렇게 하면 올바른 일을 실천하는 삶이 바로 헌신하는 삶이 된다. 누구나 살아가면서 많은 일에 부딪힌다. 그리고 어떤 일이 옳고 어떤 일이 그른지 본능적으로 알게 된다. 따라서 헌신하는 삶은 어려운 삶이 아니다. 본능적으로 알 수 있는 것을 실천하는 삶이기 때문이다.

라마누자는 "헌신하는 사람은 지위가 높거나 높지 않거나 누구나 신의 덕성을 나누어 가진 것이므로 모두 신 안에서 평등하다"라고 했다. 누구나 헌신하는 삶을 살 수 있다는 것이다. 그리고 헌신하는 사람은 누구나 신의 덕성을 나누어 갖는다고도 했다. 헌신하는 삶에 대한 최상의 보상이다.

헌신하는 삶은 마음에 달린 것이다. 《바가바드기타》에서 최고의 신 크리슈나는 이렇게 말했다.

최선을 다하되 그 일의 결과에는 무관심한 이는,

순수하고 민첩하며 전혀 흔들리지 않는 이는,

복잡한 일거리를 모두 버리고 오직 나만을 향하고 있는 이는,

그는 내 사람이다. 가장 가까운 내 사람이다.[18]

이 정도면 충분히 실천할 수 있지 않을까.

천주와 상제는 모두
하느님의 이름

마테오 리치 《천주실의》

《천주실의》는 마테오 리치가 저술한 것이다. 마테오는 유럽 사람이다. (…) 그의 학문은 오로지 천주(天主)를 받드는 것이다. 천주는 유가에서 말하는 상제(上帝)다. 그러나 그것을 공경하고 섬기며 두려워하고 믿는 것은 불교의 석가모니와 비슷하다. 천당과 지옥으로 악을 징계하고 선을 권면하면서 두루 돌아다니며 교화한 사람이 예수다. 예수는 서양의 구세주의 명칭이다. (…) 그러나 중국의 한나라 명제 그 이전부터 죽었다 살아난 사람이 천당과 지옥을 증명한 일은 결코 없었다. 그렇다면 왜 유독 불교의 윤회설만이 잘못된 것이고, 천주교의 천당과 지옥은 옳은 것인가? (…) 내 생각으로는 서양의 풍속이 점점 타락하고 변해서 인간의 길흉과 하늘이 내리는 응보 사이에 점차 존숭하고 믿는 마음이 없어지게 되었다. 이에 《성경》의 가르침이 나오게 되었는데, 그 시작은 《시경》과 《상서(尙書)》에서 말하는 것과 비슷한 것 같다. 사람들이 오히려 《성경》의 가르침을 따르지 않게 되는 것을 염려하여 천당과 지옥의 설로 이 문제를 해결하고자 하니, 그것이 지금까지 흘러와서 전해진 것이다. (…) 저 서양의 학자들이 궁구하지 못할 도리가 없고 통달하지 못할 어둑한 곳이 없으나 천당과 지옥이란 허망한 믿음에서 벗어나지 못하다니, 애석하구나!

이익(李瀷, 1681~1763)은 《천주실의(天主實義)》의 '발문'에 이렇게 썼다. 《천주실의》는 예수회 소속 신부 마테오 리치(Matteo Ricci, 1552~1610)가 1603년에 한문으로 저술하여 출판한 책이다. 책이 발행된 지 얼마 안 되어 조선에도 들어왔다. 이수광(李睟光, 1563~1628), 유몽인(柳夢寅, 1559~1623), 허균(許筠, 1569~1618) 등 당대의 학자와 문인들이 이 책에 대해 언급했다. 이수광은 〈제국부(諸國部)〉에서, 유몽인은 〈서교(西敎)〉에서 《천주실의》를 간략히 소개했다. 유몽인은 천주교에 대해 "이치에 맞는 말이 있지만 천당과 지옥이 있다고 하며 혼인하지 않는 것을 옳은 이치라고 하니, 세상 사람들을 호리는 죄를 면할 수 없을 것이다"라고 평가했다.

《천주실의》를 본격적으로 연구한 사람들은 이익의 제자들이었다. 신후담(愼後聃, 1702~1761)은 《북학변(北學辨)》에서 《천주실의》에 대해 본격적인 평가를 했다. 이익이 《천주실의》의 '발문'을 쓴 이유 역시 제자들에게 《천주실의》를 어떻게 읽을 것인지 가르치기 위해서였다. 이익의 문하에는 수많은 학자들이 있었다. 그래서 그들을 이익의 호를 따서 '성호학파'라고 부른다. 조선 후기 대학자인 정약용 또한 성호학파의 마지막 세대에 해당한다.

이익의 '발문'에는 조선 유학자의 천주교에 대한 태도가 드러난다. 천주교는 불교와 크게 다르지 않다고 했다. 당대의 유학자들이 불교를 배척했음을 고려하면, 이 말은 천주교에 대한 부정적 입장을 표명한 것이라고 볼 수 있다.

그렇지만 모든 유학자들이 이익과 같은 태도를 취한 것은 아니었다. 성호학파 내에서도 스승의 입장을 따르는 학자가 있었는가 하면, 천주교를 적극적으로 평가하여 신자가 된 학자도 있었다. 이렇듯 《천주실의》는 조선의 유학자들 내에서 논란을 불러일으켰다.

《천주실의》에 대한 논란은 조선에서만 나타난 현상이 아니었다. 유럽에서도 논란이 있었다. 유럽에서의 논란은 주로 선교 방식과 관련된 것이었지만 실제적으로는 《천주실의》의 내용이 올바른가 하는 것이 배경이 되었다.

《천주실의》가 제기한 문제는 유교와 천주교의 관계였다. 이 문제와 관련한 논란에는 당대 동서양의 철학자들이 가담했다. 왜 《천주실의》는 동서양에 걸쳐 논란을 일으켰던 것일까?

마테오 리치 시대의 동서양

먼저, 마테오 리치가 활동할 당시의 시대적 배경을 살펴보자. 마테오 리치는 이탈리아 사람이었지만 포르투갈 국왕이 제공한 배를 타고 인도로 갔다. 그리고 서른한 살이 되던 1583년에 루지에리(Michele Pompilio Ruggieri, 1543~1610) 신부와 함께 중국 광둥 성 자오칭에 도착하여 선교 사업을 시작했다.

포르투갈 국왕이 배를 제공한 이유는 마테오 리치가 예수회 소속이었기 때문이다. 예수회는 1534년 이그나티우스 데 로욜라(Ignatius de Loyola, 1491~1556) 등이 결성한 수도 단체였다. 결성 초부터 적극적인 해외 선교 활동을 하면서 인도와 일본에까지 활동 지역을 넓히고 있었다. 포르투갈 국왕은 이런 예수회의 활동에 주목하여 그들을 지원했다.

당시 포르투갈은 해외 식민지를 쟁탈하기 위해 스페인과 경쟁하고 있었다. 16세기 서유럽에서는 절대주의 국가가 등장했다. 절대주의 국가란 왕을 정점으로 중앙집권적인 권력구조를 갖춘 국가를 말한다. 그것은 중세의 국가와 달랐다. 유럽에서 중세의 국가는 중앙집권적인 국가가 아니고 지역 분권적인 국가였다. 절대주의 국가는 중세에서 근대로의 이행기에 등장한 국가였다.

절대주의 국가의 선두 주자는 스페인이었다. 스페인은 15세기부터 해외 식민지 쟁탈에 나섰다. 스페인은 아메리카 대륙의 거의 대부분을 차지하고 그곳에서 막대한 양의 금과 은을 약탈했다. 이것을 바탕으로 왕권을 강화한 스페인은 16세기에 서유럽을 주도하는 국가가 되었다.

포르투갈 역시 일찍부터 해외 식민지 쟁탈전에 뛰어들어 아메리카와 아프리카에서 스페인과 경쟁했다. 인도와 일본으로의 진출은 포르투갈이 더 빨랐다. 포르투갈은 16세기 초부터 인도양을 지나 인도에 이르는 뱃길을 독점했고 1543년에는 일본에까지 진출했다. 그래서 포르투갈 국왕은 인도와 일본으로 선교 활동의 범위를 넓히고 있던 예수회를 적극 후원했던 것이다.

마테오 리치는 당시 포르투갈의 식민지였던 인도의 고아 등에 5년간 머물며 신학 공부를 하여 사제 서품을 받았다. 그리고 마침내 중국에 들어갔다. 예수회는 이미 일본에서 활동을 하고 있었기 때문에 중국에서의 선교 활동에도 관심을 가졌고, 그 적임자로 고아에 머물던 루지에리와 마테오 리치를 선발했다.

마테오 리치가 처음 중국 땅을 밟은 때는 명나라 제13대 황제인 신종(神宗, 만력제)의 시대였다. 신종 때 명나라는 국력이 급격히 쇠퇴하여 멸망의 길로 접어들었다. 황제가 나태하여 조정에 나가지 않는 날이 많았고 환관의 가렴주구(苛斂誅求)가 심해 이에 반발한 민란이 속출했다. 마테오 리치가 중국에 도착한 지 9년 만에 조선에서 임진왜란이 일어났다. 신종은 대규모 군대를 조선에 파견했는데, 이로 인해 재정적 압박이 심해졌다.

이때 후금(훗날 청나라)이 요동 지역에서 일어나 세력을 키워나갔다. 신종은 이를 견제하기 위해 군대를 파견했으나 대패하고 말았다. 이로 인해 후금의 세력은 더욱 커져만 갔다. 신종은 48년간 재위하고 1620년에 세상을 떠났다. 그로부터 24년 후엔 명나라가 멸망했다. 마테오 리치는 신종 12년에 중국에 들어가 신종이 세상을 떠나기 10년 전까지 활동했다.

마테오 리치는 처음 중국에 들어갈 때 불교 승려의 복장을 했다. 그러나 곧 중국에서 선교하려면 선비에게 접근해야 한다는 것을 알아차렸다. 선비들이 중국을 다스리는 지배적인 신분임을 알았기 때문이다. 그래서 복장을 선비의 복장으로 바꾸었고, 이름을 중국식으로 이마두(利瑪竇)라고 했다. 또한 그는 선비의 학문인 유교 경전에 대한 학습의 필요성을 절감했다. 그래서 한문을 배우기 위해 엄청난 공을 들였다.

이러한 마테오 리치의 태도는 새로운 선교 방식을 보여준다. 그는 유럽과 문화적 전통이 다른 사람들에게 천주교를 강요하는 듯한 선교를 하면 반발과 갈등만 일어난다는 것을 인식했다. 그래서 천주교와 중국의 문화를 결합시키는 방식으로 선교를 하고자 했던 것이다.

미테오 리치는 유교 경전에서 천주교적 요소를 찾기 시작했다. 그는 유교 경전을 공부하면서 중국인들이 예전에는 신에 대한 참된 지식을 가지고 있었다고 생각하게 되었다. 그런데 시간이 지나면서 중국인들은 그 사실을 잊어버리고 무신론자가 되었다고 믿게 되었다. 그래서 그는 그런 사실을 중국인들에게 일깨워주고자 《천주실의》를 썼다.

성리학은 공자 말씀을 왜곡했다

마테오 리치는 《천주실의》 '서문'에 이렇게 썼다.

저는, 중국이란 요순의 백성들이요, 주공과 중니(공자)의 가르침을 배운 민족이니, 천리(天理: 천주에 대한 이치)와 천학(天學: 천주에 관한 학문)은 결코 달리 고쳐져서 오염될 수 없다고 보았습니다. 그러나 또한 간간이 오염된 바 있다고 생각되어, 저는 마음속으로 그에 대한 논증을 해보고 싶었습니다.[19]

이 글에 마테오 리치가 《천주실의》를 쓴 목적이 담겨 있다. 주공과 공자의 가르침, 즉 원시 유교에 천주(하느님)에 관한 이치가 들어 있다. 그런데 후대에 와서 그것이 왜곡되었다. 이것이 핵심이다. 《천주실의》는 성리학을 비판하고 원시 유교와 천주교를 연관 지어 서술한 책이다.

그러면 원시 유교와 천주교의 공통점은 무엇인가? 마테오 리치는 다음과 같이 말했다.

우리의 천주는 바로 중국의 옛 경전에서 말하는 상제입니다. 《중용》에서는 공자의 말을 인용하여 "교사(郊社)의 예는 상제를 섬기는 것이다"라고 말했습니다. (…) 〈주송(周頌)〉에서 말했습니다. "쉬지 않고 노력하는 무왕이여, 쉬지 않고 애쓰셔서 그 공로는 비할 데 없이 크도다. 성왕과 강왕의 덕행이 어찌 빛나지 않으리오. 상제가 그들을 왕으로 부르셨다." (…) 〈상송(商頌)〉에서 말했습니다. "상탕의 성덕과 경건함은 더욱 증가하여 하늘에 다다른 지 오래여도 그치지 않으니 일심으로 상제를 공경했네." 〈대아(大雅)〉에서 말했습니다. "아, 이 문왕께서는 오직 마음을 조심하고 행동을 삼가며, 밝은 덕으로 상제를 섬기셨네."[20]

'교사'는 하늘과 땅에 지내는 제사를 말한다. 〈주송〉, 〈상송〉, 〈대아〉
는 모두 《시경》에 수록된 노래들이다. 무왕과 상탕, 그리고 문왕은 성군
으로 칭송받는 임금들이다. 마테오 리치는 《중용》과 《시경》 등 옛 경전
을 인용하여 공자와 성군들이 모두 상제를 섬겼음을 논증하고자 했다.

그리고 결론짓기를, 유럽의 천주와 중국의 상제는 이름만 다를 뿐,
똑같이 하느님을 가리킨다고 했다. 달리 말하면 원시 유학과 천주교는
근본이 같다는 얘기다. 이런 관점에서 귀신은 천사, 천신은 영혼과 같
은 말이라고도 했다.

그렇다면 후대에 무엇이 왜곡되었다는 것인가? 마테오 리치는 성리
학이 상제를 이로 해석하면서 왜곡이 생겼다고 말한다. 성리학에서는
이를 세상 만물의 근원이요, 본성이라고 한다. 마테오 리치는 그 이가
사물의 주재자가 될 수 없다고 보았다. 그래서 다음과 같이 썼다.

반고 이전에 이가 있었다고 한다면, 어찌하여 이가 가만히 있고 움
직여 만물을 만들지 않았습니까? 그 뒤에 누가 그 이를 격동하여
움직이게 했습니까? 이는 본디 움직임도 고요함도 없다고 하는데,
하물며 이가 스스로 움직였다고 하겠습니까? 만약 이가 예전에는
아무것도 만들어내지 않았으나 뒤에 만물을 만들고 싶어졌다고 말
한다면, 이에 어찌 의지가 있을 수 있겠습니까? 본래 움직임도 의
지도 없는 이가 어찌하여 만물을 만들어내고 싶은 적도 있고 만물

을 만들고 싶지 않은 적도 있는 것입니까?[21]

반고는 중국에서 우리나라의 단군과 같은 존재다. 주희는 "이는 무위하고 기는 유위하다"고 했다. 이는 활동하지 않고 기만 활동한다는 것이다. 마테오 리치는 이것을 문제 삼았다. 이가 활동하지 않는다면 사물의 주재자가 될 수도 없고 만물의 근원이 될 수도 없다. 그러므로 상제를 이라고 한 성리학의 해석은 원시 유교에 대한 심각한 왜곡이라는 것이다.

이와 같이 마테오 리치는 원시 유교와 성리학을 구분하고, 원시 유교에는 천주교와 공유할 수 있는 것이 포함되어 있었지만 성리학이 그것을 왜곡했다고 주장했다. 마테오 리치의 이러한 입장은 동서양에서 논란을 일으켰다.

천주교 선교가 금지되다

서양에서의 논란부터 보자. 마테오 리치가 세상을 떠나자 롱고바르디(Niccolo Longobardi, 1559~1654)와 생트-마리(Antonie de Sainte-Marie, 1602~1669)가 그 뒤를 이어 중국 선교를 맡았다. 그런데 그 두 사람은 마테오 리치와 입장을 달리했다. 그들은 중국의 옛 경전에서 천주교적 요소를 찾기 어렵다고 했다. 중국인들은 처음부터 신이라는 관념을 갖지 않은 무신론자일 뿐이라고 했다.

이러한 입장 차이는 선교 방식과 관련이 있다. 마테오 리치의 선교 방식은 '중국의 전통으로써 중국인을 교화한다[以中化中]'는 것이었다. 그래서 중국의 전통인 공자 제사나 조상 숭배 등을 인정하면서 선교를 했다. 그러나 도미니크회 등 다른 수도 단체에서는 처음부터 공자 제사 등을 미신으로 규정하고 마테오 리치의 방식을 비판했다.

이런 논란의 이면에는 수도 단체 사이의 주도권 다툼이 있었고 그 배후에는 아시아 진출을 둘러싼 포르투갈과 스페인의 갈등이 있었다. 포르투갈은 예수회를 지원했고 스페인은 도미니크회 등을 지원했다.

논란의 와중에 독일의 저명한 철학자 라이프니츠가 〈중국인의 자연신학론〉을 발표했다. 라이프니츠는 중국을 방문한 적이 없었지만 청년 시절부터 중국에 관심을 가지고 선교사들의 보고서나 저서를 꼼꼼히 챙겨 읽었다. 그는 〈중국인의 자연신학론〉에서 《주역》,《서경》,《시경》,《논어》,《대학》,《중용》,《성리대전(性理大全)》,《통감》 등을 인용했다. 유교에 대해 상당한 관심을 가지고 접근했음을 알 수 있다.

특히 라이프니츠는 《논어》와 《중용》, 그리고 《성리대전》을 자주 언급했다. 마테오 리치가 원시 유교의 경전을 주로 인용한 것과 다른 태도였다. 라이프니츠가 자주 언급한 책들은 성리학에서 선호하는 것이었다. 라이프니츠는 원시 유교와 성리학을 구분하지 않았고, 오히려 성리학과 천주교의 관계를 거론했다.

라이프니츠는 〈중국인의 자연신학론〉에서 "우리가 우리와 친숙한 개념들과 일치하지 않는 것처럼 보인다는 이유만으로 중국의 이론이 잘못되었다고 한다면 대단히 경솔하고도 오만한 태도라 할 수 있다"라고 했다. 라이프니츠는 주로 롱고바르디와 생트-마리의 견해를 반박했는데, 핵심은 이에 관한 것이었다. 그 두 사람은 이가 신과 무관한 물질적인 것이라고 했다. 그러나 라이프니츠는 이가 '제일원리'이자 '모든 피조물의 근원'을 나타내는 것으로 신과 일치하는 개념이라고 했다.

라이프니츠는 성리학을 자연신학으로 생각했다. 그래서 《최신 중국 소식》의 '서문'에서 "나는 우리가 계시신학을 가르쳐줄 수 있는 사람들을 보냈던 것처럼 중국에서도 우리에게 선교사들을 파견하여 자연신학의 적용과 실천을 우리에게 가르쳐주었으면 하는 생각을 떨쳐버릴 수 없다"라고 했다. 자연신학은 이성에 따른 신학이고, 계시신학은 신의 계시에 따른 신학이다. 라이프니츠는 중국에는 계시신학이 부족하고 유럽에는 자연신학이 부족하다고 보았던 것이다. 라이프니츠의 발언은 동서양의 학문이 서로 보완적이라는 매우 획기적인 것이었다.

라이프니츠는 중국의 제사에 대해서도 롱고바르디와 생트-마리의 견해를 반박했다. 중국의 제사는 우상숭배가 아니라는 것이다. 그것은 죽은 사람의 개별적 영혼을 기리는 것이 아니라 개별적인 것이 품수하고 있는 이, 즉 최고의 보편자이자 최상의 존재인 상제에 대한 존경의 표시라는 것이다. 그런 점에서 마테오 리치의 선교 방식은 정당하다고 했다.

그런데 논란은 중국의 전통을 무시하는 도미니크회의 승리로 끝났다. 이 논란은 서로 다른 문화가 만났을 때 어떤 자세가 필요한지를 일깨워주었다. 다른 문화를 이해하고 그것과 화합을 추구할 것인가, 아니면 자기 문화만을 배타적으로 내세워 강요할 것인가. 선교 방식에 대한 논란은 결국 후자의 승리로 끝났다. 중국의 제사에 참여하거나 그것을 이용한 선교 방식이 금지되었다. 또한 신을 중국식으로 상제라 부르는 것도 금지되었다.

프랑스의 계몽철학자 볼테르는 이 논란을 보면서 유럽 중심적 태도를 신랄하게 비판했다. 유럽인들이 편협하고 배타적인 태도로 중국의 전통을 판단했고, 그래서 중국의 전통을 무시하고 유럽의 생각과 풍습을 강요하고자 했다는 것이다.

청나라의 5대 황제인 옹정제는 유럽인의 오만함에 분노했다. 그래서 포르투갈 대사에게 힐난했다. "내가 유럽에 승려를 보낸다면 당신들의 왕은 그 승려를 받아들이지 않을 것이다." 옹정제는 결국 천주교 선교 금지령을 내렸다. 청나라의 이 조치는 조선에도 영향을 미쳤다.

문화의 충돌이 낳은 비극

조선에서의 논란과 관련하여 정약용에 주목해보자. 정약용의 주변 인물 중에는 천주교 신자가 된 학자들이 많았다. 셋째 형 정약종(丁若鍾, 1760~1801)이 천주교 신자였고, 매부인 이승훈(李承薰, 1756~1801)은 조선인 최초로 세례를 받았다. 가까운 벗인 이가환(李家煥, 1742~1801) 역시 천주교를 신봉했다.

정약용은 매우 가까운 관계였던 이벽(李檗, 1754~1786)으로부터 천주교를 소개받았다. 이벽은 정약용보다 아홉 살이 많았지만 두 사람은 친구처럼 지냈다. 정약용이 임금에게 〈중용강의〉를 제출할 때 이벽과 함께 준비하기도 했다. 두 사람은 인간적으로나 사상적으로 가까웠다.

정약용은 스물세 살 때 이벽으로부터 천주교를 소개받고 천주교 서적도 읽었다. 그는 천주교에 마음이 기울었지만 정조가 금지령을 내리자 천주교와 관계를 끊었다.

정약용은 물론 그의 주변 인물들도 성호학파였다. 성호학파의 구세대들은 천주교에 반대했다. 안정복(安鼎福, 1712~1791)은 〈천학문답(天學問答)〉에서 《천주실의》의 가르침이 "세상을 근거로 말하지 않고 오로지 뒷날의 천당과 지옥의 갚음을 근거로 말한다. 이것은 터무니없는 가르침이고 성인의 가르침을 해치는 것이다"라고 했다. 이익이 《천주실의》 '발문'에 썼듯이 천당과 지옥의 내세관을 근거로 하는 것은 불교와 같이 허망한 것이라는 얘기였다. 유교는 현실의 삶을 중시하는 학문이지 내세 혹은 사후의 세계에는 관심이 없는 학문이다.

그런데 성호학파의 신세대 학자들은 구세대와 입장을 달리했다. 그들은 《천주실의》를 적극적으로 평가했고 천주교에 대해서도 깊은 관심을 가졌다. 왜 그랬을까? 두 가지 이유가 있었다. 첫째, 그들은 정치적으로 소외되어 있었다. 그들은 주로 남인 계열로, 노론 계열에 밀려 정치적 진출이 어려웠다. 그래서 과거 시험을 보아 정계에 진출하는 것을 포기한 사람도 많았고, 노론 계열이 주장하는 성리학에 반감을 가진 사람도 많았다.

둘째, 스승인 이익의 철학과 관련이 있다. 이익은 이황의 철학을 계승했다. 이황은 이의 활동을 강조했고, 이와 기가 모두 활동한다는 이기호발설을 주장했다. 이익은 이의 활동성을 이황보다 더 강조했다. "이가 움직여 기를 낳고 주재한다"라고 주장했던 것이다. 그러므로 이익이 말하는 이는 마테오 리치가《천주실의》에서 말한 상제, 즉 천주와 상통했다. 마테오 리치는 이의 무위성(無爲性)을 들어 성리학을 비판했지만, 이익에 따르면 성리학이 천주교와 상통하는 철학이 된다. 이것은 라이프니츠의 주장과도 상통한다. 따라서 이익의 제자들이 천주교에 관심을 갖게 된 것은 우연이 아니었다.

그런데 그들은 성리학에 비판적이었기 때문에 성리학에 기초한 이익의 '이기설'에 만족하지 않았다. 그래서《천주실의》에 대한 연구를 계기로 아예 천주교로 개종하는 학자들이 생겨났다.

정약용이 천주교 세례를 받았는지는 확실하지 않다. 정조의 명령에 따라 천주교와 관계를 정리했다고 했기 때문이다. 실제로도 정약용은 천주교가 아니라 유교를 연구했다. 그렇다고 정약용이 성리학을 연구한 것은 아니었다. 그는 "두려워하고 삼가하여 상제를 밝게 밝히면 인을 실행할 수 있고, 태극을 헛되이 높여서 이를 하늘로 삼으면 인을 실행할 수 없다"라고 했다. 성리학에서 말하는 이로는 인을 실행할 수 없다는 것이다.

정약용은 유교의 옛 경전인 사서와 육경을 새롭게 연구했다. 그는《경세유표》,《목민심서》,《흠흠신서》등 1표 2서를 지은 것으로 유명하다. 그러나 그는 자신의 학문에 대해 "사서와 육경으로써 자기 자신을 수양하고, 1표 2서로써 국가를 다스리는 본말을 갖추었다"라고 했다. 사서와 육경에 대한 연구가 본이라는 말이다.

정약용은 사서와 육경에 대해 성리학의 집대성자인 주희와 다른 해석을 했다. 공자는 "나이 오십에 하늘의 명령이 있음을 알았고, 육십

이 되어서 하늘의 명령을 따를 뿐이다"라고 했다. 정약용은 이 말에 주목했다. 공자가 알았다는 천명(天命), 즉 하늘의 뜻을 밝혀보고자 했다. 그래서 그는 유교의 근본 개념들을 다시 해석했다. 효제(孝悌: 부모에 대한 효도와 형제간의 우애)와 충신(忠信: 올바른 마음과 믿음)은 하늘을 섬기는 근본이고, 인은 하늘로부터 받은 인간의 본성이라고 했다.

정약용은 천명을 밝히기 위해 원시 유교로 되돌아가자고 했다. 이런 면에서 《천주실의》의 영향을 받았음을 알 수 있다. 마테오 리치는 성리학을 비판하고 원시 유교를 중요시했다. 정약용 역시 원시 유교로 돌아가 유교를 재검토하고자 했다.

정약용은 천주교로 나아갔다가 유교로 되돌아왔다. 그럼에도 탄압을 피할 수는 없었다. 청나라에서 천주교 선교가 금지되자 조선에서도 천주교 선교가 금지되었다. 정약용은 스물아홉 살 때와 서른네 살 때 천주교인으로 탄핵받아 유배되었다. 그러나 그것은 시작에 불과했다. 정조가 세상을 뜨고 순조가 왕위에 오르자 대대적인 탄압이 시작되었다.

정약용의 반대파들은 정치적 목적을 위해 천주교인들을 탄압했다. 그들의 목표는 정약용과 그 일파를 제거하는 것이었다. 1801년에 이승훈, 이가환 등 100여 명이 처형되었고, 400명 이상이 유배되었다. 탄압의 주목표가 정약용이었기 때문에 정약용도 무사할 수 없었다. 그는 천주교와 관계를 청산했기 때문에 목숨은 건질 수 있었다. 그러나 18년 동안 전라남도 강진에서 기나긴 유배 생활을 해야만 했다.

대대적인 천주교 탄압의 단초는 윤지충(尹持忠, 1759~1791)의 제사 거부였다. 윤지충은 정약용의 외사촌이었다. 그는 1791년에 어머니가 돌아가시자 천주교의 교리에 따라 위패를 불태우고 제사를 지내지 않았다. 이로 인해 윤지충은 불효, 불충, 악덕 죄로 사형을 당했다. 이 사건을 계기로 당시의 집권 세력인 노론파가 반대파인 남인을 숙청하려는 정치적 목적에서 대대적 탄압을 자행했다.

천주교 탄압은 조선 후기의 집권 세력이 사상적으로 매우 경직되어 있었음을 보여준다. 그러나 천주교의 경직성 역시 탄압의 빌미를 제공했다. 앞에서 살펴보았듯이 천주교는 다른 나라의 전통과 문화를 무시하고 유럽 중심적인 교리에 따른 선교 방식을 채택했기 때문이다. 결국 천주교 탄압은 이질적인 두 문화가 만났을 때 서로에 대한 이해와 존중 없이 자기 문화만을 배타적으로 고집한 데서 나온 비극이었다.

이제 전 세계의 다양한 문화가 만나는 시대가 되었다. 마테오 리치는《천주실의》를 통해 이질적인 두 문화를 조화하려는 노력을 보여주었다. 문화적, 종교저 갈등이 거세지고 있는 오늘날의 상황은 마테오 리치가 보여준 노력을 다시 한 번 생각해보게 한다.

후주

01 | 실존의 철학 | 왜 인간인가?

1 프리드리히 니체 지음, 강대석 옮김, 《차라투스트라는 이렇게 말했다》(한길사 2011),
38쪽.

2 같은 책, 39쪽.

3 같은 책, 45쪽.

4 같은 책, 100~101쪽.

5 같은 책, 174~175쪽.

6 같은 책, 310쪽.

7 마르틴 하이데거 지음, 전양범 옮김, 《존재와 시간》(동서문화사 2013), 22쪽.

8 같은 책, 23쪽.

9 같은 책, 163쪽.

10 같은 책, 347쪽.

11 장 폴 사르트르 지음, 박정태 옮김, 《실존주의는 휴머니즘이다》(이학사 2014), 29쪽.

12 같은 책, 33쪽.

13 같은 책, 37~38쪽.

14 같은 책, 53쪽.

15 같은 책, 84쪽.

16 같은 책, 86쪽.

17 같은 책, 87쪽.

18 마르틴 하이데거 지음, 이선일 옮김, 《이정표 2》(한길사 2005), 140~141쪽.

19 에리히 프롬 지음, 차경아 옮김, 《소유냐 존재냐》(까치 2015), 15쪽에서 재인용.

20 같은 책, 28~29쪽.

21 같은 책, 34쪽.

22 같은 책, 59쪽.

23 같은 책, 120쪽.

24 같은 책, 155쪽.

25 같은 책, 244~246쪽.

26 같은 책, 256~273쪽.

27 같은 책, 287쪽.

02 | 수신의 철학 | 인간은 옳고 그름을 판단할 수 있는 존재다

1 사마천 지음, 정범진 외 옮김, 《사기세가 하》(까치글방 2010), 455쪽.

2 박기봉 역주, 《교양으로 읽는 논어》(비봉출판사 2003), 13쪽.

3 같은 책, 348쪽.

4 같은 책, 54쪽.

5 같은 책, 68쪽.

6 같은 책, 99쪽.

7 같은 책, 162쪽.

8 사마천 지음, 홍문숙 · 박은교 엮음, 《사기열전》(청아출판사 2011), 313쪽.

9 성백효 역주, 《논어집주》(전통문화연구회 2015), 518쪽.

10 맹자 지음, 김학주 역주, 《맹자》(서울대학교출판문화원 2013), 592쪽.

11 여불위 지음, 김근 옮김, 《여씨춘추》(글항아리 2012), 46쪽.

12 열자 지음, 김학주 옮김, 《열자》(을유문화사 2000), 275쪽.

13 장자 지음, 김학주 옮김, 《장자》(연암서가 2015), 98~99쪽.

14 같은 책, 74쪽.

15 같은 책, 42쪽.

16 같은 책, 80쪽.

17 같은 책, 423쪽.

18 같은 책, 425쪽.

19 같은 책, 425~426쪽.

20 같은 책, 259쪽.

21 김원중 옮김, 《노자》(글항아리 2013), 276쪽.

22 같은 책, 280쪽.

23 단칭선사 풀어씀, 김진무 옮김, 《혜능 육조단경》(일빛 2014), 163쪽.

24 같은 책, 246쪽.

25 같은 책, 396쪽.

26 같은 책, 274쪽.

27 같은 책, 397쪽.

28 왕수인 지음, 김동휘 엮고 옮김, 《전습록》(신원문화사 2010), 13~14쪽.

29 같은 책, 521쪽.

30 같은 책, 38~39쪽.

31 펑유란 지음, 정인재 옮김, 《중국 철학사》(형설출판사 1984), 394쪽.

32 《전습록》, 27쪽.

33 같은 책, 368쪽.

34 같은 책, 504~505쪽.

03 | 행복의 철학 | 행복, 나와 당신이 누려야 할 권리

1 에피쿠로스 지음, 오유석 옮김, 《쾌락》(문학과지성사 2013), 41쪽.

2 같은 책, 42쪽.

3 같은 책, 44쪽.

4 단테 알리기에리 지음, 한형곤 옮김,《신곡》(서해문집 2006), 585쪽.

5 같은 책, 742쪽.

6 같은 책, 742~743쪽.

7 같은 책, 389~390쪽.

8 스털링 램프레히트 지음, 김태길·윤명로·최명관 옮김,《서양 철학사》(을유문화사 1986), 343쪽에서 재인용.

9 바뤼흐 스피노자 지음, 추영현 옮김,《에티카/정치론》(동서문화사 2014), 22쪽.

10 같은 책, 277~278쪽.

11 같은 책, 278쪽.

12 윌 듀란트 지음, 임헌영 옮김,《철학 이야기》(동서문화사 2010), 204쪽.

13 버트런드 러셀 지음, 최민홍 옮김,《서양 철학사 하》(집문당 2002), 959쪽에서 재인용.

14 볼테르 지음, 고원 옮김,《캉디드/철학 콩트》(동서문화사 2014), 97쪽.

15 같은 책, 236쪽.

16 같은 책, 292쪽.

04 | 정의의 철학 | 정의가 무너진 사회는 지옥과 같다

1 투키디데스 지음, 박광순 옮김,《펠로폰네소스 전쟁사(상)》(범우 2011), 173~175쪽.

2 플라톤 지음, 박종현 엮고 옮김,《플라톤의 국가 · 정체》(서광사 1997), 365쪽.

3 같은 책, 499~500쪽.

4 같은 책, 448쪽.

5 같은 책, 451쪽.

6 키케로 지음, 허승일 옮김,《키케로의 의무론》(서광사 2015), 204쪽.

7 같은 책, 118쪽.

8 같은 책, 178쪽.

9 같은 책, 20쪽.

10 같은 책, 212~213쪽.

11 같은 책, 27쪽.

12 같은 책, 122쪽.

13 애덤 스미스 지음, 유인호 옮김, 《국부론》(동서문화사 2011), 27쪽

14 애덤 스미스 지음, 박세일 · 민경국 옮김, 《도덕감정론》(비봉출판사 1996), 23쪽.

15 같은 책, 244~245쪽.

16 같은 책, 245쪽.

17 같은 책, 331쪽.

18 《국부론》, 465쪽.

19 카를 마르크스 지음, 김문현 옮김, 《경제학·철학초고/자본론/공산당선언/철학의 빈곤》(동서문화사 2009), 338~339쪽.

20 카를 마르크스 지음, 김수행 옮김, 《자본론》(비봉출판사 1990), 4쪽.

21 같은 책, 6쪽.

22 같은 책, 43~45쪽.

23 같은 책, 91~92쪽.

24 체사레 베카리아 지음, 한인섭 옮김, 《범죄와 형벌》(박영사 2015), 8~9쪽.

25 같은 책, 11쪽.

26 같은 책, 14~15쪽.

27 같은 책, 108쪽.

28 같은 책, 48~49쪽.

29 같은 책, 117~118쪽.

30 존 롤스 지음, 황경식 옮김, 《사회정의론》(서광사 1985), 32~33쪽.

31 같은 책, 12~13쪽.

32 같은 책, 33~34쪽.

33 같은 책, 36쪽.

34 같은 책, 117쪽.

35 같은 책, 317쪽.

36 같은 책, 376쪽.

05 | 시민의 철학 | 시민의 힘으로 권력에 저항하라

1 안토니오 그람시 지음, 이상훈 옮김, 《그람시의 옥중수고 1》(거름 2006), 280쪽.

2 같은 책, 280쪽.

3 같은 책, 276쪽.

4 같은 책, 241쪽.

5 한스게오르크 가다머 지음, 임홍배 옮김, 《진리와 방법 2》(문학동네 2015), 277~278쪽.

6 같은 책, 144쪽.

7 같은 책, 155~156쪽.

8 같은 책, 159쪽.

9 같은 책, 180쪽.

10 같은 책, 297쪽.

11 같은 책, 498쪽에서 재인용.

12 위르겐 하버마스 지음, 장춘익 옮김, 《의사소통행위이론 2》(나남출판 2006), 215~216쪽.

13 같은 책, 603~604쪽.

14 클로드 레비스트로스 지음, 박옥줄 옮김, 《슬픈 열대》(한길사 2005), 173쪽.

15 같은 책, 155~156쪽.

16 같은 책, 317~318쪽.

17 같은 책, 576~577쪽

18 같은 책, 533쪽.

19 같은 책, 694~696쪽.

20 같은 책, 696~698쪽.

21 미셸 푸코 지음, 이정우 옮김, 《지식의 고고학》(민음사 2015), 40~41쪽.

22 같은 책, 17~18쪽.

23 같은 책, 27쪽.

24 같은 책, 25~26쪽.

25 같은 책, 195쪽.

06 | 통치의 철학 | 백성의 지지를 잃으면 나라가 위태롭다

1 사마천 지음, 김원중 옮김,《사기열전 상》(을유문화사 2002), 40~41쪽.

2《논어집주》, 404~405쪽.

3 같은 책, 99~101쪽.

4 관중 지음, 이상옥 역해,《관자》(명문당 1985), 93쪽.

5 같은 책, 211쪽.

6 같은 책, 128쪽.

7 같은 책, 74쪽.

8 같은 책, 189쪽.

9《논어집주》, 51쪽.

10 같은 책, 350쪽.

11《관자》, 267쪽.

12 같은 책, 264쪽.

13 같은 책, 265쪽.

14 같은 책, 196쪽.

15 묵적 지음, 박재범 옮김,《묵자》(홍익출판사 1999), 117~118쪽.

16 같은 책, 230~231쪽.

17 같은 책, 257~258쪽.

18 같은 책, 254쪽.

19《맹자》, 256~258쪽.

20 같은 책, 222쪽.

21 같은 책, 518~520쪽.

22《묵자》, 92쪽.

23 같은 책, 92쪽.

24《맹자》, 130쪽.

25《묵자》, 155쪽

26《장자》, 794~795쪽.

27 《묵자》, 152쪽.

28 박기봉 역주, 《교양으로 읽는 맹자》(비봉출판사 1995), 134쪽.

29 같은 책, 517쪽.

30 같은 책, 2쪽.

31 《사기열전 상》, 266쪽.

32 《교양으로 읽는 맹자》, 2쪽.

33 같은 책, 354쪽.

34 같은 책, 355쪽.

35 같은 책, 18~19쪽.

36 같은 책, 22~24쪽.

37 이이 지음, 김태완 옮김, 《율곡집》(한국고전번역원 2013), 53~55쪽.

38 같은 책, 301쪽.

39 같은 책, 303쪽.

40 같은 책, 209~210쪽.

41 정약용 지음, 다산연구회 엮고 옮김, 《정선 목민심서》(창비 2013), 26쪽.

42 같은 책, 277쪽.

07 | 아웃사이더의 철학 | 시대의 이단아들, 철학의 구원자들

1 김부식 지음, 신호열 옮김, 《삼국사기》(동서문화사 2010), 812쪽.

2 원효 외 지음, 이기영 옮김, 《한국의 불교 사상》(삼성출판사 1985), 55쪽. 일부 한자어를
풀어서 재해석함.

3 같은 책, 162쪽. 일부 한자어를 풀어서 재해석함.

4 일연 지음, 김원중 옮김, 《삼국유사》(민음사 2008), 458쪽.

5 서경덕 지음, 김학주 옮김, 《서화담 문선》(명문당 1988), 169~170쪽.

6 같은 책, 59~60쪽.

7 같은 책, 60쪽.

8 같은 책, 60~61쪽.

9 같은 책, 66쪽을 바탕으로 재번역.

10 박지원 지음, 김명호 편역, 《연암 박지원 문학 선집》(돌베개 2007), 188~189쪽.

11 박지원 원작, 허경진 글, 《열하일기》(현암사 2015), 108쪽.

12 같은 책, 40쪽.

13 같은 책, 40쪽.

14 같은 책, 114~115쪽

15 같은 책, 116쪽.

16 이우성 지음, 《실시학사산고》(창작과비평사 1995), 211~212쪽.

17 같은 책, 220쪽.

18 최한기 지음, 손병욱 역주, 《기학》(통나무 2008), 336쪽.

19 최한기 지음, 〈고금통불통(古今通不通)〉, 《인정》 11권, 한국고전번역원 홈페이지에서 인용.

20 최한기 지음, 〈학문견해(學問見害)〉, 《인정》 13권, 한국고전번역원 홈페이지에서 인용.

21 최한기 지음, 민족문화추진회 엮음, 《국역 기측체의 I》(민족문화추진회 1979), 36쪽.

22 같은 책, 180쪽.

23 《기학》, 23~24쪽.

24 같은 책, 24~26쪽.

25 같은 책, 26쪽.

26 최한기 지음, 〈우불우무소실(遇不遇無所失)〉, 《인정》 12권, 한국고전번역원 홈페이지에서 인용.

08 | 철학과 과학 | 과학은 어떻게 세상을 바꾸었는가?

1 프랜시스 베이컨 지음, 진석용 옮김, 《신기관》(한길사 2016), 135~136쪽.

2 같은 책, 91쪽.

3 같은 책, 39쪽.

4 같은 책, 49쪽.

5 같은 책, 50쪽.

6 같은 책, 50~51쪽.

7 같은 책, 51쪽.

8 같은 책, 113쪽.

9 같은 책, 114쪽.

10 루이스 A. 코저 지음, 신용하 · 박명규 옮김, 《사회사상사》(일지사 1997), 19쪽에서 재인용.

11 같은 책, 23쪽에서 재인용.

12 찰스 다윈 지음, 송철용 옮김, 《종의 기원》(동서문화사 2009), 138쪽.

13 허버트 스펜서 지음, 이정훈 옮김, 《진보의 법칙과 원인》(지식을만드는지식 2014), 6~7쪽.

14 같은 책, 18~20쪽.

15 같은 책, 21쪽.

16 같은 책, 82쪽.

17 같은 책, 91~93쪽.

18 《사회사상사》, 157쪽에서 재인용.

19 같은 책, 158쪽에서 재인용.

20 앙리 베르그송 지음, 황수영 옮김, 《창조적 진화》(아카넷 2005), 293쪽.

21 같은 책, 312~313쪽.

22 같은 책, 13~14쪽.

23 같은 책, 74쪽.

24 같은 책, 77쪽.

25 같은 책, 300쪽.

26 토머스 쿤 지음, 김명자 · 홍성욱 옮김, 《과학혁명의 구조》(까치 2010), 227~228쪽.

27 같은 책, 14~15쪽.

28 같은 책, 141~142쪽

29 같은 책, 142~143쪽

30 같은 책, 224~225쪽

09 | 종교 철학 | 종교에는 인간 존중의 철학이 담겨 있다

1 양혜이난 지음, 원필성 옮김, 《불교 사상사》(정우서적 2010), 34쪽.

2 일아 옮김, 《담마빠다》(불광출판사 2014), 13~14쪽.

3 같은 책, 59쪽.

4 같은 책, 41쪽.

5 같은 책, 107쪽.

6 같은 책, 34~35쪽.

7 같은 책, 86쪽.

8 같은 책, 29쪽.

9 같은 책, 50쪽.

10 같은 책, 21쪽.

11 김세현 역해, 《우파니샤드》(동서문화사 2015), 23~24쪽.

12 같은 책, 26쪽.

13 같은 책, 33쪽.

14 같은 책, 358쪽.

15 석지현 옮김, 《바가바드기타》(일지사 2011), 216~217쪽.

16 같은 책, 219쪽.

17 같은 책, 346~347쪽.

18 같은 책, 348쪽.

19 마테오 리치 지음, 송영배 외 옮김, 《천주실의》(서울대학교출판문화원 2010), 31~32
쪽.

20 같은 책, 99~101쪽.

21 같은 책, 89쪽.

철학자의 조언

초판 1쇄 인쇄 2016년 8월 24일
초판 1쇄 발행 2016년 8월 31일

지은이 | 홍승기
발행인 | 박재호
편집 | 김준연, 강소영, 홍다휘
마케팅 | 김용범
총무 | 김명숙
종이 | 세종페이퍼
인쇄 · 제본 | 한영문화사

발행처 | 생각정원 Thinking Garden
출판신고 | 제25100-2011-320호(2011년 12월 16일)
주소 | 서울시 마포구 양화로 156(동교동) LG팰리스 814호
전화 | 02-334-7932 팩스 | 02-334-7933
전자우편 | pjh7936@hanmail.net

ISBN 979-11-85035-52-9 03100

이 도서의 국립중앙도서관 출판예정도서목록(CIP)은 서지정보유통지원시스템 홈페이지(http://seoji.
nl.go.kr)와 국가자료공동목록시스템(http://www.nl.go.kr/kolisnet)에서 이용하실 수 있습니다.
(CIP제어번호: 2016019784)

만든 사람들
기획 | 박재호
편집 | 김준연
교정 · 교열 | 윤정숙
디자인 | 이석운, 김미연
마케팅 | 김용범